Rüdiger Lautmann

Die Idee des Sozialen im Denken des Rechts

Rüdiger Lautmann

Die Idee des Sozialen im Denken des Rechts

Ein Jahrhundert streitiger Diskurse

VELBRÜCK
WISSENSCHAFT

Erste Auflage 2025
Velbrück Wissenschaft in der Velbrück GmbH Verlage, 2025
Meckenheimer Str. 47 · 53919 Weilerswist-Metternich
info@velbrueck.de
www.velbrueck-wissenschaft.de

Printed in Germany
ISBN 978-3-95832-384-1

Bibliografische Information der Deutschen Nationalbibliothek
Die Deutsche Nationalbibliothek verzeichnet diese Publikation in der Deutschen Nationalbibliografie; detaillierte bibliografische Daten sind im Internet über http://dnb.d-nb.de abrufbar

Inhalt

Zwischenkriegszeit – Unfriedliche Jahrzehnte

Diskursphasen in der Bundesrepublik

Folgerungen und Perspektiven

Einleitung: die Siamesischen Schwestern

Dieses Buch widmet sich der Nachbarschaft zwischen den Rechts- und Sozialwissenschaften. Niemand hält sie für eine Einheit, aber niemals sind sie voneinander losgekommen. Dafür steht das Bild von den *Siamesischen Schwestern* (nur *Zwillinge* sind sie nicht). Wir sehen zwei Wissenschaften mit jeweils eigener Fachidentität; die beiden Denkgebäude sind an wesentlichen Stellen verbunden und können nicht ohne Verlust getrennt werden; denn beider Gegenstände überschneiden sich: Es gibt keine Gesellschaft ohne Recht, und es gibt kein Recht ohne Gesellschaft.

Worin gründet die Nähe zwischen Jurisprudenz und Soziologie? Sie teilen das Erkenntnisziel: eine regelbasierte Weise des Zusammenlebens von Menschen und Gruppen. Sie können sich auf einen Grundwert einigen: Gerechtigkeit (anstelle etwa von Gottgefälligkeit oder Gewaltherrschaft oder individueller Rentabilität). Ihre Forschungsstrategien gestalten sich komplementär: auf Praxisentscheidungen gerichtet die eine, als Grundlagenerkenntnis die andere. Der Algorithmus einer Partnerschaftsvermittlung würde positiv ausschlagen: Die beiden sind weder füreinander zu langweilig noch zu ähnlich noch zu aversiv-verschieden. Selbst im Habitus könnten die Vertreter:innen der beiden Fächer zueinander ›passen‹.

Das Buch unternimmt es zu schildern, wie Jurisprudenz und Soziologie teils sich ineinander verstrickten, teils voneinander abstießen. Im Fokus steht die rechtswissenschaftliche Seite; zu ihr wird mit einem soziologischen Ansatz ein Panorama gezeichnet, das sich über anderthalb Jahrhunderte erstreckt. Zu Wort kommen die Stimmen, die sich über die gesellschaftliche Dimension in der Normanalyse äußern. Der Text beschreibt die Ideen dazu und wer sie vorgebracht hat. Dieser ›Diskurs‹ wird, geordnet nach den zeithistorischen Epochen, in den jeweiligen politischen Kontext gestellt. Die Eigendynamik der Fächer sowie die Ideen und Schulen ihrer Leitpersonen haben eine wechselhafte Entwicklung durchlaufen, die bislang noch nie im Ganzen erzählt worden ist.

Die juristische Rechtsgeschichte und Methodenlehre bieten zwar eine Fülle von Detailuntersuchungen und auch Überblickswerken an; das Thema Soziologie-im-Recht spielt dabei aber nur eine kleine Nebenrolle und versinkt in der Fülle anderer Aspekte wie dem Verhältnis zwischen Moral und Recht, zu den überpositiven Werten usw. Soziologische Studien zu unserem Thema sind rar. Die Resultate beider Perspektiven, juristisch bzw. soziologisch, ergänzen einander, wobei die eine den Abstand, die andere das Gemeinsame hervorzuheben pflegt. Man muss schon ein bisschen schielen, um beide zusammenzubringen.

Im weiten Land der Jurisprudenz unterhält jede Provinz ihre eigene Methodendiskussion und Vergangenheitsbetrachtung. Zudem unterscheiden sich diese fast stets von den Standards in Philosophie und Historiographie. Demzufolge nennen sie sich ›juristische‹ Methodologie bzw. Geschichte. Damit verstärken sie den Wissenschaftscharakter, den ›Selbstand‹, das ›Proprium‹ u.a.m. der Jurisprudenz. Diesem Ziel diente im vergangenen Jahrhundert auch das Bestreben, die Rechtswissenschaft nach innen abzuschließen und auf Distanz zu den anderen Gesellschaftswissenschaften zu halten. Von außen betrachtet fällt das auf und generiert die Forschungsfrage dieses Buchs: Was geht hier vor? Wie wurde die Abschottung bewerkstelligt?

Der zu betrachtende Stoff – die Literatur zu den Vorgehensweisen der Jurisprudenz – erwies sich als schier unüberschaubar. Um die Aufgabe zu bewältigen, konzentrierte sich der suchende Blick ganz auf die enge Fragestellung: Wo und in welcher Weise werden sozialwissenschaftliche Argumente in die Interpretation der Rechtsnormen hineingenommen oder aber ausgeschlossen? Mit diesem Thema verbinden sich viele Debatten der Rechtstheorie, ja es scheint ein Angelpunkt in der juristischen Selbstreflexion zu sein. Dazu wurden die sich anbietenden Materialien aus Publikationen, Konferenzen und dokumentierten Ereignissen solange durchforstet, bis sich Strukturen zeigten und bei weiterer Lektüre bestätigten.[1] So ließ sich ein Bild des Diskurses zeichnen, empirisch verankert in den Analysen der vorhandenen Textmassen.

Die im 19. Jahrhundert sich herausbildende Aufteilung der Sachgebiete hat ein Schisma der gesellschaftsbezogenen Disziplinen hervorgerufen, das besonders prägnant in den deutschsprachigen Rechtskulturen auftritt und die Sparten nachhaltig entzweit. Die spärlichen Versuche einer Reunion scheiterten an einer ›herrschenden Meinung‹ in der juristischen Methodenlehre sowie an einer Gleichgültigkeit in den Sozialwissenschaften, die vor der Komplexität der Rechtsdogmatik zurückscheuten. Und diejenigen Soziologen, die über eine juristische Vorbildung verfügten, überließen die Klärung dem anderen Fach, mischten sich also in den dort schwelenden Methodenstreit nicht ein. Ziemlich einmütig wird die wechselseitige Entfremdung bedauert, sodass es sich fragt, warum sie so stabil geblieben ist. Schon dafür lohnt es sich, die Inhalte und den Verlauf der Gedankengänge nachzuvollziehen. Den Diskurs in seiner zeittypischen Einbettung zu betrachten, löst die Fesseln vermuteter Notwendigkeiten.

Merkwürdigerweise wurde die unübersehbare Nähe allermeist als Streitigkeit und Abgrenzung verhandelt. *Der Kampf um die Rechtswissenschaft* nannte sich ein Manifest, das 1906 pseudonym erschien. Darin wurde die gängige Arbeitsweise der Jurisprudenz scharf kritisiert und ein Austausch mit der Soziologie empfohlen. Es kamen zustimmende und

1 Ähnlich verfahren Analysen nach der in der qualitativen Sozialforschung populären *Grounded-theory*. Der Ansatz wird mal elaborierter, mal leichtfertiger eingesetzt.

ablehnende Reaktionen, die Schrift wurde damals so zahlreich wie keine andere zitiert. Max Weber lud den Autor, mit dem er bereits in Korrespondenz stand, zu einem der zehn Vorträge beim Gründungskongress der Deutschen Gesellschaft für Soziologie ein. Die erhoffte Vermählung zwischen den beiden Disziplinen blieb allerdings aus.

Zwei Generationen (und das Dritte Reich) später ereignete sich ein ähnliches Rencontre. Wieder wurden die juristischen Methoden als unzulänglich geschmäht, wieder sollte die Soziologie den Mangel beheben, wieder gab eine pseudonym erschienene Streitschrift den Startschuss. Erneut scheiterte die Verbindung. Mittlerweile, nach einem weiteren halben Jahrhundert, könnte das Interesse an den damaligen Vorgängen erneut erwachen. Und wenn, vielleicht um 2030, Jurisprudenz und Soziologie sich noch einmal ineinander verhaken, dann werden die beiden Vorgänger lehren, wie es besser zu machen ist – konstruktiv statt kriegerisch.

Dieses Buch führt im Titel das Wort ›sozial‹, das mit seinen mindestens zwei Bedeutungssträngen einige Verwirrung stiften kann. Als Rechtssoziologe verwende ich es im Sinne von ›gesellschaftlich‹; hingegen in der Politik zielt es auf die allgemeine Wohlfahrt. Nicht immer werden die Bedeutungsteile – einerseits ›soziale Frage‹, andererseits ›sozialwissenschaftlich orientierte Methode‹ – auseinandergehalten.[2] Ohne nun in die Varianten des vielgebrauchten Wortes allzu viel hineinzuinterpretieren, muss begründet werden, warum ›sozial‹ hier besser passt als ›gesellschaftlich‹. Mit dem Begriff vom ›Sozialen‹ wird auf die Beziehungen zwischen handelnden Menschen hingewiesen, auf die Relationalität in der Gesellschaftsanalyse. In einer Handlungswissenschaft wie der Jurisprudenz wird vor allem eine Soziologie nützen können, die Interaktionen untersucht und dabei deren normative Gehalte zutage fördert. Der weitgehend deckungsgleiche Begriff des ›Gesellschaftlichen‹ hingegen lenkt den Blick auf die soziologische *Grand-theory*, deren Anwendungswert für Praxisvorgänge sehr beschränkt ist. Auch die Neigung des Gesellschaftskonzepts, eine gegebene Ordnung vorauszusetzen, mag dem juristischen Gedanken von einer ›Rechtsordnung‹ entgegenkommen, verfehlt aber die Heterogenität und Zerklüftetheit der Verhältnisse, in denen die Menschen zusammenleben.

Beim Sozialen hat man es mit einem Irritationsmoment zu tun; so klang es in der wohlwollenden Erläuterung des Rechtsphilosophen Hasso Hofmann an, der das Adjektiv ›sozial‹ als ein Signalwort verstanden wissen wollte, »das in der Verbindung mit überlieferten Vorstellungen und Begriffen neue, aus gesellschaftlichen Erschütterungen resultierende Schwierigkeiten anzeigt«.[3] Die Schwierigkeiten, das ›Soziale im Rechtsdenken‹ zu entdecken, bedeuten keineswegs, dass Jurist:innen nicht

2 Vermengt werden sie beispielsweise bei Heine (2003: 18–26) mit der Vorstellung einer ›sozialen Rechtsanwendung‹.

3 Hofmann 2008: 45; vgl. a. Rückert 2021: 88 f.

›sozial denken‹ würden. Das tun sie durchaus, sehr oft sogar! Aber ihre Wissenschaft, die so viel Wert auf methodische Genauigkeit legt, liefert ihnen dafür kein Handwerkszeug. Die Jurisprudenz ermutigt den Bezug auf das Soziale nicht; es findet nur verschämt und unausgewiesen seinen Eingang in rechtswissenschaftliche Aussagen. Also haben wir die juristische Methodenlehre zu betrachten.

Diskurse zum Recht fokussieren sich seit langem auf die *Wissenschaft vom Recht*, wohingegen sie die gegebenen Norminhalte als kontingent ansehen, als formbaren Stoff in den Händen derer, die diese Norminhalte verwenden. Niemand kann heute in einem Konflikt ein verlässliches Urteil allein aufgrund eines Gesetzestexts finden, ohne zu berücksichtigen, was akademische und höchstrichterliche Auslegung aus diesem Text gemacht hat. Die Geschichte des Rechts wird als Geschichte von dessen Verwissenschaftlichung begriffen. Im Vordergrund stehen die Jurist:innen und was sie gedacht haben.[4] Debattiert wird seitdem vor allem über die Art und Weise des juristischen Arbeitens, dessen Professionalisierung auf der akademischen Jurisprudenz beruht. Fragen zur Rechtsetzung werden dem politischen Kräftespiel überlassen; sie gelten – intellektuell minderwertig – als schnödes Alltagsgeschäft. Sobald eine Norm kodifiziert ist, beginnt das juristische Werk. So wandelte sich der Gesetzespositivismus zum juristischen Szientismus. Vornehmer ausgedrückt: die Selbstbeobachtung des Feldes konzentriert sich auf die von der Jurisprudenz geschaffene Rechtskultur.

Warum haben juristische Methodenfragen ein so hohes Gewicht für das gesellschaftliche Leben? Weil das Recht erst durch die juristische Arbeit wirksam wird, »durch die Art der Rechtslehre bzw. Schulung der Rechtskundigen und die dadurch vermittelten Denkgewohnheiten sowie Praktiken«.[5] Das Handeln von Vertragschließenden, Verwaltungen, Konfliktschlichtung und Gerichten beruft sich auf das geltende Recht, begründet damit das eigene Vorgehen und konkretisiert die abstrakten Normen, welche erst dadurch die für die Betroffenen spürbare Bedeutung gewinnen. Wie das im Einzelfall geschieht, bestimmt sich maßgeblich durch die eingesetzte Methodik. Mit unterschiedlichen Vorgehensweisen produziert dieselbe Norm voneinander abweichende Resultate. Recht ohne Methode bleibt eine Behauptung; erst in der Anwendung auf einen Lebenssachverhalt verfestigt es sich zur empirischen Tatsache.

Das Recht tritt uns in abstrakter Form entgegen, niedergelegt in Kodifikationen und Urteilssammlungen; davon angesprochen fühlen wir uns

4 Von singulärer Kraft für diesen Kurs in der Jurisprudenz war ein Buch, das während der Frühphase der Bundesrepublik in zwei Auflagen verschiedenen Umfangs erschien: die *Privatrechtsgeschichte der Neuzeit* von Franz Wieacker (1952 und 1967). Die Wirkungsgeschichte beschreibt Winkler 2014: 514–567. Vgl. a. Rückert 1995.

5 Treiber 2017: 4.

erst in der Aufbereitung, wie sie durch Wissenschaft und Beratung geleistet wird. Die Vermittlung der generellen, oft auch altertümlichen Normen folgt erklärtermaßen oder implizit bestimmten Umsetzungsregeln und damit einer ›wissenschaftlichen‹ oder ›praktischen‹ Jurisprudenz. Zur Methodik gehört auch die jeweilige Auffassung, wie ›das Recht‹ beschaffen sei. Wird es, wie von Max Weber, als eine ›Ordnung‹ betrachtet, dann wird nach deren innerer Struktur geforscht werden, danach, was die Begrifflichkeit der Dogmatik hervorbringt. Gilt ›das Recht‹ hingegen als ein Konvolut einzelner, nicht notwendig zusammenhängender Weisungen und Entscheidungen verschiedener Provenienz, dann wird es pragmatisch im Bedarfsfall herangezogen, ohne es zuvor systematisiert zu haben. Mit diesen beiden so gegensätzlichen Grundauffassungen korrespondieren unterschiedliche Methodiken – und der immer wieder aufflammende Streit über den richtigen Weg.

Auf dem europäischen Kontinent entstand im 19. Jahrhundert im Zuge der Rezeption altrömischen Rechts die Verwissenschaftlichung des Rechtshandelns. Akademisch geschulte Juristen begründeten einen neuen Berufsstand, und die Diskurse über das Recht wandelten sich. Anwälte und Richter mussten nunmehr intellektuell anspruchsvoll argumentieren, wofür sie sich auf gelehrte Quellen bezogen. Diese Sonderentwicklung schuf die polemisch als ›Begriffsjurisprudenz‹ charakterisierte dogmatische Methodik und trennte das norm- und das sozialbezogene Denken voneinander. Hinfort versuchten die beiden Sphären, eine früher (tatsächlich oder imaginär) gegebene Einheit wiederherzustellen. Das intellektuelle Training, das Interesse an Professionalisierung und andere Faktoren bauten eine selbstbezügliche Wissenschaft vom Recht auf, die bis heute Bestand hat, den sie geschickt und wortreich verteidigt.

Die Wissenschaften von der Gesellschaft spalteten sich damals auf. Als die Soziologie auf die Welt kam, waren die anderen Sozialwissenschaften schon da: die Sozialphilosophie seit der Antike (Platon, Aristoteles), die Jurisprudenz (seit dem *Corpus iuris civilis*) und die Ökonomik (seit Adam Smith und David Ricardo). Nach ihr entstanden noch die Sozialpsychologie und die Politologie. Für die Konstitution der Soziologie als einer Fachdisziplin zählen heute die Jahre kurz vor und nach 1900, und als Namen stehen, immer wieder so benannt, Émile Durkheim, Georg Simmel und Max Weber. Die Geschichtsschreibung der Wissenschaften hat diese Daten gesetzt, Vorläufer und frühere Namenskreationen erwähnt; später wird sie vielleicht einen ganz anderen Entstehungsverlauf schreiben.

Da bereits viel an Theorie und Beschreibung gesellschaftlicher Verhältnisse vorhanden war, fand die Soziologie kein wirklich freies Gelände vor; sie nahm von allem ein bisschen und zog darauf ihre Pflänzchen. Auch ihr Gründungspersonal entstammte den angrenzenden Denkfeldern und brachte deren Annahmen als Prototheorie in die neue Soziologie mit. Eine vollständige Abnabelung konnte nie gelingen und wird auch kaum noch versucht, schon gar nicht in Zeiten der Inter- und Transdisziplinarität. Die Verwandtschaften und Denkflüsse werden bis heute gepflegt; sie führen sowohl zu Kooperationen als auch zu Grenzstreitigkeiten. Das schließt die Jurisprudenz im bunten Strauß der Wissenschaften vom gesellschaftlichen Leben mit ein. Gute Nachbarschaft wird gewünscht, aber Rivalitäten um Reputation und Ressourcen bleiben nicht aus.

In unserem Fall stellen sich dazu solche Fragen: Genügt es, das Recht als rational aufgebautes Normengefüge darzustellen? So versucht es die Jurisprudenz, aber greift sie damit nicht zu kurz? Außerhalb des logisch-vernünftigen Normensystems lauert nicht sofort das Irrationale; es bleibt immer ein Netz von informellen Regeln, Institutionen, Gewohnheiten, die das Handeln lenken. Die Lebenswelt ist nicht nur rechtlich, ethisch oder religiös geordnet, auch ist sie nicht nur der Logik des Profits unterworfen. Sprache und Kultur hegen das ›Chaos‹ ein. Juristisches Denken *kann* all das ignorieren, stellt seine Ergebnisse vielleicht so dar. Aber erfüllt es dann seine Aufgabe? Schleicht sich das Ausgeschlossene hinterrücks ein?

> Ein versierter Soziologe, der zuvor *nicht* Rechtswissenschaft studiert hatte, wandte sich Ende der 1960er Jahre der Kriminalitätsforschung zu und berichtete von seinem Befremden. Im juristischen Handlungsmodell komme der handelnde Mensch nicht vor, sondern der rechtlich abstrahierte Vorgang werde »als ein mechanistisch ablaufender Prozess beschrieben, der völlig entpersönlicht, versachlicht, vergegenständlicht scheint, in dem Kategorien, die sich auf Motivationsvorgänge, subjektive Intentionen, Interessenfaktoren etc. beziehen würden, nur stören würden und kaum der Klärung dienlich zu sein scheinen«.[6] Als Ursache benannte Fritz Sack »das vielleicht etwas überzeichnete Selbstverständnis der sogenannten Begriffsjurisprudenz«. Die Merkmale des deutschsprachigen Rechtsdenkens, welche ihn den Kopf schütteln ließen, wurden in der Jurisprudenz stets verteidigt und von Niklas Luhmann sogar zur Grundlage seiner eigenen Theorie gemacht, die dann in der soziologisch aufgeschlossenen Rechtswissenschaft nachhaltig rezipiert worden ist. Das Unbehagen und eine zumindest latente Unruhe aber sind geblieben.

Die zu berichtenden Auseinandersetzungen hatten Vorläufer und werden Nachfolger haben. Gegen das formalistische Rechtsdenken waren gegen Ende des 19. Jahrhunderts bereits Rudolf Jhering und Otto v. Gierke angetreten. Das hiesige Rechtsdenken führt einen Dauerkonflikt mit sich, der in diesem Buch dargestellt werden soll. Bewusst bleibt mir, dass die Studie dem hoch gesteckten Anspruch nur fragmentarisch und ansatzweise genügen kann. Vor fünfzig Jahren habe ich mich schon einmal intensiv mit dem Problemverhältnis zwischen Rechts- und Sozialwissenschaft

6 So Fritz Sack, der in den letzten Jahrzehnten der orientierende Autor in der deutschen Kriminalsoziologie gewesen ist, 1973: 404 f.

beschäftigt, und zwar in einer Weise, die man ›aktivistisch‹ nennen könnte.[7] Dafür erfand ich Buchtitel wie *Der neue Jurist* und *Soziologie vor den Toren der Jurisprudenz*. Das Bild ›vor den Toren‹ wurde, obwohl gar nicht so gemeint, als Kampfansage aufgefasst und wird bis heute dafür zitiert. Nach der hitzigen Diskursphase in den frühen 1970ern war ich für einige Jahrzehnte schwerpunktmäßig in anderen soziologischen Themenfeldern unterwegs. Als Akteur der früheren Vorgänge mag ich vielleicht ein ›Zeitzeuge‹ sein; diese (forschungsmethodisch fragwürdige) Perspektive will ich aber keinesfalls bedienen. Vielmehr ziele ich auf Beschreibungen und Interpretationen aus zeitlicher und analytischer Distanz.

Meine Darstellung verdichtet sich in den zwei Phasen, als die Kommunikation zwischen den beiden Disziplinen dramatisch hochfuhr. In den Zwischenzeiten beschränkt sich die Diskursbesichtigung auf eine Spurensuche, wenn nämlich die Idee des Sozialen bloß an entlegenen Stellen (so in Kap. 10) oder nur ganz blass bzw. in entstellter Form (Kap. 7) auftaucht. Die Untersuchung bewegt sich auf drei Ebenen: genealogisch (welche Diskurse das Näheverhältnis gestalteten), epistemologisch (welche methodologischen Fragen die Begegnungen aufwarfen) und historisch (welche Ereignisse den Ablauf unterbrachen bzw. voranbrachten). Nach der Vorgeschichte aus dem letzten Drittel des 19. Jahrhunderts (Kap. 1) wird der Paukenschlag geschildert, mit dem Hermann Kantorowicz alias *Gnaeus Flavius* 1906 das juristische Methodenbewusstsein aufrüttelte (Kap. 2). Damals entstand die Vorstellung einer ›soziologischen Jurisprudenz‹ (Kap. 3). Die Disziplinen festigten nunmehr ihre Fachidentität, sodass Jurisprudenz und Soziologie sich voneinander abwandten (Kap. 4). Nach der Zäsur des ersten Weltkriegs traten in der Weimarer Republik einige originär denkende Rechtswissenschaftler mit Vorschlägen zur Integration auf und schufen eine methodologisch diskutable Grundlage (Kap. 5 und 6). Die erneute Zäsur 1933 schlug den Zweig brutal ab; allerdings ließ die nationalsozialistische Rechtserneuerung fatal an einige der vorherigen Ideen erinnern (Kap. 7). Kollaboration bildete die Regel, Widerstand die Ausnahme (Kap. 8). Die frühe Bundesrepublik befasste sich kaum mit unserem Thema (Kap. 9), nur einige interdisziplinäre Stimmen waren zu vernehmen (Kap. 10). Nach 1969 aber erhob sich ein höchst lebendiger Diskurs, aus dem die drei stilbildenden Linien aufgezeigt werden (Kap. 11). Er zeitigte kämpferische Auseinandersetzungen (Kap. 12) und erbrachte einen kräftigen Niederschlag in sämtlichen Teilgebieten der Rechtswissenschaft (Kap. 13). Im Fazit (Kap. 14) stehen Thesen zur Diskursgeschichte, und es wird ein Blick auf die jüngere Gegenwart geworfen (Kap. 15).

7 Interessanterweise gilt ›Aktivismus‹ heute als politisch störend und wissenschaftlich nicht vertretbar; um 1970 hingegen war ›Aktionsforschung‹ eine angesehene Spielart soziologischer Arbeit.

Kap. 1
Die Idee des Sozialen erwacht im späten 19. Jahrhundert

Schon vom Wort konnte her *das Soziale* vor 1900 kein explizites Thema rechtstheoretischer Überlegungen sein. Es vermischte sich so sehr mit beunruhigenden Erscheinungen in den sozialen Bewegungen (Gewerkschaft), bei den politischen Parteien (Sozialdemokratie) und in der Politischen Ökonomie (Marxismus), dass es den damaligen Juristenstand schüttelte. Erst als ›das Soziale‹ sich zum Inhalt einer Wissenschaft sublimierte, konnte es auf Nachsicht hoffen. Diese Wissenschaft nannte sich ›Soziologie‹, sie befand sich damals im Entstehen, vorangetrieben durch Émile Durkheim, Georg Simmel, Ferdinand Tönnies, Max Weber und andere. Die Autoren, die für das neue Fach einstanden, wollten selber mit einem Sozialismus bzw. mit ›linker‹ Politik nichts zu tun haben, sodass der wichtigste Ausschlussgrund nunmehr entfiel. Georg Simmel (*Über sociale Differenzierung*, 1892), Ludwig Gumplowicz (*Sociologie und Politik*, 1892) oder Émile Durkheim (*Die Regeln der soziologischen Methode*, frz. 1895) waren einer polizeirelevanten Umsturzabsicht völlig unverdächtig.

Zu jener Zeit standen sich das sozial- und das rechtswissenschaftliche Denken in ihren Inhalten noch nahe, ja sie waren auf weite Strecken ineinander verschlungen. Die mit Blick auf die Gesellschaft möglichen Fächer waren nicht so weit wie heute ausdifferenziert und gegeneinander abgegrenzt. Ein philosophischer, historischer, ökonomischer oder juristischer Kopf konnte sich leicht in einen der jeweils anderen hineinversetzen. Es gab Doppelmitgliedschaften (wie bei Ludwig Gumplowicz oder Georg Simmel), Fachwechsel im Karriereverlauf (bei Max Weber gleich zwei) und Gastspiele auf dem benachbarten Feld, die nicht sogleich als dilettantisch abgetan wurden. Wer sich der neuen Soziologie zuordnete, stammte zwangsläufig aus einem anderen Fach und blieb ihm verhaftet (das bis heute auch weitab liegen kann: Mathematik, Medizin, Architektur und praktisch jedes denkbare Gebiet). Da die Soziologie schon damals einfach alles vor ihr Visier nehmen konnte und nahm, war ihr das Übergriffige geläufig. Im Lauf der Zeit ergaben sich daraus viele Unerwünschtheiten: Die soziologische Außenbeobachtung widersprach zu oft dem Selbstbild einer Profession und provozierte Ablehnung; doch dazu kam es erst viel später, in der zweiten Hälfte des neuen Jahrhunderts. Vor und nach 1900 befanden sich die Fächer und Professionen in solch enger Tuchfühlung, dass wir heute darüber nur staunen können.

> Früher einmal sprach ich von einer ›Geburt der Soziologie aus dem Geist der Jurisprudenz‹, um den Diskursverlauf im ersten Jahrzehnt nach 1900 zu charakterisieren. Doris Schweitzer hat 2021 eine umfassende Genealogie zur ›Juridischen Soziologie‹ vorgelegt. Sie beschreibt den Einfluss gesellschaftsbezogenen Denkens auf die Gestaltung und die Analyse des Rechts sowie die Rückwirkungen juristischen Denkens auf die Entstehung der Soziologie. Theoretischer Bezugsrahmen ist eine Epistemologie des Schnittbereichs von Rechts- und Sozialwissenschaft, einsetzend mit einer Ideengeschichte zum Thema Gesellschaft und Recht. Sie bezeichnet ›das Soziale‹ wie ›die Gesellschaft‹ als ein »epistemisches Ding«, ein Produkt des Forschungsprozesses aus dem 19. Jahrhundert, als es »entdeckt, erzeugt und verobjektiviert« wurde. Im Rückblick sei zu »erforschen, wie das Ding ›Gesellschaft‹ bestimmte Arten des Fragens und Vorgehens stimuliert, bestimmten Forschungsbedarf generiert und bestimmte Problematisierungsweisen institutionalisiert«.[1]

Der Terminus ›Gesellschaftswissenschaften‹ hatte lange als ein Sammelbegriff gedient, unter dem sich Jurisprudenz, Soziologie, Ökonomie, Staatslehre, Historiographie, Völkerkunde u.a. vereinten. Doch als die Soziologie aus ihren Anfängen im frühen 19. Jahrhundert herauskam und die Jurisprudenz ihren Methodendiskurs intensivierte, profilierten die beiden sich gegeneinander. Auch die übrigen Nachbardisziplinen gerieten nach und nach unter den Druck, ihr Verhältnis zur Soziologie zu bestimmen, ebenso wie diese sich überlegen musste, wie weit sie in überkommene Domänen eindringen wollte und konnte.

> Als einer der ersten hatte Lorenz von Stein (1815–1890) es abgelehnt, das Recht mit dem Staat zu identifizieren, und verlangt, vom Begriff der Gesellschaft auszugehen, der allgemeiner sei als der des Staates, womit er auf »die Erfahrung des übermächtig gewordenen Phänomens Gesellschaft« reagierte.[2] Stein befand, dass die »Wissenschaft des positiven Rechts« (anders als die bloße Kenntnis des positiven Rechts) »ohne die Wissenschaft der Gesellschaft nicht gefunden werden kann«.[3] Jhering bezeichnete 1883 die Jurisprudenz als einen »Zweig der Gesellschaftswissenschaft«; auch Gierke äußerte sich 1895 noch so.[4]

Heute klaffen Jurisprudenz und Soziologie weit auseinander, wohingegen sie damals in wechselseitiger Verwobenheit dachten. Rudolf von Jhering sah in der Sicherung der sozialen Ordnung den Zweck des Rechts, und die entstehende Soziologie fasste die Gesellschaft als normative Ordnung

1 Schweitzer 2021, S. 26 f.
2 Vgl. Blasius 1971: 266–270.
3 Stein 1856: 228.
4 Vgl. dazu Schweitzer 2021: 205 f., 293.

auf. Wenn beide Disziplinen unter dem Dach der Gesellschaftswissenschaften residierten, dann handelte es sich nicht um belanglose Überschriften, sondern um einen Kreislauf des Denkens. Die heutigen Sozialwissenschaften stimmen einem so weitgefassten Einzugsbereich immer noch zu – mit Ausnahme der Jurisprudenz, die ihre Eigenständigkeit unter Beweis stellt und dazu gerade gegenwärtig starke Anstrengungen unternimmt. Die Abgrenzung hat eine Geschichte, die kurz vor 1900 einsetzt und durch das erste Auftreten der Soziologie provoziert worden ist. Bis dahin hatten Themen wie der strenge Normbezug in der juristischen Methodik oder die Unableitbarkeit eines ›Sollens‹ aus dem ›Sein‹ im Fächerkonzert keine besondere Rolle gespielt.

> Nun begannen Bemühungen, das Selbstverständnis der Rechtswissenschaft auf einen Normativismus festzulegen, ihr so eine Eigenständigkeit zu verschaffen. »Erst im Vollzug dieser Normativierung wird die Rechtswissenschaft eine autonome Disziplin [...]. Der gesellschaftstheoretische und soziologische Blick auf das Recht als ein gesellschaftliches Phänomen wird ausgelagert in eine andere Disziplin.«[5] Dazu trugen die sozialkritischen Debatten um die zu Ende der 1890er Jahre veröffentlichten Entwürfe des BGB ebenso bei wie die Versuche einer Soziologisierung der Rechtswissenschaft nach 1900. Ab jetzt würden die juristischen und die sozialwissenschaftlichen Disziplinen zunehmend getrennte Wege gehen – professionell, organisatorisch und thematisch.

Viele Textstellen und Namen können nachgewiesen werden, um das allmähliche Auftauchen des Sozialen in den juristischen Überlegungen vor 1900 darzustellen. Die alten Texte benannten das Soziale anders, waren anders fokussiert und zeigten doch gewisse Gemeinsamkeiten mit dem späteren Diskurs zwischen Rechtswissenschaft und Soziologie. Besonders lebhaft gestalteten sich die innerjuristischen Debatten zum Zweck im Recht (R. v. Jhering), zum Positivismus sowie zum Staatsbegriff (G. Jellinek). Sie richteten das Feld ein, auf dem dann in den ersten Jahren nach 1900 die Jurisprudenz von soziologischen Positionen her herausgefordert wurde. Die regen Debatten hatten sich am Historismus bei Savigny entzündet, in ihnen wurde um das Naturrecht gerungen und formierte sich ein Gesetzespositivismus. Seit Mitte des 19. Jahrhunderts wurde statt von ›Volksgeist‹ öfter auch von ›Gesellschaft‹ gesprochen, beide als Organismus verstanden.[6] Aber direkt wurde die Frage nach dem Sozialen nicht gestellt, zumindest nicht so formuliert, zumal es dazu noch keine Wissenschaft gab.

Zum Auftakt entstand vereinzelt ein Unbehagen an der gebräuchlichen juristischen Arbeitsweise, die alle ihre Entscheidungen aus dem

5 Schweitzer 2021: 381.
6 Vgl. Schweitzer 2021: 171–176.

vorhandenen Recht, vor allem aus den Gesetzen herleiten zu können glaubte. ›Gesetzespositivismus‹ wurde diese methodologische Richtung später genannt, die Judikatur und das Gewohnheitsrecht hinzugenommen auch als ›Rechtspositivismus‹. Diese Art von Dogmatik verstand ihre Aufgabe so, dass zunächst die Rechtssätze gesammelt und systematisch angeordnet werden, daraus Rechtsinstitute konstruiert und auf allgemeine Begriffe zurückgeführt werden; schließlich werden die Begriffe weitergedacht und aus ihnen Folgerungen gezogen.[7] Alle diese Resultate, so heißt es, sind durch die Rechtswissenschaft nicht etwa geschaffen, sondern als etwas Vorgegebenes entdeckt und nur noch ausgesprochen worden. Tonangebend für diese die Rechtsmethodologie dominierende Richtung waren insbesondere Carl Friedrich Gerber, Paul Laband und Carl Bergbohm.[8] In den 1896 veröffentlichten Motiven zum Bürgerlichen Gesetzbuch (BGB) hieß es, dieses sei »ein organisches Gefüge innerlich zusammenhängender Normen«, im Bedarfsfalle müsse es »aus sich selbst, aus dem in ihm enthaltenen Rechtssysteme ergänzt werden«.[9] Das positive Recht wurde hier über die legislativ fixierten Vorschriften hinaus zu einem umfassenden Gebilde wissenschaftlich gefundener Prinzipien hypostasiert. Zu den Meriten des Positivismus gehörte, dass damit ein Bollwerk gegen den spätabsolutistischen Stil eines ›persönlichen Regiments‹ bei Kaiser Wilhelm II. errichtet war.

Gegen den Positivismus wandten sich zunächst nur vereinzelte Stimmen. Albert Hänel (1833–1918) distanzierte sich von einer Methode, die sich »mit scholastischen Formeln und mit metaphysischen Konstruktionsmitteln begnügt«, und forderte eine Methode, die »nach der Erklärung der realen Tatbestände sucht«.[10] Gustav Rümelin trug in einer Leipziger Prorektoratsrede vor, dass es bei juristischen Entscheidungen »sich vielfach nicht um rein logische Operationen, sondern um Zweckmäßigkeitserwägungen oder sonstige Werturteile handelt [...]. Die definitive Feststellung des anzuwendenden Rechts kann dann nur durch Willensentscheidungen erfolgen«.[11] Für unseren Zusammenhang interessiert nicht der Verweis auf Ermessens- und Werturteile; bedeutsam wurde die Erkenntnis, dass die juristischen Urteile nicht allein aus Normen und deren logischer Aufbereitung gewonnen werden. Dem Zweifel, Rechtsanwendung beruhe nicht allein auf solchen Ableitungen, schlossen sich nach Jahrhundertwende immer mehr Autoren an.

7 Vgl. Korioth 1992: 215–217.

8 Jüngere Rechtshistoriker bezweifeln gegen ihre Vorgänger die These, es habe damals einen Rechtspositivismus gegeben. Das mag auf sich beruhen, denn es war die damit gemeinte, wenn auch anders bezeichnete Methodik, die zum Gegenstand von Diskursen nach 1900 erwuchs.

9 Amtliche Ausgabe (1896), Band I, S. 16.

10 Hänel 1888: 232 f; zu ihm vgl. Rinken 2018: 13 I.

11 Rümelin 1891: 5.

Ähnlich wie ›Positivismus‹ gedieh ›Begriffsjurisprudenz‹ zu einem pejorativ gemeinten Schlagwort, mit dem eine nur grob umrissene Ablehnungsfront aufgebaut wurde. Ob es sich um eine Art Popanz gehandelt hat, bleibe dahingestellt. Der hier durchgängig als Prügelknabe gehandelte Georg Friedrich Puchta (1798–1846) erfuhr kürzlich eine Ehrenrettung; ›Begriffsjurisprudenz‹ umfasse »eine Fülle unterschiedlicher Perspektiven, die wiederum nur durch die in ihrem Entstehungskontext damit gestützten Gegenbilder vollends verständlich werden«.[12] Allein, Jhering hatte nun einmal das Wort in die Welt gesetzt, und etliche Zeitgenossen erkannten darin etwas, das sie ohnehin umtrieb, sodass die kritischen Gedanken ihren Lauf nahmen. Der Diskurs um die Begriffsjurisprudenz kann wohl nicht nachträglich ausgelöscht werden; nur wird er heute vielleicht nicht mehr fortgesetzt, zumindest nicht mit diesem Wort.

Zum Anker der Debatte um Positivismus und Begriffsjurisprudenz geriet die Behauptung, die Rechtsordnung sei prinzipiell geschlossen und frei von Lücken. Zwar mochte ein einzelnes Gesetz seinen Gegenstand unvollständig geregelt haben; niemals aber konnte die Rechtsordnung ein Torso sein, sowenig wie die Ordnung der Natur. In der Sicht von Savigny eignete dem Recht ein Charakter des Systematischen, eines organischen Ganzen, und hiernach hatte er seine Darstellung aufgebaut; das Vorbild für diese Methodik hatte ihm die römische Jurisprudenz geboten.[13] Das Dogma von der ›Lückenlosigkeit des Rechts‹ stammte von Gerber und Laband für das Öffentliche Recht, von Windscheid für das Zivilrecht. Etwaig im Gesetz offen gebliebene Fragen wurden durch Konstruktionen anhand der vorliegenden Rechtstexte beantwortet; man vertraute auf die logische Expansionskraft der umfänglichen Kodifikationen, die im Zuge der Reichsgründung ergangen waren. Wenn der auszulegende Normwortlaut keine Lösung hergab, dann operierte man mit Analogieschlüssen und mit der Figur vom ›Geist des Gesetzes‹. Die damit gefundenen Antworten bedeuteten vorhandenes, nicht aber neu geschaffenes Recht – so die positivistische *petitio principii*.[14] Also konnte es im kodifizierten Recht keine Leerräume geben, in denen ein regelungsbedürftiger Sachverhalt ohne Antwort bleibt.

Und wenn doch, wie wären sie denn zu füllen? Wie könnte Wissenschaft (anstelle der Politik) das leisten? Am Postulat der ›Lückenlosigkeit des Rechts‹ würde sich bald das freirechtliche Temperament entladen; denn so unzutreffend die These offensichtlich war, so unklar und umstritten blieb das Vorgehen einer ›Lückenfüllung‹. Eugen Ehrlich legte bereits 1888 in einer Artikelfolge in den ›Juristischen Blättern‹ aus Wien eine Abhandlung dazu vor. Wenn das positive Recht einmal schwieg,

12 Haferkamp 2004: 3.

13 Vgl. Schweitzer 2021: 94–96.

14 Vgl. dazu Bartels-Ishikawa 1998: 28.

mithin ›lückenhaft‹ war und gleichwohl im praktischen Betrieb eine Lösung hermusste, dann trat der nächste Topos auf den Plan, die Rechtsschöpfung. Wissenschaft, Justiz und eventuell weitere Akteure machten hierzu ein Angebot – nur, wie fanden bzw. woher nahmen sie es, und wie war das rechtstheoretisch zu verstehen? An dieser Stelle ereignete sich bald darauf eine Art wissenschaftlicher ›Revolution‹, insofern einige die Soziologie als Rechtsquelle propagierten. Mit der Trias Lücke – Rechtsschöpfung – Soziologie stand das Selbstverständnis der Jurisprudenz vorübergehend in Flammen, wie hier später gezeigt werden wird. Die Methodenlehre nach der Jahrhundertwende wird die Annahme einer Lückenlosigkeit einmütig verwerfen.

Vor allem für das Öffentliche Recht – damals wie heute das lebendigste Themenfeld – wurden methodologische Probleme aufgeworfen. In der Wissenschaft vom Staatsrecht hatte seit 1880 nahezu unangefochten der Positivismus geherrscht. Lebhaft diskutiert wurden Begriff und Wesen des Staates. Selbst wenn hierzu vor allem die Staatsrechtler schrieben, konnten die Antworten sich nicht auf eine Inhaltsangabe zur Verfassung beschränken; zu deutlich drängten sich die politischen und historischen Bezüge auf. So kam es auch hier zur Rivalität zwischen normativen und empirischen Sichtweisen. Georg Jellinek (1851–1911) fand dafür Lösungen, die bis heute besprochen werden. Er unterschied am Staat zwei Seiten: die soziale und die rechtliche. Ihm zufolge war der Staat einmal gesellschaftliches Gebilde, sodann rechtliche Institution. Diese ›Doppelnatur‹ entsprach den dualistischen Methodiken, in denen rechts- und sozialwissenschaftliche Beiträge strikt getrennt wurden und die sich über Jellineks Hinweise auf den Zusammenhang zwischen Staatssoziologie und Staatsrechtswissenschaft hinwegsetzten.[15] Die Zweiseitentheorie des Staates erfüllte »einen doppelten Zweck: dem Anerkennungsdruck der empirischen Sozialwissenschaften ist Rechnung getragen, und gleichzeitig ist die eigenständige Provinz des Rechts gewahrt«.[16] Die These setzte ein langandauerndes Nachdenken zum Staat in Gang, wobei soziologische und juristische Überlegungen einander durchdrangen, obwohl sie in Jellineks Staatsbegriff ausdrücklich voneinander getrennt geführt wurden. Die Öffnung zur Soziologie hin vermochte die juristische Seite allerdings meist nur dazu zu verlocken, das außerjuristische Wissen selbst herzustellen, statt Theoreme und Empirie aus dem Nachbarfach zu beziehen.[17]

> Jellinek öffnete eine Tür, die Jurisprudenz aber zögerte, sie zu durchschreiten. Seine Formel von der ›normativen Kraft des Faktischen‹ war keine Erklärung, eher nur »die Formulierung eines Problems als eine

15 Vgl. Schluchter 1968: 16–22.
16 Stolleis 1999: 431.
17 Vgl. Lepsius 2020: 86 f.

Antwort«.[18] Jellinek schuf hier ein schillerndes Schlagwort (bei ihm übrigens als ein psychologischer Zusammenhang gemeint), das der strikten Trennung von Sein und Sollen widersprach, ohne den Übergang zwischen den beiden ontologischen Dimensionen zu klären. Schon mit der 1887 formulierten These von der Selbstbindung des Staates hatte er eine Brücke vom Sein zum Sollen geschlagen.[19] Auch in seiner Lehre zur Geltung des Rechts zeigte Jellinek, wie »empirische und normative Seite bei ihm getrennt und gleichzeitig verbunden sind«.[20] Er gab dem Rechtsdenken viel zu beißen, war befreundet mit Max Weber und regte diesen nachhaltig an.

Im Zuge der Aneignung des kommenden bzw. neuen BGB wurde ›das Soziale‹ in seiner Vieldeutigkeit diskutiert: erstens, inwieweit das BGB den sozialen Zweck des Privatrechts verwirkliche; zweitens und damit zusammenhängend, inwieweit es zu sozialer Gerechtigkeit führe; drittens, ob es mit Hilfe der Sozialwissenschaften zu interpretieren sei.[21] Hier wurden bereits die Themen angeschlagen, die die Rechtstheorie das gesamte 20. Jahrhundert hindurch beschäftigen werden: Genese und Funktion des Rechts, der Klassenbias, Folgenberücksichtigung bei der Rechtsanwendung, juristische vs. empirische Wahrheitskriterien, das Verhältnis zwischen den kodifizierten (positiven) und allen übrigen sozialen Normen.

War das BGB antisozial? Der soziale Gedanke ist mehrdeutig: einerseits als ›soziale Aufgabe‹ zum Schutz der Schwachen, andererseits rechtstheoretisch als Gegensatz zu einer individualisierenden Denkweise. Die beiden Bedeutungen bestehen nicht ganz unabhängig voneinander; die Diskurse dazu berühren sich. Nachdem der Entwurf zum BGB bekannt geworden war, erhob sich manche Kritik, und es verstärkte sich der Ruf nach einem ›Volksrecht‹ anstelle des ›Juristenrechts‹, nach Politik und Leben anstelle von System, nach Gegenwart anstelle römischer Vergangenheit. Die Worte Gesellschaft und soziale Ordnung tauchten nun noch häufiger auf.[22]

Und noch einige weiteren Fragen beunruhigten das Selbstverständnis der Jurisprudenz. Welchem Geist war das *neue BGB* als Grundgesetz für den Privatverkehr verhaftet – der alten Pandektologie oder einem modernen Stil? – Wie verstand sich das *Richteramt*? Die Befähigung dazu war durch das Gerichtsverfassungsgesetz von 1877 zur Zulassungsbedingung für die wichtigsten juristischen Berufe erhoben worden, kontrolliert durch zwei Staatsprüfungen nach einer langjährigen Ausbildung.

18 Drath 1977: 156.
19 Vgl. Kersten 2011: 26.
20 Stolleis 1999: 453.
21 Zum Diskursverlauf s. Schweitzer 2021: 268–294.
22 Vgl. Schweitzer 2021: 243–262.

Damit war die richterliche Tätigkeit zum Leitkriterium juristischer Arbeit geworden und genoss eine kritische Aufmerksamkeit, die bis in die zweite Hälfte des 20. Jahrhunderts anhalten würde. – Wie wirkt *das Leben* auf den Bestand und die Praxis des Rechts ein? Die diffuse und anmutungsstarke Kategorie spukte in mehrere juristischen Diskussionen hinein.[23] Konnten *Gefühle* in der Rechtsfindung einen anerkannten Platz haben? Musste nicht auch die *Praxis* stärker berücksichtigt werden? Neben die abstrahierende Rechtsgelehrsamkeit sollte vielleicht die Erfahrung der juristischen Arbeit an Alltagsfällen sowie der wirklichen Lebensbedürfnisse treten.[24]

Im Hintergrund vieler Äußerungen zum juristischen Denken stand der Gegensatz zwischen praktischer und akademischer Jurisprudenz. Wie Richter, Beamte und Anwälte juristisch handelten, das unterschied sich dramatisch vom Auftritt auf dem Katheder und in Lehrwerken. Nach welchen Kriterien und mit welcher Wertigkeit konnte dies alles zur Provinz des Rechts gerechnet werden? Letztlich stand hier die Wissenschaftsqualität auf dem Prüfstand, und füglich wurde genau sie von einigen infrage gezogen bzw. meistens präventiv verteidigt. Bis heute grundiert die Sorge vor einem Statusverlust die intensiven Diskurse zur Ausbildungsreform (Universität vs. Repetitorenwesen und Fachhochschule), zum Verhältnis von Theorie und Praxis und zur juristischen Denkweise überhaupt (neuerdings gibt es dafür eine ›Rechtswissenschaftstheorie‹).

Sowenig es sich als Krise bezeichnen lässt, so spürbar war doch eine Unruhe, und zwar stärker als jene Sensibilität gegenüber gesellschaftlichen Entwicklungen, die ohnehin alle juristische Arbeit auszeichnet. Die Unruhe stammte aus dem Inneren der Jurisprudenz und hing mit ihrer Umwelt nur insoweit zusammen, als die verkündeten juristischen Berufsideale nicht mehr restlos in die erfahrene Berufswirklichkeit hineinpassen wollten. Die Jurisprudenz hatte sich im Lauf des 19. Jahrhunderts einen Wissenschaftsstil angeeignet, der das Recht losgelöst von der übrigen Kultur betrachtete und es in einer Weise gegen andere Gegenstände isolierte, die nur schwer durchzuhalten war. Zudem war die Jurisprudenz zwischen die Frontlinien von Natur- und Geisteswissenschaften geraten, musste sich hier auf eine Seite schlagen und landete mit ihrem hermeneutischen Erbteil bei den Textwissenschaften unter Verleugnung ihres Bezugs zur gesellschaftlichen Realität. Mit Julius von Kirchmanns Rede von 1847 zur »Wertlosigkeit der Jurisprudenz als Wissenschaft« im Ohr musste das Fach auf der Hut sein und allzeit darauf vorbereitet, seinen Status zu verteidigen. Die damals hervorgetretene Unsicherheit der Rechtswissenschaft über ihre methodischen Grundlagen würde anhalten, auch über die bald folgenden Umbrüche und Restaurationen

23 Vgl. Schweitzer 2021: 317–322.
24 Schnädelbach 2020: 122–132.

hinweg, und dem Fach konjunkturell schwankend bis in die Gegenwart zu schaffen machen.

Drei Anreger: R. Jhering – L. Gumplowicz – E. Ehrlich

Als um 1900 die Idee des Sozialen die Bühne des Rechtsdenkens betrat, geschah dies nicht ohne Vorspiele. Angekündigt hatte sich die neue Perspektive seit Mitte des 19. Jahrhunderts. Von vielen Namen und Werken, die damals einen Versuch dazu wagten, werden eingedenk ihrer Entschiedenheit und Innovativität im Folgenden nur drei hervorgehoben: Jhering, Gumplowicz und Ehrlich. Weitere wären ebenfalls von Interesse, sind aber bereits anderwärts mehr oder weniger ausführlich behandelt.

Der Rechts- und Kulturhistoriker *Wilhelm Arnold* (1826–1883) veröffentlichte 1865 eine umfangreiche Abhandlung über ›Kultur und Rechtsleben‹, die heute als Vorstufe zur späteren Kritik an einer ›Begriffsjurisprudenz‹ genannt wird, damals aber nicht besonders aufgefallen zu sein scheint. Arnold schrieb, das Recht befinde sich in »lebendiger Wechselwirkung« mit allen »Seiten des Volkslebens«, also mit Wirtschaft, Sittlichkeit, Politik, Sprache, Kunst und Wissenschaft; »in keinem Falle hat es selbständiges Dasein für sich«. Damit hatte der Marburger Professor und konservative Reichstagsabgeordnete den ›Volksgeist‹, bis dahin die rechtstheoretisch dominierende Figur, materialisiert und eine Blickwende zur Wirklichkeit vorbereitet. Die geläufige Methodologie ermahnte er: »Das Rechtssystem muss sich also an die allgemeinen Grundlagen anschließen, die es nicht selbst konstruiert, sondern in den jeweiligen Kulturzuständen vorfindet, und erst wenn es dies getan hat, kann es die Rechte im Einzelnen je nach dem praktischen Zweck oder Bedürfnis mehr oder weniger willkürlich disponieren und dabei auch nach rein logischen Gesichtspunkten verfahren. Ein abstraktes Rechtssystem in dem Sinne, dass dasselbe sich an gar keine tatsächlichen Verhältnisse einer bestimmten Zeit oder eines bestimmten Volkes anlehnte, gibt es nicht.«[25]

Der höchst einflussreiche Rechtshistoriker und Verbandsrechtler *Otto von Gierke* (1841–1921) wiederum kritisierte eine »formalistische Richtung« der Rechtswissenschaft, die auf die »logisch-formale« Seite der Begriffe orientiert sei und diese »gleich mathematischen Axiomen« verwende; es fehle die »Erforschung des inneren Zusammenhangs des Rechtes mit der Kultur, vor allem mit den wirtschaftlichen Zuständen«.[26]

25 Arnold 1865, Zitate: 398 f., 414, 416.
26 Gierke 1874/1915: 5, 8.

Mit dem wiederholten Bezug auf »das Leben« und auf die Felder Wirtschaft, Politik und Kultur war in damaliger Terminologie angesprochen, was später als ›Gesellschaft‹ apostrophiert werden würde. Nur verbargen sich die Überlegungen in einem sehr ausführlichen Vergleich zwischen dem Römischen und dem aktuellen Pandektenrecht; auch waren sie völlig unaggressiv formuliert, sodass sich niemand zur Stellungnahme genötigt sehen musste. Umso mehr fielen Artikel auf, die Jhering seit 1860 pseudonym veröffentlichte.

Rudolf von Jhering

Am meisten gehört wurde die Stimme des Rudolf von Jhering (1818–1892). Er erweckte Aufmerksamkeit durch die Fülle und Brillanz seiner Schriften, auch durch die Wandlungen seines Denkens im Lebensablauf sowie auch seiner Bücher in der Folge der Auflagen. Seine große Gesamtdarstellung des antik-römischen Rechts hatte Jhering zunächst als ein organisch-systematisches Ganzes angelegt und folgte dabei der damals allgemein anerkannten Methodik seines Lehrers Friedrich Carl von Savigny, der als Schöpfer der Fachdisziplin Rechtswissenschaft i.e.S. galt.

> Im dritten Band überfielen ihn erste Zweifel am prinzipiengeleiteten ideellen Wesen des Rechts. Jhering verkündete den Primat des ›Lebens‹ vor dem Logizismus; »die Begriffe sind des Lebens wegen da. Nicht was die Logik, sondern was das Leben, der Verkehr, das Rechtsgefühl postuliert, hat zu geschehen, möge es logisch notwendig oder unmöglich sein«.[27] So machte er sich auf den Weg, das ›Leben‹ im Recht, vermittelt durch die ›Zwecke‹, zur Geltung zu bringen.[28]

Einige Jahre darauf hielt Jhering seinen weltweit gelesenen Vortrag ›Der Kampf ums Recht‹, worin er den Wandel und die Geschichtlichkeit des Rechts unterstrich. Der Autor befand sich jetzt bereits in seiner Spätphase und begann ein weiteres großes Werk, ›Der Zweck im Recht‹, worin er aufzeigte, wie die Zielsetzungen des Individuums und des Gemeinschaftslebens über Interessenkämpfe das Recht erschaffen. Wichtig waren ihm nun die empirische Wirklichkeit der Gesellschaft und die Praxis des Rechts. Und wenn er das Recht als ›die Sicherung der Lebensbedingungen der Gesellschaft‹ definierte und das Recht allenthalben auf ›die Gesellschaft‹ bezog,[29] dann musste sich wohl das juristische Denken mit dieser konkreten Gesellschaft beschäftigen, bevor es zu seinen

27 Jhering 1865: 303.
28 Vgl. Lennartz 2017: 33.
29 Vgl. dazu Schweitzer 2021: 210–241. Zu Jhering vgl. Wischmeyer 2015: 69–72.

Schlüssen kam, die eben nicht mehr allein aus einem ›Geist des Gesetzes‹, aus einem ›Volksgeist‹ oder aus der Natur abzuleiten waren.

In den Schriften aus dieser Zeit tauchte zum ersten Mal eine ganze Reihe von Reizworten späterer Diskurse auf. Jhering erfand das Wort von der *Begriffsjurisprudenz* und geißelte deren Arbeitsweisen mit beißendem Spott. In einer umfangreichen Satire zum »juristischen Begriffshimmel« ereiferte er sich über den leeren Formalismus des damals gepflogenen Rechtsdenkens und sprach von einem »luftleeren Raum, wie er für die Begriffe nötig ist«. Denn »die Begriffe vertragen sich nicht mit dem Leben, sie haben eine Welt für sich nötig, in der sie ganz für sich allein existieren, fern von jeglicher Berührung mit dem Leben«.[30]

> Um im Begriffshimmel mitzuspielen, bedarf es besonderer Qualifikationen. Wer hineinwill, statt im »allgemeinen Juristenhimmel« zu bleiben, muss durch eine Quarantäne und dann eine Prüfung bestehen. »Eine Quarantäne? Zu welchem Zweck? – Um uns sicherzustellen, dass du uns keine atmosphärische Luft mitbringst. – Vertragt Ihr die denn nicht? – Sie ist Gift für uns. Eben darum ist unser Himmel im äußersten Winkel der Welt angebracht, damit keine Luftwelle und kein Lichtstrahl hineindringt. Die Begriffe vertragen die Berührung mit der realen Welt nicht.« Dem Novizen werden gezeigt: die Haarspaltemaschine, die Kletterstange der schwierigen juristischen Probleme, ein Fiktionsapparat, ein Konstruktionsapparat. Er sieht die dialektisch-hydraulische Interpretationspresse, den dialektischen Infiltrationsapparat, den Eliminator, wodurch unbequeme positive Äußerungen der Stellen beseitigt werden, sowie die dialektische Bohrmaschine. Der wissende Begriffsjurist sagt: »Türen kennen wir hier nicht, wir sind gewohnt mit dem Kopf gegen die Wand zu rennen, dann gibt sie nach und lässt uns durch.«[31]

Diese Spottbilder wurden erstmals seit 1860 veröffentlicht – unter Pseudonym, wie es Kantorowicz 45 Jahre später ebenfalls halten würde und dabei mit ›Der Kampf um die Rechtswissenschaft‹ den Titel von Jherings meistgelesener Schrift variierte. Hier also liegt der spektakuläre Beginn des Diskurses, den dieses Buch nachzeichnen will. Als ›Begriffsjurisprudenz‹ wurde nicht die Rechtspraxis, sondern die Wissenschaft des Rechts charakterisiert. Der Erfinder des Schimpfworts wandte sich ursprünglich nur gegen einige Usancen in der römischen Rechtsgeschichte, damals eine der Entscheidungsgrundlagen. Jhering kennzeichnete die Begriffsjurisprudenz als »die Scholastik in der heutigen romanistischen Wissenschaft«. In der folgenden Erläuterung schilderte er, wie sie ihm selber in jungen Jahren »als Vorbild der richtigen juristischen Methode galt« und

30 Jhering 1884: 250 f.
31 Alle Zitate bei Jhering 1884: 250–271.

er vor allem an »einer apriorischen logischen Konstruktion« interessiert gewesen sei. Der Umschwung kam »durch den regen Verkehr mit Praktikern«, und von da an wandte er sich gegen den »Kultus des Logischen« und die »Schuldidaktik«.[32]

> Der Jurisprudenz seiner Zeit hielt Jhering vor, sie lasse »den praktischen Endzweck und die Bedingungen der Anwendbarkeit des Rechts außer Acht« und erschaffe »eine Arena für logische Evolutionen, für die Grammatik des Geistes, in der dem größten Denkvirtuosen die Palme zufällt«. Damit rief er einen weiteren Topos des seitherigen Diskurses auf: den »Gegensatz von Theorie und Praxis«, als Ursache für »eine solche Verirrung in einer so praktischen Wissenschaft, wie die Jurisprudenz es ist«. Sein Blick richtete sich auf die damaligen Professoren, auf die »Ausscheidung der Lehrtätigkeit zu einem selbständigen Lebensberuf«. Erst das Lehren des Rechts habe dazu genötigt, das (römische) Recht korrekt und genau zu formulieren. Die Theorie aber verliere das Leben aus dem Auge, sie geriere sich, als ob das Recht »ihretwegen da sei, ein dankbares Objekt für das logische Denken, ein Zirkus für dialektisch-akrobatische Kunststücke«. Bei den Rezepturen zur Abhilfe ging Jhering Themen an, die noch ein Jahrhundert später auf der Agenda standen, darunter das Prüfungswesen: die Art des Examinierens und die Zusammensetzung der Kommissionen.[33]

Das Denkdrama des Rudolf von Jhering erstreckte sich über mehrere Jahrzehnte. Seine beiden Hauptwerke hinterließ er unvollendet. Mit Hakenschlägen und überraschenden Einfällen hatte er zwar Anstöße für ein verändertes Rechtsdenken gesetzt, nur keine neue Methodik vorgeführt. Ob und inwieweit eine Zweiteilung in Jherings Denkentwicklung zu erkennen ist – die Rede war schon von ›Umbruch‹ und ›Wende‹, ja von den ›zwei Jherings‹ –, bleibe hier dahingestellt. Statt von einem ›Damaskus-Ereignis‹ wird heute von einer methodenkritischen Wende oder einem Perspektivwechsel gesprochen.[34] Jhering habe sich nicht gegen Dogmatik schlechthin gewandt. Dies entspricht der Harmonisierungstendenz heutiger Methodengeschichtsbetrachtung, die Brüche zudeckt und Polemiken gegenüber der ›Begriffsjurisprudenz‹ zurücknimmt. Anders wohl das ganze 20. Jahrhundert hindurch die Skepsis gegenüber dem Formalismus im Rechtsdenken. Wer in Jhering den Stifter der ›soziologischen Rechtsschule‹ sah, empfand etwas umwerfend Neues; dies muss zu jeder Zeit die rechtswissenschaftliche Orthodoxie provoziert haben. Mit seiner ›naturhistorischen Methode‹, damals chemisch-physikalisch verstanden, rückte Jhering die Empirie in den Blick.[35]

32 Zitate bei Jhering 1884: 337 f.
33 Jhering 1884: 347 f., 357, 371–383.
34 Vgl. dazu Birr 2022: 66–75; Wischmeyer 2015: 85.
35 Vgl. Haferkamp 2018: 318.

Das Kürzel ›Begriffsjurisprudenz‹ eignete sich gut als Schlagwort; es bündelte mehrere Topoi, darunter die Scheuklappe gegenüber dem Sozialen. Die spätere Forderung einer Soziologisierung der Jurisprudenz war nun vorbereitet. Verstanden als Angriff auf die Autonomie der Rechtswissenschaft wurde hinfort eine Abwehr organisiert, und zwar durch die Betonung des teleologischen Moments im Recht (›Interessenjurisprudenz‹). »Es bildet sich das normative Zweckdispositiv heraus, das die Rechtswissenschaft gegen die Soziologie erfolgreich zu immunisieren vermag«.[36] Eine Argumentation mit Zwecken fördert ein unexpliziertes Changieren zwischen Normativität (per Zielsetzung) und Kausalität (per zielführendes Mittel). Niemals hat der Funktionalismus geklärt, welchen Platz die Empirie in ihm einnimmt. Jherings ›Zweck im Recht‹ stieß mehrheitlich auf Ablehnung, der Impuls aber wurde rezipiert und verwertet.

> In Jherings Sicht sind es faktische soziale Entwicklungen, die das Recht produzieren. Helmut Schelsky hat daraus gefolgert, damit sei »der Rechtsdenker, sowohl als Theoretiker wie vor allem als praktischer Gesetzgeber, zur Analyse dieser sozialen Entwicklungen um des Rechts willen gezwungen. Hier strömt also der ganze Bereich der analytischen Sozialwissenschaft in die Rechtswissenschaft ein, eine methodische Forderung, der Jhering (wenn auch methodisch unvollkommen) im Gegensatz zu fast allen Rechtswissenschaftlern seiner Zeit nachgekommen ist.«[37]

In seinem letzten dogmatischen Werk, das den Untertitel ›Kritik der herrschenden juristischen Methode‹ trug, stand eine Bemerkung, mit der Jhering auch den Ton des bald anhebenden Diskurses vorgab: »Irrige Ansichten *widerlegt* man, falsche Richtungen *bekämpft* man.«[38] Er habe seinen Kampf gegen die von Savigny formulierte Richtung geführt. In Clausewitzscher Manier fügte er hinzu, zum Kampfe müsse man umso schneidigere Waffen zur Hand nehmen, je gefährlicher der Gegner sei, und die Absicht haben, den Gegner zu Boden zu werfen. Gelinge dies nicht, so treffe einen das Los selber – »alles, was er ihm zugefügt hat, fällt mit verdoppeltem Gewicht auf ihn zurück«. Wer es später unternahm, im Namen der Sozialwissenschaften einer begriffslogischen Rechtsdogmatik auf den Leib zu rücken, hätte hier eine hellsichtige Warnung lesen können.

Ludwig Gumplowicz

Die zentrale Bedeutung, die das Recht in der frühen Soziologie besaß, ist oft dargestellt worden, insbesondere für É. Durkheim und M. Weber.

36 So Schweitzer 2021: 177.
37 Schelsky 1972 a: 64.
38 Jhering 1889: XII, H.i.O.

An dieser Stelle sei eines weiteren Autors gedacht: Ludwig Gumplowicz (1838–1909), emigrierte innerhalb des K.u.K. aus dem polnischen Krakau nach Graz, wo er als Professor für Verwaltungslehre und -recht an der Universität Staats- und Verwaltungsrecht lehrte. Er gehörte zu dem damals nicht ganz seltenen Typus, der Jurisprudenz und Soziologie nebeneinander betrieb. Sein Wirken kann exemplarisch zeigen, wie vor 1900 ein Versuch verlief, die Rechtswissenschaft mit dem Gesichtspunkt des Sozialen zu konfrontieren. Es gibt nur wenige solcher Beispiele, und dieses beeindruckt durch die Fülle vorliegender Schriften. Wir sehen einen Wissenschaftler, der von der Jurisprudenz zur Soziologie überging und in beiden Bereichen zeitlebens hochpräsent blieb. Für die Fachgeschichte gilt Gumplowicz ohnehin als der Erste, der in deutschsprachigen Buchtiteln ab 1883 den Soziologie-Begriff verwandte.

Für Gumplowicz gründete das Recht auf Macht und Kampf. Er begriff insbesondere das öffentliche Recht als eine gewaltgesicherte Manifestation der Interessen von Privilegierten. Seine Soziologie suchte nach deterministischen Entwicklungsgesetzen, die das Handeln von Gruppen regieren und formulierte dazu einen konsequent konflikttheoretischen Ansatz. Alles führte er zurück auf einen Kampf um die Macht, dessen Wurzel in der Lebensfürsorge liegt. Die siegreichen Kollektive (Gumplowicz nannte sie anfänglich und oft missverstanden ›Rassen‹) überstülpen der Gesellschaft ein Recht, das die Beziehungen zwischen den Gruppen regelt. Der hieraus folgende soziologische Staatsbegriff brachte ihm viel Gegnerschaft ein. Vom Staatsrecht aus war er zur Soziologie gelangt, wo seine zahlreichen Werke allerdings weitgehend unbeachtet blieben (anders in Frankreich und in den Vereinigten Staaten). Dabei enthalten sie viele soziologisch gehaltvolle Gedankengänge, die aber weder damals noch später in den jeweiligen Zeitgeist passten.[39]

> Gumplowicz veröffentlichte 1885 einen ›Grundriss der Sociologie‹, woraufhin man ihm vorhielt, den Grundriss zu einer Wissenschaft geschrieben zu haben, die nicht existiert.[40] Das Konzept ›Rasse‹ beschrieb er in sozial-konstruktivistischer Art: Sie ist »ein geschichtlicher Begriff, [eine] durch die sociale Entwicklung entstandene Einheit«, ausgehend von geistigen Momenten wie Sprache, Religion, Sitte, Recht, Kultur, und gelangte von da aus zu dem Wir-Gefühl »der Einheit des Blutes«.[41] Gumplowicz kannte das Wirken des Rassismus nur zu gut. Bevor er nach Graz auswanderte, hatte er in seinen ersten Lebensjahrzehnten die

39 Vgl. dazu Brix 1986: 45–57.

40 Vgl. dazu Kleinwächter 1909: 79.

41 Gumplowicz 1883: 193 f.; vgl. a. Surmann 2020: 450; Brix 1986: 49. Ulrike Hamann (2016: 145) sieht in Gumplowicz' Rassenkampf eine Vorwegnahme der von Michel Foucault (1999) beschriebenen Diskursform, wonach der Krieg als Grundstruktur politischer Beziehungen anzusehen ist.

Unterdrückung der Polen unter dem österreichischen Regime in Krakau an den eigenen Initiativen erlebt. Als Pole, Jude, Aufständischer, Antiklerikaler und Migrant sammelte er intersektionale Erfahrungen. Er entzauberte den »nationalistischen Mythos eines reinen Ursprungs [und] bestritt, dass ›Volk‹ und ›Rasse‹ klar definierbare Begriffe seien. Das war zu einer Zeit, als die Narrative der Nationalstaaten eben solch klare Definitionen benötigten, geradezu blasphemisch«.[42] Während er selber sich keiner bestimmten ›Rasse‹ zugehörig fühlte und keine davon für minder- oder höherwertig hielt, unterschied die Majorität hiesiger Wissenschaftler ›eigenes‹ und ›fremdes‹ Volkstum und sah das eigene ›Volk‹ als überlegen an – für Gumplowicz eine Erfindung der Geschichtswissenschaft. So verdarb er sich es mit allen.

Das Recht führte Gumplowicz in seiner Dogmatik vollständig auf den Staat zurück, ausdrücklich nicht auf eine Überzeugung des Volkes oder auf ein Angeborensein. Daraus dürfe nun aber nicht gefolgert werden, dass »alles Recht aber das Erzeugnis der Willkür der Staatenbeherrscher sei. Denn auch der Staat steht ja unter den zwingenden Gesetzen der socialen Entwickelung.« In einer Anmerkung wird die Rechtswissenschaft zugunsten der Soziologie entmachtet: »Die Frage, wessen Wille maßgebend ist im Staate, kann das Staatsrecht in der Jurisprudenz nur *formal* beantworten: das Wesentliche dieses Vorganges kann nur die Sociologie erklären.« Auch die Frage nach der Entstehung des Rechts weist er ausschließlich der Soziologie zu. »Die Rechtslehre hat es nur mit dem bereits *bestehenden* Rechte zu tun.« An dieser Stelle bringt er auch seine soziologische Orientierungsthese unter, wonach alles Recht aus dem Zusammentreffen ungleicher Gruppen herrührt. Es sei »nichts anderes als die, von den um Macht und Einfluss im Staate kämpfenden socialen Gruppen jeweilig festgesetzte *Grenze* ihrer Herrschaft und ihres Einflusses, eine Grenze, die je nach dem Wechsel der Macht dieser Gruppe bald hin-, bald hergeschoben wird.« Das gelte vom Staats-, aber auch vom Privatrecht. Damit übertrug Gumplowicz die Erkenntnisse seiner Soziologie (1885) in die Rechtsanalyse. Und den rechtssoziologischen Ansatz betonte er mit Ideen zum Gewohnheitsrecht, das die Quelle allen Rechts sei. »Denn der Gesetzgeber bringt im Gesetze nur das wirkliche Recht, wie es sich im Leben herausgebildet hat, zum Ausdruck. [...]. Die wirklichen Kräfte des Lebens, oder deutlicher gesagt die *socialen Bestandteile des Volkes*, die im Kampf um Herrschaft das Recht erzeugen, die lassen sich durch willkürliche Gesetze nicht ändern«.[43] Die gedankliche Distanzierung, wie sie eine soziologische Herangehensweise notwendigerweise mit sich brachte (so sehr sie in anderen Bindungen gefesselt bleiben mochte), führte Gumplowicz zu seiner antagonistischen

42 Hamann 2016: 139.

43 Alle Zitate aus Gumplowicz 1891: 1–3, H.i.O.

Theorie, die den staatsrechtlichen Überzeugungen seiner Zeit diametral entgegenlief.

Dieser Erkenntnisrahmen zog methodische Folgen nach sich. In der dogmatischen Begründung von Rechtssätzen durften Argumente über Ethik, Menschennatur oder Volksgeist nicht auftauchen. Nahm nun Gumplowicz die Gelegenheit wahr, die Thesen zum lebenden Recht, zum Kampf zwischen sozialen Gruppen in seinen juristischen Werken anzuwenden, und folgte er dann den eigenen Vorgaben? Die Methodik der Rechtswissenschaft dürfte nicht sein Thema gewesen sein. Auch war die Soziologie in den Jahrzehnten vor 1900 nicht so weit ausgebildet, als dass sie für eine Argumentation innerhalb der Jurisprudenz hätte ins Auge gefasst werden können.

Sein Lehrbuch zum (österreichischen) Staatsrecht behandelte nach der Verfassung sämtliche Gebiete der Staatstätigkeit (Militär, Polizei, Verkehr, Wirtschaft, Gewerbe, Finanzen, Schulen, Universitäten, Religion, Gesundheit, Arbeitsunfall- und Sozialversicherung u.a.). Diesen Text verfasste Gumplowicz wie andere Rechtswissenschaftler auch, indem er den Inhalt des geltenden Rechts deskriptiv vermittelte und sich mit politischer Kritik zurückhielt. Über weite, ja die allermeisten Strecken argumentiert der Staatsrechtler Gumplowicz wie alle seiner Zunft: Narration der Gesetzesinhalte, Wortauslegungen, logische Schlüsse, *Common sense*, Auseinandersetzung mit anderen Meinungen. Er hatte das österreichische Recht erst spät erlernt und schrieb hier eine Art Grundriss mit Überblickscharakter. An manchen Stellen schalt der Autor eine ihm überflüssig erscheinende Unterscheidung, beispielsweise die zwischen ›materiellen‹ und ›formellen‹ Gesetzen‹, und nannte solche »Haarspaltereien« praktisch wertlos; sie leisteten »nur unproduktiver Scholastik Vorschub«[44] – ein weiterer Hieb auf die gewöhnliche Rechtsdogmatik.

Eine eigene Note verlieh er seiner Darstellung mit historisch-strukturellen Erläuterungen zu einzelnen Vorschriften. Seine soziologische Auffassung kam an den Stellen zum Einsatz, wo übergreifende Konzepte wie Staat, Verfassung, Nationalitäten u.ä. zu erläutern waren. Bei den politischen Grundrechten des Individuums ließ Gumplowicz eine Sympathie für die Freiheit erkennen, allerdings in vorsichtiger Formulierung. Zum Gleichheitssatz der Verfassung deckte er illusionslos dessen eingeschränkten Wirkungsbereich auf. Zur Erbschaftssteuer wandte er ein, es fehle an einer gerechten Belastung, wenn sie »ohne Rücksicht auf die persönlichen Verhältnisse in gleicher oder doch proportionaler Weise« erhoben wird, und dies bei einem Steuersatz von max. 8 Prozent. Die Kosten der Unfallversicherung für Arbeiter sollten, entgegen geltender Regel, die Unternehmen tragen.[45]

44 Gumplowicz 1891, S. 16 f.
45 Gumplowicz 1891: 247–250, 330, 616.

Die herrschende Klasse, meinte Gumplowicz, schafft und erhält das Staatsrecht aus der Sorge um die Aufrechterhaltung ihrer Herrschaft; nur das geeinte Vorgehen gegen die Masse der unterworfenen Bevölkerung verhindert eine bedrohliche Lockerung der ganzen Organisation. Das gleiche gelte für die Normgebung im Verhältnis zwischen den Herren, insbesondere den Grundeigentümern, zu ihren Hintersassen.

> Sie erlassen Maßregeln, »deren gewaltsame Durchführung zuerst und deren friedliche Befolgung sodann seitens der Beherrschten, das *rechtliche* Verhältnis zwischen letzteren und ersteren ins Leben ruft«. Nur so entstehe Recht, auch heute: »Immer ist es der Druck und Gegendruck zweier interessierten Parteien als Vertreter ihrer sozialen Gruppen, der sich in Forderung und Weigerung ausdrückt«. Gumplowicz verdeutlichte das mit dem Bild des Krieges, »zwei sich feindlich gegenüberstehende Heere in entwickelter Gefechtslinie, die um ein zwischen ihnen liegendes Terrain kämpfen«. Die Zickzacklinie, in der das Vorrücken steckenbleibt oder die im Waffenstillstand ausgehandelt wird, »das ist das *social entstandene Recht*«. In der Natur der Rechtslehre, namentlich zum Privatrecht, liege es, »dass sie von einem Einfluss der Macht auf die Gestaltung der Rechtsinstitute nichts wissen will [...]. Gewalt und Recht sind ihr unversöhnliche Gegensätze«.[46]

Zu jener Zeit rang die Rechtswissenschaft um einen Staatsbegriff; historisch-soziologische Konzepte standen gegen vertraglich-normative Konzeptionen. Das lieferte einen Vorgeschmack auf die Methodendebatte, die sich wenige Jahre später anschloss. Die ›soziologische Staatsidee‹ von Gumplowicz setzte den sozialen Inhalt des Staates sowie seines Produkts, des Staatsrechts, mit der ›Gesellschaft‹ gleich.[47] Für ihn würde eine Suche nach soziologischen Methoden im Recht kaum Sinn machen; denn Rechtsanalyse sei per se soziologisch. So lehnte er die dogmatische Denkweise im Staatsrecht seiner Zeit prinzipiell ab, wie aus verschiedenen polemisch formulierten Bemerkungen, vor allem gegen Jellinek, hervorgeht. Später blies auch Franz Oppenheimer in dieses Horn.[48] Die Rechtswissenschaft benutze einen defizitären Staatsbegriff und könne aufgrund ihrer Methode zu gar keinen anderen Ergebnissen gelangen. Daher sei ihr das letzte Wort über den Staat zu entziehen; dieses habe die Soziologie zu sprechen.[49]

Das positive Recht – komme es aus der Gesetzgebung oder aus der Wissenschaft – wird zum bloßen Niederschlag eines in der Bevölkerung – genauer: in Teilen davon – lebenden Rechts heruntergestuft. Das widersprach der damals wie heute vorherrschenden Meinung. Damit einher

46 Gumplowicz 1892: 109–111, H.i.O.
47 Vgl. dazu Boßdorf 2003: 423; Prendergast 2020: 347–353.
48 Vgl. Anter 2016, S. 16.
49 Boßdorf 2003: 81.

ging eine Entwertung der wissenschaftlichen Dogmatik, indem sowohl deren Ausgangspunkt (Gesetzeswortlaute) und Arbeitsweise (wissenschaftliche Reformulierung) als willkürliche Akte und im Range hinter das ›eigentliche‹, also das »sozial erzeugte Recht« abqualifiziert wurden.

Da Gumplowicz der Rechtswissenschaft vorhielt, sie wolle »von einem Einfluss der Macht auf die Gestaltung der Rechtsinstitute nichts wissen«, schien er der Dogmatik zu empfehlen, diese Art des Zustandekommens bei der Auslegung zu berücksichtigen. Er sagte nicht, ob und wie das am Resultat etwas ändern würde; aber eine methodologische Weisung muss so weit auch nicht gehen. Und Gumplowicz sah sich bereits so sehr als Soziologe, dass die Umsetzung seiner Idee von Staat und Recht eine Angelegenheit der Jurisprudenz sein musste. Dort allerdings wurde einer materialistischen Auffassung wie der von Gumplowicz – der übrigens kein Marxist war – nicht gefolgt; die Problematik von Legalität und Legitimation, also die normativen Dimensionen, interessierten Rechts- wie Sozialwissenschaft weit mehr als eine bellizistische Deutung der Staatsbildung. Mit dem Grenzübertritt zur ›Sociologie‹ hatte Gumplowicz sein Renommee als Rechtswissenschaftler aufs Spiel gesetzt – und verloren. ›Renommee‹ bedeutete, als Jurist ernst genommen und mit seinen Gedanken beachtet zu werden. Das Herkunftsfach strafte ihn mit Nichtbeachtung, das neue Fach existierte noch nicht. So hing er zwischen den Stühlen.

> Gumplowicz, obwohl zu seiner Zeit weithin bekannt, blieb ein Außenseiter, und dies auch in den universitären Kreisen, weil er gegen die Jurisprudenz zugunsten der Soziologie opponierte.[50] Einige triviale Faktoren trugen zur Nichtbeachtung bei. Als Jurist publizierte Gumplowicz speziell zum österreichischen Recht, und für seine ›Sociologie‹ gab es noch kein Interesse. Graz verließ er nur selten. Zum Hintergrund, dass Gumplowicz' Positionen auf wenig Gegenliebe stießen und später vergessen wurden, wird seine »abgrundtief pessimistische Philosophie« gehört haben;[51] im Unterschied zu den idealistischen Meinungen gab es bei ihm keinen Fortschritt. In mancher Hinsicht sprach hier übrigens ein Vorläufer des Carl Schmitt, nur ohne sich selber dem Machthaber anzudienen. Indem er den Anteil von Gewalt an der Staats- und Rechtsbildung hervorhob, den Einfluss der Ethik aber als gering einschätzte, sprach Gumplowicz etwas aus, das bis heute ungern gesehen und in den Theorien übergangen wird.[52]

50 Adamek 2006: 382.
51 Vgl. Anter 2016: 19.
52 Lauermann 1997: 719 begründet die heutige Aktualität des Vergessenen damit, dass »bei Gumplowicz Konzepte entwickelt worden sind, die der gesellschaftlichen Verdrängung unterliegen«.

Von einem Staats- und Verwaltungsrechtler wie Ludwig Gumplowicz, der sich selber eher als Soziologen betrachtete, wären Konzepte zu erwarten gewesen, die noch vor Eugen Ehrlich die methodologische Brücke zwischen den Disziplinen gebaut hätten. Die Erwartung blieb unerfüllt, wohl weil er die Grundeinheit seiner Soziologie weder im Individuum noch in der Gesellschaft sah, sondern in den Großgruppen, die aber nur selten – außer im Völkerrecht – den Zurechnungspunkt von Rechtspositionen bilden.[53] So sucht man in Gumplowicz' juristischen Lehrbüchern über weite Strecken vergeblich nach Beispielen für die Sozialbezogenheit des Rechtsdenkens, wie auch selber er sich an jenen Stellen darum nicht bemüht hat. Dabei eignet sich das Grundverständnis des Sozialen als eines konflikthaften Geschehens, von Gumplowicz bis heute soziologisch gültig formuliert, durchaus zur Engführung mit dem Recht als einem Medium der Lösung von Konflikten.

Eugen Ehrlich

An einer anderen Ecke von Österreich, eine Generation jünger als Gumplowicz und mit wenig Berührungspunkten zu diesem, wirkte Eugen Ehrlich (1862–1922). Lange vor seinen ruhmbegründenden Schriften, bereits 1888, hatte er einen Lauf zur Soziologie im Recht begonnen. Ehrlich war damals 26 Jahre alt, arbeitete in Wien als Anwalt und musste auf die Habilitation warten – das Verfahren soll von 1888 (Antrag) bis 1894 (Erteilung der *venia*) gebraucht haben.[54] An einer Serie kurzer Artikel, kaum beachtet in einer Wiener Richterzeitschrift erschienen, lässt sich verfolgen, wie er sich dem methodischen Rekurs auf das Soziale näherte. Er hakte bei der Frage ein, ob das positive Recht lückenhaft sein könne und wie in solchen Fällen zu verfahren sei, angesichts des Verbots einer Rechtsverweigerung. Die h.M. verneinte damals das Phänomen einer ›Lücke‹; wo die bestehenden Vorschriften keine unmittelbare Antwort erlaubten, sei mittels Begriffen und Logik zu verfahren. Ehrlich listete eine lange Reihe zivilrechtlicher Fälle auf, für die sich in deutschen bzw. österreichischen Gesetzen keine Lösung fand. Auch das überlieferte Römische Recht, von Ehrlich ausführlich geprüft, half nicht weiter. Hingegen sprangen höchstrichterliche Judikate und wissenschaftliche Aufsätze ein; sie lieferten passende Rechtssätze, allerdings ohne dabei den schöpferischen Anteil einzugestehen. Wie waren sie dazu gekommen? Ließ sich denn ein neuer Rechtssatz nicht auf andere Art als durch begriffsjuristische Konstruktionen überzeugend begründen? Ehrlich stellte

53 Vgl. Alvear Moreno 2020: 62, 66 u. pass. zum Ausschluss der Kategorie Mensch bei Gumplowicz.

54 Vgl. Vogl 2003: 84 f.

die Umrisse einer neuen Rechtstheorie vor, worin in nuce bereits die wesentlichen Ideen seiner späteren Schriften enthalten waren. Deswegen konnte er 1903 zutreffend auf die Kontinuität seiner Arbeiten seit 1888 hinweisen.[55]

> Wenn die Methodengeschichte diese Texte meist übergeht, dann hat sie es sich zu einfach gemacht; tatsächlich machte sich das Thema hier bereits in vollem Sinne auf den Weg. Der Fortsetzungsaufsatz in einer kleinen Berufszeitschrift aus Wien wurde in der Jurisprudenz des Deutschen Reichs kaum zur Kenntnis genommen – eine publizierte Anmerkung ist bis heute nicht aufgefunden worden. Er ist also »fast unbekannt geblieben«, wie der Autor selbst vermerkte. Im ersten Jahrzehnt nach 1900 fand er im Kreise freirechtlicher Juristen einige Beachtung, insgesamt blieben seine Schriften zunächst Insiderwissen. Eine die Gesellschaft einbeziehende Rechtswissenschaft wurde also bereits früh gedacht, auch wenn sie erst später Diskursreife errang.[56]

Für Ehrlich entwickelte sich das Recht aus konkreten Lebensverhältnissen, beispielsweise aus den Usancen des Handels, die dann zu (Gewohnheits-) Recht werden können, wenn sie als verpflichtend anerkannt werden. Für das von Ehrlich später so prominent gemachte ›Lebende Recht‹ erschienen hier in verschiedenen Formulierungen die ersten Hinweise.

> So zog er eine »Grenze zwischen werdendem Recht und gewordenem Recht, [...] dem noch sehr unvollkommenen Recht«. Er verwies auf die Schwelle, »wenn im Rechtsbewusstsein des Volkes ein neuer Rechtssatz mit solch‹ zwingender Kraft und elementarer Gewalt nach Geltung ringt«. Folgen wollte er »dem warm pulsierenden Leben [...], kein Richter konnte sich dem überwältigenden Einfluss entziehen.« Den Römern sei es darum gegangen, »das geltende Recht in einer dem Rechtsbewusstsein der Zeit entsprechenden Weise auszugestalten.« Das Volksbewusstsein erfasse auch die juristische Seite sozialer Institute.[57]: Und so ging es weiter.

Da Ehrlich die meisten Operationen logischer, hermeneutischer und semantischer Art als ›Fiktionen‹ ansah, gelangte er zu weiten Lücken und damit zu einem breiten Raum, in den sozio-ökonomische Erwägungen einströmen konnten. Die Brückenfigur dazu fand er in der ›Natur der Sache‹, die in der Jurisprudenz mit der *aequitas* verwechselt, als Scheinbegründung missbraucht und nebelhaft definiert worden sei. Richtigerweise stecke sie in den Lebensverhältnissen; »und die aus der Natur der Lebensverhältnisse sich ergebenden Normen sind eben Normen aus der

55 Ehrlich 1903: III f.

56 Vgl. Ehrlich 1903: V; Vogl 2003: 109 f.

57 Alle Zitate aus Ehrlich 1888: 448, 460, 472, 496, 512.

Natur der Sache«. Diesem Methodenstandpunkt ließ sich, wie später irrig geschehen, keine Vermengung von Sein und Sollen vorwerfen; denn Ehrlich hielt weder die Lebensverhältnisse noch die Natur der Sache für Recht; sie fungierten als empirisch zugänglicher Gerechtigkeitsmaßstab, an dem sich im Falle einer Lücke im gesetzlichen Recht die richterliche Entscheidung orientieren konnte.[58]

In Ehrlichs Sicht handelte es sich bei den ›Lücken‹ also um Lebensverhältnisse, die nicht vom positiven Recht geregelt sind, das heißt, juristisch noch nicht anerkannt sind, aber von der Rechtsprechung – dazu angehalten durch den Entscheidungszwang – bestätigt werden. Wie waren hier ›Lebensverhältnisse‹ und ›juristisch anerkannt‹ zu verstehen? Mit ›Lebensverhältnis‹ konnte nur eine soziale Situation gemeint sein, über die ein Konflikt entstanden war. Und weil das Recht gesellschaftlich, d.h. im ›Leben‹ hervorgebracht wird, kann es im Richterspruch oder in der Gesetzgebung nur ›anerkannt‹ werden und dadurch den staatlichen Charakter gewinnen. Die richterliche Antwort auf das Entscheidungsbegehren, angesichts einer Lücke im vorhandenen Recht, schuf neues Recht. Sie war nicht ›frei‹ im Sinne eines subjektiven Dafürhaltens, sondern gebunden an die aus der sozialen Praxis empirisch ermittelte Rechtsvorstellung bei den Akteuren vor Ort.

> Auch wenn Situationen – beispielsweise die stille Gesellschaft, Inhaber- und Ordrepapiere – bereits bekannt seien, also das Gesetz uns nicht sagen müsse, was sie eigentlich sind, suche das Gesetz häufig »das Institut oder das Verhältnis, auf welches es die Norm bezogen wissen will, dadurch zu bezeichnen, dass es dasselbe definiert, dessen wesentlichen Merkmale hervorhebt. [Das] erfordert ein großes Beobachtungstalent, nicht geringe stilistische Begabung: beides in einem Maße, wie es auch bedeutende Gelehrte nicht immer aufzuweisen haben«.[59]

Ehrlich stellte hier das Wissen um die soziale Wirklichkeit der normativen Figurierung gegenüber. Er empfahl daher dem Gesetzgeber, die Beschreibung der Begriffe der Wissenschaft zu überlassen. Und »woher nimmt die Wissenschaft das materielle Substrat für die Definition?« Ehrlich meinte, wir bräuchten kein Gesetz, um zu wissen, was Schenkung ist; wir hätten dies »längst schon gewusst, bevor wir irgendetwas vom Privatrecht wussten«.

> Und so sei es bei den meisten Instituten des allgemeinen Zivilrechts. Auch ohne je Recht studiert zu haben, wisse jedermann, »was Kauf, Tausch oder Miete, Diebstahl oder Betrug ist. [Die] Beobachtung des täglichen Lebens genügt«. Anders sei es bei Instituten außerhalb »des gewöhnlichen Verkehrs«, wie beispielsweise dem Kontokorrent, die

58 Ehrlich 1888: 581; vgl. Vogl 2003: 335–339.
59 Ehrlich 1888: 546 f.

vom Gewohnheitsrecht und von der Wissenschaft erläutert werden. Wenn der Gesetzgeber ein Rechtsinstitut normieren will, »darf er sich weder auf ›seinen Willen‹ noch auf die Intuition verlassen; er muss es studieren, wie es im Leben vorkommt«. Es seien auch »jene Rechtsinstitute, von welchen man in der Regel annimmt, dass sie durchaus ein Werk des Rechtes sind und vom Rechte dem Leben aufoktroyiert wurden, tatsächlich im Leben entstanden und vom Leben ins Recht übergegangen«. Kein Zweifel, dass das Eigentum sowie die verschiedenen Verträge »nicht durch eine positiv-rechtliche Norm eingeführt, sondern im Leben entstanden und vom Recht bloß anerkannt wurden«. Somit sei es entschieden eine merkwürdige Selbsttäuschung, trotzdem anzunehmen, »dass die juristischen Begriffe rein intuitiv oder bloß durch logische Schlussfolgerungen aus dem Gesetze gewonnen werden«. Der Fehler beruhe auf »dem ungeheuren Kultus der Logik«, die doch rein formal sei. »Der Jurist denkt gewiss logisch – es wäre traurig, wenn es nicht der Fall wäre –, aber er denkt nicht Logik.«[60]

Ehrlich zeigte hier geradezu didaktisch, wie verschieden das begriffslogische vom empirisch-beobachtenden Denken ist. Er plädierte, anhand von Beispielen aus dem römischen Recht, für ein induktives statt eines deduktiven Vorgehens. Das materielle Substrat in der Jurisprudenz sei eben nicht die Logik, »sondern auf induktivem Wege gewonnene Beobachtungen [...] am Markte, bei täglichen Einkäufen oder im Privatgespräch mit Freunden und Bekannten, und am häufigsten im geschäftlichen Verkehre«. Was später ›sozial‹ und ›gesellschaftlich‹ genannt werden sollte, hieß hier noch »Vorgänge des wirklichen Lebens«[61], und wo hier noch »Beobachtung« und »Studium der Praxis« gefordert wurde, würde es später um Empirie gehen.

Immer wieder verweist er auf »das Wesen der Lebensverhältnisse, welches sich uns bei der Beobachtung tatsächlicher Vorgänge des Lebens erschließt«. Untersuchungen neuerer Soziologen wie Herbert Spencer hätten gezeigt, dass jedes soziale Institut »wenigstens zur Zeit seiner Entstehung eine soziale Mission zu erfüllen hatte, eines wirklichen oder wenigstens eingebildeten sozialen Zweckes wegen dagewesen ist«. An dieser Stelle trat ›die Soziologie‹ in die Argumentation ein. So bezwecke »zum Beispiel das Staatsrecht die Organisation der Klassenherrschaft«,[62] das Verwaltungsrecht verfolge einen bestimmten Wohlfahrtszweck, das private Vermögensrecht einen privatökonomischen Zweck.

Die beispielsreichen Erörterungen zu den Zwecken (im Gefolge Jherings) und zur Natur der Sache waren fast trivial; die Betonung von Beobachtung und Lebenswirklichkeit indessen war dies nicht, zumal

60 Alle Zitate Ehrlich 1888: 558.
61 Ehrlich 1888: 569 f. u.ö.
62 Zitate bei Ehrlich 1888: 581 f.

Ehrlich hierfür das Primat gegenüber begriffslogischen Schlussweisen beanspruchte. Dem Römischen Rechtsdenken bescheinigte er eine weit größere Treffgenauigkeit als dem Gemeinen Recht, also seiner Gegenwart. Aus der Rechtsgeschichte leitete Ehrlich die Lehre ab, dass »jedes Lebensverhältnis erst vom Recht anerkannt werden muss, bevor die sich aus seiner Natur ergebenden Normen zu Rechtsnormen werden«.[63] Hier war der Grundgedanke von Ehrlichs Rechtstheorie ausgesprochen: Die Normen werden zuerst im realen Leben generiert und dann durch Justiz und Gesetzgebung ins Recht übernommen; ohne den Anerkennungsakt sind es allerdings keine Rechtsnormen, sondern Normen anderer Art.

Indem er den Blick so eindringlich auf das *Lebensverhältnis* richtete, startete er seine spätere Theorie zum ›lebenden Recht‹. Er erwog beispielsweise die Befragung geeigneter Persönlichkeiten, die »mitten im Gewühle des Lebens stehen«, anstelle des lokal beschränkten Bekanntenkreises; er sprach von Experiment und Beobachtung – also von ernsthafter Empirie. Er konstatierte, das moderne Rechtsleben – im Gegensatz zum älteren neuerungsfeindlichen – tendiere dazu, »jedem Lebensverhältnisse, dessen Zweck gebilligt werden kann, die rechtliche Anerkennung zu verschaffen«. Dies allerdings »nur auf Grund eines eingehenden Studiums der Praxis«.[64]

Ehrlich untermauerte seine These mit zahlreichen Hinweisen rechtsgeschichtlicher und -vergleichender Art. Mit der rechtlichen Anerkennung verbindet sich die Billigung der zugrundeliegenden Zwecke und das Sanktionspotential. Die Anerkennung, das verdeutlichten Ehrlichs weitere Ausführungen, kann in Gesetzen, im Gewohnheitsrecht oder gerichtlichen Präjudizien liegen. Die juristische Konstruktion und der Analogieschluss wurden nicht verworfen (solange sie nicht zur Begriffsjurisprudenz führen), und zwar weil die Lückenhaftigkeit des Rechts nicht beseitigt werden kann.[65]

In einem längeren Abschnitt befasste sich Ehrlich mit der Figur des Vertrages, die damals breit und streitig diskutiert wurde. Den gordischen Knoten des Meinungsknäuels durchschlug er mit seiner neu gewonnen Sichtweise: »Der Vertrag ist kein Begriff, den das Recht in seinem Laboratorium präpariert hatte, es ist ein Institut, welches das Leben selber herausgebildet hat, dessen Herrschaft weiter reicht als irgendein Rechtsgebiet.« »Wissen wir, was der Vertrag im Leben ist, so wissen wir auch, was der Vertrag im Recht ist.« Ob etwas, das im Leben als Vertrag erscheint, auch Rechtsfolgen nach sich zieht, das hänge »von einer

63 Ebd.: 1888: 594.
64 Zitate bei Ehrlich 1888: 627, 629 bzw. 603.
65 Ehrlich 1888: 603–605.

> weiteren Voraussetzung ab, von der Anerkennung durch das Recht« und den dort eventuell verlangten Formen.[66]

Hier diskutierte Ehrlich längst nicht mehr das Lückenproblem, sondern noch allgemeinere Fragen der Rechtstheorie und der juristischen Methodik. Zu beobachten war das Entstehen eines Rechtsdenkens, das sich danach schrittweise weiterentwickeln und eine zukunftsfähige Verzahnung von Juristischem und Gesellschaftlichem erschaffen würde. Ehrlich hat seine Lücken-Artikel als den Beginn seiner Vorarbeiten zum Hauptwerk bezeichnet, der ›Grundlegung der Soziologie des Rechts‹, erschienen 25 Jahre später.

Ungeachtet aller Dispute um den Staatsbegriff, um das Verhältnis von Staat und Gesellschaft verfolgte Ehrlich die Theorieabsicht, das Recht nicht als ein ausschließliches Staatsphänomen zu erörtern, sondern es in die Hände gesellschaftlicher Akteure zurückzulegen. Denn dort, so meinte er, entstehe das Recht, und der Staat könne es nur noch anerkennen. Damit setzte sich Ehrlich in Gegensatz zu den politischen Verhältnissen der Kaiserzeit. Auch wurde seine Theorie oft als eine Demokratisierung der Jurisprudenz verstanden.[67] Die spätere Neigung, das Soziale im Rechtsdenken als eine politisch linksstehende Position wahrzunehmen, nahm hier ihren Anfang.

> In seiner Habilitationsschrift mit einem rechtsdogmatischen Thema knüpfte Ehrlich 1893 an seinen Lücken-Aufsatz an.[68] Thema war die Frage, ob ein Schweigen und Passivbleiben zwischen Interaktionsbeteiligten bestimmte Rechtsfolgen nach sich ziehen kann. Hierzu dekonstruierte Ehrlich den Begriff einer stillschweigenden Willenserklärung.[69] Die Rechtsfolgen ließ er vom »wirklich als Recht Geübten« abhängen, ein Vorgriff auf sein später formuliertes Konzept des in der sozialen Wirklichkeit ›lebenden Rechts‹.

Ehrlich erarbeitete hier weder eine *Soziologie im Recht* noch damals schon eine *Soziologie des Rechts*, auch wenn sein Name zu alldem oft beansprucht wird. Genau besehen betrieb er etwas deutlich Anderes. Sein Ziel war, pointiert gesagt, eine Entstaatlichung und Vergesellschaftung des Rechtstableaus. Das heißt, die normativen Grundlagen juristischer Urteile sollten nicht allein dem positiven Recht entnommen werden, hinzuzunehmen seien die gesellschaftlichen Rechtsvorstellungen, zumal in den Regelungslücken des kodifizierten und judikativen Rechts. Damit erweiterte er das Repertoire der Rechtsquellen und leistete so einen Beitrag zur juristischen Methodenlehre – nicht aber zur Soziologie.

66 Zitate Ehrlich 1888: 619.
67 Vgl. Vogl 2003: 196–251.
68 Explizit Ehrlich 1893: 291.
69 Ehrlich 1893: 286 f. Das folgende Zitat auf S. VI.

Den Neuererimpuls wusste Ehrlich durchaus auch zu zügeln. Die letzte seiner drei rechtsdogmatischen Monographien (1899) – hilfreich bei der Ernennung zum Ordinarius – bewies erneut, dass er in konventioneller Manier schreiben konnte. Ehrlich mochte auch vergessen gemacht haben, dass er kürzlich noch mit sozialkritischen Aufsätzen hervorgetreten war, worin der eben Dreißigjährige sich für eine verbesserte Soziallage der Arbeiterschicht sowie für die Gleichberechtigung der Frauen in den Universitäten und allen Berufen eingesetzt hatte.[70]

In dem Buch von 1899 ging er sämtliche 2385 Paragraphen des kommenden reichsdeutschen BGB durch, um die Differenz zwischen zwingenden und abdingbaren Vorschriften zu erörtern. Dabei hütete er sich, seine Kritik an Lückenlosigkeit und Begriffslogik sowie seine Ideen zum sozialen Leben als eigentlicher Rechtsquelle vorzubringen. Immerhin deutete er die Andersartigkeit seiner Auffassung an und benannte als seinen »Grundgedanken, die Natur des Rechtssatzes richte sich nicht nach der sogenannten Absicht des Gesetzgebers, sondern nach dem gesetzgebungspolitischen Charakter des Rechtsinstituts«. Mit dem vieldeutigen Verweis auf einen ›politischen Charakter des Rechtsinstituts‹ verließ Ehrlich auch hier die üblichen Bahnen juristischen Denkens, erregte aber durch die unpolemische Formulierung keinen Anstoß. Bei einer Pflichtarbeit mit über 260 Seiten Text, die nicht aus dem Herzen kam, unterlief schon einmal ein Flüchtigkeitsfehler wie der auf S. 30, wo statt *BGB* das Drehkürzel *GBG* steht. Das Buch fand ein insgesamt positives Echo.[71]

Was die Konzeptionen Ehrlichs und der herrschenden Rechtslehre stets unterschied, lag in der Differenzebene von Genese vs. Geltung. So sagte er beispielsweise über ein grundlegendes Institut des Zivilrechts, »dass der Vertrag nicht durch das Recht geschaffen wurde, sondern älter ist als das Recht [...]; eine gewisse natürliche Verbindlichkeit hat der abgeschlossene Vertrag überall«.[72] Die historische Herleitung und die rein soziale Normativität wurden zum dogmatischen Argument – damals wie heute für die juristische Methodologie schwer verdaulich. Der soziologisch gestimmte Ansatz begriff die Qualität von Recht aus dessen Entstehungsprozess, die Dogmatik hingegen stellte auf die normative Legitimation ab. Beide Denkweisen waren stets uneingeschränkt sinnvoll; fragwürdig wurden sie bei wechselseitiger Ausschließlichkeit, wie sie niemals schärfer als im späteren Streit zwischen Kelsen und Ehrlich artikuliert worden ist, während nach vielen anderen auch Habermas (1992) sie zu überwinden versucht hat.

70 Vgl. Vogl 2003: 86–90.
71 Vgl. Ehrlich 1899: V; Vogl 2003: 11 f.
72 Ehrlich 1893: 3 f.

Die Jahrhundertwende – der Diskurs verdichtet sich

Ehrlich fasste 1903 seine zehn, fünfzehn Jahre zuvor entwickelten Ideen zusammen und bekräftigte sie mit evolutionsbezogenen Argumenten. Inzwischen war die juristische Fachöffentlichkeit auf ihn aufmerksam geworden. Mit der aus einem Vortrag in Wien hervorgegangenen Kurzmonographie ›Freie Rechtsfindung und freie Rechtswissenschaft‹ avancierte er zum Namenspatron der kommenden Methodenrebellion, weswegen an dieser Stelle seine neuformulierten Thesen dargelegt werden müssen. Er betonte, »dass jedes System festgelegter Rechtsregeln seiner Natur nach lückenhaft ist, [weil] die gesellschaftlichen Einrichtungen, auf die das Recht Anwendung findet, in einer fortwährenden Entwicklung sind«.[73] Wie nur konnte das so viel Aufregung hervorrufen?

Ehrlichs Basisthese, von der alle weiteren Ideen ausgehen, lautete: Die Rechtsordnung besteht aus einer Summe von Normen, die kein vollständiges Ganzes bilden. Gemessen am Ideal, stets eine juristische Entscheidung liefern zu können, muss die Gesamtheit vorhandener Normen notwendig lückenhaft sein, eben weil »das Recht nicht ein abgeschlossenes, vollständiges System abstrakter Rechtsregeln ist, sondern aus Einzelentscheidungen besteht«.[74] Und zwar: von legislativen und judikativen Entscheidungen zur rechtlichen Gestaltung von Situationen oder Konfliktfällen. Die Idee aus dem 19. Jahrhundert, das Recht bestehe in Form eines Systems, errichtete damals die enge Pforte, durch die jede nichtrechtliche Erwägung hindurchmusste, um in der Darstellung ›des‹ Rechts und seiner Anwendung vorkommen zu können. Die Systemidee fungierte als Schlüsselargument, um die Rechts- von der breit verstandenen Sozialwissenschaft abzutrennen (und ist das bis heute geblieben). Als geschlossenes Ganzes konnten Fachgrenzen gezogen und verteidigt werden. Hier vollendete sich die bei Savigny begonnene Ausdifferenzierung juristischen Wissens zu einem für Außenstehende unzugänglichen, hermetisch umfriedeten Feld. Niemand war so nachdrücklich dagegen angegangen wie Eugen Ehrlich, und alle späteren Missverständnisse seines Werks lassen sich wohl auf diese, als dem Professionalisierungsinteresse zuwiderlaufend gefürchtete Position zurückführen.

Als (romanistischer) Rechtshistoriker führte Ehrlich die vorstaatlichen Anfänge des Rechts auf gesellschaftliche Vorgänge zurück und nannte mehrere Beispiele: Das Verkehrsrecht sei fast ausschließlich Verkehrsbrauch; das Recht des Schadensersatzes und Prozesses gehe aus der allmählichen Milderung der Eigenmacht und Selbsthilfe hervor; das Recht der Familie und der Vererbung beruhe auf den ursprünglichen Neigungen der Menschheit. »In dem Juristenrecht, das sich aus den

73 Ehrlich 1903: 17.
74 Ehrlich 1903: IV.

Besitzverhältnissen entwickelt, finden die gesellschaftlichen Machtverhältnisse ihren Ausdruck.«[75]

»Die Ehe wird fast vor unseren Augen aus dem Herrschaftsverhältnis eines Mannes über ein Weib eine Verbindung zweier gleichwertiger und gleichberechtigter Individuen«. »Die gewaltigsten und unaufhaltsamsten Rechtsumwälzungen gehen in den gesellschaftlichen Einrichtungen selbst vor sich und bilden die Entscheidungsnormen des Juristenrechts vom Grunde aus um«.

Diese Rechtsgenesen fanden, schon aufgrund ihrer Allgemeinheit, keinen Widerspruch. Die Frage aber blieb: Kümmert das die heutige, in staatlichen Einrichtungen anzuwendende Methodik? Die großen Gesetzgebungen im ausgehenden 19. Jahrhundert, gipfelnd im deutschen BGB, warfen Fragen zur Rechtskultur auf.

Ehrlich hielt die Kodifikation für unvermeidlich, angesichts des erreichten Umfangs vorhandener Normen; sie bringe Ordnung und Übersichtlichkeit »in den Wust des Juristenrechts«. Aber er sah auch Nachteile, zerreiße sie doch »die *internationale* Wechselwirkung der wissenschaftlichen Arbeit, wie sie zur Zeit der Blüte des gemeinen Rechts zweifellos vorhanden war«. Wenn nun das Gemeine Recht durch moderne Gesetzbücher ersetzt worden ist, müsse dann auf jede freie Rechtsfindung verzichtet werden? »Soll es in Zukunft unser Schicksal sein, das Leben mit Fiktionen und Konstruktionen meistern zu müssen?« Zur Disposition stehe hier nicht »die Bindung durch das Gesetz, sondern durch juristische Technik, die das Gesetz auf Fälle anwendbar machen will, für die es keine Vorschrift enthält«. Willkür werde dadurch nicht vermindert, Vorhersehbarkeit nicht erhöht; denn es »überlässt auch die technische Rechtsfindung so viel dem Ermessen des Richters, dass sie vor der freien so gut wie keine Vorteile bietet«.[76]

An dieser Stelle musste sich die Frage erheben, was neben die perhorreszierte ›Technik‹ treten konnte, um im Einzelfall juristisch handeln zu können. Ehrlich verwies mit wenigen Worten auf die Stärke der Richterpersönlichkeit, auf ein »Auge für das Wesen gesellschaftlicher Vorgänge«, auf ein »Empfinden für die Bedürfnisse der Gegenwart« sowie auf »eine stetige Fühlung mit dem geschichtlich Gewordenen im Rechte« – was keine wirklich handhabbare Anleitung bot.[77] So konnte er der kommenden ›Lehre vom Freirecht‹ zwar den Namen geben, nicht aber eine Methode. Auch die Schrift über ›Soziologie und Jurisprudenz‹, zuerst erschienen in der viel gelesenen ›Die Zukunft‹ des Maximilian Harden und

75 Ehrlich 1903: 12, folgende Zitate: 14.
76 Ehrlich 1903: 18–21, H.i.O.
77 Ehrlich 1903: 30, 32.

dann noch an zwei weiteren Stellen, leistete das nicht. Ehrlich skizzierte hier die »Entwicklung der Jurisprudenz zur Rechtswissenschaft und damit zu einem Zweig der Soziologie«[78]; gemeint war das als kategoriale Einordnung, was keine Methodik lieferte, allenfalls eine propädeutische Überlegung dazu. Immerhin hatte sich Ehrlich inzwischen eine rechtstheoretische Position erarbeitet, die er in einfachen, klaren Sätzen vermitteln konnte.

So verkündete er in der *Zukunft* einem deutschen Bildungspublikum, »dass die Macht des Rechtes ziemlich enge Grenzen hat [und] dass es neben der rein juristischen noch eine gesellschaftliche Betrachtung des Rechtes gibt«. Die Jurisprudenz sei zunächst eine praktische Disziplin und lehre die praktische Rechtsanwendung. Dafür bedürfe sie eines Bildes von den wirtschaftlichen, familiären usw. Verhältnissen. Ihre Aufgabe könne sie nur erfüllen, »wenn sie zu einer Morphologie der menschlichen Gesellschaft wird und wenn sie die Kräfte, die in der Gesellschaft wirken, auf ihr Wesen und ihr Maß untersucht. So wird die Jurisprudenz zur Rechtswissenschaft, zur Lehre vom Recht als gesellschaftlicher Erscheinung; als solche ist sie ein Zweig der Soziologie.«[79] Und zwar verstanden im Sinne von Auguste Comte und Herbert Spencer, ohne politische Ambitionen: »eine Naturlehre von den Gruppenbildungen«.[80]

In der redaktionellen Bearbeitung hatte Harden schon einen besonders anstößigen Satz gestrichen: »Der Fehler liegt darin, dass die Juristen gewöhnt sind, nur das als Recht anzuerkennen, was vom Staate ausgeht«. Stehen blieb eine weitere grundstürzende These: Was Recht ist, bestimme sich nicht nur nach einem Gesetzbuch, sondern auch nach der »Regel, die das Leben beherrscht«, was Ehrlich mit Belegen aus dem Familien- und Vereinsleben untermauerte.[81] Ehrlich endete den Artikel vielsagend mit der (nicht eingetroffenen) Vorhersage, die Jurisprudenz als rein praktische Disziplin, unterschieden also von der grundlagenbezogenen Rechtswissenschaft, werde einen Umschwung nehmen; »indem sie ihren gesellschaftswissenschaftlichen Inhalt an die Soziologie abgibt, erobert sie sich ihr ureigenstes Gebiet«.[82]

Die ersten Ideen zum Sozialen im Rechtsdenken waren nun vorgebracht, nur entfachten sie kein Feuer. Der Professor aus Czernowitz – wo nur lag das eigentlich?! – musste nunmehr sowohl zur Kenntnis als auch ernstgenommen werden. ›Die Zukunft‹ entfesselte zu jener Zeit den

78 Ehrlich 1906 b: 20.
79 Ehrlich 1906 a: 236–239; hier zitiert nach dem ersten, zwar gekürzten, aber meistgelesenen Ort des Erscheinens.
80 Ehrlich 1906 b: 20. Vgl. a. Rabault 2024: 5 f.
81 Vgl. Ehrlich 1906 a: 232 gegenüber 1906 b: 6.
82 Ehrlich 1906 a: 240.

Moltke-Eulenburg-Skandal und fuhr damit einen epochalen Angriff auf das wilhelminische Regime. Die Jurisprudenz als »ein Zweig der Soziologie«? Teils war das eine rein begriffliche, also konventionsabhängige Entscheidung. Betont wurde indessen das argumentative Gewicht der sozialen Verhältnisse, ohne deren Berücksichtigung nach Ehrlichs Ansicht eine brauchbare Rechtsfindung nicht gelingen konnte. Er hatte hier einen wunden Punkt in der juristischen Fachidentität getroffen: Insoweit nur Entscheidungen und deren Begründung vorbereitet wurden, ließ sich der Charakter als Wissenschaft in Zweifel ziehen. Rechtsdogmatik und Methodenlehre haben daher seit Ende des 19. Jahrhunderts anhaltend und mit riesigem Ideenaufgebot daran gearbeitet, den Zweifel zu zerstreuen. Allein der Aufwand, den die Bibliotheken der Lehrbücher, Zeitschriften und Monographien erfordern, um einen Durchblick zu gewinnen, demonstrierte hinfort den Erfolg der Verwissenschaftlichung.

Um 1910:
Kämpfe um die Rechtswissenschaft

Kap. 2
Die Rebellion des *Gnaeus Flavius*

Das Manifest

Im Sommer des Jahres 1906 erschien in Heidelberg eine fünfzigseitige Broschüre mit dem Titel *Der Kampf um die Rechtswissenschaft*. Der Autor nannte sich *Gnaeus Flavius*, ersichtlich ein Pseudonym, mit dem das Manifest die angestrebte Aufmerksamkeit erzielte; ein anspielungsreicher Deckname ist ein in wissenschaftlichen Diskursen ungewohntes Element, das Anstößiges vermuten ließ. Der Text begann als Satire:

> Die herrschende Idealvorstellung vom Juristen ist die: Ein höherer Staatsbeamter mit akademischer Ausbildung, sitzt er, bewaffnet bloß mit einer Denkmaschine, freilich einer von der feinsten Art, in seiner Zelle. Ihr einziges Mobiliar ein grüner Tisch, auf dem das staatliche Gesetzbuch vor ihm liegt. Man reicht ihm einen beliebigen Fall, einen wirklichen oder nur erdachten, und entsprechend seiner Pflicht, ist er imstande, mit Hülfe rein logischer Operationen und einer nur ihm verständlichen Geheimtechnik, die vom Gesetzgeber vorherbestimmte Entscheidung im Gesetzbuch mit absoluter Exaktheit nachzuweisen.[1]

Die ›Denkmaschine‹, als Metapher zur dogmatischen Rechtsanwendung, ließ einen juristischen Kopf schaudern. Das unangenehme Bild war bereits im frühen 19. Jahrhundert aufgetaucht,[2] fand sich dann – wie zitiert –, 1861 bei Jhering als ›Urteilsmaschine‹ und später zugespitzt als ›Subsumtionsautomat‹ wieder. Gegen mechanistische Vorstellungen der Rechtsanwendung hatten sich schon frühere Autoren gewehrt.[3] (Heute ist das Maschinenmodell erneut aktuell – im Zuge der Algorithmierung und KI, nunmehr mit optimistischem Vorzeichen.) Nach einigen rechtsphilosophischen Erörterungen, die so durchgehen mochten, kam *Gnaeus Flavius* auf seinen Hauptpunkt, den »juristischen Größenwahn«. In keiner anderen theoretischen oder praktischen Wissenschaft glaube man, »jedes erdenkliche Problem lösen zu können«. Er zeichnete ein Horrorszenario, worin zwei Figuren neben dem dogmatischen Juristen stehen:

1 Kantorowicz 1906: 7; im Folgenden bei den Textauszügen nur die Seitenzahl.
2 Günzl 2019.
3 Vgl. dazu Moench 1971: 17 f.; Ogorek 1986: 170–279, insb. 211–213.

> Der Quacksalber, der bei dem dunkelsten Fall die Diagnose und bei der verzweifeltsten Diagnose die Therapie noch findet, der Priester, der mit eiserner Stirn dem Beichtkind für jede seiner Verfehlungen die von Gott gewollte Buße berechnet, sie sind die fatale Kumpanei, in der der dogmatische Jurist seines Wegs zieht. Statt dass man sich zunächst bei jeder Frage erst die Vorfrage stellt: ist unser Fall denn überhaupt lösbar? stürzt man sich blind und siegessicher in die Diskussion. (18)

So sprach ein aktueller *Gnaeus Flavius*, dessen Namensgeber für eine Art von Ketzer der römischen Antike stand. Der römische Beamte soll im 4. Jahrhundert. v.Chr. die bis dahin unbekannten Prozessformulare der Priester veröffentlicht haben. Dieser Verrat befreite das Gerichtswesen aus der Geheimkunde.[4] Der Deckname war klug gewählt, verwies er doch auf einen »Vorläufer als Tabubrecher im Dienst an der richtigen Sache«.[5] Der moderne *Gnaeus Flavius* überbrachte die Botschaft, dass die juristischen Interpretationskünste nicht dazu taugen,

> in streng logischer Weise die wenigen Gesetzesfragmente zum lückenlosen, auf alle Fälle des Lebens passenden Rechtssystem zusammenzufügen. Dennoch hat sich die Jurisprudenz stets mit Selbstvertrauen an ihre unmögliche Aufgabe gewagt, hat immer wieder versucht, mit ihren wenigen Schlüsseln alle Schlösser zu öffnen, und so nicht umhingekonnt, bald zum Dietrich zu greifen, bald die Schlösser zu zerbrechen, bald Konstruktionen zu errichten, die so gewaltsam waren, dass ihre Unvereinbarkeit mit dem Gesetzestexte auch dem blödesten Auge offenbar wurde, bald umgekehrt, ans Gesetz sich klammernd, Ergebnisse zu erzielen, die im schreienden Widerspruch standen zu den ›Bedürfnissen des Lebens‹ (d. h. meist nichts anderes als dem freien Recht von Kaufleuten, Frauen, Arbeitern). (26) Die Jagd aber nach einem allgemein gültigen System von Sätzen, gleichviel ob staatlichen oder freien Rechtes, ist zumal in einem Zeitalter des steigenden Individualismus nichts als die Utopie einer dilettantischen Logik. (28)

So redete man in der juristischen Fachgemeinschaft nicht miteinander. Kritik an den Meinungen anderer wurde unmissverständlich, aber in vornehmem Ton geäußert. Dieser Gnaeus Flavius sprach in Bildern, worin die Rechtswissenschaft lächerlich gemacht wurde. Beleidigen wollte er seine Zunft allerdings nicht, nur sie aufrütteln und von den Zwängen des scheinbar rein logischen Denkens befreien. Das Recht sei kein geschlossenes System, aus dem sich die Lösung eines Falles deduzieren lasse.

> In der Jurisprudenz dagegen werden die Sätze um so wertloser und unbrauchbarer, je abstrakter sie sind – wenigstens von einem bald erreichten Grade ab. Denn um so unwahrscheinlicher und schließlich

4 Vgl. Fögen 2002: 125–165; Rückert 2008: 340.
5 Lepsius 2019: 147.

> ausgeschlossen wird es, dass der Urheber des Rechtssatzes sich alle ihm untergeordneten Fälle vorgestellt hat und, falls vorgestellt, im Sinne jenes Satzes entschieden hätte. So wird denn hinter jenen allgemeinen Sätzen in einer – mit ihrer Allgemeinheit steigenden Zahl von Fällen – schlechterdings nichts mehr stecken, kein Gesetzgeber, keine Macht, kein Wille, nicht einmal jener mystische ›Wille des Gesetzes‹, und überhaupt *keinerlei Realität*, als der hohle Schall von Worten und die Schwärze bedruckten Papiers. (29)

Schon beinahe häretisch klangen in einem Kaiserreich von Gottes Gnaden diese Sätze des pseudonymen Nestbeschmutzers:

> Der Parallelismus, der zwischen dogmatischer Jurisprudenz und orthodoxer Theologie – allein von dieser sei hier die Rede – heute besteht, springt in die Augen. Dort Gott, hier ›der Gesetzgeber‹, beides für die Erfahrung unzugängliche Wesen. Ihre Intentionen sind der profanen Masse verborgen oder nur undeutlich bekannt; eine privilegierte Kaste von Theologen – Juristen vermittelt ihre Offenbarungen. Beide geben vor, den Willen jener Wesen darzustellen, während in Wahrheit für deren Willen ausgegeben wird, wovon man wünscht, dass es als Religion – Recht anerkannt werde. Notwendigerweise: denn zur Konstruktion dieses Willens sind nur Fragmente gegeben, heilige Schriften – Gesetze. (35)

Angegriffen wurde die Annahme, mit dem Verweis auf Religion, dass rechtswissenschaftliche Aussagen ihre Begründung mit allerlei Verrenkungen in einem Gesetz finden können. Der längste Abschnitt des Büchleins widmete sich den Künsten der juristischen Konstruktion, also Denkfiguren wie der Analogie, der extensiven Interpretation, der Fiktion, der *ratio legis* und dem System (23–30), die sämtlich für untauglich befunden wurden.

> Also kann durch ›Begriffsjurisprudenz‹ niemals positives Recht gewonnen werden (30).

> Weiter: wie Gesetz und Schrift lückenhaft sind, so sind sie auch widerspruchsvoll in sich selbst und voll Widerspruch mit der Wirklichkeit, auf die sie sich beziehen. [...] Der Jurist findet in zeitlich und sachlich weitest entfernten Gesetzen einen ›Geist des Gesetzes‹; der Theologe sucht im Schweiße seines Angesichts altes und neues Testament nach ›Konkordanzen‹ ab, die nur die Heiterkeit des Historikers erregen können. [...] Der Jurist, wenn er seine hauptsächlichsten Institute rechtfertigt, findet gerade die Regelung gerechtfertigt, welche die jeweilige Rechtsordnung vorschreibt, und wird morgen die entgegengesetzte rechtfertigen, wenn ein fremdes Gesetzbuch ihm oktroyiert wird. (35–37)

Weltanschaulich war der Autor schwer zu orten. Er propagierte ein ›freies Recht‹, bezog sich auf den Protestantismus und signalisierte ein gewisses Verständnis für sozialistische Gedanken, wie die nachfolgenden Sätze zeigten. Nach heutigen Kriterien könnte das ›sozial-liberal‹ heißen.

> Wohl spricht deutlich aus den Idealen unserer Bewegung der Geist der deutschen Reformation, die den Buchstaben überwand, das Individuum befreite, dem Gefühl sein Recht zu geben begann und auf die innere Stimme des Gewissens lauschen lehrte; aber vergebens harrte bisher die Jurisprudenz des Mannes, der die Kraft in sich fühlte, ihr Luther zu werden. (38) Umgekehrt denkt niemand daran, unter dem ›Hersteller‹, der nach § 950 BGB das Eigentum an der neuen Sache durch Spezifikation erwirbt, auch den Fabrikarbeiter oder Handwerksgesellen zu verstehen, denn sonst wäre eine sozialistische Wirtschaftsordnung da. (24)

Wie die Rechtswissenschaft arbeiten solle, sagten die Überschriften der einzelnen Abschnitte: antidogmatisch – historisch – psychologisch-sozialwissenschaftlich – antitheologisch (23–34).

> *Spezialisten des Tatbestandes, nicht Tausendkünstler des Rechtssatzes* – muss die Losung sein. [So] wollen wir in Zukunft eine Literatur haben, die – neben dem Betrieb der Gesetzeskunde – die Lebenszustände, die konkreten Rechtsverhältnisse und neben dem, was sein soll, auch das, was ist, darstellt (Ehrlich). Und Richter wollen wir, die, auf sie und die eigne Erfahrung gestützt, in voller Kenntnis der sozialen Funktionen jedes Rechtssatzes und der sozialen Wirkungen ihrer Entscheidung, zu urteilen wissen. (46)

In wenigen Sätzen proklamierte Gnaeus Flavius die Imperative der Freirechtslehre, die hiermit als Programm zur Welt kam. Die dazu passenden, gleichzeitig erschienenen Werke von Mitstreitern nannte er in einem Anhang (50).

> Wenn die Rechtswissenschaft freies Recht anerkennt, kann die Rechtsprechung sich nicht mehr ausschließlich auf staatliches Recht gründen! Wenn jene schöpferisch ist, kann diese nicht länger bloß Dienerin des Gesetzes sein! Wenn die Wissenschaft dauernd mit Lücken zu rechnen hat, kann die Praxis nicht jeden Rechtsfall rechtlich entscheiden! Wenn die Theorie gefühlsmäßigen Werten Raum geben darf, können nicht mehr unbedingt begründete Urteile verlangt werden! Wenn der individuelle Faktor von der Theorie anerkannt wird, verliert die Praxis den Charakter der Voraussehbarkeit, der Gleichmäßigkeit! Wenn die Theorie selber antidogmatisch wird, kann die Rechtsprechung nicht länger wissenschaftlich sein! Wenn der Wille in dieser herrscht, kann jene nicht länger affektlos bleiben! (39)

Keinen Satz davon konnte oder wollte ein zeitgenössischer Universitätsjurist unterschreiben. Gnaeus Flavius verkündete den Abschied an »die Ideale der Gesetzlichkeit, der Passivität, der Begründetheit, der Wissenschaftlichkeit, der Rechtssicherheit, der Objektivität« (39). Und zeigte anschließend, »dass jene Postulate teils schon bisher nicht verwirklicht worden sind, teils nicht verdienen, verwirklicht zu werden«. Dazu kamen einige Töne, aus denen dem Verfasser ein Strick gedreht wurde:

> Wir fordern deshalb, dass der Richter, durch seinen Eid verpflichtet, den Fall so entscheidet, wie nach klarem Wortlaut des Gesetzes zu entscheiden ist. Von diesem darf und soll er absehen erstens, sobald das Gesetz ihm eine zweifellose Entscheidung nicht zu bieten scheint; zweitens, wenn es, seiner freien und gewissenhaften Überzeugung nach, nicht wahrscheinlich ist, dass die zur Zeit der Entscheidung bestehende Staatsgewalt die Entscheidung so getroffen haben würde, wie es das Gesetz verlangt. (41)

Mit solchen unvorsichtigen, auf den Knalleffekt angelegten Formulierungen erhielt die Freirechtsidee einen fragwürdigen Anstrich, den sie nicht mehr loswerden sollte: Ihr wurde das Etikett *contra legem* angeheftet, als werde dem Richter gestattet, gegen geltendes Gesetzesrecht zu verstoßen. Damit war – in den Grenzen der juristischen Fachöffentlichkeit – ein Skandal hervorgebracht. Stachelte der pseudonyme Autor zur Rechtsbeugung auf? Die affektgeladenen Phänomene der Anarchie oder des Verrätertums standen im Raum. Gegen die Deutung, hier werde ein Judizieren *contra legem* erlaubt, sprach allerdings damals schon ein nachfolgender Satz:

> Wir glauben, dass wir dem Richter damit nicht mehr geben, als was er bisher sich schon selbst – notwendigerweise – genommen hat, und sehr viel weniger, als was wir Deutschen in früheren Zeiten und die Engländer noch heute – um vom römischen Prätor zu schweigen – verstattet haben. (42)

Das Soziale wurde in der Kampf-Schrift bloß gestreift; im Vordergrund stand die Kritik an der herkömmlichen Dogmatik. Von den angrenzenden Disziplinen wurden Historiographie und Theologie ausführlicher besprochen sowie das verworrene Verhältnis der Jurisprudenz zu ihnen. Allgemeiner beschworen wurde die Hilfeleistung von Nachbarwissenschaften.

> Wir brauchen Richter, die sowohl mit den im Volke herrschenden Rechtsanschauungen, als mit den Tatsachen des Lebens und den Ergebnissen benachbarter Wissenschaften vertraut sind. (45)

Die Soziologie wurde nur für die Kriminalität ausdrücklich benannt (45). Dem Strafgericht sollte gestattet sein, »den logischen, psychologischen, soziologischen Tatbestand selbständig zu erfassen« (49). Die Parteilichkeit vieler Strafurteile

> stammt nicht aus bösem Willen, sondern aus nackter Unkenntnis der sozialen Tatsachen und Anschauungen und aus jener Befangenheit in naiven Klassenvorurteilen, welche eben in jener Unkenntnis ihre Wurzel und Entschuldigung finden. (46).

Der Rebell

Hermann Kantorowicz alias Gnaeus Flavius war nicht der erste, der die Engstirnigkeit im juristischen Denken anprangerte. Wenn er zur Blickweitung historische, ökonomische, psychologische und zunehmend auch soziologische Überlegungen empfahl, dann hatte, wie erinnerlich, bereits Eugen Ehrlich diesen Weg eingeschlagen, der 1903 von Freier Rechtsfindung gesprochen hatte, ohne ein umfassendes Programm zu entwerfen.

Kantorowicz war ein junger Jurist und Strafrechtshistoriker, 28 und seit fünf Jahren promoviert. Aus dem Doktorandenseminar Franz v. Liszts an der Berliner Universität heraus hatte er 1903 mit dem eng befreundeten Rechtsphilosophen Gustav Radbruch einen kleinen Gesprächszirkel gegründet. »Diese Gruppe vergleichsweise junger Juristen hatte die Vision und besaß die Kühnheit, das Undenkbare zu denken: Wie das deutsche Rechtssystem zu revolutionieren sei.«[6] In diesem Saatbeet gedieh die Idee vom Freirecht, wie Frank Kantorowicz Carter, der Sohn, aus den Briefen rekonstruiert hat, und hier entstand der Plan, eine »Streitschrift [...] in gemeinverständlicher Sprache und mit feuriger Beredsamkeit« herauszubringen, wie Kantorowicz seine Broschüre im Entwurf des Waschzettels charakterisiert hatte.[7] Damit hatte er ein literarisches Format bestimmt, dessen er sich als belesener und bereits in mehreren Genres erfahrener Autor völlig bewusst war.

> Im Briefwechsel mit Radbruch bezeichnete Kantorowicz seinen Essay verschiedentlich als Brand-, Streit-, Programm- oder Agitationsschrift;[8] das literarische Format war also absichtsvoll gewählt. Er nimmt in dieser Schreibphase einen »modernen und avantgardistischen Habitus« ein; bewusst wird ein »demagogisches« Vokabular, auch mit Wörtern aus den Schriften der Reformation verwendet.[9] Muss das nun

6 Carter 2005: 663.

7 Brief an Radbruch, abgedruckt bei Carter 2005: 698 f.

8 Carter 2005: 670.

9 Nachweise bei Sow 2019: 152 f.

> entschuldigt werden, etwa damit, dass Gnaeus Flavius noch keine Wissenschaftstheorie der Jurisprudenz habe formulieren können?[10] Wenn Kantorowicz es so gemacht hätte, wären Duktus und Volumen eines Weckrufs verfehlt worden.

Das Manifest des Gnaeus Flavius richtete sich an eine breitere Juristenöffentlichkeit als nur an die innere Methodenlehre. Auch wenn Kantorowicz das Pseudonym bald lüftete, hat er den Text nie als Äußerung des Privatdozenten K. gerahmt. Unter seinem Klarnamen schrieb Kantorowicz anders und fand weniger Echo. Das Pseudonym enthüllte er bereits nach gut einem Jahr.[11]

Der Kampf klang frech und pauschal, er war auch so gemeint. Der Rebell forderte keine modifizierte, sondern eine andere Wissenschaft und Praxis des Rechts. Wissenschaftliche Revolutionen ereignen sich gemäß Thomas S. Kuhn ruckartig zu einem neuen Paradigma statt als schrittweiser Übergang. Hier nun blieb die Revolution der juristischen Denkweise aus, bis heute, obwohl der Stachel saß. Der Rebell aber bekam seine Quittung. Neben seinen umfangreichen und in ihrem Ertrag anerkannten strafrechtshistorischen Werken eckte Kantorowicz in standes- und reichspolitischen Bereichen an mit der Folge, dass er erst 1929 zum Ordinarius ernannt wurde. Das Pamphlet des Gnaeus Flavius allein hätte das wohl nicht so weit hinausgezögert, wäre er nicht auch sonst ein überaus streitbarer Mann gewesen, beginnend an der Freiburger Fakultät während der Jahrzehnte als Privatdozent.

> Seine Stellungnahmen zu aktuellen Konfliktthemen verstießen gegen alle konservativen Positionen und rüttelten am nationalen Selbstverständnis. Insgesamt galt er, für einen Juristen außerhalb des Parlaments ungewöhnlich, als politisch stark engagiert. So votierte er 1912 gegen die Todesstrafe, später gegen die Euthanasie und Sterilisation Unerwünschter. 1921 kam es zu einem »ersten Fall Kantorowicz«, als er den herrschenden Bismarck-Kult und dessen verheerende Auswirkungen auf die junge Demokratie scharf kritisierte; Bismarck habe den alten deutschen Macht- und Obrigkeitsstaat verkörpert.[12] Der nächste ›Fall‹ ereignete sich, als Kantorowicz im Auftrage des Reichstags die Frage der Kriegsschuld untersuchte, mit dem Ergebnis, sie habe überwiegend bei den Mittelmächten, also auch Deutschland – Reichsregierung und Kaiser – gelegen.[13] Der Reichsaußenminister ließ das Gutachten in der Schublade verschwinden, es wurde erst vier Jahrzehnte später veröffentlicht. Außenminister Stresemann intervenierte 1927 beim Kultusminister Becker gegen Kantorowicz' Berufung nach Kiel und verzögerte

10 So Augsberg 2018: 208 ff.
11 Kantorowicz 1907: 68.
12 Vgl. Geiss 1967: 17–20.
13 Kantorowicz 1967.

diese um Jahre.[14] Gustav Radbruch, der zeitweise Reichsjustizminister gewesen war, stellte sich hinter Kantorowicz und warf dafür das Gewicht der Sozialdemokratischen Partei in die Waagschale.[15]

Mit seinen Ideen, Begründungen und Darstellungsformen verletzte Kantorowicz den Comment, wodurch er stets, wie man sagen könnte, einen ruhig dahinströmenden Diskurs in Wallung brachte. Bereits damals deutete sich an, was später immer wieder zu beobachten war: Dissidenz ist das konstant-generelle Merkmal jener Rechtstheoretiker, die eine Annäherung ihres Fachs an die Soziologie betreiben.

Seit den 1990er Jahren wurden Kantorowicz' Schriften wieder vermehrt studiert und zustimmend in das Rechtsdenken einbezogen.[16] Das war eine überraschende Entwicklung, zumal die Rezeption offensichtlich immer noch anschwillt. Man könnte denken: Das Freirechtsthema *hat* nicht nur eine Geschichte, es *ist* sie. Dies begann mit dem Wiederaufblühen der deutschen Rechtssoziologie seit Mitte der 1970er Jahre, als Kantorowicz‹ Kampfschrift erneut gelesen wurde und sogar jetzt Anerkennung fand – nicht für sämtliche Thesen, aber zu ihrem Anliegen. So schrieb Thomas Raiser über Gnaeus Flavius' Kampf: »Es ist trotz der offenkundigen Übertreibungen eines jugendlichen Bilderstürmers eine der bedeutendsten, meistgelesenen und wirkungsvollsten juristischen Schriften dieses Jahrhunderts geworden.«[17] So, wie die Nachfahren Kantorowicz' Herkunft und Lebenslauf zeichnen,[18] steht er unter allen Freirechtlern der heutigen Figur eines Intellektuellen wohl am nächsten: aus dem Bildungsbürgertum, weltläufig, demokratisch-linksliberal, kriegskritisch und kulturinteressiert; als Jurist vielseitig und grundlagenorientiert, als Jude assimiliert. Freilich, selbst wenn Kantorowicz als bedeutender Autor gewürdigt wird und ihm Abhandlungen gewidmet werden, klingen die Bewertungen seiner rechtstheoretischen Arbeiten zurückhaltend, vermutlich wegen eines Verdachts auf ›theoriepolitische Unzuverlässigkeit‹.

Die Freirechtler

Mit der Streitschrift des Gnaeus Flavius war eine Arena mit zwei einander bekämpfenden Parteien geschaffen: hier ›die Freirechtler‹, dort die

14 Vgl. zu diesen Vorgängen Kudlien 1983: 341–343.

15 Kantorowicz selbst war nur ganz kurz Mitglied gewesen, später allenfalls Sympathisant dieser Partei.

16 Seit 1962 lag eine Neuausgabe der methodologischen Abhandlungen von Kantorowicz vor.

17 Raiser 2011: 134.

18 Rückert 2008; Muscheler 1984 b. Für Monika Frommel (2023: 237) allerdings gehört Kantorowicz nicht zu denFreirechtlern.

›herrschende Meinung‹ der juristischen Methodenlehre. Das Publikum bildete die an Rechtstheorie interessierte Juristenschaft. Die Blöcke grenzten sich nicht scharf gegeneinander ab und trugen nicht die Merkmale einer sozialen Gruppe im engeren Sinne, etwa eine förmliche Mitgliedschaft.[19] Alle drei Blöcke waren zahlenmäßig klein: zum einen die wenigen Dissidenten; zum anderen die Verfechter der h.M., ebenfalls nicht zahlreich, denn nicht viele Rechtswissenschaftler engagieren sich in philosophischen und erkenntnistheoretischen Fragen; schließlich der hierzu lesende Teil der Juristen, die ihrerseits zu allermeist mit etwas anderem, nämlich den praktischen Fragen der Jurisprudenz beschäftigt waren. Teile des Bildungsbürgertums könnten von der Auseinandersetzung berührt worden sein, zielten doch Überschriften und Sprechweise mancher Freirechtspublikationen, zumal von Ernst Fuchs, auf eine allgemeine Leserschaft.

Das Freirechtsdenken wurde als Protest gegen die Gesetzesbindung des Judizierens verstanden. Dabei war der Rechtspositivismus nur ein Demonstrationsbeispiel für das eigentliche Ziel: die Argumentations- und Legitimationsgrundlagen des juristischen Handelns zu erweitern. Noch nie haben fachjuristische Erkenntnisse allein auf einen Gesetzestext aufgebaut; immer beteiligen sich methodologische Expertise, Präjudize, Gewohnheitsrecht, Jurisprudenz, Moral und andere Normbereiche sowie das Alltagswissen am Entscheiden. Zu dieser normativen Pluralität sollten nun die Einsichten empirischer Wissenschaften hinzutreten, wofür insbesondere Ehrlich und Kantorowicz plädierten.

Der Freirechtliche Diskurs legte Merkmale am juristischen Entscheiden offen, die zweifellos vorhanden, aber zuvor weder bewusst noch methodologisch durchdrungen worden waren. Das signalisierte auch der Name Gnaeus Flavius. Und der Protest, in der Antike wie 1906, rührte aus der unerwünschten Offenlegung beruflicher Geheimnisse her. Der Konflikt um das Freirecht fokussierte sich alsbald auf einen wunden Punkt in dessen Selbstdarstellung, betreffend den strikten Legalismus. Man verkürzte (und missverstand) das Freirecht als Lizenz zur Abweichung vom Gesetz. Je nachdem, was man gerade von der Aufsatzflut zu fassen bekam, entzündete sich der Widerwille an einzelnen Stellen. Der Mangel einer zusammenfassenden Konzeption ermutigte den punktuellen Zugriff, und die großspurigen Attitüden in manchen der freirechtlichen Verlautbarungen taten ein Übriges. Die von einigen Formulierungen im *Kampf* ausgehende Andeutung, dass auch *praeter* oder gar *contra legem* judiziert werden könne, war von Kantorowicz alsbald korrigiert worden.[20] Aber es blieb ein gefundenes Fressen für die

19 Zumal dem Lager des Freirechts wird in der methodengeschichtlichen Literatur zumeist der Gruppencharakter abgesprochen; Clemens Boehncke (2021) zeichnet es hingegen überzeugend als eine ›Intellektuellengruppe‹.

20 Vgl. dazu Muscheler 1984 a: 125–141.

angegriffene Mehrheitsfraktion. Die darob entfachte Aufregung stand in einem etwas grotesken Missverhältnis zum Charakter der Gnaeus-Flavius-Schrift, die einen Aufruf enthielt und erkennbar keine ausgearbeitete Methodenlehre. Zum Eindruck, hier werde die Auflösung richterlicher Gesetzesbindung propagiert, trug auch das Wort ›frei‹ bei. Frei – wovon?! Der Protest der so abgestempelten Freirechtler blieb ungehört. Ganz andere, nicht angsterregende Lesarten waren möglich, etwa die von Roscoe Pound.

> Roscoe Pound, amerikanischer Klassiker des *legal realism*, befand: »Die soziologischen Juristen bestehen auf der Einheit der Sozialwissenschaften und der Unmöglichkeit einer selbstzentrierten, selbstgenügsamen Rechtswissenschaft.«[21] Er verstand Gnaeus Flavius und die Freirechtler so: »Sie betrachten das Gesetzesrecht als allgemeinen Führer für den Richter, das ihn zum gerechten Ergebnis leitet; aber sie bestehen darauf, dass er innerhalb weiter Grenzen frei ist, sich mit dem individuellen Fall zu befassen, um den Anforderungen der Gerechtigkeit zwischen den Parteien zu genügen, im Einklang mit dem gesunden Menschenverstand«.[22] Aus dieser Version erklang nicht die Rebellion, wie sie hiesige Rechtstheoretiker hineininterpretierten.

> Bis heute ist eine Lesart verbreitet, die das Freirecht als übergriffig charakterisiert. Ein aktuell vielgenutztes Lehrbuch zur Rechtstheorie behauptet, die Freirechtsschule vertrete »eine königliche Freiheit des Richters: Er stehe über dem Gesetz«.[23] Bei Matthias Mahlmann hieß es, dass Kantorowicz »aus sozialen Sachverhalten Entscheidungsregeln für normative Streitfragen gewinnen will«. An der zitierten Stelle sprach Kantorowicz aber nur von der »Unentbehrlichkeit der soziologischen Untersuchung für die Beantwortung der Rechtsfrage«, d.h. für das allgegenwärtige Ausfüllen von Lücken im Gesetz.[24] Zugegeben sei, dass er sich an der Stelle missverständlich ausdrückte.

Das Freirechtsdenken wollte die juristische Methodik mit der Möglichkeit faktenbasierter Argumentation aufladen und damit zukunftssicher machen. Das bedingte den Abschied von einem ›idealistischen‹ Rechtsbegriff, wie er aus der Historischen Rechtsschule des 19. Jahrhunderts überkommen war. Kantorowicz bestimmte den Begriff des Rechts fernab einer ›Zwangstheorie‹, die innerhalb der Jurisprudenz dominierte und auch in die Rechtssoziologie eingegangen ist (bei É. Durkheim, M. Weber, T. Geiger).[25] Für ihn kam es darauf an, ob eine gerichtliche Instanz

21 Pound 1912: 511).
22 Pound 1912: 515).
23 Rüthers u.a. 2018: 384.
24 Mahlmann 2018: 52; Kantorowicz 1911 a: 289.
25 Vgl. dazu Schrömbges 1984: 115–120.

als Dritte im Streitfall entscheidet; erst dadurch gewännen die Regeln und Normen der Sozialordnung ihre Rechtsqualität.[26]

> Die Freirechtler rieben sich an einem Juristentypus, der aus der Mitte des 19. Jahrhunderts stammte. Der Richter erschien hiernach als ein »Techniker, dessen Urteil das Produkt reiner Kognition ohne voluntative Beimengungen, eben ein logisch-mechanischer Vollzugsakt war«.[27] Die Aufrührer wandten sich gegen die idealistische Vorstellung, aus Prinzipien und Gesetzen ein geschlossenes System des Rechts aufstellen zu können, aus dem die Lösung eines jeden Einzelfalls ableitbar sei. Mit dem Attribut ›frei‹ meinte Kantorowicz wie schon Eugen Ehrlich, das Rechtsdenken solle sich aus den Fesseln selbstverordneter Ableiterei lösen. Nicht mehr und nicht weniger. Marietta Auer zufolge ging es für Kantorowicz gerade nicht darum, »die richterliche Bindung an das Gesetz durch Betonung der eigenschöpferischen Qualität der richterlichen Interpretationsleistung in Abrede zu stellen«. Vielmehr anerkannte Kantorowicz die Gesetzesbindung unter der Voraussetzung, »dass eine Rechtsfindung niemals allein auf der Autorität des Gesetzes, sondern stets auf einer autonomen Interpretationsleistung des Rechtsanwenders beruht und damit *notwendig* richterliche Rechtsschöpfung voraussetzt«.[28]

Kantorowicz rügte die Textfixierung der deutschen Rechtslehre, wonach das institutionell-juristische Handeln als mit dem Wortlaut eines Gesetzes, einer früheren Gerichtsentscheidung oder eines angesehenen Lehrbuchs in Einklang stehend dargestellt werden musste. Die Freirechtsschule wollte das lockern und juristische Entscheidungen auch auf anderen Wegen als bloß durch Textinterpretation gewinnen dürfen. Der Rechtsbegriff bezog sich auch auf nichtstaatliche Normen. Das ›freie Recht‹ meinte den Inbegriff aller Verhaltensregeln, die justiziabel (d.h. gerichtsverwendbar) sind. Danach gab es reichlichen Anlass, bei den Analysen der Rechtsdogmatik die Faktizität der untersuchten Normen einzubeziehen und zu fragen, wie die Gebräuche in der (Rechts-) Praxis beschaffen seien und welche Wirkungen von Bestand der Rechtsnorm und insbesondere von einem Justizurteil ausgehen.

Mit seinem Diskursstil wirkte Kantorowicz antikonsensual, zielte nicht auf die Zustimmung der angesprochenen Gemeinschaft ab, nicht auf die Bildung einer h.M., sondern baute auf eine fortlaufende Fremd- und Selbstkritik. Als negatives Demonstrationsobjekt bevorzugte er Friedrich Carl von Savigny (1779–1861), über den »die Stimmen all derer das Feld beherrschen, die in ihm den Erretter aus tiefem Verfalle, den Herrn und Meister der deutschen Rechtswissenschaft erblicken«. Das

26 Kantorowicz 1963: 63.
27 Ogorek 1986: 369.
28 Auer 2018: 68.

war blanker Hohn, im Munde von Kantorowicz, der denn auch dagegenhielt: »Ein einseitiges Bild von der Stellungnahme der Gegenwart zu Grundfragen unserer Wissenschaft könnte entstehen, wenn nicht auch eine kritische Stimme laut würde, der Savignys Lebenswerk überwiegend in ungünstigem Licht erscheint.«[29] Kantorowicz wollte diese *eine* Stimme sein, gegen den Rest der juristischen Welt.

In der Rechtswissenschaft war und ist ein stets höflich-sachlicher Kommunikationsstil angezeigt, gerade auch in Pro-und-Contra-Diskursen. Die Kampf-Schrift aber stach durch das Pathos ihrer Sprache hervor und verstieß damit gegen den moderaten Ton innerjuristischer Debatten. Freilich nicht zuletzt dadurch wurde sie diskursleitend. Die Freirechtsidee vermittelte auch eine emotionale Anmutung: Die Rechtsfindung solle aus dem Anschein des kühl Rationalen heraustreten und sich in die Regelvorstellungen der Prozessbeteiligten hineinversetzen; damit war auch eine Empathie für die Akteure einer Konfliktsituation gefordert. Der bei Gnaeus Flavius angeschlagene kämpferische Ton versetzte den Leser in ein gewisses Aufgeregtsein, das zu allerlei wütenden Reaktionen animierte.

> Heute glaubt man solche ›Entgleisungen‹ entschuldigen zu müssen; die Kampf-Schrift wurde als »Jugendsünde« abgetan, und man wollte lieber »von der endgültigen, reifen Fassung seiner Lehre« ausgehen.[30] Zum einen war eben der *Kampf* wirkmächtig wie keine spätere Schrift, auch wie keine der fremdsprachigen Publikationen von Kantorowicz. Zum anderen hat die ›reife Fassung‹ eine Metamorphose durchlaufen, die man heute ›weichspülen‹ nennen würde: Zum Zwecke höherer Akzeptanz werden die Kanten abgeschliffen, und die innovativen Grundideen verstecken sich hinter vielen Verbeugungen vor der Tradition. Strategisches Formulieren löst die pointierte Aussage ab; das ursprünglich Neue und Weiterweisende muss erst wieder hervorgeholt werden. Die Wunden, welche die Zunft dem Aufrührer zugefügt hat, und die aus der Gehirnwäsche stammenden Verleugnungen sollten aber nicht heruntergespielt werden. Denn es waren durchaus die ungehobelten Formulierungen der Kampf-Schrift, die das ruhige Dahinfließen rechtstheoretischer Meinungsbildung durcheinanderbrachten.

Hinzu kam ein spezieller Stein des Anstoßes, der fast nie offen angesprochen wurde: der Einfluss deutsch-jüdischer Intelligenz im freirechtlichen Kreis. Zeitgenössisch hatte Kantorowicz durchaus mit antisemitischen Restriktionen zu tun. Die Tatsache, dass die Hauptvertreter des Freirechtsdenkens mehrheitlich aus dem Judentum stammten, erlaubt es heute, die damalige harsche Zurückweisung und die bleibende Randstellung der Schule ein Stück weit in den Zeitgeist einzuordnen.

29 Kantorowicz 1911 b: 47.
30 Das tut Raiser 2011: 50, viele andere ähnlich.

> So ist zu lesen, dass das jüdische Recht das Paradigma einer transnationalen Rechtsordnung enthalte. Kantorowicz' Lehre begründe die »Theorie eines interpretativen Rechtspluralismus«. Diese »geradezu bahnbechende Modernität« sei bisher kaum verstanden worden; der Schlüssel dazu sei das jüdische Recht. Auer spricht von »Kantorowicz' kultureller Prägung durch das Judentum« und sucht das biographisch zu untermauern.[31] Nun hatte sich Kantorowicz von der jüdischen Religion entfernt; er kann also kaum so interpretiert werden, und seine Texte enthalten keine diesbezüglichen Hinweise. Ganz anders denn auch die Lesart von Ino Augsberg: »Die ganze Schrift durchzieht ein areligiöser, um nicht zu sagen häretischer Geist.«[32]

Darüber hinaus gibt es noch etwas anderes, das die Koinzidenz von Freirecht und jüdischer Herkunft nicht allein dem Zufall überlässt. Die drei Hauptvertreter der Freirechtslehre operierten, wissenschaftsbetrieblich gesehen, von *Randpositionen* aus (Ehrlich aus dem entlegenen Czernowitz, Kantorowicz ohne Professur, Fuchs als freiberuflicher Rechtsanwalt). Sie beackerten ein *Neuland*, das sich noch nicht in festen Händen befand. Sie stellten sich nicht in das Herkommen der Institutionen, in die sich bruchlos fortsetzenden Denklinien. Sie propagierten das *Diskontinuierliche*, die Kontingenz juristischer Entscheidungen. Sie agierten als *Einzelkämpfer*. Indem sie ihren Platz im Hauptstrom suchten, verzichteten sie darauf, sich zu einer Gruppe zu formieren. In der Summe dürfte das dem entsprochen haben, was andere als ›zersetzend‹ wahrnehmen. Die Freirechtslehre war intellektuell anregend, wirkte aber unsympathisch. Die Ablehnung in der Jurisprudenz, die Nichtrezeption der Soziologie erklärte sich vor allem affektuell: Damit wollte man nichts zu tun haben. Zur Begründung stürzte man sich auf gewisse Schwächen, um über die Stärken hinwegzusehen. Die Ausgrenzung ist damals gelungen.

Im Hintergrund der Auseinandersetzung um das Freirecht standen gesellschaftspolitische Differenzen. Im ideologischen Herkommen wurzelten die Neuerer in der Moderne, die Verteidiger in der Tradition des 19. Jahrhunderts. Im Staatsverständnis propagierten die einen Republik und Demokratie, während die anderen den kaiserzeitlichen Verhältnissen nachtrauerten. Entsprechend wurde die Natur des Rechts gesehen: bei den einen als Aushandlung, bei den anderen als Befehl (diese Gegenüberstellung zuspitzend und idealtypisierend gemeint). Die Idee des Sozialen in die verschiedenen Abteilungen des juristischen Betriebs einfließen zu lassen war offensichtlich immer auch eine politische Richtungsfrage.

> Aus heutiger Sicht erfahren die Freirechtler eine demokratietheoretisch begründete Abfuhr: Es bewege sie »ein diffus bevormundend

31 Auer 2015: 789 f., 797; kritisch dazu Röhl 2017.
32 Augsberg 2018: 212.

›sozialer‹, nicht freiheitlich emanzipierender sozialer Antrieb – und damit ein stark elitärer, unklar antiparlamentarischer und klar antiliberaler Antrieb. [...] Die Freirechtsbewegung hat die mühsam errungenen Sicherheiten der freiheitlich-idealistischen Prinzipienjurisprudenz zerstört.« Von da aus könnte ein Pfad zur nationalsozialistischen Zerstörung des Rechtsstaats geführt haben: »Die Freirechtsbewegung setzte parlamentskritisch und recht blauäugig auf nichtstaatliches Recht in den Händen der Juristen.«[33] Ein weiterer Rechtshistoriker meint sogar, Kantorowicz habe die Rolle des Richters nicht anders definiert als Carl Schmitt und Roland Freisler.[34] Die politische Wertung, über die man den Kopf schütteln könnte, ist virulent geblieben.

Gnaeus Flavius hatte verlangt, es müsse endlich Ernst gemacht werden mit der alten Idee »der *Wissenschaft als Rechtsquelle*, [...] und wie das Recht selbst muss sie *Wille* sein«.[35] Wenn die Jurisprudenz ihren eigenen schöpferischen Beitrag erkannte, dann war die Vorstellung von der Geschlossenheit des staatlichen Rechts und der Alleinkompetenz des Gesetzgebers bereits abgeräumt. Mit dem alten Freirechtsdiskurs wurde das jedoch nie in Verbindung gebracht.

Rezeptionsumfang und Einordnung der Freirechtsschule blieben wechselhaft und widersprüchlich. Das Bild, verbunden mit den Protagonisten, schwankt in der Geschichte. Eugen Ehrlich ist mit allen seinen Erfindungen zu einer Weltfigur aufgestiegen. Hermann Kantorowicz wird von seiner früheren Fakultät in Kiel verehrungsvoll gepflegt, von rechtshistorischer Seite aber eingetrübt. Die Einschätzungen änderten sich mit den Diskurskonjunkturen, vor allem zur Frage, ob die Freirechtler etwas Neues gebracht oder ob sie bloß das Wohlbekannte neu verkündet haben. Heute gelten sie als hellsichtig, nur unsauber in den Formulierungen. Vor fünfzig Jahren galten sie als abstruses Nebengleis, sofern überhaupt von ihnen gesprochen wurde. Noch zu Beginn der 1980er Jahre hieß es, »dass sich die Freirechtsschule nicht durchsetzen, sondern nur ein Seitentrieb der Rechtsevolution bleiben würde«. Eine Ursache dafür sei gewesen, »dass die Protagonisten jener Bewegung [...] im Sendungsbewusstsein ihrer Idee zu Formulierungen gegriffen haben, die Revolution zu verkünden schienen, wo es sich in Wahrheit nur um die Fortentwicklung altvertrauter Argumente handelte«.[36] Die Neuentdeckung brachte seit den 1970er Jahren verschiedene Darstellungen der Freirechtslehre hervor, überwiegend als Dissertation verfasst und ohne in den fachjuristischen Diskurs einzugehen, außer partiell als Fußnote.

33 Alle Zitate aus Rückert 2008: 219, 255 bzw. 263.
34 Behrends 1989: 70.
35 Kantorowicz 1906: 20, H.i.O.
36 Ogorek 1986: 273.

Auch dann noch wurde die Freirechtslehre meist darauf gelesen, ob sie etwas Verbotenes fordere – eine ›freie‹, vom Gesetzeswortlaut losgelöste und eventuell sogar abweichende Urteilsbildung. Damit wurde sie einem engen ›juristischen‹ Test unterworfen, im Sinne von: Darf man das? Dass es auch, ja eigentlich um etwas ganz anderes ging, nämlich um die Modernisierung des Rechts, um die Kenntnisnahme neuer (sozialwissenschaftlicher) Erkenntnis, um die Abkehr von Hierarchieorientierungen im staatlichen Handeln, das befand sich nicht im Gesichtskreis. Hier standen auch eine jüngere und die ältere Generation der Rechtstheorie gegeneinander.

Im heutigen Diskurs zum Freirecht kam die gewichtigste Stimme von Joachim Rückert, der die umfänglichste Detailkenntnis mit einem entschiedenen Willen zur Würdigung verband. Er wollte mit zahlreichen Legenden aufräumen und sparte dabei nicht mit kritisch-abfälligen Einschätzungen. »Ein tragfähiges neues Methodenkonzept hat die Freirechtsbewegung nicht gebracht«, lautete wiederholt die abschätzige Einordnung.[37] Marietta Auer bezweifelte, es habe einen festumrissenen inhaltlichen Kern der Freirechtslehre gegeben.[38] Nach alldem scheint von den vollmundigen Problematisierungen des Rechts nicht viel übriggeblieben zu sein. Nur fragt es sich, warum dann sich der Sturm der Ablehnungen erhob.

Bei der Frage, wieviel an Soziologie in der Freirechtslehre stecke, konnte man geteilter Meinung sein. Wer das ›freie Recht‹ allzu wörtlich nahm und ein Los-vom-Gesetz anstrebte, brauchte keine Sozialwissenschaft; das indes waren nur wenige. Richtigerweise ging es in dieser Spielart darum, die Stellung des Richters zum Gesetz neu zu bestimmen. Es war vor allem Ernst Fuchs, der eine »gesellschaftskundige (soziologische) Rechtswissenschaft« beschwor, die er als Bezeichnung dem missverständlichen Namen ›Freirechtsschule‹ vorzog.[39] Hermann Kantorowicz argumentierte weniger pauschal, propagierte eher eine Soziologie *des* Rechts und bejahte die soziologische Orientierung vor allem für die Rechtsgeschichte. Doch auch für ihn legte die »andere Auffassung von der Rechtswissenschaft«, die er freirechtlich nannte und der er selber sich zurechnete, »den realen Tatsachen des Lebens und unter diesen (neben den individualpsychologischen) den soziologischen eine weit größere Bedeutung für die Rechtswissenschaft bei«. Als vornehmste Hilfswissenschaft müsse die Soziologie die Arbeit der Rechtsdogmatik Punkt für Punkt vorbereiten und ergänzen, und zwar – im Strafrecht – nicht nur für die Tatfrage, sondern auch für die Rechtsfrage.[40] Aus diesen Stimmen sprach immer die

37 Rückert 2015: 342.
38 Auer 2015: 780 f.
39 Fuchs 1918: 21.
40 Kantorowicz 1911 a: 284 f., 287, 289 f.

Zuversicht, mit der Soziologie eine andere Art der Rechtswissenschaft und -praxis erlangen zu können. Offen blieb, an welche Soziologie man dabei dachte; so viel davon war kurz nach 1900 noch gar nicht vorhanden – nur skizzenhafte Großhypothesen und begriffliche Klassifikationsschemata, aber keine ›Theorien mittlerer Reichweite‹, keine Resultate empirischer Sozialforschung im heutigen Sinne, die sich auf Rechtsfiguren hätten anwenden lassen. Wieviel Soziologie wurde nun in der Freirechtslehre aufgerufen? So viel, wie es damals bereits gab. Eine abschließende Einschätzung zu alldem ist nicht Gegenstand der hier angestellten Diskursanalyse. Außer Zweifel steht, dass die Freirechtslehre die Theorieidee zum Sozialen nachdrücklich annoncierte und dass sie als Schauplatz einer soziologischen Rechtslehre angesehen wurde.

Zu den möglichen Effekten der Freirechtsschule in der Rechtswissenschaft hat sich immer noch keine einheitliche Meinung gebildet. Einiges ist stillschweigend akzeptiert worden, aber ohne die methodengeschichtliche Herkunft zu nennen: dass das vorhandene positive Recht niemals lückenlos sein kann und dass richterliche Urteile weitere und andersartige motivationale Ursachen haben, als sie in den Urteilsgründen ausgewiesen sind. Die Exkommunikation der freirechtlichen Ideen erklärte sich vor 1914 mit der offiziellen Methodologie sowie »mit einer Rechtskultur, die im Gesetzesrecht entweder das Produkt historischer Evolution oder die Emanation des Weltgeists erblickte und den politischen Charakter maßgeblicher Rechtsentscheidungen verdrängte«.[41] So konnte von heute her sarkastisch kommentiert werden, ohne dass feststünde, ob die genannte Rechtskultur, abgesehen von ihrer Wortwahl, sich grundlegend geändert hat. Diskursdynamisch könnte man von einer *self defeating prophecy* sprechen: Die Innovativität rief in der Rechtswissenschaft so viel Widerstand hervor, dass an eine solide Weiterentwicklung nicht zu denken war. Hinzukamen die politischen Wenden 1919 und 1933, die für die Methodendebatte andere Akzente setzten.

41 Raiser 2011: 43.

Kap. 3
Die Anfänge einer ›soziologischen Jurisprudenz‹

Die Ideen über das Soziale im Rechtsdenken waren schon vor ›Gnaeus Flavius‹ zu lesen gewesen; mit der Freirechtslehre entfalteten sie sich in einem Schmelztiegel vergleichbarer Suchoperationen. Es erhob sich ein lebhafter, die Fachmedien überschreitender Diskurs zum Topos *Soziologische Jurisprudenz*. Gemeint war eine Rechtsfindung anhand des geltenden Rechts unter Hinzuziehung sozialwissenschaftlicher Erkenntnisse und damit eine Rechtsfindung, die sich vom bisherigen Stil einer Fixierung auf Wortauslegung, Begrifflichkeit und Systembildung lösen würde. Versucht wurde, über die Kritik am Überkommenen hinauszugelangen und neue Wissensgrundlagen für das juristische Entscheiden zu finden. Die individuelle Intuition konnte das nicht bieten, denn als begründendes Argument war sie verpönt (als ›Willkür‹ ›Voluntarismus‹ oder ›Kadijustiz‹). Im wissenschaftlich-technischen Zeitalter mussten es wirklichkeitsbezogene, akademisch erforschte Gedanklichkeiten sein (›Szientismus‹).

Unter mehreren Gesichtspunkten richtete sich der Blick auf die damals neue Soziologie. Sie eignete sich schon von ihrem Gegenstand her für einen Austausch, sahen sich doch alle noch arglos vereint im Kreise der Gesellschaftswissenschaften. Auch war das soziologische Räsonnement vielfach bei Phänomenen des Rechts gestartet (Kap. 1). Das Recht regelt die Verhältnisse zwischen Individuen bzw. Gruppen sowie zum Staat; der prinzipiell relationale Charakter machte den Einsatz der Soziologie plausibel. Neben ihr kamen weitere Disziplinen für eine kognitive Aufrüstung in Betracht und wurden auch genannt. Wo affektive Konflikte beteiligt waren, trat die Psychologie hinzu;[1] bei Konflikten um Arbeit, Einkommen, Vermögen und sonstige materielle Güter war es die Ökonomie; bei Konflikten um immaterielle Güter andere dazu passende Einzelwissenschaften. Weil jeder Lebensvollzug zum Gegenstand juristischer Auseinandersetzungen werden kann, berührt sich das Rechtsdenken unausweichlich mit jeder vorhandenen Forschungsdisziplin. Nachdem gegen Ende des 19. Jahrhunderts das Verhältnis der Wissenschaften zueinander zu einem großen Thema geworden war und die Jurisprudenz sich

1 Sandra Schnädelbach kontrastiert das »Narrativ juristischer Rationalität« gegen das »Narrativ juristischer Emotionalität« und skizziert die juristische Reformbewegung um 1900 mit dem Einbezug von Gefühlen in die juristische Methode; 2020: 9, 33 u.ö.

plötzlich zwischen den beiden Stühlen Natur und Kultur wiederfand, musste sie ihren Ort neu bestimmen; die klassische Konstellation der universitären Fakultäten gab hierauf keine Antwort – ein weiterer Grund für die damalige Suchbewegung.

Der Topos *Soziologische Jurisprudenz* wirkte auf die einen anregend, auf andere bedrohlich, kalt ließ er niemand. Eigentlich klärte sich bereits im Nebeneinander von Haupt- und Eigenschaftswort, wer hier als Koch und wer als Kellner tätig war. Danach konnte die neue Spielart weder Rechtssoziologie noch überhaupt Soziologie sein, sondern es ging um eine juristische Methode. Die Figur verdankte sich drei Autoren, die mit unterschiedlichen Akzenten etwas Neues ankündigten. Von Eugen Ehrlich stammte die Idee, das Recht in der gesellschaftlichen Wirklichkeit statt in den Büchern zu suchen; Hermann Kantorowicz hatte mit seiner Streitschrift die Aufmerksamkeit des juristischen Publikums geweckt, und Ernst Fuchs hielt mit pointiert formulierten Schriften das Thema auf der Tagesordnung.

Drei Protagonisten

Eugen Ehrlich wird herkömmlich als Vater der ›soziologischen Jurisprudenz‹ gesehen. Die Bezeichnung hat er nicht geprägt, schrieb aber 1911 an Kantorowicz, er habe sich bereits um 1882/1883 mit der »Anwendung der soziologischen Methode auf die Rechtswissenschaft« beschäftigt.[2] Seine eigenwillig-originären Thesen zu Recht und Gesellschaft hatte Ehrlich, wie im ersten Kapitel dargelegt, längst vorgelegt. Das staatliche Recht stand für ihn am Ende einer Normgenese, die in den lebenden Verbänden beginnt und sich durch Anerkennung zu einer Ordnung befestigt. Wenn er sich über eine soziologische Jurisprudenz nur implizit geäußert hat, muss die Zuschreibung begründet werden.

> Das hat Alfons Bora getan. In der Selbstbeschreibung der rechtswissenschaftlichen Aufgabenstellung modelliere Ehrlich ein Einheitsmodell von Recht und Gesellschaft, in welchem das Recht die Grundstruktur gesellschaftlicher Ordnung ist. Damit wird es zum Gegenstand erfahrungswissenschaftlicher Beobachtung, seine Geltung wird empirisch begründet. Ehrlich denke im Modell der soziologischen Jurisprudenz reflexionstheoretisch stark von einem Praxis-Diskurs des Rechts her, das als ›lebendes Recht‹ aus der Ordnung menschlicher Verbände heraus zu verstehen sei.[3]

2 Vgl. Vogl 2003: 158 f., wonach der damals entstandene Aufsatz nicht mehr vorhanden ist.

3 Bora 2023: 86 f.

Auch *Hermann Kantorowicz* sprach nicht von ›soziologischer Jurisprudenz‹, forderte aber den Einsatz der Rechtssoziologie in juristischen Aussagen. Die Soziologie sei die »vornehmste Hilfswissenschaft der dogmatischen Jurisprudenz« und müsse »deren Arbeit Punkt für Punkt vorbereiten und ergänzen«. Die begriffsjuristische Denkweise sollte durch die Wissenschaft vom Recht aufgebrochen werden. Aus deren Historisierung wäre zu lernen, dass der aktuelle Stand nicht der Weisheit letzter Schluss sein müsse, nicht die einzig mögliche Vorgehensweise, sondern eine unter vielen möglichen Methodologien. Im Jurastudium aber, so rügte Kantorowicz, gebe es keine Gelegenheit, einen Kurs über die Geschichte der Rechtswissenschaft zu hören.[4] Kantorowicz gelangte außerhalb der Kampf-Schrift stets zu sorgfältig abgegrenzten Einsatzweisen soziologischer Erkenntnisse in rechtswissenschaftlichen Zusammenhängen. Eine allgemeine Methodologie dafür hat er nicht entwickelt.

Kantorowicz, der keine Referendarausbildung abgeschlossen hatte und ohne Dissertation promoviert worden war,[5] ließ sich nicht restlos auf eine Juristenidentität festlegen. Er betätigte sich immer schon in multiplen Feldern und fühlte sich auf jedem sowohl zuhause wie auch intellektuell distanziert. Alle seine Kommentare zu den Fächern waren, da sie das Erkenntnistheoretische betonen, als *Fremd*beschreibungen anzusehen. Auf die Soziologie blickte er kenntnisreich, informiert durch die persönliche Nähe zu mehreren Fachvertretern: als Student bei Franz Oppenheimer (der dann die Deutsche Gesellschaft für Soziologie mitbegründete und ab 1919 den ersten deutschen Lehrstuhl für Soziologie bekleidete), durch den Kontakt zu Georg Simmel und Max Weber sowie später zum Schwager Eugen Rosenstock-Huessy.

> Nur kurz kann er erwogen haben, ob das Juristische durch Soziologisches ersetzt werden könne. Mochten anfangs einige seiner kämpferisch gemeinten Äußerungen danach geklungen haben, so bezeichnete Kantorowicz auf dem Soziologentag 1910 die Meinung als »völlig verfehlt [...], die Jurisprudenz könne je durch Soziologie ersetzt werden«.[6] Für das Verhältnis von Rechtswissenschaft und Soziologie nannte Kantorowicz viele Berührungspunkte, die mit ausdrucksvollen Begriffen versehen wurden, sodass eine ›feindliche Übernahme‹ der Rechtswissenschaft durch die Soziologie völlig unterblieb. Beklagt wurde nur, dass sich die Dogmatiker einfach nicht dafür interessieren wollen, welche Rechtsformen in den einzelnen Bevölkerungsschichten bevorzugt werden, in welchen Streitsachen Berufungen eingelegt werden usw. Nur die Kriminalsoziologie habe die Strafrechtler davon überzeugt, dass Strafe nicht

4 Kantorowicz 1911 a: 287 bzw. 298.

5 Beides war damals nicht ganz unüblich, wäre heute indessen unmöglich.

6 Kantorowicz 1911 a: 297, H.i.O. Zu dem Vortrag vgl. a. Lautmann 2024.

> Vergeltung sei, sondern Prävention gegen künftiges Unrecht usw.[7] Übrigens traf dies alles *cum grano salis* auch ein Jahrhundert später noch zu. – Soziologisch empfänglich war für Kantorowicz die Rechtsgeschichte, und dort unternahm er auch Schritte zu einer Methodologie. Als »Sozialgeschichte des Rechts« galt ihm »das Studium der Entwicklung des sozialen Lebens in Rücksicht auf sein Verhältnis zu den Rechtsnormen«.[8] Das war zweifelsfrei Soziologie und bereits weit entfernt vom üblichen Geschäft einer bloßen Beschreibung früher geltenden Rechts.

Als Dritter gesellte sich der scharfzüngige und bildkräftig schreibende *Ernst Fuchs* (1859–1929) aus Karlsruhe hinzu. Der Rechtsanwalt brauchte keine Rücksicht auf die antisemitische Verweigerung in den Ministerien zu nehmen, die jene beiden Wissenschaftler unüblich lange auf ihre Professur hatten warten lassen. In Vorträgen, Aufsätzen und Büchern propagierte er die soziologische Jurisprudenz als Gegenentwurf zur Begriffsjurisprudenz.

> »Der Soziolog geht – umgekehrt wie der Begriffsjurist – von einer eingehenden Ergründung der Tatsachenwelt aus, dann gewinnt er sein Ergebnis durch sachliche wirtschaftlich-ethische Erwägungen und erst dann sieht er zu, ob das Gesetz ihn daran hindere und ob eine bewährte Judikatur oder Überlieferung wirklich einen so gelagerten Fall treffe. Der Begriffsjurist hingegen stürzt sich mit einem kurzen Tatbestandsgerippe auf die Bibliothek. Er behält sich nicht, wie der Soziolog, sein Rechtsgefühl bis zu einer eindringlichen Durchforstung der tatsächlichen und soziologischen Grundlage des Falles vor, sondern bis er mit seinem fleischlosen Tatbeständchen alle Kommentare, Spruchsammlungen und Jahrbücher durchmustert hat. Und dann ist all sein Bestreben darauf aus, für seinen Fall das Massenquartier einer herrschenden Meinung oder die Uniform eines Präjudizes zu entdecken.«[9]

Einmal abgesehen vom abfälligen Tonfall gegenüber dem ›Begriffsjuristen‹ beschrieb Fuchs hier schon recht zutreffend das juristische Alltagshandeln in vielen Routinesituationen. Zugleich stellte er den tatsächlichen Verlauf einer juristischen Meinungsbildung als die offiziöse Methode dar, was nicht stimmte. Fuchs bemerkte 1910, und da sprach er ungewohnt eindeutig: »Das Wort ›soziologisch‹ ist [...] nicht im Sinn der im Entstehen begriffenen Wissenschaft der Soziologie i.e.S. zu verstehen.«[10] Wenn also nicht Soziologie im Selbstverständnis des neuen Fachs – in welchem Verständnis dann? Das Fach stritt ja selber über den eigenen Kern und seine Reichweite.

7 Kantorowicz 1923: Nr. 15–18.
8 Kantorowicz 1911 a: 308.
9 Fuchs 1912: 117 f.
10 In: Juristische Wochenschrift; zit. bei Moench 1971: 99.

> Unter ›soziologisch‹ verstand Fuchs nicht das methodische Vorgehen und Theorieinventar aus dem Fach Soziologie, sondern alle wirtschaftlichen, sozialen und ethischen Gesichtspunkte, denen er den Vorrang einräumte. Die juristische Arbeit sollte sich induktiv auf die Lebenswirklichkeit des zu verhandelnden Konflikts beziehen, wie es im Judiz, der intuitiven Entscheidungsvorbereitung – Fuchs nannte es ›Kryptosoziologie‹ – ohnehin geschieht und erst in der Phase der Begründung eines gefundenen Urteils ausgeblendet wird. Seine soziologische Rechtslehre zielte auf eine Verwissenschaftlichung der (praktischen) Jurisprudenz, die im Stil einer Erfahrungswissenschaft vorgehen sollte. Auch damit rückte er die Jurisprudenz in eine Nähe zur Soziologie, die Max Weber kurz vorher als Wirklichkeitswissenschaft konzipiert hatte. Darin mochten ihm aber andere Freirechtler nicht folgen. Kantorowicz hielt ihm einen »Mangel wissenschaftstheoretischer Einsicht« vor, wenn er eine ›soziologische‹ Jurisprudenz zu der dogmatischen in einen Gegensatz bringe; Bedeutung könne sie »nur dann gewinnen, wenn sie an den Zwecken des positiven Rechts orientiert wäre, und diese können nicht ohne Dogmatik erfasst werden«.[11] Dies war wiederum eher ein strategisches als ein philosophisches Argument.

Fuchs überbrückte den damals so virulenten neukantianischen Hiatus zwischen Sein und Sollen, indem er erklärte, »dass wir die Jurisprudenz von einer bloßen Normen- und Wortwissenschaft in eine Sach- und Wertwissenschaft, in eine moderne Beobachtungs-Rechtswissenschaft verwandeln müssen«.[12] Um das zu konkretisieren, hätten damals schon einige Wege offen gestanden, beispielsweise die Interpretation quantitativer Fakten (›Moralstatistik‹, später: Rechtstatsachenforschung), die lebensphilosophische Wende des späten Georg Simmel;[13] phänomenologische Initiativen (Edmund Husserl). Doch so weit wagte man sich nicht vor.

Der Titel *Freie Rechtsfindung und Freie Rechtswissenschaft* über dem programmatischen Aufsatz von Eugen Ehrlich hatte freudige und bange Erwartungen geweckt. Frei – wovon? Frei – wozu? Darüber konnte man sich den Kopf zerbrechen. Kurz geantwortet: frei von den Zwängen der Begriffsjurisprudenz, frei zum Denken unter Gesichtspunkten des Sozialen. Löste das nicht Angstreflexe aus? In vielen deutschen Gemütern, damals wie heute auf Sicherheit bedacht, erschienen Bilder eines Chaos. Das Regime zweier ziemlich inkompetenter Wilhelm-Kaiser hatte man widerspruchslos hingenommen; Freiheit rangierte nicht oben im Wertekanon. Ein dogmatischer Rahmen des juristischen Handelns versprach mehr Gewissheit als eine an vagen Konzepten wie ›Leben‹ und ›Gesellschaft‹ orientierte Rechtsfindung.

11 Kantorowicz 1911 a: 299 f.

12 Fuchs 1912: 8.

13 Lebensanschauung (1918), GSG 16; vgl. dazu Werner Fuchs-Heinritz 2018.

Das Freirecht betrieb eine Art von Entzauberung des Arkanums Rechtsfindung. Den meisten Laien blieben (damals wie heute) juristische Denkvorgänge verschlossen, was vor allem daran lag, dass diese die außerjuristischen Prämissen in die innerjuristische Nomenklatur verpackten. Die Freirechtsmethodik wollte alle Entscheidungsgrundlagen, die nicht wirklich auf positivem Gesetzesbefehl beruhen, benennen und nachprüfbar machen. Der rechtswissenschaftliche Blick richtete sich primär stets auf den Normenbestand; dahinter konnte nach Belieben auch noch die soziale Realität hinzugezogen werden – etwa bei dogmatischen Streitfragen. Unausweichlich mit der empirischen Wirklichkeit konfrontiert war erst das Praktischwerden, also die ›Rechtsanwendung‹ in der zu entscheidenden Konfliktsituation, jetzt aber nicht generalisierend, sondern einzelfallbezogen. Von der rechtsmethodologischen Debatte gingen hierzu zündende Funken und kraftvolle Impulse aus.

Die Figur ›soziologisch‹ verblieb bei den Freirechtlern im Vagen. Manche Autoren, die ›das Soziale‹ berücksichtigt wissen wollten, meinten damit, dort die Suche nach dem richtigen Rechtssatz beginnen zu lassen; sie plädierten damit für ein induktives Vorgehen.

> Deutlich wurde das bei Ehrlich, wenn er fragte: »Woher schöpfen die Gerichte ihre Entscheidungsnormen? Einen Streit entscheiden, heißt, die streitigen Gebiete voneinander abgrenzen, und zwar so abgrenzen, wie sie vor dem Streit abgegrenzt waren. Diese Grenzen gibt zunächst die innere Ordnung in den Verbänden an, wie sie bis zum Streite bestanden hat. Jede Entscheidungsnorm beruht daher in erster Linie auf der inneren Ordnung in den Verbänden, also auf den Tatsachen des Rechts, durch die diese Ordnung geschaffen wird«.[14] Auszugehen war danach von den vorgefundenen Verhältnissen, nicht von einer Rechtsnorm. Das vorsichtige Verfahren würde vorschnelle Subsumtionen verhindern.

Man glaubte, schon so zu denken, wenn man nach dem Zweck einer Norm fragte. Nur, wie viel Soziologie mochte eine Teleologie mit sich bringen? In diesem Zusammenhang wurde oft von einer ›Rechtswirklichkeit‹ und nicht von sozialer Wirklichkeit gesprochen – verräterisch dafür, dass empirische Tatsachen nicht mit der ihnen zukommenden Methode, sondern in einem vom juristischen Blick abgesteckten Rahmen wahrgenommen wurden, das Heft also nicht aus der Hand gegeben wurde. Das hielt sich ein ganzes Stück entfernt von dem, was sich als ›soziologische Jurisprudenz‹ bezeichnen ließe. Auch der Hinweis auf bei der Normauslegung zu berücksichtigende ›Interessen‹ mochte genügen, von einer soziologischen Jurisprudenz zu sprechen, womit dann auch die bald vorherrschende Methode einer Interessenjurisprudenz hier einen Platz fand – mit wenig Bezug auf das Soziale.

14 Ehrlich 1913: 98.

In der Analysefigur ›Freies Recht‹ versammelten sich die normativen Stoffe, die in der offiziellen Lehre von der Rechtswissenschaft vernachlässigt wurden. Für Kantorowicz bedeutete Freies Recht alles, was außerhalb der staatlichen Gesetze und des förmlichen Gewohnheitsrechts normativ eine Entscheidung prägt; er nannte das ›Rechtsformen‹ und zählte entstehende Gesetze, Billigkeitsregeln, wissenschaftliches Recht (wie das meiste im Internationalen Privatrecht) und »noch sehr viele andere Formen« dazu.[15] Es waren die Faktoren im Juristenhandeln, die unter der Oberfläche liegen und für eine soziologische Analyse zugänglich sind. Genau hier trafen die Selbstbeschreibung der Jurisprudenz und ihre Fremdbeschreibung durch andere Perspektiven aufeinander. Die Außensicht kann der Innensicht widersprechen, und diese kann sich gegen solche Interpretationen wehren. Die Freirechtsschule erzeugte einen solchen Widerspruch, indem Juristen sich als Psychologen oder Soziologen gerierten und so einen hypothetischen Außenblick auf ihre Fachgenossen warfen. Soziologie war das nicht, soziologische Jurisprudenz als hybride Methode vielleicht. Restlos ineinander auflösen ließen sich die Perspektiven nicht, da ihre Erkenntnisziele grundverschieden waren.

Wider die Normativität des Rechts: Ignatz Kornfeld

Am weitesten wagte sich die Soziologisierung dort vor, wo die Geltungsqualität des Rechts an dessen Faktizität gebunden wurde. Das unternahm damals Ignatz Kornfeld (1846–1921), ein etablierter und bereits älterer Rechtsanwalt in Wien. Er veröffentlichte 1911 und 1920 zwei Monographien zur Lehre vom positiven Recht auf soziologischer Grundlage. Darin bezeichnete er »die Rechtsregeln als ein System von Regeln tatsächlichen sozialen Verhaltens und die Rechtsverhältnisse als durch Wohlfahrtszwecke bestimmte soziale Machtverhältnisse«.[16] In dieser Sicht durchdrangen Normativität und Sozialität einander unentwirrbar. Die These von der Machtgebundenheit allen Rechts stammte von Gumplowicz.[17] Eine Konfliktsoziologie konnte hier unmittelbar anknüpfen.

Kornfeld beabsichtigte, das »Dogma vom normativen Wesen des positiven Rechts zu bekämpfen und darzulegen, dass positives Recht als ein System tatsächlicher Regeln des gesellschaftlichen Lebens begriffen

15 Vgl. Muscheler 1984 a: 104.

16 Kornfeld 1911: 18, vgl. auch den Titel des Buchs.

17 Den Kornfeld allerdings ablehnte, vgl. 1911: 329. Auch gegenüber anderen Autoren und Diskursen wahrte Kornfeld Distanz. Er wollte seine »auf soziologischer Grundlage auszuführende allgemeine Rechtslehre« nicht mit der ›soziologischen Jurisprudenz‹ verwechselt wissen; auch unterscheide er sich von Ehrlichs ›Soziologie des Rechts‹; vgl. Kornfeld 1920: 63–65.

werden muss, denen eine normative Funktion nur infolge dieser ihrer tatsächlichen Geltung zukommt«.[18] Damit übertraf er noch die Vorgaben von Ehrlich und Kantorowicz, indem er darauf bestand, nicht mehr zwischen Jurisprudenz als Normenlehre einerseits und der Soziologie zu trennen, sondern diese »in die Rechtswissenschaft selbst behufs der Wahrung ihres Charakters als Erfahrungswissenschaft einzuführen«.

> Kornfeld begriff das positive Recht als nicht aus der Vernunft abgeleitet, sondern in der Erfahrung bestehend. Das war eine ontologische und zugleich geltungstheoretische Konzeption, die den laufenden Diskurs oder doch die fast allgemein bestehenden Auffassungen ignorierte bzw. verwarf. Rechtsregeln waren für ihn »Voraussagen des Inhalts, dass die Rechtsgenossen unter bestimmten Voraussetzungen bestimmte Verhaltensweisen beachten werden«.[19] Die epistemologische Trennung zwischen Normativität und Faktizität überwand er mit seinem Konzept vom »Rechtsleben«, worin er Rechtsverhältnisse als »Verhältnisse des sozialen Zusammenlebens« erfasste. ›Gesellschaft‹ definierte er nach Simmel, und ›Macht‹ verstand er relational, d.h. als das Verhältnis zwischen Willensträger und Mindermächtigen.[20]

Indem Kornfeld a priori eine normativistische Rechtstheorie ausschloss, handelte er sich die sofortige Ablehnung der bestehenden Rechtswissenschaft ein, etwa von Hans Kelsen, der monierte, von einem ›Rechtsleben‹ könne Kornfeld nicht sprechen, ohne einen Begriff von ›Recht‹ zu haben.[21] Gegen eine solche Kritik hatte sich der amerikanische Rechtsrealist Oliver Wendell Holmes Jr. besser abgesichert, als er – lange vor Kornfeld und ähnlich klingend – geschrieben hatte: »The prophecies of what the courts will do in fact, and nothing more pretentious, are what I mean by the law.«[22] Den Begriff des Rechts an das prognostizierte Verhalten der Gerichte zu knüpfen, vereinbarte sich mit Kornfelds Sicht, ohne das Kelsen'sche Argument hervorzurufen.

In seiner zweiten Monographie bekräftigte Kornfeld, »dass die soziologische Betrachtungsweise nicht eine der Rechtswissenschaft fremde, sondern die durch die Natur des Rechts gebotene, dass die Rechtswissenschaft selbst eine, und zwar die erste und bedeutungsvollste, soziologische Wissenschaft ist«.[23] Außerhalb des akademischen Kollegiums und ohne das publizistische Geschick eines Ernst Fuchs konnte er damit nicht durchdringen; das heißt, seine beiden umfangreichen Bücher verharrten am Diskursrand. Dazu trug bei, dass der Autor seine Auseinandersetzung

18 Kornfeld 1911: III–IV.
19 Kornfeld 1920: 30 bzw. 32.
20 Vgl. Kornfeld 1911: 246, 326 bzw. 328 f.
21 Kelsen 1912: 609.
22 Zu Holmes und zum Rechtsrealismus siehe weiter unten.
23 Kornfeld 1920: 62 f.

mit der reichen Literatur – die zu kennen er durchaus demonstrierte – ans Buchende in ein knappes Anmerkungskorpus verbannte. Die aus der Anwaltsperspektive geschriebenen Abhandlungen versuchten einen anderen Blick als die auf die Richterentscheidung fixierten Studien aus der universitären Rechtswissenschaft.

Bis hierher hatte sich mit dem Wort von einer ›soziologischen Jurisprudenz‹ noch keine Methode verbunden; es gab nur wenige Konkretionen, die explizit so operierten, also keine Gerichtsurteile und nur wenige rechtswissenschaftliche Texte. Für die meisten blieb es bei einem orientierenden Konzept, das – wie stets in der Jurisprudenz – durch Praxis auszufüllen und weiterzuentwickeln gewesen wäre, um Statur zu gewinnen.

Die soziologische Rechtsfindungsmethode von Hans Wüstendörfer

So stellten sich unangenehme Fragen. Haben die Initiativen zu einer Methodenreform um 1910 sich in Kritik und Abwehr erschöpft? Wurden bloß die Mängel einer begriffsjuristisch verfahrenden Rechtsdogmatik aufgezeigt? Und hatte man sie dort anschließend stillschweigend akzeptiert, ohne positiv unter Einbezug soziologischer Denkweisen die Alternativen auszuarbeiten? Das wurde damals mehrfach so behauptet, entsprach aber nicht der keineswegs so einfachen Wahrheit.

Der Privatrechtler Hans Wüstendörfer (1875–1951), später gerühmt als Nestor der Seerechtsforschung, veröffentlichte einige Jahre nach der hitzigen Debatte um Gnaeus Flavius mehrere Abhandlungen mit detaillierten methodologischen Ideen, wie in einer soziologischen Jurisprudenz vorzugehen sei. Schon seine Dissertation von 1897 war in ihrer »Sprache soziologisch ausgerichtet«, d.h. diskutierte die wirtschaftlichen Grundlagen der erörterten Figur aus dem Schuldrecht des BGB.[24] Wüstendörfer hatte die Entstehung der Freirechtsschule und die Auseinandersetzungen auf den beiden ersten Soziologentagen mitverfolgt, wo er in einem Diskussionsbeitrag darlegte, wie das Reichsgericht in einer Rechtsfrage (Anwendung des § 826 BGB auf einen Boykottaufruf) mit »der sozialen Interessenabwägung« eine »soziologische Methode« praktizierte; maßgebend sei »nur das jeweilige soziale Empfinden des Richters«.[25] Allerdings mochte da noch unklar geblieben sein, was daran denn nun ›soziologisch‹ sei. Bald darauf, 1913, jetzt Ordinarius für Privatrecht, publizierte Wüstendörfer sein ausführlich begründetes Konzept für eine »soziologische Methode der Rechtsfindung«.

24 So Schmidt-Rimpler 1951: 487.
25 Wüstendörfer 1910: 316.

»Die soziale Interessenlage des konkreten Falles wird mit der sozialen Interessenlage anderer, im Gesetz ausdrücklich geregelter Tatbestandstypen verglichen, und aus ihrer Gleichartigkeit dann der Schluss gezogen, dass auch die normative Interessenregulierung die gleiche sein müsse.« Wüstendörfer sah hierin das »Produkt einer freien Rechtsschöpfung« und geißelte es mit Ernst Fuchs als ›kryptosoziologisch‹, wenn »allgemeine Rechtssätze von materiell-soziologischem Inhalt aufgestellt« und als logische Folgerung aus einem angeblichen Willen des Gesetzgebers ausgegeben werden. Das Wort ›soziologisch‹ gehe über ›teleologisch‹ hinaus, denn es informiere »über die *Richtung* der Zielstrebigkeit und über die *Mittel*, deren sie sich bedient«.[26]

Als das Neue gilt ihm »das sozialwissenschaftlich geklärte Rechtsgefühl des Richters«. Soziologische Rechtsprechung sei »diejenige Rechtsfindungsmethode, welche basiert auf dem durch sozialwissenschaftliche Erkenntnis geläuterten Rechtsgefühl des Richters«. In der soziologischen Rechtsfindung soll »eine bewusste und offen auszusprechende Interessenabwägung an die Stelle von Materialienkultus, Formalismus, Konstruktionistik treten«. Zu der heute befremdlich wirkenden Anrufung des Rechtsgefühls kam es an dieser Stelle wohl, weil eine empirische Sozialforschung damals nicht existierte und soziale Wirklichkeit nur subjektiv erfasst werden konnte. Die Soziologie, verstanden als eine »auf Kulturwerte sich beziehende ›soziologische‹ Betrachtung [...,] als Sondermethode im Rahmen der Einzelwissenschaften« könne dem Rechtsgefühl eine kontrollierbare Grundlage geben. Das subjektive Element in dieser Wertung erkannte Wüstendörfer als unvermeidlich an.[27]

Für Wüstendörfer bestand das Soziologische darin, einen Rechtsfall als Interessenkonflikt zu sehen. Juristisch zu analysieren waren für ihn der private »Interessenzweck der Parteien« sowie der soziale Zweck des Gesetzes.

Der soziale Zweck solle nicht historisch bestimmt werden, sondern bestehe in einem »den heutigen Lebensverhältnissen und Kulturanschauungen angepassten brauchbaren sozialen Zweck«. »Aufgabe soziologischer Rechtsfindung aus dem Gesetz ist es, einen brauchbaren sozialen Zweck der Gesetzesnorm zu ermitteln und aus ihm Rückschlüsse zu ziehen auf den Inhalt der gesuchten Norm.« Das bedinge eine »Interessenabwägung zu dem Zweck und mit dem Ergebnis, dasjenige Interesse zu schützen, welches für den Kulturfortschritt, für das soziale Ganze als das wichtigere erscheint«.[28]

26 Wüstendörfer 1913: 243f., 248.
27 Zitate bei Wüstendörfer 1913: 223, 249, 432 bzw. 323–327.
28 Wüstendörfer 1913: 264, 272 bzw. 250, H.i.O.

Was zunächst wie die bekannte Interessenjurisprudenz anmutete, erhielt bei Wüstendörfer einen Dreh ins Sozialwissenschaftliche, wenn er für eine Konfliktlösung den kulturellen Fortschritt und das gesellschaftliche Ganze in die Waagschale legte. Indem er die Soziologie als Bezugswissenschaft benannte, unterschied sich Wüstendörfer von Philipp Heck, dem Theoretiker der anderen Seite. Mit einer Fülle rechtsdogmatischer Topoi war es Wüstendörfer gelungen, aus dem Nebel unkonkreter Postulate herauszukommen und seine Thesen zu plausibilisieren. Er konnte zeigen, dass seine ›soziologische Rechtsfindung‹ andere Resultate hervorbrachte als die überkommene Methodik. Aus seiner langen und mit zahlreichen Fallbeispielen gespickten Abhandlung von 1913 ging hervor, dass nicht richterliches Rechtsgefühl oder persönliche Zweckabwägung die Orientierung vermitteln sollten, sondern vom »jeweiligen Werturteil der führenden Kulturschicht des Volkes« auszugehen sei.[29] Das verwies, wenngleich mit einem Klassenbias, auf einen objektivierten Maßstab. Mochte Wüstendörfer auch weniger radikal auftreten als die stimmführenden Freirechtler, so war er doch einer ›soziologischen Rechtsschule‹ zuzurechnen, in ihrem damaligen Verstande.

Nach seinem Besuch der beiden ersten deutschen Soziologentage von 1910 und 1912 schrieb er einen ausführlichen Rückblick auf die Debatten. Zwar äußerte er manche Kritik an Hermann Kantorowicz, während er Philipp Heck zustimmte. Auch von einer ›reinen Rechtssoziologie‹ im Sinne Eugen Ehrlichs grenzte er sich ab.[30] Doch am Nutzen der Soziologie hielt er umso nachdrücklicher fest. Trotz aller Unklarheiten »über Wesen, Gegenstand und Methode« der Soziologie, meinte er, »dass selbst der begriffsstrengste Jurist ihr den Einlass in Privatrechtswissenschaft nicht länger verwehren sollte«.[31]

> Die Rechtssoziologie »*durchdringt und beeinflusst zugleich auch den Inhalt der Dogmatik selber*. Die soziologischen Ermittlungen entwickeln und ergeben einen richtunggebenden Einfluss auch auf die Gesetzesauslegung in Verbindung mit der konkreten Tatbestandskonstruktion (abstrakte und konkrete Interessenabwägung) [...]: Neue Tatbestandsbegriffe, neue Normbegriffe tauchen auf.« Er meinte, möglicherweise werde »das gedankliche System der Rechtsordnung [...] sich von Grund auf ändern und von soziologischen Funktionsbegriffen, als den maßgeblichen Rechtsbegriffen beherrscht sein«. »Rechtssoziologie und Dogmatik *durchdringen sich also gegenseitig* auf das innigste, es gibt eine spezielle *soziologische Dogmatik*, [...] die dazu berufen ist, die Erbschaft der rein formalistischen Dogmatik anzutreten.«[32]

29 Wüstendörfer 1913: 323, im Original kursiv.
30 Vgl. Wüstendörfer 1915: 423–430.
31 Wüstendörfer 1915: 399 f.
32 Zitate bei Wüstendörfer 1915: 424–427, H.i.O.

In einer weiteren, mehrteiligen Abhandlung untersuchte Wüstendörfer die »Hermeneutik der soziologischen Rechtsfindungstheorie«, also das Vorgehen bei der Gesetzesauslegung im Einzelnen, wobei er sich immer mehr der Interessenjurisprudenz annäherte, ohne den Bezug auf »die Tatsachen und die gesellschaftlichen Triebkräfte« sowie seine Präferenz für die Bezeichnung als »Soziologische Rechtsfindungsmethode« aufzugeben.

> Das Soziologische liege in der »Interessenforschung, Zweckforschung, Wirkungsforschung und Rechtswirklichkeitsforschung«. Herangezogen werde die Soziologie »nicht als ›*Sonderwissenschaft*‹, sondern als *Sondermethode im Rahmen der Einzelwissenschaften*«. »Es sind die gesellschaftlichen *Bedingtheiten* als Ursachen und die gesellschaftlichen *Leistungen* als Wirkungen des Rechts die Tatsachen, die den Gegenstand soziologischer Rechtsbetrachtung ausmachen.«[33]

Es fällt auf, wie ausführlich Wüstendörfer die erkenntnistheoretische Einordnung seiner Methodenideen erörterte, wofür ihm Vorbilder und Bezugsautoren weitgehend fehlten. Seine Konzeption wurde in diesen langen Texten hin- und hergewendet, in stets neuen Anläufen vorgeführt und begründet. Immer wieder fügte er ›die Soziologie‹ als Referenzwissenschaft mit der Jurisprudenz zusammen.

> »Die Soziologie leistet nicht lediglich vorbereitende und für sich getrennt dastehende Tatsachenforschung, sie durchdringt und beeinflusst mittelbar auch die ganze Dogmatik: Die soziologischen Ermittelungen erlangen einen richtunggebenden Einfluss wie auf die einzelne Normfindung so auf die ganze Systematik der Rechtssatzkonstruktion und der Prinzipienkonstruktion.«[34]

Die juristischen Zeitgenossen, so sie Wüstendörfers Abhandlungen rezipierten – zu lesen in den führenden Fachzeitschriften –, scheint das nicht überzeugt zu haben. Auch absorbierte der sich zuspitzende Weltkrieg jede Empfänglichkeit für Innovationen. Die späte und aufwändige Anstrengung, eine Soziologische Jurisprudenz wohlbegründet zu etablieren, war ins Leere gelaufen. – Wüstendörfer warf auch einen Blick auf die Diskursstrukturen der laufenden Auseinandersetzungen. Er rügte, Namen nennend, die Anpassungsbemühungen der alten Schule – man habe das angeblich Neue stets schon selber praktiziert – als »Kompromiss-Eklektik«, als »Halbheiten, Widersprüche und Missverständnisse«.[35] Er sah, dass es in einer praktischen Disziplin wie der Jurisprudenz mit ausgedehntem Handlungsfeld nicht genügen konnte, interessante Thesen in die Welt zu setzen.

33 Wüstendörfer 1916: 431 f., H.i.O.
34 Wüstendörfer 1916: 433 f.
35 Wüstendörfer 1913: 219 f.

»Solange die sozialwissenschaftliche Ausbildung unserer Richter nicht auf ein höheres Niveau gehoben wird, [...] solange ferner die deutsche Rechtswissenschaft nicht mit gutem Beispiel vorangeht und durch eindringliche soziologische Untersuchungen dem Richter den Weg bahnt zur Erkenntnis, solange ist die Gefahr eines gewissen sozialen Dilettierens der Rechtsprechung nicht von der Hand zu weisen.« Und auch für die Praxis der Justiz: »Man sorge nur zunächst für höchstrichterliche Erkenntnisse von sozialwissenschaftlicher Weisheit der Interessenwägung, für Erkenntnisse, die, wie man zu sagen pflegt, den Nagel auf den Kopf treffen.«[36]

Der Versuchung, zwischen der (meta-)theoretischen und der praktischen Arbeit in der Rechtswissenschaft zu trennen, erlag Wüstendörfer nicht. Auch in all seinen späteren Publikationen zum Handelsrecht hielt er an seiner Grundüberzeugung fest und machte »eigentlich jedes seiner Werke zu einem Prüfstein seiner Methode«.[37]

Was mit Wüstendörfers Ausarbeitung einer Methodik soziologischer Jurisprudenz geschah, spiegelt sich in den Artikeln, die in Hamburger Zeitungen zu den diversen Jubiläen des repräsentativen Seerechtlers der Hansestadt erschienen. 1919 wurde hier neben anderen seine Schrift zur »positiven Methode einer soziologischen Rechtsfindung« erwähnt. 1925 wurde er als »ein entschiedener Vertreter der modernen freirechtlichen Richtung« gepriesen. In der NS-Zeit unterblieb der Hinweis bzw. beschränkte sich auf die Aussage, er wende sich gegen ein nur dogmatisches Rechtsverständnis und sei schon früh für eine zweckmäßige Weiterbildung des Rechts eingetreten. In der ersten Nachkriegszeit fielen die Würdigungen, schon wegen der Papierknappheit, sehr kurz und unergiebig aus.[38]

Eine zum Doktorjubiläum 1948 maschinenschriftlich erstellte Festgabe, zu der auch prominente Juristen beitrugen, enthielt den Überschriften zufolge keinen methodologisch ausgerichteten Beitrag. Wüstendörfer galt längst nur noch als See- und Handelsrechtler. Selbst 1969, die Wiederbelebung der deutschen Rechtssoziologie hatte gerade begonnen, wurde Wüstendörfer noch so gewürdigt.[39]

Wüstendörfers Arbeiten zur soziologischen Jurisprudenz wurden vergessen. Er selber hatte sie keineswegs aufgegeben. Noch 1951, in seinen letzten Lebensmonaten, sprach er in südeuropäischen Universitäten über »Gesetzeszwang und Richterfreiheit«, offenbar ein Nachklang

36 Wüstendörfer 1913: 367 bzw. 369 f.
37 So die Einschätzung seines Fachkollegen Schmidt-Rimpler 1951: 494.
38 Vgl. die Sammlung von Zeitungsausschnitten in der DFG-Viewer Webseite (Zugriff 23. 8. 2022).
39 Vgl. Möller 1969.

seiner Studien aus der 1910er Zeit.[40] Der Zunft, nicht dem Autor, war die soziologische Seite der Rechtsfindung abhandengekommen.

Sociological Jurisprudence

Während der hiesige Diskurs sich auf die Übertreibungen der freirechtlichen Provokation einschoss, sich darin verhedderte und ein produktives Weiterdenken versäumte, entwickelte sich zeitgleich in den Vereinigten Staaten von Amerika eine soziologisch inspirierte Denkschule. Die Idee des Sozialen traf dort auf eine andere Rechtskultur, weswegen die resultierende Debatte nicht auf die europäisch-kontinentalen Verhältnisse zurückübertragen werden kann, gleichwohl sie zu denken gibt.

Viel Gehalt verband sich mit dem Begriff der Soziologischen Jurisprudenz ja noch nicht, wie die amerikanischen Rechtstheoretiker durchaus bemerkten. Aber sie waren von der deutschsprachigen Methodendiskussion beeindruckt und versuchten, sie zu adaptieren. Der Import gebar bei Roscoe Pound das Projekt einer *sociological jurisprudence*, das für die Rechtsfakultäten und Ausbildungsformen relevant wurde. Man erkannte die Anregungskraft des Konzepts für eine Ablösung des Formalismus, für den Rechtsstreit als eines Instruments zum sozialen Wandel sowie für die Kluft zwischen geschriebenem und praktiziertem Recht als Forschungsagenda, um Recht und Sozialwissenschaft zu verknüpfen.[41]

Der Supreme Court der USA hatte 1905 im Fall Lochner – es ging hier um die tägliche Arbeitszeit – die von einem Arbeitgeber beanspruchte unbeschränkte Vertragsfreiheit bestätigt, wogegen der berühmt gewordene Dissens von O.W. Holmes sozialpolitische – oder waren es etwa soziologische? – Gesichtspunkte anführte.[42] Roscoe Pound (1870–1964), Rechtsprofessor mit fachlich weitem Hintergrund sowie mit richterlicher Erfahrung, hatte 1907 vom Bedarf nach einer *sociological jurisprudence* geschrieben. Er meinte die Rücksichtnahme auf Interessen und Bedürfnisse. Recht galt hier nicht als Selbstzweck, sondern als Mittel zum Zweck. 1912 entwickelte er dieses Konzept weiter. Dabei bezog er sich u.a. auf Gumplowicz, Gnaeus Flavius, Kantorowicz und Ehrlich. Eine Soziologische Jurisprudenz achte mehr auf die Wirkungen

40 Vgl. Schmidt-Rimpler 1951: 481.
41 Vgl. Morag-Levine 2018: 439.
42 In dem berühmt gewordenen Fall ging es um die Arbeitszeiten von angestellten Bäckern; das Gericht hatte ein Schutzgesetz für ungültig erklärt, weil es die verfassungsmäßig garantierte Freiheit der Berufsausübung beschränke. Vom Standpunkt der Arbeitenden aus musste dies als widersinnig erscheinen, was zu der sozialwissenschaftlich argumentierenden Kritik führte und die rechtsdogmatische Abgeschlossenheit öffnete.

des Rechts als auf dessen abstrakten Inhalt, betone eher die sozialen Zwecke, die dem Recht unterliegen, als die Sanktionen.[43]

Angesichts der andersgearteten Argumentations- und Begründungskultur im Common-law-Bereich konnte die Zwanglosigkeit, mit der führende Juristen solche Methoden verkündeten, im kontinentalen Europa nicht zünden. Doch auch im Common-Law-Bereich wurde die *sociological jurisprudence* zunächst als eine Bedrohung der universitären Rechtsforschung wahrgenommen. So entfremdeten sich Soziologie und Jurisprudenz auch in den USA von damals bis in die 1960er Jahre, wozu beitrug, dass das Recht in der soziologischen Theorieentwicklung zunehmend zurückgetreten war. Das europäische Konzept einer *soziologischen Jurisprudenz* stieß schließlich auch wegen seiner (so wahrgenommenen) Verknüpfung mit sozialistischen Gedanken auf Ablehnung.[44]

> »Die deutschen und amerikanischen Entwickler einer *Soziologischen Jurisprudenz* hatten vieles gemeinsam. Es störte sie die Diskrepanz zwischen der systematisch strukturierten Welt der Rechtswissenschaft und den ›realen‹ sozialen Funktionen des Rechts, der Widerspruch zwischen dem formalen Stil der juristischen Selbstbeschreibungen und der informellen materiell-rechtlichen Praxis des Entscheidens«, wie Christian Joerges resümiert.[45]

Der sich etwa gleichzeitig entwickelnde Rechtsrealismus in den Vereinigten Staaten wurde deutlicher und konkreter; hier wurde oft von *sociological jurisprudence* gesprochen und ein Methodenprogramm vorgelegt. Die korrespondierenden deutschsprachigen Schriften waren präsent und wurden zitiert – wohl nur in dieser *one way*-Richtung. Auch die amerikanische Soziologie besaß immer schon eine weniger aufs Grundsätzliche und vielmehr (auch) auf die soziale Praxis gerichtete Tendenz. So konnten in den überseeischen Gedankengängen rechts- und sozialwissenschaftliche Argumente sich viel unbefangener begegnen als auf dem europäischen Kontinent, wo eine andernorts unbekannte Rechtsdogmatik (engl. *legal doctrine*) enge Grenzen setzte. In der Konjunktur der Diskurse – so zeigt sich auch an diesem kurzen Ausflug in eine von der Philosophie des Pragmatismus geprägte Rechtskultur – hat es immer wieder Phasen gegeben, in denen an den Ketten des Normativismus gerüttelt wurde, wie eben im Jahrzehnt vor dem ersten Weltkrieg.

43 Pound 1912: 516.
44 Geis 1963: 284–289.
45 Joerges 2011: 14 (meine Übersetzung).

Soziologische Jurisprudenz – ein unvollendetes Projekt

Soziologische Jurisprudenz war zunächst bloß eine Überschrift, unter der sich Inhalte hätten versammeln müssen. Einige der Protagonisten beließen es bei der Ankündigung, auch nach den Gründerjahren. Hermann Kantorowicz arbeitete nicht mit dem Konzept, das vor allem mit Eugen Ehrlich in Verbindung gebracht wurde. Heute wird verschiedentlich erwogen, ob die Freirechtler eine Gruppe oder gar eine Schule bildeten, wer nun dazu gehörte oder nur einige ihrer Positionen teilte.[46] Das mag hier auf sich beruhen; denn zweifellos forderte damals ein vielstimmiger Chor, die Jurisprudenz möge sich der ›soziologischen‹ Methoden zur Rechtsfindung bedienen. Die stark linksliberale Tendenz in der juristischen Reformfraktion und in der Soziologie schuf unausgesprochene Gemeinsamkeiten und erleichterte die Kommunikation. Auf den ersten Blick unterschieden sich die einzelnen Autoren stark, wie sie sich an eine ›soziologische Jurisprudenz‹ herantasteten. Heute würde man sie mit ihren Versuchen kaum ernstnehmen können; damals aber musste es als Pioniertat erscheinen, ohne dass damit etwas zum Gelingen gesagt wäre. Sowohl in der Vorstellung, worin eine Soziologie besteht und was sie leisten kann, als auch in der Verknüpfung mit den juristischen Denkweisen ging jeder Autor eigene Wege, auf die Kollegen nur manchmal Bezug nehmend.

> Das Gemeinsame all dieser Versuche resümiert Doris Schweitzer so: Die neue Sozialwissenschaft wird relevant durch ihre Tatsachenorientierung (Beobachtung, Erfahrung, Kultur), womit sie sich von der deduktiv verfahrenden dogmatischen Arbeit der Rechtswissenschaft abhebt. Dies sei das Proprium einer wie auch immer gearteten ›soziologischen Rechtswissenschaft‹. Die Soziologie »soll ermöglichen, eine Tatsachenerkenntnis auf wissenschaftlich gesichertem Weg zu gewinnen und daher das unausweichliche Werturteil im Urteil entweder ganz, teilweise, vorbereitend oder ergänzend auf eine objektive Grundlage zu stellen«.[47]

Offen blieb stets die Frage, wieviel Empirie in einer Rechtsentscheidung steckt. Auch wenn Max Weber die juristische und die soziologische Rechtsbetrachtung allerschärfstens geschieden wissen wollte, zeigten seine Betrachtungen zur empirischen Geltung der Rechtsordnung, wie verführerisch nah die Disziplinen ursprünglich zueinander standen, und zwar trotz der vom Neukantianismus gezogenen roten Linie. Ein ›empirisches Gelten‹ – ein seiendes Sollen – bedeutete erkenntnistheoretisch ein grenzverwischendes Hybrid.

46 Vgl. Boehncke 2021.
47 Schweitzer 2021: 363 f.

Doris Schweitzer hat versucht, in den vielstimmigen Diskurs eine gewisse Ordnung zu bringen, und zwar im Muster juristischer Theoriebildung: allgemeine Begriffe bilden, Gemeinsames suchen, die Positionen zu Gruppen zuweisen usw. Interessant wird es dort, wo diese Diskursstrukturierung *nicht* gelingen will, weil die Texte nur teilweise in dem Schema aufgehen wollen. Das in ihnen verwendete Vokabular war nämlich vieldeutig; die Begriffe Norm, Recht, Zweck oder Soziologie beispielsweise wurden unterschiedlich verstanden. Zudem setzten sich die Sprecher nicht zueinander in Bezug, jeder verfolgte das Ziel auf eigene Faust. *Welches Ziel*, ist dann die Frage. Schweitzer antwortete, »die Normativität des Rechts bzw. des richterlichen Urteils ist das eigentliche Problem, an dem sich mit der Frage nach der Rolle der Soziologie in der Rechtswissenschaft abgearbeitet wird«.[48]

Zu einer den gesamten Diskurs grundierenden Frage – den Selbstzweifel, welchen Wissenschaftscharakter die Jurisprudenz trage – hat Eugen Ehrlich die deutlichste Antwort gegeben: Die praktische Jurisprudenz als »eine Lehre von der Anwendung des staatlichen Rechts« könne »kaum noch als wissenschaftlich bezeichnet werden: [...] Die Soziologie des Rechts ist die wissenschaftliche Lehre vom Rechte.«[49] Andere Stimmen, wie die von Ignatz Kornfeld, mochten radikaler klingen; aber wenn sie die Existenzberechtigung einer eigenständigen Jurisprudenz nicht anerkennen wollten und diese in einer allgemeinen Sozialwissenschaft aufgehen ließen, kämpften sie gegen Windmühlenflügel.

So zahlreich die Namen, so vielfältig sind die Wege, auf denen eine Annäherung zwischen Rechtswissenschaft und Soziologie versucht wurde. Die Varianz ergab sich aus der Kreuzung zweier Dimensionen: zum einen die Verständnisse der Jurisprudenz und hier des Normkonzepts, zum anderen die Versionen der Sozialwissenschaften als entweder kausal-erklärend oder kultural-verstehend. Sie alle verfielen freilich dem Horror, den allein schon der Gedanke an eine Soziologisierung entfacht hatte, zumal nach den freirechtlichen Brandreden.

48 Schweitzer 2021: 366. Dort (2021: 499–574) wird auch ausführlich dargestellt, wie Max Weber Jurisprudenz und Soziologie gegeneinander abgrenzt, wobei er auf die begriffsjuristische Methodik baut und Fragen zur Normativität der Rechtswissenschaft zuweist.

49 Ehrlich 1913: 14, 19.

Kap. 4
Jurisprudenz und Soziologie nehmen letztlich ihre Wege

Den ihr von den juristischen Methodenrebellen zugedachten Part vermochte die Soziologie damals noch gar nicht auszuüben. Als Einzelwissenschaft befand sie sich gerade im Entstehen. Das Recht als Thema und die Jurisprudenz als etablierte Disziplin mischten hier mit, weswegen dieser um 1910 kulminierende Prozess noch betrachtet sei.

Aufmerksamkeit für Recht und Jurisprudenz in der frühen Soziologie

Die Geburt der Soziologie aus dem Geiste der Jurisprudenz – so ließe sich nennen, was damals verhandelt wurde. Um 1900 begegneten sich zwei Wissenschaften, die eine uralt, die andere blutjung, in ihrem Herkommen eng miteinander verwandt. Der etwas inzestuöse Vorgang hatte weitreichende Folgen, die bis heute anhalten. Und zwar sowohl für die Jurisprudenz als auch für die Soziologie, beispielsweise im (aussichtslosen) Unterfangen, Gesellschaft als ein geschlossenes System beschreiben zu wollen oder soziale Prozesse mit logisch zusammenhängenden Gesetzen zu erklären.

Was konkret Recht ist, wird der Freirechtslehre zufolge nicht philosophisch, sondern von psychosozialen Faktoren bestimmt. So nahe beieinander, ja ineinander verschlungen waren die Denkweisen zum Rechtlichen und zum Sozialen nie wieder. Was aber bedeutete das damals für die Soziologie? Wohl einen gehörigen Schub für ihre Reputation; denn die jugendliche Wissenschaft wurde von einer klassischen Disziplin für erwachsen genommen. Wenn der Wissenschaftsminister Carl H. Becker nach dem Weltkrieg befand, jede Universität solle einen Lehrstuhl für Soziologie erhalten, ging das auf derartige Prestigezuwächse zurück.

> Dass die Jurisprudenz hierzu etwas beitrug, schien Kantorowicz zu behaupten, als er 1910 sagte: »Dogmatik ohne Soziologie ist leer, Soziologie ohne Dogmatik ist blind.« Was mit dieser Erinnerung an Kant gemeint war, lag keineswegs auf der Hand, so oft der Satz auch zustimmend zitiert worden ist.[1] Eine soziologieferne, also ›leere‹ Dogmatik lebt bis heute munter weiter; so ganz ohne Inhalt und Sinn kann sie

1 Beispielsweise bei Raiser 2011: 30, 38.

also kaum sein. Und welche Dogmatik ermöglichte welches soziologische Sehen? Anscheinend wurde hier die Soziologie aufgefordert, das dogmatische Denken bei sich aufzunehmen; aber so konnte es Kantorowicz wieder nicht gemeint haben, als ein geschworener Feind der ›Wortwissenschaft‹ und »alten Buchjurisprudenz«.[2] Kantorowicz fand, wie der Zusammenhang ergibt, dass die Soziologie des Rechts dessen Dogmatik miterfassen müsse. Die Normen und sozialen Tatsachen des Rechts seien gemeinsam zu reflektieren. Davon versprach er sich Unterstützung beim ›Kampf um die Rechtswissenschaft‹. Kantorowicz wandte sich gegen eine Rechtssoziologie ohne Recht; keineswegs aber wies er an dieser Stelle der Allgemeinen Soziologie den Weg.

Das Recht, mit allen seinen Feldern, strahlte in die Entstehungszeit der Soziologie hell hinein. Neuerdings wird das Gewicht der eigentlichen Rechtswissenschaft als eine Ahnherrin der modernen Sozialwissenschaft anerkannt.[3] Sie wirkte schon deswegen am Aufkommen der Soziologie als Wissenschaft mit, weil das Recht bei den soziologischen Klassikern ein Kernbestandteil der Gesellschaftsstruktur war.

Émile Durkheim hat es unübersehbar herausgestellt. Religion, Moral und Recht konstituierten in seiner Theorie den gesellschaftlichen Zusammenhang – er nannte das die ›sozialen Tatsachen‹ (*faits sociaux*). Als solche Tatsachen, die in jeder Gesellschaft gegeben sind, benannte er gemeinsame Ideen und Gefühle, wovon einige als Maximen obligatorisch werden; zum Teil – je nach Wichtigkeit – werde ihre Befolgung durch Sanktionen für den Fall der Nichtachtung abgesichert. »Aus moralischen Regeln, durch die Gemeinschaft gesichert, werden rechtliche, für deren Durchsetzung es spezielle Sanktionsinstanzen gibt.«[4] Wenn dieses Theorem am Anfang der Soziologie stand, dann ist ihr die Nähe zur Jurisprudenz angeboren. – Ferdinand Tönnies entdeckte Übereinstimmungen zwischen dem Vertragsrecht und dem wirtschaftlichen Tausch.[5] – Die Meta-Analyse von Doris Schweitzer sieht drei Dispositive, wie das Recht in damaliger Sicht der Gesellschaft gegenüberstand: 1. repräsentierend, 2. ordnend, 3. wertend. Damit werde »das Recht für die Bestimmung der Gesellschaft maßgeblich, weil es diese repräsentiert, ihre Ordnung sichert oder aber als ihre abgesendete Wertsphäre erscheint«. Durkheim, Tönnies und Weber entwickelten ihre Soziologien unter anderem jeweils in Auseinandersetzung mit diesen drei rechtlichen Dispositiven, sodass man von ›juridischen Soziologien‹ sprechen könne.[6]

2 Raiser: ebd.
3 Beispielsweise bei Spadafora 2013: 215 u.ö. Umfassend: Schweitzer 2021.
4 Schluchter 2006: 121.
5 Spadafora 2013: 182 f., 193.
6 Schweitzer 2021: 389; zu den drei ›juridischen Soziologien‹ vgl. ebd.: 391–574.

Das Recht bildet, wie Wirtschaft, Religion und andere, immer eine relevante Dimension in der Allgemeinen Soziologie, d.h. ein Querschnittsmerkmal der Sozialstruktur. Im Lager der Gründer zeigte man sich fasziniert von den starken Wissenschaften zum Recht und zur Religion. Dieses Interesse bezog sich aber nicht auf die Methoden jener Wissenschaften, von deren Vorgehensweisen man sich geradezu abgrenzte.

Im Dialog zwischen der juristischen und der sozialwissenschaftlichen Seite des Rechtsfeldes wurden damals viele Phänomene verhandelt, in denen Faktisches und Normatives als ineinander verwoben erschienen. Georg Jellinek hatte die Formel von der ›normativen Kraft des Faktischen‹ erfunden, was sich als Kritik am Naturrecht verstand, aber durchaus einen Übergang von vorgegebenen Merkmalen zu gesolltem Verhalten impliziert.[7] Das Problem war von alters her in anderen Figuren aufgehoben gewesen, so im Begriff des Gewohnheitsrechts, ebenfalls ein Übergang von empirisch ermittelbaren Tatsachen zu einer Vorschrift. Ähnliche Transitionen fanden sich in Begriffen wie ›Natur der Sache‹ oder ›Treu und Glauben‹. Die aus verschiedenen Richtungen einströmenden juristischen Methodenvorschläge, die dann als Freirechtslehre zusammengefasst wurden, knüpften hier an und verfielen so auf die Soziologie, von der neben Durkheim auch Georg Simmel (mit seinen Abhandlungen über den Streit bzw. den Dritten) und vor allem Max Weber beachtet wurde.

Max Webers Rechtssoziologie

Die unaufhebbare Spannung zwischen formal-rationalem Recht und materialer Gerechtigkeit war um die Jahrhundertwende erneut ins öffentliche Bewusstsein getreten: Die bürgerlichen Schichten setzen in den dauerhaften Einrichtungen von Wirtschaft und Politik auf Rechtssicherheit und Berechenbarkeit, wohingegen die wenig besitzenden Unterschichten (für die sich Fürsprecher engagierten) auf eine bessere Güterverteilung pochten. Diesen Hintergrund sprach Max Weber als eine zunehmende Demokratisierung an; in den weniger privilegierten Schichten waren Zusammenschlüsse, ja Massenorganisationen entstanden, die oft von Juristen geführt wurden.[8] Unter den Freirechtlern sympathisierten viele mit sozialdemokratischen Gedanken und Politikern. Bei Weber war das nur kurzzeitig der Fall, und als Wissenschaftler war er erklärtermaßen kein Freund des Eindringens materialer Gedanken in das formal-rationale Recht.

7 Dass der Gedanke einer normativen Kraft des Faktischen etwas mit der Geltung des Rechts zu tun haben könnte, wird heute bestritten; vgl. Klatt 2019.

8 Vgl. Treiber 2017: 162 f.

Gleichwohl konnte seine (soziologische) Rechtstheorie als eine perfekte Vorlage für die Kritiker des (hyper-) rationalen Rechtsdenkens gelesen werden. Wolfgang Schluchter, als vielleicht bester Kenner der Weber'schen Soziologie, beide fern eines rechtstheoretischen Engagements, hat die Merkmale von dessen Rechtskonzeption zusammengefasst. Geschrieben um 1910 (und bis heute grundlegend in der sozialtheoretischen Rechtsbetrachtung) lassen sie mit einem entsprechenden Dreh erkennen, warum damals ein Gedankenkreislauf zwischen Jurisprudenz und Soziologie entstehen konnte.

> Danach hat Weber sechs Merkmale einer empirischen (im Unterschied zur normativen) Rechtsordnung herausgestellt. Jedes davon lässt sich – durchaus gegen den Autor – als eine Anschlussstelle zwischen Soziologie und Jurisprudenz interpretieren.
>
> 1. Wenn jede empirische Rechtsordnung Lücken hat, während die Rechtsdogmatik das unerreichbare Ideal »eines logisch in sich widerspruchslosen und geschlossenen Systems« verfolgt, dann hat eine reale Entscheidung auch außerrechtliche Gründe.
> 2. Wenn die Rechtssätze in jeder empirischen Ordnung »mehr oder weniger«, also nur graduell gelten, dann öffnen sich Spielräume für die Entscheidung.
> 3. Wenn der empirische Geltungsgrad einer Rechtsordnung »von der Geltung anderer Normordnungen abhängig« ist, dann treten außerjuridische Normen hinzu.
> 4. Wenn, wie meist, in einer Gesellschaft mehrere Ordnungen untereinander »in Konflikt liegen, sodass man vom Kampf der Ordnungen sprechen kann«, dann reguliert nicht das Recht allein das soziale Handeln.
> 5. Wenn Rechtsordnungen »nur einen kleinen Ausschnitt des Handelns« erfassen› dann öffnet sich ein größeres, extrajuridisches Feld.
> 6. Wenn die Marktentwicklung »ein nach rationalen Regeln *kalkulierbares* Funktionieren des Rechts« verlangt, dann ist die Kontingenz der Rationalitätskonzepte zu berücksichtigen.[9]
>
> Schluchter muss zwar berichten, dass Weber für seine Modernisierungstheorie nur innerrechtliche Gerechtigkeitspostulate dem juristischen Rationalitätsimperativ genügen ließ. Aber er bricht dann eine Lanze für die »Menschenrechte als regulative Idee«, die er bereits bei Weber anerkannt findet; andernfalls könnten sich Rechtssicherheit und Zweckmäßigkeit verselbständigen und der Ausgleich Rechtsformalismus und Gerechtigkeit würde verfehlt.[10]

9 Alle Zitate bei Schluchter 2000: 80 f., im Anschluss an Weber.
10 Schluchter 2000: 82 f.

Die Denkweise dogmatischen Rechtswissenschaft diente Weber als Modell für die Bildung der soziologischen Grundbegriffe; ihm imponierte das Bemühen um begriffliche Klarheit, Sinnverstehen und die Bildung typisierter Fälle. Die von ihm favorisierte Zweckrationalität hatte eine Parallele in der teleologischen Auslegung von Normtexten. Kehrseite dieser Genealogie war, dass Weber juristisches und soziologisches Denken strikt gegeneinander abgrenzen musste. Daher spaltete er die Arbeit an der Analyse rechtlicher Phänomene zwischen den vorhandenen Fächern auf, indem er normative und empirische Rechtsgeltung auseinanderhielt und die Normwissenschaft für den einen, die empirische Sozialwissenschaft für den anderen Aspekt als zuständig erklärte. Damit löste er den schwelenden Konflikt zwischen juristischer und soziologischer Analyse; aber eigentlich wich er ihm bloß aus, vermittels einer nominellen Operation. Über die Ertragskraft dieser Art von Begriffssoziologie lässt sich streiten.

> Indem Weber in sein soziologisches Grundgerüst die Orientierung an ›normativen Ordnungen‹ eingebaut hatte, war eine Konkurrenzsituation zur Rechtswissenschaft geschaffen[11] – und zugleich der Anfang des später so genannten ›normativen Paradigmas‹, wie es der Strukturfunktionalismus etwa bei Talcott Parsons verkörperte, von dem sich die phänomenologisch-interpretativen Richtungen in der Soziologie erst mühsam wieder lösen mussten. Den Gegensatz zwischen normativer und empirischer Dimension der Rechtsgeltung baute auch der Versuch von Heinrich Popitz nicht ab, dessen soziologische Normanalyse mehrere Geltungsarten sah (in Kognition, Verhalten und Sanktionsgrad), allesamt der Faktizitäts-Seite angehörend.[12]

Bei Weber wandelte sich der Verbindlichkeitsgrad einer Norm von Gewohnheit und Sitte über die Konvention zum Recht – all dies nannte er ›legitime Ordnungen‹, an denen sich das Gemeinschaftshandeln orientiert und das Soziale konstituiert. Es waren sehr generelle, weitgehend auf Definitionen gestützte Aussagen, denen kaum zu widersprechen war, aus denen aber auch nicht allzu viel folgte. Weber wies dem staatlich gesatzten Recht herausgehobene Bedeutung zu, um so seine Theorie der Rationalisierung und Gesellschaftsentwicklung zu unterfüttern; dazu musste er die Ordnungen von Recht und Wirtschaft auseinanderziehen (sonst gäbe es keine kausale Beziehung). Ersichtlich befand man sich hier in einem anderen Denkzusammenhang als bei den Fragen zur juristischen Lösung von Konflikten, bei denen das Soziale und das Normative vielleicht nicht so streng getrennt werden müssen. Es sind Diskurse, die in weitem Abstand voneinander ablaufen. Ein Bezug zwischen

11 Schweitzer 2021: 543.
12 Vgl. Popitz 1980: 35 f.

ihnen bestand allenfalls dort, wo Weber den »juridischen Rationalismus« so hoch wie möglich ansetzen musste, um den Einfluss des formalen Rechts auf das Wirtschaften plausibel zu machen. Nur der Okzident verfüge über eine rationale Rechtslehre, welche einen Prozess berechenbar macht und somit dem Betrieb die Kalkulation ermöglicht. Das rationale Recht prägt auch weitere Sphären.[13] – Nach alldem ist nicht zu sehen, wo die Weber'sche Rechtssoziologie für die soziologische Jurisprudenz hätte fruchtbar werden können.

Der Theoriebaustil M. Webers wirkt als deutlich vom damaligen Denkstil der Rechtsdogmatik beeinflusst. Die anbrandende Normenflut (Gesetze, Urteile, Gewohnheiten) wurde hier ›systematisiert‹, d.h. in eine begrifflich gesteuerte Ordnung von scheinbarer Geschlossenheit überführt – eine imponierende Leistung. Webers Klassifikationsschemata zum sozialen Handeln, zur Legitimation, zu den Normsorten usw. erinnern an die Einteilungen, wie sie juristische Lehrbücher vornehmen. In der Soziologie hat das Schule gemacht: zunächst bei T. Parsons, dann bei N. Luhmann und zahllosen anderen. Klassifizieren und Definieren tut gut; bedenklich wird es aber, wenn die nominalen Konzepte ontologisiert werden, untereinander zu Gesellschaftstheorien zusammengefügt werden, anstatt dass sie bloß als eine revidierbare Grundlage für empirisch orientierte Studien dienten (und dann beispielsweise bei Weber die Bildung von Idealtypen erlauben).

Beim ersten Soziologentag platzierte Max Weber einige Juristen im Tableau der neun Vorträge, darunter Kantorowicz. Wie kam es dazu? Am 24. Juli 1910 hatten sich einige Freirechtler bei Gustav Radbruch getroffen, der drei Tage darauf Kantorowicz mitteilte, Weber sei offen für die Idee, dass ein Freirechtler auf der Tagung spreche. Gegenüber Hermann Beck, dem Geschäftsführer der frisch gegründeten Deutschen Gesellschaft für Soziologie (DGS), nannte Weber Kantorowicz als möglichen Redner. Er würde sich »anheischig machen, Privatdozent Dr. H. Kantorowicz, zu jenem Referat zu gewinnen«. Und so geschah es.[14] Den Kontakt hatte zuerst Kantorowicz aufgenommen, der seine Stammler-Kritik an Weber sandte und eine Antwort erhielt.[15]

> Angesichts der Kampf-Schrift hält es Gephart für »kaum verständlich, wie Weber sich überhaupt für Kantorowicz als Redner auf dem ersten Deutschen Soziologentag hat verwenden können«. Denn Freirecht und »Webers Ideal des formal rationalen Rechts« stünden einander diametral entgegen. Weber beruhigte sich damit, dass Kantorowicz wie er selber methodologisch zwischen faktischer und normativer Geltung eines Rechtssatzes unterscheide; denn er fand hierin die eigene

13 Vgl. dazu Gephart 2010: 63–66.

14 Vgl. Weber, MWG II/6: 423, 607, 613 f.

15 MWG II/5: 690.

Unterscheidung zwischen juristischer und soziologischer Rechtsbetrachtung wieder.[16]

Was versprach Weber sich von der Einladung? Zum einen wollte er einige Vertreter der Freirechtsbewegung zur Teilnahme verlocken, indem einer von ihnen dort zu Wort käme; unter ihnen vermutete er »heute zweifellos die besten Köpfe der jüngeren soziologisch-philosophisch interessierten Juristen«.[17] Zum anderen sollte der ›Jungtürke‹, so ist zu vermuten, die Beschäftigung mit dem Recht zu einem Arbeitsfeld des neuen Fachs machen. In der DGS sollte »eine Abteilung für Philosophie oder Soziologie des Rechtes« eingerichtet werden.[18] So mischte die Jurisprudenz mit im institutionellen Gründungsprozess der Soziologie.

Auf Kantorowicz' Vortrag folgte eine lärmige Debatte, die Webers Absichten zunichtemachte, wie dieser es empfand.[19] Im Hintergrund stand eine andere Methodendebatte als das Hauptthema in der Gründungsphase. Die Frage der Wertfreiheit strapazierte damals die neue Soziologie, und der Diskurs um das Freirecht wurde als ein wichtiges Teilfeld in der deutschen sozialwissenschaftlichen Methodenkontroverse vor dem ersten Weltkrieg wahrgenommen.[20] Kantorowiczs Kongressvortrag reizte den Diskussionsleiter Tönnies zu einer Rüge, was wiederum im Anschluss eine erregte Debatte hervorrief. Dem Freirechtsdenken musste das Weber'sche Postulat schon deswegen fernliegen, weil juristische Urteile naturgemäß Werturteile sind bzw. enthalten.

Ferdinand Tönnies hatte bereits in seinem Eröffnungsvortrag angekündigt, die Soziologie werde alle Forschungen unterlassen, die normative und politische Ziele verfolgen, beispielsweise die eines ›Wissenschaftlichen Sozialismus‹. Tönnies propagierte neben der Wertfreiheit auch die Trennung zwischen Theorie und Praxis. Wissenschaften entfalten sich umso kräftiger, »je mehr sie von allen unmittelbaren und mittelbaren Einflüssen der Willenstendenzen, der praktischen Interessen sich ablösen und befreien«.[21] Kantorowicz' Anliegen entsprach dem nicht, sodass Tönnies mit ihm aneinandergeriet. Eingedenk der kürzlich entstandenen Aufregungen um die Freirechtslehre und im Wissen um die Personengleichheit Gnaeus Flavius/Kantorowicz glaubte er nun intervenieren zu müssen. Tönnies unterbrach Kantorowicz' Vortrag, in dem er eine Werbung (für das Freirecht) vermutete. Er verstand Kantorowicz also wissenschaftspolitisch, was in der Diskussion von Max Weber zurechtgerückt wurde. Tönnies' Skandalisierung signalisierte,

16 Vgl. Gephart 2010: 17, 19.
17 Weber, MWG II/6: 606 f.
18 Weber, MWG II/6: 622.
19 Vgl. Lepsius 2011: 11–16.
20 Spadafora 2013: 215.
21 Tönnies 1911: 19.

> dass man den Juristenstreit nicht in die eigenen Hallen getragen haben wollte.

Dies war ein interessanter Diskursmoment: Tönnies und Kantorowicz missverstanden einander, weil sie verschiedene Agenden verfolgten. Tönnies wollte eine engagierte, aber nicht marxistische Soziologie; Kantorowicz arbeitete an seiner Doppelexistenz in Rechtswissenschaft *und* Soziologie, um die juristische Methodik zu reformieren.

> Weber berichtete brieflich an Franz Eulenburg: »Kantorowicz: sehr gut. Debatte skandalös infolge der ganz unfähigen Leitung von Tönnies einerseits, des Betragens von Goldscheid und anderen andererseits: thörichte Debatten zur Geschäftsordnung über Werturteile, schulmeisterliche Unterbrechungen von Tönnies, Protest dagegen usw.«[22] Die tumultuarische (nicht überlieferte, im Protokoll durch Weber stark gekürzte) Diskussion nach dem Kantorowicz-Vortrag sei zu sehr um Fragen der Geschäftsordnung und (damit zusammenhängend) Werturteilsfreiheit gegangen. Die anwesenden (hauptberuflichen) Juristen sagten etwas zu den Weisen der Rechtsfindung statt zu den Aufgaben der Soziologie. Selbst Weber tappte in diese Falle, als er sich zum Streitpunkt der Werturteilsfreiheit äußerte und insistierte, dass die DGS sich der »praktischen, rechts*politischen* Wertungen enthalte«.[23] Sodann trennte er scharf zwischen dogmatischen und soziologischen Aussagen zum Recht. Keineswegs könne »auf dem Gebiet des Soziologischen das Rechnen durch das ›Werten‹ ersetzt werden«; das haben wir ja »gerade von den Naturwissenschaften gelernt«. Damit zerschnitt Weber das im Freirechtsdenken vorgesehene Band zwischen Rechts- und Sozialwissenschaft. Ja, er ridikülisierte es mit der Bemerkung, ein juristisches Urteil hänge »unter Umständen« auch davon ab, »ob der Richter etwa einen sehr starken Frühschoppen hinter sich hat«.

Andere Soziologen schwiegen einfach. – Dass von der Soziologie keine Einmischung in den juristischen Diskurs zu erwarten war (eher ein Gegenwind wie von Weber), muss Kantorowicz klar gewesen sein. Was also war der Sinn eines Auftritts beim DGS-Kongress? Bei Kantorowicz ging es um das Verhältnis der Rechtswissenschaft zur Soziologie, nicht um das der Soziologie zur Rechtswissenschaft; er sah die Bezüge wohl nur in der einen Richtung und versuchte die Außenansicht des Methodenstreits zu beeinflussen. In der Folge wurde auf die Einrichtung einer Abt. für Rechtssoziologie verzichtet. Vielleicht aber hatte die ärgerliche Diskussion gar nicht das falsche Thema, denn hier entschied sich die Neigung und Eignung damaliger Soziologie, etwas für die Rechtswissenschaft Brauchbares zu liefern – als Verzicht.

22 MWG 6: 655 f.
23 Weber MWG I/12: 280; folgende Zitate 282.

So gedieh in der frühen Soziologie die Frage der Werturteilsfreiheit sowohl zum einigenden als auch zum spaltenden Punkt. Das mutet heute kurios an, denn das soziologische Denken geht stets von Standpunkten aus (›Haltung‹ heißt das gegenwärtig) und baut seine Analysen mit evaluativen Prämissen auf, mögen diese auch meist im Hintergrund bleiben. 1909, bei Gründung der DGS, besaß die »Ausschließung von Werturteilen« noch höchste Priorität, und zwar um sozialpolitische Streitigkeiten außen vor halten zu können. Darauf bestand Max Weber und zog sich dann aus Enttäuschung über mangelnde Enthaltsamkeit aus der DGS zurück. Für Georg Simmel, als anderen Gründungsakteur, war die Frage bei weitem nicht so belangvoll, und für Kantorowicz schon gar nicht. In der Kontroverse nach seinem Vortrag mochte er das Sprechverbot nicht akzeptieren.[24] Eine wertungsneutrale Soziologie hätte schwerlich juristisches Entscheiden instruieren können, wie es ihm wohl noch vorschwebte. So wirkte Kantorowicz in dieser Phase daran mit, dass die sich etablierende Soziologie auf methodologisch ungeklärte Weise wertsensibel blieb.

Multiple Sprecherkompetenzen bildeten ein besonderes Merkmal damaliger Diskurse. Manche der tonangebenden Teilnehmer waren auf mehreren Denkfeldern unterwegs: Kantorowicz neben der Jurisprudenz in der Soziologie, Zeitgeschichte und Literaturwissenschaft; Siegfried Kracauer als promovierter Architekt befasste sich mit Soziologie, Psychologie und empirischer Kulturforschung. Ihr Vorbild Georg Simmel wechselte zwischen Philosophie und Soziologie. Max Weber hatte sich als Jurist, Ökonom und Soziologe profiliert, allerdings sukzessive. Nicht selten blieb unklar, mit welcher seiner wissenschaftlichen *personae* jemand gerade sprach. Tönnies bemerkte nicht, dass Kantorowicz auf der Gründungstagung als Soziologe (und nicht als Freirechtler) auftrat. Webers Kritik an Gnaeus Flavius geschah als Soziologe und nicht als Jurist. Oder doch nicht? Webers vehementes Eintreten für den Formalismus in der Rechtsdogmatik hätte das Wertfreiheitspostulat verletzt, wenn er es soziologisch gemeint hätte; eher vertrat er hier eine rechtsmethodologische oder auch eine modernisierungspolitische Position. Die unangekündigten Spurwechsel stifteten Verwirrnis.

Max Weber hatte einen Teil seiner ›Kategorien‹ in der Auseinandersetzung mit dem Juristen Rudolf Stammler entwickelt. Aus diesem Zusammenhang entsprang sein Interesse an der Kommunikation mit Kantorowicz – nicht aber war die Freirechtslehre eine Ideengeberin für Weber. Ganz im Sinne seiner theoretischen Anliegen – der Einfluss des Rechts auf das Wirtschaften –, interessierte er sich nur für die empirische Geltung des Rechts, nicht für dessen normative Geltung, die Rechtsquellenlehre usw.

24 Kantorowicz 1911 a: 314.

Das war der Grund für seinen Wunsch, in der DGS eine »Rechtssoziologische Sektion« einzurichten,[25] und deswegen drehten sich drei der auf dem ersten Kongress gehaltenen Vorträge (auch) um das Recht. Weber hätte eine Rechtssoziologie gefallen, die sich mit der fortschreitenden Rationalisierung, und das war die formallogische Dogmatisierung, beschäftigt. Nicht schätzen konnte er das Erkenntnisziel, den Zusammenhang zwischen Recht und den »Bedürfnissen des Lebens« zu erforschen und nach den Resultaten den Rechtsbetrieb zu gestalten. Die starke Perseveranz, mit der Weber die Durchsetzung seiner Rationalitätsannahmen verfolgte, störte seine Versuche, Soziologie und Jurisprudenz in Kontakt zu bringen. Merkwürdig, wie er sich hier selbst im Wege stand.

Weber versuchte gar nicht erst, das von den Freirechtlern Gemeinte zu verstehen, leistete also keinen Beitrag zum Diskurs. Er nahm die Rechtswissenschaft so, wie sie damals war, und machte sie in dieser Gestalt zum Baustein seiner sozialökonomischen Theorie. Die Rechtswissenschaft zu verändern lag außerhalb seines Interesses, auch eine sozialistische Politikneigung lag ihm fern. Wie nur konnte er dann Kantorowicz so akzeptierend begegnen? Die vorliegenden Briefe bezeugen allerdings keine tiefergehende Bekanntschaft, als die berufliche Kooperation es gerade erforderte. Ganz anders verlief Webers Kontakt zu dem Staatsrechtler Georg Jellinek, mit dem er in Heidelberg befreundet war und in regem Gedankenaustausch stand.

Unter den Fragmenten, die Webers Rechtssoziologie ausmachen, findet sich auch eine ganz anders zu lesende Passage. Aller theoriegeleiteten Sympathie für eine formal rationalisierende Jurisprudenz zum Trotz geißelte Weber dort die »Konsequenzen der sich selbst überschlagenden wissenschaftlichen Rationalisierung und voraussetzungslosen Selbstbesinnung des Rechtsdenkens«; einer von irrationalen Kräften und Kontingenzen durchströmten Realität sei damit nicht beizukommen. Stattdessen favorisiert Weber es, wenn die Rationalisierung des Rechts von Praktikern ausgeht, wie beispielsweise im Common Law und im deutschen Handelsrecht. »Das englische Rechtsdenken ist [...] in weitestgehendem Maße eine empirische Kunst, [...] der Grad der Rationalität des Rechts ein wesentlich geringerer«. Und dieser Umstand bedinge die ›praktische‹ Anpassungsfähigkeit des englischen Rechts.[26] Aus diesem Lobpreis folgt zwar für Weber keine Soziologisierung des Rechtsdenkens, aber einer Kampfschrift für Freies Recht würde in der Rechtskultur des Common Law das Angriffsziel fehlen.

25 So an Tönnies, MWG II/6: 687.

26 Zitate bei Weber 1922/1964: 651 f.; vgl. dazu Dilcher 2016: 472–474.

Weber blickte als Soziologe auf den Rechtsbetrieb und fand eine Entformalisierung schädlich, weil sie den Beitrag des Rechts zur Modernisierung beeinträchtige. Mit einem Werturteil(!) bezog er eine Position im Streit um das Freirecht. Die Literatur zu Max Weber meint heute einhellig, der Klassiker habe das Methodenideal der Begriffsjurisprudenz hochgeschätzt, ja dieses Ideal noch idealisiert, sodass »im Schlusskapitel seiner Rechtssoziologie Erkenntnis vom Bekenntnis überschattet wird«.[27] Die Avancen der Freirechtler stießen also in Webers Soziologie auf keinerlei Gegenliebe. Eine heftigere Abfuhr als die durch Weber konnten sie nicht erfahren.[28] Wenn Weber in der Freirechtslehre nur »interne Standesideologien der Rechtspraktiker« hat sehen wollen,[29] dann deswegen, weil ihm die ›Materialisierung‹ des Rechts zuwider war, zumal sie nicht zu seinen Rationalisierungsannahmen passte. Auf Kantorowicz konnte eine derartige Kritik schon deswegen nicht zutreffen, weil der sichtlich keine Professionsinteressen verfolgte. Weber konfrontierte die Rationalität formaler Rechtsgesetze mit der »Irrationalität der Tatsachen«, wobei er ausblendete, dass die Tatsachenwissenschaften, um deren Einbezug es ja ging, ebenso rationale Aussagen produzieren. Weber fürchtete um »die juristische Präzision der Arbeit, […] wenn soziologische und ökonomische oder ethische Räsonnements an die Stelle juristischer Begriffe treten«. Präzision, Fachmenschentum, Rationalismus und geschäftliche Verkehrssicherheit galten ihm mehr als die materiale Gerechtigkeit, wie sie der Freirechtsschule vorschwebte. Weber nannte sie abfällig ein »Produkt intellektualistischer Desillusionierung«.[30]

Wenn Weber Kantorowicz hochschätzte, dann eben nicht den *Gnaeus Flavius*, sondern weil der Jüngere historisch bewandert war, rechtshistorisch zumal, und ein intellektuell ebenbürtiger Gesprächspartner gewesen sein wird. Weber sah durchaus die Unterschiede; an Kantorowicz schrieb er: »Wir stehen – da Sie sich als ›Positivisten‹ bekennen – in mancher Hinsicht auf verschiedenem Standpunkt.« Aber gegenüber Stammler stimme er Kantorowicz zu, der hierzu »die gründliche Arbeit eines Berufeneren« geleistet habe.[31] Kantorowicz, der gerne auf fremden Äckern pflügte, hielt sich aus Webers Domäne heraus. In dem Kongressvortrag über ›Rechtswissenschaft und Soziologie‹ beschränkte er

27 Treiber 2017: 166.

28 Bei Weber zu besichtigen etwa im Stammler-Aufsatz. Zur »Parallelisierung der juristischen und kulturwissenschaftlichen Betrachtungsweise« bei Weber, für dessen Frühzeit und am Beispiel der Kausalität vgl. Nollmann 2006: 96 f., 103. Die Schärfe, mit der Weber die Freirechtslehre ablehnte, wird von Michel Coutu (2018: Nr. 2.3) mit einem Verweis auf die Jurisprudenz um 1910 relativiert; Kantorowicz antizipierte die anbrechende Entwicklung besser.

29 Weber, 1922/1964: 649, dort auch das folgende Zitat.

30 1922/1964: 655.

31 Brief v. 30.10.1908, MWG II/5: 690.

sich auf die Rechtssoziologie und behandelte diese im Hinblick auf ihren Verwendungsnutzen in der Rechtsfindung – was Weber nun gar nicht interessierte, ja von ihm abgelehnt wurde. Gegenüber Weber, als dem Älteren, Etablierteren und ›Deutscheren‹ der beiden, dürfte sich Kantorowicz bewusst zurückgehalten haben. Erst in der Gedächtnisschrift für Weber platzierte er einen Aufsatz, in dem er Luft abließ und pluripotent den ›Aufbau der Soziologie‹ umriss, dabei einige Abweichungen zu Weber hervorhebend. Bei dem bleibe vieles »dunkel«.[32] Und er rügte Webers grauenhaften Schreibstil, also die dem Ansturm der Gedanken geschuldeten Schachtelsätze.

Wer die Nähe zwischen Jurisprudenz und Soziologie suchte, konnte damals bei Rudolf Stammler fündig werden, der selbst als Neukantianer zwischen empirischem und normativem Gelten nicht so rigoros trennte, wie Weber es tat. Stammler hatte Wirtschaft und Recht in ein Verhältnis gesetzt, das Webers soziologischem Programm zuwiderlief. In Webers Sicht war das Wirtschaftliche nicht der alleinige empirische Grund alles Geschehens und Recht bloß dessen Form; sondern für ihn standen Wirtschaft und Recht in einem komplexen Kausalzusammenhang, innerhalb dessen weitere Kulturfaktoren wirkten (Religion!). Die Kulturbedeutung rechtlicher Institutionen könne sich ändern, ganz ohne ökonomische Determinanz.

Kantorowicz teilte Webers Kritik am Rechtstheoretiker Rudolf Stammler und nannte sie die (sozio-) ökonomische Hälfte, der er nun die andere, »philosophische Hälfte« hinzufüge. So kamen sich die beiden nicht ins Gehege: Weber argumentierte soziologisch, Kantorowicz erkenntnistheoretisch. Ob die Arbeitsteilung der beiden im Diskurs tatsächlich so beschaffen war, steht auf einem anderen Blatt – Kantorowicz postulierte es so, Weber scheint es akzeptiert zu haben. Sie hätten in Konflikt geraten können; Weber nannte Stammler als Juristen »hervorragend«;[33] Kantorowicz hingegen nahm Stammler auch rechtsphilosophisch auseinander. All dies ereignete sich nach Webers Objektivitätsaufsatz von 1904, vor allem zwischen Sommer 1907 (Stammler-Aufsatz) und Frühjahr 1908 (Kantorowicz' Habilitationsvortrag, publiziert 1909). Bei dieser Thematik war man, selbst in der Aggressivität gegenüber Stammler, weit entfernt von den Kämpfen um das Freirecht. Auch verfolgte man verschiedene theoriestrategische Ziele: Weber entwickelte seinen soziologischen Begriffsapparat, Kantorowicz seine relativistische Rechtskonzeption, die weder auf einer Realdefinition noch auf einem ›richtigen‹ Recht aufbaute.[34]

32 Kantorowicz 1923: Nr. 5.
33 Weber 1922: 427.
34 Vgl. Kantorowicz 1909: 23 f.

Wenn doch Weber die freirechtliche Grenzverwischung à la Gnaeus Flavius nicht goutierte – wie konnte er dann mit Kantorowicz gewinnend kommunizieren? Von ganz unerwarteter Seite kam bei ihm ein Gedanke, der soziologisches und juristisches Denken verbinden könnte – nicht als Soziologie in der Jurisprudenz, sondern umgekehrt: normatives Räsonnement in der Sozialtheorie.

> Innerhalb seiner Stammler-Kritik entwickelte Weber eine Konzeption der »sozialen Regelung«. Zum einen könnten wir den Sinn von Handlungen als Bewertung so »konstruieren, dass ein in sich widerspruchsloses Gedankengebilde entsteht. Wir treiben dann ›Dogmatik‹ des ›Sinns‹. Und wir können auf der anderen Seite fragen: war der ›Sinn‹, den ›wir‹ einem derartigen Vorgang dogmatisch zusprechen können, auch derjenige, den jeder der empirischen Akteure desselben seinerseits bewusst in ihn hineinlegte«? Das eine ist der normative, das andere der empirische Sinn, gewissermaßen einmal juristisch, einmal soziologisch gedacht. Insofern nun ein Akteur sich von einer Norm leiten lässt, diese also für sein Handeln kausal bestimmend wird, wird auch der ›dogmatische‹ (i.e. normative) Sinn des Vorgangs für die Hypothesenbildung wichtig, und zwar als »heuristisches Prinzip«; er fungiert jetzt als Idealtypus. Norm-Maximen »sind zweifellos *eine* der verschiedenen möglichen Determinanten des faktischen Handelns«. Weber argumentierte in diesen Passagen mit verworrenen Satzgefügen in tastender Gedankenführung, um einen Zusammenhang zwischen normativer und empirischer Handlungsanalyse herzustellen, ohne die beiden unerlaubt zu vermischen. Auch an späteren Stellen des Stammler-Aufsatzes kam diese Einschätzung zum Ausdruck. So heißt es einmal, »die Tatsache, dass es eine ›Jurisprudenz‹ gibt, [...] ist von der erheblichsten praktisch-empirischen Tragweite für die faktische Gestaltung des Verhaltens der Menschen«. Dabei hält er die »empirische Existenz des Rechts« und »die juristische Idee eines Gelten-Sollens« streng auseinander. Für Weber dehnt sich die Einflusssphäre des Rechts gesellschaftsweit; die Jurisprudenz bespielt nur einen vergleichsweise kleinen Bereich, nämlich um »das faktische Verhalten gewisser Menschen: der Richter, Advokaten, Delinquenten, Staatsbürger« juristisch zu werten.[35]

Vereinfachend gesagt: Recht stiftet Sozialität, und deswegen kann juristisches Denken bei der soziologischen Analyse helfen. Von Kantorowicz könnte Weber sich eine solche Hilfestellung, bei Beachtung des neukantianisch gebotenen Rahmens, vorgestellt haben.

35 Weber 1922: 322–359; die Zitate: 333-335, 347 f.

Soziologischer Theorienpluralismus

In der Gründungsphase der deutschen Soziologie standen – neben manchen anderen Personen und Richtungen – zwei Schulen einander gegenüber. Dies waren idealtypisch unterscheidbare Strömungen, die – von heute her gesehen – sich erkennbar national und international durch das seitdem verflossene Jahrhundert ziehen würden. Der eine Denkstil verkörperte sich in Max Weber und seinen exakten sozioökonomischen Thesen, der andere in Georg Simmel und seinen fluktuierenden kulturbezogenen Ideen. Das Fach ist durch die Weber'sche Vorgabe kontinuierlich geprägt worden. Die Simmel'schen Ansätze flackerten in Einzelentwürfen immer wieder auf, ohne je die Geschlossenheit einer ›Theorie‹ zu erreichen (erreichen zu wollen, muss hinzugefügt werden). Die Strömung zieht sich bis heute durch die Theorielandschaft der Soziologie. Ihre Protagonisten begrenzten sich nicht auf das Fach, sondern betätigten sich oft auf anderen Feldern, so wie Simmel in der Philosophie. Man bewundert dann die ›Spannweite‹ ihrer Interessen und sperrt sie aus der Fachdisziplin aus. Eine Reihe von ihnen, die ursprünglich dem Simmel'schen Denken angehangen hatten, versammelten sich bei der Kritischen Theorie: Siegfried Kracauer, Georg Lukácz, Ernst Bloch, Theodor W. Adorno; später jedoch distanzierten sie sich mehr oder weniger von ihrem Lehrer und verbargen ihre Herkunft. Dem Fragmentarischen in der Theorie entsprach der Mangel an Zusammenhalt. Das trug dazu bei, dass Kantorowicz (wie auch Kracauer, zeitweise sogar Simmel) aus dem Gesichtskreis der Soziologie verschwanden.

Simmel hatte in seiner ›Philosophie des Geldes‹ (1900) die Jurisprudenz und das Recht als »zurückgeblieben« kritisiert; denn »von gewissen Grundtatsachen aus logisch entwickelt, in einem Kodex fester Gesetze niedergelegt, von einem besonderen Stande getragen, gewinnt es den anderweitigen, von den Personen empfundenen Verhältnissen und Bedürfnissen des Lebens gegenüber jene Starrheit, durch die es sich schließlich wie eine ewige Krankheit forterbt, Vernunft zum Unsinn, Wohltat zur Plage wird«.[36] Für den Leser Kantorowicz musste das aus dem Herzen gesprochen sein. Schon als Student hatte er Simmel aufgesucht, der ihn 1906 bei Georg Jellinek einführte und (erfolglos) ihn in Heidelberg zu habilitieren empfahl.[37] Um das Jahr 1910 herum verdichtete sich der Kontakt noch einmal, sowohl im Heidelberger Kreis als auch bei der Gründung der DGS.[38] – Gustav Radbruch, der für Kantorowicz lebenslang wichtig werden sollte, war mit Simmel befreundet. Kantorowicz und Radbruch planten eine »Rechtsphilosophische

36 Simmel GSG 6: 644 f.

37 Vgl. Simmel GSG 22: 534.

38 Vgl. GSG 22: 821 f.

Zeitschrift«, mit »ständiger Mitarbeit« von Simmel, was dieser auch zugesagt hatte.[39] Man bewegte sich in einem Milieu modernistischen Denkens und auf Distanz zum Wilhelminismus.

Mit Simmel teilte Kantorowicz:

- das Anti-Systematische im Denken; kein Gesamtbild und keine Großtheorie wird angestrebt, sondern einzelne Phänomene werden untersucht;
- eine ausgeprägte Aufmerksamkeit für soziale Konflikte, Widersprüche und Ambivalenzen;
- den Blick auf die Kulturbasis sozialer Phänomene;
- die fluktuierende Beschäftigung mit thematisch weit auseinanderliegenden Gebieten und Fragen;
- insoweit sie sich überhaupt mit juristischen Themen befassten, geschah dies im Strafrecht;
- die politische Nähe zu Ideen und Organisationen des Sozialismus.

Kantorowicz' Stimme wurde in der noch jungen Soziologie gehört; Alfred Vierkandt bezeichnete seinen Aufsatz in der Weber-Gedächtnisschrift als die »beste derartige Untersuchung [...] über die Aufgaben und die Gliederung der Soziologie« sowie als »vortreffliche Studie«.[40] Wie stellte sich der Jurist Kantorowicz eine Soziologie vor? Das maßgeblich von Weber beeinflusste Gründungsprogramm der DGS hatte verlangt, »das eigenartige Gebilde, das wir Gesellschaft nennen, in seinem Wesen, seinen Formen, seinen Entwicklungen zu erkennen«. Kantorowicz aber verwandte den Begriff der Gesellschaft nicht; in seinem Kongressvortrag (1911 a) nannte er ihn nur einmal, und zwar in Anführungsstrichen. Stattdessen sprach er vom ›sozialen Leben‹ (über zwanzigmal, und auch sonst vom ›Leben‹). Das Soziale war ihm nichts Festes, keine statische Struktur. Er behandelte das Soziale als etwas Fließendes, das immer erneut aufgesucht werden muss und seine Gestalt ständig verändert. Auch damit stellte er sich in die Spur von Georg Simmel.

Später akzentuierte Kantorowicz seine Konzeption von Soziologie neu; in der Weber-Gedächtnisschrift (1923) ist der Gesellschaftsbegriff allgegenwärtig. Hier wird Simmel an einigen Stellen leicht relativiert. ›Gesellschaft‹ sind nun die Beziehungen sozial handelnder Menschen – auch dies wiederum simmelianisch formuliert. Kantorowicz zog viele große Autoren heran, insbesondere Weber, dessen Grundbegriff er aber abwandelte. Er präsentierte sich hier als jemand, der die gesamte Soziologie kennt und dessen Ideen breit anschlussfähig sind; insoweit dachte er strategisch, eine professionelle Eigenart von Juristen. Immer, wenn Kantorowicz sich soziologisch äußerte, musste es als ein Brückenschlag

39 GSG 22: 591 f.
40 Vierkandt 1926: 75 f.

verstanden werden, der von der Jurisprudenz aus gewagt wird, um den Transfer zu ermutigen.

Kantorowicz' Theorieanliegen war, der Jurisprudenz eine soziologische Grundlage zu verschaffen. Im Kongressvortrag von 1910 benannte er, wie schon erwähnt, die Soziologie als »die vornehmste Hilfswissenschaft der dogmatischen Jurisprudenz«. Er hoffte, »dass die Jurisprudenz dadurch ein völlig anderes Gesicht erhalten wird, sowohl den Methoden als auch den Ergebnissen nach«.

> In dieser instrumentalistischen Sicht mussten es gar nicht nur fachwissenschaftliche Einsichten sein; es ging darum, die Rechtstatsachen für die Gesetzgebung zu vergegenwärtigen: die »Erkenntnis des sozialen Lebens (die ja nicht immer eine wissenschaftliche zu sein braucht, vielleicht oft eine solche des täglichen Lebens sein darf)«.[41] Für den späteren Kantorowicz war die Soziologie nur noch eine unter verschiedenen die Jurisprudenz instruierenden Disziplinen. Er schrieb, die Gegenstände Eigentum, Geld und Tausch würden sowohl von der Volkswirtschaftslehre als auch von der Privatrechtslehre behandelt; »beide laufen parallel, und es ergeben sich nicht etwa eine einzige Wissenschaft mit gemischter Methode, sondern zwei *Schwester*wissenschaften«.[42]

Das Verhältnis zwischen Soziologie und Rechtswissenschaft war um 1910 von Konvergenzen und Differenzen durchzogen. In der rechtsmethodologischen Debatte erschien die Soziologie wahlweise in der Rolle des Messias oder des bösen Buben: als Hoffnungsträger für die Freirechtler, als Verderbnis für die Dogmatiker. Die Soziologie ihrerseits entzog sich aber erfolgreich beiden Zuschreibungen und gewann dabei an Boden für ihre Institutionalisierung an einigen Hochschulen. Auch ihre Fachidentität ging aus den innerjuristischen Auseinandersetzungen gestärkt hervor. Ungewollt betrieben also die Freirechtler mit der Abgrenzung das Geschäft der Neuen, und nicht zuletzt deswegen mag ihnen bald danach die Puste ausgegangen sein.

Allein der Terminus ›Freirecht‹, verstanden als bindungsfrei und gesetzlos, aber mit einer Anrufung der Soziologie, musste in dieser verkürzenden Ausdrucksweise und polemischen Zuspitzung den kompromisslosen Widerstand professioneller Juristen hervorrufen. Der Ausdruck ›freirechtlich‹ erwuchs zu einer Art Beelzebub im Methodendiskurs. Es genügte die Erwähnung, bei Verzicht auf nähere Begründung, um die abgrundtiefe Ablehnung eines Arguments zu artikulieren und die Abwehr des Publikums zu schüren. Damit wurde auch die Annäherung zwischen soziologischem und rechtsdogmatischem Denken unterbunden – und zugleich die vollständige Abnabelung der Soziologie sichergestellt.

41 Kantorowicz 1911 a: 287, 275.
42 Kantorowicz 1923: Nr. 12, H.i.O.

An der Geburt institutionalisierter Soziologie wirkten einige Juristen mit. Max Weber hätte dafür keinen Geeigneteren als Kantorowicz finden können, nachdem er selber sich von der Rechtswissenschaft endgültig verabschiedet hatte. Kantorowicz brachte plausible und zukunftsweisende Ideen ein: erstens eine allgemeine Sozialwissenschaft (abgegrenzt von der Wirtschaftswissenschaft) als »speziell soziologische Betrachtung des sozialen Lebens«, und zweitens die Frage, »was diese speziell soziologische Betrachtung für die Rechtswissenschaft leisten kann«.[43] Also: Soziologie als Grundlagenforschung und mit Anwendungsbezug. Derlei Praxis aber interessierte Weber überhaupt nicht und Simmel schon gar nicht. Kantorowiczs Vorstellungen für die Soziologie liefen also ins Leere; das Fach hat sie stets ignoriert.

Zwischenfrage: ›Gesellschaft‹ oder ›Leben‹?

Das Wort ›Leben‹ ist hier mittlerweile so oft aufgetaucht – und zwar nicht im alltäglichen Sinne, sondern anspielungsreich –, dass es sich fragt, ob hier ein Ersatzbegriff für ›Gesellschaft‹ etabliert wurde; denn die zitierten Autoren verwenden oftmals Wörter wie Wirklichkeit, Realität, Gesellschaft und ähnlichen, um die Sozialdimension zu bezeichnen. Das ist nicht immer dem Wunsch nach stilistischer Abwechslung geschuldet; im Falle von ›Leben‹ werden auch weitreichende Sinnbezüge aufgerufen. Beispielweise wird eine Assoziationsbrücke zum Konzept ›Natur‹ geöffnet. Ohne das vertiefen zu wollen, muss ein ideologiekritisches Bedenken erwähnt werden.[44]

Das Konzept ›Leben‹, ohnehin mit vielfältigen Bedeutungen versehen, ist vom Nationalsozialismus zur Abstützung des eigenen Programms herangezogen worden und insoweit heute entwertet. Am kürzesten formulierte es der Chefideologe Alfred Rosenberg in der Überschrift eines Artikels: »Lebensrecht, nicht Formalrecht«.[45] Mit dem Leitbegriff ›Lebensrecht‹ erschuf sich die nationalsozialistische Doktrin eine vielfältig ausdeutbare Formel, die subtiler daherkam als das Kampfvokabular Volk, mit Rasse, Blut und Boden, aber anschaulicher war als das ›konkrete Ordnungsdenken‹.[46] Die methodologischen Vordenker C. Schmitt, K. Larenz und R. Höhn (vgl. Kap. 7) haben in ihren Hauptschriften mit ›Leben‹ in wechselnden Komposita gearbeitet.[47] Der vitalistische Wortschatz propagierte Stärke und Gesundheit, bereitete auf Kampf

43 Kantorowicz 1911 a: 273 (in der Diskussion vor seinem Referat).
44 Den Hinweis hierauf verdanke ich Susanne K. Paas.
45 In der Zeitschrift Deutsches Recht 1934: 233.
46 Vgl. ausführlich Rückert 2018: 101–162.
47 Vgl. Rückert ebda.: 110–117.

vor, auf ›Ausmerzung‹ des Minderwertigen, mit ihm schürfte man in der Germanischen Geschichte nach den Ursprüngen.

Der Lebensbegriff begleitet den gesamten hier betrachteten Diskurs. Häufig tauchte ›Leben‹ als analytisches Konzept bei Otto v. Gierke auf und bezeichnete dann so etwas wie das real Existierende oder die empirisch feststellbare Faktizität. So beschrieb er beispielsweise das ›innere Leben‹ einer Körperschaft und dessen Wirkungen auf ›andere Lebenssphären‹. Das Lebenskonzept diente hier einer (im heutigen Sinne) sozialwissenschaftlichen Analyse von Verbänden (Institutionen, ›juristischen Personen‹) und verwies auf deren Existenzweise. Ohne ›das Leben‹ ideologisch zu verklären oder mit dem Recht gleichzusetzen, berührte es die Rechtsfindung, sodass Gierke in das ideengeschichtliche Vorspiel unseres Themas hineingehört.

> »Das innere Leben eines sozialen Organismus spielt hinter dessen äußerer Aktion stets eine rechtlich erhebliche Rolle: es bildet sowohl die Ursache wie das Motiv jeder äußeren Verkehrshandlung und ist daher für dieselbe in zwiefacher Hinsicht von *mittelbarer* Bedeutung. Vielfach tritt es die äußere Aktion selbst als gestaltgebender Faktor ein und gewinnt so eine *unmittelbare* Bedeutung für die Bestimmung ihres rechtlichen Gehalts.« In bei Gierke folgenden Beispielen wurden »Rechtsverhältnis« und »Lebensordnung« sowohl gedanklich auseinandergehalten als auch in ihrer Verwobenheit gezeigt. Die Komplexität dieses Problems schlug sich in komplizierten Formulierungen nieder.[48]

Unterstützt von der seit Ende des 19. Jahrhunderts aufkommenden Lebensphilosophie faszinierte das Konzept viele Köpfe, philosophisch-soziologische wie Georg Simmel und auch rechtstheoretische. Tat sich da, abseits dürrer Gesetzes- und Urteilstexte, eine neue Quelle für die Regulierung sozialer Konflikte auf? Für Entscheidungsbegründungen ohne subjektive Willkür und mit quasi naturwissenschaftlicher Überzeugungskraft? Hermann Heller hat 1929 die Zweifel am verlockenden Lebenskonzept formuliert, ohne seine Kritik an der begriffsfixierten Methodik aufzugeben.

> Heller geißelte die Selbstrelativierung des Denkens durch den Bezug auf eine immanente Realität wie ›das Leben‹. Man glaube, mit der eindeutigen Methode des allgemeinen Kausalitätsprinzips das Leben objektiv und willkürfremd regeln zu können. Diese, lediglich auf das Allgemeingesetzliche abstellende Begriffsbildung der Naturwissenschaften könne aber die staats- und rechtstheoretischen Probleme nicht erfassen. Zugrunde liege »ein Lebensgefühl, welches das Leben binden möchte durch ein dem ›Naturgesetz‹ nachgebildetes Naturrecht«. Seinen

48 Gierke 1887: 730 f., H.i.O.

eigenen Methodenansatz erhielt Heller aufrecht: »Juristische Formung ist Gestaltung einer lebendigen Gemeinschaft und deshalb der Statik des Logismus auf ewig unzugänglich«.[49]

Nach 1945 konnte das Lebenskonzept als Deckel auf den Publikationen aus der nationalsozialistischen Periode dienen, wie bei dem Rechts- und Sozialphilosophen Wilhelm Sauer, der mehrere Bücher zu vergessen machen hatte und eine antipositivistische, auf Lebensnähe (Lebensphilosophie!) achtende Wertphilosophie vertrat. In einer Anzeige der 1949 erschienenen Neuauflage von Sauers Lehrbuchs der Rechts- und Sozialphilosophie von 1929 hieß es, damit seien die danach erschienenen rechtstheoretischen Werke des Verfassers »überdacht« – ein treffliches Bild für den Umgang mit den Ex-NS-Rechtsgelehrten und die flexible Einsetzbarkeit lebensphilosophischer Vorstellungen.[50] Und heute, seit die Biologie sich mit Teilen der Kultur- und Sozialwissenschaften zu einer ›Lebenswissenschaft‹ erweitert hat, würde ein Schwenk zur Biologisierung ins Haus stehen, den jene Autoren nicht gemeint haben können.

Hinweise auf ›das Leben‹ mit Symbolgewicht hatten mit Jhering begonnen[51] und sich in allen Diskursphasen fortgesetzt. Schon die wenigen hier betrachteten Auszüge zeigen, dass damit stets etwas in die Rechtsfindung eingebracht werden sollte, das über die textgebundene Auslegung geschriebener Normen hinausreicht. Immer wenn die Vokabel auftauchte, unabhängig von den wechselnden Kontexten und Akzenten, wurde auch und in unexplizierter Weise auf die soziale Wirklichkeit angespielt.

Jurisprudenz und Soziologie wenden sich voneinander ab

Die anfänglich so nah beieinander siedelnden Rechts- und Sozialwissenschaften entfernten sich nunmehr voneinander. Unbeabsichtigt beförderte die Freirechtsschule diese Ablösung, wie sie ohnehin von Weber gewollt war und unterstützt wurde. Kantorowicz stellte sich dem nicht entgegen. Die Freirechtslehre und eine als wertfrei postulierte Soziologie standen einander im Weg, ganz unnötigerweise, weil sie verschiedene Diskursthemen und Erzählungen betrafen. Das Freirecht als Idee – auch bezüglich des Sozialen – blieb dabei auf der Strecke; der Diskurs aber festigte die Soziologie. Diese ihrerseits entfaltete ihr Eigenleben – sie teilte

49 Vgl. Heller 1929: 326, 331, 341, 353.
50 Vgl. Becker 1950.
51 Vgl. Jhering 1865: passim; noch fokussierter in den späteren Schriften zum ›Zweck im Recht‹.

sich auf: einerseits in die Weber-Linie mit dem Versuch, Gesellschaft als System zu beschreiben, andererseits in die Simmel-Linie, die sich auf Alltag und Lebenswelt kaprizierte. Unter dem Objektivitätsgesichtspunkt haben wir seitdem den etwas ›sterilen‹ Weberstrang, der die Grundlage verschwiegener Wertprämissen nicht klären konnte, und den ›unreinen‹ Simmelstrang, an dem sich die Bindestrichfächer mit den ›schmutzigen‹ Themen des Alltags und der Lebenswelt gütlich taten.

Die Idee einer soziologischen Jurisprudenz war freirechtlichen Köpfen entsprungen und teilte deren Schicksal. Mit der Berufung auf Soziologie trat ein feindseliges Element in den Diskurs ein; das Andersartige eines neuen Rechtsdenkens stach nunmehr hervor. Unter den majoritären Autoren, die damit nicht einverstanden waren, zeigten einige ihre Ablehnung, indem sie das angeblich Neuartige ins Triviale verschoben.

Der Zivilrechtler Paul Oertmann (1865–1938) erklärte 1911, grundsätzlich neu an der soziologischen Methode sei höchstens der Name, alles andere sei bereits in der teleologischen Methodik von Jhering und anderen enthalten und laufe auf den »Leitgedanken der Interessenabwägung« hinaus. Im weiteren Verlauf der Abhandlung äußerte Oertmann mehrfach Zustimmung für die ›soziologische Schule‹, die er als den Blick auf die Tatsachen verstand. Sobald aber freirechtliche Texte gegen die herrschende Rechtsdogmatik angingen, gab es scharfe Ablehnung, begründet mit der prinzipiellen Gesetzesbindung. Was bei Ernst Fuchs als Soziologie auftrat, hielt Oertmann für ein persönliches Dafürhalten; der Freirechtler benutze »einen anderen Wertmesser als der Positivist: den seines eigenen sozialen Empfindens statt desjenigen der gesetzlich anerkannten Wertskala«.[52] Bald darauf befasste sich Oertmann auch mit Eugen Ehrlich und kam hier ebenfalls zu einer sehr entschiedenen Ablehnung. Die freirechtliche Meinung, wonach das Recht eine soziale Erscheinung sei und deswegen nur sozialwissenschaftlich begriffen werden könne, nannte er »grundverfehlt«.[53] In Oertmanns späteren Schriften kam das Soziologische bloß selten und dann in Anführungsstrichen vor.

Mit Paul Oertmann hatte sich ein führender Vertreter dogmatischer Rechtswissenschaft im Detail auf die Fuchsschen Interventionen und Ehrlichs Soziologie eingelassen, hatte konzessionsbereit abgewogen und deutlich ablehnende Worte gefunden, die es auch an stilistischer Brillanz nicht fehlen ließen. Gegenüber einem derart kultiviert und souverän schreibenden Autor musste die nur schlagworthaft vorgestellte ›soziologische Jurisprudenz‹ chancenlos bleiben. Offensichtlich ging es hier, bei Fuchs wie bei Oertmann, nicht um eine Soziologie im Sinne der Fachdisziplin, sondern um außernormative, sozialbezügliche

52 Oertmann 1911: 4 bzw. 7.
53 Oertmann 1914: 12.

Argumente von Juristen. Mit Stichworten wie Gerechtigkeit, Verkehrssitte, wirtschaftlicher Fortschritt oder Allgemeininteresse wurde das ›Soziologische‹ signalisiert, allerdings ohne es näher zu spezifizieren. Derartig vage Vorschläge, die zudem methodisch nicht abgesichert waren, konnten per Vorwurf des Subjektiven, ja der Willkür leicht zurückgewiesen werden.

Die Positionen wurden mit rhetorischer Schärfe formuliert und diskutiert, was einerseits zur Klärung beitrug, andererseits zu Übertreibungen verlockte. Die Freirechtler durchlitten beides, indem sie ihr Anliegen thesenstark, aber missverständlich vortrugen. Ihre kommunikativen Fehler wurden in der auf Konsens und Geschlossenheit abzielenden Zunft der Rechtswissenschaft mit Exkommunikation geahndet. Die Freirechtler, die sich der Perspektive einer soziologischen Jurisprudenz zurechneten, schilderten die juristische Arbeitsweise anders, als die Mehrheit der Rechtswissenschaftler das tat. Damit klafften zwei Beschreibungen auseinander. Hier stand aber keine Fremd- gegen die Selbstbeschreibung, sondern die Kluft verlief innerhalb des rechtswissenschaftlichen Diskurses. Alle Freirechtler waren juristisch ausgebildet und tätig; disputiert wurde intradisziplinär. Die Soziologie wurde nur beansprucht bzw. verworfen, ohne selbst sich zu der Auseinandersetzung geäußert zu haben. In der juristischen Selbstbeschreibung behielt die Kraft des Rechts die Oberhand, allen Winken mit Gesellschaft, Sozialem und Leben zum Trotz. Von außen her gesehen, war das ein kontraproduktives Ergebnis, im Innern aber eine Stärkung der Fachidentität.

Hätte die Rechtssoziologie im Methodenstreit vermitteln können? So gut wie alle Fachvertreter der damaligen Soziologie, die heute als Gründungsväter gefeiert werden, wurden auf die eine oder andere Weise von dem juristischen Methodenstreit berührt: Simmel, Durkheim, Weber und Tönnies. Nicht nur nahm das Recht in ihren Sozialtheorien einen bedeutenden Platz ein, sie begegneten auch persönlich den Akteuren aus der Rechtswissenschaft. Auf den vor dem Soziologentag ausgetragenen Juristenstreit um Gesetzesbindung und Interdisziplinarität reagierten die Soziologen, soweit heute erkennbar, kaum. Nur Durkheim berichtete darüber, Tönnies verteidigte geschäftsordnungsmäßig den Imperativ der Wertfreiheit, Simmel war zum Zeitpunkt der Diskussion nach Kantorowicz' Vortrag bereits abgereist, Weber ärgerte sich über die tumultuarischen Szenen.

In den klassischen Texten von Weber und Durkheim wird die Rechtssoziologie nicht als eine der speziellen Soziologien gesehen, sondern als Teil der allgemeinen Sozialtheorie. Ohne deswegen die Jurisprudenz bei der Soziologie einzugemeinden hielt Durkheim die Rechts- wie die Wirtschaftswissenschaft für eine Sozialwissenschaft, eine *science*

> *sociale.*[54] Hinzuzufügen ist: eine Sozialwissenschaft im weiteren Sinne, neben der Soziologie. »Für Durkheim und für Weber ist das Recht eine konstitutive Bedingung des sozialen Lebens, die im Rahmen einer allgemeinen Sozialtheorie zu entwickeln ist.« Freilich in unterschiedlicher Weise: »Für Durkheim ist es *die* Bedingung des sozialen Lebens, für Weber eine unter anderen.«[55]

Bei dieser Verwobenheit der Idee und Realität von Recht und Gesellschaft hätte es weitaus mehr Erkenntnisse versprochen, deren Nähe zu erforschen und die beteiligten Wissenschaften in einen Austausch zu bringen, als ihre Abgrenzung zu kultivieren. Diese historische Chance wurde versäumt. Allerdings waren die beiden Fächer von gedanklich sehr unterschiedlichen Positionen aus gestartet. Während die Soziologie das Gesellschaftliche als eigenen Forschungsgegenstand entdeckte, setzte die Jurisprudenz diesen stillschweigend voraus. Daher stieß soziologische Theoriebildung alsbald auf das Recht, hingegen wurde die Gesellschaft von der Rechtsdogmatik niemals als eigener Forschungsgegenstand thematisiert. Die zwischendisziplinäre Kommunikation musste an einer sehr eigenartigen Ausgangslage beginnen: nah verwandt die Fächer, gleichberechtigt, aber höchst unterschiedlich in Geschichte und Erkenntnisprogramm, ineinander verstrickt. Sie konnten sich vertragen, sie konnten miteinander streiten. Für diese Kontingenz stand schon die Beobachtung, dass die Verwandtschaft in den einzelnen Rechtskulturen ganz verschieden ausgearbeitet worden ist; im Common-Law-Bereich kooperierten die Perspektiven vergleichsweise problemlos, nachdem die Rechtsrealisten (Kap. 3) aufgetreten waren.

Die Soziologie beobachtete den Diskurs um die juristische Methodik, meist ohne sich einzumischen. Sie nahm interessiert zur Kenntnis, dass ihre Leistungen nachgefragt wurden, wartete aber konkrete Aufträge ab. Von sich aus erbot sie sich nicht. Der vormalige Geburtshelfer durfte und sollte so bleiben, wie er war und in welcher Gestalt er zum Objekt sozialwissenschaftlicher Betrachtung werden konnte. Für ein Zusammengehen hatte Kantorowicz eine vage Idee, die er später so umschrieb: die »Auffassung des objektiven Rechts wie des einzelnen Rechtsfalles als eines Stücks gesellschaftlicher Wirklichkeit«.[56] Auf dieser Brücke sollten und konnten sich die beiden Fachteams begegnen und einen Austausch beginnen. Die Jurisprudenz, in schmaler Fraktion vertreten durch die Freirechtsschule, zeigte sich empfänglich. Seitens der Soziologie aber geschah – nichts.

Für juristische Aussagen bedingte der Anspruch auf Gesetzesgebundenheit den normativ-dogmatischen und hermeneutischen Charakter.

54 Schluchter 2006: 121.
55 Schluchter 2000: 60.
56 Kantorowicz 1923: Nr. 13.

Daher unternahm die Soziologie nur selten einen Versuch, mit ihren theoretischen und empirischen Mitteln ein Rechtsurteil zu treffen. Und wenn einmal eine soziologische Aussage – beispielsweise zur Unhaltbarkeit bestimmter Zustände – mit der rechtlichen Würdigung derselben Angelegenheit konkurrierte, dann war das nicht als juristische Feststellung gemeint. Denn die Aussage war nicht allein von Rechtsnormen hergeleitet, sondern von empirischen Erhebungen, die bewertet wurden und das Ganze in den Bereich der Politik verschoben.

Am ehesten hätte eine Hilfestellung von Georg Simmel kommen können. Er kannte Kantorowicz und den Konflikt um das Freirecht. Von seinen sozialtheoretischen Grundüberzeugungen her hätte durchaus ein Brückenschlag unternommen werden können. Für Simmel gehörte zum menschlichen Leben eine Sollensdimension, die objektiv ist und sich in einem ›individuellen Gesetz‹ niederschlägt. Diese philosophische These lässt fragen, ob es ein die Lebensführung steuerndes Sollen gibt, das aus einem außersozialen individuellen Sein stammt? Könnte das bejaht werden, dann hätte die Freirechtsidee darin einen Halt finden können. Das müsste entfaltet werden, doch hat sich die Soziologie nach Simmel damit nicht befasst. »Diese Idee Simmels, von dem so viele Ideen in der Soziologie bis heute anregend sind, blieb stumm.«[57]

Simmel selbst verweigerte sich der Vorstellung von »dem ›Recht‹ als einer der Realität jenseitigen Idee«, sondern betrachtete es als »Funktionen des unmittelbaren Lebens [...]. Es gehört zu den in den tiefsten Grund der geistigen Welten eingesenkten Paradoxien, dass die wirksame Tatsächlichkeit der Rechtskategorie sich in und aus dem Leben entwickelt, aber von dem Augenblick an, in dem sie nun umgekehrt das Leben nach sich bestimmt, ihre Unabhängigkeit, den Wert ihres objektiven Daseins, bis zur Verneinung dieses Lebens hin bewährt.«[58] Hier erkannte Simmel also den Widerspruch zwischen juristischer Praxis und dem eigenen Standpunkt. Der Widerspruch blieb unaufgelöst; denn »das Recht als solches ist Selbstzweck«. Schließlich akzeptierte Simmel, dass gegenüber dem Leben »das Recht – seiner Idee nach – souverän geworden ist«. So hieß es am Ende seines kurzen rechtstheoretischen Ausflugs. Aber er fügte an, sich gleichsam der freirechtlichen Offerte gerade noch erinnernd: »Nur bleibe auch hier unvergessen, dass das Recht, autonom und lebenbestimmend, wie es eben seiner Idee gemäß ist, doch auch so wiederum vom Leben umfasst werden kann.« Das Recht hat sich vom ›Leben‹ abgekoppelt (so dachte die herrschende Jurisprudenz), das Leben aber lässt das Recht nicht los und fasst zurück – das war der Argumentationsraum für die neue Sichtweise, der allerdings leer bleibt. Als diese letzte Schrift Simmels erschien, war Kantorowicz nicht mehr freirechtstheoretisch aktiv.

57 So Fuchs-Heinritz 2018: 376.
58 Simmel GSG 16: 289 f., 292.

Wenn die Jurisprudenz sich durch eine gewisse Soziologisierung verändern sollte, ohne aber in Soziologie aufzugehen, führte das in ein gewisses Dilemma: Wer wäre dafür qualifiziert? Kantorowicz verkündete, dass die Betreiber der Rechtssoziologie *auch* Juristen sein müssten. Rechtssoziologie könne fruchtbringend nur von Fachleuten der Jurisprudenz (im Nebenamt) betrieben werden.[59] Demnach ermöglichte nur eine solche Personalunion, wie er selbst sie zeitweise verkörperte, die Anwendbarkeit soziologischer Erkenntnisse in der Rechtsdogmatik. Der Vorschlag war schon deswegen fatal, weil er den Kreis der Qualifizierten allzu sehr einengte. Auch konnte eine Doppelmitgliedschaft in zwei komplexen Wissensfeldern nicht gewährleisten, dass sich die Anregungskraft eines jeden davon voll entfaltete. Zu spekulieren war auch darüber, welche Soziologie entstünde, wenn die Jurisprudenz sich ihr zuwendete.

> Kantorowicz musste den Rechtssoziologen als Juristen fordern, weil die Rivalität zwischen Max Weber und Georg Simmel ihm ein eindrückliches Exempel lieferte. Der Jurist Weber machte den juristischen Rationalismus zu einem Bauprinzip seiner Gesellschaftstheorie. Dem Nichtjuristen Simmel blieb die Welt des positiven Rechts fremd; er zeigte höchst kritisch auf den Rationalismus des Rechts und bezeichnete ihn als »die Schule des neuzeitlichen Egoismus und des rücksichtslosen Durchsetzens der Individualität«. Dem Recht fehle es oft genug an Schutzvorrichtungen dagegen, »dass das schwerste materielle Unrecht sich mit unangreifbarer formaler Gerechtigkeit ausstatte«. Simmel hielt das Recht »durch die Gleichgültigkeit gegen individuelle Eigenheit charakterisiert; [es ziehe] aus der konkreten Ganzheit der Lebensbewegungen einen abstrakten, allgemeinen Faktor heraus, der sich nach eigenen und selbständigen Normen entwickelt und von diesen aus in jene Gesamtheit der Interessen des Daseins eingreift und sie nach sich bestimmt«. Betraf dies zunächst nur den Inhalt des materiellen Rechts, so ging es im weiteren auch gegen die Wissenschaft vom Recht.[60] Die spätere Rechtssoziologie hat sich allen Simmel'schen Ideen verweigert, ja sie nicht einmal rezipiert: als zu generalisierend und anwendungsfern – wovor eine juristische Herkunft zu bewahren vermochte.

Das schlagkräftigste Argument gegen eine Annäherung der Denkweisen bezog sich auf den erkenntnistheoretischen Gegensatz von Sein und Sollen. Die Jurisprudenz sei eine Normwissenschaft, Soziologie eine Seinswissenschaft. Die eine wertet, die andere nicht. Schnell wurde allerdings bemerkt, dass die schroffe Abgrenzung nur für die Rechtsdogmatik und ihre praktischen Entscheidungsvorschläge zutraf. Hingegen musste jede Rechtsschöpfung durch Gesetz die Beschaffenheit und Bedürfnisse der gesellschaftlichen Wirklichkeit erfassen, um sie gestalten zu können; in

59 Kantorowicz 1911 a: 278.
60 Zitate bei Simmel GSG 6: 605, 608, 609 bzw. 644 f.

der Rechtspolitik verbanden sich sozialökonomische und evaluative Elemente. Anerkanntermaßen gänzlich ›seinswissenschaftlich‹ verfuhren die Rechtsgeschichte, -ethnologie, -soziologie, -psychologie usw., also die heute so genannten Grundlagenfächer, deren Einflussmöglichkeiten auf die rechtsdogmatische Gedankenführung ungeklärt blieb, ja als Liebhaberei belächelt werden konnte.

Wie im ersten Kapitel skizziert, hatten die sozialtheoretischen Klassiker die Wissenschaftslandschaft von der Warte ihres hochabstrakten Grundbegriffs Gesellschaft aus betrachtet, wobei sie das Recht als starke Säule auf ihrem Forschungsfeld erblickten, die ihm zugeordnete Fachdisziplin jedoch als ein ziemlich enges Unternehmen. Nunmehr konstituierten sich Rechtswissenschaft und Soziologie als eigenständige Fächer. Die Abgrenzung wurde am radikalsten von Hans Kelsen (1881–1973) begründet. Seine Hauptwirkung entfaltete er gegenüber Eugen Ehrlich, dessen ›Lebendes Recht‹ die Lehre vom ›Reinen Recht‹ und dessen logischem Stufenbau stört. Gegen Kantorowicz opponierte er zurückhaltender.

> Kelsen, der brillante Kopf, entwickelte gerade sein positivistisches Konzept und glaubte, in Ehrlich ein Demonstrationsobjekt gefunden zu haben. Seine in sich schlüssige Geltungstheorie kannte nur positive Rechtsnormen und deren logische Hierarchie. Für Kelsen hatte die Idee des Sozialen im Rechtsdenken nichts zu suchen, wie er später an der Differenz zwischen soziologischem und juristischem Staatsbegriff von seinem Standpunkt aus überzeugend zeigte. Für eine Sozialwissenschaft, unterschieden von der Jurisprudenz, hatte Kelsen durchaus etwas übrig, sah sich zeitweise gar selbst als ›Soziologe‹. Die schroffe Kritik an Ehrlich, dessen Rezeption davon nachhaltig beeinträchtigt wurde, soll er später bedauert haben. Auch wies Stanley Paulson darauf hin, dass Kelsen später Kantorowiczs äußerst skeptische Ansichten über den Kanon der Rechtsauslegung übernommen habe, weil sich darin Politik und Ideologie in betrügerischer Weise tarnten. Kelsen verzichtete ganz auf den Kanon und brachte die Lehre des juristischen Erkennens in die Rechtsinterpretation ein, ohne zu bemerken, dass das juristische Erkennen nur im Rahmen der Rechtfertigung verstanden werden kann, während die Rechtsinterpretation in seiner Rechtsphilosophie auf den Prozess der Entdeckung beschränkt blieb.[61]

Wenn Ehrlich und einige andere die ›gesellschaftliche Ordnung‹ als alleinigen Gegenstand der Rechtswissenschaft ausgerufen hatten, so konnte dies nicht dasselbe sein, wie es die Soziologie erforscht und als Aussage hervorbringt. Weder wird in ihr eine ›Ordnung‹ festgestellt, noch besitzen ihre Theorien jenen autoritativen Charakter, den eine juristische Entscheidung beanspruchen muss. Zu Lebzeiten hat Hans Kelsen über

61 Paulson 2019: 33.

Eugen Ehrlich gesiegt. Heute aber steht Ehrlich auf dem Podest, als Begründer des etablierten Faches Rechtssoziologie, wohingegen Kelsens Reine Rechtslehre eher nur eine Variante der Rechtstheorie belegt, die immer wieder angestrengt in Erinnerung gerufen werden muss.

Die große Unruhe in der Debatte nach Kantorowicz' Kongressvortrag 1910 hatte sich zu der Frage entzündet, ob Werturteile in der Soziologie ausgeschlossen werden sollten, und dies konkret am Beispiel der juristischen Methodologie. Damit war durchaus der Kern sowohl der soziologischen als auch der rechtswissenschaftlichen Arbeitsweise berührt: in welchem Verhältnis die Dimensionen von Sein und Sollen stehen. Mussten die beiden Fächer analog zu diesem Duo differenziert werden? Genauso gut hätten sie über diese Frage zueinander finden können, setzt sich doch jede von ihnen mit beiden Dimensionen auseinander. Juristisches Handeln hat sich immer die Freiheit eklektischer Thematisierung sowohl von Normen wie von Wirklichkeitsbeschreibungen genommen. Offen eingeräumt wurde das nicht, weil es den Legitimationsbedürfnissen juristischen Tuns widersprach.

Die Gratwanderung von Eugen Ehrlich

Unbeeindruckt von der Kelsen'schen Kritik schrieb Eugen Ehrlich weiter an seinem Entwurf einer empirisch orientierten soziologischen Rechtswissenschaft. Er blieb auf Distanz zur nunmehr entfesselten Debatte, die sich um ein neues Richterbild drehte. Das ermöglichte ihm seine Mehrseiten-Auffassung: einmal das Recht als gesellschaftlich wirkende, organisierende Kraft, zum anderen das Recht als richterliche Entscheidungsnorm bei der Beurteilung von Streitigkeiten. Danach sollte vor Ort in der jeweiligen Rechtskultur entschieden werden, wie weit lebendes und geschriebenes Recht sich voneinander trennen. Für Ehrlich musste sich das im weit abgelegenen Landstrich der Bukowina schärfer darstellen als im Zentrum des Vielvölkerstaats, wo das Zusammenhalten des Ganzen mittels einheitlichen Rechts im Vordergrund stand. Doch blieb dies ein nur gradueller Unterschied, der die These nicht unbrauchbar machte.

Die Idee des Sozialen, also des Gesellschaftlichen, betrat bei Ehrlich das Rechtsdenken nicht als Gegensatz zum Staatlichen; vielmehr durchdrang sie dieses. Das ›lebende‹ und das ›positive‹ Recht standen für ihn nicht in einem Kontrast- oder Komplementärverhältnis zueinander; vielmehr handelte es sich um einander wechselseitig beeinflussende Normsorten, entsprungen aus verschiedenen Quellen. Der Schöpfer des theoretischen Begriffs ›lebendes Recht‹ argumentierte nicht, wie aber oft missverstanden, in Opposition zum geläufigen theoretischen Begriff ›kodifiziertes Recht‹. Weil Ehrlich das Rechtsgeschehen durch eine soziologische Brille betrachtete, gelangte er zu einem differenzierten Bild, das von der herkömmlichen Bestandsaufnahme abwich, die nur Gesetze, Judikatur und Gewohnheit, vielleicht noch die Wissenschaft als Rechtsquellen kannte. Die Divergenz der Perspektiven – sie beschäftigt uns bis heute – entsprang der Idee des Sozialen, nämlich ob man ihr folgte *oder* sie für die Jurisprudenz verwarf. Die gedankliche Innovation gebot eine Neustrukturierung des normativen Feldes; wer dies nicht vollzog, musste Ehrlichs Texte fehldeuten und ablehnen.

Wenn sich Ehrlichs Konzeption von Recht und Jurisprudenz nicht durchzusetzen vermochte, dann hatte das viele Gründe, die zusammen einen denkgeschichtlichen Komplex von exemplarischer Bedeutung ausmachen. Die allmähliche Entfaltung über Jahrzehnte in kurzen und langen Texten, das Abprallen an der hier einmal geeinten Juristenschaft gingen nicht auf ein schuldhaftes Versagen des Autors oder seiner Adressaten zurück, sondern sie illustrierten das Dilemma, in das die Idee des Sozialen im hiesigen Rechtsdenken sich verstricken musste. Wenn allerdings das Werk von Eugen Ehrlich auf Geschlossenheit und Widerspruchsfreiheit abgeklopft wird,[62] dann wird dem Autor ein steriler Denkstil abverlangt, der kaum zu seinen bis heute anregenden Innovationen getaugt hätte. Wie verhalten sich die Dimensionen von ›empirisch-wahr‹ und ›normativ-richtig‹ zueinander? Die harte Nuss konnte bis heute nicht geknackt werden.

Allmählich waren nun Prioritätsfragen lautgeworden, etwa der Art, ob das Recht über die Gesellschaft zu interpretieren sei oder umgekehrt die Sozial- von der Rechtsordnung her. Der Entwurfscharakter soziologischer Aussagen und ihre begrifflichen Unschärfen schlossen es vorläufig noch aus, sie in juristischen Argumentationen – mit ihren präzisen Fragestellungen und einer gefestigten Fachsprache – zu verwenden. Aber die Ausdifferenzierung der verschiedenen Gesellschaftswissenschaften kam in Gang. Im Diskurs um das richtige Recht wurde die Abgrenzung der Jurisprudenz gegenüber der Soziologie hervorgebracht. Und in der Frühphase der Soziologie gelang die Konstitution des neuen Fachs per Abwendung von der Rechtswissenschaft. Diese für das einzelwissenschaftliche Denken folgenreiche Profilierung ergab sich aus den konflikthaften Auseinandersetzungen.

> Doris Schweitzer hat für diese Jahrzehnte den Einfluss gesellschaftsbezogenen Denkens auf die Analyse des Rechts sowie die Rückwirkung juristischen Denkens auf die Entstehung der Soziologie beschrieben. Nachdem die Bezüge zum Konzept ›Gesellschaft‹ und zur Soziologie hin- und hergewendet worden waren, büßten sie ihre bestimmende Kraft für den rechtsmethodischen Diskurs ein. »Die

62 Wie es mehrfach bei Seinecke geschieht, dessen farbenreiche »Ehrlichbilder« sich an »systematischen Unschärfen« und fehlenden Definitionen stören (Seinecke 2022: 334 f.; vgl.a. Auer/Seinecke 2024).

> Soziologisierungsversuche der Rechtswissenschaft, die auf die Verfestigung des gesellschafts-funktionalen Zweckdispositivs in der Debatte um die Kodifikation des BGBs folgen, führen dabei letztlich zu einer Normativierung im Selbstverständnis der Rechtswissenschaften – und zwar auf breiter Front und selbst bei Befürwortern einer Hinwendung zur Soziologie. Diese Normativierung wiederum bewirkt eine Autonomisierung der Rechtswissenschaft gegenüber den Erkenntnissen der Soziologie, die nun als wissenschaftstheoretisch different eingeschätzt wird und deren Beziehung zur Rechtswissenschaft daher nun geklärt werden muss.«[63]

Somit bewirkte die Rebellion gegen das begriffsfixierte Rechtsdenken die wechselseitige Ausdifferenzierung unter Betonung eines (unüberwindlichen) Abstandes zwischen Rechts- und Sozialwissenschaften. Die Jurisprudenz verließ den überkommenen Verbund der Gesellschaftswissenschaften. Die Paradoxie dieser Profilierung – etwas anderes war von der Liebäugelei mit dem Sozialen angestrebt gewesen – begründete innerhalb der Rechtswissenschaft das Fortdauern einer gewissen Unruhe, die sich hinfort aber nur an den Rändern artikulieren würde.

63 Schweitzer 2021: 386.

Zwischenkriegszeit – Unfriedliche Jahrzehnte

Die politische Kultur wird zwischen 1910 und 1960 mehrfach radikal umgekrempelt. Die Katastrophen der beiden Weltkriege und der nationalsozialistischen Terrorherrschaft wirken sich einschneidend auf die Rechtswissenschaft aus, deren Methodenfragen an den Rand rücken, aber nicht verschwinden. Die politischen Umschwünge halten die Jurisprudenz in Atem: das Ende der konstitutionellen Monarchie – die wackelige Gründung einer Republik – die erzwungene Emigration vieler Diskursautoren 1933 – das Mitläufertum im Nationalsozialismus – die neue Demokratie in der westdeutschen Bundesrepublik. Das Gespräch zwischen der Jurisprudenz und ihren Nachbarinnen lief weiter, aber fern vom Aufsehen und ohne die Erregung, wie sie die Thesen zum Freirecht hervorgerufen hatten. Die politischen Ereignisse nahmen nicht nur diesem Diskurs den Wind aus den Segeln: 1914–1918, 1919–1933, 1933–1945, 1949–1969. Die aktuellen Streitigkeiten wurden jedes Mal abrupt beendet, ohne Friedensschluss. Die von der unterlegenen Partei gesetzten Impulse indessen wirkten weiter. Zum Spannungsverhältnis zwischen Normativismus und Versozialwissenschaftlichung erschienen nur noch vereinzelte, allerdings für den Fortgang einflussreiche Beiträge. So wird es Jahrzehnte dauern, bis der Abgrenzungsstreit erneut so intensiv entbrennt wie um 1910.

Es ist, als sträube sich die mittlere Zeit des 20. Jahrhunderts dagegen, den Fokus allein auf das Verhältnis zwischen Jurisprudenz und Sozialwissenschaft zu legen. Daher ist dieser fragmentierte Diskurs bislang nicht zusammenfassend erzählt worden, zumal das Feld des Rechts von den Ereignissen mehrfach umgepflügt worden ist. Erster Weltkrieg – Zwischenkriegszeit – Zweiter Weltkrieg und NS-Völkermorde – Nachkriegszeit lauten die Signaturen, unter denen das Geschehen von fünf Jahrzehnten erinnert wird. So trügerisch der Frieden im ersten Jahrzehnt sowie um 1970 auch erscheinen mag, in diesen kurzen Perioden haben sich die Diskurse dramatisch verdichten können. Für die Krisenphasen dazwischen liefert dieses Buch nur Skizzen zum Thema, in denen rechtswissenschaftliche Autoren porträtiert werden, deren Werk auch im Fortgang des interdisziplinären Gesprächs lebendig geblieben ist. Ob es sich dabei um einen kontinuierlichen Gedankengang gehandelt hat oder bloß um unverbundene Ansätze müsste eine dichtere Beschreibung ergeben, als sie hier angestellt werden kann.

Kap. 5
Protagonisten in der Weimarer Republik

Das Reichsgericht contra legem im Aufwertungsurteil

Die Hyperinflation nach dem Weltkrieg forderte auch das Recht heraus. Konnte es angehen, dass alte Schulden mit nutzlosen Scheinen zum Nennwert beglichen wurden?

Die Gesetzgebung verweigerte sich dem Problem, weil der Staat wegen seiner horrenden Schulden an der Aufwertung nicht interessiert war. In den Kriegsjahren hatte er in der Zivilgesellschaft fast 100 Milliarden Mark Kriegsanleihen begeben und zahlte sie nun mit wertlosem Geld bequem zurück. Das sollte Privatleuten nicht glücken.

Durch die Instanzen der Justiz wanderten Fälle wie dieser: Der Käufer eines Grundstücks wollte den vor der Inflation vereinbarten Kaufpreis mit (nunmehr fast wertlosem) Papiergeld begleichen. Der Verkäufer wäre um sein Entgelt geprellt gewesen und bestand auf dem Wert in ›Goldmark‹. Die Gerichte, gebunden an das vorhandene Recht, hätten nach alter Auffassung dem unanständigen Wunsch des Käufers nachgeben bzw. ein neues Gesetz abwarten müssen, womit aber so bald nicht zu rechnen war. Nur mit einem starr-normativen Denken, mit buchstabengetreuer Auslegung war von der Regel Mark-gleich-Mark, egal ob als oder Gold- oder Papiergeld, nicht herunterzukommen.

Überraschend entschloss sich nun das Reichsgericht, als höchste Instanz das Problem zu lösen. Sein Aufwertungsurteil vom 28. November 1923 gilt als politisch bedeutsamste Gerichtsentscheidung der Weimarer Zeit. Die Regel Mark-gleich-Mark wurde entgegen dem Gesetzeswortlaut wegen der Inflation aufgegeben; die alte Schuld war nicht mit ›Papiermark‹, sondern in der Werthöhe von ›Goldmark‹ zu tilgen. Die Reichsregierung kündigte daraufhin an, diese Aufwertung zu verbieten, was wiederum reichsrichterliche Proteste hervorrief – also ein aufsehenerregendes und folgenreiches Rechtsdrama.

> Das Urteil behandelte die Frage: »Kann der Gläubiger einer Darlehenshypothek wegen der starken Entwertung des deutschen Papiergeldes die Aufwertung seiner Hypothekenforderung beanspruchen?« Landgericht und Kammergericht hatten das verschieden beantwortet. Das Reichsgericht entschied: »Die rechtliche Möglichkeit einer Aufwertung von Hypothekenforderungen ist nach dem geltenden deutschen Rechte, insbesondere nach § 242 BGB anzuerkennen. [...] Nach § 242 BGB ist zu berücksichtigen, was Treu und Glauben mit Rücksicht auf die Verkehrssitte im einzelnen Falle erfordern. Diese erfordern

> billige Rücksichtnahme auf die Interessen beider Teile. [...] Tatsächlich hat denn auch die Reichsgesetzgebung in der letzten Zeit immer mehr und mehr gezeigt, dass sie den Grundsatz ›Mark = Mark‹ nicht ohne Einschränkung aufrechterhalten, weil eben gegenüber den Anforderungen des Wirtschaftslebens und dem Einfluss der Veränderung der wirtschaftlichen Verhältnisse an den Währungsgesetzen nicht mehr festgehalten werden kann, soweit sie die Papiermark der Goldmark gleichstellen.«[1]

Die rechtsgeschichtliche Einordnung schwankt. Das Vorgehen des Reichsgerichts wurde seinerzeit sowie um 1970 – bezeichnenderweise – mancherorts als ›freirechtlich‹ angesehen, von der jeweiligen Mehrheitsmeinung sowie unisono zu anderen Zeitpunkten jedoch nicht. Die RG-Entscheidung habe eine tiefere Ursache gehabt, nämlich die »Umwertung der richterlichen Aufgabe, die vor allem der Freirechtsbewegung zu verdanken war«.[2]

Das Reichsgericht hatte einen geltenden und eindeutigen Rechtssatz ausgehebelt, unter Berufung auf die Generalklausel von ›Treu und Glauben‹. Diese Art der Begründung hielten die einen für gesetzestreu, andere hingegen für einen Umweg. Vonseiten des Freirechts war um 1910 nahegelegt worden, ein Justizurteil dürfe in bestimmten Grenzsituationen vom Gesetzeswortlaut abweichen, wenn höherwertige Normen dies forderten. Da kaum weitere Fälle dieser Art bekannt wurden, musste das RG-Urteil als Ausnahme in dramatisch zugespitzter Lage erscheinen, sodass keine Verallgemeinerung angezeigt war, also auch kein prinzipielles Einschwenken auf richterliche Freiheiten, wie sie einst ein Ernst Fuchs formuliert hatte.

Wie aber waren die Freirechtler zwei Jahrzehnte zuvor dazu gekommen, der richterlichen Tätigkeit eine »größere Beweglichkeit« zu verschaffen? Der Freiraum sollte nicht mit Willkür gestaltet werden, sondern in Anlehnung an die gesellschaftlichen Lebens- und Rechtsverhältnisse, wie es seit 1903 von Eugen Ehrlich u.a. propagiert worden war. Kantorowicz hatte das ›Soziologie‹ genannt – in dem Sinne, wie damals davon zu sprechen war – und damit eine interdisziplinäre Brücke gebaut. Spätere Rechtswissenschaftler bemerkten zwar die Brücke, nicht aber die Steine, mit denen sie errichtet war. Die sozialwissenschaftlich ausgearbeiteten Konzepte wie Vertrauen, Konsens, Wert u.a. konnten den Gedankengang des Aufwertungsurteils überzeugender und umfassender rekonstruieren als die in den Urteilsgründen angeführten Argumente. Die Formel von Treu und Glauben (aus § 242 BGB) mochte zwar herhalten, die normativen Entsprechungen des sozialen Substrats judikabel zu

1 Reichsgericht in Zivilsachen (RGZ) 107, 1924, S. 78–94 (V. Zivilsenat).

2 Nörr 1988: 30. Dieser Einschätzung wurde widersprochen: Klemmer 1996: 126–283.

machen; die Formel ist ja anerkanntermaßen ausfüllungsbedürftig und kann vor allem mit sozialethischen, soziologischen usw. Beständen konkretisiert werden.

Ein Vertrag in der Realwelt ist schwerlich auf das zu reduzieren, was in eindrucksvoll knappen Sätzen im BGB steht: Angebot plus Annahme. Als »gegenseitiger Vertrag«, wie ihn die Privatrechtslehre nennt, führt er alle Merkmale eines Sozialverhältnisses mit sich, darunter Austausch und Reziprozität, wozu die Soziologie viele Studien vorlegt. Und wenn sich die Verkäuferseite auf eine spätere Zahlung des Preises einlässt, dann prägen Erwartungssicherheit, Vertrauen und Enttäuschungsabwicklung, ebenfalls soziologische Themen, den Vorgang. Über diese Dimensionen hätte man vielleicht auch das Problem in den Griff bekommen können, dass der Staat seine Schulden nicht in gleicher Weise aufwerten konnte; denn hier gelten andere Erwartungen und Vertrauensverhältnisse.

Hat die Freirechtslehre gesiegt?

Bei manchen Gelegenheiten wurde der Freirechtslehre attestiert, letztlich sei sie erfolgreich geworden, und zwar bereits zu Weimarer Zeiten.[3] So pauschal das auch daherkam, blieb offen, worin genau solche Erfolge bestanden haben. Gemeint waren die Freiheiten, welche sich die Rechtsprechung nahm, um Innovationen einzuführen, also gewissermaßen contra legem zu entscheiden. Zwei Jahre nach dem Aufwertungsurteil sprach sich das Reichsgericht, es war derselbe Zivilsenat, dafür aus, die Verfassungsmäßigkeit von Reichsgesetzen zu überprüfen.[4] In der Weimarer Reichsverfassung war das noch nicht vorgesehen. Die Streikentscheidung des RG von 1923 löste den Arbeitskonflikt aus dem Bereich des BGB, »um zu einer befriedigenden Lösung des Streites zu gelangen«, wozu man »vielmehr die sozialen Verhältnisse ins Auge fassen« müsse.[5] Ein Reichsgerichtsrat erläuterte später dazu, hier sei es geboten und gerechtfertigt gewesen, »die gesetzlichen Bestimmungen außer Anwendung« zu setzen«.[6] Ob das Reichsgericht an dieser Stelle nun ›freirechtlich‹ vorging oder nicht – jedenfalls wurde neues (Arbeits-) Recht gesetzt, an den §§ 611 ff. BGB vorbei. Einige weitere Urteile des RG zeigten »eine besondere Lebens-Betonung« und nahmen damit freirechtliche oder soziologische Topoi auf.[7] Die Kommentatoren waren und blieben

3 So beispielsweise Neumann 1980: 329 f.; Gonzáles Vicen 1990: 140; Lautmann 1967: 68–71.

4 RGZ 111: 320, Urteil v. 4. November 1925.

5 RGZ 106: 272.

6 Die Äußerung fiel erst 1931; zit. bei Ogorek 1986: 278.

7 Klemmer 1996: 93–102.

bis heute uneins, ob all dies eine Bestätigung des freirechtlichen Ansinnens war.

> Zum öffentlichen Recht jener Zeit bemerkte Michael Stolleis: »Die ›Einheit der Rechtsordnung‹ und die Herrschaft des Gesetzes hatten mit der Freirechtsbewegung, mit der vom Krieg ausgelösten Regelungsflut und mit dem breiten Einbruch von Zwecken und Interessen in die Rechtsanwendung ihre Steuerungsfunktion verloren. [...] Die alte Aufgabe juristischer Arbeit, nämlich die Konstruktion der Rechtsinstitute, war ohnehin längst durch Freirechtsschule, Interessenjurisprudenz und generelles Vordringen des teleologischen Denkens verändert worden.«[8] Hans-Peter Haferkamp fand, die Tatsache mehr oder weniger bewusster Rechtsfortbildung durch den Richter sei ab 1918 kaum noch in Frage gestellt worden; in den privatrechtlichen Schriften der Zeit habe weitgehend Einigkeit darüber bestanden, dass gesetzlich zugesprochene Rechte einer richterlichen Beschränkung bedürfen.[9]

Danach wurde die Freirechtslehre in Verbindung mit anderen Momenten als wirkmächtig angesehen, und dies bei Stolleis an herausragender Stelle. Das festzustellen erforderte die Komplexität eines geschichtswissenschaftlichen Zugriffs. Hingegen schätzte ein an konsistenter Rechtsdogmatik interessierter Blick den freirechtlichen Effekt viel geringer ein. Dann wurde mit innerjuristischen Begriffen gearbeitet – beispielsweise mit dem Konzept ›verdeckte Rechtsfortbildung‹[10] –, und es wurden meist die langfristigen Kontinuitäten und allmählichen Wandlungen hervorgehoben.[11]

> So gelangte Markus Klemmer zu seiner These einer »Legendenbildung um die Bedeutung der Freirechtsbewegung«.[12] Klemmer untersuchte die zivilrechtlichen Urteile des Reichsgerichts aus der Weimarer Zeit im

8 Stolleis 1992: 169, 373.

9 Haferkamp 1997: III 1.

10 Vgl. Fischer 2007: 535. Fischer, ebda.: 104, möchte, »dass zwischen einem soziologisch-psychologischen und einem normativen Rechtsquellenverständnis getrennt wird«. Das erste wird in der Studie nicht weiter berücksichtigt.

11 In seiner Privatrechtsgeschichte der Weimarer Republik schrieb K.W. Nörr zwar, »das richterliche Prüfungsrecht der Verfassungsmäßigkeit von Gesetzen [...] ist ohne die durch die Freirechtslehre vorbereitete größere Beweglichkeit des Richters historisch nicht angemessen einzustufen«. Aber seine ausführliche Analyse des Aufwertungsurteils behandelte die innovative Entscheidung des Reichsgerichts ohne Bezugnahme auf die Freirechtslehre und auch ohne Hinweis auf die Soziologie; ihn interessierte (nur) die rechtsdogmatische Begründung und das rechts- sowie verfassungspolitische Vorgehen. Nörr 1988: 34 bzw. 55–71.

12 Klemmer 1996: 100.

Vergleich mit der Kaiserzeit. Dabei kontrastierte er die Kraft der Gesetzesbindung gegen die Richtermacht und überprüfte die damals verbreitete Behauptung, die Forderungen der Freirechtslehre hätten sich durchgesetzt. Die Frage nach sozialen Gesichtspunkten wurde nicht aufgeworfen. Im Epochenvergleich zeigte sich weder ein »quantitativ erheblicher Wandel« noch »eine qualitativ bemerkenswerte Neuorientierung«. Von einer Befreiung des richterlichen Entscheidens konnte demnach keine Rede sein. Nur die Generalklauseln wie §§ 157 und 242 BGB wurden verstärkt herangezogen, wodurch sich »die Tonlage in den Urteilen« änderte.[13] In der ›Tonlage‹, ein vages Kürzel für die Indikatoren der den Urteilsspruch unausgesprochen tragenden Motive, mochte sich auch die sozialbezogene Dimension verbergen.

Demzufolge hat die ›so genannte‹ Freirechtsbewegung weder etwas Neues hervorgebracht – weil alles sich schon vorher nachweisen lässt –, noch könnten die untersuchten Reichsgerichtsurteile als Sieg des Freirechts gelten.[14] Dafür brachte er beachtliche Belege bei. In seiner durchgängig gemachten Aussage, die überraschenden Judikate des Reichsgerichts aus der Weimarer Zeit hätten mit der Freirechtslehre nichts zu tun, schien Klemmer jedoch der Selbstdarstellung der beteiligten Richter aufzusitzen, die als Reichsgerichtsräte fleißig publizierten und genau diese Aussage produzierten, als Schutzbehauptung sozusagen. Der Irrtum mag sich daraus herleiten, dass Klemmer von der Freirechtsbewegung – für ihn meist eine ›so genannte‹ – nur die dort angesprochene Lockerung der Gesetzesbindung berücksichtigte, nicht aber die soziologisierende Begründung.

Nun war ja die Übernahme soziologischer Überlegungen kein Reservat freirechtlichen Denkens, und sie musste auch keineswegs im Widerspruch zur Gesetzesbindung stehen. Begriffe wie Leben und Wirklichkeit ermöglichten Urteilssprüche, die in der Sache überzeugten, auch wenn ihre Begründung von dogmatischen Traditionen abwich und sich auf die im Gesetz angelegten Spielräume berief. Richterliche Rechtsveränderung, in der Normauslegung sowie in den befolgten Methoden, hatte immer schon ihre Innovativität verborgen und sich als Entdeckung von bereits vorhandenem Normsinn verkleidet.

Die Jurisprudenz bespricht die Fälle eigenständiger, nicht aus einem Gesetz begründbarer Normsetzung als ›Rechtsfortbildung‹. Dies zu erkennen und bewusst zu machen war das Hauptanliegen der Freirechtslehre. Der Begriff einer ›Fortbildung‹ unterstellt eine Entwicklung nach Art organischen Wachstums – eine Pflanze dehnt sich aus, ein Mensch erwirbt neues Wissen, der Stamm bleibt erhalten und treibt neue Äste.

13 Ebd.: 375.

14 Vgl. Klemmer 1996: 431–437 u.ö., der hier offenbar eine These seines Lehrers Joachim Rückert umsetzte.

> Wer die rechtliche Reaktion auf neue Herausforderungen und Problemlagen so verstand, versteckte die Einflüsse auf die getroffene Entscheidung und wich einer Kritik aus.

Die Spuren eines Sozialbezugs sind in juristischen Entscheidungen, zumal in den sorgfältigen Begründungen höherer Instanzen, nicht leicht aufzudecken. Entweder wurden sie verwischt, oder den Beteiligten war der Ursprung nicht bewusst. Eine offene Bezugnahme auf eine ›abweichende Meinung‹, wie das perhorreszierte Freirecht mit seiner schlechten Presse, hätte den Revisionsgrund gleich mitgeliefert. In einer auf Übereinstimmung mit der ›herrschenden Meinung‹ getrimmten Begründungskultur mussten sich Innovationen verhüllen, zumal wenn diese sich durch anfängliches Gepolter den Ruch eines Revoluzzertums verschafft hatten. Welchen Erfolg könnte die Freirechtslehre mit ihren Ideen zur Versozialwissenschaftlichung gehabt haben? Da eine Auseinandersetzung (›Kampf‹) nicht wirklich stattgefunden hat, konnte von Siegen keine Rede sein, allenfalls von einer allmählichen Diskursverschiebung.

> Methodenkonflikte werden nicht als sportlicher Leistungswettbewerb ausgetragen. Vielmehr geht es um die Wirkmächtigkeit der Idee, zu bestimmen nach diesen Kriterien:
>
> 1. Spätere Aussagen in der Jurisprudenz beziehen sich explizit auf die freirechtliche Forderung nach Einbeziehung sozialwissenschaftlicher Erkenntnisse.
>
> 2. Aussagen der Jurisprudenz machen es genauso, wie sozialwissenschaftlich vorgeschlagen, nur ohne Bezug auf die Herkunft.
>
> In beiden Dimensionen ist kein nennenswerter Effekt festzustellen. Eine direkte und ununterbrochene Wirkungslinie von 1900 bis zur Gegenwart dürfte sich also nicht ziehen lassen. Schon die Rechtsgeschichte des Jahrhunderts weist dafür zu viele Brüche und Transformationen auf. Die Weitergabe von Ideen verläuft ohnehin nicht in einem geradlinigen Kausalmodell wie bei Prozessen in der Natur.

Wohl aber sind zahlreiche Veränderungen eingetreten, die sich als Versozialwissenschaftlichung deuten lassen, ohne dass die Soziologie dabei unmittelbar mitgewirkt hätte. Das juristische Räsonieren hat solche Denkfiguren nach Bedarf ausgewählt, in seiner Sprache rekonstruiert und damit rechtsdogmatisch sowie rechtspraktisch verwertbar gemacht. Die beiden Wissensgebiete haben sich dabei entkoppelt; es fällt sogar schwer, die quasi-soziologischen Argumente der Rechtswissenschaft als aus der Soziologie kommend zu erkennen. Ohne ihren Namen und ihr Tun zu nennen konnte die Idee des Sozialen sich nicht entfalten.

Hermann Heller:
das Recht zwischen Staat und Gesellschaft

Die Forderung, soziologische Gesichtspunkte müssten bei der Rechtsauslegung berücksichtigt werden, sollte aus der rechtstheoretischen Reflexion nicht mehr verschwinden. Schon die ein Jahrzehnt nach den Freirechtlern Geborenen griffen sie auf – nach dem Weltkrieg. Die elaborierteste Stimme kam von dem Juristen Hermann Heller (1891–1933), der zum Ende des Soldatendienstes mit dem wissenschaftlichen Schreiben begann. Sein restliches Lebensdrittel mutete wie ein Abbild der unfriedlichen Weimarer Republik an: die Mischung von Berufspraxis und Forschen, der Wechsel zwischen Städten und Universitäten, die politischen Gefechte – all das gedrängt auf 14 Jahre; sein Hauptwerk ›Staatslehre‹ blieb beim Tode kurz nach der Emigration so unvollendet wie die deutsche Demokratie. 1928 erhielt er eine Professur für Öffentliches Recht, zunächst in Berlin, später in Frankfurt/Main; 1932, im Prozess um den ›Preußenschlag‹[15] am Vorabend des NS-Reichs, stritten er und Carl Schmitt vor dem Staatsgerichtshof auf der jeweiligen Gegenseite.

Hellers Ideen passen so gut in unser Thema, weil sie sich einseitigen Lösungen polarer Probleme verweigerten und stattdessen eine Synthese anstrebten: also nicht entweder formalistischer Positivismus oder materiales Naturrecht, sondern ein Vorgehen, welches die Frage nach der Realität, die Zweck- und Rechtfertigungsprobleme, das Verhältnis von Recht und Macht usw. berücksichtigte. Er kritisierte eine »dogmatische Methode der Jurisprudenz, die lediglich Interpretations- und Systematisierungszwecken innerhalb einer bestimmten Rechtsordnung dient [...]. Denn die juristische Norm kann sich vom historisch-soziologischen Sein und von Wertgesichtspunkten nicht vollständig trennen, ohne sinn- und gehaltlos zu werden.«[16]

Heller kam vom Staatsrecht her und erhielt hierfür die Professur; zur Methodologie der Staatsrechtswissenschaft äußerte er sich indessen im Zusammenhang der Staatslehre, nach heutigen Begriffen der Politikwissenschaft, als deren (Mit-) Begründer er inzwischen angesehen wird.[17] Damit hatte er sich von der Einbindung in die juristische Disziplin gelöst und befand sich außerhalb der internen Standesideologien, auf die Max Weber die rechtsmethodologischen Auseinandersetzungen

15 Die (sozialdemokratisch geführte) Regierung von Preußen war vom (rechtsstehenden) Reichskanzler im Wege einer Hindenburgschen Notverordnung abgesetzt worden – ein Markstein der Hitlerschen Machtergreifung.

16 Heller 1926: 294.

17 Für Rüdiger Voigt ist Heller »der Vater der universitären Politikwissenschaft«, 2022: 76.

zurückgeführt hatte[18] – also eines akademischen Fachs, das stets um die Anerkennung seines Wissenschaftscharakters zu kämpfen hatte. Das Erkenntnisinteresse Hellers unterschied sich hier von dem seiner (nur-) juristischen Kollegen. Die Doppelorientierung – einerseits politisch-gesellschaftlich, andererseits rechtsnormativ – fand sich auch bei anderen, beispielsweise bei Carl Schmitt, der in der Staatsrechtslehre stets gerne rezipiert worden ist. Im Staat, dessen Gewicht in der Theorie bei Heller so sehr herausgestellt wird, bildet das Recht den entscheidenden institutionellen Faktor.[19] Zugleich entwarfen seine staatstheoretischen Analysen eine allgemeine juristische Methodik.

Nun schon seit einer Generation hielt damals die Debatte um den zutreffenden Begriff vom Staat an. Für Georg Jellinek war der Staat einmal gesellschaftliches Gebilde, sodann rechtliche Institution gewesen. Diese Doppelnatur entsprach den dualistischen Methodiken, in denen rechts- und sozialwissenschaftliche Überlegungen strikt auseinandergehalten wurden, wobei sie sich über Jellineks Hinweise auf den Zusammenhang zwischen Staatssoziologie und Staatsrechtswissenschaft hinwegsetzten.[20] Die Staatstheorie der Weimarer Zeit beschäftigte sich intensiv mit den hier aufgeworfenen Fragen; die im Streit liegenden Positionen von Hans Kelsen, Hermann Heller, Rudolf Smend und Carl Schmitt zeigten ein Diskursfeld, dessen Schlachtreihen dem Feld in der Rechtstheorie ähnelten. Heller verweigerte sich der geläufigen Trennung in einen juristischen und einen anderen, soziologischen Staatsbegriff.

> Seinen Gestaltungsvorschlag spielte Heller an den Begriffen ›Staat‹ und ›Organisation‹ durch. Diese konstituieren sich aus drei Elementen: »Ihre *Mitglieder* orientieren ihr Handeln an einer *Ordnung*, die von *Organen* gesetzt und gesichert wird.« Der Staat baue sich aus dem dialektischen Zusammenspiel von Volk, Rechtsordnung und Organen als soziale Gestalt auf.[21] Da er nicht mit einem einzelnen dieser Faktoren ineinsgesetzt werden kann, verwarf Heller die konkurrierenden Staatstheorien von Kelsen, Smend und Schmitt; für ihn blieben sie unvollständig: Der Staat sei nicht bloß Recht (wie bei Kelsen), beruhe nicht allein auf der Zustimmung seiner Mitglieder (wie bei Smend) und bestehe schon gar nicht allein aus der Machtausübung seiner Organe (wie bei Schmitt).[22] Erst diese Momente zusammen – Moral, Macht und Recht – machten für Heller den Staat aus, und Spannungen zwischen ihnen müssten ausgetragen werden.

18 Weber nannte es die »ideologisch begründeten Machtansprüche des Juristenstandes«, Max Weber 1922: 560, vgl. a. 554.
19 Vgl. Lhotta 2022: 96.
20 Vgl. Schluchter 1968: 16–22.
21 Schluchter 1968: 274 f.; vgl. Heller 1934: 88–90, 231–237.
22 Dazu näher Schluchter 1968: 275 f.

In seiner Staatslehre mahnte Heller eine integrative Methode an: »Auch bloße Staatsrechtsjurisprudenz, die zu methodischen Zwecken den Sinn von gesollten Imperativen isolieren wollte, wäre ohne ständigen Ausblick auf die soziologische und teleologische Problematik unmöglich.« Unter »der fast unbeschränkten Herrschaft des formal-juristischen Positivismus« habe sich unkontrolliert und wildwuchernd eine »Pseudo- und Kryptosoziologie« entwickelt.[23] Obschon all dies mit Blick auf Staatslehre und -recht ausgedacht war, ließen sich seine theoretischen Gedankengänge fast immer auf die anderen Rechtsbereiche übertragen. So wandte sich Heller generell »gegen die völlige Emanzipation der Rechtsbegriffe von soziologischen, teleologischen und ethischen Bezügen«.[24]

Und es wurden weitere rechtstheoretische Debatten berührt, denen das zunächst nicht anzusehen war:

- die Abgrenzung zwischen Rechtsetzung und Rechtsprechung,
- die Individualisierung einer generellen Norm,
- die Konkretisierung von Gesetzen in ihrer Anwendung.

Heller bezog hier jeweils Positionen, die von der herrschenden Lehre abwichen. Eine logische Abgrenzung zwischen Gesetzgebung und anderen Staatsaufgaben erschien ihm als verfehlt, »weil jede derartige Logisierung der substantiellen Kräfte des gesellschaftlich-geschichtlichen Lebens ein Unding ist«. Jeder staatliche Befehl sei Rechtsetzung, ob nun ein Gesetz oder ein Urteil. Und jede Individualisierung einer Norm durch die kompetente Autorität schaffe eine neue, vorher so noch nicht dagewesene Norm.[25]

Den Eigenwert juristischer Analysen bestritt Heller keineswegs, nur bestimmte er ihn anders als die Majorität. »Das Recht als Wille und als Zweck der gesellschaftlichen Seinsordnung, also als *soziale* Technik betrachten (*sic*), erschöpft selbstverständlich noch keineswegs das Wesen des Rechts.« Die sozialwissenschaftliche Analyse normativer Ordnungen »unterstellt sich selbst diesen Ordnungen nicht, sondern betrachtet sie von außen«. Hingegen »die eigentlich juristische Betrachtung muss den logischen Gehalt des Rechts aus allen anderen gesellschaftlichen Ordnungen, die es mittragen, heraussondern, und das Recht als Norm verstehen«. Ein ›Proprium‹ der Rechtswissenschaft war damit noch nicht bestimmt; zumindest sah Heller es bedingt »durch die Fähigkeit, den gesonderten Teil wieder im Zusammenhang des Ganzen zu sehen«. Eine einfache Lösung für das Verhältnis von Totalität und Teilinhalt, so Hellers Begriffe an dieser Stelle, war auch noch nicht zu

23 Heller 1926: 294 f.
24 Heller 1926: 296.
25 Heller 1927 b: 118–121.

sehen, jedenfalls keine so einfache, wie sie die neukantianische Abtrennung des normativen Teils vom sozialen Ganzen geboten hatte. Immerhin hieß es dazu: »Alles, was positive Jurisprudenz mehr als Rechtstechnik leisten kann, ist auf Erforschung von Rechtsgrundsätzen und Rechtsinstituten gerichtet, insbesondere ist juristische Systematisierung allein mit Hilfe von logischen, aber auch teleologischen Rechtsgrundsätzen möglich.«[26] So blieb für eine dogmatisch verfahrende Rechtswissenschaft die Aufgabe, den inneren Zusammenhang der Rechtsnormen zu entfalten, wobei die Bedeutung sozialer und politischer Zusammenhänge für die Rechtsauslegung zu respektieren war. »Aber dieses Sich-Einlassen auf die Wirklichkeit darf nicht als ein Sich-Überlassen missverstanden werden.«[27]

In der Nachfolge der Freirechtslehre hat kaum ein Autor die fachliche Nähe so vehement betont wie Hermann Heller am Beispiel des Staatsrechts. Ohne Soziologie könne es keine allgemeine Staatslehre geben, und ohne diese keine inhaltliche Staatsrechtslehre. »Denn nur auf der soziologischen Ebene sind Staat und Recht in Verbindung zu setzen«.[28] Dabei müsse »die empirische Staatssoziologie erweitert werden durch eine philosophische Rechtfertigungslehre des Staates«.[29]

Für Heller griffen all jene rechtsdogmatischen Lehren zu kurz, die sich auf Gesetzesauslegung beschränken; eine Staatsrechtslehre, die nur das Verfassungsrecht zur Grundlage nähme, wäre fehlgeleitet. Normwissenschaftliche und wirklichkeitswissenschaftliche Analyse, obwohl logisch selbständig, seien aufeinander verwiesen, weil die von ihnen bearbeiteten Sphären sich zu einem Wirkungszusammenhang verbinden. Diese Analysen standen nicht additiv nebeneinander, wie Schluchter an Hellers Staatsauffassung expliziert hat; »sondern die Untersuchungen der Staatsrechtslehre tragen zur Staatserkenntnis bei, insofern sie auf den Erkenntnissen der Staatssoziologie basieren. Staatssoziologie fundiert Staatsrechtslehre, ohne ihr damit das eigene Erkenntnisinteresse und die eigene Erkenntnismethode zu bestreiten.«[30] Das ernstgenommen und verallgemeinert ergab sich eine Integration des Sozialen in das Rechtsdenken.

Es blieb das Problem, »welche hinzunehmenden soziologischen und teleologischen Gehalte erzeugen erst die juristische Methode und was ist als Ergebnis der juristischen Methode in Relationsbegriffe auflösbar?«[31] Das zweite war die Rechtswissenschaft i.S. einer vernünftigen Rechtsdogmatik, das erste die zutreffende Art von Jurisprudenz – eine,

26 Heller 1927 a: 45, 48.
27 Schluchter 1968: 274.
28 Heller 1926: 313, unter Berufung auf Gerhart Husserl.
29 Ebd. 314.
30 Schluchter 1968: 278.
31 Heller 1926: 310.

die das Recht im Zusammenhang seiner sozialen Einbettung und Zielsetzungen versteht. »Die juristische Dogmatik ist aber weder völlig autark noch autonom; ihr Sinn sowie ihre Methode lassen sich nicht normimmanent, sondern nur ›metajuristisch‹, nämlich politisch-historisch, d.h. aber wirklichkeitswissenschaftlich verstehen und erklären.«[32] So verschachtelt dieser Satz, so offensichtlich suchend klingt dessen Botschaft: Rechtsdogmatik bezieht die Wissenschaften der sozialen Wirklichkeit mit ein. Der Autor blickte also wie ein Soziologe auf Politik und Staat, argumentierte aus dieser Perspektive dann verfassungsrechtlich. Die soziologische und die juristische Ebene verschränkten sich. Dem damaligen Wissensstand entsprechend bezog Heller sein ›Material‹ aus der Ideen- und Realgeschichte; konzeptionell nutzte er sozialanthropologische Vorstellungen, die er aus einem in den Jahren 1920/1921 bestehenden persönlichen Kontakt mit Hans Freyer erhielt.

Was und wen aus der Soziologie hielt Heller für verwertbar und zog es heran? Er wandte sich gegen Vorwürfe aus der Jurisprudenz, wo man die Soziologie für methodisch und begrifflich unklar, subjektivistisch, willkürlich halte; er verwies auf die »Leistungen eines Simmel, Tönnies, Max Weber und der phänomenologisch orientierten Soziologen«. Er lobte die jüngste Entwicklung der Soziologie (neben den Genannten insbesondere auch Kracauer), sah aber auch, »dass diese jüngste aller Wissenschaften noch immer einer methodischen Sicherheit entbehrt«.[33] Heller, entsprechend seinem Fokus auf Staat und Politik, unternahm wohl erstmals den systematischen Versuch der Normenanalyse in engster Verbindung mit einer Analyse realer Machtverteilung und sozialer Konflikte.[34] Dabei vermerkte er, vielleicht nicht ohne Schadenfreude, das Herrschaftsthema gehöre unzweifelhaft zur Soziologie, aber es sei »noch kein Staatsrechtslehrer, bei aller Abneigung des Juristen gegen soziologische Fragen, um die Erörterung des Herrschaftsbegriffs herumgekommen«.[35]

Heller sah kein Rangverhältnis zwischen den beiden Fächern. An vielen Stellen erwähnte er, dass soziologische Inhalte zur Rechtsanalyse hinzugehören. »Denn einen von aller Soziologie und Ethik losgelösten Rechtsbegriff gibt es nicht.«[36] Das habe die dogmatische Jurisprudenz zu berücksichtigen, »wenn sie den Bedeutungsgehalt ›Recht‹ aus der gesellschaftlichen Wirklichkeit isoliert und in seiner relativen Eigengesetzlichkeit untersucht«.[37] Beide Erkenntnishaltungen waren also notwendig,

32 Heller 1934: 263.
33 Heller 1926: 312 f.
34 Vgl. Hennig 1984: 273 f.
35 Heller 1927 a: 35.
36 Heller 1926: 307.
37 Heller 1934: 261.

weil sie verschiedene Sinnverständnisse liefern. Die Rechtswissenschaft schöpfe die Möglichkeiten eines dogmatischen Sinnverständnisses aus, während die Soziologie nur zu einem historischen Sinnverständnis komme.[38] Wenn Heller die Soziologie für so wichtig nahm, dann nur der Idee dieser Wissenschaft nach, keinesfalls aber im Erkenntnisstand. Zur Mitte der 1920er Jahre befanden sich zwar ihre abstrakten Theorien auf einem Niveau, das orientierende Hypothesen erlaubte; aber empirisch war noch zu wenig geschehen, als dass die Staatsrechtswissenschaft damit hätte arbeiten können. Hellers Gewichtung konnte daher nur als prototheoretische Behauptung für die interdisziplinäre Kooperation gelten. Und keineswegs schlug er die Rechtswissenschaft den Sozialwissenschaften zu.

> Nach einer Abgrenzung zu Dilthey u.a. hieß es: »Sinneswissenschaft und Wirklichkeitswissenschaft, dogmatische Jurisprudenz und Staatslehre sind also nach Gegenständen und Methoden klar voneinander zu trennen.« Aber diese Verselbständigung ist »niemals eine absolute [;] alle juristischen Sinngebilde [sind] immer wirklichkeitsbedingte Formen«. So kann eine »ausschließlich immanente, nur den Eigengesetzen dieses betreffenden Sinngebietes folgende Interpretation deshalb unzulänglich und ergänzungsbedürftig sein«. Es gebe »keinen Bedeutungsgehalt, der eine längere oder kürzere Zeit hindurch ohne einen mehr oder minder großen Bedeutungswandel gegolten hätte«. Heller meinte, allein der Zeitabstand seit der Rechtsetzung erfordere die Berücksichtigung der sozialen Wirklichkeit. Immer erneut umspielte er diese These: »Weil denn das Sinngebilde nichts anderes ist als ein abstrahiertes Teilmoment der gesellschaftlichen Wirklichkeit, gestattet und erfordert diese Wirklichkeit neben der sinneswissenschaftlichen auch eine soziologische Interpretation der Sinngebilde.«[39]

Hier fügten sich die logisch-hermeneutische und die empirisch-historische Normanalyse untrennbar zusammen. Niemand sonst hat in jener Zeit die Idee des Sozialen so fest in der Methodik der Rechtsdogmatik verankert, und das provozierte eine Frage, wie sie selbst heute noch gestellt wird: »Wie lässt sich aber dann die latente Spannung zwischen der Idealität des Geltungsgrundes und der Positivität des Rechts aufheben?«[40] Die Vereinigung der rechtsdogmatischen und der sozialwissenschaftlichen Betrachtung kollidierte nämlich mit der damals ubiquitären Trennung von ›Sein und Sollen‹. Hierzu bezog Heller eine eigenständige Position. In der Staatsverfassung verbanden sich sowohl normatives Recht als auch wirkliche Macht, verknüpften sich Sollen und Sein. Er widersprach damit den Einseitigkeiten in Kelsens Betonung der Norm bzw.

38 Heller 1934: 43–47.
39 Zitate ebda.: 46 f.
40 Lembcke 2020: 90.

in Schmitts Betonung der Macht.[41] Heller nannte »die reine Rechtslehre ohne Soziologie leer, ohne Teleologie blind«.[42]

> Heller verwarf »die *rationalistische* Metaphysik unserer Jurisprudenz, deren bedeutendster Repräsentant Jellinek, deren folgerichtigster aber Kelsen ist«, um rechtstheoretisch eine »Verbindung von Wille und Norm, von Sein und Sollen« zu schaffen, ausgehend »von einer dialektisch sich entzweienden Einheit«. Also weder Idealismus noch Materialismus. »Nur in der *Polarität* des Gegensatzes wird die Spannung erzeugt, [die] Erkenntnis der *geschichtlich-gesellschaftlichen* Welt, also auch in der Rechtswissenschaft«. Die Lösung fand Heller mit den Philosophien von Husserl, Simmel, Litt, Freyer und anderen »in der Anerkennung einer Sphäre des ›*Sinnes*‹, der Bedeutungen, die jenen schroffen Dualismus durchaus zu überwinden geeignet ist«. Er verstand »das Recht als geformten Sinngehalt«. Mit dieser ontologischen Prämisse ließ er das wirklichkeitsenthobene Denken hinter sich und glaubte, am Einwand des »methodischen Synkretismus« vorbeizukommen.[43]

Immer wieder und selbst noch dort, wo Heller seine eigene Konzeption entwarf, verfiel er in die Auseinandersetzung mit dem so brillant formulierenden Rivalen Hans Kelsen. Oftmals war der eigene, innovative Gedanke nur aus der Kritik am Widerpart zu erschließen. Diese Strategie der Theorieentwicklung mochte dem Stil einer Rechtswissenschaft entsprechen, die auf das Prinzip von Rede und Gegenrede setzte; allein, der Darstellung einer geschlossenen Konzeption diente es nicht. Erst in seinem letzten, unvollendet gebliebenen Werk gelangte Heller über die Kritik an den Zeitgenossen hinaus und verlieh seiner Rechtstheorie eine deutliche Kontur. Hier schuf Heller mit dem Begriff ›Normalität‹ eine Verbindung zwischen den woanders so scharf separierten Dimensionen von Sein und Sollen, von Faktizität und Normativität. Er erläuterte den Begriff als normgeformtes Sein, als gewöhnliche Befolgung einer Regel, auch als Kontinuität des Verhaltens.[44]

> Die Rechtsnormen »sind dem Inhalt nach oft nichts andres als empirische Regeln des Handelns, die von den staatlichen Organen aus der gesellschaftlichen Wirklichkeit bloß abstrahiert, formuliert und in gewissem Sinne systematisiert wurden. Sehr oft treten sie aber als ein dem gesellschaftlichen Sein entgegengesetztes Wollen und Sollen, als eine der bisherigen gesellschaftlichen Ordnung neue Anordnung entgegen.« Diese enge Beziehung zwischen gesellschaftlichen und rechtlichen Normen nannte Heller eine »Steigerung der Normalität durch

41 Vgl. Gassmann 2008: 254.
42 Heller 1926: 310.
43 Zitate bei Heller 1927 a: 77 f., 81.
44 Vgl. Heller 1934: 184 f., 265.

> Steigerung der planmäßig-herrschaftlichen Normativität«. Durch bewusste Normsetzung erzeuge die Moderne »eine immer umfassendere Normalität und Berechenbarkeit der gesellschaftlichen Beziehungen«. Damit wurde an Weber und die Stufenfolge von der Gewohnheit bis zum Recht angeknüpft. Das Recht und alle anderen Lebensformen bestehen als »objektivierte Sinnzusammenhänge«.[45] Diese Verbindung mit der Wirklichkeit, und nicht allein die Positivierung, kennzeichnet Wesen und Wirkweise des Rechts. »Die sinnstiftende Handlungsorientierung des Rechts für die Individuen« leitet sich daraus ab; der Staat und seine Institutionen sind »auf sein Substrat – das Individuum, sein Denken und Handeln – zurückzuführen«.[46]

Hellers eindringlich formulierte Position, gemünzt auf sowohl theoretische wie praktische Normanalyse, stand zusammenfassend in zwei Sätzen: »Denn die juristische Norm kann sich vom historisch-soziologischen Sein und von Wertgesichtspunkten nicht vollständig lostrennen ohne sinn- und gehaltlos zu werden. Auch bloße Staatsrechtsjurisprudenz, die zu methodischen Zwecken den Sinn von gesollten Imperativen isolieren wollte, wäre ohne ständigen Ausblick auf die soziologische und teleologische Problematik unmöglich.«[47] Eine spätere Kritik stellte Hellers Position in den damaligen Zeitgeist. Unter dem Eindruck des ersten Weltkriegs habe man sich vom Weltbild des Neukantianismus abgekehrt, an dessen Stelle sei eine Betonung von ›Lebenswelt‹ und Sein‹ getreten – ein Programm, »das den direkten Zugriff auf die Sachen selbst fordert«.[48]

Hellers Methodik wurde oftmals angezweifelt. So fragte Dian Schefold 1984, ob »Soziologisierung Entleerung der normativen Verfassung bedeutet«.[49] Stattdessen hätte man, da eine Verfassung zunächst ein politisches Papier ohne eigene Durchsetzungsinstanz ist und sich auf die Kraft des normativen Worts verlässt, in einer sozialwissenschaftlichen Hilfstruppe auch eine Geltungsverstärkung sehen können. Der Normativismus, etwa des Leipziger Staatsgerichtshofs oder der Staatsrechtslehre, hat die Weimarer Republik schließlich nicht retten können, während ein sozialwissenschaftlich (auch von Heller so) begründetes Verbot des zerstörerischen ›Preußenschlags‹ 1932 das vielleicht vermocht hätte.

Hinsichtlich ihrer Wirksamkeit unterlagen Hellers Positionen starken Schwankungen, ja einem langen Vergessenwerden. Dieser Autor ließ sich in seinen politischen Essays gern zu rhetorischen Kunststücken hinreißen, um einen Gegner zu diskreditieren. Misslich war es, wenn er Kelsen

45 Heller 1934: 253, 260.
46 Lhotta 2022: 97, 109.
47 Heller 1926: 294.
48 Vesting 1991: 357.
49 Vgl. Schefold 2012: 206.

als Beispiel »blutloser Rationalisten« in einem Atemzug mit nationalsozialistischen »Irrationalisten« anprangerte.[50]

Zum Abrücken von dem temperamentvollen Kritiker gesellte sich eine ebenso verdachterregende Etikettierung als ›links‹ hinzu, was für die Person Hellers zugetroffen haben mochte, aber keine artikulierte Prämisse in seiner Theorie war und deswegen ein Zwielicht auf diejenigen warf, die Hellers politische Präferenz erwähnen zu müssen glaubten. Heller wurde später von diesem politischen Lager in Anspruch genommen, ohne dass er seiner Argumentation eine solche Schlagseite gegeben hätte.

> Seine Thesen hatte Heller mit Ideen und Zitaten aus Soziologie und Sozialphilosophie untermauert, die liberal, wenn nicht konservativ klangen, wie alle bisher genannten Namen zeigen. Von Marx zitierte er nur wenig und schrieb einmal: »bei Marx ist das gegenwärtige Denken nur noch eine Klassensituation in Begriffen«.[51] Die marxistische Rechtstheorie lehnte Heller ab: »Eine ökonomische Metaphysik vermag im Staate lediglich eine Funktion der klassenmäßig gespaltenen bürgerlichen Wirtschaftsgesellschaft zu erblicken, die mit der Aufhebung der Klassenspaltung sich als falsche Ideologie erweisen und verschwinden wird; eine selbständige Staats- und Rechtstheorie ist auf dem Boden dieser Geschichtsphilosophie unmöglich.«

Viele Darstellungen Hellers heben dessen politische Ausrichtung hervor, als habe sie die Hinwendung zur Soziologie verursacht.[52] Aber erlaubt das Syndrom von parteipolitischem Engagement, sozialwissenschaftlich orientierter Verfassungsauslegung und demokratischem Bekenntnis eine simple Kausalzurechnung? Die Ursachen für eine solche Haltung, zumal für die Alleinstellung in einer republikfeindlichen Zeit müssen wohl anderwärts gesucht werden. Mit den Erfahrungen von heute lässt sich sagen, dass die rechtstheoretische Position und eine Parteimitgliedschaft personell in keinem engen Zusammenhang stehen – und so dürfte es auch bereits zu Weimarer Zeiten gewesen sein. Der Verweis auf die Parteizugehörigkeit gefährdet das Ernstnehmen einer wissenschaftlichen Aussage.

> Die doppelte Gewichtung in Hellers Arbeit wurde von Dian Schefold dahin präzisiert, dass den Mittelpunkt der theoretischen Arbeit die wirklichkeitswissenschaftliche Analyse des sozialen Ganzen bildete, während im Hintergrund ein politisches Anliegen stand, »die Besserstellung der Arbeiterschaft und ihre Einbindung ins Volk«.[53]

50 Heller 1929: 462; 1930: 26; vgl. Müller 2010: 78.
51 Heller 1929: 326.
52 Schefold 2012: 224 f. verweist auf die Doppelgesichtigkeit des Aspekts, sowohl Sozialist als auch Methodentheoretiker zu sein.
53 Vgl. Schefold 2012: 244 (zuerst 2000).

Erst nach 1949 erhielt Heller zögerlich eine neue Aufmerksamkeit. Er hatte die Idee zum ›sozialen Rechtsstaat‹ gehabt, die sich im neuen Grundgesetz niederschlug. Gelegentlich wurde vermutet, »Hellers Soziologisierung der Rechtsnorm« habe »in der Rechtsprechung des Bundesverfassungsgerichts einen hervorragenden Stellenwert« erhalten.[54] Das war allerdings nur indirekt erschlossen und beruhte nicht auf einer Konkretisierung Heller'scher Methodik. Wenn es stimmt, dass die Bedeutung der Ansätze Hermann Hellers für das Selbstverständnis einer sich ausbildenden Politikwissenschaft kaum zu überschätzen sei[55] und damit ein Staatsrechtler etwas Entscheidendes zur Begründung der Politologie in Deutschland beigetragen hat, dann zeigte sich auch darin eine bemerkenswerte Verflechtung von Rechts- und Sozialwissenschaft.

Hugo Sinzheimer und das neue Arbeitsrecht

Der Jurist Hugo Sinzheimer (1875–1945) hatte sich schon früh an einer Soziologie des Rechts interessiert gezeigt. Schon in Vorweimarer Zeiten markierte er seine methodologische Position; in den 1920er Jahren entfaltete er dann seine Wirkung in rechtspolitischen und justiziellen Kämpfen. Zwischen 1909 und 1915 hatte er in kraftvoller, oft bildhafter Sprache dargelegt, wie er die Kluft zwischen unzulänglich-formalem Recht und sozialnormierter Wirklichkeit zu schließen gedachte: durch die komplementäre Verwendung dogmatischer und soziologischer Erkenntnisse.[56] Diese Linie hielt er in seiner rechts- und verbandspraktischen Arbeit bis 1933 und in seinen Exilschriften konsequent durch.

Das Anliegen, Erkenntnisse zum Sozialen in die Rechtswissenschaft hineinzubringen, löste vielerlei Missverständnisse aus. Hugo Sinzheimer beschrieb seine Erkenntnisabsicht, »die privatrechtswissenschaftliche Forschung in möglichst innige Verbindung mit der Wirklichkeit, ihren Fragen und Zweifeln, zu bringen«, damit »das Leben, das die übrigen Sozialwissenschaften durchdringt und durchdrungen hat, sich auch der Rechtswissenschaft mitteile«.[57]

> Angeregt durch Eugen Ehrlich und Georg Jelinek propagierte er die These, »dass die *Rechtswirklichkeit neben der Rechtsordnung eine selbständige Bedeutung hat*«.[58] Er stand mit den Freirechtlern in Kontakt, zu einigen davon sogar eng; er hatte 1910 an einer Zusammenkunft

54 Maus 1984: 113.
55 So Duve 1998: 368.
56 Siehe den Überblick zu Sinzheimers Argumentation bei Rottleuthner 1986: 232–236.
57 Sinzheimer 1909/1976: 3.
58 Vgl. Sinzheimer 1909/1976: 10 (H.i.O.); Blanke 2005: 28.

(euphorisch: »Pfingsterlebnis«) mit Ehrlich, Kantorowicz, Radbruch, Fuchs u.a. teilgenommen.[59] Die freirechtlichen Thesen zur richterlichen Tätigkeit hatte er rezipiert und weitgehend angenommen; zu der Schule zählte er freilich nicht.[60] Mit Ernst Fuchs kooperierte er zu Weimarer Zeiten in der Zeitschrift *Die Justiz*.[61]

Sein rechtspolitisches Engagement zielte allerdings nicht auf eine Erweiterung der richterlichen Entscheidungsbefugnisse, sondern auf gesetzliche Regelungen im Bereich der Lohnarbeit.[62] Später trennte er methodologisch klar zwischen der Normbearbeitung durch die Rechtsdogmatik einerseits und der Wirklichkeitserkenntnis des Rechtslebens andererseits. Ausdrücklich anerkannte er für die Dogmatik deren »hohen wissenschaftlichen Wert. Sie ist Voraussetzung jeder rechtswissenschaftlichen Erkenntnis. Sie bildet eine unübertreffliche Schulung des Juristen«.[63]

> Das betreffe die logisch-hermeneutische Normanalyse, die aber kein Monopol an den Aufgaben der Rechtswissenschaft besitze. Der dogmatische Formalismus werde bekämpft, wie etwa in der Strafrechtswissenschaft (v. Liszt) oder in der Staatsrechtswissenschaft (v. Gierke). Alle hier erzielten Fortschritte entstammten der ›soziologischen Richtung‹, woraus sich ergebe, »dass die Erkenntnis des Rechts nicht nur aus seinen Rechtssätzen, sondern auch aus den *konkreten Rechtsformen des sozialen Lebens* gewonnen werden muss«.[64]

Sinzheimer wollte dogmatisches und soziologisches Denken in der Rechtswissenschaft und -anwendung vereinen. Dazu propagierte er das Konzept einer »Rechtsgestaltung«.[65] Erkenntnistheoretische Einwände blieben insoweit ausgeschlossen, als die Argumente aus der Sozialwirklichkeit nicht in das dogmatische Argument einfließen mussten. In der Rechtswissenschaft arbeiten »dogmatische Methode« und »soziologische Methode« zusammen. Die eine »lehrt, was als Recht gilt«, die andere, »was als Recht wirksam ist«.[66] Diese Konzeption integrierte soziologische Erkenntnisse in die juristische Methodik, um die Aufgabe der ›Gestaltung‹ zu erfüllen, also nicht in die engere Dogmatik, sondern in die rechtspolitische Seite. Hiernach wurde die Dogmatik auf nur noch einen Teil des juristischen Denkens beschränkt und konnte dabei ihren Formalismus beibehalten.

59 Boehncke 2021: 204 f.
60 Vgl. Rottleuthner 2009: 207.
61 Vgl. Blanke 2005: 74.
62 Vgl. Seifert 2015: 421 f.
63 Sinzheimer 1922/1976: 33.
64 Ebd.: 34.
65 Sinzheimer 1914/1976: 24–32.
66 Sinzheimer 1922/1976: 34.

Man musste kein Marxist sein, um die grundlegende Bedeutung der Arbeit für das Leben der Menschen zu erkennen. In den Worten Sinzheimers: »Arbeit ist ein besonderer Saft. Wer Arbeit leistet, gibt keinen Vermögensgegenstand, sondern sich selbst hin.«[67] Das immer noch neue BGB hielt keine Antworten für das Problem bereit, wie die Spannung zwischen individueller Selbstbestimmung und abhängiger Beschäftigung in einem Betrieb auszubalancieren sei. Das überkommene Bild von den zwei Parteien, die in Freiheit einen Vertrag abschließen, ignorierte das unausgewogene Machtverhältnis zwischen Arbeitssuchenden und Unternehmen. Die Figur des freien Vertrags unter Gleichrangigen wirkte unter demokratischen Verhältnissen anders als unter spätabsolutistischen; sie hatte an Plausibilität und Legitimation verloren. Die Betrachtung der sozialen Wirklichkeit statt der Rechtsfiktion von der Abgabe freier Willenserklärungen stand damit am Anfang einer jeglichen Entscheidung zum Arbeitsrecht – deutlicher vielleicht als in jedem anderen Rechtsgebiet.

Sinzheimer, der als (Mit-) Gründer des Arbeitsrechts gesehen wird, konnte gerade hier die Relevanz seiner Meinung nachweisen. Die dogmatisch-juristische Sichtweise hätte eine speziell arbeitsrechtliche Forschung noch ins allgemeine Zivilrecht verbannt. Doch indem man »nicht nur von dem Inhalt der Gesetze, sondern planvoll von den Tatbeständen des Lebens ausging«, konnten Akkordarbeit, Tarifvertrag, Naturalvergütung usw. rechtswissenschaftlich erschlossen werden.[68] Die Vorschriften des BGB zum Dienstvertrag, wiewohl erst wenige Jahre in Kraft, passten nicht.

> Um den Sinn des Arbeitsrechts zu verstehen, genüge es nicht, »dass wir den normativen Inhalt gegebener Rechtsvorschriften darlegen und sie zu einer formalen Ordnung verbinden. Wir müssen diese Rechtsvorschriften auch als Ausdruck eines außerhalb ihrer gelegenen Entwicklungsprozesses begreifen lernen, als einen zeitlich vorübergehenden Niederschlag über sie hinausgreifender Tendenzen.«[69] Was Sinzheimer hier als ›rechtsoziologische Methode‹ fasst, entspricht nicht dem heutigen Verständnis. Er meint die sozialwissenschaftliche Aufbereitung der tatsächlichen Lebensverhältnisse für das Verständnis und die Anwendung des positiven Rechts, wofür die dogmatische Methode seiner Ansicht nach eben nicht ausreicht.

Für Sinzheimer stand der Mangel eines brauchbaren Arbeitsrechts im Vordergrund. Seine Orientierung an sozialen Grundrechten und Menschenwürde im Übergang vom Untertanen- zum Bürgertum konnte nicht rechtsdogmatisch hergeleitet werden; all dies musste von außerhalb in

67 Sinzheimer 1927/1976: 110.
68 Sinzheimer 1922/1976: 34 f.
69 Sinzheimer 1935/1976: 37.

das Rechtsdenken importiert werden. Dazu griff Sinzheimer auf »die Soziologie« zurück, die damit in den Vordergrund juristischen Handelns rückte. So trat er für eine soziologische Korrektur der ›positivistischen Rechtswissenschaft‹ ein, und dies geschah in der *rechtspolitischen* Absicht, eine ›Lücke‹ der geltenden Rechtsordnung zu füllen. Dass dafür eine Bestandsaufnahme der sozialen Verhältnisse erforderlich ist, war seit jeher unstreitig. Allerdings musste sich Sinzheimer von einigen Vorgaben des BGB lösen, und diese Beinfreiheit verschaffte er sich durch seine Kritik an den bestehenden Methoden, nur ohne dass dadurch eine allgemeine Methodendiskussion eröffnet worden wäre. Letztlich führte er ein strategisches Argument – nur für diesen Zweck.

Hingegen als ein Beitrag zur Rechtstheorie lasen sich seine kontinuierlich geäußerten Gedanken zu den soziologisch zu erörternden Bezügen zwischen dem Juristischen und dem Leben. Die Rechtssoziologie »enthülle, ob ein Widerspruch zwischen Recht und Leben besteht«.[70] Diese These musste indessen das rechtswissenschaftliche Denken nicht besonders beeindrucken; als Orientierungsrahmen für eine Soziologie *des* Rechts (und nicht: *im* Recht, also innerhalb des juristischen Arbeitens) war sie nicht zu bestreiten, und als rechtspolitische Weisung – wie neues Recht zu gestalten sei – blieb sie außerhalb der dogmatischen Arbeit. Eine innigere Verankerung des ›Sozialen im Rechtsdenken‹ als hier bei Sinzheimer hat es möglicherweise nie gegeben. Mit seinem Wirken als Praktiker, Erforscher und Lehrer des Arbeitsrechts hat er seine Auffassung nachhaltig in die Tat umgesetzt.

Soziologische Analyse wollte Sinzheimer dort einsetzen, wo mangels eines Gesetzes die rechtliche Regelung erst ›aufzufinden‹ ist. Dort war nach einem Gewohnheitsrecht zu suchen, ersatzweise nach den Rechtsfolgen, welche die Streitparteien gewollt haben.[71] Dies entsprach dem Geschäft der ›Lückenfüllung‹. Seine Gegner in der Dogmatik des Arbeitsrechts (Hans Carl Nipperdey und Walter Kaskel) rügten das als »eine feuilletonistisch-soziologische Betrachtungsweise«, worauf Sinzheimer replizierte, dass die Erkenntnis des Rechts auch »aus den *konkreten Formen des sozialen Lebens*« gewonnen werden muss«.[72] Was die einen als vernichtend gemeinten Vorwurf erhoben – die soziologische Methode –, das akzeptierte der so Angegriffene.

Was bei Sinzheimer ›genetische Rechtssoziologie‹ hieß, verwies auf den sozialwissenschaftlichen Beitrag, mit dessen Hilfe sich das Recht an Veränderungen in der Arbeitswelt anzupassen vermochte.[73] Die Rechtswissenschaftstheorie konnte sich an dieser Stelle auf die Trennung von

70 Sinzheimer 1935/1976: 112; vgl. dazu Blanke 2005: 33.
71 Vgl. Seifert 2015: 417.
72 Vgl. Seifert 2015: 422; Sinzheimer 1922/1976: 33 f. (H.i.O.).
73 Vgl. Weiss 2014: 588.

Rechtspolitik und Dogmatik berufen; im ersten Feld nützten sozialwissenschaftliche Erkenntnisse, im zweiten waren sie erkenntnistheoretisch verboten. Die Praxis der Arbeitsrechtswissenschaft und -justiz hielt sich allerdings nicht daran, ohne sich zu Sinzheimers Methodologie zu bekennen.

Seine Abgrenzung zwischen dogmatischem und soziologischem Rechtsdenken hätte den Streit vielleicht befrieden können, wenn das Angebot denn von der ›richtigen‹ Seite, d.h. aus dem Kreis der h.M. gekommen wäre. Doch die anderen damals führenden Arbeitsrechtler wehrten sich gegen die Beschneidung, weil sie das neue Rechtsgebiet konventionell analysierten, um es in das überkommene Normensystem einzupassen, was den Charakter einer sozialen Innovation verhüllte. Wie es schien, standen sich in dem Streit zwei Rechtskulturen gegenüber, entzündet am Widerspruch zwischen »Fremd- und Selbstreferenz, Öffnung und Schließung«, oder, wie man vereinfachend sagen könnte, zwischen Soziologisierung und Positivismus.[74] Es spielten weitere Spaltungslinien der Weimarer Zeit hinein, sie waren von politischer Art und gipfelten später in der Katastrophe des Republikendes.

> Sein Juristenbild führte Sinzheimer im Anschluss an Radbruch auf den »Begriff des Menschen« zurück. Im überkommenen Weltbild habe der Mensch »die Stellung eines isolierten Einzelwesens« besessen; dies sei durch die soziale Bewegung erschüttert worden. »Das neue Recht ist das *soziale Recht*. Das soziale Recht erfasst den Menschen nicht als Person, sondern als soziales Wesen.«[75] Der emphatische Ton verrät das tiefe Überzeugtsein des Autors; die kulturellen Umbrüche um 1900 und der revolutionäre Übergang zur Weimarer Republik waren damit angesprochen. »Das soziale Recht ist *dynamisch*. Die Gesellschaft ist nicht eine Welt von einzelnen, sondern ein sozialer Lebensprozess, der sich in bestimmten Bewegungsformen abspielt.« Das müsse »dazu führen, das Recht weiterzutreiben, seine statische Beschränkung abzustreifen [...] und *die Bewegungsquelle selbst zu erfassen*«.[76]

Sinzheimer verfocht eine Interdisziplinarität der Arbeitsrechtswissenschaft, und sein ausdrücklicher Hinweis auf die Rechtssoziologie stand »für die Einbeziehung der Sozialwissenschaften«.[77] Er konzipierte das Arbeitsrecht von einer soziologischen, historischen und philosophischen Grundlage her, wobei die soziologische Methode die dogmatische Methode nicht verdrängen sollte; die Entscheidungsgrundlagen kamen nebeneinander zum Zuge – gleichrangig und komplementär. Dieser methodische Ansatz sollte die »Funktionszusammenhänge von Recht und

74 Vgl. Blanke 2004: 67–72.
75 Sinzheimer 1928/1976: 42 f. (H.i.O.).
76 Ebd.: 48 (H.i.O.).
77 Weiss 2014: 585 f.

Wirklichkeit aufdecken und für die weitere Begriffsbildung und gesetzliche Systembildung nutzbar« machen.[78]

Inwieweit konnten Sinzheimers Ideen zur Arbeitsrechtswissenschaft auch für andere Rechtsbereiche gelten? Gegenfrage: Warum sollten sie nicht? Der Mann betätigte sich sehr konkret auf dem für die meisten Menschen höchst relevanten Gebiet von Arbeit und abhängiger Beschäftigung, und zwar eher anwaltlich als akademisch. Die ungewöhnliche, aber stimulierende Perspektive der Rechtspraxis verlieh seinen Thesen eine unbedingt ernstzunehmende Kraft. Für Sinzheimer begründete sich das sozialwissenschaftliche Interesse aus der Berufsauffassung eines Rechtswissenschaftlers, dessen höchste Aufgabe »die Formung des sozialen Lebens« sei.[79] Hier berührten sich die Debatten um die Methodologie und die um das Theorie-Praxis-Verhältnis, welche erst um 1970 eine Hauptrolle spielen sollte. Sinzheimer verkörperte mit seinem gesamten Berufshandeln die wechselseitige Durchdringung von theoretischen Ideen und Gestaltung der gesellschaftlichen Wirklichkeit.

Die methodenhistorische Bedeutung von Sinzheimer ergibt sich nicht allein aus seiner frühen Schrift zur Rechtssoziologie (1909), sondern vornehmlich aus seiner Mitwirkung an der Schaffung des Arbeitsrechts. Hier setzte er seine rechtssoziologische Position in praktische Politik um: Den zwischen Gewerkschaft und Unternehmen abgeschlossenen Tarifvertrag verstand er als Rechtsquelle und bezog sich dafür auf Gierkes Analyse der autonomen Bildungsformen des Rechts.[80] Danach werden gesellschaftliche Regeln mit Rechtsqualität in Aushandlung zwischen Verbänden bzw. Körperschaften erzeugt, außerhalb der Gesetzgebung; damit folgte Sinzheimer den Ideen von Eugen Ehrlich. Nach der herrschenden Methodenlehre wäre jene Einordnung nicht möglich gewesen. Die Nähe zur Soziologie machte sich nicht nur auf legislativ-politischer Ebene geltend, wo sie ohnehin zugelassen war, sondern auch bei der Auslegung vorhandenen Rechts. Wenngleich Sinzheimer nicht in die Annalen der Rechtstheorie einging, ist ihm mit der Begründung des Arbeitsrechts eine gewichtigere Tat gelungen, als bloß eine reflexionstheoretische Stimme zu erheben.

Zur Emigration gezwungen konnte er sich 1933 an der Universität in Amsterdam als Rechtssoziologe etablieren, auf der ersten so denominierten Professur in den Niederlanden. Jetzt benutzte er die soziologische Perspektive nicht mehr als bloß dienend im Arbeitsrecht, sondern generell zur Analyse des Rechts.

Das zunächst auf Niederländisch erschienene Lehrbuch von 1935, ›Die Aufgabe der Rechtssoziologie‹, unterschied zwei Zielrichtungen: Als

78 Becker 2005: 217 f.
79 Sinzheimer 1909/1976: 23.
80 Vgl. dazu Müller 2015: 153, 160.

›kritische Rechtssoziologie‹ betrachtet sie die »soziale Kraft, Erscheinungsform und Funktion« einer Norm und »enthüllt, ob ein Widerspruch zwischen Recht und Leben besteht«. Als ›genetische Rechtssoziologie‹ zielt sie auf Rechtsveränderung aufgrund von »neuen realen Geschehnissen in der gesellschaftlichen Wirklichkeit«.[81] Damit verwies Sinzheimer in allgemeiner Form auf eine Rechtsfortbildung, die sich aus dem Widerspruch zwischen geltendem Recht und Rechtswirklichkeit ergebe.[82] Mit beiden Orientierungen wurde die juristische Urteilsbildung für soziologische, ökonomische und andere wirklichkeitswissenschaftliche Prämissen geöffnet.

In diese Monographie fügte er seine methodologischen Ideen von 1909 ein. Der Dogmatik wies er eine normative Betrachtungsweise zu, während er die Rechtswissenschaft »insgesamt« umfassender verstand; in ihr habe auch eine soziologische Betrachtungsweise ihren Platz, womit er sich ausdrücklich gegen Kelsen wandte. »Ein ›Synkretismus der Methoden‹ ist nur zu befürchten, wenn man rechtssoziologische Fragen dogmatisch oder dogmatische Probleme rechtssoziologisch behandeln würde.«[83] Überhaupt muss gesagt werden, dass Sinzheimer sich in seinem gesamten Wirken von der sozialwissenschaftlich orientierten Denkweise leiten ließ.

In weiteren Schriften erörterte Sinzheimer, wie das staatliche Recht und das soziale Recht sich zueinander verhalten, koexistieren und sich verbinden.[84] So hielt er die Bedeutung des Sozialen im Rechtshandeln auf der Tagesordnung der Methodenlehre. Er wollte die von ihm unterstützte Rechtssoziologie als Teil der Rechtswissenschaft verstanden wissen, aufgefasst im Sinne von Eugen Ehrlich.[85]

Für Hugo Sinzheimer standen die Analysen der vorhandenen Rechtsvorschriften *und* der sozialen Wirklichkeit auf erkenntnistheoretisch unverkrampfte Weise nebeneinander; gemeinsam ließen sie das zutreffende Recht auffinden. Das klang ›pragmatisch‹ im abwertenden Sinne, vermied die Abgrenzungsbemühungen der Methodologie und zog daher deren Verachtung auf sich. Sinzheimer blieb nicht beim Erörtern der Bedingung der Möglichkeit von sozialadäquatem Recht stehen, sondern er handelte und hatte damit Erfolg. Die rechtswissenschaftliche Arbeit beschränkte sich für ihn nicht auf dogmatische, philosophische und historische Analysen der Normen, sondern richtete sich auch darauf, »was die gesellschaftlichen Kräfte in Wirklichkeit aus dem normativen Recht und dem Rechtsideal machen«, also auf die »rechtssoziologische

81 Sinzheimer 1935/1976: 112 bzw. 119 . Vgl. dazu Weiss 2014: 581.
82 Vgl. Seifert 2015: 423–429.
83 Sinzheimer 1935/1976: 101.
84 Beispielsweise Sinzheimer 1936.
85 Vgl. 1935/1976: 88.

Auffüllung des rechtlichen Weltbildes«.[86] Die heute höchst verfeinerte deutsche Rechtstheorie würde all dies, nähme sie es zur Kenntnis, kaum in ihre üblich gewordenen Gedankengänge einordnen wollen.

Eugen Rosenstock-Huessy: Abschied vom Recht

Zum Zirkel der soziologienahen Juristen gehört Eugen Rosenstock (1888–1973, seit 1925 bzw. 1928: Rosenstock-Huessy), der als notorisch die Grenzen von Jurisprudenz, Geschichte, Soziologie und Religion überschreitender Autor und für seine eigenwillig expressive Ausdrucksweise bekannt wurde. Er begründete mit Hugo Sinzheimer die Frankfurter Akademie der Arbeit und bekleidete zwischen 1923 und 1933 ein juristisches Ordinariat. Rosenstock-Huessy trat in diesen Jahren zunehmend in der Soziologie und Kulturgeschichte hervor, zumal nach der Emigration. Die Exzentrik gegenüber dem Kanon und Denkstil der etablierten Fächer verband sich mit einer herausragenden Kreativität. Dieser Außenseiter, der vom Juristen zum Kultursoziologen mutierte, ohne sich jemals richtig einordnen zu lassen, lohnt den näheren Blick.

Nach glänzend begonnener juristischer Karriere – mit zwei schulgerecht gearbeiteten rechtshistorischen Werken, als jüngster Privatdozent im Reich – brachte die Felderfahrung im Weltkrieg seine Überzeugungen ins Wanken. Die überlieferte Wissenschaft erschien ihm nun als fragwürdig, und er wandte sich außerakademischen Wirkungsmöglichkeiten zu, etwa der Erwachsenenbildung und der erstmaligen Produktion einer Werkszeitung (für die Daimler-Arbeiter).[87] Er forderte, die Universitätswissenschaft solle sich auf das praktische Leben einlassen und Stellung beziehen. Für die Rechtsgeschichte verlangte er die Öffnung zu den Nachbardisziplinen.

> Wie sich der vielversprechend gestartete Rechtshistoriker nach seiner Kriegserfahrung wissenschaftsstrategisch umorientierte, schlug sich in einer Zeitschrift der Volkshochschulbewegung (nicht ohne erläuternde Vorbemerkung) nieder. Der 32jährige Rosenstock richtete einen Appell an seine Zunft; deren Spezialisierung auf römische, kanonische und germanische Entwicklungen sei zu weit getrieben worden, nun liege sie in Agonie. »Es herrscht eine trostlose Dürre.« Eine Chance zur Gesundung ergebe sich daraus, »dass die Sonderwelt der juristischen Zunft heute weithin zusammenbricht«. Die Soldatenmeuterei von 1918 werde einen Aufruhr gegen die Juristen nach sich ziehen. »Es wird weniger Volljuristen geben; dafür wird jeder etwas Jurist werden.« Die Rechtsgeschichte habe es fortan mit dem ›juridischen Jedermann‹ zu tun.[88]

86 Sinzheimer 1935/1976: 102.
87 Vgl. Faulenbach 1982: 103.
88 Rosenstock 1920: 134.

Die Soziologie als disziplinäres Forschungsgebiet hat Rosenstock hier noch nicht im Auge, wenngleich bereits fünf Jahre darauf ein so betiteltes Buch erscheinen wird. Die Sprunghaftigkeit seines Denkens und das beherzte Überqueren von Fachgrenzen machten es möglich. Freilich haben die von ihm zahlreich berührten Fächer seine Umtriebigkeit mit Nichtbeachtung vergolten. 1920 ging es ihm vor allem um die Dimensionen Revolution und Zeit, Themen, die Rosenstock dauerhaft beschäftigen würden und seinen Blick unvermeidlich auf das Soziale richteten, in diesem Aufsatz vornehmlich unter den Aspekten Stadt und Raum.

Das Recht und seine Wissenschaft betrachtete Rosenstock jetzt von weit außerhalb der zeitgenössischen juristischen Fachdiskurse. Die an der Frankfurter Universität von ihm mit Hugo Sinzheimer begründete und geleitete ›Akademie der Arbeit‹ experimentierte mit völlig neuen Zugangs-, Lern- und Lehrformen für die jungen, gewerkschaftlich engagierten Teilnehmer, die nicht ›Studenten‹ sondern ›Mitarbeiter‹ genannt wurden. Zu dieser Einrichtung skizzierte Rosenstock 1921 eine »Volkswissenschaft«, die das Recht, die Volkswirtschaft und die Politik untersucht – als eine Einheit, trotz getrennter Fachdisziplinen. Das Unterrichtspersonal verstrickte sich alsbald in erschöpfende Diskussionen, und Rosenstock verzichtete 1922 auf die weitere Mitarbeit.[89] Ein ähnlicher Anlauf, in der universitären Lehre den positivistischen Normativismus der Jurisprudenz zu überwinden, würde fünfzig Jahre später erneut unternommen werden.[90]

Nachdem Rosenstock sich von der Rechtswissenschaft im landläufigen Sinn abgewandt hatte, begann er als Soziologe zu arbeiten, im Verfolg von rechts- und sozialpolitischen Zielen. Dabei schuf er ein frühes Exempel soziologischer Jurisprudenz, etwas versteckt in einem Buch über Arbeit, Raum und Recht mit dem zwar passenden, aber schwer einzuordnenden Titel ›Werkstattaussiedlung‹ (1922).

> In dieser ausgewachsenen Monographie stellte er einleitend sein Verständnis von Soziologie dar; nicht Zahlen und Statistiken, sondern »das Geschehen und Leben im Volke« machen ihr Gebiet aus.[91] Dazu wurde eine Fallstudie unternommen; zuerst erzählte ein 33jähriger Arbeiter seinen Lebenslauf, worauf Rosenstock die Monographie vorstellte, die als Antwort auf die Fragen des erzählenden Arbeiters verstanden sein wollte. Im Weiteren widmete sich das Buch der Organisationsstruktur des Industriebetriebs und der Gegenmacht vonseiten der Arbeiterschaft, bevor die gesamte zweite Hälfte des Textes auf die Rechtslage und deren Veränderbarkeit einging. Ein Ziel bestand darin, dass

89 Vgl. Huppuch 2004: 52–88 (72).

90 Vgl. Das »Integrierte sozialwissenschaftliche Eingangsstudium« in der Anfangsphase der Universität Bremen.

91 Rosenstock 1922: 11; zum Folgenden ebd.: 16–72, 81.

bestehende Arbeitsgruppen den Raum der Fabrik verlassen und sich genossenschaftlich selbst verwalten. Dazu wurde ein »Werkstattaussiedlungsvertrag« entworfen, der absichtlich »in einer vorjuristischen Sprache« gehalten war, wohl wissend, dass »die Formulierung selbst« noch folgen müsse. Rosenstock wusste indessen, jede der vorhandenen »Rechtsmasken würde den neuen Keim in einer anderen Richtung verrenken«; zu suchen war also nach einem »vielleicht gangbaren juristischen Ausweg«. Einen hinzugezogenen Juristen ließ Rosenstock ausführen: »Die positivistische, in der Dogmatik erstarrte Jurisprudenz aber hat hier stille zu stehen.« Da er von der Privatrechtswissenschaft keine Unterstützung erwartete, berief er sich auf Arbeitswissenschaft und Arbeitsrecht, in denen sich »vorjuristische Kräfte« geltend gemacht hätten.[92]

Methodologisch verfuhr Rosenstock so, die einzelnen Rechtsgebiete – Erbrecht, Sachenrecht, Arbeitsrecht usw. – vor industriegeschichtlichem und klassentheoretischem Hintergrund zu betrachten; das gesellschaftliche Panorama enthielt Betrachtungen zu Familie, Religion und vielen anderen Dingen. Der Autor frönte hier bereits seinem Stil eines frei umherschweifenden Denkens, der sich um eine Einpassung in die laufenden Diskurse nur wenig scherte. Die Machart dieser Studie wies allerdings auf das voraus, was fünfzig Jahre später noch oftmals geschehen würde: eine gesellschaftlich relevante, weil massenhaft auftretende Situation samt ihrer ökonomisch-juristischen Rahmung wird historisch und machtstrategisch analysiert, um daraus rechtliche Konsequenzen zu ziehen.

Als nächstes, ein Jahr nach dem Akademie-Abenteuer, trat Rosenstock die Breslauer Professur für Deutsche Rechtsgeschichte, Bürgerliches, Handels- und Arbeitsrecht an. Was für andere ein Traum gewesen wäre, empfand er als Brotberuf. Zur Annahme dieses Rufes äußerte Rosenstock-Huessy 1964 gesprächsweise: »Ich bin hingegangen wie ins Grab. Ich hielt das eigentlich für mich nicht erlaubt, denn ich hatte der Universität gesagt: ihr seid veraltet, so geht das nicht.«[93] Hier versuchte er weiterhin, die außerakademische mit der fachwissenschaftlichen Welt zu verkoppeln.

Wieder reflektierte Rosenstock-Huessy seinen juristischen Forschungsgegenstand verbunden mit Wirtschaft und Arbeit. Als betrieblichen Ort, an dem die einwirkenden Kräfte damals ja hauptsächlich zusammentrafen, benannte er die Industrie und widmete dem Industrierecht eine Abhandlung, worin Handels-, Wirtschafts- und Arbeitsrecht ineinander aufgingen. Die einzelnen Rechtsgebiete, obwohl sie »gewiss ihren natürlichen Bereich« haben, hängen aufgrund »einer tieferliegenden

92 Zitate bei Rosenstock 1922: 174–177, 223, 268.
93 Thieme 1989 a: 4.

Entwicklung« zusammen. Hierfür will er »die Ordnung der Kräfte, ihre Zeitbahnen, Rechtslagen in den Vordergrund rücken«.[94] Rosenstock versuchte gar nicht erst eine Systematisierung des Normenbestands, sondern bearbeitete einzelne Problemfelder, beispielsweise den Betrieb, den Haushaltsvorstand oder die juristische Person. In Aufbau und Duktus glich ein solches Buch keiner üblichen juristischen Monographie, und der Verfasser – in einer damals noch stilistisch vielfältigen Rechtswissenschaft – setzte seine philosophischen Ausflüge unbefangen und selbstbewusst in den Text hinein. Er hielt es allerdings dann doch für geraten, die »dogmengeschichtlichen Fragen hier zum Schlusse hin aufzunehmen, um die bisherigen Ausführungen nach rückwärts abzusichern«.[95]

Rosenstock spottete: »Der Jurist des mechanischen Weltbildes hält die Jurisprudenz, die Rechtswissenschaft für *Theorie.*« Richtigerweise sei sie eine »soziologische Leistung« und »als wirkende Macht in die Privatrechtsdogmatik selbst einzubauen«. Dieser interessante Gedanke über eine reflexive Wissenschaft war damals absolut ungewöhnlich und selbst wissenssoziologisch neu. Die Funktion der Rechtswissenschaft, also deren Wirkung, lag für Rosenstock darin, dass die »Wesensvorstellungen der Juristen« von den Vertragsparteien studiert und in die Vertragstexte aufgenommen werden, um »Prozessgefahren zu bannen, die ihnen aus der Judikatur und Rechtswissenschaft drohen«. Zum Beleg, gültig noch heute, berief er sich auf die Mietvertragsformulare, Bankkredit- und Arbeitsverträge. Rosenstock erniedrigte hier die hehre Rechtswissenschaft zum bloßen Arbeitsmittel erfolgreicher Kautelarjurisprudenz. In fast satirischer Schärfe kritisierte er »die rationale Rechtswissenschaft, die da glaubte und zeitweise glauben durfte, für alles und jedes Begriffe bereit zu halten«. Es sei dies eine »erträgliche Fiktion«; denn die Juristen glaubten sich selber im Besitze eines lückenlosen Definitionensystems [...] und durften sich von Schule wegen, wenn auch nicht von Amts wegen für feste Systembesitzer halten«. »Das Mittel, um den Praktiker im Banne der ›Theorie‹ zu halten« waren die beiden ›logischen‹ Schlüsse e contrario und per analogiam. »Sie sind aber keine logischen Schlüsse, sondern *Entscheidungen.*«[96]

Zum Juristenstand meinte Rosenstock, was dieser leiste, sei eine »Funktion des gesellschaftlichen Lebens«. Die Rechtsbegriffe seien »nur eine Schul- und Kunst*sprache*«. Daher verliere das juristische Sprechen »den erhabenen Rang einer dem Sprechenden übergeordneten ›Denktätigkeit‘«. Die richterliche Funktion liege in der »Entleidenschaftlichung und Friedensstiftung«. »Die funktionelle Behandlung des Rechts als bloßen *Mitarbeiters* im Kräftespiel der Gesellschaft« beende die »Lehre

94 Rosenstock 1926: 11, 13.
95 Rosenstock 1926: 103–183 (103).
96 Zitate bei Rosenstock 1926: 146 f., 151 f.

> von der Jurisprudenz als reiner Begriffswissenschaft«. Zu widmen habe sich die Rechtswissenschaft »nicht der Auslegung individueller Willenserklärungen, sondern dem vernünftigen Ablauf von Lebensverhältnissen«.[97]

Erkennbar war diese Dekonstruktion der Rechtswissenschaft eine Absage an deren Selbstbild und an den Istzustand der Methodologie; Rosenstock verweigerte sich jeder Selbstbeobachtung des Fachs und betrachtete dieses konsequent nur von außen. Er berief sich auf eine »Soziologie des Wissens und allen Schul- und Wissenschaftsbetriebs, die [...] die Art der Autorität des gesetzgeberischen Willens und die ›logische‹ Auslegung des Richters durchschaut«. Und er sprach von der »Rechtsmathematik der Neu-Wiener Schule« sowie von Kelsen als dem »Erfinder des inhaltlosen Rechts«.[98]

Das »Industrierecht«, in dem sich die Regeln zu Arbeit, Handel und Wirtschaft vereinen, geht von den Mächten und Kräften aus. Das Industrierecht wird also »die Ordnung der Kräfte, ihre Zeitbahnen, Rechtslagen in den Vordergrund rücken«. Rosenstock entwickelte hier eine Sichtweise auf Recht und Rechtswissenschaft, die auf Kultur, Sprache und Kommunikation abstellte. Er sprach von Märkten, Funktionen und Mächten.[99] Das wurde erst viele Jahrzehnte später wieder so diskutiert. Ein Rechtsdenken in diesen Dimensionen verlangte, das Normative nicht abgelöst in sich selbst zu analysieren, sondern in sozialen Dimensionen. Der Autor schrieb hier, in heutiger Fächerbezeichnung, eine Soziologie und Rechtsdogmatik der betrieblichen Arbeit, und zwar nicht getrennt, sondern miteinander verwoben. Das war nichts anderes als eine der möglichen Versionen von ›soziologischer Jurisprudenz‹. Doch einer so geläufigen Strömung fügte sich Rosenstock ›selbstverständlich‹ nicht ein, sondern fand seine eigenen Formulierungen – um den Preis, dass über der Originalität seine Zugehörigkeit unerkannt blieb.

Bereits 1925 hatte Rosenstock ein ›Soziologie I‹ betiteltes Buch erscheinen lassen, dem später ein zweiter Band folgte. Seine Soziologie stand fernab der sich in diesem Fach entwickelnden Konzeptionen und fernab dem Blick auf Ordnung und Regelgebundenheit, wie er seit Durkheim und Weber auf das Gesellschaftliche geworfen wurde. Das Recht wurde hier nicht behandelt und fand sich bloß aufgezählt unter den vier »Geistesformen«.[100] Anstelle des Normativismus der Weber'schen Grundbegriffe sprach Rosenstock über die Kräfte, vulgo Faktoren des Sozialen. Ebenso wie andere Soziologen suchte er »nach Ordnung für die

97 Weitere Zitate ebd.: 154, 162, 166.

98 Weitere Zitate ebd.: 154 f.

99 Vgl. Rosenstock 1926: 13, 154–170. Vgl. a. Huppuch 2004: 88–101.

100 Rosenstock 1925: 160. Theodor Geiger (1926) ordnete in einer Rezension Rosenstocks Soziologie als ›Mystik‹ ein.

Gesellschaft«.[101] Bei ihm wurde die Ordnung aber nicht, wie bei jenen anderen, durch Normen und Zwang erzeugt, sondern durch die »Kräfte der Gemeinschaft«, durch die Struktur der Räume und Zeiten. In Quelle und Form seiner Theorie folgte Rosenstock den Vorgaben aus Sprache und Grammatik, womit er beispielsweise die häufig verwendete Vierfeldertafel (das »Kreuz der Wirklichkeit«) begründete. Die Gedankenbahnen, Betrachtungsweisen und Stilarten von innen/außen (d.i. Raum) sowie rückwärts/vorwärts (d.i. Zeit) erzeugten ein Viererfeld. »Das Kreuz in dem Schema bezeichnet die Gegenwart. Nur von ihr aus kann die Wirklichkeit erschlossen werden.«[102] Rosenstock-Huessy dachte hier in einem universalhistorischen Rahmen; in seiner Soziologie differenzierte er zwischen dem wirklichen (authentischen) und dem unwirklichen (unauthentischen) Menschen.[103] Von hier aus boten sich weit weniger Anschlüsse für das Rechtsdenken, nicht einmal bei ihm selber.

Wie war Rosenstock-Huessy zu dieser Art von Soziologie gekommen? Nach der Erschütterung durch den Kriegsdienst verabschiedete er sich von der damals wie heute maßgeblichen Grundfrage ›Wie ist gesellschaftliche Ordnung möglich?‹[104] Stattdessen richtete er sein Denken auf das Ziel ›Wie tragen wir zu gesellschaftlichem Frieden bei?‹ Aus der pragmatischen Note verriet sich der Jurist. Die Absage an die Konfliktanalyse jedoch entfernte Rosenstock von der juristischen Episteme, die auf einen Streit mit einer binären Entscheidung antwortet. Hier lag vielleicht der tiefere Grund dafür, dass Rosenstock sich von der Jurisprudenz abwandte, ohne jedoch in der Soziologie heimisch zu werden. Aus sozialwissenschaftlicher Inspiration engagierte er sich sowohl in der Weimarer Zeit als auch im Exil mit der Gründung der freiwilligen Arbeitslager (1928 bzw. 1940), eines Friedensdienstes u.a. Mindestens eine weitere Differenz musste Rosenstock von der kritischen Soziologie entfernen: hie eine christliche Grundhaltung, die sein soziologisches Denken prägte, dort eine sozialistisch-atheistische Grundhaltung. Im Konflikt an der ›Akademie der Arbeit‹ könnte das im Hintergrund gestanden haben.[105]

Rosenstock-Huessy füllte die Position als juristischer Ordinarius bis 1933 aus, als er erst versetzt und danach beurlaubt wurde. In einer Rede zur Verfassungsfeier im Juli 1932, mit einer staatstragenden und republikfreundlichen Botschaft, trat auch sein damaliges Rechtsverständnis deutlich hervor. Angesichts der politisch wildbewegten Zeitläufte blickte er auf die vergangenen Kriege zurück und sprach »von der Lebensform und Lebenserfahrung des Krieges als der Basis der Rechtsgemeinschaft

101 Richter 2007: 75.

102 Rosenstock 1925: 125. Die Vierfeldertafeln traten von Anfang an auf, ebd.: 14 f., 58 f., 124 f., 160. Vgl. a. Richter 2007: 37–53, 142–144.

103 Vgl. dazu Cristaudo u.a. 2015.

104 Siehe dazu Girke/Gormann-Thelen 2019: 53.

105 Vgl. Jakobs 2001: 349, 375.

des Friedens«; dabei ging er »soziologisch von der Kriegsgemeinschaft als der Rechtsquelle des Friedens aus«.[106] Damit meinte er nicht nur die rechtspolitische Ebene, auf der soziologische Gedankengänge von der Methodenlehre ohnehin erlaubt sind, sondern auch das Verhältnis unter den Rechtsgenossen, Klägern und Beklagten, also den juristischen Alltag, wie die angeführten Beispiele zeigten.

In seinen autobiographischen Notizen rügte Rosenstock-Huessy später scharf die deutsche Rechtsgeschichtswissenschaft seines Jahrhunderts. Denn »ihre idealistische Sichtweise verweigerte allen *Konflikten* die Anerkennung«.[107] Einmal konzipierte er eine Rechtsgeschichte, die nicht wertfrei verfährt, sondern ein wirkliches, religiös, politisch oder wirtschaftlich motiviertes Recht darstellt, um nicht zum »Parteigänger der Reaktion« zu werden.[108] Mit einer Anrufung der Soziologie ging Rosenstock-Huessy gerne in die Themen anderer Fächer hinein, nicht nur gegenüber dem Industrierecht, auch gegenüber der Rechtsgeschichte. So ist er einer der Einzelkämpfer geblieben.

Gehört Eugen Rosenstock-Huessy nun in die Reihen derer, von denen die Idee des Sozialen in das Denken des Rechts eingebracht wurde? Der anfangs so brillant gestartete Jurist hat seine Disziplin in Richtung Soziologie verlassen, wie das auch andere getan haben und zu sozialwissenschaftlicher Größe aufstiegen, allerdings ohne dabei das Recht aus den Augen zu verlieren. Rosenstock-Huessy verkörperte auf eine eigene Weise die mögliche Offenheit und Anschlussbedürftigkeit der Jurisprudenz.

106 Rosenstock-Huessy 1932: 239 f.
107 Rosenstock-Huessy 1968: 120.
108 Zitiert aus einem 1964 nur als Privatdruck erschienenen Beitrag bei Thieme 1989 b: 14 f.

Kap. 6
Eine Gruppe von Einzelkämpfern?

Es mag erstaunen, wie viele weitere Rechtswissenschaftler das ›Soziale‹ und die ›Gesellschaft‹ in ihre Gedankengänge einbauten, sich sogar auf die Rechtssoziologie beriefen. Bei einigen davon ging es nur um den Bezug auf ›die Wirklichkeit‹, andere hingegen erörterten explizit die methodologische bzw. wissenschaftstheoretische Herausforderung, mit der jene Bezugnahmen das juristische Denken konfrontierten. Im Folgenden wird eine Auswahl vorgestellt.

Die Protagonisten Ernst Fraenkel, Franz Neumann, Otto Kahn-Freund, Arthur Nußbaum und andere

Ernst Fraenkel (1898–1975) hatte eine volljuristische Ausbildung absolviert und bei Hugo Sinzheimer promoviert. Anfangs vertrat er ein marxistisch orientiertes Gesellschaftsbild und ging von einem Zweiklassenmodell aus. Niedergelassen als Rechtsanwalt engagierte er sich in der SPD und Gewerkschaft für die ›Klasse der Arbeiter‹. So geriet er in die gewerkschaftliche Betriebsrätebildung, wie auch Sinzheimer und Eugen Rosenstock, mit denen er bereits an der Frankfurter ›Akademie für Arbeit‹ zu tun gehabt hatte. In Herkunft und Entwicklung ähnelten die drei einander sehr, bevor sich ihre Lebenslinien trennten.

Fraenkel schrieb 1927 für eine jungsozialistische Schriftenreihe die Abhandlung »Zur Soziologie der Klassenjustiz«, ein Beispiel für kritische Rechtssoziologie, aber keines für Soziologie *im* Recht. Trotz der marxistischen Kategorien blieb er auf Distanz zu orthodoxem und KPD-gebundenem Denken.[1] Für die rechtstheoretische Grundhaltung war das hochrelevant: Nach dem von der Partei verordneten Klassenkonzept war die bürgerliche Staatsordnung in toto abzuschaffen, während andere sozialistische Positionen auf Reform setzten. Bei Fraenkel hielt die Figur ›Klassenjustiz‹ nicht zu einem vorwurfsvollen Rundumschlag her, sondern diente der Analyse. Rechtsbeugung liege nur dann vor, wenn der Richter bewusst vom Gesetz abweiche; bei Klassenjustiz werde nicht bezweifelt, dass das Urteil mit dem Gesetz formal vereinbar sei.[2] Die marxistische Soziologie ist für Fraenkel eine »Handlungswissenschaft«, d.h. sie war auf ein Aktionsziel ausgerichtet; der Ideologie

1 Ladwig-Winters 2009: 71 f.
2 Fraenkel 1927/1999: 207. Vgl. a. van Oooyen 2021: 78.

der Arbeiterbewegung sollte eine wissenschaftliche Systematik verschafft werden.[3] Das musste damals in vielen Ohren anstößig klingen; die nicht so aggressive, aber auf etwas Ähnliches hinauslaufende Wissenschaftstheorie des Pragmatismus war noch nicht aus den USA herübergekommen.

In seinem Aufsatz »Rechtssoziologie als Wissenschaft« (1929) interessierte sich Fraenkel für den politischen Gebrauch der Sozialwissenschaften, behandelte also die Anwendungsseite einer Soziologie im Recht. Er sah die Rechtssoziologie als methodologisch gleichwertig zum konventionellen Ansatz der Rechtswissenschaft.[4] Er untersuchte die »auf irrationaler Grundlage beruhenden Ordnungsregeln der Gesellschaft«, darunter das Recht. Als ›analytische Rechtssoziologie‹, im Unterschied zu einer ›deskriptiven‹, sah er die Klärung jener Faktoren, »die bei Schaffung der Rechtsregeln mitwirken«[5], und zeigte damit einen methodologisch gangbaren Weg, um sozialwissenschaftliche Erkenntnisse in die Rechtsanwendung einzubringen. Der kommende Politologe Fraenkel kündigte sich in der abschließenden Bemerkung an, der Gegenstand der Rechtssoziologie sei politisch. Das war nicht als trivial-kategoriale Einordnung gemeint, sondern gewissermaßen aktionsforschend, also als Handlungsaufforderung an die praktizierenden Juristen.

Für Fraenkel waren nicht nur die Justizurteile klassengebunden, auch das Arbeitsrecht – zu Weimarer Zeiten primär richterlich erschaffen – war es ebenso wie die Rechtsordnung insgesamt. Die Erkenntnis dieses Zusammenhangs könne eine gerechtere Beurteilung streitiger Sachverhalte ermöglichen, womit methodologisch der Weg soziologisierter Jurisprudenz eingeschlagen wurde. – Fraenkel, seit 1927 Syndikus des Metallarbeiterverbandes, war als heftig publizierender ›politischer Jurist‹ noch nicht der profilierte Politikwissenschaftler der frühen Bundesrepublik. Auch betrachtete das Staatsrechtsschrifttum die Sozialwissenschaften damals nicht in Gestalt der Politologie, die noch ganz im Anfang steckte, sondern als Soziologie, sofern nicht ökonomisch-materialistische Bezeichnungen gewählt wurden.

Franz Leopold Neumann (1900–1954) hatte sich in jungen Jahren, bevor er zu den Themen Arbeit und Staat wechselte, mit dem Strafrecht befasst und eine juristische Dissertation zu dessen methodologisch-philosophischer Grundlegung geschrieben.[6] Darin bezeichnete er das »soziologische Problem« als das »eigentliche, unerschöpfliche und völlig unausgeschöpfte Problem«. Dies bezog er auf die »Gestaltung des Rechts«.

3 Dorn 2010: 110 f.
4 Vgl. Meierhenrich 2018: 65 f.
5 Fraenkel 1929/1999: 374, das Folgende auf 379.
6 Die Dissertation ist ungedruckt geblieben; erst in neuerer Zeit wurde sie entdeckt und gründlich analysiert, so bei Schale 2012: 61–67.

Die Rechtswissenschaft bezeichnete er als eine empirische Kulturwissenschaft; das rechtliche Sollen gehöre »in die Sphäre des Seins. Denn die Norm ist eine Möglichkeit, die Wirklichkeit, das Sein, theoretisch zu erkennen.« In der Einführung des Zweckgedankens in die Rechtsphilosophie erblickte er »den Antritt der Herrschaft der Soziologie«.[7]

> Hier wurde ein Rechtsdogmatik und Sozialhistorie verbindendes Rechtsdenken skizziert. »Neumann plädiert erkenntnistheoretisch-kritisch [...] für wissenschaftlich-systematisches Forschen nach Gesetzen, Prinzipien, Strukturen, Typen, originell für auch wertbeziehendes Forschen, mit besonderem Interesse an Soziologie, Geschichte und mit mutiger Suche nach Belegen für sinnvolle Werthaltungen«.[8] Erst die Rückbindung an gesellschaftswissenschaftliche Erkenntnisse ermöglicht für ihn die angestrebte »Synthese von Individualzweck und Gemeinschaftszweck«; dafür steht die Untrennbarkeit des Werteduos von »Personalismus« (d.i. Individuum) und »Transpersonalismus« (d.i. Gemeinschaft).[9]

> Die dogmatische Arbeit erschien Neumann als Bollwerk gegen eine freie Handhabung von Gesetzestexten oder Bagatellisierung der verfassungsmäßigen Grundrechte seitens republikfeindlicher Richter und Regierungen. Daher bezeichnete er es als »die ureigenste Aufgabe des Juristen, aus scheinbar sich widersprechenden Rechtsnormen ein System zu schaffen, aufzuzeigen, dass und welcher gemeinsame Grundgedanke den Grundrechten zugrunde liegt«. Neben dem juristischen gebe es den »faktischen Geltungsgehalt der Grundrechtsnormen«, also ihren »politischen, sozialen und kulturellen Gehalt«.[10]

In der Emigration wandelte sich Neumann vom Rechts- zum Sozialwissenschaftler, sodass er seiner Version einer soziologischen Jurisprudenz treu bleiben konnte.[11] Eine weitere Dissertation schrieb er 1936 in London zur ›Herrschaft des Gesetzes‹ über Struktur und Funktion des Rechts in der bürgerlichen Gesellschaft. Neumann blieb weiterhin an der Rechtstheorie interessiert.[12] In der ausführlichsten Würdigung des Werks erscheint Neumann als ein Politik-, Sozial- und Rechtswissenschaftler, »der sich nicht mit dem knochigen Normengerüst zufriedengeben mag,

7 Zitate aus der unveröffentlichten Doktorarbeit von 1923: 6, 64, 68, 103.

8 Rückert 1993: 460.

9 Neumann 1923: 105 u.ö.; vgl. Rückert 1993: 456, 466.

10 Neumann 1930/1978: 57 f.

11 Neumanns Postulat einer Soziologisierung der Staatsrechtsrechtslehre sei unzureichend begründet, weil es sich auf eine unexplizierte Rechtsidee berufe und Neumann die neukantianische Rechtslehre nicht preisgegeben habe; so Schale 2020: 195 f., 206.

12 Vgl. Söllner 1978: 24–27.

sondern der immer auch den Maßstab der sozialen, politischen und ökonomischen Verhältnisse anlegt«.[13]

Otto Kahn-Freund (1900–1979) hatte wie Fraenkel bei Sinzheimer promoviert und war in der Arbeitsgerichtsbarkeit tätig; nach einem Zweitstudium in England erklomm der Emigrant zuletzt den Lehrstuhl für Rechtsvergleichung in Oxford. Gegen Ende der Weimarer Republik war er mit soziologienahen Analysen zum Arbeitsrecht hervorgetreten. Wie die anderen Mitglieder des Kreises um Hugo Sinzheimer machte sich auch Kahn-Freund eine empirische Orientierung in der Rechtswissenschaft zu eigen.[14] Er ging von dem Gedanken aus, das Recht sei »Ausdruck einer bestimmten gesellschaftlichen Machtlage«.[15] Damit war zwar eine soziale Tatsache konstatiert, deren Kenntnisnahme die Rechtsanwendung beeinflussen musste; aber der Soziologiebezug war noch so allgemein und trivial wahr, dass daraus wenig Folgerungen abgeleitet werden konnten. Konkret wurde Kahn-Freund zum geltenden Arbeitsrecht; hier entdeckte und kritisierte er »die Unterwerfung und die Bindung, sowie die Verbindung zwischen Arbeitgeber und Arbeitnehmer im Interesse eines angeblich höheren Dritten«.[16] Damit hob er auf eine Konstellation ab, die soziologisch zu analysieren war.

> Kahn-Freund attestierte der arbeitsrechtlichen Judikatur seiner Zeit, »dass sie bewusst dazu übergegangen ist, rein soziale, moralische oder wirtschaftliche Normen selbst da anzuwenden, wo eine Lösung des Konflikts mittels ›reiner Gesetzesanwendung‹ möglich gewesen wäre«. Damit besprach er das Verhältnis der soziologischen Konzepte ›Betrieb‹ und ›Unternehmer‹, auf die sich die Urteile stützen und dabei statt einer Definition eine Metapher verwenden. In der Beziehung zwischen Arbeitgeber und Arbeitnehmer untersuchte er die »soziologisch zu erörternde Seite« und wehrte sich gegen die militärisch-kleinbürgerliche, ja beamtenanaloge Interpretation mit Fürsorge- und Treuepflichten des einen bzw. anderen Teils.[17] Dieses sozialwissenschaftliche Vorgehen behielt seine Aussagekraft auch unabhängig von Kahn-Freunds Versuch, die RAG-Judikatur als faschistoid zu charakterisieren – ein Versuch, der ihm eine nahezu einhellige Ablehnung einbrachte und seine anderen, weiterweisenden Einsichten verdeckte.
>
> Das arbeitsrechtliche Leitbild der Kollektivpartner in den Betrieben war sowohl rechtspolitisch als auch rechtsdogmatisch von Belang. Das Reichsarbeitsgericht (RAG) verhülle seine politischen Handlungen mit juristischen Schleiern; das Ziel dieser Beamtenrichter sei, »ihre

13 Intelmann 1996: 279.
14 Vgl. Ludyga 2016: 18–21.
15 Kahn-Freund 1930: 390.
16 Kahn-Freund 1931: 47 f.
17 Ebd.: 1, 14, 43.

Ideologie, ihr bürokratisch-disziplinäres und fürsorgerisches Ideal durchzusetzen gegenüber den ringenden Gewalten der Gesellschaft«.[18] Kahn-Freund hatte hier einen Nerv getroffen, wie die erregten Reaktionen auf seine Schrift bewiesen.

Bei dem jungen, für die Interessen der Arbeiter:innen eintretenden Juristen stand die Kritik an der Judikatur im Vordergrund. Erst rückblickend bezeichnete der Autor als das Wesentliche seiner Schrift die Methode. Mochte die Polemik gegen das Reichsarbeitsgericht auch überspitzt gewesen sein, gegen seine Methodenkritik habe er auch heute nichts einzuwenden. Damit meinte er seine damalige »Polemik gegen die Art und Weise, wie die herrschende Rechtswissenschaft sich mit dem Recht befasst hatte. Nämlich ohne jeden Versuch der Herausarbeitung der ideologischen Hintergründe der Rechtsprechung.«[19] Kahn-Freund verlangte, den gesellschaftlichen Kontext einer Norm und ihrer Anwendung in die Urteilsfindung einzubeziehen. Anders ausgedrückt, zur richterlichen Tätigkeit gehöre die wissenssoziologische Reflexion.

In einer Abhandlung von 1932 untersuchte Kahn-Freund den Einfluss der ökonomischen und politischen Verhältnisse auf das Arbeitsrecht seiner Zeit. Er schilderte, wie die verschiedenen Interessen von Großgrundbesitz und Industriekapital sich über ihre politischen Vertretungen in Gesetzen niederschlugen; beispielsweise landeten fürsorgerische Bestimmungen in der Gewerbeordnung, die auf landwirtschaftliche Betriebe nicht anwendbar ist. Die resultierende ›Zersplitterung des Arbeitsrechts‹ stamme aus der Verschiedenheit des Anteils der einzelnen Wirtschaftszweige an der politischen Macht. Damit lieferte Kahn-Freund der Dogmatik eine Anregung, der sie folgen konnte oder nicht.

Eine genuin soziologische Analyse allein hätte für die Methodik der Auslegung noch keine Relevanz gehabt, so aufwühlend man die geschilderten Konflikte auch empfinden mochte. Da Kahn-Freund seine Analyse um den Faktor Ideologie erweiterte und diesen auf die Gegenwart bezog,[20] gewann die Genese des Arbeitsrechts eine praktische Bedeutung für anstehende Auseinandersetzungen um Tarifverträge, Verbindlichkeitserklärungen und Betriebsräte. Kahn-Freund zog aus der soziologischen Erklärung unmittelbare Konsequenzen für die Anwendung dieses Rechts. Da er hier wie sonst ausdrücklich mit Blick auf die Arbeitnehmerinteressen argumentierte, ließen sich seine Argumente als advokatorisch abtun, obwohl sie auf empirischen Analysen beruhten.

Kahn-Freund bewunderte Karl Renner, der 1904 und nochmals 1928 eine an Karl Marx angelehnte Kritik des bürgerlichen Eigentumsrechts

18 Ebd.: 63.
19 Kahn-Freund 1981: 193.
20 Kahn-Freund 1932: 151 ff.

vorgelegt hatte. Diese Studie brachte Kahn-Freund 1949 in seiner neuen Heimatsprache heraus, versehen mit Einleitung und Anmerkungen von erheblichem Umfang, sodass zusammengenommen eine eigene Abhandlung entstanden war.

> Darin kam nicht nur seine in England erworbene Erfahrung mit dem *Common law* zum Ausdruck, auch seine immer schon vorhandene rechtstheoretische Grundeinstellung trat klarer denn je hervor. Er schrieb: »Das lebende Recht in England kennt keine abstrakte Definition in Begriffen einer Beziehung zwischen persona und res. Es bietet den Begriffsjuristen keine Angriffsfläche für eine Attacke wegen etwaigen Vermischens von juristischen und soziologischen Methoden.« Kahn-Freund verglich nun die Nuancen und Bestandteile der Eigentumsfigur zwischen Kontinent und England, worauf er resümierte, dass »das englische Recht einen ›property‹-Begriff entwickeln konnte, der den modernen wirtschaftlichen Tatschen so viel näherkommt als das ›dominium‹ der kontinentalen Rechte«.[21] Auch ohne einen Bezug auf den damals umstrittenen Marx erbrachte die sozialwissenschaftlich orientierte Analyse hier Einsichten für die (heute wieder hochaktuelle) Debatte zur Eigentumsfigur.

Viele der weiteren Passagen in dieser Einleitung widmeten sich dem Stilvergleich zwischen englischem und kontinentalem Recht, wobei Kahn-Freund jenem eine besondere Elastizität zuschrieb. Er beobachtete eine »unmerkliche und graduelle Umwandlung von Instituten ohne Änderung ihrer Namen [...], ein Vorgang, bei dem es schwierig ist, Substrat und Norm auseinanderzuhalten«.[22] Da war sie wieder, die soziale Wirklichkeit innerhalb der Rechtsanalyse. Für Kahn-Freund bot wohl die doppelte Ausbildung und berufliche Erfahrung in zwei sehr unterschiedlichen Rechtskulturen die heuristische Brücke zu der Einsicht, wo genau die methodologische Barriere zwischen Jurisprudenz und Soziologie zu lokalisieren war: in den Gesetzen der Logik und in den Geschlossenheitszwängen des Systemdenkens. Wenn hingegen Rechtsvorschriften in ›elastischer‹ Weise galten und angewandt werden konnten, dann vermied das die Starrheit, der die kontinentale Jurisprudenz sich ausliefert.

Für eine ganze Reihe von Rechtsproblemen forschte Kahn-Freund danach, wie »eine Veränderung des sozialen Substrats« den Inhalt der Norm beeinflusst, und fand, »die soziale und politische Stellung des Richterstandes hat es ermöglicht, manche Änderungen in das Recht zu übertragen, die auf dem Kontinent auf den Eingriff der Gesetzgebung warten mussten«. Damit legte er auch nahe, dass die nur dort so

21 Kahn-Freund 1949, zitiert nach der deutschen Übersetzung von 1965: 18 f., 21 f.

22 Kahn-Freund 1949/1965: Ebd.: 43.

ausdifferenzierte Rechtswissenschaft es der Justiz erschwert hat, flexibel zu reagieren. Mit Berufung auf Oliver W. Holmes favorisierte er »Erwägungen dessen, was zweckmäßig für die betreffende Gesellschaft ist«.[23]

> Schon das zugrundeliegende Buch von Karl Renner bestand aus einer, wie sich ohne Übertreibung sagen lässt, ausschließlich sozialwissenschaftlich und -historisch angeleiteten Rechtsanalyse. Die für die Sozial- und Wirtschaftsverhältnisse unzweifelhaft zentrale Rechtsfigur des Eigentums wurde hierin nach ihren gesamtgesellschaftlichen Funktionen befragt, etwa wie sie eine Güter- und Gewaltenordnung schafft, aber in der Arbeitsordnung versagt. Die erst in jüngerer Zeit erschienene Rechtsfigur des Vertrages habe mit ihrer Inhaltsleere ein Übriges geleistet, sodass das Eigentumsrecht im Bündnis mit dem Vertrag die Arbeitskräfte der Gesellschaft organisieren konnte.[24] Sozialtheoretisch brauchte sich Renner nicht zu erklären; die Wahl marxistischer Kategorien war da ganz unmissverständlich – und einer unvoreingenommenen Rezeption und Diskurseinfügung leider abträglich. Hinzukam, dass Renner (1870–1950) sich politisch engagierte, und zwar seit 1918 und wieder 1945 für die SPÖ im Nationalrat, als Staatskanzler und als Bundespräsident der Republik Österreich. Seine bedeutende Schrift musste trotz Kahn-Freunds Einsatz im Diskurs von Rechtstheorie und -soziologie eine Randstellung fristen.

Kahn-Freund hatte dem Rennerschen Text Anmerkungen hinzugefügt, eigentlich Erläuterungen, die auch einige methodologische Aussagen enthielten. Er distanzierte sich von dem kruden Gesetzespositivismus, dem Renner als der 1904 noch herrschenden Lehre anhing, und zeigte an Beispielen aus England, dass »die soziale Wirksamkeit der Rechtsnorm nicht immer außerhalb ihrer juristischen Struktur bleibt«.[25] Wie Kahn-Freund für den Gedanken des Sozialen im Rechtsdenken eintrat, zeigte sich später in seiner zustimmenden Darstellung der arbeitsrechtlichen und methodologischen Positionen von Hugo Sinzheimer.[26] Und in einem 1978 geführten Interview meinte Kahn-Freund, dass seine in England entwickelten Ideen »im Grund genommen von Sinzheimer herkommen«; dessen Methode sei ihm wesentlich erschienen.[27]

Arthur Nußbaum (1877–1964) hatte noch zum Ende der Diskurswelle vor dem ersten Weltkrieg einen eigenen Zugang zur sozialen Wirklichkeit geöffnet: das Konzept der Rechtstatsachen. Es sei »zu erforschen, wie die Formen der tatsächlichen Anwendung des Gesetzes beschaffen sind, insbesondere in welcher Weise das Gesetz von den Gerichten und

23 Ebd.: 43.
24 Vgl. Kahn-Freund 1949/1965: 27–29.
25 Ebd.: 209.
26 Kahn-Freund in Sinzheimer 1976: 1–31.
27 Kahn-Freund 1981: 187, 193.

dem Publikum tatsächlich angewendet wird, ferner welche Zwecke mit den Normen verfolgt werden und welche Wirkungen sie äußern«. Da die sozialen Daten unter dem Gesichtspunkt des Rechtsverständnisses zu erheben waren, bekamen sie eine »spezifisch juristische Färbung«, und deswegen nannte Nußbaum sie ›Rechtstatsachen‹.[28]

Der gerade in Berlin habilitierte Wirtschaftsrechtsanwalt resümierte den Stand der Diskussion; ein »neuer Geist« habe sich bemerkbar gemacht, »man ist der leeren Dogmatik überdrüssig geworden«.[29] Verpackt in Empfehlungen zum Rechtsunterricht wollte er Forschung und Lehre der Jurisprudenz erweitern, weil »die für das Verständnis des Rechts zu berücksichtigenden Tatsachen großenteils rein politischer, gesellschaftlicher und psychologischer Natur sind«. Von dem Versuch, Soziologie in die Rechtsdogmatik einzubringen, distanzierte er sich ausdrücklich; doch hatte dies mehr mit der nominellen Bezeichnung sowie mit einer Abgrenzung gegenüber Kollegen zu tun. Durch diese Absage suchte Nußbaum wohl auch dem herrschenden Verdikt gegen die Freirechtslehre zu entkommen. Doch konnte er sich nicht im Methodeninventar der Jurisprudenz dauerhaft etablieren; denn er blieb mit seinem Konzept der Rechtstatsachen allein und untermauerte es auch nicht weiter.

Nußbaum zielte also nicht auf eine Veränderung der Rechtsdogmatik, nur hielt er einen beträchtlichen Teil dessen, was in Lehrbüchern und Kommentaren stand, für gegenstandslos und überflüssig, während die für das Leben wirklich wichtigen Dinge zu kurz kämen. »Tatsächlich ist ein ganz gewaltiger Teil der juristischen Literatur schon wegen verfehlter Problemstellung vollständig unnütz.« Es bedürfe »durchaus keiner soziologischen Jurisprudenz im Sinne von Ehrlich oder Ernst Fuchs«, schrieb er; im Mittelpunkt der Jurisprudenz stünden »immer nur die Normen als solche«, woneben »in die Jurisprudenz und Lehre auch ein bestimmter Komplex von induktiv zu erforschenden Tatsachen hineingehört«.[30]

Da Nußbaum zwar den Rechtsunterricht reformieren wollte und hier die Theorie näher an die Praxis heranrückte, nicht aber die juristische Methodik veränderte, entschlüpfte er dem Schussfeld der tradierten Rechtsdogmatik.[31] Im Rückblick ordnete er seine Idee nunmehr gemeinsam mit den anderen Reformideen von 1910 bei der »realistischen Bewegung« ein.[32] Auch später konnte eine ›Rechtstatsachenforschung‹ der Dogmatik

28 Nußbaum 1914: 1, 8.
29 Nußbaum 1914: 1.
30 Zitate bei Nußbaum 1914: 13, 5 f., 11.
31 Yashiki 2010: 28.
32 Nußbaum 1955: 453–457 (ursprgl. engl. 1940).

nicht mehr gefährlich werden, galt sie doch nur als allgemeines Symbol für die Heranziehung empirischer Methoden (quantitativer und qualitativer Daten) im Zivilrecht.[33] Danach taugte sie nicht einmal mehr zur Reduzierung der noch von Nußbaum getadelten unnützen Stoffmassen.

Positionen in der Soziologie

Auch von Seiten der Soziologie wurde eine eigene Interpretation der verrechtlichten Begriffe des gesellschaftlichen Lebens fortgesetzt. *Siegfried Kracauer* (1889–1966) schrieb in seiner programmatischen Schrift ›Soziologie als Wissenschaft‹, die Soziologie erforsche am Leben der Menschen alle Wesenszüge, »die mit der Tatsache und Art der Vergesellschaftung irgendwie einsichtig zusammenhängen,« und plädierte dafür, »die Entrollung der soziologischen Mannigfaltigkeit von politischen oder juristischen Kategorien aus zu unternehmen«.[34] Da wurden die beiden Fächer in der Selbstbeschreibung durch einen Soziologen noch eng beisammen gesehen; es blieb aber ein Wunschbild.

Der altgewordene *Ferdinand Tönnies* (1855–1936) setzte die soziale Bedeutung des Eigentums neben das »strenge Privatrecht«, und zwar »in wirklich herrschender Geltung«. Die verschiedenen Geltungsgründe des Eigentums hielt er indessen alle für »miteinander vereinbar«, nur sei »eine Übereinstimmung darüber unwahrscheinlich und schwer zu erzielen«. Tönnies wollte es daher wagen, »ihnen eine im Begriffe der *Gemeinschaft* verankerte Begründung entgegenzusetzen«. Allerdings sagte er nicht, wie eine juristische Entscheidung mit seiner Konzeption umzugehen hätte.

> Immerhin meinte er, die »Staatsklugheit« werde nun »ausschließlich nach dem wohlverstandenen Sinne eines solchen Rechtes, also nach der bestmöglichen Erkenntnis des Gemeinwohles« entscheiden. Dem Sachenrechtler Justus Hedemann stimmte Tönnies darin zu, dass das Eigentum nicht Ruhelage und Besitzen bedeute, sondern eine lebendige Funktion; dies zeige, »wie die ökonomische Entwicklung die juristischen Begriffe sprengt«. Zu den Instrumenten der Eigentumslenkung zählte Tönnies vor allem die Enteignung und berief sich hierfür auf Jhering. An dieser Stelle überschritt er freilich die Grenze von der Auslegung zur Rechtspolitik, sodass die Anwendung soziologischer Erkenntnis unproblematisch wurde.[35]

Franz Oppenheimer (1864–1943), ein von der Medizin herkommender Soziologe, ist heute weitgehend vergessen, obwohl er als einer der

33 Vgl. Hamann 2014: 14.
34 Kracauer 1922: 18, 34.
35 Zitate von Tönnies 1926: 10, 15 f., 27, 32, 49.

Ersten in Deutschland ein Ordinariat für Soziologie erhielt. Zu seinen Themen zählten Staat und Politik, und hier gelegentliche Bemerkungen über das Recht.

> Zur Frage, woher die Verbindlichkeit des Rechts stamme, verwies Oppenheimer auf das »Wir-Bewusstsein«, das »dem Genossen das gleiche Recht wie sich selber zugestehen muss, und aus diesem Recht des anderen die eigene Pflicht notwendig ableitet«. Als einfache naturrechtliche These konnte sie sich nicht in den differenzierten juristischen Methodendiskurs einschalten, wiewohl sie jedem Gesetzespositivismus widersprach. Oppenheimer schob noch nach, »dass jede Rechtsphilosophie, die das Apriori des Rechtsbewusstseins nicht anerkennt, nichts anderes sein kann als eine ›Rechtswissenschaft ohne Recht‹, eine ›rechtsleere Rechtslehre‹ «, und wandte sich damit erkennbar gegen Kelsen.[36]

Emil Lederer (1882–1939) ein von der Jurisprudenz herkommender Ökonom und Soziologe, der 1931 Werner Sombart in Berlin nachfolgte und 1933 emigrierte, sah die Soziologie allenfalls mit den gesellschaftlichen Rahmenbedingungen eines Rechtssystems befasst; aber was ein Rechtssatz bedeutet, könne »nicht aus den sozialen Tatsachen allein schon erschlossen werden, sondern nur aus dem Rechtssystem folgen [...]. Man wird also nicht zu voreilig jede einzelne Norm als soziologisch deuten dürfen, wenngleich für das Rechtssystem als Ganzes diese Deutungsmethode die fruchtbarste ist.«[37] – Zu sehen ist, dass die Soziologie damals im juristischen Methodendiskurs nicht mitmischte. Weder zeigte sie ein beachtliches Interesse, noch hatte sie viel anzubieten.

***

Viele weitere Namen wären zum Diskurs über die juristischen Methoden zu erwähnen, etwa Ludwig Bendix, Karl Löwenstein und Rudolf Smend. Die Stimmführer des Methodenstreits von 1910 äußerten sich weiterhin, so Hermann Kantorowicz, Ernst Fuchs und Hans Wüstendörfer.

Das Wirken von *Gustav Radbruch* (1878–1949) überspannte die Diskursphasen vom späten Kaiserreich bis in die frühe Bundesrepublik. Bei ihm in Heidelberg versammelten sich die Akteure des Freirechts, nachdem er bereits Kantorowicz zum Gnaeus-Flavius-Manifest beraten hatte. Mein erstes juristisches Lehrbuch, 1955 gekauft, stammte aus seiner Feder. Bei der Recherche zu allen sechs Jahrzehnten begegnet der Name immer wieder, ohne dass Radbruch je eine dezidierte Position zur Idee des Sozialen im Rechtsdenken vorgelegt hätte. Er sympathisierte mit den Protagonisten, förderte ihr Vorankommen und wahrte doch eine

36 Zitate bei Oppenheimer 1929: 188 f.

37 Lederer 1923: 160. Vgl. a. Stachel 2022: 384.

›philosophische‹ Distanz. Auch so und vielleicht gerade damit erzielte er Wirkungen, die – so mittelbar sie auch waren – aus der Geschichte dieses Diskurses nicht wegzudenken sind.

Für Radbruch standen andere Themen im Vordergrund, vor allem Rechtsphilosophie und Kriminalpolitik. Seiner Persönlichkeit und Politikerfahrung entsprechend äußerte er sich in verbindlicherem Tone als die kämpferischen Dissidenten, auf deren Seite er in der Methodenfrage stand. Nur die radikal klingenden Forderungen der Freirechtler teilte er nicht, verhielt sich taktisch geschickter. Seine Position drückte er durch aktive Kooperation und in kürzeren Bemerkungen aus.

> Das Hindernis, das eine simplifizierende Rechtsmethodik errichtet hatte, löste Radbruch mit einfachen Überlegungen zum Verhältnis von »Rechtsidee und Rechtsstoff« auf. Zunächst stellte er ganz neukantianisch klar, dass die Stoffbestimmtheit der Idee nicht in der soziologischen, historischen, psychologischen Welt spielt, sondern in der logischen. Die Erkenntnisebene sei die transzendentale Logik, wo auch die Beurteilungen des Sozialen in eine juristische Argumentation einbezogen werden können. Radbruch sagte nun, Privatrecht und öffentliches Recht setzen die Gleichheit der Individuen voraus. »Demgegenüber zeigt die soziologische Betrachtung der demokratischen Gesellschaft *Ungleichheit* des Besitzes, der Bildung, der Anlagen, Führer und Geführte«. Derartige Befunde bilden »das Substrat, auf das Recht und Rechtsidee Anwendung finden wollen«. »Bei der Rechtsanwendung wird die mittels sozialer Begriffe vorgeformte Gegebenheit den diesen Begriffen nachgebildeten Tatbestandsbegriffen subsumiert.«[38] Wenn Radbruch seinen Rechtsbegriff bestimmte, bildete die ›Sozialität‹ stets eine der Dimensionen, neben Positivität, Normativität und Generalität.[39]

In dieselbe Richtung wie die Überlegung zur Stoffbestimmtheit des Rechts zielte Radbruchs Auffassung zum gewohnten Methodendualismus (Sein vs. Sollen), den er mit dem Kulturbezug zu einem Trialismus erweiterte. Danach stand das Recht als eine wertbeziehende Haltung zwischen Sein und Sollen; »die Rechtsidee ist Wert, das Recht aber wertbezogene Wirklichkeit, Kulturerscheinung. So wird der Übergang vollzogen von einem Dualismus zu einem Trialismus der Betrachtungsweisen«.[40] Der unnachgiebige Gegensatz zwischen Sein und Sollen wurde gelockert; es öffnete sich ein erkenntnistheoretischer Raum, um wirklichkeitswissenschaftliche Gedanken in juristische Argumentationen einfließen zu lassen.

38 Radbruch 1923: 346 f., 349.
39 Dreier 2011: 36.
40 Radbruch 1932: 25.

Gegenstimmen

So zahlreich die neuen Anläufe zu einer neuen Methodik auch anmuten, so wenig darf übersehen werden, dass es nur eine Minderheit war. Die Mehrheit in der deutschsprachigen Rechtswissenschaft dürfte von den Vorschlägen gehört, einiges davon auch gelesen haben, aber ohne die Denkgewohnheiten zu ändern. Orientieren konnte sich die herrschende Meinung an zwei Autoren, die das ganze 20. Jahrhundert hindurch einflussreich geblieben sind. Gemeinsam ist ihnen, dass sie aus der Ablehnung der Freirechtslehre entsprangen; ansonsten argumentierten die beiden Positionen auf getrennten Wegen: Interessenjurisprudenz und Reine Rechtslehre.

Philipp Heck (1858–1943) entwickelte das äußerst wirkmächtig gewordene Auslegungskonzept einer ›Interessenjurisprudenz‹, die gelegentlich als Variante der soziologischen Jurisprudenz geführt wird, dort aber nicht hingehört. Als der die Dogmatik leitende Gesichtspunkt dient die dem Gesetzestext zu entnehmende Würdigung der Interessenlage. Damit konnte sich Heck von der verpönten ›Begriffsjurisprudenz‹ distanzieren, sodass er teilweise gemeinsam mit der Freirechtslehre vor dem Kriege für eine Methodenreform eintrat.

> Heck hatte die Debatte zum Verhältnis zwischen Soziologie und Jurisprudenz von Anfang an mitverfolgt, erkennbar in seinen Aufsätzen um 1910 sowie an der Anwesenheit auf dem ersten Soziologentag. Sein Biograph meint, er habe den Bestrebungen der Soziologie immer offen gegenübergestanden; die Aufbruchstimmung zu Beginn des 20. Jahrhunderts habe auch ihn erfasst.[41] Heck trennte nicht nur generationell, sondern auch politisch eine große Distanz zu den Neuerern – kurz gesagt: er rechts, sie links. Beispielsweise schrieb er 1923, in einer Rezension zum (jüdischen) Rechtsphilosophen Max Ernst Mayer, es sei nicht verboten, »den Volksgenossen vor dem Volksfremden zu bevorzugen«, ja es bestehe »in vielen Fällen eine starke ethische Pflicht zu diesem Verhalten«.[42]

Heck berief sich oft auf ›das Leben‹, zog aber nicht die sich mit dem Leben beschäftigenden Wissenschaften heran. In der Konfrontation zwischen Rechts- und Sozialwissenschaft mochte er keine Stellung beziehen, sondern verfolgte sein eigenes Projekt. Mit der ›Interessenjurisprudenz‹ gelang ihm der Wurf. Dabei wird weniger die faktische Interessenlage zwischen den Konfliktbeteiligten analysiert, sondern »die gesetzgeberische Wertung eines Konflikts mehrerer Interessen«. Es handelt sich um eine »rechtspositivistische Theorie«.[43] Der zwischen Wertung und

41 Schoppmeyer 2001: 65.
42 Heck 1923: 137.
43 Schulz 2022: 286, 489, 494.

Empirie schillernde Begriff des Interesses erlaubte der Rechtsdogmatik eine moderate Anpassung an die sich ändernden Denkweisen, ohne die Erkenntnisse anderer Disziplinen aufnehmen zu müssen.

Hans Kelsen (1881–1973) war dem Kreis der Neuerer in seltsamer Ambivalenz verbunden. Soziologische Argumente in juristischen Begründungen schloss er zwar *strictissime* aus, wurde aber selbst zeitweise als Soziologe gesehen.[44] In Zuspitzung der herrschenden Lehre zur Autonomie der Rechtswissenschaft trennte er scharf zwischen Genese und Geltung von Recht. Bei der Rechtsetzung durfte, ja musste Soziologie dabei sein; bei der Auslegung vorhandener Normen hingegen keinesfalls. Seine überzogene Auseinandersetzung mit Eugen Ehrlich war zunächst eine innerösterreichische Angelegenheit gewesen. Hier verwies der Übergang des Habsburger Reichs von einem absolutistischen zu einem liberalen Staat auf den förderlichen Beitrag der Rechtsdogmatik, während die Vielzahl der Reichsländer den soziologisch zu bewältigenden Rechtspluralismus herausstellte.[45] Die Kontroverse zwischen Kelsen und Ehrlich hatte sich vor dem Krieg aufgebaut und lief in der Sache danach weiter. Ehrlich, keineswegs den Sinn, sondern nur die Wissenschaftlichkeit dogmatischen Denkens anzweifelnd, wurde von Kelsen attackiert, um eben diese Wissenschaftlichkeit begründen zu können. Ehrlich starb 1922; der zwei Jahrzehnte jüngere Kelsen fand zunehmend Beachtung, vollendete sein Buch zur Reinen Rechtslehre aber erst in der Emigration.

> 1919 erhielt Kelsen das Ordinariat in Wien und avancierte dort seitdem zum führenden Verfassungsjuristen. Mit Hermann Heller geriet er in eine neue Kontroverse, die erst nachließ, als die Prominenz des Neukantianismus abklang. Hingewiesen wurde auf beiderseitige Missverständnisse und Mängel in der Formulierung der jeweiligen Position sowie auf Kelsens beachtliche Beiträge zur Soziologie der Verfassung.[46] Es verhielt sich wohl so, dass jeder der Kontrahenten einen lebenden Gegner gesucht hatte, um eine überkommene Position zu widerlegen, ohne sich allzu tief in dessen Schriften vertiefen zu wollen und damit die Polemik verpuffen zu lassen.

Das Verhältnis von Normativität und Faktizität hatte Kelsen 1922 als ein klares Getrenntsein beschrieben. Die Geltung gründe nicht in realen Vorgängen, »sondern in irgendwelchen letzten Axiomen. So findet auch die als ›Staat‹ bezeichnete Zwangsordnung den Grund ihrer

44 In seinen Büchern der 1920er Jahre analysierte Kelsen den Staat auch soziologisch. Und 1929 wollte Kelsen Professor für Soziologie werden (vgl. Feldmann 2021: 318).

45 Vgl. Konzen u.a. 2019 310 f.

46 Vgl. Müller 1984: 694 f. sowie die Aufsätze von Paulson und Schefold in Müller/Staff 1984.

Geltung durchaus nicht in der Wirklichkeit der Wollungen und Handlungen, die sie zum Inhalt haben.«[47] Aus der rechtsphilosophischen These zur Rechtsgeltung leitete Kelsen für die Rechtsdogmatik ab, auch diese habe rein normativ zu argumentieren.

Soziale Gruppe oder Theorieströmung?

Die rechtsmethodologischen Diskurse setzten in den Weimarer Jahren andere Schwerpunkte als vor dem Krieg. Gekämpft wurde jetzt nicht mehr um die Rechtswissenschaft, sondern um die Gleichheit der Lebensverhältnisse. Die neue Verfassung verbriefte die sozialen Grundrechte. Unter den geänderten Verhältnissen von Macht und Staatlichkeit der Weimarer Republik erweiterte sich der Spielraum für Meinungsäußerung und Vereinigung. Daher positionierten sich die Dissidenten neu und auf andere Weise als im Kaiserreich. Nur die institutionellen Strukturen der Rechtswissenschaft hatten die Umbrüche unversehrt überstanden: Professoren behielten ihre Stellen, für Juden und Linke blieb es schwierig. Die Ideen zum Sozialen konnten einen neuen Anlauf nehmen: in anderer Gestalt, an anderen Orten und mit anderen Zielen – aber mit unveränderter Kritik am Hauptstrom juristischen Denkens. Im wohlverstandenen Sinne bedeutete das durchaus eine Kontinuität zum Vorkriegsdiskurs.

Da Konzepte wie ›Freirecht‹ und ›soziologische Jurisprudenz‹ als widerlegt galten, tauchten sie jetzt kaum noch auf; sie waren entwertet und taugten nicht für den Fortgang des Diskurses zur juristischen Methodik. Wenn also schon nicht in der Nomenklatur, so doch im Inhalt bauten die Innovatoren der 1920er auf dem alten Streit auf. Sie nutzten die Bresche, die ihre Vorgänger in den Begriffslogismus geschlagen hatten. Tatsächlich war ja das Methodenbewusstsein erschüttert worden und hatte sich die Tradition nur oberflächlich behauptet. Inzwischen war durch den Weltkrieg, die Niederlage, den Regimewechsel, den ›Diktatfrieden‹ und die Hyperinflation, also durch eine Reihe grundlegender Krisen, das Selbstverständnis aller Menschen in Deutschland und Österreich erschüttert worden. Mit der neuen Verfassung war auch ein anderer Rechtsrahmen entstanden, ob er nun bejaht, toleriert oder bekämpft wurde. Der ›Kampf um die Rechtswissenschaft‹, kaum zwei Jahrzehnte her, verblasste zur Erinnerung, obwohl seine Protagonisten noch da waren und sich zu Wort meldeten (Kantorowicz, Fuchs, Kelsen u.a.). Eine neue Phase hatte im Methodendiskurs begonnen; dessen junge Autoren kannten die alten Beiträge, so selten diese auch zitiert wurden.

Ein Zugriff auf die ›Soziologie‹, wie immer man sie damals verstand, folgte ein wenig auch dem rechtstheoretischen Zeitgeist, jedenfalls mehr

47 Kelsen 1922: 93.

als heute. Allein dies darf als ein Effekt des Vorkriegsdiskurses angesehen werden. Hier wurden für das Arbeitsrecht die Autoren Sinzheimer, Neumann usw. herausgestellt; deren wissenschaftliche Gegner blieben unerwähnt. Schaut man nun aber auch dort nach, beispielsweise bei Hermann Dersch in seiner Bearbeitung des Lehrbuchs von Walter Kaskel, dann trifft man zu Beginn einiger Hauptteile auf den Abschnitt wie »Soziologische Leitgedanken«.[48]

Haben wir es mit einer Gruppe von Personen oder nur mit einer Strömung im juristischen Denkstil zu tun? Die pure Vielzahl von Namen steht weder für eine Gruppe i.e.S. noch für einen locker untereinander kommunizierenden Zirkel. Die Vorstöße fanden individuell statt, auf die Rechtsgebiete verteilt. Dort allerdings bildeten sich Lehrer-Schüler-Verhältnisse, Institutsgemeinsamkeiten – ›Seilschaften‹, wenn man so will. In ideengeschichtlicher Hinsicht gehörten alle Genannten einer einheitlichen Strömung an, die nur deswegen nicht als Minderheit in der juristischen Methodenlehre erkannt wurde, weil die Methodenlehre noch nicht als juristische Teildisziplin existierte und weil die Dissidenten nicht so erkennbar in dieselbe Kerbe schlugen, wie es beim Streit um das Freirecht mit dem Richteramt der Fall gewesen war.

Von den nach dem Krieg Hinzugekommenen befanden sich Sinzheimer, Fraenkel, Neumann und Kahn-Freund als Sozii in einer Anwaltskanzlei, später als Syndizi in einer Gewerkschaft bzw. für die Sozialdemokratische Partei – jeweils einige von ihnen, zu unterschiedlichen Zeiten. Angesichts dieser Berufstätigkeit blieb die Beschäftigung mit Rechtstheorie für sie eine Nebentätigkeit, auch wenn sie noch als Dozenten arbeiteten. Selbst brennende Liebe zur Soziologie konnte zwei Reformjuristen nicht zum Zusammengehen vereinen, wie sich beispielsweise 1921 an der Frankfurter ›Akademie für Arbeit‹ im Er-oder-ich-Streit zwischen Hugo Sinzheimer und Eugen Rosenstock erwies.[49]

So ähnlich von heute her gesehen die vier Rechtstheoretiker Sinzheimer, Neumann, Fraenkel und Kahn-Freund erscheinen, so sehr unterschieden sie sich doch in den Einzelheiten ihrer Analysen, Problemformulierungen und Änderungsvorschläge.[50] Dies betraf auch den Einsatz sozialwissenschaftlicher Expertise, den sie für verschiedene Stellen und Ziele propagierten. Diese Gruppierung verband sich durch weitere Gemeinsamkeiten – darunter das enge Feld des Arbeitsrechts, die arbeiterfreundliche Haltung und die Lehrer-Schüler-Kommunikation –, sodass eine Dynamik und Variabilität der Meinungen sogar erkenntnisfördernd wirken konnte.

48 Kaskel-Dersch 1932: 41, 86, 104, 118, 130, 136, 399.
49 Vgl. dazu Jakobs 2001.
50 Vgl. dazu Blanke 2005: 74–80, 205.

Der Diskurs hatte sich auf die einzelnen juristischen Fächer verteilt: Heller im Staatsrecht, Sinzheimer im Arbeitsrecht und einige mehr in ihrem jeweiligen Gebiet. Schon von daher konnte nicht der Eindruck aufkommen, das juristische Methodendenken stehe in seiner Breite zur Debatte. Und doch war genau dies der Fall, nur mit der begrenzten Ausstrahlung auf jeweils einen einzelnen Regelungsbereich wie Staat oder Arbeit.

Einige Züge in der politischen Grundhaltung schufen ein Band zwischen den Innovatoren, zumindest vordergründig in der Außenwahrnehmung. Nahezu alle Vertreter eines soziologienahen Denkens teilten die eine oder andere Variante sozialistischer, marxistischer, gewerkschaftlicher oder sozialdemokratischer Standorte. Darin mochten sie untereinander umso zerstrittener sein – der Majorität galten sie einheitlich als ›links‹. So konstituierten sie eine gesellschaftspolitische Minorität innerhalb einer Juristenschaft, die durchwegs liberal bis ›rechts‹ eingestellt war und es gar nicht mochte, ideologische Neigungen offenzulegen.

Dem wissenschaftsgeschichtlichen Blick ist nicht entgangen, dass die hier erwähnten Juristen überwiegend jüdischer Herkunft waren. Bereits 1938 porträtierte Hugo Sinzheimer zwölf Juristen als »Jüdische Klassiker der Rechtswissenschaft«. Im Zeitraum der beiden letzten Jahrhunderte war es vor allem die kurze Spanne der Weimarer Republik, in der jüdische Rechtswissenschaftler hervortreten konnten, wobei sie meist zu denen zählten, die eine demokratische politische Kultur in Deutschland durchsetzen wollten.[51] Im Einzelnen wurde erörtert, dass sie das Recht empirisch betrachteten, die Etablierung eines Arbeits- und Sozialrechts betrieben und soziologische Bezüge in die dogmatische Analyse einführten. Schon für den Diskurs um 1910 ist das thematisiert worden.[52]

> Was nun die zunächst bloß zahlenmäßig gegebene Korrelation verursacht, wird mit verschiedenen Faktoren erklärt; jede These dazu muss penible Sorgfalt walten lassen, um nicht als potenziell antisemitisch gebrandmarkt zu werden. In dieser Hinsicht wenig verfänglich sind (nach derzeitigem Stande) religionstheoretische Erwägungen; sie sind allerdings auch höchst ungewöhnlich bei dieser Fragestellung. Erörtert werden die Schöpfungsgeschichte, die Idee eines gerechten Gottes und der Dekalog, die den Weg zum modernen Rechts- und Sozialstaat vorgezeichnet haben könnten.[53]

Die gründliche Erhebung von Hubert Rottleuthner achtete auf Lückenlosigkeit, grenzte die Kriterien sorgfältig ein und wertete die Daten korrelationsstatistisch aus. Danach zeigte sich für die Zeit zwischen 1910 und 1931 eine auffällige Häufung von Rechtsgelehrten, »die sich um

51 Benöhr 1996: 335.
52 Vgl. oben Kap. 2.
53 Vgl. Benöhr 1996: 314.

eine Rezeption sozialwissenschaftlicher Erkenntnisse und Methoden im Rechtsbereich bemühten«. Der Autor deutete das mentalitätsgeschichtlich sowie aus der sozialen Randlage; die Vermutung, hier sei eventuell ein ›jüdischer Geist‹ am Werk gewesen, wies er zurück.[54]

Als ein (schwacher) Faktor ist noch die Kohäsion aus Randgruppenzugehörigkeit zu erwägen. Die gemeinsame Herkunft aus einer im gesellschaftlichen Meinungshaushalt scharf abgegrenzten Kategorie kann als kommunikationsstiftend angesehen werden, ähnlich wie es die geographische Herkunft ausweislich des Sprachklangs oder wie es ein geteiltes Steckenpferd tut. Die berechtigte Hoffnung, von einem anderen ›Juden‹ nicht mit den üblichen Vorurteilen überzogen zu werden, dürfte schon genügen, sich solchen Kommilitonen zu nähern oder bei einem solchen Hochschullehrer das Seminar zu besuchen. Eine ›Gruppe‹ erschafft diese Art der Nähe nicht, wohl aber begünstigt es den Meinungsaustausch und die Einigung auf ein gemeinsames Thema.

* * *

Exkurs: Politologie vs. Soziologie im Denken des Rechts. Die Rede vom ›Sozialen‹ verdeckt ein wenig, dass sich für das ›Politische‹ im Rechtsdenken teilweise dieselben methodologischen Diskurse ereignet haben. Wenn in den 1920er Jahren über Klassenjustiz diskutiert wurde, wobei der politische Vorwurf sich allmählich in eine Analyse des juristischen Argumentierens verschob,[55] dann traf manches davon auch die damalige Rechtsdogmatik. Richter wie Rechtswissenschaftler leben, denken und entscheiden innerhalb derselben Berufsgemeinschaft. Wenn allerdings der Fokus auf dem Klassenverhältnis strikt beibehalten wird, dann entfällt die Verallgemeinerbarkeit auf die gesamte Methodik. Fraenkel wie Kirchheimer generalisierten noch nicht – der damalige Diskurs entbrannte zur Justiz, wie schon zuvor im Diskurs um das Freirecht; um der Öffentlichkeitswirksamkeit willen blieb er beim angesagten Thema.

Die Verallgemeinerbarkeit verengte sich ein wenig dadurch, dass die Kritik an der ›Klassenjustiz‹ in die Politikwissenschaft führte und nicht in die umfassendere Soziologie. Nun hängen freilich diese beiden Wissenschaften so eng zusammen – die Soziologie alle Bereiche umfassend, die Politologie auf einen davon ausgerichtet –, dass ein Transfer zwischen ihnen sich zwanglos ergibt und oft geschieht. Politik im Sinne von Macht und Herrschaft ist eine der überall anwendbaren Perspektiven soziologischer Analyse; Soziologie ist eine der Bezugswissenschaften (neben Geschichte, Wirtschaft, Recht u.a.) der Politologie. Beide Disziplinen

54 Rottleuthner 2021: 274, 295.
55 So bei Otto Kirchheimer.

überschneiden und befruchten einander. Hat man diese Perspektivdifferenzen im Blick, dann fällt es leicht, von der politischen Analyse der ›Klassenjustiz‹ auf die Ebene des Sozialen im Denken des Rechts hinüberzuwechseln. Zu zeigen bliebe allerdings, wie die Kenntnisnahme rechtspolitologischer Resultate das rechtsdogmatische Argumentieren beeinflussen könnte. Der Haupteinsatzbereich dürfte die Selbstreflexion der Rechtswissenschaft sein – die meist stillschweigend vorausgesetzten Erkenntnismaximen jedes juristischen Aktes.

Intensiv ist der Personenaustausch zwischen den Wissenschaften vom Staat, von der Verfassung und von der Politik. Auffällig häufig wechseln Verfassungsrechtler zwischen den Rollen: lehren das Recht, analysieren die Politik, kommentieren beide. Diesen Wechsel verkörperte beispielsweise Carl Schmitt, der als Politiktheoretiker bis heute berühmt ist, obgleich er bis 1945 einen staatsrechtlichen Lehrstuhl innehatte.

Das Politische wirkt sich primär auf die Setzung neuen Rechts aus, wie es in Parlamenten, Obergerichten und Rechtswissenschaft geschehen mag. Dieses Wirkungsfeld, die eigentliche Rechtspolitik, wirft ganz andere methodologische Fragen auf und steht nicht vor der Sein-vs.-Sollens-Schranke. Als ›politisch‹ anzusehende Prämissen finden sich darüber hinaus in rechtsdogmatischen Urteilen, wo sie die Debattenfront mit den anderen sozialwissenschaftlichen Disziplinen teilen. Die offensichtlich stabilen Denkbrücken im Dreieck zwischen Verfassungsordnung – Staatsrechtswissenschaft – Politologie beruhen darauf, dass die Verfassung nichts anderes ist als in Rechtsform gegossene Politik. So banal diese Entdeckung auch ist, stimmt sie doch nachdenklich, warum denn für nahezu alle anderen Rechtsgebiete nichts Ähnliches gelten darf – dass sie in Rechtsform gegossene Sozialität sind, um aus diesem Grunde *auch* soziologisch statt *nur* logisch-dogmatisch interpretiert zu werden.

In ihrem damaligen Entwicklungsstande konnte die Soziologie einer auf die Rechtspraxis ausgerichteten Wissenschaft wenig Hilfe bieten. Immer noch herrschten in ihr holistische und historistische Sichtweisen vor, die für eine allgemeine Rechtslehre interessant sein mochten, aber kaum etwas zur Anwendung konkreter Normen beitrugen. Die von Max Weber ins Auge gefasste empirische Erforschung sozialen Handelns dominierte noch nicht.[56]

56 Vgl. Lepsius 2017: 8–14.

Kap. 7
Das nationalsozialistische Recht

Aufgekommen im Spätabsolutismus des deutschen Kaiserreichs und erblüht in der Republik der Weimarer Reichsverfassung, geriet der soziologische Aspekt des Rechtsdenkens nunmehr unter die Räder. Einerseits brach der Diskurs hierzulande 1933 plötzlich ab, weil seine wichtigsten Protagonisten in die Emigration gezwungen waren; zwischen brachialer Gewalt, entschlossenem Rechtsbruch und persuasiver Rhetorik blieb kein Raum für zivilisatorische Erwägungen. Andererseits lebten die Ideen fort und äußerten sich in verdeckter oder verdrehter Weise. Nationalsozialismus und Recht bildeten ein Amalgam aus unverträglichen Elementen, das seiner Fratzenhaftigkeit zum Trotz hier angeschaut werden soll.

Die Idee des Sozialen verschwand im Konzept eines ›Volks‹, das seit der Romantik im Denken etabliert war und das sprachlich-kulturelle Band betonte. Nun aber wurde es auf die genetische Abkunft und den eingenommenen Raum bezogen. Das dergestalt angerufene ›Blut‹, eigenes wie fremdes, wurde ab 1939 kriegerisch vergossen. Der ›Raum‹ wurde mittels eines zunächst angedrohten, dann eröffneten Angriffskrieges kurzzeitig erweitert. Das Denken zum Recht verkürzte sich im Reich auf den Willen des ›Führers‹; die Autorität des positiven Rechts ging in dessen Charisma auf. Der in diesem Buch dargelegte Ideenstrang fand im nationalsozialistischen Deutschland keinerlei sichtbare Anknüpfung. Der Diskurs zur Methodik der Jurisprudenz war auf ein Neben- oder Abstellgleis geschoben, seine Kontinuität unterbrochen.

Das nationalsozialistische Rechtsverständnis negierte die überkommene Lehre und Diskussion über die Normquellen in Gesetz, Judikatur, Gewohnheit und Wissenschaft. Die rassisch-völkische Lebensgemeinschaft schuf nunmehr allein die maßgebende Richtschnur, unanfechtbar interpretiert durch den ›Führer‹. Für sich selbst negierte Hitler jegliche Handlungsbeschränkung durch rechtliche Vorgaben und äußerte sich oft verächtlich über die Juristen, einschließlich derer in seinem Stab.[1] Seine Formel, mit der er 1934 die Mordbefehle an Schleicher, Röhm und anderen verantwortete (»oberster Gerichtsherr«), übernahm Carl Schmitt wörtlich in seine rechtswissenschaftliche Untermauerung,[2] obwohl sie rechtstheoretisch bislang nicht existent gewesen war.

Was vermochte die Rechtsquelle Volk und Gemeinschaft zu interpretieren? Das konnte nur der Nationalsozialismus sein, der hier in den

1 Vgl. dazu Rüthers 1968/2022: 104–110.

2 Schmitt 1934 a: 946.

Rang einer wissenschaftlichen Weltanschauung erhoben wurde. Authentisch gedeutet wurde sie durch den Führer und die Partei. Ideologie als Erkenntnis war philosophiegeschichtlich nichts Neues, stieß also kaum auf Befremden, zumal die akademischen Wissenschaften, verwurzelt im überwundenen ›System‹, entwertet waren. Wie im ideologischen Denken geläufig, waren empirische Überprüfungen zum ›Leben des Volkes‹ nicht gefragt, eher kontraindiziert. Was weltanschaulich passte und dem Führungsanspruch der Partei entsprach, war nunmehr juristisch wahr. Der Wirklichkeitsbezug rechtlicher Aussagen wurde noch weiter gelockert, als ihnen vordem schon kritisch nachgesagt worden war.

Der Nationalsozialismus fand in der Rechtswissenschaft – neben einer unübersehbar breiten Mitläuferschaft – bei einigen aufrichtige Begeisterung. Außer dem kniefälligen Vordergrund von dezidiertem Antisemitismus und faschistischer Grundhaltung deuteten die Schriften aus den ersten Jahren nach Hitlers Machtantritt ein Stück weit auch den Hintergrund an; es enthüllte sich eine affektive Sehnsucht nach Ordnung und Gemeinschaftlichkeit, die in den Krisen der Weimarer Republik auf der Strecke geblieben waren. Das Versprechen auf ein neues Regime hatte die Juristen so sehr fasziniert, dass aus der Rechtswissenschaft sich kaum Widerspruch meldete. Auch wenn Begeisterung und Optimismus nur wenige Jahre anhielten, genügte dieser Anschubkonsens, um die nationalsozialistische Terrorherrschaft fest in den Sattel zu heben. Meine Analyse konzentriert sich darauf, wie dem Diskurs jeglicher Bezug auf (rechts-) soziologische Forschung abhandenkam.

Die nationalsozialistisch gesonnenen Akademiker kamen vom rechten Rand der Weimarer Intellektuellen, aus dem gleichen Denkmilieu, in dem auch Hitler zuhause war, ohne aber dass sie ihm bereits vor 1933 anhingen. Entsetzt über die mit der Kriegsniederlage über das Reich hereingebrochenen und andauernden Krisen suchten sie die unbewältigten Konflikte zu befrieden – das Chaos durch eine Erneuerung der politischen Verhältnisse zu beenden; ›Ordnung‹ als ein utopischer Zustand wurde damals allgemein ersehnt. Den Rechtswissenschaftlern des Systemwechsels entging bzw. sie nahmen bewusst in Kauf, dass Gewalt und Revolution keine Ordnung garantieren können, wenn nur das Bestehende umgestoßen wird. Zudem überschätzten sie die Möglichkeiten, den Neubau nach den eigenen Vorstellungen zu beeinflussen. Aufgrund ihres antisemitischen Ressentiments gaben viele von ihnen ›dem Judentum‹ einen Großteil der Schuld am Staatsversagen. Mit den späten dreißiger Jahren erwachten sie allmählich aus ihren Träumen, indem sie sahen, dass ihre Modelle von Recht und Staat nicht realisiert worden waren.

Entwertet, ja verpönt waren im neuen Reich alle Anklänge an Liberalität, Subjektivität und Individualität, die mit dem Band der Kollektivität zu versöhnen eine beständige Aufgabe sozialwissenschaftliche Analyse war und ist. Das neue Richtmaß lautete: Gliedstellung des Einzelnen in der Volksgemeinschaft. Dies bezeichnete durchaus eine sozialphilosophisch denkbare Position, die allerdings nicht im Rahmen einer demokratischen Verfassung, sondern nur unter autoritärer Führung zu verwirklichen war. Wie sich der Nationalsozialismus zum Recht verhielt und was er damit anstellte, das lässt sich in pathologisierenden Termini pauschal verurteilen, beispielsweise als »entartetes Recht« oder »totale Perversion des Rechts«[3] oder als »Verhaltensauffälligkeiten«[4]. Da die besonders bösartigen Aktionen der Nazis – Holocaust, weitere Genozide, Konzentrationslager, Weltkrieg – nicht in Rechtsform gekleidet waren und im Alltag ein Anschein von Rechtsstaatlichkeit zu wahren versucht wurde, wäre zu erwägen, ob es sich nicht bloß um eine der möglichen Arten des ›Gebrauchs von Recht‹ gehandelt haben könnte.

Zwei Autoren taten sich gleich zu Anfang stilbildend hervor, Gelehrte aus dem Staats- bzw. Privatrecht. Sie wetteiferten darum, wer der beste Gefolgsmann sei. Sie führten die ›Stoßtrupp-Fakultäten‹ in Kiel bzw. Breslau. Sie waren brillante Juristen und vermochten auch nach 1945 mit ihren Schriften zu reüssieren. Vereint waren sie in der heftigen Ablehnung des Formalismus und Normativismus im juristischen Denken; positiv bezogen sie sich auf eine ›Wirklichkeit‹, die im Weimarer Diskurs sozialwissenschaftlich gemeint war, im Nationalsozialismus aber nach einer neuen Bestimmung suchte. Gerade die Kategorie der Konkretion bei Carl Schmitt sowie der zeitgleich von Karl Larenz vorgebrachte ›konkret-allgemeine Begriff‹ verwiesen auf das Forschungsgebiet der Soziologie, zielten sie doch »auf eine größere ›Gesellschaftsadäquanz‹ der Rechtsbegriffe durch deren Anpassung an je spezifische Sachstrukturen gesellschaftlicher Positionsfelder, denen die Individuen zugeordnet sind«.[5]

Das ›konkrete Ordnungsdenken‹ von Carl Schmitt

Carl Schmitt und kein Ende? Dieser Verfassungsjurist (1888–1985) gehört in die hier erzählte Geschichte, nicht weil er wegen seiner politiktheoretischen Schriften gelegentlich als ›Soziologe‹ bezeichnet worden ist, sondern weil eine seiner soziologisch klingenden Formeln zum Schlüsselbegriff nationalsozialistischen Rechtsdenkens aufstieg. Mit jugendlicher Emphase verkündete der 45jährige Staatsrat im Mai 1934 im Zentralorgan des ›Bundes Nationalsozialistischer Deutscher Juristen‹ eine neue Richtlinie.

3 Rüthers 1988: 13.
4 Wittreck 2008: 7.
5 Maus 1983: 186.

> Die bisherige Rechtswissenschaft habe »sich bemüht, eine Gespensterwelt von Allgemeinbegriffen über der konkreten Wirklichkeit aufzurichten«. Mit der normativistischen Methode sei im Laufe des vergangenen Jahrhunderts ein ganzes rechtswissenschaftliches System errichtet worden. Die nationalsozialistischen Juristen aber müssten nun »diesen normativistischen Turmbau zu Babel abreißen und ein gesundes, konkretes Ordnungsdenken an seine Stelle setzen«. Passim steuerte Schmitt die Folie des nunmehr Richtigen an; die Rechtswissenschaft orientiere sich an konkreter Situation, konkreter Wirklichkeit, konkreter Art des Volkes, konkreter wirklicher Ordnung u.a.m. Die »normativistischen Ideogramme und Begriffsspielereien [sind] eine leere, lebensfeindliche, weder Gerechtigkeit noch Rechtssicherheit verbürgende Methode«. Andere Ordnungen gebe es jetzt, angefangen bei der NSDAP über Stände, Betriebe und Lager [!] bis zu den Verbänden. »Alle diese Ordnungen bringen ihr inneres Recht mit sich«. »Je mehr sich die alte, abstrakte Gesetzesjurisprudenz selbst ad absurdum führt, mag sie sich nun positivistisch oder rein wissenschaftlich gebärden, umso freier wird unsere neue Ordnung wachsen.« Es sind die »natürlichen Ordnungen, die aus Blut und Boden entstehen. [...] Wir denken die Rechtsbegriffe um.«[6]

Zur Begründung seines Appells publizierte Schmitt gleichzeitig eine Abhandlung ›Über die drei Arten des rechtswissenschaftlichen Denkens‹. Darin verwarf er, wie immer schon, den Normativismus; auch relativierte er den bislang von ihm favorisierten Dezisionismus und tilgte die letzten Reste neukantianischer Erkenntnistheorie, von der aus er einmal gestartet war. An deren Stelle trat das »konkrete Ordnungs- und Gestaltungsdenken«, worin (›gutes‹) Recht und gesellschaftliche Wirklichkeit ineinsgesetzt wurden. Schmitt sah es im germanischen Denken des Mittelalters verwirklicht, bevor es von der Rezeption des römischen Rechts seit dem 15. Jahrhundert verdrängt worden sei. Im konkreten Ordnungsdenken wurde die Rechtsfindung nicht als Ableitung aus dem Gesetz zum einzelnen Akt hin gedacht; vielmehr stützten sich juristische Entscheidungen unmittelbar auf die Lebenserfahrung in Institutionen – darauf, was normalerweise ›Gatten in einer Ehe‹, ›Soldaten im Heer‹ usw. sind. Die Normalverfassung einer Institution hätte sich vielleicht soziologisch ermitteln lassen; dabei wäre auch die Vielfalt weiterhin vorhandener Formen hervorgetreten. Dies interessierte freilich bei der angestrebten Nivellierung nicht.

Die Figur ›konkrete Ordnung‹ bezieht sich bei Schmitt und vielen seiner Interpreten auf Überlegungen aus der Theorie der Institution und damit auf eine sozialwissenschaftliche Tradition.[7] Im ›konkreten Ordnungsdenken‹

6 Schmitt 1934 a: 225–229.

7 Vgl. Rüthers 1988: 189–192.

wird der normative Aspekt verabsolutiert und zur Basis materialer Rechtsbegründungen erhoben. Mit diesem glänzenden Schachzug überzeugte Schmitt sein Publikum, ließ aber vollends die Soziologie hinter sich. Man hätte schon damals den Widerspruch erkennen können, dass eine institutionsbezogene Denkweise auf gesellschaftliche Stabilität aus ist, während das nationalsozialistische Rechtsdenken die Verhältnisse umzuwälzen versprach. Die Scheinverwendung soziologischen Wissens brauchte ihren Namen nicht zu nennen – wem schon sagte der Name des französischen Rechtstheoretikers Maurice Hauriou etwas ?! –, leistete aber die Überzeugungsarbeit.

> Schmitt entkoppelte die Begriffe Recht und Ordnung; deren Zusammensetzung in ›Rechtsordnung‹ gehöre »heute nicht mehr zu den guten Wortverbindungen«. Eine Geltungshierarchie wie in der Reinen Rechtslehre erreiche nur, »dass die Norm oder das Gesetz politisch-polemisch gegen den König oder Führer ausgespielt wird« und dass die konkrete Führer-Ordnung zerstört wird. Konkrete, institutionell gestaltete Ordnungen »haben ihre Begriffe von dem, was normal, normaler Typus und normale Situation ist, in sich selbst [...]. Sie haben eine eigene rechtliche Substanz«. Als Beispiele verwies Schmitt neben den bereits genannten von Ehe und Heer auf das Zusammenleben der Familienmitglieder in einer Familie, der Sippengenossen in einem Sippenverband, der Standesgenossen in einem Stand, der Beamten eines Staates, der Geistlichen in einer Kirche und der Kameraden eines Arbeitslagers. »Wir wissen, dass die *Norm* eine *normale* Situation und *normale* Typen voraussetzt«.[8]

Nun, die Soziologie wüsste das nicht so apodiktisch-genau; auch die Rechtswissenschaft kennt sich mit ›normalen‹ Situationen und Typen nicht aus. Schmitt suchte historische Vorbilder für »feste und lebensvolle Gebilde und Ordnungen« und bezog sich auf die preußische Armee und die Verwaltungsorganisation des 19. Jahrhunderts. Als Beispiele konkreten Ordnungsdenkens verwies er auf die wirtschaftliche Betrachtungsweise im Steuerrecht, auf den Führergrundsatz sowie auf die Leitbegriffe Treue, Gefolgschaft, Disziplin und Ehre im neuen Staats- und Verwaltungsrecht sowie auf das neue Arbeitsrecht: »Unternehmer, Angestellte und Arbeiter sind Führer und Gefolgschaft eines Betriebes, die gemeinsam zur Förderung der Betriebszwecke und zum gemeinsamen Nutzen von Volk und Staat arbeiten«.[9]

Zur Begründung des neuen, konkretisierenden Rechtsdenkens griff man nicht auf soziologische, sondern auf historische Erkenntnisse aus allerlei Phasen des Mittelalters zurück, in passender Auswahl und

8 Schmitt 1934 b: 12, 15, 20, 22.
9 Schmitt 1934 b: 50, 61–64.

verklärender Zurichtung, wie es sich verstand. Unterstellt wurde, die überkommenen Einrichtungen hätten sich damals bewährt und taugten deshalb für die Gegenwart. Dem Gesetzgeber und Rechtsanwender blieb nur, »die mit der Institution gegebenen, konkreten Rechtsbegriffe zu übernehmen und zu verwenden«.[10]

Das konkrete Ordnungsdenken zielte auf etwas anderes als die Argumente mit der ›Natur der Sache‹ oder ›sachlogischen Struktur‹, womit der Anschluss an Raum, Boden und (biodeutsches) Volk nicht herzustellen gewesen wäre. Mit diesem Konzept sprang die nationalsozialistische Rechtstheorie über die Hürde der Gesetzesbindung staatlichen Handelns. Interpretiert im Lichte einer ›Volksgemeinschaft‹ bekam das ›Eigene‹ eine Rechtsgarantie, und alles ›Fremde‹ konnte davon ausgeschlossen werden. In den juristischen Begründungen vollzog sich der Übergang von der Tatsache zur Norm, indem »wir eine konkrete Gestalt herausarbeiten«.

> Der ›normale Soldat‹ verwandelte sich in den »tapferen Soldaten«, und analog gab es »den »pflichtbewussten Beamten, den anständigen Kameraden« – also normierte Figuren, die keiner weiteren Legitimation bedurften. »Die Normalität der konkreten, von der Norm geregelten Lage und des von ihr vorausgesetzten konkreten Typus« bildeten für Schmitt »ein inneres, juristisches Wesensmerkmal der Normengeltung und eine normative Bestimmung der Norm selbst«.[11] Das Normale wurde normativ, wurde zur Rechtsquelle.[12]

Erinnerte das nicht an Eugen Ehrlichs ›Lebendes Recht‹? Stand nicht Max Weber Pate für Schmitts »konkreten Typus«? Inwieweit war die »Normalität« vielleicht ein sozialstatistischer Durchschnittswert? ›Konkrete Ordnung‹ hätte das sein können, ja müssen, was die empirische Soziologie (heute) erforscht. Das hatte Schmitt aber überhaupt nicht im Sinn; ihm ging es hier um die Ideologie des Völkischen, wie sich an seinen Erläuterungen zeigte. Die freirechtliche Kritik an den logisch-hermeneutischen Auslegungsweisen, aus der die soziologische Jurisprudenz hervorgegangen war, wurde in manchem hier geteilt. Doch das ›konkrete Ordnungsdenken‹ entfernte sich denkbar weit von einer Soziologie, die immer auch die Verschiedenheit der Lebensformen in den Blick nimmt und nirgends eine gesellschaftliche Nivellierung auf Normalitätsniveau anstrebt. Statt den Begriff zu definieren, illustrierte Schmitt ihn bloß mit Beispielen. Damit appellierte der Erfinder an das intuitive Alltagswissen, nicht aber an eine sozialwissenschaftliche Analyse.

10 Schmitt 1934 b: 20.
11 Schmitt 1934 b: 21, 23.
12 Neumann 2015: 362.

Mit der Schmittschen Methodik wurden normativistische Begründungen und wissenschaftliche Herleitungen weitgehend entbehrlich; juristische Akte stützten sich auf faktische Verhältnisse, die einem auf ›Normalität‹ eingestellten Blick angeblich ohne weiteres erkennbar waren. Methodologisch liefen juristische Akte als ›konkretes Gestaltungsdenken‹ ab und öffneten es für den Durchgriff des Führerwillens. Das Konzept verwies nicht auf die sozio-, sondern auf eine kosmologische Ordnung, berief sich nicht auf empirische, sondern auf ›höhere‹ Wahrheiten und knüpfte an theologische Vorläufer an. Die so gefundene Ordnung wurde sakralisiert, einer rationalen Debatte entbunden und überwand die Legitimationskraft von Gesetz und Verfassung.[13]

Das konkrete Ordnungsdenken ermöglichte quasisoziologische Debatten, beispielsweise zum Wirklichkeitsbezug der Rechtsfigur Eigentum. Franz Wieacker, nachmals eine Autorität in der Bundesrepublik, hatte sich dem Thema gewidmet und musste sich von Reinhard Höhn, dem juristisch-soziologischen Scharfmacher im NS-Regime, vorhalten lassen, er gewinne seine Unterscheidungen »nicht aus einer konkreten Gemeinschaft, sondern von den Wertungen, die die Güter durch die Rechtsgemeinschaft erhalten«.[14] Damit schien die von Carl Schmitt vorgegebene Linie des ›konkreten Ordnungsdenkens‹ verfehlt, wenngleich alle Beteiligten innerhalb des Diskurszirkels verblieben.

Nach Schmitt sollten Begriffe wie ›Treu und Glauben‹, ›gute Sitten‹ usw. »nicht auf die individualistische bürgerliche Verkehrsgesellschaft, sondern auf das Interesse des Volksganzen bezogen werden«; damit ändere sich »das gesamte Recht, ohne dass ein einziges ›positives‹ Gesetz geändert zu werden bräuchte«.[15] Über die Brücke der Generalklauseln beförderte Schmitt das ›konkrete Ordnungsdenken‹ in die gewohnte Rechtsmethodik.

Trotz oder wegen seiner begrifflichen Nebulosität machte das Konkrete Ordnungsdenken Karriere im Rechtsdenken des Dritten Reichs. In seinem Sinne verfasste Ernst Rudolf Huber das maßgebende Buch zur Verfassung,[16] formulierte die Kieler Schule das Strafrecht und ersetzten Zivilrechtler wie Heinrich Lange und Karl Larenz die abstrakt-generalisierenden Begriffe des BGB durch konkret klingende wie ›Boden – Ware – Geld‹. Rückblickend wurden zahlreiche Stimmen angeführt, sowohl vor wie nach 1945 in der Jurisprudenz tonangebend, die das ›konkrete Ordnungsdenken‹ in ihre Thesen einbauten.[17] Bereits in den frühen 1940ern erkannte Franz L. Neumann in ihm die »juristische Ideologie des

13 Vgl. Meierhenrich u.a. 2016: 13.
14 Höhn 1935 a: 65–69 (66).
15 Schmitt 1934 b: 59.
16 Günther 2011: 368.
17 So bei Kaiser 1988: 325 f.

nationalsozialistischen Staates«.[18] Die Bindung an alte Gesetze konnte aufgehoben werden, wie es damals – 1934 – aktuellen Anforderungen entsprach, ohne sich als ideologisch folgsam ausgeben zu müssen. Volk und Führer machten die ›konkrete Ordnung‹ aus, denn sie hatten im Kampf gesiegt. Diese Sicht hatte den Rechtspositivismus hinter sich gelassen. ›Das Soziale‹ in einem wissenschaftlichen Sinne außerhalb der faschistisch-völkischen Denkweise rückte sie nicht in den Blick.

Das ›konkrete Ordnungsdenken‹ bildete ein weiteres Beispiel für das gefährliche Schillern von Schmitts verführerischen Konzepten. Einerseits hätte jetzt eine Verbindung von rechts- und sozialwissenschaftlichem Erkennen beginnen können, und unter Weimarer Verhältnissen hätte Schmitt das vielleicht getan. Doch besonders erfolgreich waren seine Kreationen immer dort, wo sich mit ihnen eine radikale Absage an die Soziologie im Rechtsdenken verband, und zwar auf eine mittelbare und unausgesprochene Weise:

- Das so oft zitierte *Freund-Feind-Schema* zog eine Linie der Ausschließlichkeit, womit Aushandeln, Konsens und Integration – Erkenntnisziele vieler soziologischer Theorien – zu bloßen Mitteln für einen Endsieg diskreditiert wurden.
- Der *Dezisionismus* verlangte den endgültigen Entscheid anstelle der Verfahren mit mehreren Beteiligten und einer deliberativen Abwägung.
- Die *homogene Gemeinschaft* favorisierte die Ziele der Nivellierung und Gleichschaltung, stempelte weite Teile der Bevölkerung zu Randgruppen, propagierte die bio-rassologische Reinheit. Soziologische Analysen hingegen stellen sich eine pluralistische Gesellschaft vor und entdecken die Vielzahl der Teil- und Subkulturen.
- Das *Führerprinzip* hob die Repräsentation der Strömungen zugunsten einer niemandem verantwortlichen Einzelperson auf.
- Die Sympathie für den *Krieg* machte gewaltsame Konfliktlösungen wahrscheinlich und belächelte die sozialwissenschaftliche Suche nach den Bedingungen eines Friedens.
- Im *Ausnahmezustand* zeigte sich, wer die Souveränität innehat; soziologische Analyse aber interessiert sich vornehmlich für den Zustand außerhalb einer Krise.
- Eine *Politische Theologie* war das entgegengesetzte Programm zur Entzauberung gesellschaftlicher Mythen.

In der Figur des ›konkreten Ordnungsdenkens‹ wird ein Wendepunkt in der Entwicklung einer nationalsozialistischen Rechtstheorie gesehen. Verbunden mit dem Konzept einer Volksgemeinschaft legitimierte es die rassistische Hierarchisierung von Gemeinschaften.[19]

18 Neumann 1977: 518.
19 Wildt 2004: 44.

Schmitt reagierte auf das Neue am Nationalsozialismus, soweit es sich nicht mit dem traditionellen Begriffsapparat erfassen ließ, und versuchte es auf seine Weise zu gestalten – jenseits des überkommenen Gegensatzes zwischen dem normativistischen Gesetzesdenken und einem auf Entscheidung abzielendem Denken. Das Recht wurde ontologisierend als soziale Wirklichkeit angenommen, sodass das Sein die Normativität bestimmt. Schmitt unterließ es aber, die Wissenschaft vom Recht auch zu einer Wissenschaft der Sozialwirklichkeit zu machen, und verharrte bei spekulativer Philosophie. »Hiermit wird die zur Wirklichkeit erklärte ›Ordnung‹ zum Wertgeber und Wertmaßstab erhoben.«[20] Die ›konkrete Ordnung‹ wurzelte nicht im realen Zusammenleben, sondern für Schmitt und die Abnehmer seines Begriffs in der ab 1933 postulierten nationalsozialistischen Gemeinschaft. Dem entsprach die Schlagzeile, die er noch 1934 zur Legitimation der Röhm-Morde formulierte: »Der Führer schützt das Recht«. Hitler entschied von der Spitze des Staates her, und es schien Schmitt nicht zu stören, dass hierbei von ›konkreter Ordnung‹ keine Rede mehr war. Noch ein halbes Jahrhundert später diskutierte man über die Brauchbarkeit des ›konkreten Ordnungsdenkens‹, wobei die (prominenten) Tagungsteilnehmer die Figur nicht als soziologisch konnotierten, sondern sie in der katholischen Sozialphilosophie ansiedelten.[21]

Volksrecht bei Heinrich Lange

Der junge Privatrechtler Heinrich Lange (1900–1977) dirigierte im Frühjahr 1933 die Entlassung missliebiger Professoren in Sachsen, bevor er Ordinarius in Breslau wurde. Von Anfang an verkündete er die Voraussetzungen und Inhalte einer »Erneuerung des deutschen Rechts«.[22] Noch als Privatdozent in Leipzig trug er am 9. Mai 1933 diese Konzeption vor, in der sich Wertentscheidungen mit empirischen Elementen mischten. Ethisch leiteten ihn die Ablehnung von Liberalismus und Individualismus sowie die Bejahung von Gemeinschaftlichkeit und allem Deutsch-Völkischen. Obwohl Lange in der Rechtsgeschichte und Methodenlehre bewandert war, schwemmte die als Revolution wahrgenommene Situation alle erkenntnistheoretischen Vorbehalte hinweg.

> Die Gesetzgebung schaffe Recht erst »mit der Annahme durch die Gemeinschaft, ihr Aufgehen in der Lebensordnung«. Folgerungen aus diesem Gedanken führte er im Weiteren an zahlreichen Figuren des BGB und anderer Rechtsgebiete vor. Als einen Grundsatz des nationalsozialistischen Rechtsdenkens propagierte er allenthalben den Satz

20 Lepsius 1994: 206.
21 Vgl. Kaiser 1988: 329 f. und die anschließende Diskussion.
22 Lange 1933 a: III.

> »Gemeinnutz geht vor Eigennutz« als den »Kampfruf der neuen Staatsgesinnung«. Das war eine reine Wertentscheidung. Doch dann führte er eine sozial-empirische Prämisse ein: »Die Forderungen des Pflicht- und Gemeinschaftsgedankens müssen zunächst im Volksbewusstsein wieder lebendig gemacht werden[.] Erst dann sind sie Bestandteile der Lebensordnung und damit der Rechtsordnung geworden.« Die methodologische Radikalität war ihm klar: »Die Durchführung des Pflicht- und Gemeinschaftsgedankens zerstört die Form des Rechtes.« Das Rechtssystem weiche einem »lebenden Organismus«. – »Das Volksganze ist Vollendung und Verkörperung des Gemeinschaftsgedankens.« War das nun die Behauptung eines Werts (für die dogmatische Gesetzesauslegung) oder der Verweis auf eine Rechtsquelle (dann empirisch zu konkretisieren)? Es ging wohl darum, die Rassezugehörigkeit rechtsmethodologisch zu verankern. Staatsbürgerschaft könne nur haben, »wer deutschen Blutes ist«. Auch hier wurde eine empirisch festzustellende Tatsache als normative Prämisse geführt.[23]

Obschon der Inhalt des ›Volksbewusstseins‹ und eines ›lebenden Organismus‹ mit logisch-hermeneutischen Mitteln nicht festzustellen war, dachte dieser Erneuerer nicht an die Soziologie und begnügte sich mit den intuitiven Erkenntnismitteln eines nationalsozialistisch gesonnenen Juristen. Die Begeisterung für die Ideen- und Wertrevolution führte hier die Feder bei einem klassisch-legalistischen Rechtsdogmatiker, in den Lange sich nach einigen Jahren auch rückverwandelte.

> In der vielgelesenen Juristischen Wochenschrift verkündete Lange Ende des Jahres 1933 massiv-eindeutige Sätze wie: »Der Staat ist ein totaler Staat, er ordnet nicht alles, ordnet sich aber alles unter und kennt keine Freiheit des einzelnen mehr gegen den Staat.«[24]

Die nationalsozialistischen Juristen artikulierten keine neue Methodologie, sondern ein anderes Wertregister für die praktische Arbeit. Damit sollte dem geltenden Recht ein anderer Inhalt gegeben werden, ohne den geschriebenen Wortlaut der vorhandenen Gesetze ändern zu müssen. Sie wussten und sagten es auch, dass der Normtext nicht umformuliert zu werden braucht, wenn die Auslegungsstandards umgestellt werden. Es handelte sich also um Rechtspolitik, und diese unterliegt nicht den strengen Anforderungen rechtsdogmatischen Schließens. Methodologische Bedenken beschwichtigte Lange so: »Sind Gesetz und Rechtsempfinden dann zusammengewachsen, so muss und kann der Revolutionär zum Positivisten werden.«[25]

23 Zitate aus Lange 1933 a: 4, 37, 34, 35.
24 Lange 1933 b: 2859.
25 Lange 1933 a: 44.

Dass auf die für diese Auffassung unentbehrliche Zuarbeit sozialwissenschaftlicher Erkenntnis verzichtet wurde, kompensierte Lange mit Konditionalsätzen in Je-desto-Form: »Je mehr der Gemeinschaftsgedanke sich durchsetzt, je mehr die Bindung sich auf die Pflicht, nicht auf den Willen gründet, je mehr das Schuldverhältnis aus einer äußeren Fessel zur inneren Gebundenheit und Verbundenheit wird, [...] umso mehr muss die Zerlegung der Volksgenossen in Beteiligte und Dritte überwunden werden.«[26] So scharfsinnig dieser Autor auch war, ihm fiel das Beschwörend-Utopische, ja: sein Wunschdenken, nicht auf.

Ein Jahr später betonte Lange sein Festhalten an der Programmschrift von 1933, indem er sie häufig zitierte. Nun lieferte er sehr detaillierte Änderungsideen für das gesamte Schuldrecht, womit er sich der ›Akademie für Deutsches Recht‹ als Experte für die geplante Gesetzesrevision andiente. Das wurde er dann auch, speziell für die Neuordnung des Erbrechts (und sein Nachkriegsbuch dazu wurde zum meistbenutzten Lehrwerk bis zum Ende des Jahrhunderts).

Lange benutzte einen möglichst allgemein verständlichen Schreibstil, und tatsächlich gelang es ihm in diesen frühen Schriften zumindest stellenweise, frei von fachjuristischen Termini zu argumentieren – selbst auf die Gefahr hin, dass man seine Abhandlung »als unwissenschaftlich verdammen« könnte. Der nicht unsympathische Versuch gehörte zu seinem Programm, die neue Rechtsauffassung im »Volksbewusstsein« zu verankern und »die Liebe des Volkes« zu gewinnen; rief er doch am Schluss des Buches aus: »Alles mit dem Volke, alles für das Volk.« Nur – wer war dieses ›Volk‹, und wie wurde das ›Für‹ ausgefüllt? Bei Lange standen dafür der Staat und der Führer, über den es allerdings hieß: »er herrscht nicht, auch er leitet sein Recht zur Führung nicht aus der Macht, sondern aus dem Vertrauen des Volkes ab«.[27] Der Wissenschaft bedurfte es offenbar nicht, und die Frage nach der Rechtsquelle war in einem logischen Zirkel gefangen.

Lange wandte sich ausdrücklich gegen die Relevanz soziologischer Analysen im Recht und gab dafür Gründe an, die politischer Natur waren. Dabei relativierte er nicht nur das ›konkrete Ordnungsdenken‹, sondern ließ auch seinen Grund sehen, warum Soziologie für die Neue Rechtswissenschaft nicht tauge: Sie beuge sich nicht der (nationalsozialistischen) Utopie, bleibe beim Gegebenen. Auch rechtfertigte er, wenige Wochen nach den Morden an Röhm, v. Schleicher und anderen im Juni 1934, das Handeln des Führers und ging noch über Carl Schmitts Formeln hinaus: Der Führer habe nicht neues Recht geschaffen, sondern altes, geltendes Recht verwirklicht.[28]

26 Lange 1933 a: 77.
27 Zitate bei Lange 1934 a: 5, 34 f., 37, 84.
28 Lange 1934 b: 38, 42.

»Das Recht […] wurzelt als Lebensordnung des Volkes im Volke, ist Ausfluss und Ausdruck des Geistes des deutschen Volkes.« Den Volksgeist festzustellen »ist kein historisches oder soziologisches Problem«. Denn sonst »würde der Ungeist von gestern, der auch heute noch lebt, den Geist von morgen erschlagen. Volksgeist bedeutet so nicht die bestehende tatsächliche Ordnung. […] Volksgeist ist vielmehr der absolute Geist eines Volkes, sind seine […] ewigen Werte, ist ein Problem des Sollens nicht des Seins.« Und nochmals etwas später: Das Recht unter dem Volksgeist »bricht mit dem Satze, dass das Recht nur ein Gesellschaftsproblem sei«.[29]

In seinem bekanntesten Werk, dem mehrbändigen Grundriss »Boden, Ware, Geld« (1937–1944) erzählte er das Recht des BGB in fünf schmalen Teilen auf eine als neuartig beabsichtigte Weise. Neugierig machte, wie die Kritik am BGB umgesetzt würde, nämlich »die übersteigerten Verallgemeinerungen auf Kosten der Eigenart und Besonderheit der Lebensgebiete«.[30] Herausgehoben werden sollte das Recht des Bodens, womit denn auch die Grundrisse begannen, während das Sachenrecht im BGB erst dessen dritter Teil gewesen war.

Entromanisierung und Germanisierung leiteten den Autor; ein präzis gezogener Kontrast durchzog die Neuerung. Das römische Recht wurzele in der Einzelpersönlichkeit, das deutsche Recht hingegen in der Bindung. In biedermeierlicher Malerei wurde das altdeutsche Recht verklärt: »Es sah im einzelnen ein Glied höherer Gemeinschaften, lebte in der Verbundenheit von Mensch und Heimat, gliederte und wertete die Sachen in reicher Fülle und stellte höhere Werte und Werke über den einzelnen.« Die Verstandestätigkeit trete hinter einer reichen Vielgestaltigkeit zurück.[31] Der scharfsinnige Heinrich Lange schien sich hier selbst zu verleugnen, und sein Nationalsozialismus nivellierte jegliche Vielgestaltigkeit. Diese Widersprüche machten dem Autor später durchaus zu schaffen.

Die dogmatischen Feinheiten wurden im Kleindruck und in Kurzform mitgeteilt, worin die juristische Fachterminologie dann doch nicht zu vermeiden war. Boden, Ware usw. – bedeutete das nun eine Hinwendung zu den tatsächlichen Lebensverhältnissen? Nein, es war nur eine Anwendung des Konkreten Ordnungsdenkens. In den Vordergrund wurden ›Sachstrukturen‹ gerückt, wozu in erster Linie Volk, Nation, Familie zählten.

Dass bei Heinrich Lange die Ideen oder Begriffe einer Soziologie nirgends auftauchen, hatte zwei wissensdynamische Ursachen. Zum einen

29 Lange 1934 b: 22f., 26.
30 Lange 1937: 1/III.
31 Lange 1937: 1 f.

waren solche Gedanken in den 1920er Jahren im Staats-, Verwaltungs- und Arbeitsrecht entwickelt worden, also außerhalb des klassischen bürgerlichen Rechts, zumal außerhalb des noch ziemlich jungen und perfektionistischen BGB. Zum anderen hatte sich jenes Schrifttum mit den Namen deutsch-jüdischer Gelehrter verbunden, deren Einfluss Lange total ausgeschaltet sehen wollte. Mit einzelnen von ihnen setzte er sich gar nicht erst auseinander; allein schon und pauschal die ›Rasse‹-Zugehörigkeit genügte ihm für das Verdikt. Der Antisemitismus wirkte hier als mächtige Denksperre. Es war ein Glaubenssatz von rührender Einfachheit; die Begründung appellierte an ein Arrangement von Emotionen, deren Plausibilität unterstellt wurde und keines Belegs zu bedürfen schien.

> »›Das Herz macht den Juristen.‹ Diese sittliche Entscheidung aber muss im Gemeinschaftsleben wurzeln, wenn das Recht mit diesem übereinstimmen soll. Die Pflege des Rechts gehört darum allein in die Hände der im deutschen Volkstum wurzelnden Volksgenossen.«[32]

Aufgerufen wurden Kälte, Leere, Fremdheit, Wurzellosigkeit und weitere, Schaudern machende Impressionen zur vorangegangenen Rechtskultur. Einem Ostinato gleich beschwor Lange diese Atmosphäre, ohne zu ahnen, dass ähnliche Gefühlslagen einstmals das Juristeninteresse an der Soziologie entfacht haben mochten, allerdings seinerzeit ohne Ausschlussmentalität. Langes antisemitisches Ressentiment katapultierte ihn in die Spitzengruppe nationalsozialistischer Juristen, vor deren Vereinigungen er wieder und wieder mit Reden auftrat, die anschließend als kurze Abhandlungen publiziert wurden.

> Für das Familienrecht verlangte er »die Reinhaltung des Volkstums und damit die Abwehr von Rassemischung und Rasseüberfremdung, die geeignet ist, die arteigene Volksgemeinschaft zu unterhöhlen«. »Staatsbürger kann nur sein, wer Volksgenosse ist, Volksgenosse kann nur sein, wer deutschen Blutes ist [, ...] die innere Verbundenheit von deutschem Blut mit deutschen Boden stellt die natürliche Volkseinheit her« »Die Freirechtsschule kämpfte [...] mit kalter Vernunft, nicht mit warmem Herzen und trug so deutlich Züge ihrer artfremden Vorkämpfer und Nachläufer, die ein wurzelloses Weltrecht, nicht ein im deutschen Volkstum verwurzeltes deutsches Recht erstrebten.«[33]

Neben diesen oberflächlichen Ressentiments gab einen weiteren, tiefer reichenden Grund dafür, dass soziologische Einschübe im neuen Rechtsdenken ausgeschlossen wurden: die Betonung sozialer Gleichheit in der Soziologie vertrug sich nicht mit dem neuen Denken. »In der nationalsozialistischen Rechtsauffassung ist an »die Stelle veräußerlichter

32 Lange 1933 a: 7.
33 Zitate bei Lange 1933 a: 30, 35 und 1934 a: 40.

Gleichheit [...] die Wertung getreten. Der einzelne erhält den Platz in der Volksgemeinschaft, den er ausfüllen kann und daher ausfüllen muss«. Der Gleichheitssatz sei nur eine »sinnlose Fiktion«.[34]

Als Breslauer Dekan schuf Heinrich Lange die »Stoßtrupp-Fakultät«. Hier – wie in Kiel und Königsberg – sollte die neue Linie in aller Konsequenz durchgesetzt werden. Lange versuchte, ebenso analog zu Kiel, eine »Breslauer Schule« zu gründen.[35] Er gehörte mit seiner nationalsozialistischen Überzeugung zu den zielstrebigsten und rührigsten Rechtsprofessoren seiner Zeit. Allerdings erschlaffte der Eifer bald. Nach bereits zwei Jahren begann er, seinen Ton zu mäßigen und sich der tradierten Zivilrechtswissenschaft wieder anzunähern. In einer späten Abhandlung (1943) resümierte Lange seine Bemühungen, das BGB durch ein Volksgesetzbuch abzulösen, das vor allem volkstümlich sein, aber auch den sozialen Verhältnissen gerecht werden sollte. Der nationalsozialistische Ton war hier nicht mehr so aufdringlich zu hören; aber die Ambitionen des Autors waren eben auch bereits gescheitert.

> In einer Schrift von 1941 zeigte Lange, wie der revolutionäre Impetus von 1933 sich im Alltag des Rechtsbetriebs nicht durchsetzen konnte: »Rechtslehre und Schrifttum hielten gegenüber diesen neuen Bestrebungen weitgehend an ›bewährter Lehre und Überlieferung‹ fest, wenn sie sich auch gern mit neugeprägten Wendungen schmückten«, wofür er die Begriffe ›Pflicht- und Gemeinschaftsgedanke‹, ›nationalsozialistische Rechtsanschauung‹, ›gesundes Volksempfinden‹ anführte. Er distanzierte sich von seinen Äußerungen aus der ersten Jahren nach 1933, insbesondere auch von Carl Schmitt und der Kieler Schule.[36] Gleichwohl seine fortdauernde Loyalität zu bekunden, wurde vermittels häufiger Selbstzitate und antisemitischer Aussagen bewerkstelligt. Mehrfach hieß es in Anmerkungen, dass ein Autor auf seinem Gebiet »führend« sei, und hinter seinem Namen stand dann »(Jude)«. Carl Schmitt hatte das auf der Tagung im Oktober 1936 so gefordert und geschrieben: »Ein jüdischer Autor hat für uns keine Autorität, auch keine ›rein wissenschaftliche‹ Autorität. [...] wenn er überhaupt zitiert wird.«[37] Die feine, aber eventuell folgenreiche Unterscheidung zwischen ›Jude‹ und ›jüdischem Geist‹ war bei Lange bereits entfallen.

Hinzukamen persönliche Animositäten unter den NS-Juristen, die in wechselseitigen Distanzierungen endeten, ferner Konflikte mit und zwischen den staatlichen Stellen sowie die Rivalitäten zwischen den beiden ›Stoßtrupp-Fakultäten‹ Breslau und Kiel. So beklagte sich der Rechtshistoriker Karl August Eckhardt 1936 bei dem Reichsrechtsführer Hans

34 Lange 1935: 935, 940.

35 Vgl. Ditt 2011: 220–228).

36 Vgl. Lange 1941: 10–16; H.-D. Heller 2015: 141, 300.

37 Schmitt 1936: 1195.

Frank über die »Breslauer Reaktionäre« mit ihrem »Angriff gegen das nationalsozialistische Rechtsdenken«.[38] Langes antisemitischer Furor indessen war nie erlahmt.

Auf eine explizite Erörterung der juristischen Methodologie hat Lange verzichtet, selbst das Wort wurde vermieden. Die Ursache dafür kann im Übergewicht des Ideologischen gesehen werden.[39] Dem Nationalsozialismus kam es auf die Umgestaltung der Gesellschaft an, nicht auf die Wege dorthin, zumal nicht auf die lästige Jurisprudenz. Freilich hätte auch unter solcher Pointierung die Soziologie vorkommen können – nämlich als Analyse der Struktur und Veränderung von ›Gemeinschaft‹ –, wäre sie nicht durch Herkunft und Ausrichtung ihrer Protagonisten disqualifiziert gewesen.

Antiindividualismus bei Reinhard Höhn

Der promovierte Jurist Reinhard Höhn (1904–2000) assistierte in Jena dem Soziologie-Ordinarius Franz Wilhelm Jerusalem, der ebenfalls ursprünglich juristisch ausgebildet war. Höhn äußerte sich staatstheoretisch und griff von hier aus in die Führungswirren der dezimierten und verunsicherten DGS im Jahre 1933 ein. Später bekleidete er ein hohes Amt in der SS und war seit 1935 zugleich Professor für Staatslehre, Staats- und Verwaltungsrecht an der Berliner Universität. In Wort und Tat gab er sich besonders linientreu und schob Rivalen wie C. Schmitt beiseite, bevor er selber im Gestrüpp der Führungsstäbe stolperte.[40] Mit Vorträgen und Aufsätzen machte er deutlich, dass jenseits der neuen Leitlinie Volk-Rasse-Gemeinschaft keine gesellschaftstheoretischen Analysen mehr gefragt waren. Die meisten anderen Autoren kamen dem nach, womit das Recht als makrosozialer Faktor aus dem Blick geriet. Auch die Soziologie, in deren Geschick er sich wirksam eingemischt hatte, interessierte ihn nicht weiter. An Reinhard Höhn lässt sich eine interessante Variante der Interdisziplinarität studieren.

Er verabschiedete die bislang entwickelten Vorstellungen zu Staat und Rechtsgemeinschaft, um mit der Begrifflichkeit zu Volk und Volksgemeinschaft eine andere, antiindividualistische Konzeption zu entwickeln. Keinesfalls könne man »die bisherige Begriffswelt zur Erklärung des Neuen verwenden«.[41] Ihm gelang eine in der ideologischen Passung perfekt nationalsozialistische Staatsrechtslehre.

38 Ditt 2011: 260.
39 Vgl. Wolf 1998: 94–100.
40 Müller 2019: 72–78.
41 Höhn 1935 a: 20.

> Höhn konzedierte, dass der Begriff einer ›Volksgemeinschaft‹ bislang ein soziologischer Begriff war und in das Staatsrecht neu eingefügt werde. »Mit dem Ausbruch der nationalen Revolution war das Prinzip der Volksgemeinschaft zum Rechtsprinzip geworden.« Mit dieser Setzung rezensierte Höhn nun en détail die juristische Literatur und wies ihre Mangelhaftigkeit auf. Gemessen wurde danach, ob die vorhandenen Rechtslehren die Bedeutung von Führer und Rasse erfassen. Nur diese, nicht aber Werte, Recht oder Kultur konstituieren die Volksgemeinschaft. Den Gegensatz zwischen Individuum und Gemeinschaft, ein Hauptthema der meisten soziologischen, jedenfalls damaligen Ansätze, erklärte Höhn für überwunden. Denn solange man hieran noch festhalte, »ist eine konkrete Volksgemeinschaft als eine dauernde Gemeinschaftsordnung noch nicht vorhanden«.[42] Ausgangspunkt jeder Staatsbetrachtung sei die »Erhaltung und Förderung dieser Gemeinschaft von rassisch gleichgearteten Menschen«.[43]

Zur maßgebenden Rechtsquelle avancierte also die ›Volksgemeinschaft‹, mit dem Führer an der Spitze. »Gleichzeitig wurde der vormals außerjuristische, rein soziologische Begriff der ›Volksgemeinschaft‹ als ›juristisches Grundprinzip‹ zu einem staatsrechtlichen Terminus erhoben.«[44] Die darin vermittelte Anmutung von sozialer Gleichheit, Solidarität und Kollektivität erinnerte tatsächlich an soziologische Grundthemen. Mit dem Transport in die Staatsrechtsdogmatik ließ Höhn indessen die Relevanz der Soziologie hinter sich. Deren Begrifflichkeit wurde adaptiert, um sie in juristische Denkbahnen umzugießen. Mit dieser bis heute geläufigen Argumentationsstrategie wurden außer- in innerjuristische Erkenntnisse verwandelt, wobei die außerjuristischen (hier: soziologischen) Einsichten ausgehöhlt wurden; nur Name sowie Nimbus blieben erhalten. Der Vorgang stand wie immer unter der unsichtbaren Regie der jeweils dominanten politischen Ideologie. So vermochte ›Gemeinschaft‹ im Rechtsdenken der Weimarer Republik, des Nationalsozialismus und der Bundesrepublik, gehüllt in ein attraktives Gewand, mit jeweils verschiedener Konnotation zu reüssieren.

Das Gemeinschaftskonzept war bereits in den zwanziger Jahren intellektuell diskutiert worden. Ferdinand Tönnies‹ Klassiker ›Gemeinschaft und Gesellschaft‹ gelangte jetzt zu spätem Ruhm; eine affektive Basis dafür boten u.a. die Kollektiverlebnisse an der Front des Krieges und aus der Jugendbewegung. In rechtskonservativen Kreisen traf ›Gemeinschaft‹ auf besondere Begeisterung; hier entwickelte sich dazu eine Literatur, die sich von Tönnies absetzte und das Völkische einfügte. Zwar gibt es rational haltbare, beispielsweise kommunitaristische Versionen

42 Höhn 1935 a: 45–72 (49, 47).
43 Höhn 1935 b: 475.
44 Jenß 2017: 211.

des Gemeinschaftsbegriffs, aber so etwas war damals nicht gefragt. Die normative Botschaft des scheinsoziologischen Arguments lautete, dass Volk, Reich, Partei und Führer zu einer Einheit verschmolzen werden – verschmolzen sein *sollen*, und zwar mit aufsteigend-hierarchischer Struktur. Die neue ›Soziologie‹ konnte damit einen diskursiven Beitrag zur Legitimation des NS-Regimes liefern.

Blut und Boden bei Gunther Ipsen

Nicht nur Juristen, sondern auch Soziologen – wie sie damals verstanden wurden – gaben sich begeistert der neuen Linie des Rechtsdenkens hin. *Gunther Ipsen* (1899–1984) war psychologisch-philosophisch ausgebildet, arbeitete in der soziologischen Feldforschung und hatte dafür eine Professur. Er machte ›Volk‹ zu seiner Leitkategorie. In einem auch gedruckt erschienenen Vortrag von 1933, betitelt »Blut und Boden«, befasste er sich mit dem ländlichen Erbrecht – der seltene Fall, dass von sozialwissenschaftlicher Seite über das Recht gesprochen wurde. Den feurigen Vortrag hielt Ipsen im Juli 1933 vor der Kieler Studentenschaft. Hierin skizzierte er den Unterschied zwischen altem und neuem juristischem Denkstil: bisher die »Linie des modernen, rationalen Rechts«, zukünftig »die große, deutschrechtliche Überlieferung« mit einem Rechtsbegriff, »der sich wesentlich auf wirkliche, volkstümliche Sittlichkeit bezieht«. Bekräftigend fügte Ipsen hinzu, »rechtens sei, was sittlich wirklich ist«. Das klang ethisch-essentialistisch; die Absage an die Rationalität ließ eine empirische Überprüfung als entbehrlich erscheinen. So schaffte die Soziologie sich selbst ab, und die Rechtsphilosophie noch dazu. Exemplifiziert wurde die neue Linie am aktuellen Reichserbhofgesetz, dessen Verabschiedung gerade bevorstand.

> Das Thema war der Widerspruch zwischen der ländlichen Sitte, dass in der Bauernfamilie ein Sohn den Hof mit allem Zubehör erben soll (›Anerbensitte‹) und dem geltenden Rechtsgesetz, also dem BGB, wonach mehrere Abkömmlinge zu gleichen Teilen erben. Ipsen brachte zugunsten der Sittenregel antikapitalistische, historische und rassistische Argumente ein, vor allem: ›Blut und Boden‹, die sich dazu vereinen. Die gesetzliche Regel hingegen sei eingedrungenes artfremdes Recht. Das neue Erbhofgesetz beabsichtige, »als rechtens auszusprechen, was wirklich ist«. Im Rahmen eines legislativen Akts wäre das Wirklichkeitsargument methodisch eigentlich kein Problem gewesen, bot aber die Chance zur Kritik am Gesetzesdenken sowie zu populistischen Attacken auf den überkommenen Rationalismus des Rechts. Als entscheidende Bedeutung des Erbhofgesetzes bezeichnete Ipsen die »Begegnung von Bauer und Staat in der deutschen Revolution« sowie

»die Vermählung von Staat, Blut und Boden«.[45] Die ideologische Devise ließ sich zu sentimental-wertschätzenden Ausführungen über die ländliche Existenzweise ausbauen; den Mitgliedern des ›Nährstandes‹ dürfte das gefallen haben. Die Folgen des Übergangs von bäuerlicher zu industrieller Agrarproduktion beschäftigen uns allerdings bis heute.

Verlauf und Ergebnis dieser Gesetzgebung konnten das Modell für eine nationalsozialistische, am konkreten Ordnungsdenken orientierte Rechtspolitik abgeben. Die hier benutzten Prinzipien erstreckten sich gleichermaßen auf Setzung, Auslegung und Anwendung der Normen, also auf das Handeln von Regierung, Rechtswissenschaft, Behörden und Gerichten. Mit der Volksgemeinschaft als offiziell alleiniger Rechtsquelle wurden alle Differenzierungen eingeebnet. Wer ideologisch auf der richtigen Seite stand, konnte die normativen Vorgaben gültig interpretieren. Jeder Gedanke an eine drohende Willkür wurde beiseitegeschoben.

Der schnelle Erlass des Erbhofgesetzes verdankte sich den Zielen und der Ideologie des NS-Regimes. In zeitgenössischen Stichworten: ›Wehrhaftmachung des deutschen Volkes‹, Autarkie der Ernährungswirtschaft, Bindung an ›Sippe‹ und ›Scholle‹, der Bauernstand als Hort der ›nordischen Rasse‹ (und nicht Nomaden als Ursprung), Gewinnung der ländlichen Klientel, Vorbereitung einer ›Ostkolonisation‹.[46] Noch 1940 sprach Ipsen von »nationalsozialistischer Hoheit gegenüber allen abgeleiteten Rechtsordnungswerten«.[47] Damit wiederholte er den Verzicht auf eine soziologisch-empirische Analyse zugunsten ideologischer Begründung von Rechtsakten.

Neben den (wenigen) linientreuen, meist jungen Wortführern arbeiteten die (vielen) Sozial- und Rechtswissenschaftler, die schon zu Weimarer Zeiten aktiv gewesen waren und sich nun vor eine existenzielle Entscheidung gestellt sahen. Innerhalb des Deutschen Reichs setzte sich die neue Linie schnell durch, trotz der Überzahl derer, die nicht vollständig vom Nationalsozialismus überzeugt worden waren. Auch die vielen Stimmen, die zu Weimarer Zeiten für die Idee des Sozialen im Rechtsdenken eingetreten waren, verstummten hierzulande alsbald. Wie es so Wenigen gelingen konnte, eine Majorität für sich einzunehmen, bleibt ein Problem historischer Erklärung.

45 Zitate bei Ipsen 1933: 6 f., 11.
46 Vgl. Sigmundt 2005: 119–122.
47 Gyldenfeldt 2008: 207.

Kap. 8
Vertreibung, Anpassung und Widerstand im Nationalsozialismus

Die meisten Protagonisten der Idee vom Sozialen emigrierten, gezwungen aus rassi(sti)schen oder politischen Gründen. Im Lande entwickelte sich ein neues, nationalsozialistisch gefärbtes Rechtsdenken; gemischt war die Haltung zur Soziologie. Das vieldeutige Wörtchen ›sozial‹ wurde ja bis in den Namen der Partei bemüht, nur mit dem Akzent auf Nivellierung und Volk statt auf Gesellschaft. Wie verschieden die Idee des Sozialen auf den Umbruch reagierte, das lässt sich nach dem bekannten Dreierschema *exit – voice – loyalty* von Albert O. Hirschman darstellen. Aus dem Diskurs trat aus, wer verstummte oder aus dem Land vertrieben wurde (hier gezeigt an Gustav Radbruch und den Emigranten). Vernehmbare Stimmen erhoben sich vonseiten der Emigranten, nicht aber im Innern; denn jeder Widerstand wurde gewaltsam unterdrückt. Loyal verhielt sich, wer aktiv zum neuen Regime stand (im vorigen Kapitel an Heinrich Lange und Carl Schmitt gezeigt, die damals wie später als ›brillante Juristen‹ angesehen wurden). Und ebenfalls ›loyal‹ passten sich die meisten der im Land verbliebenen Intellektuellen an (exemplarisch: der noch zu schildernde Professor Max Rumpf).

Man muss sich die Meinungsszene in der ersten Phase des NS-Staats als reguliert-gegliedert vorstellen: Nur Regimeloyale konnten teilnehmen, und in diesem eng begrenzten Rahmen bestand eine gewisse Meinungsvielfalt. (Man wird dieser Situation, wie abscheulich auch die Ausschlussmechanismen gehandhabt wurden, nicht die Bezeichnung als ›Diskurs‹ vorenthalten dürfen.) Dabei wurde mit Argumenten über die Bedeutung von ›Gemeinschaft‹ gestritten, nach einer Neubestimmung der Soziologie gesucht, über den Charakter des Rechts gesprochen – und zwar auch von einigen Wissenschaftlern, die auf Soziologie denominierte Stellen einnahmen und oft von der Jurisprudenz hergekommen waren. Wenn man so will, wurde hier in einem nach politischen Vorgaben reglementierten und verzerrten Diskurs die Integration von Jurisprudenz und Sozialwissenschaft verhandelt. Freilich führte dieser Diskurs zu so gut wie nichts, weil er nicht andauerte und weil das Regime an seinen Ergebnissen gar nicht interessiert war. Stellungnahmen von Seiten der amtierenden Rechtsdogmatik wurden nicht bekannt; der Diskurs wurde ja nicht in ihren Reihen geführt. Und vielleicht war es so, dass die dezimierte, aus Rand- und Nachwuchskräften bestehende Soziologie von der weitgehend unverändert intakten Jurisprudenz gar nicht ernst genommen wurde.

Kollaborationen: die Jurisprudenz und die ›Reichssoziologie‹

So lautstark, einfallsreich und systemkonform wie Heinrich Lange und Carl Schmitt tönte nur eine quantitativ kleine Fraktion unter den Rechtsgelehrten. In ihrer Mehrzahl blieben sie immerhin im Lande und passten sich auf die eine oder andere Weise an. Wie war das reibungslose Einlenken der deutschen Jurisprudenz in die vom Regime geforderte Bahn zu erklären? Da mochte wohl die mittlere und ältere Generation der Rechtstheorie sich abwartend verhalten, zumal ihre Sympathien mit der Weimarer Republik wenig ausgeprägt bis ablehnend gewesen waren und ihre Standpunkte formuliert vorlagen. Ein lautstarker Teil der jüngeren Generation, soweit nicht emigriert, ließ sich begeistert auf die neuen Vorgaben ein; sie gelangte auf die freigewordenen Lehrstühle und sang dort das Lied, dess‹ Brot sie aß. Dies bildete aber nicht die einzige Ursache. Es vollzog sich eine Anpassung, weil die Stimmen der Jungen so hervorstachen und mit dem öffentlichen Jubel für den Aufbruch harmonierten. Da war anderes im Spiel als nur der so oft genannte und vielleicht verzeihliche ›Opportunismus‹.

Die Distanz zwischen der ungeliebten Republik und dem neuen Führerstaat war offenbar leicht zu überwinden, wurden doch im Inland keine Zweifel an dieser Wende laut. Sie fiel umso leichter, als keine ausgearbeitete Ideologie des Nationalsozialismus vorlag. Stattdessen begegnete man einem mit groben Strichen gezeichneten Gedankengerüst von wenigen Grundüberzeugungen, das nie zu einer vollständigen Ausprägung gelangt ist. Diese Weltanschauung präsentierte sich nicht als logisch oder intellektuell stimmig ausgearbeitetes System, sondern begnügte sich mit einem Glauben an das Recht des Stärkeren sowie mit gewissen Rassismen.[1] Daher konnten Textwissenschaftler ihre Anpassung mit wenigen Versatzstücken signalisieren – etwa durch (Lippen-?) Bekenntnisse zum Führer(staat), zum Deutschtum oder als Aufbruch zum ›Neuen‹.

Die juristische Argumentation wurde auf die NS-Ideologie und den Führerwillen ausgerichtet, und zwar kompromisslos nach dem Freund-Feind-Schema. Die Totalität des Regimeanspruchs ordnete alles dem Staatsziel unter; juristisch formuliert wurde das von einer Garde junger Rechtswissenschaftler, die um 1900 geboren waren und nun eine steile Karriere machten. Da sie durchaus über intellektuelle und rhetorische Brillanz verfügten, avancierten ihre Schriften alsbald zur h.M. Sie produzierten eine schnell veröffentlichte Literatur, bestehend aus einer Vielzahl meist kürzerer Abhandlungen; darin unternahmen sie es, »das Parteiprogramm und die ergänzenden Willensäußerungen der NS-Führung in ein normatives, widerspruchsfreies und anwendbares System juristischer

1 Laak 2002: 432.

Verhaltensregeln umzudenken«.[2] In der Aufbruchstimmung bildeten sich für jedes Rechtsgebiet kleine Gruppierungen mit Meinungsführern, denen sich die Menge der Mitläufer mehr oder weniger willig fügte. Bezugnahmen auf sozialwissenschaftliche Erkenntnisse wurden nicht mehr benötigt und kamen auch nicht vor.

Obwohl die meisten Staatsrechtler vor 1933 eine bewusste Distanz zur NSDAP gewahrt hatten, wechselten viele von ihnen danach alsbald die Seite. Sie hofften auf einen ›nationalen Rechtsstaat‹ und auf eine im Gegensatz zum Parteienzwist stehende große Volksgemeinschaft. Auch als die Euphorie verflogen war, setzten sie ihre Arbeit in Forschung und Lehre fort, nun mit neuer Terminologie.[3] – Von den wenigen in Deutschland verbliebenen Fürsprechern einer die Soziologie berücksichtigenden Jurisprudenz hielt Hans Wüstendörfer eines der Referate auf der ersten Versammlung der Akademie für Deutsches Recht am 5. November 1933. Er sprach zwar gegenstandsbezogen zum Seerecht, ließ aber auch hierbei Sympathie für den Nationalsozialismus durchblicken.[4]

Selbst Philipp Heck (Kap. 3) äußerte sich in der jetzt angesagten Stimmlage. Er bezeichnete seine literarischen Gegner von Kantorowicz bis Kelsen der Reihe nach als »Nichtarier«, darunter eben auch die Vertreter der »soziologischen Schule«. Hingegen seien »alle ausgesprochenen Vertreter unserer Richtung Arier. [...] Auch ich selbst kann den Ariernachweis erbringen.«[5] Diese Anpassung erstaunte bei dem Hauptautor der ›Interessenjurisprudenz‹, der Erbin von Jherings ›Zweck im Recht‹, und einem bekennenden Nutznießer des durch die Freirechtsschule geöffneten Denkraums.

Seitens der Soziologie blieben einige Fachvertreter nach 1933 wohlgelitten oder kamen jetzt zum Erfolg. Wieviel Soziologie gab es überhaupt unter dem Nationalsozialismus? Und ging von ihr ein Widerstand aus?

Es ist errechnet worden, dass von den 55 haupt- und nebenamtlichen Vertretern der Soziologie an deutschen Hochschulen im Jahre 1932/1933 nach Abschluss des ›Säuberungsprozesses‹ bis zum Jahre 1938 nur noch 16 an Hochschulen tätig waren. Nachwuchs wurde kaum herangebildet. Institute wurden geschlossen, Fachzeitschriften eingestellt. Wer aktiv blieb, bemühte sich um eine ›deutsche‹ und ›völkische‹ Soziologie.[6]

Wie in allen autoritären Regimen wurde die Soziologie nur noch für ihren Anwendungsnutzen gefördert – etwa für Berichte zur Stimmung in der

2 Rüthers 1968/2022: 116.
3 Vgl. Günther 2022: 874 f.
4 Vgl. Kubo 1995: 188.
5 Heck 1936: 151.
6 Alles nach Lepsius 2017: 86 f.

Bevölkerung –, während in der freien Grundlagenforschung eine Gefährdung der cliquenförmig organisierten Herrschaft gesehen wurde. So verschwand sogar der Name Soziologie nach und nach aus Buch- und Zeitschriftentiteln, wenngleich niemals völlig; nunmehr ein kleines, fügsam flackerndes Licht erhitzte sich kein Gemüt an ihr. Willig getragen bzw. gefördert wurde die intellektuelle Abrüstung durch einige Wissenschaftler, die vor 1933 Soziologen gewesen waren und es nach 1945 gern wieder sein wollten. Es darf allerdings gesagt werden, dass ihre oft vom Opportunismus getragene Kollaboration dem Regime nicht genügte und irgendwann durch die Ideologiezensur abserviert wurde. Auch die juristische Fachliteratur wurde von dieser Minimalsoziologie nicht mehr erreicht.

In der Frühzeit des NS-Regimes, als viele noch an etwas Konstruktiv-Neues darin glaubten, weckte der verkündete Bezug auf Wirklichkeit, Leben und Konkretes auch unter Soziologen einige Illusionen. Das Nachlassen anfänglicher Begeisterung und die bald bei vielen eintretende Ernüchterung hatte oft mit der enttäuschenden Erfahrung zu tun, dass man die eigenen, hochfliegenden Ideen gegen die (ihrerseits vielstimmigen) Instanzen der NSDAP, zumal den ›Führer‹ selbst, nicht hatte durchsetzen können. So besann man sich auf die eigene Wissenschaftstradition, ohne aber die Sympathie für den NS-Staat aufzugeben.[7] Die durch forcierte Gesinnungsanpassung und Personalselektion geprägte Eigenart dieser Richtung lässt sich mit dem Begriff einer ›Reichssoziologie‹ charakterisieren; sie war nicht ›nationalsozialistisch‹ i.e.S., wohl aber nützlich für die politischen Ziele des NS-Regimes.[8] Ihr verblieb nur ein Restbestand an Ideen und Forschungsthemen, wozu eine Beschäftigung mit den Bereichen Staat und Recht nicht zählte. Allerdings gab es einige personelle und programmatische Verbindungen zur ›Akademie für Deutsches Recht‹, etwa durch den auch soziologisch tätigen Rechtsphilosophen Emge, aber ohne dass sich dies vertiefte.

> Carl August Emge (1886–1970) hielt sogar explizit die soziologische Fahne aufrecht, als er an die Mitglieder des richtungsweisenden ›Ausschusses für Rechtsphilosophie‹ in der Akademie schrieb, »die Diskrepanz von soziologischer Wesenhaftigkeit und juristischer Sphäre« sei tragisch und unauflösbar, man müsse aber mit ihr fertig werden, wobei das Wesenhafte nicht zugunsten des Juristischen verschwinden dürfe.[9]

Die prominentesten unter den NS-Sympathisanten waren Werner Sombart und Hans Freyer. Beide hatten bereits bemerkenswerte Bücher vorgelegt; sie amtierten nach 1933 als Präsidenten der Deutschen Gesellschaft für Soziologie, für die allerdings keine Aktivität mehr entfaltet wurde.

7 Vgl. Moebius 2020: 140.
8 Klingemann 2020: 225.
9 Emge 1934: 211.

Werner Sombart (1863–1941) war ursprünglich als Jurist ausgebildet und hatte als Syndikus gearbeitet. 1890 wurde er Professor für Staatswissenschaft in Berlin und veröffentlichte zahlreiche Bücher zur Sozialwissenschaft. In seinen Erklärungen zur Wirtschaftsdynamik räumte er dem Recht einen Platz ein. Die kulturalistischen Kapitalismus-Analysen des Max-Weber-Theoriekonkurrenten wurden weltweit gelesen, stehen aber heute im Schatten seines Schwenks zur konservativen Revolution. Antisemitische Schriften aus später Zeit verdunkeln seine Leistungen und sein Gewicht in den damaligen Diskursen. Vom Nationalsozialismus wurde er zurückgewiesen, denn linientreu war er nicht (u.a. mit einem kulturellen statt biologischen Rassismus). Gleichwohl gehörte er zu den Gründungsmitgliedern der Akademie für Deutsches Recht.

> Einige erhaltene Briefe an Carl Schmitt lassen Sombarts Haltung, Irrtümer und Wandlung erahnen. 1932 hatte er auf den Reichskanzler v. Schleicher vertraut, über den er illusionär behauptete: »Er hat den treuherzigen, dummen Hitler gefangen wie die Maus in der Falle«. 1939 stimmte er Schmitt in der Verteidigung des Staatsbegriffs zu und riet: »Sie sollten aber selbst den unklar-verschwommen-romantischen Begriff ›Volk‹ fallen lassen«.[10] Spätestens 1938 war er mit seinem Buch ›Vom Menschen‹ auf Distanz zum Nationalsozialismus gegangen.

Hans Freyer (1887–1969) wurde zur Leitfigur einer jüngeren Generation von Sozialwissenschaftlern, die sich für den neuen Staat begeisterten. In seinem Buch *Soziologie als Wirklichkeitswissenschaft* (1930) hatte Freyer die Frage des Volkes als das elementare Problem der Soziologie bezeichnet. Konkret wurde der Ansatz in der Figur eines Arbeitsdienstes, in dem junge Arbeiter, Bauern sowie Studenten zusammenfinden und das Ziel eines ›nationalen Sozialismus‹ fördern sollten.

> 1935, er war jetzt Repräsentant einer ›Deutschen Soziologie‹, unternahm es Freyer, seine Disziplin an die »Tradition anzuknüpfen und sie zugleich an die Normen zu erinnern, unter denen ihre Arbeit im gegenwärtigen Deutschland steht«. Dafür durchmusterte er die Klassiker von Herder und Kant über Fichte und Hegel bis zu v. Stein und Treitschke (!) auf ihre »Deutschheit«. Aus der Ideenfolge begründete er die Geschichts- und Nationengebundenheit der Soziologie, die ihrem Zeitalter stets »Normen und Ziele« entgegengehalten habe, entnommen aus dem »Sinn des Volkslebens«. Von einem zeitlosen Begriff der Gesellschaft hielt er nichts. »Es gibt keine ewige Struktur des menschlichen Zusammenlebens.« Anwenden wollte er die Soziologie bei der Überwindung der bürgerlichen, industriellen Gesellschaft, wobei »die Tatsache der *Gemeinschaft* den primären Gegenstand soziologischer

10 Briefe von Sombart an Schmitt v. 27.8.1932, 9.10.1939; in: Sombart 2019: 180, 186; vgl. a. Sombart 1938: 155 f.

> Betrachtung zu bilden habe«. Die normativen Weisungen blieb Freyer allerdings schuldig; er gab nur rudimentäre Hinweise, darunter auf das Führertum, die Gemeinschafts- und Kameradschaftsverbände sowie die »volkhaften Ordnungen«.[11]

Formulierung, Verkündung und Überwachung der nationalsozialistischen Linie des Rechtsdenkens waren der ›Akademie für Deutsches Recht‹ anvertraut. Hier bestand ein ›Ausschuss für Rechtsphilosophie‹, bei dessen prominent beschickter Gründungssitzung am 3. Mai 1934 der ›Reichsrechtsführer‹ Hans Frank ausführte: »Die Seele unseres Rechtslebens soll wieder zurückgeführt werden auf die Gemüts- und Geistesbasis der allgemeinen deutschen Volksüberzeugung und soll sich freimachen von all den Einsplitterungen und Anhängseln fremder Rechtsordnungen. […] Lebensrecht und nicht Formalrecht soll das Ziel sein«.[12] Im Auge hatte Frank vor allem die Rechtspolitik, deren Bindung an die Gesetzesform den revolutionären Impetus hemmte; auch die normativistische Rechtsdogmatik fiel unter sein Verdikt gegen das Formale. Jetzt hätte die Stunde der Soziologie schlagen können. Was mochte Hans Freyer, dem frisch gekürten Präsidenten der Deutschen Gesellschaft für Soziologie, hier durch den Kopf gegangen sein? Im Protokoll war kein Diskussionsbeitrag von ihm vermerkt. Immerhin beruhte sein Konzept von Soziologie u.a. auf der Lebensphilosophie.

> Über die Gründung des Ausschusses für Rechtsphilosophie wurde in der Parteizeitung ›Völkischer Beobachter‹ auf der ersten Seite mit Auszügen aus den Reden von Frank und Rosenberg berichtet. In Briefen v. 8. Mai befragte der Rechtsphilosoph Emge die Teilnehmer, wie der Begriff des Deutschen mit dem Recht in Verbindung zu setzen sei; es ging also weniger um die Methodik juristischer Arbeit als um den völkischen Inhalt. Auch hierzu blieb Freyer stumm.

Beschrieben wird die bereits Mitte 1934 einsetzende Abwendung Freyers, nachdem er vom DGS-Gegner Höhn und von NS-Kontrollstellen als unzuverlässig markiert und sanktioniert worden war. Freyer schrieb nun nicht mehr zur Soziologie; er ließ sich nach Ungarn versetzen und gab sich zweideutig in der Bejahung des Nationalsozialismus, dessen Staat er indessen weiterhin diente.[13] Dieser Rückzug, ohne in den Widerstand zu wechseln, wurde auch bei anderen Reichssoziologen beobachtet.

Tatsächlich hat die kollaborierende ›Deutsche Soziologie‹ sich darum bemüht, das Konzept der ›Gemeinschaft‹ theoretisch zu vertiefen. Nicht weniger als drei Denkschulen etablierten sich dazu; zwei davon wurden von Soziologen dominiert, die auch das ›Deutsche Recht‹

11 Zitate aus Freyer 1935: 117–120, 133, 143, H.i.O.

12 Abgedruckt in Schubert 2019: 47.

13 Vgl. Muller 1986: 301–316.

mitmodellierten: H. Freyer und G. Ipsen in Leipzig, F.W. Jerusalem und R. Höhn in Jena.[14] War das etwa endlich die seit Jahrzehnten ersehnte ›soziologische Jurisprudenz‹? Sowohl personell als konzeptionell mochte das so scheinen (wenngleich niemand es so nannte). Eigentlich aber erscholl hier ein ideologischer Lockruf, der die (verständliche) Sehnsucht nach Ruhe und Geordnetheit zu erfüllen versprach, während ein Anschluss an das damals immer noch prominente Konzept von Tönnies‹ ›Gemeinschaft‹ vermieden wurde. Der Begriff ›Gemeinschaft‹ stand gegen den demokratischen Pluralismus, gegen die parlamentarische Willensbildung, gegen die subjektiven Rechte, auch gegen die rechtlich kontrollierten Einrichtungen des Staates und eine ›Herrschaft des Rechts‹.

> Theodor Geiger hatte bereits 1931 empfohlen, die Soziologie solle einstweilen auf den Gemeinschaftsbegriff verzichten, der von neoromantischem Zivilisationspessimismus zeuge; er werde von der völkischen Bewegung antizivilisatorisch benutzt und sei mit dem Gedanken der ›Bluthaftigkeit‹ aufgeladen worden.[15]

***

Im Rückblick von heute verfallen die Handlungen derer, die 1933 in Deutschland geblieben sind und ihre akademische Arbeit fortsetzten, dem fatalen Generalverdacht des Opportunismus, der latenten Unterstützung und der Konzessionen an den Nationalsozialismus. Als Wertungs- und Meinungssache mag das auf sich beruhen, nicht aber als historisch-empirische These. Wer im nationalsozialistisch gewordenen Deutschland ungeschmälert weiterarbeitete, stand offensichtlich auf keiner der zahlreichen Exklusionslisten (rassistisch, politisch, ideologisch). Welche Zugeständnisse dafür zu machen waren, das stellt sich je nach Forschungsfeld unterschiedlich dar. Da die Anwendung des positiven Rechts sich auf das Gebiet eines bestimmten Staates bezieht, waren Juristen den Vorgaben des NS-Staats geradezu ausgeliefert. Gewisse Möglichkeiten, diese zu unterlaufen, ergaben sich aus der formellen Fortgeltung der allermeisten Gesetze, höchstrichterlichen Urteile und Lehrbücher.

> Der ›Machtergreifung‹ hatten Rechtswissenschaft und -praxis fast nichts entgegengesetzt, der Vertreibung der demokratischen Opposition auch nicht. Gelegenheiten dazu hatte es gegeben; man denke nur an das Patt im Reichsgerichtsprozess zum ›Preußenschlag‹. Die deutschen Juristen – auf den Lehrstühlen, in den Behörden und Gerichten – amtierten 1933 einfach weiter. In der Optik des Doppelstaats (Ernst Fraenkel) gesehen, standen sie vermeintlich auf der legal-legitimen Seite

14 Zu den drei Schulen vgl. Breuer 2002.
15 Vgl. Geiger 1931: 175 f.

geltender ›Normen‹ und ignorierten die mörderische Seite der ›Maßnahmen‹. So gerieten sie kollektiv in die Kollaboration mit einem verbrecherischen System.

Soziologische Autoren mussten auf andere Weise Farbe bekennen, als es Juristen in ihren Konfliktentscheidungen tun. Einige Fachspringer, die ursprünglich rechtswissenschaftlich ausgebildet waren und nun soziologische Themen bearbeiteten, identifizierten sich stark mit dem Nationalsozialismus, so etwa Franz Wilhelm Jerusalem und Reinhard Höhn. Zu den Vertretern einer ›deutschen‹ Soziologie, dazugehörig Max Rumpf, bemerkte ihr Zeitgenosse Alfred von Martin: »Bei ihnen allen hat man das Gefühl, dass sie nur mit halbem Herzen, wenn auch schließlich mit verdrehtem Kopfe bei den Nationalsozialisten landeten«.[16] Wer als Soziologe in NS-Deutschland verblieb, musste sich arrangieren und zahlte einen Preis. Selbst Theodor Geiger, noch 1932 aktiv NSDAP-kritisch und von dieser bekämpft, hatte sich im Frühjahr 1933 als der »deutschen Volkssoziologie« von Freyer, Rumpf u.a. zugehörig erklärt, emigrierte aber wenige Monate später.[17]

Die aus den vorhergehenden Jahrzehnten herübergekommenen Konzepte ›Soziographie‹ und ›Volkskunde‹ waren zunächst noch etwas anderes als die neue ›völkische Soziologie‹, die sich vom Bild einer individualistischen, bürgerlichen und jüdischen Soziologie absetzen wollte. Völkisch zu denken bedeutete den Abschied an universalistische Aussagen. Damit wurde die Soziologie in eine Richtung gelenkt, in der sie dem neuen Staat diente, ohne ihn zum Forschungsgegenstand zu machen. Sie konnte das politische Leben dann mitgestalten, wenn sie die kulturellen Seiten der Gesellschaft untersuchte, also das Werden von Gemeinschaft und Volk. Auch dies war geeignet, juristisches Entscheiden zu instruieren.

Die bruchlose Denkbahn des Max Rumpf durch vier Regimes

Wie die Weimarer Rechtskultur durch den Nationalsozialismus so schnell zerstört werden konnte, das illustriert vielleicht eine einzelne Denkbiographie, die in der ersten Hälfte des 20. Jahrhunderts spielt und sowohl Jurisprudenz als auch Soziologie umfasst. Wir sehen eine intellektuelle und berufliche Karriere, die vom Kaiserreich bis in die Bundesrepublik reichte und dabei jeden Verfassungswechsel unbeschadet überstand. Dieses Gleiten von einem zum nächsten, zudem höchst

16 Zitiert bei Lepsius 2017: 55.

17 Meyer 2001: 124.

verschiedenen Politiksystem imponiert und bietet sich zur Interpretation an: Die deutsche Gesellschaft und der Großteil ihres leitenden Personals blieben gleich, wiewohl sich die jeweiligen Verfassungen grundlegend wandelten und epochale Katastrophen eintraten. Die Kontinuität gründete in kollektiven Mentalitäten, ökonomischen Verhältnissen und sozialen Milieus.

Als Exempel dafür steht hier *Max Rumpf* (1878–1953), heute fast vergessen, aber damals sehr umtriebig und durchaus beachtet. Als anfangs Oldenburger Landgerichtsrat verfügte Rumpf über Prozesserfahrung und damit über genügend Anregung, eine juristische Habilitation zum Thema ›Gesetz und Richter‹ (1906) zu schreiben, worin er sich an die Seite der Freirechtsschule stellte. Er hob die Spielräume beim Entscheiden hervor sowie den Einfluss persönlicher Werturteile.[18] Hinfort wurde er dieser Richtung zugeschlagen, wogegen er sich nicht verwahrte. Später behauptete er zum Freirecht: »Diese Bewegung *hat* sich heute bereits durchgesetzt«, bezogen auf die »Vermittlung zwischen abstraktem Gesetz und lebendigem, sich wandelndem Leben«. Er akzeptierte und integrierte Eugen Ehrlichs Konzept vom ›lebenden Recht‹.[19]

> Rumpf kontrastierte immer wieder hier die ›herkömmliche Jurisprudenz‹, welche die abstrakten Rechtsnormen erforscht, dort die ›Vollrechtswissenschaft‹ zu den »Tatsachen des gegenwärtigen (oder vergangenen) deutschen (oder ausländischen) Soziallebens, so wie dies unter der Herrschaft jener abstrakten Rechtsnormen steht«. Auf diese Weise vermengte er das dogmatische mit einem sozialbezogenen Denken. »*Vollrechtlich* nennen wir [...] diejenige Betrachtungs- und Arbeitsweise in der Jurisprudenz, die das gegenwärtige deutsche Sozialleben als ein Stück lebendes Recht, als einen großen ineinander verflochtenen individuellen Zusammenhang auffasst. [...] Und wie hinsichtlich der Realien, der Tatsachen, so auch bezüglich der Normen«. Rumpf deklinierte diesen Methodenansatz für eine lange Reihe von Rechtsfiguren aus den Bereichen Wirtschaft und Privathaushalt einzeln und ausführlich durch. »Die Gesellschaft ist auch zur Fundierung des Wirtschaftsrechts unentbehrlich.« Die Rechtswissenschaft habe als Sozialwissenschaft »zugleich das Recht und die Pflicht mitzubauen an der Soziologie«. Wie unklar die Methodik auch sein mochte, so interessant war sein Postulat der wechselseitigen Verflechtung der beiden inzwischen getrennten Fächer.[20]

Als Hochschulprofessor in Mannheim lehrte Max Rumpf Zivilrecht, ab 1927 zusätzlich Soziologie – eine kuriose Koppelung innerhalb der Lehrstuhlbezeichnung, die wohl auf seine Beschäftigung mit Hermann

18 Rumpf 1906: 18–28, 32, 97, 110.
19 Rumpf 1922: 153, 159; 1924: 40.
20 Zitate bei Rumpf 1922: 163, 160, 162, 190.

Kantorowicz zurückging. Um von dem »systematisch wenig befriedigenden Positivismus« wegzukommen, suchte Rumpf »nach neuen sachlichen Zusammenhängen und nach einer neuen, fruchtbaren, sachlichen, ›natürlichen‹, Systematik in Recht und Rechtswissenschaft«. Zur »Vollrechtswissenschaft«, über die dogmatische, formale Dimension hinaus, werde die Jurisprudenz mit der Soziologie; erst jetzt werde sie zur Wissenschaft, zur strengen Theorie.[21] In seiner programmatischen Antrittsrede als »Professor für Bürgerliches Recht und Privates Wirtschaftsrecht« in Nürnberg sagte er: »Die Rechtswissenschaft ist teils eine Sozialwissenschaft, teils eine Kulturwissenschaft«, blieb aber methodologisch vage und beschwor Lebensnähe, Wirklichkeitsgehalt und Tatsachenrespekt, um die Isoliertheit der Jurisprudenz zu überwinden.[22]

Später wandte sich Rumpf mehr und mehr der *Soziographie* zu, einer damals nicht ungewöhnlichen Version der ihre Fachidentität noch suchenden Soziologie. Die Soziographie war eine seit 1913 bestehende Richtung, mit der vor allem empirisch-statistische Analysen betrieben wurden, in Deutschland auch von Ferdinand Tönnies und Theodor Geiger vertreten. Die Soziographie stand unter einem gewissen Verdacht des Undeutschen, weil statistische Exaktheit als ein Ideal der anglo-amerikanischen Sozialwissenschaft galt.[23] Auf dem Soziologentag 1930 skizzierte Rumpf das Verhältnis zwischen Soziographie, Volkskunde und Soziologie, alle drei vereint als »gemeine Volkssoziologie«.[24] Sein Paradigma war das bäuerliche und gemeindliche Leben; daneben widmete er sich auch den Verhältnissen in der Großstadt. Mit dieser Positionierung gelangte er weitgehend problemlos in das Dritte Reich, das der akademischen Soziologie nun einmal skeptisch bis ablehnend gegenüberstand. 1933/1934 stieß seine ›Volkssoziologie‹ noch auf Bedenken von Ideologiewächtern im Amt Rosenberg – als zu empirisch-soziologisch und zu wenig rassebewusst. Rumpf nahm sich aus der Schusslinie und konnte ungestört weiterarbeiten.[25]

> Im Sommer 1933 erschien sein Buch über ›Politische und soziologische Staatslehre‹; hier propagierte er »eine grundsätzliche konkrete und damit nationale, auf das Hier und Jetzt unseres Deutschland der Gegenwart gerichtete Staatslehre«.[26] Im November 1933 unterzeichnete er mit einigen anderen Soziologen das »Bekenntnis deutscher Professoren zu Adolf Hitler und dem nationalsozialistischen Staat«. 1934 initiierte er »in Verbindung mit der Deutschen Gesellschaft für Soziologie«

21 Rumpf 1924: 41 f.
22 Vgl. Rumpf 1929: 7, 27–31.
23 Vgl. Meyer 2001: 124.
24 Rumpf 1930: 222.
25 Vgl. Klingemann 1993: 122 f.
26 Rumpf 1933: 7.

ein Periodikum »Volksspiegel. Zeitschrift für deutsche Soziologie und Volkswissenschaft«, das aber beim Sicherheitsdienst (SD) als gefährlich galt und sich nicht etablieren konnte.[27]

Über ›Soziologie‹ äußerte sich Rumpf nun kaum noch, obwohl er als »Soziologe und Volkskundler« firmierte.[28] Mit einer Gruppe von Gleichgesinnten, man könnte sagen: Freyer-Anhänger, ›versöhnte‹ er die Soziologie mit dem Nationalsozialismus, indem er sie um die individualisierende Dimension beschnitt und auf Beschreibungen zum Volkskollektiv verkürzte; von Handlungs- und Gesellschaftstheorie blieb danach kaum etwas übrig. Von ihm erschienen nun umfangreiche Studien ethnographischer Art über Dorf und Land, darunter 1936 »Deutsches Bauernleben«. Das populärwissenschaftlich angelegte 900-Seiten-Werk schilderte alle Aspekte des sozialen Lebens auf dem Lande in einem unangenehm altertümelnden und im Schlusskapitel auch nationalsozialistisch durchtränkten Ton. Rumpf wollte aber ein ›Soziologe‹ sein. 1944 setzte er sich von einer Soziologie ab, die sich mit Individualismus ›liberalistischer‹ oder mit Sozialismus jüdisch-marxistischer Prägung leichtfertig eingelassen habe; stattdessen empfahl er die eigene ›deutsche Volkssoziologie‹.[29] Nach 1945 kam der bereits emeritierte Autor mit alldem davon, konnte sogar noch in der damals sehr konservativ geführten *Sozialen Welt* – später das Blatt eines Ulrich Beck und Armin Nassehi – etliche Besinnungsaufsätze publizieren.

Max Rumpf dürfte sich in der NS-Zeit wissenschaftlich am wohlsten gefühlt haben, auch weil er jetzt seinem Thema – Soziographie des Volkes – ungehemmt frönen konnte. Er lieferte das Exempel eines Sozialwissenschaftlers, der unter allen vier Regimes vom Kaiserreich bis in die Bundesrepublik mithalten, ja ›oben schwimmen‹ konnte, als hätte es keine Umbrüche gegeben – ein denkgeschichtliches Rätsel. Dabei lässt sich seine Themenwahl nicht einmal als opportunistisch bezeichnen, hatte er doch von Anfang an theoretisch auf ›das Volk‹ statt auf ›die Gesellschaft‹ gesetzt.

So schon 1910 in der populär-rechtskundlichen Publikation ›Volk und Recht‹. Nur wenn man Rumpfs Methodenideen von 1929, mit ihrem Bezug auf die Volkskunde, isoliert und ohne Bezug zu den damaligen Strömungen in den Sozialwissenschaften betrachtet, kann man ihn »in die »Nähe der nationalsozialistischen Ideologie« rücken.[30] Allerdings wäre es ebenso naheliegend wie unzutreffend, diese Spielart der Bestimmung einer Soziologie als prä- oder kryptofaschistisch einzuordnen. Die Absage an Begriffssystematik und Nomothetik, die Wendung zum Idiographischen

27 Vgl. Klingemann 2009: 149 f.
28 Vgl. Rumpf 1936: X.
29 Vgl. Klingemann 2020: 31 f.
30 Wie aber Rottleuthner 2017: 252.

gehören zu den ewigen Versuchen, der Sozialwissenschaft eine forschungsleitende Grundorientierung zu verleihen. ›Volkskunde‹ als akademisches Fach gab es später auch in der demokratischen Bundesrepublik, und die gleichbedeutende, aber vornehmere Bezeichnung ›Ethnographie‹ forderte das überkommene Soziologieverständnis heraus.

Bei allem Abscheu gegenüber dem Terror und Morden des NS-Regimes sollte nicht unbeachtet bleiben, dass die prinzipiellen und methodologischen Debatten sich auch im ›Dritten Reich‹ fortsetzten, zwar in einer radikal ausgedünnten Gruppe und mit ideologischen Vorgaben, aber nicht ohne interne Differenzen.

Ähnlich wie Max Rumpf war Franz Wilhelm Jerusalem (1883–1970) von der Jurisprudenz zur Soziologie gelangt, entwickelte eine auf das Konzept Gemeinschaft aufbauende Theorie und kam damit durch alle politischen Verhältnisse seiner Zeit. 1933 positionierte er sich auf der nationalsozialistischen Linie, kritisierte aber wissenschaftlich seine Gesinnungsgenossen.[31]

Gustav Radbruch als Antipode

Es mag unfair sein, Max Rumpf einem Wissenschaftler größeren Kalibers wie Gustav Radbruch gegenüberzustellen, der ebenfalls unter allen vier Regimes gearbeitet hat. Aber es bedurfte eben intellektueller und charakterlicher Substanz, um dem Lockruf des nationalsozialistischen Aufbruchs zu widerstehen. Beide hatten im reformjuristischen Lager begonnen und sich mit der Soziologie beschäftigt, was die Kontrastierung sinnvoll macht, auch ohne einen Vergleich anzustellen.

Gustav Radbruch (1878–1949) war, wie in den früheren Kapiteln dargestellt, in allen Diskursphasen seit 1900 präsent. So sehr sich der Rechtsphilosoph von einer expliziten Erörterung unseres Themas ferngehalten hat,[32] so indirekt bedeutsam war er für den Diskurs. Vor allem gilt dies für die Unterstützung von *Gnaeus Flavius*/Kantorowicz bei der Kampfschrift von 1906 (vgl. Kap. 2).[33] Um einen der vielen weiteren Beiträge zu nennen, hatte er 1920 als Professor in Kiel Hermann Heller (Kap. 5) habilitiert. Auch gehörte Radbruch zu den frühen Mitgliedern der Deutschen Gesellschaft für Soziologie.[34] Neben der personellen Unterstützung ging ein entscheidender theoretischer Impuls von ihm aus, der sich nicht zuletzt dem Kontakt zur Person und Lehre

31 Vgl. Rottleuthner 1989: 317–320; Klingemann 2009: 125–132.

32 Wie bereits in Kap. 6 erwähnt.

33 Vgl. Carter 2006.

34 Vgl. Dörk 2018: 830.

von Max Weber verdankte.[35] Indem er das dualistische Dogma des Neukantianismus zur Triade modifizierte, grundierte er Ansätze, dass juristische Schlüsse normativ auf soziologische Erkenntnisse zugreifen dürfen. Die Bezugnahme auf das ›Soziale‹ verbarg sich in seiner schon früh formulierten und dann immer weiter ausgearbeiteten These vom Recht als ›Kulturerscheinung‹. Damit konnte er nun einen direkten Bezug zur Soziologie von Max Weber herstellen, den er an verschiedenen Stellen seiner ›Rechtsphilosophie‹ anführte. Der behutsam vorgehende Radbruch formulierte oft mehrdeutig, womit er auch einander widersprechende Positionen bedienen konnte.[36] An der überparteilich klingenden Radbruchschen Rechtsphilosophie störte sich (außer Hans Kelsen) kaum jemand.

Die Nationalsozialisten entfernten Radbruch, den sozialdemokratisch profilierten Rechtspolitiker, als einen der ersten bereits im April 1933 vom Heidelberger Lehrstuhl (nicht ohne Bezüge). Publizieren konnte er nun fast nur noch im Ausland, blieb aber im Land und verlegte sich auf rechts- und kunsthistorische Studien; man ließ ihn in Ruhe. Die Freundschaft mit Kantorowicz wurde 1935 während eines Forschungsjahres in Oxford noch einmal belebt; beide begeisterten sich für die englische Rechtskultur und schrieben Bücher darüber – fehlt hier doch die breite Kluft zwischen dogmatischer und sozialwissenschaftlich informierter Rechtsbetrachtung.

Soziologisches Rechtsdenken als Wegbereiter des NS-Rechts?

Die Suche nach den Ursachen des Umbruchs von 1933 und der folgenden Katastrophe hat alle Denkschulen auf den Prüfstand gestellt; den meisten wurden direkte oder mittelbar-unbeabsichtigte Beiträge nachgewiesen. Freirechtslehre und soziologische Jurisprudenz hatten die Gesetzesbindung relativiert, der Rechtspositivismus hatte sie übertrieben. Alle drei standen nun unter Verdacht; für eine Anklage reichte es allerdings nicht aus, angesichts der manifesten Gewalt und des simplen ideologischen Unterbaus im neuen Regime. Es blieb allerdings die Frage, ob einige Ideen zur soziologischen Jurisprudenz dem nationalsozialistischen Rechtsdenken in die Hände gespielt bzw. es vorbereitet haben.

Nur gelegentlich wurde das konkrete Ordnungsdenken als »soziologisch-politischer Positivismus« bezeichnet, weil hier das Recht einer gesellschaftlichen Realität entsprechend aufgebaut werde.[37] Doch nicht die gegebene

35 Zum ›Heidelberger Geist‹ vgl. Radbruch 1952: 65.
36 Vgl. dazu Aydin 2020: 67 f.
37 So der in der frühen Bundesrepublik prominente Verfassungsrechtler, Gerhard Leibholz 1961: X.

Wirklichkeit hatte nach 1933 das Recht gestaltet, sondern umgekehrt: Ein neues Regime formierte die Gesellschaft nach ihrer Ideologie.

Überraschend mussten sich die Vertreter einer soziologisierten Jurisprudenz vorhalten lassen, sie hätten ungewollt der nationalsozialistisch getrimmten Jurisprudenz den Weg geebnet. Ein erklärter Dogmatikverteidiger erlaubte sich den als Argument getarnten Scherz, Kantorowicz habe »im Grunde« und »gewiss im Unschuldsstande« die Richterrolle nicht anders definiert als Carl Schmitt oder Roland Freisler.[38] Die Kritik am Gesetzespositivismus habe es erleichtert, den Rechts- zum terroristischen Maßnahmenstaat zu pervertieren. Davon getroffen wurden die primär von jüdischen Wissenschaftlern getragenen Methodeninnovationen der Freirechtslehre und sogar der explizite Nazi-Gegner Hermann Heller. Die Unterstellungen behaupteten weder Mitursächlichkeit noch Verantwortung, wohl aber die gedankliche Nähe einzelner Argumentationslinien.

Dies geschah vonseiten der emigrierten Frankfurter Schule, die damals noch marxistisch dachte und hier gegen eine andere, politisch ›links‹ stehende Schule hielt, die sich dem Marxismus verweigert hatte. Man könnte es als einen jener altvertrauten innerlinken Flügelkämpfe abhaken, wenn der Vorwurf nicht hängen geblieben und bis heute wiederholt worden wäre. Bezeichnenderweise klopfte man nicht an die eigene Brust, sondern verwies auf die Rivalen im antifaschistischen Lager.

Eine einzelne rechtstheoretische Position wurde hier zum mitwirkenden Kausalfaktor einer welthistorischen Wende ernannt. Beim längst nicht versiegten Interesse, das Ende des Weimarischen Rechtsstaats zu erklären, kann der Blick auch auf eine einzelne Idee fallen, wenngleich die NS-Usurpation auf ganz anderen Faktoren – vor allem die Schwäche der Demokratie und die eingesetzte physische Gewalt – aufbaute. Könnte das Programm einer wirklichkeitswissenschaftlich orientierten Rechtsmethodik eine Tür für den terroristischen Maßnahmenstaat geöffnet haben? Im Eifer, sich vom nationalsozialistischen Rechtsdenken zu distanzieren – wohlgemerkt: Jahrzehnte danach – ging man »den Voraussetzungen dieser Lehre in der sogenannten Freirechtsbewegung« nach und bemühte sich um den Nachweis, Eugen Ehrlich und Hermann Kantorowicz hätten der Rechtsfeindlichkeit des Nationalsozialismus den Weg gebahnt.[39]

»Höchster zu Schöpfertum befähigender Bezugspunkt des Richters war ihnen zufolge die von geschichtlichen Willenskräften geformte gesellschaftliche Wirklichkeit selbst, nicht der einer abgelebten Vergangenheit angehörende Buchstabe des Rechts.« Wenn sich Behrends gegen Ehrlich und Kantorowicz wandte, so focht er hier erkennbar einen

38 Behrends 1989: 70.
39 So Behrends 1989: 70; die folgenden Zitate: 37, 64–70.

Strauß mit anderen Vertretern der Romanistik (d.i. die Lehre des Römischen Rechts und seiner Rezeption) aus und nutzte dazu die NS-Nähe als Waffe. Die Diskursfelder vertragen sich nicht miteinander. Auch ideengeschichtlich klafft zwischen den Zeitpunkten 1906 und 1934 eine unüberbrückte Lücke, weswegen Behrends‹ Argument historisch nicht stimmen kann. – Sodann hieß es, die nationalsozialistische Terminologie vom Gesunden Volksempfinden sei zumindest teilweise durch das Freirecht vorweggenommen worden. Das wurde durch Wortgleichheiten, aber kontextfrei an Kantorowicz (1911) demonstriert[40] – auch dies eine eigenartige ›historische‹ Argumentation.

Der Hitlersche Machtantritt war ein politischer, von juristischen Erwägungen ungeleiteter Akt. Vorangegangen war im Juli 1932 die verfassungsrechtlich fragwürdige Absetzung der ›roten‹ preußischen Regierung durch das bereits deutschnational geführte Reich, womit eine entscheidende Gegenkraft ausgeschaltet wurde. Wie bereits erwähnt, kämpften im Prozess vor dem Staatsgerichtshof in Leipzig mit u.a. Hermann Heller und Carl Schmitt zwei Exponenten gegensätzlicher Rechtstheorien miteinander. Dass die gewählte Prozessstrategie nicht verfing und das Gericht die Notverordnung des Reichspräsidenten an der maßgeblichen Stelle in Kraft beließ, war keine Folge der Heller'schen Rechtstheorie. Dort war die Sinnleere des Gesetzespositivismus angeprangert worden, aufgrund deren das formale Recht weitgehend widerstandslos in den Dienst des Nationalsozialismus gestellt werden konnte.

Wenn das Wirksamwerden einer Idee (wie der soziologischen Jurisprudenz) behauptet wird, muss die Gesamtsituation betrachtet werden. Im vorangegangenen Fall der Inflationskrise von 1923 hatte die juristische Herausforderung im Tatsächlichen gelegen: Kriegsereignisse und Wirtschaftsentwicklung hatten unerwartete ökonomische Verhältnisse geschaffen, deren rechtliche Seite zu bewältigen war; hier konnten sozialwissenschaftliche Überlegungen weiterhelfen. Ganz anders das ›Dritte Reich‹, das die politischen Grundwertungen verdrehte und veränderte Beurteilungsmaßstäbe schuf, für deren Anwendung keine Sozialwissenschaft bereitstand.[41] Der (oft unausgesprochene) Hintergrund der Wertüberzeugungen unterschied die Richtungen der soziologischen Jurisprudenz von den Adepten des konkreten Ordnungsdenkens.[42] Damit konnte soziologisches Denken noch in die Weimarer Jurisprudenz einsickern, wurde aber nach 1933 radikal ausgeschlossen.

Nach allem erscheint es wenig plausibel, dem Vorschlag auf eine sozialwissenschaftlich zu orientierenden Rechtsdogmatik die Schelle eines

40 Meder 2019: 538.

41 Diesen Unterschied zwischen den beiden Perioden zeigt sehr klar Bernd Rüthers 1968/2022: 111–117.

42 Schmidt 2016 b: 135.

NS-Wegbereiters umzuhängen. Als ideengeschichtliche These mag das ein erst zu prüfender Anfangseinfall sein. Für eine politikhistorische These müsste eine Art von Kausalität, wie vermittelt auch immer, hergestellt werden. Die Nazis formulierten und besaßen jedoch keine philosophische Grundlage für ihr Handeln, sodass eine Wirkmächtigkeit der freirechtlichen Ideen hier ausscheidet.[43] Die juristische These verbleibt auf der hypothetischen Ebene einer rein gedanklichen Verknüpfung, wie sie in rechtsdogmatischer Argumentation geläufig ist, ohne dass damit eine historische Aussage getroffen werden will oder könnte.

Öfter und radikaler als in jedem anderen westlichen Land haben sich im 20. Jahrhundert in Deutschland die politischen Grundordnungen umgewälzt, ohne dabei die Kontinuität einer nationalen Identität aufzugeben: 1919, 1933, 1945, 1949 und 1990. Die auf den Umbruch folgende Zeit wurde jedes Mal durch juristisches Handeln organisiert und bewältigt. Bei weitgehend gleichbleibenden Normtexten – nach 1933 blieb die Weimarer Reichsverfassung im Wortlaut unangetastet, wurde aber nach dem ›Ermächtigungsgesetz‹ mehr und mehr ausgehöhlt – stammte die leitende Orientierung aus der jeweils neuen Wertordnung, nicht hingegen aus methodologischen Erwägungen wie einer ›Materialisierung‹ oder gar Soziologisierung des Rechtsdenkens. Alle Versuche, das juristische Mitwirken im nationalsozialistischen Regime aus schlechten Theorien zu erklären, verdeckt bloß die politische Schande der Demokratiefeindlichkeit und des Antisemitismus in der damaligen Profession, vom Referendar bis zur akademischen Prominenz. Keine sonstige der Sozialwissenschaften hat dem neuen Regime in auch nur annähernd so ergebener Flexibilität gedient. Auf einem anderen Blatt steht es, wenn der Normativismus gewisse Grenzen setzte, die dem auf bedingungslose Gefolgschaft erpichten ›Führer‹ immer noch Verachtung abnötigten; allerdings haben jene Grenzen der äußerlich beachteten Rechtsform kaum einen Terrorakt verhindert.

Der interdisziplinäre Diskurs erlosch

Der Exodus der den Diskurs bislang antreibenden Autoren setzte der Methodenentwicklung ein Ende; denn der mit soziologischen Bezügen sympathisierende Diskursflügel wurde umgehend abgestoßen. Emigriert waren fast alle in den Kapiteln 5 und 6 erwähnten Rechtswissenschaftler; im Ausland arbeiteten sie an ihren Themen weiter, so gut das unter den veränderten Umständen noch möglich war. Wer Deutschland verlassen hatte, musste sich umorientieren, etwa auf eine ganz andere Rechtsordnung oder ein neues Fach. Die deutsche Methodendiskussion interessierte woanders nicht.

43 Vgl. Curran 2001: 87–90; Joerges 1994: 172, 185.

Otto Kahn-Freund studierte erneut und wurde britischer Arbeitsrechtler. Ernst Fraenkel forschte in den USA. Otto Kirchheimer arbeitete für die amerikanische Regierung. Franz Neumann studierte erfolgreich Politikwissenschaft. Hermann Heller starb schon Ende 1933 in Madrid. Dem Konnex zwischen Rechts- und Sozialwissenschaften nahe blieben Hermann Kantorowicz (gest. 1940) und Hugo Sinzheimer (gest. 1945); ihre einschlägigen Arbeiten wurden erst spät ins Deutsche übersetzt.

Die früheren Schriften der Vertriebenen waren zwar in Deutschland weiterhin greifbar – aber wer hätte sich hier mit ihnen beschäftigen wollen? Der rechtswissenschaftliche Hauptstrom dürfte es zufrieden gewesen sein, auch wenn Stoßseufzer der Erleichterung höflicherweise nicht vernehmbar wurden, sondern als Bekenntnis zum Neuen Staat daherkamen. Wie gern man diese Debatten losgeworden war, zeigte sich indirekt in den überaus abfälligen Bemerkungen gegen einen angeblich jüdischen Charakter bisherigen Rechtsdenkens. So verstummten die Stimmen, die für eine soziologische Anreicherung der juristischen Arbeitsweise plädiert hatten.

Die Soziologie verlor die Mehrzahl ihrer akademischen Fachvertreter und wandelte ihren Inhalt.[44] Die Folgen würden weit über das Jahr 1945 hinausreichen. Der Exodus der Einzelnen, aus rassistischen oder politischen Gründen, veränderte den Diskurs im Ganzen.

Die NS-Ideologie forderte auch eine Nivellierung und Neuausrichtung des Rechtsdenkens. Anfänglich blieb das Verhältnis zwischen den Fachdisziplinen Rechtswissenschaft und Soziologie so offen und prekär, wie es vorher gewesen war. Obwohl man sich längst voneinander abgewandt hatte, bestand die historisch und sachlich begründete Verkettung weiterhin. Diese äußerte sich zunächst noch in kleinen Ereignissen, die vielleicht nur anekdotischen Wert hatten, und verlor sich dann.

Einige diskursbestimmende Juristen wie Carl Schmitt und Otto Koellreutter ließen sich in Kürschners Gelehrtenkalender von 1935 als ›Soziologe‹ bezeichnen. Von 1933 bis 1935 erlebte die Deutsche Gesellschaft für Soziologie einen rätselhaften Zulauf an Mitgliedern, zumal von Juristen mit Affinität zum NS-Regime. Im Hintergrund stand hier wahrscheinlich »das abstrus anmutende Anliegen von Hans Freyer, die DGS der Akademie für Deutsches Recht einzugliedern«; das Anliegen scheiterte, und die Juristen gaben ihr Engagement auf.[45] Fünf Jahre später bestanden nur noch zwei Doppelmitgliedschaften zwischen DGS (57 Namen) und der Rechtsakademie.[46] – Der ›Ausschuss für Rechtsphilosophie‹ in der ›Akademie für Deutsches Recht‹ hätte ein Ort für

44 Über die Wege der deutschsprachigen Soziologie nach 1933 – in der Vertreibung, im Verbleib, beim Mitmachen – berichtet Stephan Moebius 2020: 100–141.

45 Rammstedt 1986: 98. Vgl. a. Rottleuthner 1989: 309 f.

46 Vgl. die (unvollständige) Liste bei Rammstedt 1986: 99–105.

die Diskursfortführung sein können. In einem Brief an die Mitglieder erwähnte Carl August Emge unter den Themen »für die erst zu erarbeitende rechtsphilosophische Grundlage« die »Beziehung von Soziologischem zu Juristischem«.[47] Dies scheint nicht gezündet zu haben.

Später hat man bezweifelt, ob das, was nach 1933 in NS-Deutschland als ›Recht‹ praktiziert wurde, überhaupt als Recht verstanden werden könne – oder ob es dies bloß in einem nominellen, vielleicht gar missbräuchlichen Sinne gewesen sei. Ähnliche Debatten sind zur Einordnung der DDR als ›Unrechtsstaat‹ geführt worden. Solche Formeln eines Entweder-Oder belebten den Diskurs, ohne selber schon eine Erkenntnis zu vermitteln, die wohl nur mit einem gradualisierenden Blick und ohne verdammende Emphase zu gewinnen ist.

Während Franz Neumann dem NS-Reich die Rechtsstaatsqualität rundherum absprach,[48] beschrieb Ernst Fraenkel bereits in den späten 1930ern das Nebeneinander von normgebunden-rechtsstaatlichem und maßnahmenorientiert-terroristischem Staatshandeln.[49] Verwaltungsbehörden und Justiz arbeiteten in den Jahren 1933–1945 weiter, ebenso die Jurisprudenz, und die Fortwirkung der damals entstandenen Literatur für weitere Jahrzehnte bewies ihre (fragwürdige) Lebendigkeit.

Das Verhältnis zwischen Recht und Politik gehört zu den ewig umstrittenen Themen. Nach 1945 befreite sich die deutsche Juristenschaft vom Vorwurf der Kollaboration mit dem Nationalsozialismus, indem sie behauptete und selber glaubte, man habe unpolitisch gedacht, gelehrt und judiziert. Dieses Problem zu klären bleibt Aufgabe der Rechtspolitologie.

An die Stelle von Individualismus und Gleichheit sollten im Nationalsozialismus Volk und Gemeinschaft treten. Ironischerweise hätte nunmehr die Soziologie die Rechtsdogmatik ersetzen müssen; doch blieb die Anrufung der Gemeinschaft eine bloße Worthülse, mit der die Alleingeltung eines Führerwillens überdeckt wurde, der nicht nur ganze Bevölkerungsteile schon jetzt vertrieb und später auch tötete, sondern auch die physische Existenz der Gesamtbevölkerung im kommenden Krieg aufs Spiel setzte. Der braunen Jungintelligenz mochten die (selbst-) mörderischen Konsequenzen nicht immer bewusst sein (obwohl sie bereits geschrieben standen); es hemmte ihre begeisterte Aufbruchsstimmung nicht.

Gerade weil keine typisch nationalsozialistische Rechtsmethodologie entwickelt wurde, konnten die alten Kontroversen um Freirecht,

47 Vgl. Wildenauer 2023: 187.

48 Kritisch dazu Meierhenrich 2018: 27–53.

49 Die Urfassung seines Buchs ›Der Doppelstaat‹ schrieb er bereits zwischen 1936 und 1938, als die einzige damals innerhalb von Deutschland entstandene empirisch gestützte und theoretisch argumentierte Analyse zur nationalsozialistischen Herrschaft. Vgl. Brünneck 2000: 29 f.

Begriffs- vs. soziologische Jurisprudenz usw. als obsolet behandelt werden, weil ja eben alles neu gemacht wurde und in der großen Einheit von Volk und Gemeinschaft aufging. Gestritten wurde gleichwohl, nur aus meist taktisch-karrieristischen Motiven und um die bessere Übereinstimmung mit der (durchaus unklaren) nationalsozialistischen Doktrin.

Seit Mitte der 1930er Jahre, also bereits vor dem alles ändernden Krieg, ließen die Bemühungen um eine eigenständige, neue und NS-orientierte Rechtswissenschaft nach, ohne dass das Ziel explizit aufgegeben worden wäre. Die Akteure fügten sich schrittweise in den (allerdings zeitgemäß veränderten) Traditionsstrom der juristischen Argumentation und Rechtsdogmatik wieder ein (was sie nach 1945 die Entnazifizierung glimpflich überstehen ließ und ihre Weiterbeschäftigung gesichert hat). Ein soziologisch instruiertes Rechtsdenken erlebte allerdings noch lange keine Renaissance. Offenbar gelang es dem juristischen Methodenkanon noch immer, von außen kommende Reformversuche jeglicher politischer Provenienz abzuwehren und die Fachgemeinschaft beieinander zu halten.

Das NS-Regime steuerte planvoll auf den Krieg zu und eröffnete ihn. Das rechtstheoretische Denken, das den anfänglichen Schwung einer nationalsozialistischen Begeisterung schon weitgehend eingebüßt hatte, kam jetzt tatsächlich zum Stillstand; nur die Not wurde noch verwaltet. Der Zusammenbruch 1945 brauchte Jahre, um als Befreiung begriffen zu werden. Das 1940er Jahrzehnt hat die Idee des Sozialen in den Hintergrund gedrängt: Ein gesellschaftlich erzeugtes Recht – sei es legislativ gesetzt oder außerinstitutionell entstanden – geriet unter den Schirm überpositiver, also philosophisch-weltanschaulich begründeter Werte, prononciert auch bei Gustav Radbruch. Diese Schleife in dem von Max Weber beschriebenen Rationalisierungspfad im Recht, der erst lange nach Gründung der westdeutschen Bundesrepublik wieder betreten wurde, gehört zu den Nachwirkungen der nationalsozialistischen Ära.

Welche Konsequenzen der nationalsozialistische Umsturz für das Rechtsdenken der Bundesrepublik gehabt hat, ist immer noch schwer zu entscheiden. Durch die personelle Kontinuität ergab sich eine intellektuelle Fortsetzung, die zumindest im Einzelfall gut zu belegen ist. So hat Heinrich Lange nach Wiedererlangung einer Professur in Bezug auf die Zivilrechtsmethode und -dogmatik »auf entscheidenden Feldern dieser Arbeitsbereiche die Ansätze weiterverfolgt, die er bereits vor 1945 formuliert hatte«.[50] Ob die dergestalt durchgehaltenen Ansätze ›typisch nationalsozialistisch‹ waren, muss nicht entschieden werden, waren sie doch im Geiste des NS-Regimes entstanden. Inwieweit nun die Kontinuierungskräfte das Verdrängen und das Annihilieren der Soziologie im Methodendiskurs auch weiterhin bewirkten, wird im Folgenden untersucht.

50 Wolf 1998: 89 f.

Diskursphasen in der Bundesrepublik

Kap. 9
Die Kargheit der frühen Bundesrepublik

Spätestens nach dem Interregnum der Besatzungszeit und unter dem Schutzschild untadeliger Politiker wie Konrad Adenauer und Kurt Schumacher waren fast sämtliche Altkräfte wieder da: auf den juristischen Lehrstühlen sowie in den Ministerien, Gerichten, Behörden und Anwaltskanzleien. Im Erfolgsgefühl des gelingenden Wiederaufbaus erlebte man glückliche Jahre – trotz erlittener Verluste. Im selben Tempo und mit fast identischem Personal, mit dem der Nationalsozialismus den Rechtsstaat zerstört hatte, wurde nunmehr aus den Trümmern das Paradox eines fortbestehenden Deutschen Reichs erschaffen, in den engen Grenzen der Bundesrepublik von 1949.

Die antizivilisatorischen Erfahrungen der NS-Diktatur haben die Wiederbelebung der Rechtsstaatlichkeit nach dem ›Zusammenbruch‹ durchaus mitgeprägt, und daran soll hier angeknüpft werden. Die Denk- und Diskurssituation ähnelte einem Erwachen aus der Ohnmacht, herbeigeführt durch einen kräftigen Schock. Mit dem spektakulären Abgang der Führungsspitze und dem Augenöffnen gegenüber den grauenhaften Verbrechen hatte die blinde Fügsamkeit geendet, eigentlich aber mit der Erfahrung von Kriegsniederlage und Zerstörung des Landes. Der Diskurs um das Soziale im Rechtsdenken lag indessen für weitere Jahrzehnte darnieder, nachdem in Deutschland seit 1933 alle Wissenschaften reglementiert gewesen waren. Nach der Befreiung 1945 führte das Erschrecken über das Mitläufertum so vieler Juristen dazu, das Naturrecht wiederzubeleben. Bevor metatheoretische Fragen wie die nach der Methodik zum Zuge kommen konnten, waren Grundfragen zu beantworten: Welches Recht gilt überhaupt? Wo müssen Gesetze unwirksam bleiben?

Das Schweigen

Die intellektuellen Imperative der jungen Bundesrepublik stimmten sich ein auf die entsetzlichen Ereignisse und das Versagen der meisten Gebildeten. Die Selbstreinigung vollzog sich auf sehr verschiedene Weise, oftmals mit Stillhalten. Beim ersten Zusammentreffen der exklusiven Staatsrechtslehrervereinigung nach dem Kriege am 21.Oktober 1949 wurden die zurückliegenden Jahre des NS-Regimes einfach übersprungen.

> Der Bonner Staatsrechtsprofessor und spätere Bundesverfassungsrichter Ernst Friesenhahn berichtete von dem Treffen, dem ersten seit 1932: Nach den einleitenden Worten des Seniormitglieds wurden zwei Referate zu speziellen Grundrechtsthemen gehalten und diskutiert. »Die zwölf Jahre, in denen Macht vor Recht gegangen war und von einer Verfassung im Sinne einer echten Ordnung nicht gesprochen werden konnte, waren wie ausgewischt. Die wenig ruhmvolle Haltung der Staatsrechtswissenschaft in jenen Jahren – unsere Schuld? – wurde mit Stillschweigen übergangen [...]. Wahrlich ein gespenstischer Vorgang!«[1]

Ein dergestalt schreiendes Schweigen befremdete nicht erst heute – *cum tacent, clamant* (Cicero). Es verwies auch auf die Heftigkeit der beteiligten Berufsinteressen in einer sonst nie um Worte verlegenen Profession. Der nahezu einzige Juristenordinarius, der seine Stelle (nach maximal einigen Wartejahren) nicht zurückerhalten hatte, war Carl Schmitt. Wie er seine Situation – für vier Jahrzehnte als scheinbarer Einsiedler im südwestfälischen Plettenberg – gestaltete, wurde zum Sinnbild für widerständiges Durchhaltevermögen.

> »Ich suche für mich und mein Volk die Freisprechung vom Verbrechen«, schrieb er im April 1949.[2] Martin Heidegger hatte 1946 mitgeteilt: »Vielleicht verlangt dann die Sprache weit weniger das überstürzte Aussprechen als vielmehr das rechte Schweigen.« Gedruckt wurde das erst 1967.[3]

Mit der Strategie »einer elaborierten Abwehr von Schuldvorwürfen«[4] blieb auch die Erinnerung an die vertriebenen Gelehrten und ihre Werke unter Verschluss. Von zurückkehrenden Emigranten wurden Belehrungen befürchtet, die ›Entnazifizierung‹ wurde ironisiert, demokratisch-rechtsstaatliche Botschaften wurden mit Amerika-Skepsis relativiert – nicht nur bei den Rechts-Intellektuellen. So mancher hatte seine demokratische Wende erst an der Oberfläche vollzogen. Bei der ›Vergangenheitsbewältigung‹ stand Überwindung vor Lernen und Änderung, zumal bei den weiter im Amt befindlichen Eliten.

Das Schweigen, mit dem die Rechtswissenschaft ihre NS-affinen Publikationen und Aktionen aus der NS-Zeit überging, ist nicht nur individual-moralisch zu werten (negativ als ›Unaufrichtigkeit‹, ›Täuschung‹, ›Lügen‹) und auch nicht bloß handlungsstrategisch zu verstehen (als notwendige Anpassung an neue Arbeitsbedingungen). Vor allem entsprach es einem gesellschaftlichen Konsens, alles NS-Nahe zu tabuisieren und lastende Erinnerungen zu vermeiden. Es scheint, »dass etwas auf sich

1 Friesenhahn 1950: 6 f.
2 Schmitt 1991: 229.
3 Vgl. van Laak 1993: 88.
4 Van Laak 2002: 427.

beruhen gelassen wurde, weil es nicht lösbar schien, ohne energiebildende Emotionen auszulösen«.[5] Der Verzicht auf Fremd- und Selbstvorwürfe schuf ein Klima äußerlicher Gelassenheit (à la ›den Blick nach vorne richten‹) bei innerem Aufgewühltsein über das Geschehene und Verlorene. Man hat vermutet, dass diese gespannte Ruhe an der Moralfront es mitermöglicht hat, eine neue politische Haltung herauszubilden, nämlich das Bekenntnis zur Bundesrepublik im Rahmen des Grundgesetzes.

Damit ist allerdings noch nicht erklärt, warum die Erinnerung an Weimarer Zeiten – für uns: an das dort erreichte Niveau der Methodenreform – gleich mitentsorgt worden ist. Positiv könnte es eine Ideologie des ›Neubeginnens‹ gewesen sein, mit dem das Ältere beiseitegeschoben wurde. Dann aber hätten die früheren Theoreme und Literaturen gänzlich vergessen werden müssen, was keineswegs geschah. Eher war es eine Sicht auf Weimar als ›Vorkatastrophenzeit‹ sowie der latent wirkende Antisemitismus, die das Vergessen rechtstheoretischer Errungenschaften verschuldet haben.

Dem juristischen Institutionengerüst der frühen Bundesrepublik machte ein Legitimitätsdefizit zu schaffen. Das NS-Regime hatte den gesamten Rechtsbetrieb korrumpiert. Indem es die Professoren, Richter und Verwalter hatte weiter amtieren lassen, war ein immer unbedenklicheres Mitmachen erkauft worden. Nach 1945 wurde die kollektive Mitläuferschaft einer ganzen Profession juristisch aufgefangen: Der Artikel 131 des Grundgesetzes, die überaus enge Auslegung der Strafbestimmungen über Täterschaft und Teilnahme, die Verjährung, eine Aversion gegen Ermittlung und Anklageerhebung, die Freisprüche bei den wenigen Strafverfahren usw. hatten die Juristen des Dritten Reichs von der Verantwortung kollektiv freigestellt.

In dieser Situation existenzieller Verunsicherung vermied das juristische Denken riskante Argumentationen und ließ sich nicht auf wissenschaftliche Abenteuer ein. Mehr Sicherheit boten klassische Diskurslinien, etwa der Gegensatz zwischen Kodifikations- und Naturrecht, Positivismus vs. Wertorientierung. Die Rückbesinnung auf Theoreme aus dem 19. Jahrhundert reparierte die angesägte eigene Legitimität mit der Stabilität des Althergebrachten. Im Ergebnis brauchte man sich weder mit den eigenen Verfehlungen aus jüngster Zeit noch mit den Diskussionsfronten aus der Weimarer Republik und davor abzugeben.

Die Soziologie blieb vergessen

So dauerte die nationalsozialistisch verursachte Negation für den Austausch zwischen Jurisprudenz und Soziologie länger als die zwölf Drittreichsjahre. Das verantwortete nicht nur die personelle Kontinuität in

5 So van Laak 1993: 130.

der Rechtstheorie, sondern auch das Unbequeme der Herausforderung, mit der die sozialwissenschaftliche Perspektive einem geläufig gewordenen Denkstil, zumal der dogmatischen Arbeitsweise entgegenzutreten pflegt. Alles, was nach Politik roch, stand jetzt im Verdacht, das Recht vielleicht zu missbrauchen. So hatte es die juristische Profession im Nationalsozialismus erfahren müssen, so glaubte man es selbstentschuldigend. Die Idee des Sozialen hätte die strikte Abgrenzung aufgeweicht, denn sie enthält auch den Machtaspekt und analysiert ihn. Das Recht, wiewohl zugestandenermaßen politisch gesetzt, sollte frei von Politik verwirklicht werden. Man trennte also die Kompetenzbereiche, sodass die Rechtswissenschaft sich unpolitisch geben konnte; weder die Politikwissenschaft, die sich gerade konstituierte, noch die Soziologie schritten hiergegen ein.

Als weiteres Widerstandsmoment fungierte eine hergebrachte Aversion gegenüber ›modernen‹ Denkströmungen, die als anglo-amerikanisch wahrgenommen wurden. Die methodologischen Unterschiede zwischen den Stilen des *Common-law* und des kontinentalen Rechts waren den Rechtsgelehrten bereits seit dem Jahrhundertanfang vertraut. Im Zuge der *Re-education* und Demokratisierung der politischen Kultur in Deutschland war jene Aversion erneut relevant geworden, konnte sich aber nur indirekt artikulieren, wenn man nicht der Gestrigkeit verdächtigt werden wollte. So verabredete die Schmitt-Fraktion unter den Staatsrechtlern intern, den Einfluss der (stark von USA-Remigranten betriebenen) Politikwissenschaft auf die Verfassungsdiskussion zurückzudrängen.[6] Ein ›Antikommunismus‹, der sich gegen die totalitären Systeme der Nachkriegsordnung in Ostmitteleuropa richtete, enthob das politische Bewusstsein der Last, sich mit den eigenen Verstrickungen in den Nationalsozialismus auseinanderzusetzen. Viele der nach 1933 aus dem Diskurs entfernten Autoren verblieben zunächst im Abseits.

Die Staatsrechtslehre schloss den bereits in Weimar erreichten Stand einer Soziologisierung der Verfassungsauslegung auch aus politischen Gründen aus; das betrieben Nationalkonservative gegen Sozialisten. Es hatte sich um 1950 ein kleines Denkkollektiv gebildet, das sich als ›links‹ verstand und auch so wahrgenommen wurde. Dazu gehörten Wolfgang Abendroth als Führungsfigur sowie Helmut Ridder, Martin Drath und Hermann L. Brill; sie mochten der SPD angehören und standen keineswegs im volksdemokratischen Lager. Die kleine Gruppe kooperierte untereinander eng und verfolgte das Ziel, mehrere Mitglieder im Bundesverfassungsgericht zu platzieren. Das gelang nur für Drath und auch nur für eine Amtszeit. Später positionierte man sich in den großen Streitfragen wie dem Verbot der KPD, der Notstandsverfassung sowie dem Verbot der VVN. In der Standesorganisation, der Vereinigung der

6 Vgl. Günther 2004: 133.

Staatsrechtslehrer, geriet die Gruppe ins Abseits, woraufhin sie das Interesse an der Mitarbeit verlor. Diese Sezessionierung war mitverantwortlich dafür, dass eine Rezeption Hermann Hellers lange unterblieb. Alles, was mit ›sozial‹ assoziiert wurde, unterlag der semantischen Gleichsetzung mit ›sozialistisch-kommunistisch-bolschewistisch‹. Hier wirkte die NS-Propaganda nach, und der Kalte Krieg tat ein Übriges. Die Majorität der Rechtsgelehrten, die von den ›Linken‹ nichts wissen wollte und sie zu einer Gefahr erklärte, wurde nicht einmal als ›rechts‹ verstanden, sondern einfach als ›richtige Juristen‹.

> Ernst Forsthoff, der damals tonangebende Verwaltungsrechtler, konnte 1954 über Wolfgang Abendroth sagen: »Er ist ein jugendbewegter Phantast und in keinem Sinne ein Jurist.«[7]

Als Fixsterne juristischen Denkens erstrahlten ›Staat‹ und ›Ordnung‹; um sie kreisten die Debatten, mit durchaus unterschiedlicher Tendenz. Die Orientierung am Staat konkurrierte mit derjenigen an pluralistischer Gesellschaft, und das Interesse an Ordnung vertrug sich nur schwer mit der Lebendigkeit sozialer Konflikte. Statt der Soziologie rezipierten die Diskursteilnehmer Wertphilosophie und klassische Rechtsmethodik. So vermochten sie das allmähliche Zurückweichen des Etatismus zu verzögern.

Auch wenn damals die Wiedergewinnung der Rechtsstaatlichkeit die juristischen Diskurse dominierte, wurden in einigen Nischen methodologische Fragen diskutiert. Die hier angesprochenen Themen – Positivismus, Topik, Wertsystem, Politisierung, Pluralismus, Praxisbezug, angloamerikanischer Argumentationsstil u.a. – klammerten jeden expliziten Rekurs auf die Sozialwissenschaften aus, obwohl diese im Hintergrund bereitstanden. Die Positionen von Hermann Kantorowicz, Hermann Heller und anderen aus vornationalsozialistischen Zeiten blieben vorerst vergessen. Nicht einmal das in der Smend-Schule angekündigte Ende der Entgegensetzung von Norm und Wirklichkeit hatte die empirischen Sozialwissenschaften herbeizurufen vermocht.

Die Verwandlung des Franz Wieacker

Für das Diskursklima der frühen Bundesrepublik stehe hier der damals allseits gerühmte Franz Wieacker (1908-1994), der als Rechtshistoriker zwar nicht zum Kernpersonal des Methodendiskurses zur Soziologie im Recht gehörte, aber seinen Forschungsgegenstand als Geschichte der Verwissenschaftlichung des Rechts begriff und damit auf die Entwicklung der juristischen Methodik zielte. Wie schon bei Max Rumpf richtete

7 In einem Brief an Carl Schmitt, zitiert bei Günther 2004: 96. Wie nachsichtig-einfühlsam das auch klang, drückte es doch eine scharfe Exklusion aus.

sich auch Wieacker in der jeweiligen historisch-politischen Situation ein. Die Nachgeborenen, sofern sie das intellektuelle Werk bewunderten, übten hier Nachsicht. Der niederländische Rechtshistoriker Laurens Winkel, dessen Vater in Auschwitz ermordet worden war, wollte Wieackers »Aufbruch in die falsche Richtung« aus der Atmosphäre der 1930er Jahre »sowohl verstehen als auch bis zu einem gewissen Grade verzeihen«.[8] Der zeitliche Abstand und Wieackers Selbstkritik, erst vier Jahrzehnte ›danach‹, hatten das ermöglicht. Synchron kam Wieacker auch zu einer Berücksichtigung der Soziologie, die in den 1930ern bei ihm gar nicht, 1952 kaum und danach zunehmend rezipiert worden ist.

Wieackers Karriere hatte früh begonnen. Der für die frühe Bundesrepublik maßstabsetzende Rechtshistoriker hatte seit 1935 für zwei Jahre der nachmals als nationalsozialistische ›Stoßtrupp-Fakultät‹ berüchtigten Gruppe junger Rechtslehrer in Kiel angehört; seine politische Zuverlässigkeit hatte er mit Schriften zur Eigentumsverfassung sowie in der von Carl Schmitt geleiteten Deutschen Juristen-Zeitung nachgewiesen.[9]

> Abschießend, bereits mit 29 Jahren, erhielt Wieacker eine planmäßige ao. Professor in Leipzig und veröffentlichte einen umfangreichen Grundriss des Sachenrechts, im Rahmen der von der Kieler Truppe herausgegebenen Lehrbuchreihe. Seine rechtshistorischen Kenntnisse brachte er ein, Max Webers Wirtschaftsgeschichte gehörte zu den Leseempfehlungen. Das Buch folgte den Stilvorgaben, wie sie schon bei Heinrich Lange begegneten, »das Recht des Bodens nicht mehr nach den systematischen Einteilungsgesichtspunkten des bürgerlichen Sachenrechts, sondern nach seinem stofflichen Zusammenhang darzustellen«. Was nach materialistischer Theorie klang, meinte aber bloß »den Zusammenhang der natürlichen Sachverhalte« und »den umfassenden volkspolitischen Ordnungsplan«, also den Geist »des Neuen Reichs«.[10] Wo er die bis dahin führenden Lehrbücher, geschrieben von jüdischen Autoren, hätte erwähnen müssen (Martin Wolff z.B.), wurde ziemlich unpassend auf Kommentarliteratur verwiesen. Das von Carl Schmitt formulierte Zitierverbot war hier konsequent befolgt.

Wenn sich der Blick auf eine sozialwissenschaftliche Dimension öffnete, blieb es bei der Beschwörung ns-ideologischer Formeln. Beispielsweise war für ihn das Bodenrecht »in erster Linie ein Bestandteil der lebenden Verfassung« – und die wäre doch wohl in empirischer Sozialforschung zu ermitteln gewesen –, aber für Wieacker ging es dann doch nur um den völkischen Raum, um gesamtvölkische Lebensvorgänge und die Volksgemeinschaft. Das ›Lebende‹ erschöpfte sich in Ideologie.[11]

8 Winkel 2010: 214 f.
9 Vgl. Winkler 2014: 264–270.
10 Wieacker 1938: 5 f.
11 Wieacker 1938: 10; noch expliziter: 26.

In einer kleinen Abhandlung über Rudolf von Jhering von 1942, die kaum noch nationalsozialistische Töne enthielt, äußerte er sich auch über die Methodenfrage, wobei er den ›Naturalismus‹ kritisierte – womit er sich auch gegen die Berücksichtigung des Sozialen wandte. Er wolle »kausale Ursachen und empirische Zwecke des Rechts gewiss nicht leugnen, [könne] aber absolute Leitwerte darin nicht finden und sie somit ohne methodischen Fehler aus dem oberen Begriff des Rechts und der Gerechtigkeit ausscheiden«.[12]

Angekommen in der jungen Bundesrepublik und mit der 1935 als Ausbildungsfach eingeführten Privatrechtsgeschichte im Gepäck, sagte Wieacker, wie er diese Forschung betreibe: nicht als Institutionengeschichte, nicht als Rechtsquellengeschichte und auch nicht als Juristengeschichte, sondern »als Geschichte des Rechtsdenkens und seiner Wirkungen auf die Wirklichkeit der modernen Gesellschaft«.[13] Für unser Thema ließ das aufhorchen. Doch mit seinem Vorgehen, die Rechtsgeschichte als Geschichte der Rechts*wissenschaft* zu betreiben, schottete er die Methodik des juristischen Denkens gegen den gesellschaftlichen Kontext ab.

Der Geist der Zeit um 1950 drückte sich in der Verachtung aus, die Wieacker den von ihm als ›juristischer Naturalismus‹ betitelten Denkweisen entgegenbrachte, welche »das Recht als bloße Wirklichkeit, die Rechtswissenschaft demzufolge als Wirklichkeitswissenschaft und als ihre Methode die kausal erklärende bestimmen«. Juristische Vertreter eines so zugespitzten Zerrbildes wurden nicht benannt – es gab sie auch nicht –, wohl aber führte Wieacker einige Kollegen an, die sich in der NS-Zeit in der Richtung positioniert hatten, wie Hans Welzel und Walther Schönfeld.[14] Das *democracy washing* der eigenen Person nahm hier merkwürdige Formen an. Die offen rassistische Grundlage des Neuen (nationalsozialistischen) Rechts wurde schweigend übergangen, obwohl deren Biologismus als massivstes Beispiel einer ›Naturalisierung‹ erscheinen musste.[15] Von seinen eigenen Arbeiten vor 1945 erwähnte Wieacker nur die Schriften zu Jhering. Für das Rechtsgewand des nationalsozialistischen Terrors machte er den Naturalismus verantwortlich, landete auch einen verstohlenen Seitenhieb auf Carl Schmitt und dessen ›Nomos der Erde‹ von 1950.[16] Diese argumentativen Winkelzüge fielen den Zeitgenossen nicht auf; der Autor wurde mit Anerkennung, Einladungen, Festschriften u. dgl. überhäuft und erst nach seinem Tode vom Sockel geholt.

12 Wieacker 1942: 70; zum ›Naturalismus‹ vgl. a. Wieacker 1976: 558–586.
13 Wieacker 1952: 8.
14 Wieacker 1952: 332 f.; vgl. a.1967: 563.
15 Anders dann später, als er von der »materialistisch-biologischen Rechtsideologie des Dritten Reichs« sprach; Wieacker 1965: 8.
16 Wieacker 1952: 345.

Den Umschlag in einen »juristischen Naturalismus« lastete Wieacker seinem großen Vorläufer in der Romanistik, R. v. Jhering, an. Mit ihm beginne »die kritische Selbstzerstörung der Begriffsjurisprudenz durch die Enthüllung der Unwirklichkeit ihrer Anschauungsbilder«. Wie wahr! Aber Wieacker befürchtete, dass man »nun auf Surrogate der Rechtsidee ausgeht [;] damit wird durch Preisgabe der Gerechtigkeitsvorstellung die Bestimmung der Inhalte des Rechts der Willkür der kämpfenden und streitenden Interessen ausgeliefert«. Hier sprach die Erfahrung des gerade überwundenen NS-Terrors. Wieacker irrte allerdings mit der unausgesprochenen Unterstellung, der Jheringsche ›Zweck‹ hätte die nationalsozialistischen ›Mittel‹ heiligen können. Er stellte es in »Jherings Verantwortung, diese Revolution der europäischen Rechtskultur ohne klares Bewusstsein von ihrer Tragweite eingeleitet zu haben«.[17] Das waren starke Worte und ein beinah ungeheuerlicher Vorwurf, und der sie sprach, fasste sich nicht an die eigene Nase.

Immerhin hat Wieacker sich zu einem glaubhaften und durchargumentierten Eingeständnis aufgerafft, als er sich seine Eigentums-Schrift von 1936 vier Jahrzehnte später erneut und selbstkritisch vorknöpfte. Im Rückblick charakterisierte er seinen damaligen Standpunkt als sozialistisch (»wennschon nicht staatssozialistisch«). Das Eigentum habe er »unzulässigerweise relativiert, seine Legitimation aus der vergesellschaftlichten Individualsphäre in die *fonction sociale* selbst verlegt«. Der nun ältere Autor zog sich also auf die Linie der Rechtstheorie zurück, beanspruchte hierfür aber auch »die (auf dem Boden der empirischen Soziologie erwachsene) ›Systemtheorie‹ «[18] – eine kaum haltbare Referenz, zumal unter völligem Verzicht auf eine Angabe sozialwissenschaftlicher Literatur. Die Soziologie taugte also für einen selbst ausgestellten Persilschein. Davon einmal abgesehen war Wieackers später Rückblick in seiner Explizitheit und Detaillierung eine seltene und erfrischende Distanzierung von der frühen Begeisterung für das nationalsozialistische Neue Recht.

Für Wieacker war »ein Wissen vom rechtlichen Sollen des Menschen ohne Kenntnis des menschlichen Seins, d.h. ohne eine juristische Anthropologie, nicht möglich«. Wie eine juristische (!) Anthropologie auszusehen hätte, sagte Wieacker nicht, verwarf aber jeden Versuch, »Wirklichkeitsbedingungen des ›geltenden‹ Rechts (z.B. sogenannte ›konkrete Lebensordnungen‹ […] schon für Recht auszugeben«.[19] Wohlweislich vermied es der Autor an dieser Stelle, das ›konkrete Ordnungsdenken‹, welches bis vor kurzem noch herrschende Linie gewesen war, oder gar den Namen Carl Schmitt zu erwähnen.

17 Wieacker 1952 266 f.; vgl. a. 1967: 451–453.
18 Wieacker 1976: 842, 844, 849.
19 Wieacker 1952: 338.

> In einem kurzen Absatz zur Rechtssoziologie fielen Wieacker nur Weber und Ehrlich ein. Vielversprechend hieß es, die Rechtssoziologie müsse »das methodische Zentrum der wirklichkeitswissenschaftlichen Vorklärung der Bedingungen des Rechts« sein und dann auch »die Rechtsgeschichte in sich aufnehmen«.[20] Ein kryptischer Satz, zumal mit den drei Genitiven und zwei Vorbehalten (›Vorklärung‹ sowie ›Bedingungen‹), dessen Verheißung der Autor selber ob seiner Soziologieskepsis nicht einlösen mochte.

Zur Anknüpfung an das Römische Recht im Spätmittelalter erläuterte Wieacker die Voraussetzungen der Rezeption. Tragendes Element sei ihm »hier das voll integrierte Rechtsbewusstsein einer traditionalen Gesellschaft, dem er, vielleicht etwas zögernd, den höheren Wert gegenüber einer fachjuristischen Verwaltung des Rechts zusprach.[21] Das führt zu weiteren Überlegungen. Wenn denn das gesellschaftliche Rechtsbewusstsein einer fachjuristischen Interpretation ebenbürtig oder sogar übergeordnet war, dann öffnete sich eine vordogmatische und empirisch festzustellende Quelle für Rechtsurteile. Aus der Lebenswirklichkeit und dem ihr entsprechenden Rechtsbewusstsein bildeten sich im Zuge einer Verwissenschaftlichung und Rationalisierung neue Praktiken heraus, die jetzt von Fachjuristen gehandhabt wurden. Max Webers soziologische Rechtshistorie, auf die Wieacker sich bezog, hatte ebenfalls auf diese Art argumentiert.[22] Differenzierungstheoretisch gesehen bildete sich jetzt (erst) der normative Charakter des Rechts vollends aus und trennte sich von den empirisch vorfindlichen Lebensverhältnissen.

Wieackers große Erzählung zur Verwissenschaftlichung des Rechts verschob den juristischen Denkgegenstand von den Norminhalten zur akademischen Rekonstruktion und Systematisierung des Bestandes. Nach dieser Erzählung verwandelten sich die Wissens- und Handlungsformen des Rechts in den Händen seiner Interpreten. Als man dieser Rahmung innegeworden war, erst in der zweiten Hälfte des 19. Jahrhunderts, begann die Debatte um die ›Begriffsjurisprudenz‹ – ein unpräzises Konzept, dessen Mängel erst neuerdings herausgestellt werden. Das Rechtsleben hatte sich ›verwissenschaftlichen‹ müssen, als Jahrhunderte nach dem Untergang des römischen Reichs dessen Recht in Deutschland rezipiert und den andersartigen Verhältnissen angepasst wurde; lasen doch nunmehr studierte Juristen die auffindbaren Fragmente des römischen Rechts und schufen daraus das ›Gemeine Recht‹.[23]

20 Wieacker 1952: 340. Vgl. a. dens.1967: 573.

21 Dilcher 2010: 235.

22 Wieacker entnahm seinen Begriff der Rationalisierung bei Weber, wiewohl er ihn kaum zitierte. Vgl. für einen Versuch, die Herkunft von Weber nachzuweisen, bei Dilcher 2010: 240–250.

23 Vgl. dazu bei Wieacker 1967: §§ 6 bis 8.

Dieser Gedanke der Verwissenschaftlichung mochte bereits Hermann Kantorowicz bewegt haben, als er 1910 die Rechtswissenschaftsgeschichte als Lehr- und Forschungsfach einforderte. Sowohl die Methodologie als auch die Geschichte der Wissenschaft sei »nahezu gänzlich aus dem Lehrstoff ausgetilgt: in ganz Deutschland hat heute der Student der Rechtswissenschaft keine Gelegenheit, über die Geschichte seiner Wissenschaft eine Vorlesung zu hören. Die Folge dieses kulturlosen Verfahrens ist, dass jede Juristengeneration die alten Fehler immer wieder neu begeht und sie von neuem überwinden muss.«[24] Von seiner Freiburger Fakultät war das arg fehlverstanden worden, als sie seiner Professur die unbeholfene Denomination ›juristische Hilfswissenschaften‹ anheftete.

Seine ›Privatrechtsgeschichte der Neuzeit‹ hat Wieacker 1967 neu bearbeitet, wobei er sie Satz für Satz durchging und stark erweiterte. Das Buch wurde zum vielzitierten Klassiker; die Entwicklungen in den neuralgischen Phasen nach 1919 und 1933 ließ man beiseite. Die ›Privatrechtsgeschichte‹ schrieb Wieacker »zugleich als Bewältigungsbuch«; mit der Vergangenheit wurde zugleich das Gewissen erforscht. Die Verheerungen der jüngsten Vergangenheit versuchte er im Konzept des »verantwortungsvollen Juristen« zu heilen.[25] Mit dem ethischen Appell verfehlte er freilich die Chance, mithilfe der Idee vom Sozialen die Gefährdungen der Rechtsidee zu neutralisieren.

Nur scheinbar änderte sich diese Haltung in einem kurz nach dem Erscheinen der ›Privatrechtsgeschichte‹ gehaltenen Vortrag, im Dezember 1952 bei der Juristischen Studiengesellschaft in Karlsruhe (schon damals das vielleicht wichtigste Forum für eine praxisrelevante Rechtswissenschaft). Die Abhandlung entfaltete ihre Diskurswirksamkeit allerdings erst in der nächsten Phase um 1970. Das animierende Thema lautete: »Das Sozialmodell der klassischen Privatrechtsgesetzbücher und die Entwicklung der modernen Gesellschaft».

Der Begriff ›Sozialmodell‹ war damals ungebräuchlich, mithin eines von Wieackers zahlreichen stilistischen Kunststücken mit Anregungskraft. Auch wenn der Begriff nicht aus den Sozialwissenschaften kam, verwies er doch auf sie. Heute begegnet er öfter in sozialpolitischen Kontexten. Allgemein und in anderen Zusammenhängen bezieht sich der Begriff auf etwas Geordnetes oder Vorbildhaftes. In all diesen Verwendungen besitzt das Konzept eine normative, positiv bewertende Note. Wieacker erläuterte seine Überschrift schillernd mit »Wirklichkeitsbedingung«, »soziale Anthropologie« und »materiale Sozialethik«.[26] Das klang beschreibend und eignete sich für eine erklärend-verstehende Analyse.

24 Kantorowicz 1911 a: 298.
25 Rückert 1995: 560 f.
26 Wieacker 1953: 3.

Nach einigen ideengeschichtlichen Ausführungen kam er auf das Gesellschaftsbild der Gesetzbücher zu sprechen, also welche Art von Sozialstruktur vorausgesetzt und gewünscht wird. Dazu konstatierte er, das Sozialmodell des BGB wie anderer westeuropäischer Kodifikationen beruhe »auf der Usurpation einer einzigen Klasse der Wirtschaftsgesellschaft; es machte das ›besitzende Bürgertum‹ zum vornehmlichen Repräsentanten der nationalen Rechtsordnungen und konnte dies notwendig nur auf Kosten anderer Klassen und Berufsstände tun«. Da »die formalen Ideale der bürgerlichen Rechtsordnung genau auf die Erfordernisse der expansiven, unternehmungsfreudigen und kapitalstarken Pioniere der industriellen Revolution zugeschnitten waren, ist damit schon gesagt, dass diese Ideale auf Kosten der Klassen durchgesetzt wurden, deren Lebensbedingungen sie nicht entsprachen«.[27] Dieser Befund wurde von den Zeitgenossen so hingenommen und später oft zustimmend zitiert.

> Es handelte sich nicht um *obiter dicta*; vielmehr lieferte Wieacker Begründungen für die einzelnen Klassen – Hochadel, Großgrundbesitz, Bauern, Handwerk, Lohnarbeiter –, erwähnte beispielsweise die Vertragsfreiheit in Gestalt der ›Freiheit‹ des individuellen Arbeitsvertrages – »eine Freiheit zur Unterwerfung unter größere wirtschaftliche Macht« –, »die den Missbrauch der Lohnarbeit durch den Früh- und Hochkapitalismus ermöglichte«.[28] Hier hätte Wieacker auch die soziologisch argumentierenden Arbeitsrechtler der Weimarer Zeit zitieren können, von Sinzheimer bis Kahn-Freund, von denen er in seinem Jurastudium gehört haben könnte. Doch dieses Gedächtnis war ausgelöscht worden.

> Im Weiteren legte Wieacker dar, dass seit 1900 dem gerade in Kraft getretenen BGB von der Ziviljurisprudenz ein neues Sozialmodell unterlegt worden sei. Die formale Freiheitsethik sei von einer materialen Ethik sozialer Verantwortung abgelöst worden. Dies zeigte er an den zahlreichen Veränderungen des Vertragsrechts und auf den Gebieten von Arbeit, Wohnen u.a.[29] So konnte man sich in den 1950ern mit der vorhandenen Lage beruhigen.

Welche Konsequenzen zog Wieacker aus seinen aufrüttelnden Thesen? Die Privatrechtswissenschaft bleibe gerade dadurch möglich, »dass sie ihre gesellschaftliche Wirklichkeit wahrnimmt und ihre besonderen ethischen Akzente versteht«. Er lenkte also den Blick auf das Feld der Wertphilosophie. Für das Soziale genügte ihm die Intuition ohne eine empirisch-wissenschaftliche Assistenz, vor allem ohne methodologische Unterstützung dabei, wie die wahrgenommene Sozialwirklichkeit nun in das normative Urteil einzubeziehen sei.

27 Zitate bei Wieacker 1953: 10.
28 Wieacker 1953: 11.
29 Wieacker 1953: 13–16.

> Er befürchtete eine »weitere Desorientierung der Privatrechtswissenschaft, ihrer Methode, ihres Systems und ihrer Begriffe« Man solle nicht in »Augenblickslösungen und brutalen Improvisationen verharren, anstatt das geistige Baugesetz der Gesellschaft in ihrer Zeit zu beachten«.[30]

Offenbar steuerte immer noch der Schrecken des überwundenen NS-Terrors die Gedanken; die Zeit für einen Abschied vom Schwelgen in materialer Wertethik war noch nicht gekommen. Weder vorher noch nachher hat der Autor seine sozialhistorischen Erkenntnisse so nahe an die Methodenproblematik gerückt. Denn es fragte sich doch: Wenn eine Kodifikation einem bestimmten Gesellschaftsbild verpflichtet ist – müsste das nicht bei der Gesetzesauslegung berücksichtigt werden, sodass nötigenfalls ein dem aktuellen Zeitpunkt angemessenes Gesellschaftsbild die Auslegung leitet? Sollten gar die soziologischen und sozialpolitischen Hintergrundvorstellungen des Legislativpersonals aus der historischen Entstehungszeit die heutige Anwendung binden, obwohl sie nicht Gesetz geworden sind? Keine der vorhandenen Methodologien sagte das, nicht einmal bei der Berufung auf den ominösen ›Geist des Gesetzes‹. Ganz im Gegenteil: jede Rechtsanwendung bedeutete, alte Vorschriften so zu verstehen, dass sie den gegenwärtigen Situationen und Konflikten gerecht werden. Gerade Wieacker, der die Wandlungen des germanischen, römischen und Gemeinen Rechts über die Jahrhunderte seit dem Spätmittelalter so brillant rekonstruiert hatte, verfügte über empirisch wohlbegründete Einsichten, wie altes Recht sich bei konstantem Wortlaut neuen Zustände anpasst. Das deutsche BGB war jetzt ein gutes halbes Jahrhundert alt, und es war über mehrere Regimewechsel unverändert geblieben; nunmehr hatte es seine Legitimität in der ›modernen Gesellschaft‹ zu beweisen – Wieackers Thema.

> Wieacker beschrieb – als Historiker der eigenen Gegenwart – das verschwundene »Dogma der Geschlossenheit der gesetzlichen Rechtsordnung und mit ihm der Rechtslücke selbst« sowie »die Auflösung des herkömmlichen Normanwendungsschemas«. Diese Deskription verwandelte sich im selben Moment in eine Präskription, stammte sie doch aus der Feder eines renommierten Juristen und trug zur Neuausrichtung der (herrschenden) Lehre bei. Der Rechtshistoriker vermochte das, weil er nur den Diskurs innerhalb des eigenen Fachs beobachtete, zudem mit einer zwischen Beschreibung und Bewertung schwankenden Wortwahl operierte. Einer philosophischen oder sozialwissenschaftlichen Feder wäre der normierende Einfluss versagt geblieben. Wie er klar sah, »fällt das Vorstellungsschema ›Gesetzesanwendung‹ oft einfach ins Leere«, sodass »jedes ›gesetzesanwendende‹ Urteil zugleich auch schon ein Stück ›punktueller Rechtsfortbildung‹, Recht im Werden (law in

30 Zitate bei Wieacker 1953: 27.

> the making) ist«. Damit hätte das Tor zu einer Betrachtung der sozialen Wirklichkeit geöffnet sein können, wie bei jeder Rechtsetzung. Aber für Wieacker blieb das Normative maßgebend – »der Gesamtbereich anerkannter ethischer, kultureller und sozialer Konventionen«. Das Dogma von der Lückenlosigkeit der gesetzlichen Normenordnung sei nun zerstört. »Das führte notwendig zur Suche nach verbindlichen außergesetzlichen Richtlinien der Rechtsprechung in dem gesetzesfreien Raum«. Das »Material dieser Regeln« fand Wieacker in Verfassungsprinzipien, kulturellen Anschauungen, Billigkeit, Natur der Sache »und vor allem in bewährter Lehre und Judikatur«.[31]

Im Laufe der Nachkriegszeit verstärkte sich Wieackers ›Naturalismus‹-Aversion und damit verbunden die Skepsis gegenüber einer Verwendung soziologischen Denkens. In einer längeren Passage, überschrieben mit »Die Wirklichkeit des Rechts«, rückte er ausdrücklich von seiner früher (1942) so freundlichen Würdigung Rudolf von Jherings ab. Dessen Wunsch, von Anfang an die Nationalökonomie, im heutigen Sinne: die Gesellschaftswissenschaften, studiert zu haben, sei »naiv genug« gewesen, habe aber Jhering »den weiten Weg der Erkundung der gesellschaftlichen Wirklichkeit des Rechts« antreten lassen.[32] Das war bemerkenswert, weil doch Juristen nicht allzu oft eine einmal verkündete Meinung öffentlich zurückziehen. Mit der neuen Kritik an Jhering durfte die Absage an eine Soziologie im Recht als das letzte Wort Wieackers gelten – also des Juristen in der frühen Bundesrepublik, dem das längste Nachleben beschieden war.

Das Wirken von Franz Wieacker hat der karg gewordenen Geisteslandschaft ein Glanzlicht aufgesetzt, ob seiner stilistischen Brillanz und seines Anspielungsreichtums. Zugleich sicherte er den Fortbestand rechtsdogmatischer Denkweisen und verhinderte hier einen intellektuellen Neubeginn.

Verweigerung: Karl Larenz

Mit seinen Lehrbüchern zum Allgemeinen Teil und Schuldrecht des BGB sowie zur Methodik gewann Karl Larenz (1903–1993) eine ähnliche Prominenz wie Franz Wieacker. Erst sehr viel später, d.h. nach ihrem Ableben, wurden Kritiken laut.

> So wurde beiden eine »verengte und einseitige Geschichtsfestschreibung« bescheinigt.[33] Eine Monographie negierte die rechtsstaatliche

31 Zitate bei Wieacker 1958: 6 f., 12, 17.
32 Wieacker 1969: 25.
33 Hilgendorf 2005: 76; Rückert 1998: 146–155.

> Eignung von Larenz' Methodenlehre; sie enthalte nur Schablonen und entbehre einer konsistenten Grundlegung. »Larenz ist Fassadenjurist.« Grundiert wurde diese Würdigung durch den Aufweis, wie sehr die häufigen Wendungen in Larenz' juristischen Überzeugungen durch den jeweiligen philosophischen Zeitgeist bedingt gewesen seien.[34]

Larenz' ›Methodenlehre der Rechtswissenschaft‹ (zuerst 1960, in mehrfachen Ausgaben) nahm über Jahrzehnte eine Art von Monopol ein.[35] Dort berichtete der Autor in einem historischen Teil ausführlich über die rechtssoziologische Literatur. Er zollte Eugen Ehrlich in vielen Punkten volle Anerkennung, um letztlich die Eigenständigkeit der Rechtsdogmatik mit dem Argument zu retten, die Rechtssoziologie vermöge nicht die neuen Rechtsfindungsmethoden aufzuzeigen. Dieses Argument würde für die weitere Zukunft (bis heute) die letzte Antwort bleiben.

> Larenz hielt »die soziologische Betrachtung für eine notwendige und sinnvolle Ergänzung der allein an den Regeln orientierten ›normativen‹ Betrachtung, wie sie der dogmatischen Rechtswissenschaft am nächsten liegt. [Aber] das Anliegen der Rechtsdogmatik hat Ehrlich völlig missverstanden.« Ihr gehe es um den Sinn, der in den Worten der Rechtsnorm ausgedrückt ist, »und dieser Sinn lässt sich auch nicht lediglich aus den Tatsachen entnehmen«. Er attestierte der »soziologischen Rechtstheorie, die nach den gesellschaftlichen, insbesondere auch den ökonomischen Ursachen und Wirkungen bestimmter Rechtseinrichtungen, aber auch des Rechts überhaupt als eines *Mittels im Dienste gesellschaftlicher Zwecke* fragt [, ...] ihre relative Berechtigung«. Diese Betrachtungsweise verfehle »indessen etwas gerade dem Rechte Eigentümliches und Wesentliches, nämlich den ihm eigenen Geltungsanspruch.« Hier war es bereits, das ›Proprium‹ des Rechts, wie es einige Jahrzehnte später explizit gesucht werden würde. Was Jhering mit ›Zweck im Recht‹ begonnen hatte – die gesellschaftlich vorhandenen Relationen in die juristische Analyse einzubeziehen – wurde von Larenz aus der Methodologie hinausgewiesen, weil damit der Eigenwert des Rechts verneint und die Maßstäbe völlig relativiert würden.[36]

So inhaltsreich und brauchbar Larenz' methodenhistorischer Abriss einschließlich der Bezüge zur Soziologie auch war, so gering stellte sich der Stellenwert für seine eigene Lehre dar. All die Ehrlich-, Kantorowicz- usw. Ideen kommen darin nicht mehr vor. Das überraschte in einem rechtswissenschaftlichen Grundlagenwerk; denn in diesem Genre ist es üblich, die vertretenen Thesen aus der Dogmengeschichte herzuleiten bzw. sie in begründetem Widerspruch dazu zu entwickeln. In der

34 Hüpers 2010: 488.
35 Vgl. Hilgendorf 2005: 29.
36 Larenz 1960: 65 f., 36 f., 46 f. (H.i.O.).

Studienausgabe entfiel denn später auch der historische Teil, der anfangs noch das erste Drittel des Buchs eingenommen hatte.

Für das Rätsel, wie es zu alldem kommen konnte, gab schon das Vorwort zur ersten Auflage einen Hinweis. Larenz erzählte, er habe sich bereits 1930 mit dem Methodenthema befasst – und dann erst wieder ab 1950.[37] Dazwischen, also während des ›Tausendjährigen Reichs‹, war er anderweit beschäftigt (und hat intensiv publiziert, wobei er Schmitts ›Konkretes Ordnungsdenken‹ ins Zivilrecht einpasste). Gewissermaßen zur Rehabilitation rekapitulierte er nunmehr die Texte aus der Diskursphase um 1900. Wie gut er sie auch verstand und wiedergab – letztlich haben sie ihn nicht beeindruckt.

Larenz entwarf den eigenen Beitrag erst im systematischen Teil des Methodenbuchs. Zur wirklichen Geltung eines Rechtssatzes bedürfe es seiner Aufnahme in das allgemeine Rechtsbewusstsein und der ihr dabei zu Hilfe kommenden Rechtswissenschaft.[38] Die These von der Rechtswissenschaft als Geltungsquelle konnte nur dem Professionsinteresse geschuldet sein und daher auf sich beruhen. Was es mit dem ›allgemeinen Rechtsbewusstsein‹ auf sich haben konnte, blieb bei Larenz im Dunklen; dass soziologische Analysen hier einschlägig gewesen wären, lag aber auf der Hand.

> Das ›geltende Recht‹ war, wie Larenz ausführte, nicht mit der Lebensordnung identisch; diese werde durch die verstehende Soziologie festgestellt; es ist auch nicht das Normensystem allein, »sondern ein Drittes, gleichsam in der Mitte Stehendes«. Damit wäre die Soziologie als rechtswissenschaftliche Mitspielerin etabliert gewesen, wenn Larenz es nicht bei bloßen Andeutungen belassen hätte. Vielleicht hatte er nur in der Soziologie seiner Zeit keine Hilfestellung gefunden. Als er nämlich anschließend seine eigene Position entwickelte und hierbei die »durch soziale Erfahrung vermittelten Urteile« heranzog, verwies er für diese Urteile (also Entscheidungsprämissen) auf die Erfahrung der Entscheider, die dafür einen Ermessensspielraum besäßen. Bei einer Argumentation aus der ›Natur der Sache‹, von Larenz ebenfalls zugelassen, verwies er auf die soziologische Rechtstheorie, hier allerdings »nicht die

37 Larenz 1960: S. VI. Über seine Rolle in den 1930ern und später vgl. Günther 2011: 370–374; Haferkamp 2014: 62, 71 f., 80. Bernd Hüpers hat Larenz' Wirken gerade für das nationalsozialistische Jahrzwölft minuziös untersucht. Entgegen damaligen Selbsttäuschungen und später verzerrter Selbst- und Fremddarstellung lautete sein Resümee: »Larenz war bis zum Winter 1942 Nationalsozialist. Er war weder Kronjurist noch in irgendeiner Form wegweisender oder innovativer Philosoph der Nationalsozialisten, aber er war einer ihrer akademischen Prediger.« Danach äußerte er sich zwar gegen die Kriegsführung, aber »in einem unscheinbaren Winkel«, also von anderen nicht wahrgenommen, vgl. Hüpers 2010: 112–200 (199), 480–483.

38 Larenz 1960: 148 f.

Faktizität allein, sondern den in den (menschlichen) Lebensverhältnissen als solchen schon angelegten und ausgedrückten *Sinn*, ihre daraus sich ergebende objektiv-teleologische *Struktur*.« Ein soziologischer Zugriff würde sich hiervon nicht abhalten lassen, wäre er nur angestrebt.[39]

In der großen Mehrzahl seiner Ausführungen entfaltete Larenz die logisch-hermeneutischen Mittel des juristischen Handwerks, das er in zahlreichen Beispielen aus Lehre und Judikatur konkret vorführte. Da konnten die wenigen Anklänge an die Idee des Sozialen die Leser:innen nur als exotisch anmuten und unter der Aufmerksamkeitsschwelle bleiben, zumal hierfür keine Anschauungsbeispiele zur Verfügung standen.

Wo Larenz auf das soziale Substrat zu sprechen kam – bei ihm »Lebensverhältnisse« genannt –, sollte die Rechtswissenschaft so vorgehen, dass sie »für die rechtliche Regelung fassbar und normierbar werden. [...] Dass die Lebensverhältnisse dazu gehören, wurde und wird freilich oft noch über der bloßen Beschäftigung mit der Norm übersehen.«[40] Larenz zitierte hierfür zustimmend Ehrlich und Kantorowicz, ging allerdings längst nicht so weit wie diese. Er fand das Soziale denn auch in juristischen Verfremdungen wie ›Natur der Sache‹, ›Realien‹, ›sachlogisch bedingte Strukturen‹ oder ›Lebensformen‹, womit eine empirisch-wissenschaftliche Prüfung vermieden war. So blieb die Tür für das Soziologische geöffnet – wenn auch allenfalls einen Spalt weit. Die Erwähnung verlieh seiner Methodologie den modernen *touch*, weit entfernt davon, eine interdisziplinäre Brücke zu bauen.

Larenz' Methodologie verfuhr rechtsimmanent, wobei er weder positivistisch am Gesetz kleben noch spekulativ einer höheren Rechtsidee verfallen mochte. Ausgehend vom einen und blickend auf die andere solle eine als sinnvoll erscheinende Regelung gefunden werden.[41] Logiker hätten hier eine elliptische Aussage, wenn nicht gar eine *petitio principii* entdeckt. Zudem transportierten Larenz' Methodenvorstellungen das zuvor propagierte konkrete Ordnungsdenken.[42] Mit derart unklaren Weisungen ihres Methodenpapstes hat sich die bundesdeutsche Jurisprudenz über Jahrzehnte zufriedengegeben und konnte vor allem bei sich selber bleiben.

Von heute her gesehen hinterlassen das Werk und die Person von Larenz einen seltsam zwiespältigen Eindruck. Die Schriften sind gründlich recherchiert und lesen sich gefällig; nur lässt sich ein Standpunkt des Autors kaum ausmachen. Larenz' damals so überaus hohe Reputation ist denn auch zwischenzeitlich nachhaltig beschädigt worden. Erst seit Ende der 1960er Jahre wurde diskutiert und skandalisiert, dass die allermeisten Rechtsprofessoren, die vor 1945 willig und unbeanstandet

39 Zitate bei Larenz 1960: 212–215, 309–314 (H.i.O.).

40 Larenz 1966: 22 f.

41 Vgl. Larenz 1960: 233–241. Darlegungen dazu bei Seinecke 2010: 283.

42 Vgl. Larenz 1960: 133–143, 322–370.

amtiert hatten, ihre Stellen behielten oder nach kurzer Pause zurückerhielten. Neben dieser (heute auserzählten) Geschichte wurde allerdings kaum besprochen, wie genau die nationalsozialistisch gefälligen Ideen in der demokratischen Ordnung fortlebten. Der diskursive Mechanismus war die Nichtthematisierung. Die Bücher wurden im sekretierten Bibliotheksbestand versteckt (nur die Aufsätze blieben in den Zeitschriften auffindbar). Die Professoren reinigten ihre neuaufgelegten Publikationen nach und nach von den Anklängen an vorherige Formulierungen. Ihre Kollegen und Schüler stellten keine Fragen, die nach damaligem Konsens als ›taktlos‹ gewirkt hätten. In einer intellektuellen Landschaft wie der Jurisprudenz, die sich auf Widerspruchsfreiheit und Theoriekontinuität verpflichtet, muss das einen besonderen Aufwand erfordert haben. Für heftige Methodenkontroversen fehlten Bedarf und Kraft. Die Rückgewinnung der staatlichen Stabilität stand im Vordergrund.

In der schwerstdenkbaren Krise nach dem zweifellos genauso erlebten ›Zusammenbruch‹ aller staatlichen Ordnung und der persönlichen Wertüberzeugungen wurde nach einer neuen Grundlage für das Denken des Rechts gesucht. Es erbot sich: die ›Natur‹, und dies lag nahe, wie zynisch anzumerken wäre, weil es von Blut&Boden zur Natur kein so großer Denkschritt war. Wie viele Rechtsphilosophen holte auch Larenz, der bis Ende 1949 ohne Lehrstuhl war, die alte, längst abgelegte Figur des Naturrechts ins Leben zurück.

> Aus den Lehren des 17. bis 19. Jahrhunderts nannte er als »heute noch« bedeutsam, dass der Mensch seine eigentliche Bestimmung allein in der Gemeinschaft mit seinesgleichen fände, das Recht also mit der Sozialethik zu verbinden sei. Das Naturrecht sei »die immanente Grundlage jedes geschichtlich verwirklichten Rechts«, also der Gesetze. Zu erkennen sei es an der ›Natur der Sache‹ eines Lebensverhältnisses. Dass an dieser logischen Stelle die gesellschaftlichen Verhältnisse einzubeziehen gewesen wären, wurde übergangen – kein Wunder nach dem gerade überstandenen Dritten Reich und Weltkrieg. Stattdessen berief sich Larenz auf einige »Strukturformen und Prinzipien«, welche dauerhaft gültig seien, und leitete sein Denken in juristisch bekannte Bahnen über: Volksgeist, tradierte Sitten und Institutionen u.s.w.[43] Zugleich konnte er seine Hinwendung zur Methodologie der ›Wertungsjurisprudenz‹ philosophisch unterfüttern.[44]

Wie die Rechtslehrer den Übergang aus der nationalsozialistischen Zeit in die Bundesrepublik bewerkstelligten, ist für einige von ihnen rekonstruiert worden, und zwar meist erst, nachdem sie gestorben waren. Manchmal fiel dabei auch ein Schatten auf ihre Schüler.

43 Larenz 1947.
44 Larenz 1960: 123–128.

> Ein Beispiel war Karl Larenz sowie sein Nachfolger Claus-Wilhelm Canaris, attackiert insbesondere von Bernd Rüthers, der beide eines »selektiven Erinnerns« zieh, bezogen auf Larenz' Publikationen aus den 1930er Jahren: »In den folgenden Jahrzehnten wurden diese Schriften von Larenz und Canaris in ihren einschlägigen Büchern stets sorgfältig verschwiegen. Stattdessen verschwanden angreifbare Kontinuitäten und Bezüge zu den Lehren der NS-Zeit aus den Lehrbüchern, und zwar ohne Angabe plausibler Gründe und ohne eine Erwähnung der dazu vorhandenen kritischen Literatur.«[45]

Die 1973 erschienene Festschrift zum Siebzigsten von Karl Larenz enthielt ungewöhnlicherweise kein Werkverzeichnis des Jubilars, verschwieg also sein Wirken in der NS-Zeit. Der Kritik hätte das auffallen können. Publikationsstrategisch war es verständlich, würde doch der Autor seine an der Spitze des Erfolgs marschierenden Lehrbücher (drei zum BGB sowie das Methoden-Buch) noch zwei weitere Jahrzehnte selbst betreuen und in neuen Auflagen herausbringen.

In den Nachrufen schließlich wurde Karl Larenz allseits als »Klassiker der Rechtswissenschaft« gepriesen.[46] Nun allerdings verstärkte sich die Beschäftigung mit seiner Berufsphase 1933–1945, was unangenehme Entdeckungen ebenso wie Beschwichtigungen erbrachte. Darüber hinaus erschienen auch Erzählungen der jüngst Verstorbenen, die ihr ›Versagen‹ in günstigeres Licht gerückt hatten, für die aber keinerlei Beleg mehr existierte, fünf, sechs Jahrzehnte nach den behaupteten Ereignissen.

> Larenz hat ein derartiges Narrativ über 1933 hinterlassen, zu veröffentlichen erst nach seinem Tode. Dass die Publikation nunmehr und in Mitteilungen angesehener Jüngerer geschah, verlieh Larenz' Behauptung eine Glaubwürdigkeit, deren sie sonst entbehrt hätte.[47] Es fiel zunächst schwer, den Inszenierungscharakter der angeblichen Enthüllung nachzuvollziehen.

Diese Auseinandersetzungen *post festum* besaßen eine moralische, inzwischen längst ausgekostete Dimension, in der es um die Aufrichtigkeit der Ex-Nationalsozialisten ging sowie um schönfärbende Aktivitäten ihrer Adepten. Daneben, und heute gewichtiger, machten die Kritiken auf die diskursgestaltenden Effekte des Verschweigens aufmerksam, die länger wirksam blieben als für die 1950–1960er Jahre. Auch die übernächste Nachfolge-Generation der NS-Prominenz fand noch ein Wissenschaftsmilieu vor, das in der frühen Bundesrepublik geprägt worden war.

45 Rüthers 2011: 1151.
46 Beispielsweise durch den renommierten Rechtsphilosophen Ralf Dreier 1993: 454.
47 Vgl. dazu Dreier 1993; Hüpers 2010: 132–134.

Weltanschauung statt Sozialwissenschaft

Die Bücher von Wieacker 1952 und Larenz 1960 markierten lange Zeit den Standard der neueren Methodenauffassung; sie konzentrierten sich auf die Kritik an der Begriffsjurisprudenz und wiederholten dazu bloß die seit Jhering bekannten Argumente.[48] Das Erwachen nach dem Nationalsozialismus ließ die Jurisprudenz nach einer neuen Grundlage suchen. Eine erste Zuflucht fand man bei den ewigen Werten, also dem klassischen Naturrecht. So etwas Kontingentes wie Gesellschaftlichkeit konnte keine Sicherheit bieten, und vor allem: keine Entschuldigung für die eigene Verstrickung in das Geschehene. Die Idee des Sozialen blieb vorerst verschüttet unter den Trümmern der Nihilation des Rechts. Man rang um eine Fortführung juristischer Tätigkeit bei personeller und institutioneller Kontinuität angesichts eigener Mitwirkung an den soeben erst beendeten Verbrechen. Die juristische Profession lud die Schuld auf wenige Sündenböcke ab und sprach sich von Verantwortung weitestgehend frei. Die Rechtsförmigkeit der Verfahren zur ›Entnazifizierung‹ gestattete es, die hochentwickelten Argumentations- und Verteidigungsstrategien zum eigenen Nutzen anzuwenden, was gut gelang.

Die Rechtsphilosophie leistete ihren Beitrag, indem sie eine Renaissance des Naturrechts ausrief, womit sie an einen umfangreichen, vom 17. bis ins 19. Jahrhundert geführten Diskursbestand anknüpfen und die Köpfe beschäftigen konnte. Man gab sich wertbewusst und menschenrechtsorientiert; Religion und Moral kamen zum Zuge. Zur wiederbelebten Naturrechtsfrage entfaltete sich die gewohnte Diskussion über Feinheiten von Begriff und Inhalt. Unausgesprochen einig war man sich darüber, weder eine erneute Methodendebatte eröffnen noch an den Diskurs der Weimarer Zeit anzuknüpfen zu wollen. Überhaupt blieb der Charakter der Rechtswissenschaft, die ja so offensichtlich versagt hatte, außerhalb jeder Nachfrage; denn dann hätten ja die damaligen Schriften der weiter amtierenden Theoretiker gelesen werden müssen, anstatt diese in den Sperrabteilungen der Bibliotheken zu verstecken. Bald behielt der Ost-West-Konflikt auch hier als zusätzlich entlastende Fixierung die emotionale Oberhand.

Die für das Rechtsdenken einflussreichen weltanschaulichen Positionen wurden nicht explizit gemacht; das wäre in der Jurisprudenz als unschicklich erschienen. Sie klangen aber unüberhörbar an, wenn die »Schöpfungsordnung«, »die neothomistische Naturrechtsbegründung der katholischen Soziallehre« und die »Theologie der beiden Konfessionen« positiv erwähnt wurden.[49] Unverdächtige Wertorientierungen überdeckten unangenehme Erinnerungen.

48 So S. Meder 2017: 449.

49 So bei Wieacker 1965: 9 f. Besonders affirmative Glaubensbekenntnisse dann in seinen Diskussionsantworten, 1965: 36, 40, 61 f.

Weder im alten Gesetzespositivismus noch in der sozialwissenschaftlichen Empirie wurde die ersehnte Rückendeckung gefunden. Behufs dessen charakterisierte Wieacker den ›Positivismus‹ etwas überraschend als die »Rechtsauffassung, die das Ganze der Rechtsordnung allein aus Wirklichkeitsfaktoren ableitet«, und rechnete hierzu »die determinierten Abläufe in einer kausal interpretierten Außenwelt oder soziale Mächte und Interessen«.[50] Damit waren sozialwissenschaftliche Einflüsse auf die Rechtsinterpretation ausgeschlossen. In einem Diskussionsbeitrag bezeichnete der prominente Strafrechtler Hans Welzel die »Stimmen von Soziologen und Psychologen (z. B. Hofstätter)« und den »Soziologismus« als eine Fortsetzung »der Zerstörung des Rechts«.[51] Niemand spießte den Selbstwiderspruch auf, dass all diese naturrechtsbejahenden Debattenredner früher in das nationalsozialistische Horn geblasen hatten.

50 Wieacker 1965: 10 f.

51 Ebda. 46.

Kap. 10
Interdisziplinäre Stimmen in der frühen Bundesrepublik

Die Atmosphäre rechtstheoretischen Stillstands wurde gelegentlich durchbrochen, und zwar in Texten, die man suchen musste und in denen die Idee des Sozialen meist nur am Rande auftauchte. Sie aber bereiteten dem späteren Wiedererwachen der rechtlich-sozialen Methodenfrage den Weg.

Zurück aus dem Rückzug: Martin Drath

Der Öffentlichrechtler Martin Drath (1902–1976) hatte bereits bei Hermann Heller gearbeitet, wurde aber 1933 als ›politisch unzuverlässig‹ von der Universität entfernt; unmittelbar nach Kriegsende kam seine Rückkehr in Gang.[1] 1951 gehörte er zu den ersten Mitgliedern des gerade eröffneten Bundesverfassungsgerichts. Er begriff die Rechts- und Sozialordnung als Sinneinheit und hielt »eine sozialwissenschaftlich orientierte Rechtswissenschaft«, auch ohne Soziologisierung der Rechtsdogmatik, für möglich.[2] Kontinuierlich arbeitete er daran, diese Position auszuarbeiten. Drath vermisste eine klare Vorstellung soziologischer Tatsachen, »als ob Max Weber, Max Scheler und Karl Mannheim für uns umsonst gelebt hätten«.[3] Die in einem der Verfassungsgerichtsurteile vorkommende Wendung zur »soziologischen Geltung von Rechtsvorschriften«, die allem Anschein nach aus Draths Feder stammte, wurde als »Preisgabe des abendländischen Rechtsbegriffs« gerügt.[4]

In einem Essay entwickelte Drath eine Konzeption, wie das positive Recht in Gesellschaft und Kultur verwurzelt ist. Verständnis und Begründung »kann das positive Recht nur dann finden, wenn wir es von der Gesellschaft und ihrer kulturellen Entwicklung her – in diesem Sinne also: transzendent – zu erfassen suchen, d.h. mittels soziologischen Denkens und aus Erfahrung.«[5] Das bezog sich offensichtlich nicht nur auf die kausale Erklärung einer Norm, sondern auch auf deren Interpretation, also auf die Aufgabe der Rechtsdogmatik.

1 Vgl. Lasch 2007: 1996; Otto 2012: 332–334.
2 Drath 1952a: 44 f. Vgl. zum Werk von Drath: Henkel/Lembcke 2003.
3 Drath 1952 b: 108.
4 Vgl. dazu Lasch 2010: 15.
5 Drath 1963: 25.

> Nach längeren Ausführungen zur Genese und Differenz des Rechts im Verhältnis zu den sozialen Ordnungen sprach er über die grundsätzliche Rolle des Rechts in der dynamischen Gesellschaft in unserer Gegenwart und betonte »die Aufgabe der fortlaufenden Gestaltung dieser Gesellschaft«. Deswegen könne »das Recht – im Gegensatz zu den stabilen, traditionalen Ordnungsarten – als die ›*politische*‹ Ordnungsart bezeichnet werden«.[6]

Hier bereits entfernte sich Drath von den Gebräuchen der dogmatischen Zunft, in der ein politischer Gehalt ihrer Denkweise und -ergebnisse stets geleugnet worden ist – wohlweislich, denn die Profession blieb bestehen, auch wenn die Regimes wechselten. Das politisch‹ Lied der Jurisprudenz klingt überhaupt nicht garstig, wie gesagt werden muss; denn sie verbürgt sich für Regelgebundenheit und Willkürfeindlichkeit. Drath indessen ging über diese Binsenwahrheit entschieden hinaus, stellte sich in die Nachfolge von Hermann Heller und fand sich prompt am Rande seiner Wissenschaft wieder. Für die Methodik der Rechtsanwendung, insbesondere im Richteramt, entwickelte er Grundsätze, die hätten aufgegriffen werden können.

> Ohne sich naturrechtlichen oder ethischen Begründungen zu verschreiben, lehnte er es ab, die bestehende Ordnung mit einer richtigen und guten Ordnung einfach gleichzusetzen. Vielmehr »kann die Vorstellung der ›richtigen‹ Ordnung sich erst als eine *neue Kategorie* ›Gerechtigkeit‹ entfalten«. Die Kategorie ›Gerechtigkeit‹ ergebe sich »gegenüber dem konkreten Inhalt der *konkreten* positiven *Rechts*ordnung: Sie erscheint in Gestalt konkreter Gerechtigkeitspostulate. Diese sind antithetisch zum konkreten Recht.«[7]

Die vielen Kursiv- und Anführungszeichen verwiesen auf das Tastende dieses Theorieversuchs. Ausdrücklich wies Drath utopische Erwartungen zurück und wollte nur realistische Forderungen berücksichtigen.

> »Realistisch sind nur Gerechtigkeitsforderungen, die kontrolliert sind auf Grund der gegebenen gesellschaftlichen Verhältnisse *und* der Möglichkeiten und Kräfte zur Änderung.« Dies zu prüfen, überantwortete er »der Einzelforschung«, die dann wohl nur eine sozialwissenschaftliche i.w.S. sein konnte.

Der Rechtstheorie empfahl Drath, sie solle »die Tatsachen klären«, die ihr tendenziell »alleiniges Ausgangsmaterial« darstellen sollten. Die adäquate Methode hierfür sei die soziologische, weil es sich um soziale Tatsachen handele; das positive Recht sei Produkt und Teil der kulturell-sozialen

6 Drath 1963: 33 (H.i.O).
7 Drath 1963: 35 f. (H.i.O).

Entwicklung des Menschen. Über ein derartiges Ansinnen ging die Methodenlehre seinerzeit hinweg. Im weiteren fundierte Drath seinen Ansatz in einer »realistischen« Geltungstheorie.

> Diese stützte er nicht auf die herkömmlich eingesetzten Konzepte von Macht und Anerkennung, »sondern auf die Existenz einer fundamentalen Ordnungsstruktur, die mit der Existenz der menschlichen Gesellschaft, ja des Menschen selbst bereits gegeben ist, sodass zur Seinsweise ihre Geordnetheit bereits gehört«. Damit erschien ihm »das rechtliche *Sollen*, der Geltungsgrund des Rechts selbst, prinzipiell *hervorgegangen* aus einer sozialen Notwendigkeit, also aus einem *Müssen* der Gesellschaft«.[8]

Drath widersprach einer Verselbständigung des positiven Rechts; dieses sei als Ordnungsart nur subsidiär gegenüber anderen Ordnungsarten.

> Daraus schloss er: »den Gerichten kann mehr an rechtsschöpferischer Arbeit überlassen werden, je homogener ihre Anschauungen [...] mit den gesetzlich noch nicht konkretisierten sozialen Anschauungen über die lex ferenda sind«. Und schließlich geschehe auch die Auslegung des positiven Rechts »nicht nur nach innerlichen Normativitäten des positiven Rechts, sondern vorab nach sozial-kulturellen Gegebenheiten«. An dieser Stelle blieb Drath vage, obwohl es vielleicht seit jeher geübter Praxis entsprach, dass nicht methodologische Vorgaben das richterliche Handeln anleiten, sondern die berufliche Routine.

Drath entschied sich auch nicht für eine Seite »im Kampf zwischen ›soziologischer Jurisprudenz‹ und ›klassischer Rechtsinterpretation«; vielmehr hätten »beide Standpunkte je ihren Standort«. So hielt er sich offen für eine Kommunikation mit der herrschenden Meinung, jedoch scheint diese so gut wie keine Notiz genommen zu haben. Klar entschieden wandte er sich gegen die Meinung »des juristischen Positivismus, dass nur ein juristisch-normatives Denken etwas über den Geltungsgrund des positiven Rechts auszusagen habe«.[9] Damit blieb auch im gesamten Rechtsbetrieb für ein rein »juristisches-normatives Denken« kein Platz.

Draths Formeln zum Müssen, zur geordneten Seinsweise usw. konnten den Verdacht wecken, die Sphären von Sein und Sollen, von Faktizität und Normativität zu vermischen. Tatsächlich geschah dies auch; denn wie sein Lehrer Hermann Heller wollte Drath diese erkenntnistheoretische Begründung rechtspositivistischer Methoden überwinden. Vorsorglich anerkannte er, es möge »*logisch* ein ›Sollen‹ immer nur abgeleitet werden können aus einem anderen ›Sollen‹ – hier handelt es sich nicht um *reine Logik*, sondern um *Sachlogik*«. Man mochte das als Trick eines

8 Alle Zitate bei Drath 1963: 38, 40 f. (H.i.O).
9 Drath 1963: 42–45 (H.i.O).

Schlaumeiers abtun; doch es ging ernsthaft um die Grundlage rechtswissenschaftlicher Arbeit. Inwieweit durften oder mussten die Regeln formaler Logik das juristische Handeln regieren? Drath meinte, neben einem *logischen* Verhalten gebe es das *verständige* Verhalten, »so wie Rationalität sich nicht in bloßer Logik erschöpft, sondern darüber hinaus ›verständiges‹ Verhalten umfasst«. Er hätte auch sagen können, dass die Sein-Sollen-Differenz keine Angelegenheit formaler Logik, sondern der Meta-Ethik bzw. Ontologie ist. Gleichwohl haben sich an dieser Stelle seit jeher kämpferische Debatten zum Platz des Sozialen im juristischen Denken entzündet. Drath hat diesen Platz rechtsphilosophisch untermauert.

> Zuletzt zerpflückte er noch den Gedanken, die unterstellte soziale Eingebundenheit des Menschen scheitere am Anspruch auf individuelle Autonomie, verstanden »als Freiheit zu subjektiv gewolltem Verhalten in der Gesellschaft [.] Das Problem der Autonomie ist als Problem der Freiheit *in* der Gesellschaft ein Problem des ›richtigen‹ Rechts und als solches eine geschichtliche und soziale Aufgabe.«[10]

Die damalige (nicht sehr entwickelte) Rechtstheorie hätte an diesen Thesen zu kauen gehabt, unterließ dies aber; in dem repräsentativen Lehrbuch von Larenz kamen weder Drath noch solche Gedanken vor.

> Für Drath bestand eine Konvergenz zwischen den Rechtsgeboten und den jeweiligen Teilen der Gesellschaftsordnung; Rollen beziehen sich auf Gegenrollen, beides zusammen bildet eine Institution; aus den Institutionen baut sich die Gesellschaftsordnung auf. »Auf allen diesen Stufen ist das positive Recht nicht nur nicht allmächtig, sondern mehr oder minder eingefügt in außerrechtliche Ordnungen und Ordnungsvorstellungen.« Die Adressaten eines Rechtsgebotes können dessen Inhalt akzeptieren und verinnerlichen, wenn sie die Zusammenhänge erkennen, was am stärksten gelingt, »wenn der Sinn des eigenen Lebens mit dem Sinn einer Institution in ihrer konkreten Ausgestaltung identifiziert, eine ›Zugehörigkeit zur eigenen Person‹ empfunden wird«. Die ›Natur der Sache‹ beziehe sich immer auf eine Sache in ihrer Bedeutung »innerhalb der gesamten sozialen Kultur«. Die juristische Betrachtung habe die Verbindlichkeit der Normen nicht nur auf den Befehl des Gesetzgebers, »sondern möglichst auf eine durch soziale Funktionalität bestimmte Sachgemäßheit des Inhalts zu stützen und diese dem sozialen Verständnis näherzubringen. [So] muss das einzelne Rechtsgebot als in sozialen Zusammenhängen stehend erkannt und anerkannt, möglichst verinnerlicht werden können.«[11]

Das war in der soziologischen Begrifflichkeit und auf dem Forschungsstand der frühen 1960er Jahre formuliert (Rolle, Institution, Funktion, Kultur, Verinnerlichung). Drath analysierte also Recht und Staat von den

10 Alle Zitate bei Drath 1963: 35–41, 44 f., 55 f., 61 (H.i.O.).
11 Drath 1965/1977: 182–184).

Sozialwissenschaften her; diese hätten »in den letzten zwei Jahrzehnten bedeutende Fortschritte gemacht« und seien mitsamt ihren Methoden die gegebenen Disziplinen und Mittel, um »eine sozialwissenschaftliche allgemeine Rechtstheorie« aufzubauen. Für seine Staatstheorie bezog sich Drath auf die soziologischen Klassiker Émile Durkheim und Talcott Parsons. Ständig Kelsens rabiate Trennung von Sein-und-Sollen-Argumenten vor Augen sagte Drath in etwas gewundenen Formulierungen, der Richter könne »bei der Auslegung des rechtlichen Sollens« auf die Seins-Verhältnisse zurückgreifen, »wenn dieses ›Sein‹ (ein Verhalten von Menschen) sich bei sozialwissenschaftlicher Betrachtung als selbst in einer Ordnung abspielend verweist, die als ein Stück der bestehenden Rechtsordnung gedacht werden kann«.[12]

In seinem grundlegenden Handbuchartikel von 1966, den er als (wegen des Buchformats äußerst gedrängte) Darlegung der eigenen Theorie ansah, unternahm Drath eine »soziologisch-systematische Betrachtung des Staates«, bei der das Staatsrecht keine herausgehobene Rolle spielte. Ja, er wollte sich sogar von der primär rechtlichen Betrachtung des Staates ganz abwenden und eine soziologisch-anthropologische Grundlegung verwenden; dafür suchte er um Stellungnahmen bei Arnold Gehlen und Helmut Schelsky nach.[13] Damit unterschied er sich radikal von der Staatslehre seinerzeitiger Verfassungsjuristen. Drath benutzte außerjuristische Konzepte wie Regulierung, Ordnung, Koordination, Macht, Politik u.a.; wichtiger als das Recht erschien ihm die Motivation der Bürger.

> Die Legitimität beruhe auf einem »Werturteil der Gruppenmitglieder«. Die Rechtsprechung schaffe eine Vertrauensbasis »nach verschiedensten – selten nur nach rein juristischen – Gesichtspunkten«. Die damals bereits im Gang befindliche Gleichsetzung von Recht und Rechtswissenschaft blieb hier völlig außer Betracht.

Drath behauptete eine wechselseitig verbundene Einheit von Sozial- und Rechtswissenschaften, wofür er sich auf Georg Jellinek (›die normative Kraft des Faktischen‹) berief. Er erläuterte zu seiner »soziologischen Theorie vom Staat«, sie stehe Hermann Heller besonders nahe, der sich u.a. »gegen ein rein normativistisch-juristisches Staatsverständnis« gewandt habe. Für Heller könne »Staatstheorie nur von einer umfassenden Analyse der gesellschaftlichen Wirklichkeit ausgehen«.[14] Mit alldem manövrierte er sich in eine Außenseiterstellung, die ihm bis heute attestiert wird.[15] Mit seinem ›rechtstranszendenten‹ Ansatz stand Martin Drath damals auf verlorenem Posten; Beachtung fand er mit seiner auf das Soziale

12 Drath 1966/1977: 162, 164, 189.
13 Vgl. den Brief Draths sowie Henkel/Lembcke in dies. 2010: 330 f. bzw. 298.
14 Zitate bei Drath 1966: 2129, 2131, 2146.
15 Vgl. Llanque 2010: 225–227.

ausgerichteten Perspektive kaum. Die hier wiedergegebenen Argumente zeigen seine rechtstheoretische Position im Allgemeinen; in den zwölf Jahren als Richter am Bundesverfassungsgericht hat er sie konkret anwenden bzw. sie aus der Entscheidungspraxis heraus weiterentwickeln können.

Der Beitrag von Drath kam von einem Solitär der frühen Bundesrepublik. Niemand sonst äußerte sich auch nur in der Nähe zu einer Position, die an eine Strömung aus Weimarer Zeiten anschloss. Etwas Ungewöhnliches haftete auch Draths Lebensgang an. Durch die erzwungene Unterbrechung – Brotberuf statt Wissenschaft – stand der Autor 1945 ohne die geforderten Publikations- und Qualifikationsnachweise da, zumal ihm die Texte nicht so leicht aus der Feder flossen wie den Kollegen. Die Haltung eines demokratischen Sozialismus gefährdete seine Kandidaturen. Im Plenum des Verfassungsgerichts mit 23 zu 1 überstimmt zu werden markierte signifikant eine Außenseiterstellung, die denn auch dazu führte, 1963 kein weiteres Mal in das Gericht entsandt zu werden. Vieles an dieser Biographie wirft ein bezeichnendes Licht auf die Situation der Zeit.[16]

> Die Blockade gegen Draths moderne Staats- und Verfassungstheorie auf sozialwissenschaftlicher Grundlage resultierte auch aus seiner Zugehörigkeit zu der kleinen Rechtslehrergruppe um Wolfgang Abendroth, die als ›linke‹ Abweichler an den Rand des Fachdiskurses gedrängt waren.[17] Gedanklich stand dabei Pate, dass die Inhalte der Begriffe ›sozial‹ und ›sozialistisch‹ verwechselt wurden. In gruppendynamischer Hinsicht allerdings war das Gericht damals gespalten.

Die links-sozialdemokratische Position bremste sowohl das berufliche Fortkommen als auch die öffentliche Wahrnehmung von Martin Drath nach 1945 spürbar aus. Neuere dokumentarische Funde haben gezeigt, dass er als ›gefährlich‹ gesehen wurde.[18] Das bedeutet – gerade angesichts der Nichtrezeption seiner in der frühen Bundesrepublik einzigartig dastehenden Rechtstheorie –, dass die politische Haltung eines Einzelnen diskursrelevant war: Sie markierte ›das Andere‹.

Staat und Verfassung

Die verfassungsmäßige Neuorganisation Westdeutschlands und das Grundgesetz von 1949 brachten es mit sich, dass zuerst im Staatsrecht das Verhältnis von juristischer und sozialwissenschaftlicher Denkweise problematisiert wurde. In dem festgefahrenen Diskursfeld der Zeit

16 Für das Handeln und die Behandlung von Martin Drath vgl. Otto 2012; ferner Lasch 2010 und Sälzer 2010.

17 Vgl. Günther 2004: 95.

18 Vgl. Sälzer 2010: 89 f.

– eingezwängt in die Alternative *entweder* enge Gesetzesbindung *oder* Orientierung an allgemeinen Werten – kam ein Rekurs auf sozialwissenschaftliche Erkenntnisse bei den meisten gar nicht erst ins Gesichtsfeld. Die Selbstabgrenzung zum vergangenen Terrorregime stand im Vordergrund und verfolgte die (überaus notwendige) eigene Ehrenrettung auch noch mit falscher Gewichtung. Dazu gab es einige Ausnahmen.

Schon Martin Drath hatte früh darauf hingewiesen, dass einige staatsrechtliche Monographien »von sozialwissenschaftlicher Basis ausgehen«. Ihn bewegte interessanterweise auch die umgekehrte Frage, wie das Recht in die Staatstheorie einzufügen sei. Die juristische Staatsrechtslehre und die sozialwissenschaftliche Staatslehre seien voneinander abzugrenzen, wobei die Staatslehre das Recht als einen der sozial wirksamen Faktoren abhandele, ebenso wie im Staatsrecht die Begriffe »ohne Hinblick auf die zugrundeliegenden sozialwissenschaftlichen Begriffe nicht voll verständlich sind«.[19] Damit war eine Wechselseitigkeit etabliert, die mit schlichtem Sein-vs.-Sollen nicht mehr aufzudröseln war.

> Zum »Gegensatz von Leben und Recht« bemerkte Drath: Da wir es »mit der Statik des Verfassungsrechts in einer dynamisch sich wandelnden Wirklichkeit zu tun haben [...], wird auch der Staatsrechtler einer Beschäftigung mit den Phänomenen der Wirklichkeit auf Grund der empirischen Analyse und der durch sie geschaffenen und indizierten Zusammenhänge nicht entgehen können [.] Die Arbeit der empirischen Soziologie wird auf diese Weise mindestens als ›Provokation‹ solcher Selbstkritik, wahrscheinlich sogar zur Korrektur der eigenen Vorstellungen, zu ihrer Erhebung in den Rang von Theorie auch für den Staatsrechtler unentbehrlich.«[20]

Auch sonst wurde an den Diskurs aus den Weimarer Jahren erinnert, ohne dass an ihn angeknüpft worden wäre. Franz L. Neumann sagte 1950, Politikwissenschaft und Staatsrechtslehre sollten sich miteinander einlassen, wobei sie bedenken müssten, dass diese die Politik primär als Rechts- und Untertanenverhältnis begreife und dabei den »Kampf um die Macht« unterschlage. »Der politische Sinn des Positivismus ist die Akzeptierung des Status quo.«[21]

In Göttingen unterhielt Rudolf Smend (1882–1975) ein Seminar (bis 1969), dessen offene Atmosphäre gerühmt wurde. »Hier herrschte ein Geist von Liberalität, Toleranz und literarischer Gelehrsamkeit«, der als Kontrast zum »Klima der Zeit« und »dem sonst üblichen positivistischen Wissenschaftsbetrieb an der Universität« empfunden wurde.[22] Im

19 Zitate bei Drath 1952a: 42, 44.
20 Drath 1965/1977: 74 f.
21 Neumann 1950: 374 f.
22 So die Einschätzung von Günther 2004: 159–191 (159).

freundlichen Antlitz dieser Richtung stand der Wunsch nach Harmonie und Konsens, anders als das Freund-Feind-Prinzip der verschworenen Anhänger von Carl Schmitt. In Göttingen wurde politisch plural gedacht, von konservativ bis links-liberal. Die Etablierung der Politikwissenschaft in der Bundesrepublik wurde begrüßt und gefördert. Hier tauchten dann einige Namen auf, wie Ernst Fraenkel, Otto Kirchheimer und Hermann Heller, die wir im Kapitel über die Weimarer Republik als Protagonisten einer sozialwissenschaftlichen Orientierung der Rechtsdogmatik kennengelernt haben.

> Smend hatte in den 1920er Jahren sein Denkgebäude auf der Grundidee der Integration errichtet. Indem sich die Einzelnen in eine geistige Lebensgemeinschaft einfügen, kann ein Staat entstehen, und dessen Bestand beruht auf einem *plébiscite des tous les jours*. In diesem Kernvorgang – eben der ›Integration‹ – realisiert sich der Staat; er existiert »nur in diesem Prozess beständiger Erneuerung, dauernden Neuerlebtwerdens«. Staat und Recht leben von der Anerkennung der ihnen Unterworfenen, indem »der Einzelne sich der Auswirkung der wesentlichsten staatlichen Integrationsfaktoren unterwirft«.[23] ›Integration‹ war der Schlüsselbegriff dieser Staats(rechts)lehre. Im damaligen Diskurs entsprach die Bedeutung allerdings nicht dem heute diskutierten Problem des ›gesellschaftlichen Zusammenhalts‹, womit die Überwindung einer ›Spaltung‹ und somit eine sozialpolitische Aufgabe gemeint ist. ›Integration‹ bei Smend war ein theoretischer Begriff, der die Legitimationsgrundlage von Staat und Verfassung beschrieb.

In dieser Sichtweise kam es beim Interpretieren der Verfassung nicht auf deren Entstehung und Wortlaut an, sondern auf die Dynamik der jeweiligen Gegenwart. Dass ein als Provisorium gedachter Text wie das Grundgesetz von 1949 so lange Bestand haben konnte, ja nach ziemlich allgemeiner Meinung als Erfolg gilt, war genau der Flexibilität zu verdanken, wie sie von der Integrationslehre verkündet wurde.

Das Problem, dass die Menschen sich mit ›ihrem‹ Staat identifizieren, warf Fragen zur faktischen (statt normativen) Geltung auf. Die Trennung von Norm und Wirklichkeit wurde in der Integrationskonzeption abgelehnt. Das klang durchaus nach einer Verwertung soziologischer Bestände, war aber sozial-ontologisch gedacht und verzichtete auf empirisch fundiertes Wissen. Für Smend war die Integration »ein grundlegender Vorgang aller gesellschaftlichen Gebilde im weitesten Sinne und daher von der soziologischen Wissenschaft auch vielseitig untersucht«. Diese Problemstellung dringe in die Rechts- und Verfassungslehre ein.[24] Immerhin waren in Smends Schule einige Bundesgenossen für die Idee

23 Smend 1928: 18, 41.
24 Smend 1966: 803.

des Sozialen im Recht zu finden, zumal angesichts scharfer Gegnerschaft der Reinen Rechtslehre und der Schmitt-Schule. Insoweit wurde hier das Diskursfeld für den um 1969 stattfindenden Umbruch mit vorbereitet.

Zurück aus dem Exil: Ernst Eduard Hirsch

Eine überaus wichtige Kraft der bundesrepublikanischen Rechtssoziologie war Ernst E. Hirsch (1902–1985), als deren Wiederbegründer um 1965 er gelten muss. Wie aber sah er den Beitrag sozialwissenschaftlicher Erkenntnisse zur juristischen Arbeit? 1948 wollte er »aus der Rechtswissenschaft eine Seinswissenschaft machen [und] von dem natürlichen Sozialwesen ›Mensch‹ [ausgehen, sodass] die Rechtswissenschaft die *Wissenschaft von der bewussten Ordnung des Soziallebens ist*«.[25] Damit und in mehreren ähnlich lautenden Formulierungen orientierte er die juristische Methodologie pointiert auf das Soziale hin. Allerdings stellte er keine deutliche Verbindung zum Diskurs von 1910 her, der später an seinem Institut erforscht werden sollte. Obwohl Hirsch in Frankfurt ein Schüler von Hugo Sinzheimer gewesen war, hatte er sich in der Weimarer Zeit noch nicht rechtssoziologisch betätigt; dazu gelangte er erst im türkischen Exil.[26] Hirsch fing offenbar insoweit gedanklich neu an, kein Wunder bei seiner Generationszugehörigkeit und nach einer fünfzehnjährigen Emigration.

Seine Losung wettete auf die Zukunft, und dies mit prägnanter Ansage: »Es gibt zwar eine Rechts- und Gesetzeskunde«, etwa die Rechtsdogmatik, »aber es gibt noch keine echte Rechtswissenschaft, die dieses Namens würdig ist, solange Juristen sich weigern, [die] wechselseitigen, funktionellen Abhängigkeiten von Recht und Sozialleben einzubeziehen.«[27] Auch wenn das nur als eine einstweilen unlösbare Aufgabe gemeint war, hätte ein solcher Satz damals ähnlich schockieren müssen, wie zwanzig Jahre später die in etwa gleichlautende These in der Programmschrift von Rudolf Wiethölter. Doch es handelte sich 1948 nur um einen Vortrag, und die Jurisprudenz war noch anderwärtig beschäftigt.

Noch eine weitere Idee Hirschs wies in die Zukunft. Er glaubte, bei dem damaligen Stande der Sozialwissenschaften dort keine befriedigende Antwort auf seine Fragen finden zu können; daher müsse die Rechtswissenschaft an den Forschungen zum Sozialwesen Mensch »tätig mitarbeiten«. Eine solche Vermählung von Jurisprudenz und Sozialanthropologie war noch nie gefordert worden; sie hätte, wenn weiterverfolgt, die Rechtsmethodik revolutionieren können. Hirsch fügte nämlich noch

25 Hirsch 1948/1966: 72 (H.i.O).
26 Vgl. Rottleuthner 2009: 204.
27 Hirsch 1948/1966: 75.

an, es könne »die Rechtskunde erst dann Rechtswissenschaft werden, wenn die Rechtsgelehrten aufhören, ›Nur-Juristen‹ zu sein«, was sie doch wahrhaftig waren und sein wollten.[28] Einen der Schlusssätze des Vortrags von 1948 wiederholte er 1967: »Das Recht ist nicht in der Logik des Rechtssystems, sondern im Strom des sozialen Lebens zu finden.«[29] Allerdings fielen die übrigen Zumutungen an die Rechtswissenschaft jetzt zahmer aus.

Eine Bindung zwischen Recht und Gesellschaft erblickte Hirsch in der »Interdependenz von sozialem Sachverhalt und rechtlicher Regulierung«. Und so sah er die Hauptaufgabe der Rechtssoziologie darin, die »Gesetzmäßigkeiten der wechselseitigen Abhängigkeit von Sozialleben und rechtlicher Regulierung zu erforschen und zu beschreiben«. Eine ›Abhängigkeit‹, die vor allem auf legislativer Ebene und bei der Rechtsfortbildung in der Praxis zum Zuge kam, womit keine irgendwie geartete Soziologisierung juristischer Methoden gemeint war. Welche Folgerungen aus den Resultaten der beschreibenden Rechtssoziologie zu ziehen seien, sagte Hirsch nicht; hier blieb er der konventionellen Rechtstheorie verbunden. Als es zum Annäherungskonflikt zwischen Jurisprudenz und Sozialwissenschaft kam, blieb er neutral. Ja, die Forderungen der Berliner und Frankfurter Jungjuristen gingen ihm zu weit, indem sie »die Grenze zwischen forschender Aufklärung und politischer Propaganda oder ideologischer Bevormundung missachteten«, wohinter unangenehme Erfahrungen an der Freien Universität stecken mochten.[30]

Metaphysik und Soziologie: Erich Fechner

Der Rechtsphilosoph und Arbeitsrechtler Erich Fechner (1903–1991) zählte in der frühen Bundesrepublik zu den ganz wenigen, in deren Konzeption die Soziologie vorkam. Immer wieder in seinen Schriften verließ er die (damals wie heute geläufige) geschlossene Interpretationsweise, um normative und soziologische Aussagebegründungen ineinander zu verschränken.

Bereits 1941 hatte Fechner in seinem Habilitationsvortrag die Wirklichkeitsnähe des Rechts und der richterlichen Rechtsfindung aufgerufen; nach 1933 habe sich die »Hinwendung des Rechts zur Wirklichkeit nachhaltig verstärkt«. Freilich vermied er zeitgerecht den Verweis auf die Soziologie, betonte stattdessen die »*konkrete* Ordnung« und ließ den »sozialen Begriff der Gemeinschaft« gelten. Mit Blick auf die aktuellen Urteile des Reichsarbeitsgerichts fragte er, inwieweit »hier aus

28 Hirsch 1948/1966: 76.
29 Vgl. Hirsch 1948/1966: 87; 1984: 33.
30 Zitate bei Hirsch 1984: 182, 142 bzw. 28.

der Welt der sozialen Tatsachen eine rechtliche Ordnung« wachse. Für werden können. Fechner bezog sich auf den (völkisch orientierten) Soziologen Georg Weippert Fechner begründeten die neuen Entscheidungen sich aus »der überindividuellen Ordnung des Betriebes«. Vor und nach der NS-Zeit hätte an dieser Stelle von ›soziologischer Jurisprudenz‹ gesprochen, um die erkenntnistheoretische Kluft zwischen Faktischem und Normativem zu überbrücken, und schloss eine Berufung auf das Gewohnheitsrecht – womit das Problem in traditioneller Weise gelöst worden wäre – aus. »Den Daseinssinn in den sozialen Gebilden für das Recht fruchtbar zu machen« sei die Aufgabe; »der ihn tragenden Wirklichkeit [und] den in der Welt des Realen gesetzten Zielen« müsse das Recht gerecht werden.[31]

Auch in seinem engeren juristischen Fachgebiet suchte Fechner den Anschluss an die soziologische Denkweise. Er wollte klären, »in welchem Sinne die Wirklichkeit Normen aus sich hervorbringt, in welchem Sinne sie Rechtsquelle werden kann«.

Dafür setzte Fechner auf den »in den zu regelnden sozialen Gebilden liegenden Daseinssinn«. So »ist das Faktische als die Verkörperung des Daseinssinnes Hinweis und Zeichen auf das, was der richtig verstandene Sinn der sozialen Gebilde aus sich entwickeln will«. Einerseits distanzierte er sich von der »sogenannten konkreten Ordnung«, andererseits sprach er vom »volkhaften Sein«. Mit dem »Daseinssinn der sozialen Gebilde« nutzte er eine Denkfigur, die gut in die Zeit passte und den Einfluss der Wirklichkeit auf die Normbildung sowohl vom Normativismus als auch vom Soziologismus fernhielt.[32]

Hatte Fechner 1941 in Carl Schmitts Diktion den ›konkreten‹ Charakter des Rechts erläutert, so konnte er ganz ähnliche Gedanken später als ›Soziologie‹ fortführen. Dementsprechend verfuhr er denn, existenzphilosophisch gewendet, in seinen Nachkriegsaufsätzen sowie im 1956 erschienenen Hauptwerk, das sich im Untertitel als »Soziologie des Rechts« bezeichnete. Die Soziologie diente ihm als ein Argument gegen die Dominanz des Naturrechtsdenkens, das er für eine vorübergehende Erscheinung der Nachkriegszeit hielt.

Bezüglich der Grundrechte verwies Fechner bereits ein Jahr nach dem Inkrafttreten der Verfassung auf ihre »soziologische Bedingtheit«, die sich bereits aus der frühkindlichen »Einheit von Einzelwesen und Gruppe« ergebe. Er beschwor geradezu den »Wandel im Aufbau des sozialen Körpers und in den sozialen Anschauungen« sowie ein »mehr und mehr sozialistisches und kollektives Denken«, wobei man diesen Schlagworten, wie umstritten sie auch seien, nicht aus dem Weg gehen solle. Zur

31 Fechner 1941: 82–84, 88f., 96 f. (H.i.O).
32 Fechner 1941: 84, 94–99.

Entfaltung und zum Schutz der Grundrechte »gehört Einsicht in die Gesetzmäßigkeiten der sozialen und ökonomischen Abläufe. Hier liegt das praktische Arbeitsfeld der Soziologie«. Daraus ergebe sich die Möglichkeit, »im ökonomischen und sozialen Bereich auf Grund sorgsamer Beobachtung Schaltungen zugunsten bestimmter Zielsetzungen mit Erfolg durchzuführen«.[33] Damit formulierte Fechner das spätere Paradigma der soziologisch informierten gesellschaftlichen Steuerung durch Recht.

> Fechner argumentierte in diesen Zusammenhängen meist eher rechtssoziologisch und nur andeutungsweise rechtsmethodologisch. So wird er seine Fakultätskollegen nicht beunruhigt haben, berührten doch die Ideen zur neuen Sozialordnung (nur) die Rechts*politik*. Da er sich weit deutlicher, als 1950 für einen (nicht emigrierten und nicht verfolgten) Rechtslehrer üblich, vom Nationalsozialismus distanzierte,[34] mögen seine Ideen nicht allen Kollegen geheuer erschienen sein.

In einem Aufsatz mit der vielversprechenden Überschrift »Die Bedeutung der Gesellschaftswissenschaft für die Grundfrage des Rechts. Das Naturrechtsproblem im Schatten der Soziologie« vermerkte Fechner 1952 zur Soziologie als Wissenschaft, »dass wir vor einer verwirrenden Fülle von soziologischen Richtungen und Schulen stehen«. Damit hob er genau den Punkt hervor, an dem die aufgeschlossenen Juristen bislang üblicherweise sich abgekehrt hatten. Fechner ließ sich hiervon nicht abschrecken und attestierte der Soziologie, dass sie »in ihrer noch unausgereiften Lebendigkeit die Spannungen und Widersprüche des Wirklichen unmittelbar widerspiegelt«. Infolge ihrer aufreizenden Vieldeutigkeit sei sie dazu angetan, »festgewordene Auffassungen zu lockern«. Zudem zeige sie auch »übereinstimmende Grundzüge« und pflege »im Dienste bestimmter Gegenwartsaufgaben zu stehen«. Zum Nachweis erörterte er eine Reihe soziologischer Beiträge zum Recht, und zwar zu Fragen um das Eigentum, zur Überwindung des Krieges, zur Freiheit und zum Markt. Fechner akzeptierte die »Vorstellung einer sinnvollen Zuordnung zwischen Sein und Sollen« und verwies auf den Trialismus von Gustav Radbruch, den er mit der philosophischen Anthropologie von Max Scheler unterfütterte.[35]

In seinem Buch ›Rechtsphilosophie‹ (1956) hätte es mit all den vorangegangenen Andeutungen nun ernst werden können. Fechner legte hier eine ›Soziologie und Metaphysik des Rechts‹ (Untertitel) vor, beließ es darin aber bei einer Wesensbestimmung. Sein Satz »Alle Betrachtung des Rechts muss daher zuerst soziologische Betrachtung sein« zeitigte

33 Zitate aus Fechner 1954: 5, 10, 36. Der Autor hatte den Text erstmals 1950 vorgetragen.

34 Vgl. z. B. 1954: 13–20.

35 Fechner 1952:105–109, 115–117, 119–121.

keinerlei Konsequenz für die juristische Methodologie, sondern verharrte in philosophischer Abgehobenheit gegenüber dem Berufsalltag. Fechner wandte sich gegen »einen unüberbrückbaren Gegensatz soziologischer und metaphysischer Auffassungen« zugunsten einer »Zweiheit, die sich zu einer größeren Einheit zusammenschließt, in der einzelwissenschaftlich-soziologische und umspannende metaphysische Betrachtung erst ein Ganzes ergeben«. Damit wandte er sich, wie in einer Fußnote an dieser Stelle angemerkt, gegen die Aufspaltung von Sein und Sollen. Doch letztlich fehlte ihm das Vertrauen in die Leistungsfähigkeit der Soziologie, deren Empirismus »den Relativismus, den Zweifel und die Verzweiflung« nicht überwinden könne[36] – vielleicht ein Nachklang zur Katastrophe der vorangegangenen Epoche. Soziologie machte für Fechner eher eine Erkenntnishaltung aus, weswegen ihre Autoren und Resultate nicht vorkamen.

In das Geschäft der juristischen Methodologie mischte sich Fechner kaum ein, da ihn zumeist die ontologisch-metaphysischen Fragen interessierten und er sich oft im unanstößig-gefälligen Ton humanistischer Werte äußerte. Fechner war für solche Ausflüge prädestiniert, hatte er doch Philosophie und Soziologie studiert (1927 Promotion bei Max Scheler), bevor er eine juristische Ausbildung absolvierte und 1942 auf eine Professur für (u.a.) Rechtssoziologie kam. In den Meinungskämpfen der Jurisprudenz hat er sich freilich nie sonderlich engagiert, weswegen seine Verknüpfungen von soziologischem und juristischem Denken auch nicht weiter kommentiert wurden, m.a.W. unbeachtet geblieben sind.

> Nur einer, Thomas Würtenberger – der wenige Jahre später Hermann Kantorowicz' Schriften über ›Rechtswissenschaft und Soziologie‹ herausgeben würde –, fand es bedenklich, wenn Fechner der Soziologie »einen so großen Platz in der Rechtsphilosophie einräumen möchte«. Er vermisste »die tiefere Auseinandersetzung mit der Spannung zwischen Recht und Sittlichkeit«.[37] Hier drückte sich erneut die Stimmungslage der Zeit aus: Wertbezug statt Gesellschaftsanalyse.

Fechner entwickelte seine Idee einer »Soziologie des Rechts« nicht bloß abstrakt, sondern praktizierte sie auch. Anders als in der Arbeitsrechtswissenschaft damals üblich stützte er seine Thesen einmal auf selbst erhobene empirische Daten aus der Berufswirklichkeit.

> Für ein umfangreiches Auftragsgutachten von 1960 zum Begriff der ›Arbeitsbereitschaft‹ sandte Fechner ein Team aus Referendarinnen und Referendaren aus, um in mehreren Berufszweigen die ›Wirklichkeit des Lebens‹ zu erheben, und zwar auf Flussschiffen, Fernlastwagen, in Krankenhäusern, Theatern, Gewerbeaufsichtsämtern u.a. Daraus

36 Zitate bei Fechner 1956: 292–294, die letzten Seiten des Buchs.

37 Würtenberger 1958: 351 f.

leitete Fechner verschiedene Folgerungen ab, gipfelnd in der Empfehlung, »man versucht einen neuen Weg der exakten Feststellung des Intensitätsgrads der Inanspruchnahme, indem man diesen Intensitätsgrad abstrakt zahlenmäßig festzustellen versucht«. Fechner hielt »diesen Weg für den einzig gangbaren«. Die Gesetzgebung werde nur »auf Grund exakter Arbeitsstudien«, deren Ergebnisse »exakt ausgewertet werden«, sinnvoll sein.[38] Damit legte er dem Arbeitsministerium nahe, die empirische Sozialforschung mit der Frage zu befassen. Eine derartige Vorstudie hatte er ja selber vorgelegt. Für die gesetzesvorbereitende Interpretation wäre dann wohl die Arbeitssoziologie zuständig gewesen. Rechtsmethodologisch war das alles unbedenklich, weil es sich in der Legislativphase abspielte.

In seinem letzten Büchlein, fertiggestellt im Todesjahr, verließ Fechner nicht nur die Jurisprudenz, sondern ergab sich auch ganz der Metaphysik; an die Soziologie erinnerte hier nur noch der Versuch, das Metaphysische *empirisch* zu denken. Für die Jahre der frühen Bundesrepublik indessen hat Fechner in seltener Weise die Idee des Sozialen im Recht vertreten.

Vorbereitendes bei Josef Esser

1958 beschrieb der hochgeschätzte Rechtsmethodologe Josef Esser die ›geistige Situation‹ seines Fachs so: »Die Dogmatiker des Privatrechts wissen nach der Sturm und Drang-Zeit ›epochaler‹ Systemumwälzungen die Garantien der kontinuierlichen Fortbildung einer Tradition zu schätzen. Das soziale ›Phänomen‹ ist ihnen – anders als so manchen Rechtsphilosophen – keine letzte Autorität«.[39] Dies schien auch seine eigene Meinung wiederzugeben, die relativierenden Anführungsstriche hin oder her. Seine Sätze entsprachen der herrschenden Stimmung: ein wolkiges Reden über die zurückliegenden Jahrzehnte, die Besinnung auf die Tradition und eine Geringschätzung des Sozialen. Der protosoziologische Satz eines Kollegen aus dem Jahre 1941, ›Das Leben selbst ordnet zu‹, wurde als »Kapitulation normativen Rechtsdenkens vor dem politisch-sozialen Faktum« rückabgewickelt.[40] Darin klang auch ein Grund für das Zurück an: Der Gedanke des Sozialen war durch die Politik (des Nationalsozialismus) disqualifiziert worden. Nach 1933 habe man die soziologische Forschungshaltung mit der dogmatischen Denkweise zusammengeworfen, womit die Bedürfnisse der Dogmatik verkannt und verleugnet worden seien.

38 Fechner 1963: 63, 103.
39 Esser 1958: 91.
40 Esser, ebd., zum Folgenden siehe S. 93.

> Freilich rang Esser durchaus – und mehr als sämtliche seiner Privatrechtskollegen – mit dem Verhältnis zwischen normativistischer und soziologisch informierter Methodik. Er entzerrte die Konkurrenz, indem er der einen Seite die »*Art* der Anerkennung« zuschob, der anderen den »soziologischen und wertungspolitischen *Grund*«.[41] Das war eine spitzfindige Unterscheidung, wie sie einem gewieften Juristen wohlanstand. Nur blieb unklar, wieso die Rechtswissenschaft nicht sowohl die *Art* als auch den *Grund* des zu regelnden Sachverhalts berücksichtigt.

Außer Zweifel stand ihm indessen das Primat der Gesetzesauslegung. Hier wandte er sich gegen Spiros Simitis, der gerade mit Äußerungen zum methodischen Verhältnis von Recht und Wirklichkeit vorgeprescht war und in der anschließenden Diskursphase ein Befürworter der Soziologisierung sein würde.[42] Esser sah sich zu einer Entscheidung gezwungen, die er – erkennbar nicht ohne Skrupel – denn auch traf, und zwar mit dem unter Juristen geläufigen neokantianischen Schwarz-Weiß von Sein-vs.-Sollen.

> Schon habe das Recht der Realität zu entsprechen, schrieb er; »aber nicht in deskriptiver, sondern in normativer Hinsicht. Mit welchen Denkfiguren es an die von der Theorie analysierte Lage herangeht, das ist weder von der Soziologie noch von einem peremptorisch gebrauchten Begriff der ›Wirklichkeit‹ her bestimmbar, [...] sondern von einer am Ganzen des Systems orientierten Dogmatik.«[43]

41 Esser 1958: 95 (H.i.O.).

42 Simitis, erst Anfang zwanzig, hatte eine umfangreiche privatrechtliche Dissertation vorgelegt und darin eine prinzipielle soziologische Orientierung der Normauslegung propagiert. Simitis zog für seine Interpretation den einschlägigen Literaturbestand heran – von Jhering über Ehrlich und Gnaeus Flavius/Kantorowicz bis zu Sinzheimer und Heller. Nachdrücklich betonte er, »dass das Recht nicht als etwas von der Wirklichkeit Isoliertes oder über ihr Schwebendes betrachtet werden kann, sondern einen essentiell wirklichkeitsgebundenen, gesellschaftlichen Charakter hat«. Nicht ›das Recht‹, sondern »die konkrete historisch-gesellschaftliche Wirklichkeit entscheidet über Form und Inhalt des Rechts, der einzelnen Rechtsinstitute«. Die Dichotomie von Sein-und-Sollen unterlief Simitis mit der Formel, ein Rechtsinstitut sei ein »Deutungsschema der das Recht bestimmenden und zustande bringenden Elemente des gesellschaftlichen Entwicklungsprozesses«. Simitis kreierte ein ›soziales Vertragsverhältnis‹, das durch gesellschaftliche Notwendigkeiten bestimmt werde; zustande komme es nicht, wie sonst im BGB, durch Willenserklärungen, sondern »auf Grund der Wertung eines bestimmten Verhaltens in der Sozialsphäre«. Also sei es »nicht das Ergebnis einer abstrakten gedanklichen Konstruktion, sondern das einer exakten Analyse der gegebenen gesellschaftlichen Wirklichkeit«. Zitate bei Simitis 1957: 27, 33, 52, 95, 656. In den zahlreich erschienenen Rezensionen wurde dieser methodische Ansatz damals einmütig abgelehnt.

43 Esser 1958: 99.

So oder so – Esser war der rechtsmethodologischen Problematik gewärtig und stand damit an der Spitze seiner Zeit. Mit »Grundsatz und Norm [...]« hatte er zwei Jahre zuvor das innovativste und maßstabsetzende Methodenwerk seiner Zeit vorgelegt, zwar nur »[...] in der richterlichen Fortbildung des Privatrechts«, aber damit auf die damals maßgebliche Adresse blickend. Die rechtsvergleichenden Einsichten durchbrachen die Gesetzesfixierung im deutschen Methodendiskurs. Esser kritisierte das Systemdenken und den deduktiven Argumentationsstil.

> Er verwarf den »Totalitätsanspruch des positiven Systems«, der die notwendig herangezogenen außergesetzlichen Wertungen verdecke, und distanzierte sich scharf von den begrifflichen und logischen Kunststücken in der Entscheidungsbegründung, insb. im Falle lückenhafter Gesetze.[44] Damals wirkte das innovativ und befreiend, wiewohl es in den Methodendiskurse früherer Jahrzehnte schon gesagt worden war. Nach dem Weltkrieg war man aber zu kühnen Gedankenflügen nicht bereit.

Die »soziologische Rechtsschule« mit Ehrlich und Sinzheimer war ihm bekannt, ohne dass er sie benutzte.[45] Soziales Handeln kam im Zusammenhang mit der Rechtsquellenlehre vor, bedeutete ihm aber nicht mehr als das faktische Substrat eines Rechtsetzungsakts, wie beispielsweise der parlamentarische Ablauf eines Gesetzesbeschlusses oder die bürokratische Organisation ministerieller Gesetzesvorbereitung.[46] Im Rahmen seines Rechts- und Kulturvergleichs ordnete Esser das Soziale als »empirische Rechtslehre« ein und sah es für eine juristische Argumentation als unzureichend an. Das lag vor allem daran, dass Esser nur die Justizsoziologie und den *legal realism* im Auge hatte, von woher in der Tat kaum das Potential, eine Entscheidung zu begründen, erwartet werden konnte.[47] Immerhin prüfte und diskutierte der Autor diese Ansätze und bereitete damit deren (erneute) Rezeption bei uns vor.

Zum Ende der Diskurse in der frühen Bundesrepublik wiesen Anzeichen auf das Kommende hin. 1970 veröffentlichte Esser sein zweites Methodenbuch, das viel rezipiert und mancherorts sogar der neuen Ära zugeordnet worden ist – m. E. allerdings vermeintlich oder nur indirekt zutreffend. Auch Essers »Vorverständnis und Methodenwahl in der Rechtsfindung« räumte in seiner ausführlichen Methodenreflexion der Idee des Sozialen keinen Platz ein; aber mit dem Hinweis auf die unausgesprochen bleibenden Werturteile in der Rechtsfindung wurde jener Idee der Weg geebnet. In dem Werk wollte Esser die »juristische Methode der Praxis« aufklären, zum Beispiel durch die Aufdeckung der

44 Esser 1956: 11, 150 f., 252 f.
45 Vgl. Esser 1956: 291.
46 Vgl. Esser 1956: 138.
47 1956: 21–23; 224–226.

urteilsbestimmenden Werturteile. Damit lenkte er den Blick vom innerwissenschaftlichen Diskurs auf die tatsächliche Dimension juristischen Handelns.

> Esser verließ die ›Geschlossenheit eines Rechtssystems‹, zog sogar eine Befragung von Bundesrichtern in Betracht. Er konfrontierte die realen Wege richterlicher Urteilsfindung und -begründung mit den Doktrinen der akademischen Methodenlehre, wobei er eine große Diskrepanz bemerkte. Damit stellte sich die Frage: Wenn die Normen der Methodologie ineffektiv sind, was könnte das ihrer Richtigkeit (also Geltung) anhaben? Nach dem juristischen Verständnis zum Komplex Sein-und-Sollen hätte sich nunmehr die Praxis ändern müssen, nicht die Methodologie. Für Esser aber war eine Methodologie, die über die Erfahrungen hinwegging, »ein wissenschaftstheoretischer Anachronismus«. Damit war die Zeitbedingtheit juristischer Normerkenntnis ausgesprochen, und Esser verkündete den Abschied von einer Dogmatik, die aus der Gemeinrechtswissenschaft stamme, also aus dem 19. Jahrhundert. Für sein Ziel einer »praxisbezogenen Theorie« fasste er sogar ins Auge, die richterlichen Einstellungen zu ihrer Rechtspflegeaufgabe »berufssoziologisch« zu untersuchen. Diese nicht besonders weitreichenden Ideen wurden damals als sehr neuartig begrüßt. Esser ging noch weiter und meinte, die Systemautonomie der Dritten Gewalt solle soziologisch eingeschätzt werden, und wünschte sich, »aus dem theoretischen Selbstgespräch heraus in einen sachhaltigen Dialog mit der Soziologie zu kommen«. Dafür hatte Esser die vor kurzem erschienenen Schriften von Niklas Luhmann rezipiert. Die Autorität des Autors reichte aus, um bei manchen Rechtsdogmatikern das Interesse an der (systemtheoretischen) Soziologie zu wecken.[48]

Esser beschränkte seinen Blick keineswegs auf die Arbeit der Justiz. In Gegenteil, diese besaß hier (nur) den Status eines Erkenntnisauslösers und Lieferanten von Anschauungsbeispielen. Tatsächlich betraf Essers Argumentation jede Rechtsfindung, -anwendung und -erkenntnis (dies waren seine Begriffe). Das richterliche Tun hatte immer schon im Vordergrund rechtstheoretischer und -soziologischer Analysen gestanden, um 1900 wie auch jetzt. Zudem trat man dabei niemandem im professoralen Kollegium auf die Füße.

> Esser operierte mit vielen Begriffen, die zumeist mit dem Wort ›Recht‹ verbunden waren und daher keinen Juristen erschrecken konnten: Rechtsüberzeugung und Rechtserkenntnis, -gehorsam, -programmierung.[49] Das Normative im Recht sah Esser in dem »*Ordnungsgedanken*, welcher sich als Rechtsnorm präsentiert«. Dabei wird »nicht aus

48 Zitate bei Esser 1970: 7, 10–12.

49 Vgl. Esser 1970: 18–22, 23–25, 78.

einem faktischen Ordnungszusammenhang, sondern aus der aufgegebenen Ordnung argumentiert«. Einige Seitenhiebe gingen, in Erinnerung an das NS-Denken, gegen die ›konkrete‹ Ordnung, »ein sich gesellschaftlich-historisch selbst formierendes faktisches Produkt«. Hier wurde noch einmal der soziologische Klang des Schmittschen Begriffs deutlich. Demgegenüber sei das Recht ein »Normenplan«, »eine für den Juristen verbindliche Maßstabsetzung«.

Mit dem Satz »Die Rechtsnorm hat eine von der sozialen Wirklichkeit unabhängige Existenz« schloss Esser keineswegs den Sozialgedanken aus, denn er sprach ja nur eine ontologische Erkenntnis aus. Für die Anwendung der Rechtsnorm in der Praxis empfahl er den »Durchgriff auf das Tatsachenverständnis z. B. im soziologischen, politologischen oder kriminologischen Sinne«, anstatt die Rechtsgewinnung »auf die logische, historische oder systematische Auslegung des Gesetzes zu beschränken und dadurch zu disziplinieren«. Es irritierte nur, dass diese Empfehlung mit der Befürchtung begründet wurde, sonst würden die subjektiven Erwägungen überhandnehmen (das »Vorverständnis«).

Die »Vorstellung von der selbstregulativen Kraft des sozialen Lebens« fand Esser »utopisch«. Das juristische Denken funktioniere nicht als Aussagenlogik, »sondern kraft der Wertungsfolgerichtigkeit als ›Sachlogik‹ «. Diese seltsame Form der Logik wurde mit einem zirkulär klingenden Satz erläutert: »Die Sachlogik ist Logik, insofern hier ganz allgemein Ordnungsziele und Ordnungsmittel in eine vernünftige, dem Ordnungszweck Rechnung tragende Relation gebracht werden.« Der Sozialbezug werde nicht in den dafür vorhandenen Fächern hergestellt, sondern in der juristisch entscheidenden Person, nämlich als »Fähigkeit, die durch Werterfahrung in der Gesellschaft erworbene Urteilskraft zu objektivierender Aussage zu benutzen«.[50]

Insgesamt blieb Esser eng an den Normbezügen des juristischen Denkens, das er vom Logizismus befreite und phänomenologisch und axiologisch neu aufstellte. Aber die von ihm präferierte Hermeneutik gab eigentlich den Bezug auf das Soziale nicht her. Weiterwirkend war der Nachweis vorhandener Ermessensspielräume sowie der für die Ausfüllung eingesetzten Werte in der juristischen Entscheidungspraxis.

Die bundesdeutsche Nachkriegszeit erscheint in der historischen Übersicht als eine Epoche des Übergangs: Zu überwinden waren die Denkweisen des NS-Regimes sowie die Folgen von Vernichtungsterror und Krieg. Das zu Überwindende war zwar entwertet, aber noch vorhanden – in Form bedrängender Erinnerung, personeller Kontinuität und verankerten Wissens. Zumal die Jurisprudenz neigt dazu, Brüche zu überdecken und das Dauerhafte der ›Rechtsidee‹ zu betonen. Das Ringen mit

50 Zitate bei Esser 1970: 30–33, 99, 105 f., 161.

der jüngsten Vergangenheit, die oftmals nur dünn übertüncht wurde, lähmte in mancher Hinsicht den Fortgang. Eine Rückkehr zu den Errungenschaften aus der Weimarer Epoche kam vielerorts nicht in Frage, weil hier die ›Schuld‹ an der Katastrophe festgemacht wurde. So baute sich ein Reformstau auf, der zu Ende der 1960er Jahre gegen den neu errichteten Damm eines formalistischen Rechtsdenkens anbrandete.

Rechtswissenschaft in der DDR

Eine eigene Variante von Sozialwissenschaft-*im*-Recht bot die Jurisprudenz in der DDR, wirksam über den gesamten Zeitraum deren Bestehens und daher nicht ganz passend zu meiner Periodisierung. Sie ist eine Nebenlinie im Gesamtdiskurs und wird hier betrachtet, weil sie westlich des Eisernen Vorhangs eine gewisse Beachtung fand.[51] Ostdeutsche Autor:innen publizierten auch in bundesrepublikanischen Fachmedien; nach 1990 wurde die DDR-Rechtswissenschaft ohnehin intensiv erforscht. So unterschiedlich der politische Kontext und die herangezogenen Sozialwissenschaften auch waren, so sehr näherte sich die Haltung im Ergebnis dem Traditionsdiskurs der alten Bundesrepublik.

Eine Staat gewordene Sozialtheorie, wie es versprochen war – musste das nicht unser Problem mit Bravour lösen? Doch die Verhältnisse, sie waren nicht so. Im ersten Artikel ihrer Verfassung von 1968 bezeichnete sich die DDR als »die politische Organisation der Werktätigen in Stadt und Land, die gemeinsam unter Führung der Arbeiterklasse und ihrer marxistisch-leninistischen Partei den Sozialismus verwirklichen«. Anders als die Eigenbeschreibung klingen politologische Klassifikationen, wonach die DDR als eine militärisch gestützte, totalitäre Einparteiendiktatur einzustufen war. Diese Einordnung mochte in manchen Ohren herabsetzend klingen, unterschied sich aber gar nicht so sehr vom Verständnis der Staatsführung, die ganz auf die führende Rolle der ›Partei der Arbeiterklasse‹ setzte. Hätte man nur mit (mehr) sozialwissenschaftlicher Expertise regiert, dann wären die letalen Krisen der Ökonomie und der Legitimation flexibler gehandhabt worden, und das Regime hätte länger überlebt.

Der von oben her interpretierte ›wissenschaftliche Sozialismus‹ war vor allem ein Programm politischer Herrschaft, auch in der Jurisprudenz. Die ihm zugeschriebenen Merkmale der Herrschaft und Diktatur wurden allerdings mit dem Argument zurückgewiesen, dass es keinen Interessengegensatz zwischen der Einheitspartei und den werktätigen Volksmassen geben könne; die Übereinstimmung war ideologisch vorausgesetzt. Angesichts des tatsächlichen Regimecharakters nun über die ›Wissenschaftlichkeit‹

51 Vgl. Dreier 1996: 268–271.

des Programms zu streiten, ist müßig; es würde in die Aporien des Freiheitsbegriffs führen, und man säße vielleicht selber im Glashaus.

Mit dem ›wissenschaftlichen Sozialismus‹ gehörten die entsprechenden Partien der Sozialwissenschaft zwangsläufig in jegliche juristische Betätigung hinein, und es fragt sich, wie diese Art der Versozialwissenschaftlichung des Rechtsdenkens aussah. Ins Auge fällt der Ansatz des Wirtschaftsrechtlers Heinz Such, die Jurisprudenz konsequent als Gesellschaftswissenschaft zu betreiben. In seiner Dissertation von 1948 formulierte er Grundgedanken zur Methodologie; vorab war das Methodenkapitel erschienen: »Marxismus und Interessenjurisprudenz«. Such nahm die Tradition der teleologischen Auslegung auf und befasste sich insbesondere mit Philipp Heck. Sodann überlegte er, wie hier nun der dialektisch-materialistische Ansatz einzubauen sei.

> Die Rechtswissenschaft müsse den von der Interessenjurisprudenz vorgegebenen Weg fortsetzen und die Gesetzlichkeit des Lebens erforschen, um in ihr den objektiven Maßstab zu finden; »die *objektive* Gesetzmäßigkeit [...] ergibt sich aus der Lehre des dialektischen Materialismus«.[52] Wenn das Recht veraltet, dann ließen sich aus der Beobachtung und Feststellung der Vernunft der Lebensverhältnisse methodisch die veränderten Rechtsbegriffe die veränderten Regeln für menschliches Verhaltens ableiten. Geltung und Bedeutung erlangen »diejenigen Regeln des Handelns, von denen praktisch erwiesen ist, dass sie den Lebensprozess, den Gesellschaftsprozess in der erreichten Stufe erhalten oder fordern [...]. So ist der oberste Grundsatz aller juristischen Methodik das *Primat der Praxis*«. Und ausdrücklich: nicht die Wertidee oder die Wertsysteme.[53]

Such entwickelte seine Methodologie unter weitgehender Vermeidung der Marxschen Nomenklatur und zeigte nur in Anmerkungen auf, wie er sich zu diesem Klassiker verhält. Damit blieb sein Entwurf auch für eine nichtmaterialistische Rechtstheorie anschlussfähig, zumal an vielen Stellen statt ›objektiv‹, ›tatsächlich‹, ›materialistisch‹ und ›naturgesetzlich‹ auch ›empirisch‹ hätte stehen können. Den normativen Aspekt im Interessenbegriff, bislang eigentümlich unbestimmt geblieben, wollte Such durch »die Regeln der Entwicklung des Lebens« konkretisieren. So könne die lebenspraktische Norm gebildet werden. Eine neue Rechtswissenschaft sei auf dieser Basis noch zu entwickeln.[54] In der Folgezeit entfernte sich Such von der Interessenjurisprudenz.

1957 setzte sich Such, der inzwischen den Nationalpreis der DDR erhalten hatte, erneut mit den Grundsatzfragen auseinander, die »sowohl

52 Such 1947: 231 f., H.i.O.
53 Such 1947: 235, H.i.O.
54 Such 1949: 22.

für die Normbildung als auch für die Anwendung der Normen gelten«. Danach »enthält die vorbürgerliche und bürgerliche Rechtswissenschaft in vielfältiger Hinsicht ein geistiges Erbe in der begrifflichen Klärung rechtlicher Formen, deren theoretische Begründung ihr allerdings nicht möglich war«. Der gedankenreiche Aufsatz prüfte Aussagen von Aristoteles bis Stammler und Larenz vor dem Hintergrund »des sozialistischen Staates mit seinem Recht«. Such sah die theoretische Grundlage darin, dass »im dialektischen und historischen Materialismus die Philosophie und wissenschaftliche Weltanschauung der Arbeiterklasse entstand, die alles in sich aufnahm, was an wissenschaftlichen Ergebnissen und Erfahrungen vor ihr entwickelt war, und deren eine Quelle selbst die deutsche klassische Philosophie ist«. Über ›die Partei‹, ihre Rolle und ihren Beitrag, verlor er kein Wort; für Such hatte sie offensichtlich keinen Platz in diesem Diskurs. Allein durch seinen Text reklamierte er die Zuständigkeit der Rechtswissenschaft.[55] So bemerkenswert man die Abhandlungen im Fach empfand, so sehr gerieten sie ihm zum Verhängnis.

> Den zerklüfteten Weg des Leipziger Rechtsprofessors Such (1910–1976) prägten die für seine Lebenszeit typischen Herausforderungen und Konflikte. Das juristische Studium hatte er noch in den letzten Weimarer Jahren absolviert; den Fortgang verhinderten bis 1946 wirtschaftliche Nöte und die NS-Zeit. Bald danach konnte er, ohne zweites Staatsexamen und noch unpromoviert, in Leipzig zivilrechtliche Lehraufträge übernehmen. Dann wurde ihm übertragen, einen Lehrstuhl kommissarisch zu verwalten und dabei »neben bürgerlichen behutsam auch sozialistische Vorlesungsinhalte einzuführen«.[56] Er verband die Kenntnis der rechtswissenschaftlichen Tradition mit der neuen Lehre des Dialektischen Materialismus. – Die NS-Vergangenheit der gesamten Jurisprudenz spießte er 1948 prägnanter auf als die westdeutsche Kollegenschaft. Die Rechtswissenschaft habe vor 1933 den »Zusammenhang zwischen Leben und Recht, zwischen sozialer Wirklichkeit und Gesetz« nicht erkannt.[57]

Der Staats- und Parteiführung war die Bedeutung der Jurisprudenz bewusst, und sie umriss unmissverständlich ihre Auffassung, wie der Einfluss der ›bürgerlichen‹ Staats- und Rechtswissenschaft auszuschalten sei. Auf der richtungsweisenden und den Diskurs der kommenden Jahrzehnte prägenden ›Babelsberger Konferenz‹ von 1958 sprach der Erste Sekretär des ZK der SED, Walter Ulbricht, über die Staatslehre des Marxismus-Leninismus.[58] Hierbei wurde Heinz Such neben zwei weiteren

55 Die Zitate bei Such 1957: 24, 29, 50.

56 Stiebitz 1999: 17.

57 Such 1948: 62.

58 Zur ›Babelsberger Konferenz‹ vgl. die Darstellung bei Markovitz 2020: 46–52.

Hochschullehrern (Karl Bönninger und Hermann Klenner) »zum Hauptadressaten der Kritik der Partei an der Rechtswissenschaft«.[59]

> Gegen die frei und produktiv denkenden Rechtswissenschaftler des ersten DDR-Jahrzehnts wurden bedrohliche Vorwürfe erhoben, enthalten in internen Ausarbeitungen aus dem Apparat des Zentralkomitees der SED. Sie lauteten: »Verdrängung der Politik durch Recht; Verlassen des Klassenstandpunktes und der Parteilichkeit; ideologischer Wirrwarr; prinzipienloser Liberalismus; Revisionismus; Fehlen einer straffen marxistisch-leninistischen Führung der staats- und rechtswissenschaftlichen Forschungsarbeit; Entstellung der weltbewegenden Bedeutung der Oktober-Revolution«.[60] Die Betroffenen wurden namentlich benannt, erlitten Zurücksetzungen und parierten mit wenigen Ausnahmen zukünftig.

Der erste Mann im Staate hielt eine sorgfältig vorbereitete Grundsatzrede, worin er den Gebrauch bürgerlicher Ideen bei einigen Rechtswissenschaftlern attackierte. Ihm zufolge versuchten sie, »die Lehre von unserem volksdemokratischen Staat mit den alten bürgerlichen Inhalten zu erfüllen [sowie] die Formen der Tätigkeit unseres Staates und auch unseres Rechts mit der bürgerlichen Methode erfassen zu wollen«.[61] Ein prominenter Teilnehmer schrieb später, die Absicht dieser programmatischen Rede habe sich nicht auf die Entwicklung der Rechtswissenschaft gerichtet, »sondern auf deren Stagnation; sie galt dem Erhalt der vorhandenen, vom Stalinismus affizierten Machtstrukturen und -methoden samt deren ideologischer Legitimation und Konsequenz«.[62]

Gerade auch Heinz Such wurde Formalismus, Revisionismus u.a.m. vorgeworfen; er habe weder in seiner Methodik noch in seiner Zivilrechtsanalyse die Lehren über die Diktatur des Proletariats, die Rolle der Staatsmacht und den Standpunkt der SED mit dargestellt. Die Weisung ging dahin, das Recht nicht länger abstrahierend-formal zu interpretieren, sondern unmittelbar in den Dienst der praktischen und ideologischen Ziele zu stellen, wie sie von der Staatsführung vorgegeben waren. Spätestens damit waren der ostdeutschen Jurisprudenz die ihr Denken deformierenden Fesseln angelegt, die bis 1989 hielten.

> Such beharrte zunächst noch auf seinen Positionen; nach einem Jahr aber, bei anhaltender Kritik an ihm, trat er den Rückzug an. In einem langen Schreiben an das ZK der SED räumte er sämtliche Vorwürfe ein und bezichtigte sich der Blindheit, Überheblichkeit usw. »Dabei stellte ich die eigene Einschätzung der Arbeit über die der Partei.«[63]

59 Stiebitz 1999: 121–123.
60 So wiedergegeben bei Klenner 2005: 295.
61 So W. Ulbricht, zitiert bei Stiebitz 1999: 122.
62 Klenner 2005: 291.
63 Das Schreiben ist abgedruckt bei Dreier u.a. 1996: 282–287.

Zu kurz gegriffen wäre es allerdings, den DDR-internen Diskurs nur von der Seite staatlicher Repression her zu erzählen. Gewiss war dies der dramatisch auffälligste Teil der Geschichte. Aber es verbleiben die Fragen, welche Ideen denn da unterdrückt worden sind und wieviel davon später doch den Durchbruch geschafft haben. Hierzu gibt es einen umfänglichen Literaturbestand, meistens nach 1990 entstanden, den zu durchforsten den Rahmen dieses Buchs überschreiten würde. Auf das eindrucksvolle Konvolut an Forschungsberichten sei also wenigstens hingewiesen.[64] Das politisch motivierte Pauschalurteil, die DDR sei insgesamt ein ›Unrechtsstaat‹ gewesen, kann den Diskurs in der damaligen Jurisprudenz weder treffen noch die Analyse beeinflussen.

Es gab in der DDR eine ernsthafte Rechtswissenschaft, und in ihr waren intellektuell hochrangige Köpfe am Werk. Ihre Ansätze, eine auf marxistischen Prämissen aufbauende Methodologie zu entwickeln, konnten sich als *eine* der Strömungen in den bundesrepublikanischen Diskurs durchaus einfügen; zumal anfangs der 1970er Jahre, als eine gewisse Bereitschaft dafür bestand. In der DDR aber wurde ihre Entfaltung von der Staatsführung behindert. Da die Ideen in einem dem Ost-West-Konflikt angepassten Sprachkleid daherkamen, stießen sie außerhalb der DDR auf ein verbreitetes Desinteresse. Und wer sie rezipierte, stellte sich an den Rand. In dieser unglückseligen Situation wurde die Chance verpasst, sozialtheoretisches Gedankengut in einer rechtswissenschaftlichen Szene wirksam anzuwenden, die dafür von der ›Staatsräson‹ her offenstehen wollte.

Zu den Methoden der Rechtsauslegung und -anwendung findet sich im DDR-Diskurs nur wenig.[65] Logische und erkenntnistheoretische Positionen sind der Auffüllung mit Ideologie weit weniger zugänglich als ontologische, wie etwa zum ›Wesen des Rechts‹. Am Beispiel der Abhandlung von Roswitha Svensson (eine juristische Dissertation von 1976, publiziert 1982; die Autorin war dann Professorin an der Akademie der Wissenschaften) sei die Methodenlehre hier dargestellt. Svensson betonte die institutionellen Bindungen jeglicher Normauslegung: durch staatliche Stellen, Partei, Volkskammer und das Oberste Gericht. Daneben gebe es die inoffizielle Auslegung »durch gesellschaftliche Organisationen, wissenschaftliche Einrichtungen, einzelne Wissenschaftler und Staatsfunktionäre«.[66] Die Auslegungstätigkeit der Rechtswissenschaft spiele zwar in der Rechtspraxis eine große Rolle, müsse aber gründlich geprüft werden. Aus diesen Sätzen sprach ein gewisses Misstrauen gegenüber dem Einfluss der Wissenschaft auf die Gestaltung des Rechts.

64 Vgl. nur die Textsammlung von Dreier u.a. 1996.

65 Schröder 2020: 77–79.

66 Svensson 1982: 23.

> Svensson unterschied zwischen Auslegung und Konkretisierung. In der *Auslegung* werde der in einer Norm niedergelegte staatliche Wille erschlossen. In der *Konkretisierung* gehe es darum, »die konkreten Wirkungsbedingungen der objektiven Erfordernisse, zu deren Durchsetzung die Rechtsnorm erlassen wurde, die in der Entwicklung und Veränderung der der Rechtsnorm zugrunde liegenden gesellschaftlichen Verhältnisse sichtbar werden, zu erkennen«. So verschaltet der Relativsatz, so klar war an dieser Stelle, dass eine empirisch-sozialwissenschaftliche Recherche möglich oder erforderlich sei. Die Konkretisierung ziele auf »die Übereinstimmung zwischen dem sozialistischen Recht und der gesellschaftlichen Wirklichkeit, die in der sozialistischen Rechtsbildung durch die Ableitung der Rechtsnorm aus der gesellschaftlichen Realität zunächst prinzipiell hergestellt wird«. Diese »Analyse der gesellschaftlichen Wirklichkeit finde sich vor allem in den Dokumenten der marxistisch-leninistischen Partei«.[67]

Der Konkretisierungsbedarf war sehr hoch, weil die DDR-Gesetzgebung mit vielen ›unbestimmten Rechtsbegriffen‹ arbeitete – bei Svensson ›Bewertungsbegriffe‹, deren Ausfüllung zu ihrem Hauptthema wurde. Die Konkretisierung geschehe durch die Betroffenen oder durch staatliche Richtlinien. Nirgends wurde gesagt, dass wissenschaftliche Erkenntnisse dabei zum Einsatz kommen könnten. Der Relevanz von Sozialtheorie war offenbar dadurch Genüge getan, dass alles sich im Rahmen von sozialistischer Staatlichkeit, Rechtsordnung, Partei und Gesellschaft abspielte. Die Diskurse aus dem anderen und früheren Deutschland kamen hier nicht vor, selbst wenn deren Autoren kommunistisch oder links-sozialdemokratisch orientiert gewesen sind.

Die Ulbricht-Weisung von 1958 hatte sich wie ein Verwertungsgebot der westlichen Literatur jeglicher Provenienz ausgewirkt. »Aber auch das Erfassen der Entwicklung der gesellschaftlichen Verhältnisse, die der Rechtsnorm zugrunde liegen, die Einschätzung der gesellschaftlichen Entwicklung in der jeweiligen konkreten Etappe des sozialistischen bzw. kommunistischen Aufbaus ist nur unter Führung der Partei möglich.«[68] Ein Blick über die Mauern – nach Westen und in frühere Zeiten – war verpönt. Es entsprach staatlicher Absicht, die DDR von der Verwertung ›westlicher‹ Rechtswissenschaft und -praxis abzuschneiden.[69] Wortwahl und Sprachklang legen die Annahme nahe, dass die andere Literatur nicht einmal zur Kenntnis genommen worden ist.

> Wozu auch, möchte man fragen, hieß es bei Svensson doch: »Die marxistisch-leninistische Partei gibt, wie bereits festgestellt, in ihren Beschlüssen genaue Analysen der Entwicklung der gesellschaftlichen

67 Zitate bei Svensson 1982: 21, 25.

68 Ebda.: 27.

69 Vgl. die Beispiele bei Schröder 2016: 103 f.

> Verhältnisse, der Tendenzen objektiver Gesetzmäßigkeiten und ihrer Wirkungsbedingungen sowie der Interessen der Arbeiterklasse, die für die Aufstellung von Rechtssätzen wie generell für die Konkretisierungsstufen eine wesentliche Rolle spielen.«[70]

Notwendig sei es, die Einheitlichkeit der Rechtsprechung zu sichern, wie bereits Lenin hervorgehoben habe.[71] Auch drohten angesichts der teilweise riesigen Ermessensspielräume wichtige Prinzipien – hierarchisches Gebundensein, Rechtssicherheit – ins Wanken zu geraten. Dazu wurde die Figur des ›Rechtssatzes‹ geschaffen; das waren Aussagen des Obersten Gerichts zur Ausfüllung (›Konkretisierung‹) eines Wertbegriffs. Svensson zählte ihre Häufigkeit und Verteilung auf Sachgebiete auf.[72]

> Sozialwissenschaftliches Denken tauchte am Rande auf, wenn es um das ›Rechtsbewusstsein‹ geht. Da alle Bezüge zwischen Recht und Gesellschaft über die Institutionen von Staat und Partei laufen, bleibe nur das unübersehbare subjektive Element. Auch um dieses zu kontrollieren, wurde das sowjetrussische Lehrbuch ›Recht und Soziologie‹ von 1973 erwähnt.[73] Es blieb bei diesem einzigen Mal, dass das Wort ›Soziologie‹ in Svenssons Buch auftauchte. Die Risiken, die der Einheitlichkeit durch individuelle Subjektivität drohen, wurden empiriefrei überspielt: »In unserer Gesellschaft üben die Juristen ihre Tätigkeit im Auftrag der herrschenden Arbeiterklasse aus. Deshalb entspricht auch ihr Rechtsbewusstsein dem Rechtsbewusstsein der Arbeiterklasse.«[74]

Mehrere, etwas überraschende Merkmale kennzeichnen diese Methodologie: Sie beruht auf einem Dezisionismus (entschieden wird ohne weiteren Begründungsbedarf), sie verfährt anti-individualistisch (Einzelmeinungen stören die Rechtseinheit) und gehorcht einer strengen Hierarchie (obere Instanzen geben den Maßstab für die Einzelentscheidung vor). Die von Svensson dargestellte juristische Methodik war offensichtlich so gemeint, wie sie dastand. Es fanden sich keinerlei Andeutungen einer Doppelbödigkeit oder von Zweifeln an der Richtigkeit der Prinzipien. Alternative Vorgehensweisen wurden nicht erwähnt, auch nicht an einzelnen Stellen. Anscheinend hatte sich die Intervention der Staatsführung von 1958 nachhaltig auf die Arbeit der DDR-Rechtswissenschaft ausgewirkt. Die Vorgänge spielten sich, sachlich gesehen, weit vor einer Thematisierung der Sozialtheorie für das Recht ab. Wenn die Wissenschaftler, von denen hier innovative Beiträge zu erwarten gewesen wären, schon für ihr Beharren auf der Wissenschaftsautonomie diszipliniert

70 Ebda.: 41.
71 Ebda.: 27, vgl. auch 45 unten.
72 Vgl. ebda.: 33–48.
73 Svensson 1982: 56.
74 Ebda.: 53.

wurden, wurde das selbständige Denken schwierig und stieß auf Publikationsverbote. So beschäftigte das Verhältnis des Rechtssektors zu Partei und Staat – wieviel Eigenständigkeit da möglich war – auch die kritischen DDR-Juristen weit mehr als die Frage einer Interdisziplinarität.

Eine der wenigen Stellen, an denen die Methodik der Rechtsanwendung angesprochen wurde, findet sich im Akademievortrag von Heinz Such in seinem letzten Lebensjahr: »Als staatliches Instrument der bewussten Veränderung aller gesellschaftlichen Verhältnisse in Richtung der Gestaltung des reifen Sozialismus ist die Einheit von Rechtsetzung und Rechtsverwirklichung theoretisch neu zu durchdenken und auf neue Weise praxiswirksam zu machen.«[75] Das sollte nicht den ›Geist des Gesetzes‹ wiedererwecken, sondern den fortlaufende Bezug auf eine sich verändernde Sozialstruktur gewährleisten. Gefordert war also eine Methodik, in der sich die sozial- und die rechtswissenschaftliche Analyse verbanden, und dies im politisch abgesteckten Rahmen. Such wandte sich nun gegen die in der DDR herrschende Meinung, wonach die subjektiven Rechte nicht zum allein staatlich bestimmten Rechtsbegriff gehören. Der Rechtsbegriff war für die »Äußerungen des verbindlichen staatlichen Willens, des Klassenwillens der Arbeiterklasse und ihrer Bündnispartner« reserviert worden, und das hieß im Klartext: für die politischen Entscheidungen der SED. Such bezeichnete die Ausklammerung als unvereinbar mit dem »Wesen des sozialistischen Rechts, vor allem seiner gestalterischen und organisierenden Funktion«.[76] – Insgesamt gesehen ließ sich der rechtstheoretische Diskurs in der DDR nicht mehr mit dem in den anderen deutschsprachigen Ländern kurzschließen, wo die neuartigen Unterscheidungen zwischen Rechtsform, Rechtsnorm und Rechtsverhältnis unbekannt waren.

Um sich aus der Umklammerung durch die übermächtige Politik zu lösen, wurde der Normativität des Rechts eine große Bedeutung zugemessen. Im Kontext der DDR besaß die Methodik des Gesetzespositivismus eine ganz andere Bedeutung als im herkömmlichen Rechtsstaat. Immerhin konnte er, wie wohl bereits zu spätabsolutistischen Zeiten, vor Willkür von oben bewahren. In der DDR hieß das ›sozialistische Gesetzlichkeit‹, der im dortigen Diskurs ein ähnlich hoher Stellenwert zukam wie dem ›Rechtsstaat‹ in der Bundesrepublik. Das Konzept hatte durchaus Potential, denn es enthielt beide Bezüge: auf den Bestand von Legalnormen und auf die ›Entwicklungsgesetze der Gesellschaft‹, wie man sie seit Marx und Engels zu kennen glaubte. Zudem wurde mit dem doppelten Suffix in ›Gesetz*lichkeit*‹ auf den Prozess der Rechtsanwendung und damit auf die juristische Methodik angespielt.

Mit ›sozialistischer Gesetzlichkeit‹ verband sich ein erzieherisches Moment. Nicht die im Sinne eines bürgerlichen Rechtsstaats ›richtige

75 Such 1976: 17.
76 Such: ebda.

Entscheidung‹ stand im Vordergrund, sondern um die Ausbildung sozialistischer Persönlichkeiten und Verhältnisse sollte es gehen.[77] Um das Ziel Gerechtigkeit verfolgen zu können und eine Gängelung durch die Staatsmacht zu vermeiden, war ein dogmatisches Vorgehen gefragt. Informationen zur ›Faktizität‹ herbeizuziehen hieß jetzt nicht, empirische und theoretische Resultate benachbarter Wissenschaften juristisch zu berücksichtigen; vielmehr bestand die von ›Fakten‹ herrührende methodologische Herausforderung darin, die neuen Aufgaben juristischer Arbeit zu erfüllen. Allerdings gerieten Versuche, sich einen denkwissenschaftlichen Freiraum für neue und alternative Ideen zu verschaffen, unvermeidlich in den Verdacht ›liberalistischer‹ Abweichung. So auslegungsbedürftig die ›sozialistische Gesetzlichkeit‹ auch war, in ihr vereinigten sich normative, empirische und methodologische Aspekte. Daran hätte sich das Thema Jurisprudenz-und-Sozialwissenschaft exemplarisch bearbeiten lassen, wozu es aber nicht gekommen ist. Auch in der letzten Phase der DDR, seit den 1970ern, wurde an der festen Bindung der Rechtstheorie an die Vorgaben der Partei (und aus der Sowjetunion) offenbar nicht mehr gerüttelt; es erschienen vielmehr zwei offiziöse Lehrbücher.[78]

> Erst als die ›Stimme von oben‹ verstummt war, also nach dem Abtritt des alten ZK, öffnete sich dieser Weg. So bekannte sich Gerhard Haney 1996 zu einer »Verbundenheit, die bei aller gleichzeitig nötigen Selbständigkeit der einzelnen Seiten immer das Bewusstsein der Einheit fordert von Theorie und Methode, von Rechtsphilosophie und Dogmatik, von Form und Inhalt, von Rechtswissenschaft, Philosophie, Geschichte und Soziologie«.[79] Ausgearbeitet wurde das nun nicht mehr.

Dass der politische Anteil in der Juristenausbildung, zeitweise betrug er 43 Prozent,[80] unter der Bezeichnung ›Gesellschaftswissenschaft‹ firmierte, konnte das Interesse an den Sozialwissenschaften nicht stärken. Wo aus den marxistischen Theorien einige Folgerungen für das Recht und seine Anwendung abgeleitet wurden, ging es um eine Versozialwissenschaftlichung im Sinne einer Soziologie *des* Rechts. Das begann mit den Analysen zum Verbundensein zwischen der materiellen Basis der Gemeinschaft und den Inhalten des Rechts. In der DDR mühte man sich damit ab, einen ›sozialistischen‹ vom ›bürgerlichen‹ Rechtsbegriff abzugrenzen. Dabei verbarg sich die Lenkung durch die Partei in einem vom Juristendiskurs beschafften Mantel objektiver Wissenschaftlichkeit.

So fügte die DDR-Jurisprudenz dem BRD-Diskurs über sozialwissenschaftlich ausgelegtes Recht keine neue Note hinzu. Die durchaus

77 Schmidt-Recla 2020: 125.
78 Lohmann 2015: 24–33.
79 Haney 1996: 317.
80 Haferkamp 2022: 64.

möglichen Gedankenflüge wurden durch die staatliche Lenkung der Wissenschaft und die mangelnde Gewaltenteilung verhindert. Erst eine Feinanalyse zu den Nuancen würde die unterschiedlichen Fraktionen hervortreten lassen. Grob vereinfacht erscheinen die Integrationsprobleme in Bundesrepublik und DDR in der Erkenntnistheorie ähnlich, wenngleich im sozialwissenschaftlichen Input gänzlich verschieden. Immerhin bezogen sich alle auf eine gemeinsame Tradition des philosophischen Denkens. In der DDR hatte man kraft der Staatsdoktrin ›objektive Gesetzlichkeiten der gesellschaftlichen Entwicklung‹ zur Hand, die selbstredend auch im Rechtsbetrieb zu berücksichtigen waren. Da sowohl die Wahrheit der Sozialtheorie als auch deren Einfügung in die Rechtsanwendung dekretiert waren und die Weisungen befolgt wurden, entwickelte sich kein der Bundesrepublik um 1970 vergleichbarer Methodenstreit. Wird freilich der Abstraktionsgrad genügend erhöht und bleiben politisch-wertende Gesichtspunkte außer Betracht, dann käme man zur selben Einschätzung für beide Regimeformen: Die Diskursteilnehmer:innen werden nach den jeweiligen ›Verhältnissen‹ ausgewählt, und die Sozialwissenschaften haben es unterschiedlich schwer – in bestimmten Diktaturen in gewisser Hinsicht sogar leichter. Befriedigen kann ein solcher Befund nicht, weil er die Rahmung durch die alles durchdringende Politik ausblendet.

Kap. 11
Drei Diskurslinien um 1970

Die erneuten Streitigkeiten zur Abgrenzung zwischen Rechtswissenschaft und Soziologie begannen auf argumentativer Ebene, also diskursiv. Die Debatten schlugen sich in politischen Aktionen sowie auf institutioneller Ebene nieder. Die Nachfrage war von Teilen der Jurisprudenz ausgegangen. Die Soziologie nahm den Ball auf, aber ohne die anfängliche Offerte zur Kooperation je richtig zu akzeptieren. Eine im engeren Sinne soziologische Expertise trat erst auf eine Einladung hinzu, erkennbar schon in dem Wort ›Einbeziehung‹.[1] Die folgenden drei Kapitel betrachten die handlungsleitenden Diskurse, den Konfliktverlauf und die Nachwirkungen.

Die Zeit

Nach zwei Jahrzehnten der Rekonstitution demokratischer Staatlichkeit und des wirtschaftlichen Wiederaufbaus war es Ende der 1960er Jahre in der Bundesrepublik unruhig geworden. Auf vielen Feldern wurde nach Reformen gerufen, auch im Rechtsleben und in der Jurisprudenz. Der suchende Blick fiel auf die Soziologie, die sich inzwischen in einem schnellen Aufstieg befand. Sie hatte den Werten Gleichheit und Gerechtigkeit stets einen hohen Rang eingeräumt. Auch hatten einige ihrer Klassiker wie Émile Durkheim, Max Weber und Theodor Geiger sich mit dem Recht befasst, sodass von hier eine Zufuhr an frischen Gedanken zu erhoffen war. Sodann konnte die Soziologie, durch die massenhafte Emigration ihrer Hauptvertreter vom Nationalsozialismus wenig belastet, beim *democracy-washing* helfen. So entstand eine Sondersituation; in den außerdeutschen Ländern hat es keine vergleichbaren Grenzkämpfe zwischen Jurisprudenz[2] und Soziologie gegeben.

1 »Alle Welt diskutiert die Einbeziehung der Sozialwissenschaften in den juristischen Alltag«, schrieb der in die Einstufenausbildung abgeordnete Richter Schünemann (1975). Unter den vielen Formulierungen vgl. nur Wassermann 1969: 46, 89, 106 sowie Heldrich 1974 (im Untertitel).

2 *Die* Jurisprudenz wird hier vereinfachend mit der darin als dominierend hervorgetretenen Meinung gleichgesetzt. Genau genommen wären aber verschiedene Lager zu unterscheiden, darunter mindestens diese drei: Befürworter einer Öffnung der Rechts- zu den Sozialwissenschaften hin (das waren nur wenige) – Skeptiker (zahlreiche) – Gleichgültige (die meisten).

Grundsätzlicher stand und steht hinter all dem eine permanente Herausforderung. Für Recht und Jurisprudenz ist nur in bürgerlichen Demokratien ein herausgehobener Platz vorgesehen. Standesgesellschaften bedürfen ihrer nicht, Autokratien nutzen sie als Fassade, und in den Staatssozialismen galt das Recht als nachrangiger Lenkungsfaktor. Eine ›Herrschaft des Rechts‹ verlangt nach anerkennenswerten Leistungen juristischer Instanzen und ihres Personals. Wenn die öffentliche Meinung mit ihnen nicht einverstanden ist, gerät der einflussreiche und gutdotierte Status in Gefahr. Jeder Verdacht, dass das Recht in falschen Händen liegen könnte, setzt standespolitische Anpassungen in Gang. So mochten damals Teile der Jurisprudenz eine Legitimationslücke befürchten, wurde doch für möglich gehalten, dass das bloße Prestige der analytisch-empirischen Wissenschaften die Berufung auf Rechtssätze verdrängt, wie Klaus Lenk bemerkte. »Der Konsum von Sozialwissenschaften durch Juristen zur Konstituierung eines Weltbildes, das die tägliche Arbeit tragen kann, hat eine lange Geschichte«.[3] Als Beleg nannte er weite Teile der Rechtsphilosophie und der Allgemeinen Staatslehre, z.B. bei Georg Jellinek (mit seiner zum geflügelten Wort aufgestiegenen ›Normativität des Faktischen‹). In dieser Sicht verfügte die Jurisprudenz seit jeher über einen großen und hungrigen Magen, der vieles verdaut, um selber weiter bestehen zu können.

Modernisierung hieß der epochale Trend, zumal in jenen Jahrzehnten, und der Aufstieg der Soziologie war ein Teil davon. Die jungen Rechtssoziologen lasen die us-amerikanische Literatur, z.B. die empirischen Studien zum *Supreme Court*. Zum Zeitgeist der Jahre um 1969 gehörte die Versozialwissenschaftlichung, die sich auf viele Fächer erstreckte, z.B. auf die Geschichte, Geographie, Pädagogik und die Philologien. So hatte die Soziologie damals viele Fremdfelder zu bestellen, d.h. andere Fächer, darunter die Medizin, Pädagogik, Rechtswissenschaft und Technik. Sie war als Planungs- und Entscheidungswissenschaft gefragt, was sie aber niemals zu leisten vermochte. Die Vorgänge wurden später als ›Verwendung der Soziologie‹ aufgearbeitet.

> Die Erinnerung an den Nationalsozialismus, der die juristische Profession nach und nach gleichgeschaltet hatte, war in Deutschland noch sehr frisch, also durchaus vorhanden, oder sie erwachte in der Nachfolgegeneration. Wolfgang Hoffmann-Riem (geb. 1940) berichtete zur Reformdebatte um 1970: »Die Erfahrungen in der Geschichte – auch im Nationalsozialismus – zeigen, dass Recht missbraucht werden kann, und zwar auch durch Juristen.« Und Alfred Rinken (geb. 1935) verwies auf »die Rolle ›furchtbarer Juristen‹ in der NS-Zeit«.[4] Das NS-Regime hatte die Differenz Rechtsstaat/Maßnahmenstaat (Ernst Fraenkel)

3 Lenk 1970, S. 274.

4 Hoffmann-Riem und Rinken in: van de Loo 2016: 591.

zwar nicht völlig, aber mehr und mehr eingeebnet. Nach der Befreiung hatte sich das meiste Juristenpersonal mit nur schwachen Blessuren in die junge Bundesrepublik retten können. Und nun kam schon wieder eine außerjuristische Strömung und wollte das Herz des Rechtsdenkens verändern.

An den Universitäten gärte es, sodass auch die juristische Ausbildung auf den Prüfstand kam. Der Enthusiasmus einer jungen Generation, insbesondere auch der Jurastudierenden, verstärkte die Tendenzen der Zeit. Doch die Soziologie befand sich hier nicht von Anfang an und nicht überall im Blickpunkt der Erneuerung. Der Fokus entstand aus einem ›kreativen Nebel‹ mit mehreren Ingredienzen. Was die juristischen Reformer bewegte:

- Praxis (gegenüber der ›Theorie‹)
- Sozialwissenschaften (i.w.S. und im Plural)
- Wirklichkeit und Empirie
- Gleichheit und Gerechtigkeit
- Abbau hierarchischer, nicht demokratisch legitimierter Macht

In der juristischen Welt war der erste Paukenschlag im Jahre 1966 ertönt, als der Richter Theo Rasehorn (1918–2016) unter dem Pseudonym Xaver Berra eine Streitschrift veröffentlichte, deren Justizkritik weithin wahrgenommen wurde. Die Wurzel des Übels liege in einer Ausbildung, die das Gerichtspersonal von den sozialen Tatsachen und Entwicklungen entferne. Nun erneuerte sich der Diskurs zum Verhältnis Rechtswissenschaft und Soziologie. Innovationen im Berufshandeln beginnen für gewöhnlich beim Nachwuchs.

Der juristische Fakultätentag, mit seinem Studienreformausschuss, beschloss im Oktober 1968, künftig im Rechtsstudium drei Grundlagenfächer, darunter die Rechtssoziologie, vorzusehen, die »das vertiefte Studium der verbleibenden Pflichtkernfächer gewährleisten«. Die juristischen Fachvorlesungen und auch die Prüfung sollten »von vornherein die Materie unter dem Gesichtswinkel dieser weitergreifenden Fächer anpacken«. In dieser ersten Annäherung war die Soziologie ein zwar rechtsnormbezogenes, aber bloß punktuelles Addendum; sie durchdrang nicht die Stoffvermittlung. Claus Roxin berichtete darüber am 1. November 1968 auf einer denkwürdig gewordenen Tagung in Loccum. Roxin, geb. 1931, lehrte zu dieser Zeit in Göttingen, später in München, wo er zum angesehensten Strafrechtslehrer seiner Zeit avancierte. In Loccum traf er auf Rudolf Wiethölter und Rudolf Wassermann, die ganz andere Vorstellungen einer künftigen Juristenausbildung vortrugen. Roxin nannte sie ein »progressives wissenschaftstheoretisches Programm der Gesellschaftsreform«.[5]

5 Roxin 1968: 54 bzw. 47.

Der stets verbindlich auftretende Roxin konzedierte immerhin dieses: »Heute brauchen wir [...] einen kritischen, ständig auf die gesellschaftlichen Bezüge reflektierenden, produktiv arbeitenden Juristen«. Vom heutigen Juristen verlangte er die »Fähigkeit, das Recht den veränderten sozialen Bedingungen anzupassen oder gar zur Änderung des Überständigen gesellschaftsgestaltend beizutragen.« Die Soziologie konnte sich angesprochen fühlen; nur fragte sich, wie ernst die Rechtswissenschaft es damit meinen würde. Roxin schloss nämlich mit der Mahnung, wir sollten »nicht auf einen vollständigen Umsturz hinarbeiten«.[6]

In diesen vier Novembertagen waren bereits ansatzweise die thematischen Eckpunkte zu sehen, die den Verlauf des kommenden Jahrzehnts prägen würden. Am Ende gründete sich ein Arbeitskreis zur Reform der Juristenausbildung, der hinfort dem Fakultätentag eigene Entwürfe entgegenstellte, worin gefordert wurde, die Sozialwissenschaften einzubeziehen und Theorie mit der Praxis zu verschmelzen. Es entwickelten sich drei Konzeptionen und nahmen Bezug aufeinander; sie werden hier mit den Schlagworten ›Reform‹, ›Fusion‹ und ›Tradition‹ charakterisiert. Die erste davon verbindet sich mit dem Namen von Rudolf Wassermann (1925–2008), der vorab dargestellt sei, weil seine vielschichtigen Initiativen den Diskurs für die institutionelle Ebene am sichtbarsten in Gang brachten.

Der Rechtspolitiker Rudolf Wassermann

›Politiker‹ genießen in Deutschland kein hohes Prestige, wenn in einer Bevölkerungsumfrage eine Rangordnung der Berufe aufgestellt wird. Für den ›Rechtspolitiker‹, als speziellen Fall, könnte das Befragungsergebnis schon besser ausfallen. Wassermann, obwohl kein Berufspolitiker und ohne formal-politische Ämter, könnte sich selber so eingeordnet haben, denn er schrieb ja explizit über Rechtspolitik und verkündete allenthalben die Bezüge zwischen Recht und Politik.[7] Sein Biograph jedenfalls wollte ihn »ohne Zweifel als Rechtspolitiker bezeichnen«.[8] Das setzte ihn nicht herab; im Gegenteil: Er wurde mit der Quersumme seiner vielfältigen Aktivitäten und beträchtlichen Erfolge treffend charakterisiert.[9]

6 Zitate bei Roxin 1968: 50, 52, 61.

7 Vgl. beispielsweise Wassermann 1969: 42.

8 Bastuck 2020: 170 f.

9 Wassermann (2001) hat ein Manuskript hinterlassen, überschrieben mit: »Freiheit ist zerbrechlich. Erinnerungen und Reflexionen«. Diese Memoiren liegen in einzelnen Kapiteln vor, die kein vollständiges Lebensbild ergeben. Im Nachwort sah er sich nach vier Jahrzehnten erfüllter Arbeit »immer wieder auf den Anfang zurückgeworfen« und immer wieder ausgebootet,

Im März 1967 hatte er in der Akademie Loccum – der Name sollte zum Signum werden – auf der Tagung ›Die Justiz in der Demokratie‹ den Vortrag ›Die irrationalen Grundlagen der Urteilsfindung‹ gehalten und erhielt daraufhin die Zusage zu einer Tagung im November 1968 ›Krise der juristischen Ausbildung‹. Er äußerte sich dazu in der FAZ und erntete erregte Debatten auf der Tagung, an deren Ende sich ein Arbeitskreis zur Reform der Juristenausbildung bildete. Im Oktober 1969 erschien dann das sogen. Loccumer Memorandum zu Reform der Juristenausbildung. Das Memorandum enthielt drei Forderungen: Integration von theoretischer und praktischer Ausbildung, Einbeziehung der Sozialwissenschaften in die Rechtsausbildung, Nutzbarmachung didaktischer Erkenntnisse.[10]

Wassermann hatte bald nach dem Abschluss seiner Ausbildung – und unter Verzicht auf die Umarbeitung einer fertig geschriebenen politologischen Dissertation, die vom Betreuer Otto Stammer bereits akzeptiert war, von Ernst Fraenkel jedoch beanstandet wurde – in der Leitungsebene juristischer Behörden gearbeitet. Auch hierin trat ein bemerkenswertes Detail der Reformstrategie hervor: Alle Kraft galt der Realisierung eines Projekts, während dessen wissenschaftliche Begründung nicht ausgearbeitet wurde. Beispielsweise nannte es Wassermann kurzerhand eine »schlichte Selbstverständlichkeit«, dass die Sozialwissenschaften mitten in die Rechtsausbildung hineingehören.[11] Wer den Autor nicht kannte, konnte das als Dumm- oder Faulheit betrachten, und irrte vollkommen. Der Begründungsverzicht übersprang eine Falle im Diskursverlauf: Statt sich im methodologischen Meinungsdickicht zu verheddern, wurde die Debatte sogleich auf die Modellbildung einer Realisierung angehoben. Der Traditionsdiskurs verfuhr ja nicht anders: Das Überkommene stehe für sich, gestützt auf ein literarisches Riesenkorpus. Nur der Fusionsdiskurs erging sich in großformatigen Zielvorstellungen, die theoretisch anspruchsvoll untermauert waren.

Wassermann schwebte vor allem eine andere Justiz vor; sie war es, die er von innen her verändern wollte, und diesem Thema galten seine zahlreichen Vorträge und Veröffentlichungen. Die Soziologie, der er sich schon in seinem Studium gewidmet hatte, erschien in seinen Aufsätzen der 1960er Jahre als ein Fach, das in der juristischen Aus- und Fortbildung leider kaum betrieben werde. Für die Jahre 1967 und 1968 wurden ihm »radikale Reformvorstellungen« attestiert.[12] Seine Bücher dazu

wenn er etwas aufgebaut hatte. Den Titel erläuterte er mit der »Sorge um den Fortbestand jener Kultur der Freiheit und der Humanität, um die es mir vor allem ging«.

10 Vgl. Wassermann 2001: 75.

11 Wassermann in Dästner u.a. 1979: 14.

12 Nichterlein 1989: 176.

erschienen um 1970 in dichter Folge und erregten Anstoß. Strategisch setzte Wassermann darauf, das ausscheidende Personal durch ein anders ausgebildetes zu ersetzen und damit die gesamte Organisation allmählich auf einen progressiven Kurs zu bringen. Dieses Vorgehen einer schrittweisen Umformung entsprach reformistischer Politik. Hätte er sich dabei auf Retuschen am Aufbau und Verfahren der Gerichte beschränkt (›äußere Justizreform‹), wäre der Gegenwind aus Politik und Zunft nicht so heftig angeschwollen. Wassermann setzte beim Selbstverständnis und Handwerkszeug des Justizpersonals an (›innere Justizreform‹). Damit glaubte er, eine tiefgreifende und dauerhafte Veränderung der Gerichtspraxis erreichen zu können. Dieses Reformprogramm konnte die angezielten Effekte erreichen (was an dieser Stelle nicht zu evaluieren ist).

Wassermann wollte einige Grundzüge im juristischen Berufsbild ändern, die es bislang verhindert hatten, dass neben den rechtsdogmatischen auch andere Erwägungen in die Entscheidung eingehen können. Damit meinte er vor allem politik- und sozialwissenschaftliche Erkenntnisse. Zur Begründung seiner Vorschläge stellte er u.a. soziologische Überlegungen an, zitierte Max Weber und andere ›Fachfremde‹. Er erinnerte daran, »dass in Deutschland vor und nach dem ersten Weltkrieg bedeutsame Ansätze zur rechtssoziologischen Forschung und Erkenntnis vorhanden waren, die heute, 50 Jahre später, noch immer nicht zur Entfaltung gekommen sind«.[13]

Daraus zog Wassermann die Konsequenz, in den Staatsprüfungen neben den drei juristischen Kernfächern ein viertes Hauptprüfungsgebiet mit u.a. der Rechtssoziologie einzuführen; nur so würden sich die Studierenden auch damit befassen.[14] Vorschläge zur juristischen Methodik unterbreitete Wassermann nicht. Vage hieß es: »Die Rechtssoziologie soll die Rechtsdogmatik nicht ersetzen, wohl aber ergänzen.« Offen blieb, in welcher Weise das Soziologische neben dem Dogmatischen in die juristische Entscheidungsarbeit eintritt. Wassermann hatte dazu selbst wohl keine Vorstellung und setzte andere Schwerpunkte.

Bereits in seinen ersten Berufsjahren hatte sich Wassermann als Leiter von Referendararbeitsgemeinschaften betätigt und über eine notwendige Reform der Juristenausbildung publiziert. Seine Reformvorschläge führte er einzeln vor. Zunächst wandte er sich gegen die Trennung von theoretischer (universitärer) und praktischer (Referendars-) Ausbildung. Weiterhin problematisierte er die Figur des ›Einheitsjuristen‹ – der idealiter auf sämtlichen Rechtsgebieten zuhause ist –, weil das der gesellschaftlichen Entwicklung zur Spezialisierung widerspreche. Auch dieser Zug im traditionellen Berufsbild verhinderte ja, sich mit dem

13 Dieses und das folgende Zitat bei Wassermann 1965: 298 f.

14 Wassermann 1966: 21.

ökonomischen, historischen usw. Hintergrund der zur Entscheidung anstehenden Fälle zu beschäftigen. Weiterhin wollte er die Fokussierung auf das Richteramt, wie sie im Gesetz stand und dem Herkommen entsprach, durch eine Verstärkung der Anwalts- und der Verwaltungsstation aufweichen. Damit wäre sowohl die berufliche als auch die gesellschaftliche Realität der juristischen Arbeit adäquater berücksichtigt worden; die Advokatur habe mit der Beratung von Klienten weit häufiger zu tun als mit der Prozesstätigkeit. Unter den Reformzielen ganz oben rangierte für Wassermann eine neue Auffassung des Verwaltungshandelns, das nicht so sehr in der Anwendung von Normen als vielmehr in der Gestaltung gesellschaftlicher, wirtschaftlicher und politischer Sachlagen bestehe. Der Staat betreibe hier Regulierung, Besteuerung und Interessenausgleich, was sich mit purer Rechtstechnik nicht bewerkstelligen lasse. Das Recht sei nicht nur als Regulativ, sondern auch als Funktion des Soziallebens zu erfassen; zudem sei es eine der wichtigsten Mittel, das soziale Leben zu steuern.[15] Ebenfalls bereits 1963 schlug Wassermann für die Referendararbeitsgemeinschaften vor, ein Gegengewicht zum Erlernen bloßer Rechtstechniken zu schaffen und die »häufig vorhandene geistige Orientierungslosigkeit zu überwinden, die moderne Gesellschaftsordnung zu begreifen und sich mit den wichtigsten gesellschaftlichen und politischen – auch rechtspolitischen – Problemen auseinanderzusetzen«.[16] – Diese Publikationen wurden auf ministerieller Seite wahrgenommen und teilweise verwertet, wohingegen das Kammergericht den Auftritten seines jungen Mitglieds mit Misstrauen begegnete.[17] Nachdem er 1968 zum Präsidenten eines großen Landgerichts ernannt worden war, betrieb Wassermann die ›Reform in Aktion‹, und zwar für die interne Organisation seines Gerichts und darüber hinaus für das ganze Land mithilfe des Deutschen Richterbundes.[18] Zur Begründung verwies er auf die soziale Funktion von Gerichtsverfahren.[19]

Versehen mit den Erfahrungen aus allerlei Konflikten, die Wassermann mit argumentationsstarken Gegnern sowohl von linker wie auch rechter Seite durchgestanden hatte und die ihm eine mediale Prominenz verschafft hatten, stieg er in die Debatten um eine Ausbildungsreform ein. Er verstand es, Experten aus verschiedenen Rechtsgebieten und -einrichtungen für richtungweisende Konferenzen mit anschließenden Buchpublikationen zu versammeln.

15 All dies bei Wassermann 1963 a.
16 Wassermann 1963 b: 325, bezugnehmend auf Weber, Hirsch und Dahrendorf.
17 Vgl. Bastuck 2020: 20 f. In der Studie von Bastuck werden die biographischen Fakten zu Wassermann aus den unmittelbaren Dokumenten wiedergegeben.
18 Wassermann 2001: 110.
19 Redemanuskript Wassermann v. 24. Mai 1968, zit. nach Bastuck 2020: 23.

> Er identifizierte »Elemente der Hörigkeit gegenüber dem Establishment«; sie fingen für ihn »mit der Präponderanz, ja der Monopolstellung an, die der Rechtsdogmatik auf der Universität eingeräumt wird«. Das klang einesteils wie der damalige Zeitgeist, anderenteils wie die schon seit fast einem Jahrhundert, nämlich seit Jhering, verkündete Kritik an der formalistischen Jurisprudenz. Damit sich eine »geistige Selbständigkeit« herausbilde, bedürfe es der »Beschäftigung mit den kritischen Disziplinen Soziologie, Philosophie und Psychologie, mit der Politikwissenschaft«. Notwendig sei die Fähigkeit, »die sozialen und politischen Implikationen der Rechtsnormen zu erkennen«.[20]

Mit dem Drängen auf eine Justizreform geriet Wassermann unter die verschärfte Beobachtung seiner persönlichen Qualitäten und rechtspolitischen Äußerungen. Der Rückhalt bei der SPD, die gerade erstmals in die Bundesregierung gekommen war und vielen als ›verdächtig‹ galt, zog sämtliche Reformideen unter die dichotome Rechts-Links-Optik. Wassermann ließ mit seinem Einsatz nicht nach, als er die Aktivierungsdiskurse zur Justiz und zur Ausbildung parallel schaltete und sie ohne Personalüberschneidungen organisierte. Die Formulierungen seiner Reformabsicht wandelten sich innerhalb weniger Jahre. Aus dem Wechsel der Tonlage ließ sich der gesellschaftlich zunehmende Veränderungsdruck buchstäblich ablesen. Dies glich der *urgence*, wie sie Schweitzer im Verhältnis zwischen Rechtswissenschaft i.e.S. und Gesellschaftswissenschaft i.w.S. für das 19. Jahrhundert erforscht hat.[21] Was Wassermann zu Ende der 1960er Jahre angestoßen und auf den Weg gebracht hatte, wuchs sich zu einem überaus heftigen Diskurs aus und zeitigte in den Universitäten institutionelle Konsequenzen von einiger Erheblichkeit. Er blieb dem Reformdiskurs verbunden, auch wenn er mit steigender Skepsis auf die realisierten Reformprojekte blickte.

> Für die Leiter der Referendararbeitsgemeinschaften seines OLG-Bezirks organisierte er 1977/1978 Seminare zur Einbeziehung der Sozialwissenschaften. Seine herausgehobene Rolle innerhalb dieses Diskursstrangs bezeugte auch die Herausgeberschaft der Reihe ›Alternativkommentare‹, einem der bleibenden Produkte dieser Diskursphase, wie im übernächsten Kapitel dargestellt. Abgesehen von den immergleichen Vorworten als Hauptherausgeber bearbeitete er selber in dem mit über zweitausend Seiten sehr umfangreichen Kommentar zur Zivilprozessordnung verschiedene Abschnitte.[22]

Nachdem Wassermann sich vom Gang der Dinge zunehmend enttäuscht sah – was als Reform begonnen hatte, war in den Ruch der Rebellion

20 Wassermann 1969: 37, 42.
21 Schweitzer 2021: 48.
22 Wassermann 1987.

geraten und schließlich von der ›geistig-moralischen Wende‹ 1982 vom Tisch gewischt worden –, wandelte er sich zum Kommentator der Rechtspolitik, als der er sich bis zu seinem Tode medial präsentieren konnte. In einem Rückblick, drei Jahrzehnte nach den Ereignissen, gab es für Wassermann nicht mehr den (von ihm 1972 verkündeten) ›politischen Richter‹ und schon gar keinen ›neuen Juristen‹; übriggeblieben war der ›aufgeklärte Jurist‹.[23] Den Gestus des Reformers hatte er behalten, nur zu den ›Linken‹ wurde er längst nicht mehr gezählt.

In all seinen sämtlichen Aktionen verkörperte Wassermann die Idee einer ›Reform‹ in Staat, Recht und Politik. Oft trugen seine Publikationen das Wort bereits in der Überschrift. Für die Gesamtausgabe der Schriften von Gustav Radbruch, seines bedeutenden Vorgängers und Jahrhundertgestalt jener Idee, bearbeitete Wassermann den Band zur Strafrechtsreform. Die Strategie eines vorsichtigen und schrittweisen Vorgehens, bei durchaus weitgesteckten Fernzielen, zeigte sich in wohl allen Wassermannschen Aktionen. Zunächst beschrieb er einen gegenwärtigen Zustand und wies auf Unzulänglichkeiten hin, dann benannte er Ziele für eine Veränderung, und schließlich unternahm er erste Schritte, die angesichts langer Wege als klein erscheinen konnten. All dies charakterisierte eine Reformstrategie, sei es im Diskurs, sei es im politischen Alltag. Zur Veränderung der juristischen Ausbildung gründete Wassermann als erstes einen ›Arbeitskreis für Didaktik‹, womit nun gerade nicht dem höhnischen Satz gefolgt wurde ›Und wenn du nicht mehr weiterweißt, dann gründe einen Arbeitskreis‹. Vielmehr wurde hier tatsächlich gearbeitet, etwa mit einer Vortragsreihe zur Notwendigkeit der Vermittlung außerjuristischer Kenntnisse.[24] Wassermanns Initiative gipfelte in der neuen juristischen Fakultät Hannover mit einem hohen Anteil sozialwissenschaftlicher Expertise. Die für den Reformdiskurs zentralen Topoi – die beiden Integrationen von Theorie und Praxis bzw. der Rechts- mit den Sozialwissenschaften – wurden von Wassermann hervorgehoben thematisiert.

Die zweifache Integration

Die Integration von Sozial- und Rechtswissenschaften stand anfangs noch nicht an der Spitze der Reformagenda. Bei mehreren Wortführern kam stets ein anderer Topos an erster Stelle: die Annäherung zwischen Theorie und Praxis.[25] So bei Alfred Rinken, der als universitärer Repräsentant des Reformdiskurses herausragte.[26] Die Richter Rudolf

23 Wassermann 2000.
24 Vgl. Bastuck 2020: 51.
25 Vgl. Bogdandy u.a. 2024: 502.
26 Vgl. Rinken 1970 und 1973.

Wassermann, Theo Rasehorn und einige andere publizierten rege; sie befanden sich an der Schnittstelle zwischen Rechtsforschung und Berufspraxis, zwischen Rechtstheorie und Justizwirklichkeit. Bei Wassermann sowie in der ersten Loccumer Entschließung von 1968 rangierte ›die Einbeziehung der gesellschaftlichen, wirtschaftlichen und sozialen Bezüge‹ nur an zweiter Stelle. Ersichtlich lag hier noch nicht der Knackpunkt, zu dem es später erwuchs. Wassermann überlegte dann konkret, wie eine Einbeziehung der Sozialwissenschaften als eines der Hauptanliegen der Ausbildungsreform im Einzelnen zu verwirklichen sei.[27]

Zunächst aber gedieh der Topos Theorie-und-Praxis zum Signum des Reformdiskurses. Pate stand das Unbehagen darüber, wie sehr in der zweistufigen Ausbildung akademische Rechtswissenschaft einerseits und behördliche Rechtsanwendungsroutine andererseits auseinanderklafften. Die Universität schalt das als Vergessen ihres Gedankenreichtums, Justiz und Verwaltung vermissten die unmittelbare Einsatzfähigkeit der akademisch Ausgebildeten. Dahinter stand das Janusgesicht der Jurisprudenz, sowohl reflektierende Wissenschaft als auch handelnde Fertigkeit sein zu wollen – ein Widerspruch, der sich mit dem Begriff der ›Handlungswissenschaft‹ zwar untersuchen, aber nicht auflösen ließ.[28]

Der Begriff ›Praxis‹ wurde damals nicht so vieldeutig und tiefgründig verwendet wie heute in soziologischen, philosophischen und rechtstheoretischen Texten. Er war früher gelegentlich aufgetaucht, so hundert Jahre zuvor bei Wilhelm Arnold mit der Erwägung, die Jurisprudenz habe sich von Leben und Praxis entfernt.[29] Um 1970 bezeichnete der Begriff schlicht die juristischen Berufsfelder in Staat, Wirtschaft und Verbänden; ausgenommen nur die universitären und literarischen Tätigkeiten. Auch mit ›Theorie‹ war nicht mehr gemeint als das, was Professoren vortrugen oder in der Lehrbuch- und Kommentarliteratur geschrieben stand. Heute wird wenigstens ansatzweise gefragt, was Theorien in der Rechtswissenschaft sein könnten. Die Fassbarkeit und Eindeutigkeit des Berufsbezugs enthoben den damaligen Diskurs aller schwierigen Fragen zum Verhältnis von Theorie und Praxis.[30]

Der Reformdiskurs ging die Problematik von Theorie-und-Praxis an, vor allem auf der Ebene der Ausbildung. Vertreter jeder der beiden institutionellen Seiten formulierten ihren Anspruch und kamen im Ergebnis überein. Rudolf Wassermann, als Repräsentant der Justiz, suchte nach einer wechselseitigen Durchdringung von Theorie und Praxis.[31]

27 Vgl. dazu Bastuck 2020: 139–141.
28 Dazu Lautmann/Meuser 1986.
29 Arnold 1865: 414.
30 Anders die heutige Rechtstheorie, vgl. beispielsweise Teubner 2014: 213; Viellechner 2020: 205; Wielsch 2020: 182, 188, 190.
31 Vgl. z. B. Wassermann 1966.

Die Verbindung der beiden Seiten wurde auch gelebt: Vertreter des Reformmodells, die auf eine Professur berufen wurden, wirkten dann auffällig oft nebenamtlich in justiziellen Spruchkörpern mit. Reforminteressierte Mitglieder der Justiz und Verwaltung traten als Autoren hervor, beteiligten sich an Forschungsprojekten und profilierten sich auf verschiedenen Gebieten der Rechtswissenschaft.

All diesen Diskursen und Tätigkeiten lag die nirgends bezweifelte Erfahrung zugrunde, wie wenig der juristische Arbeitsalltag von der Wissenschaftlichkeit akademischer Jurisprudenz und Ausbildung profitierte. Um die Kluft zu schließen, wurde ein Transfer eingerichtet – die Schwerpunktbildung im Studium. Die Spezialisierung sollte eine Vertiefung ermöglichen und damit die zugestandenermaßen schwierige sozialwissenschaftliche Reflexion der anzuwendenden Rechtsnormen.

In der Geburtsphase der neuen Auseinandersetzung, auf der Loccumer Tagung vom November 1968, formulierte Rudolf Wiethölter, der damals noch dem reformistischen Flügel zuzurechnen war, den ideengeschichtlichen Hintergrund seiner These »Recht ist Teil von politischer Praxis und politischer Theorie«, womit er signalisierte, dass für ihn etwas weit Grundsätzlicheres auf dem Spiel stand als einige Retuschen am Ausbildungsverlauf.[32]

Der Deutsche Juristentag – das altehrwürdige biennale Standestreffen – richtete im September 1970 eine eigene Abteilung zur Reform der Juristenausbildung ein. Dieses Thema hatte die Profession schon hundert Jahre zuvor mit den aufrüttelnden Monita und Vorschlägen des Rudolf von Jhering beschäftigt, wie im ersten Kapitel beschrieben, und tauchte nunmehr erneut auf.

Dieses Mal war der Freiburger wissenschaftliche Assistent Alfred Rinken mit einem der beiden Gutachten beauftragt worden. Zwei Tage lang befasste sich die sehr gut besuchte Abteilung des Juristentages mit dem Thema. Die Vorträge der beiden Gutachter hörten 1600 Anwesende, an den drei Diskussionssitzungen nahmen etwa 500 Mitglieder teil; das gedruckte und publizierte Protokoll umfasste 316 Seiten. Wohl nur selten hat die Ausbildungsfrage in der Fachöffentlichkeit eine so große Aufmerksamkeit erweckt. Alfred Rinken warnte bereits hier vor überzogenen Integrationsgedanken. Von »sozialwissenschaftlicher Neufundierung und Neuorientierung« sprach er erst an vierter Stelle des Reformbedarfs. Es stünden »einer symbiotischen ›sozialen Handlungswissenschaft‹ nur schwer überwindbare Schwierigkeiten entgegen [;] die Rechtswissenschaft wird sich ›ihre‹ Sozialwissenschaft erst schaffen müssen«. Diskutiert wurde hier noch in einem allgemeineren Sinn über den Transfer von Wissenschaft in das alltägliche juristische

32 Wiethölter 1969 b: 15–20 (15).

> Handeln. »Das Ausbildungsziel des sozialwissenschaftlich informierten Juristen erfordert eine Integration von Theorie und Praxis in einem Studiengang.« Rinken sah die Soziologie als ergänzendes Wissen in der Rechtsanwendung, seien doch »die rechtswissenschaftlich relevanten Ergebnisse der ›Komplementärwissenschaften‹ mit kritischer Urteilsfähigkeit aufzunehmen«.[33]

So war der Topos Theorie-und-Praxis in der zeitlichen Abfolge zunächst einflussreicher und sichtbarer als der Topos zur Einbeziehung der Sozialwissenschaften. Auch in den Publikationen firmierte die Theorie-Praxis-Annäherung noch vor der Soziologie-Integration, aber nicht stets.[34] In den Papieren des Loccumer Arbeitskreises waren die beiden Topoi zwar nominell geschieden, doch in Inhalt und Durchführung verwiesen sie aufeinander. Den juristisch Berufstätigen falle eine »soziale Gestaltungsaufgabe« zu, ferner die »Aufgabe der Anpassung des Rechts an den sozialen Wandel«, wie es im einflussreichen Memorandum hieß. Diese Aufgaben seien »nicht mehr auf der Basis eines vorwissenschaftlichen, nur in Lebenserfahrung fundierten sogenannten gesunden Menschenverstandes zu lösen, sondern nur mittels gesellschaftstheoretisch angeleiteter kritischer Reflexion in Zusammenarbeit mit den empirischen Sozial- und Sozialwissenschaftlern«.[35] Eine vertiefende Bedeutungsanalyse würde heute fragen, wie sich die Dimensionen ›kritische Reflexion‹ und ›Empirie‹ zueinander verhalten, ja ob sie sich untereinander gut verstehen. Damals sah man in den beiden eine kumulative Bekräftigung der einmütig geforderten Ausbildungsreform, die denn auch entlang der Loccumer Leitlinien als Experiment verwirklicht wurde.

> Angestrebt wurde eine sowohl praxisnahe wie auch sozialwissenschaftliche Qualifikation. Die Trennung zwischen Theorie (an der Universität) und Praxis (im Vorbereitungsdienst) sollte in der einstufigen Ausbildung aufgehoben werden, »die das Verhältnis von Rechtsdogmatik und Rechtswirklichkeit thematisiert«.[36] In dem Reformziel, Theorie und Praxis enger miteinander zu verbinden, steckte auch das Interesse an soziologischem Denken. Dass die juristischen Theorien in einen engeren Kontakt zur Wirklichkeit treten sollten, korrespondierte mit

33 Rinken 1970: 22 f., 28, 31; vgl. a. Rinken 1973: 17–19.

34 In einigen Texten stand der Topos Theorie-und-Praxis vor dem Gesellschafts-Topos, aber im selben Satz zur ›doppelten Integration‹; die beiden Themen wurden auch in etwa gleicher Ausführlichkeit erläutert. Die sonst übliche andere Reihung war also nicht als Rangfolge gemeint. Vgl. Wassermann 1970 b: 28; ders. u.a. 1972: 141 f.

35 Loccumer Arbeitskreis 1970: 14. Für Hoffmann-Riem war die Theorie-Praxis-Integration zugleich ein Stimulus für die Einbeziehung nachbarwissenschaftlicher Erkenntnisse in die Ausbildung (bei van de Loo 2016: 595 f.).

36 Loccumer AK 1970: 18.

> der Präferenz für sozial-empirisch aufgeklärte Rationalität anstelle einer Common-sense-Vernunft. Das Ziel, die Praxis aus ihrer Entfremdung gegenüber juristischer Theorie zu lösen, beschränkte sich nicht auf Rechtsdogmatik, sondern bezog die Sozialwissenschaften mit ein. Die praxisorientierten Engagements, über Generationen beherrschend in den Theorieauseinandersetzungen, hatten schon seit Mitte des 19. Jahrhunderts auf die Hinwendung zum ›Leben‹ gezielt.[37] Man wollte sich von den Schulweisheiten abwenden; Empirie im Sinne erfahrungswissenschaftlicher Methoden war gefragt.

Die Experimente zur Annäherung der theoretischen und praktischen Ausbildungsteile hätten wohl kaum so viel Protest hervorgerufen, wäre nicht die Versozialwissenschaftlichung hinzugetreten. In den reformierten Ausbildungsgängen verschoben nämlich die Rechtsdogmatiker alles ›Praktische‹ in die Kurse der für die Sozialwissenschaften eingestellten Kollegen, als sei es die ergänzende ›Empirie‹ zu ihren Normanalysen. Die Arbeitsaufteilung schuf neue Diskrepanzen, auch wenn diese zunächst kaum bemerkt wurden. Die Präsenz und Mitwirkung primär sozialwissenschaftlicher Lehrkräfte rief indessen in der juristischen Fachöffentlichkeit viel Misstrauen hervor und rückte die neuen Ausbildungsmodelle ins Zwielicht. So wurde der Topos Sozialwissenschaften besonders sichtbar und funkelte gefährlich, während der Topos Theorie-und-Praxis kaum Anstoß erregte.

Zudem machte das Theorie-Praxis-Thema im Verlauf der Auseinandersetzungen eine merkwürdige Metamorphose durch, kulminierend im Bild vom Juristen als Sozialingenieur. Die Reformorientierten konnten dieser Vorstellung durchaus etwas abgewinnen, garantierte sie doch den Anwendungsbezug der theoretischen Ausbildung. Dem Fusionsdiskurs hingegen war die Idee ein Gräuel; mit einer Praxiswerkelei wäre weder eine neue Jurisprudenz noch eine neue Gesellschaft zu erreichen. Der Traditionsdiskurs schließlich sah die Jurisprudenz in die Fachhochschule hinabsinken. Man warf den Reformern vor, der von ihnen geforderte neue Jurist verstehe sich als freier Gestalter und Umgestalter des Soziallebens und sei deshalb mit dem Verfassungsgrundsatz der Gesetzesbindung unvereinbar.[38] Hier klang die schon gegen die Freirechtslehre geschwungene Keule eines *Contra-legem* an.

Der Reformdiskurs

Der Kurs eines Reformierens – die behutsame Anpassung des institutionellen Bestandes – sprach uneingeschränkt aus den im Loccumer Arbeitskreis gefassten Beschlüssen und aus den Verlautbarungen der dortigen

37 Vgl. Dubischar 1978: 83–86.
38 So berichtet es Rinken, bei van de Loo 2016: 600.

Protagonisten. Unter den vielen damals avisierten Änderungen beschränke ich mich hier auf einen einzigen Punkt: Wie würde sich das Verhältnis zwischen Jurisprudenz und Soziologie gestalten?

Der Reformdiskurs sah es so: Zwei Wissenschaften kommunizieren miteinander, betreiben einen interdisziplinären Austausch. Sie nähern sich einander an, verwenden in der eigenen Arbeit die Erkenntnisse der anderen Disziplin, schaffen gemeinsame Aussagen. In Loccum ging man vorsichtig zu Werk, eingedenk der methodologisch, praktisch und taktisch gezogenen Grenzen. Die Sozialwissenschaften wurden in die Rechtswissenschaft einbezogen – nicht etwa umgekehrt. Anstatt das Recht durch sozialwissenschaftliche Erkenntnis zu ersetzen, sollte es ›nur‹ neustrukturiert werden.[39] Das Memorandum zielte eher auf eine *Verwissenschaftlichung* als auf eine *Soziologisierung.* Zur Begründung wurde angegeben, die Rechtswissenschaft betone zu sehr Dogmatik und Exegese. Die Abhilfe erhoffte man sich von den ›Nachbarwissenschaften‹, darunter Geschichte und Soziologie des Rechts. Die Sozialwissenschaften wurden in ihrem instrumentellen Wert für die Rechtspraxis gesehen – was nie außer Frage gestanden hatte, aber meist folgenlos geblieben war.

> Also hieß es jetzt, sie nützten in der »Rechtswissenschafts-Praxis« zum einen als »Kenntnis von Fakten und Zusammenhängen der sozialen Realität«, zum anderen als »kritische Selbstreflexion, in der Rechtswissenschaft.« Würden die historischen, politischen, sozialen und ökonomischen Voraussetzungen und Folgen rechtlicher Regelungen berücksichtigt, führe das zu »einer Steigerung der demokratischen Legitimation der Rechtspraxis«.[40] Das Zweite war ein neuer, zeitgemäßer Ton, der an dieser Stelle moderat klang, an anderen Stellen aber lautstark hervortrat.

Das Schlüsselwort der Anti-Traditionalisten lautete: ›kritisch reflektieren‹. Nun ist in einem allgemeinen Sinn das Kritischsein einer jeden Wissenschaft notwendig inhärent; ohne ihren Erkenntnisstand ständig zu überprüfen und zu korrigieren wäre sie keine, sondern ein Glaube. Zu jener Zeit freilich wurde ›Kritik‹ auch in einem erweiterten, speziellen Sinne verstanden. Danach hatte alles auf den Prüfstand zu kommen und wurde dort zudem nach außerwissenschaftlichen Maßstäben beurteilt: Themenwahl, Bearbeitungsmethoden, Konsequenzen, verschwiegene Voraussetzungen. Verworfen wurde, dass es einen in diesem und jenem Detail zu verbessernden Bestand gebe. An diesem Punkt, den Maßstäben und der Reichweite von ›Kritik‹, unterschieden sich die Diskurse, und die Soziologie trug ein Gutteil dazu bei.

Der interdisziplinär arbeitende Reformdiskurs ging vom Nebeneinander der Fächer aus und wollte sie in ein Miteinander, also in

39 In diesem Sinne s. Kröning 1970: 310.

40 Rinken 1973: 20–22.

Kommunikation bringen – mehr nicht. Auch bei den Ausbildungsideen blieb es bei getrennten Veranstaltungen, »da weder Lehrende noch Lehre auf diese Integration bislang vorbereitet sind«. Keineswegs wollte dieser Diskurs die beiden Disziplinen konfundieren, also das Juristische im Sozialwissenschaftlichen aufgehen lassen, wie es ein anderer Diskurs missverständlich verlauten ließ. Als hauptsächlicher Ort schwebte den Reformschriften die juristische Berufssozialisation vor, wohingegen die juristische Berufspraxis – anwaltlich, behördlich, wissenschaftlich – kaum erörtert wurde; sie war ja auch methodologisch ein unbeschriebenes Blatt. Die besonnenen Reformer wussten durchaus, dass in den erneuerten Verhältnissen »juristische Berufsfunktionen und Recht ihre zukünftige Bestimmung erst noch finden müssen«.[41]

Die Soziologie erschien meist nicht unter ihrem Namen. Adressiert wurde nicht das Fach, wie es seit Jahrhundertbeginn sich konstituiert und an vielen Universitäten etabliert hatte. Gesucht war vielmehr das ›Soziale‹, dieser weitläufige Bereich. Juristen sollten in der Lage sein, »die Wechselwirkung zwischen Recht und Wirklichkeit zu erfassen, die sozialen Hintergründe rechtlicher Regelungen zu erkennen und zu verarbeiten«.[42] ›Lebenswelt‹ als Austauschbegriff für ›Gesellschaft‹ war durch soziologische Schriften von Alfred Schütz und Jürgen Habermas prominent gemacht worden. So konnte Hoffmann-Riem in einem Rückblick auf J. Mittelstraß Bezug nehmen, der empfohlen hatte, die Wissenschaften »wieder mit den lebensweltlichen Problemlagen und den lebensweltlichen Zwecken in problemlösender Weise zu verbinden«.[43] Andere Umschreibungen für die soziologische Perspektive lauteten Kontext, Realbereich oder das Substrat. Allenthalben bezog man sich auf ›die Gesellschaft‹, nicht minder diffus auf ›das Soziale‹. Wo in den Texten das Wort ›soziologisch‹ stand, bezog es sich auf die bildungssprachliche Bedeutung, nicht aber auf Inhalt und Selbstverständnis der Fachdisziplin. Dass so vieles ›irgendwie mit Gesellschaft‹ zusammenhängt, ist bis heute ein Topos der gehobenen Alltagskonversation.

Die Verwechslung der Wortbedeutungen hatte reale Folgen, ein klassischer Fall des Thomas-Theorems. Es wurden nämlich ab 1971 professionelle Soziolog:innen an Rechtsfakultäten berufen, um hier gemeinsam mit Juristinn:en an den begonnenen Reformen zu arbeiten. Auf Tagungen und in Publikationen wurde das Ziel bekräftigt. All diesen Diskursen lagen die Unklarheiten zugrunde, was unter ›soziologisch‹ zu verstehen ist und wozu es taugt. Die Hoffnung, mit der *Rechts*soziologie sei das ersehnte bessere Recht zu erschaffen, erzeugte weitere Unklarheiten: Soziologie im Recht – für das Recht – des Rechts? Genitivus objectivus

41 Zitate bei Kröning 1970: 310 f.
42 Vgl. Deutscher Juristentag 1970, Bd. II, Teil P, S. 314.
43 Vgl. Hoffmann-Riem 2011: 160.

vs. subjectivus? Im Streulicht all dieser Bedeutungen wuchsen Überforderungen und Befürchtungen.

Aus der universitären Soziologie unterstützten einige Fachvertreter die Annäherung an das Rechtsthema. Der einflussreiche Helmut Schelsky veranstaltete ab 1968 in seinem Zentrum für interdisziplinäre Forschung (zunächst in Rheda/Westf., danach an der Univ. Bielefeld) eine längere Serie von Tagungen und dokumentierte sie in Jahrbüchern. Das musste anfangs als eine und sogar gewichtige Stimme im Reformdiskurs gelten, solange bis Schelsky sich abwandte (dazu später), wenngleich es auf eine Soziologie *des* Rechts abzielte. Eine Soziologie *im* Recht veranstaltete der Hamburger Soziologe Karl-Dieter Opp 1973 in einem viel beachteten Buch, das verhaltenstheoretisch angelegte Vorschläge für die Verwendung der Soziologie in der juristischen Praxis machte.

> Die im Umkreis der Universität Frankfurt/M. entstandenen Reformideen argumentierten ursprünglich mit der Kritischen Theorie. Bald schwenkte man auf Positionen der Systemtheorie über. Luhmann aber sah die Soziologie nicht ›vor den Toren der Jurisprudenz‹, schloss also eine unmittelbare Verwendbarkeit der Soziologie aus. Allerdings fuhr er fort: »Es wäre ebenso bedauerlich wie fruchtlos, wenn es dabei bliebe. [...] Ein Reflexionsdefizit auf Seiten der Jurisprudenz ist unbestreitbar.«[44] Damit öffnete er der Soziologie doch noch ein Türchen, vermutlich für seine Version von Soziologie. Juristisches Denken aller Lager zeigte sich in den folgenden Jahren offen für die Begriffs- und Theorienwelt Luhmanns, angefangen bei der griffigen Formel ›Reduktion von Komplexität‹. Schließlich konnte Gunther Teubner die Nachfolge auf dem Lehrstuhl Wiethölters antreten.

Die Politik, Bund und einige Länder, nahm den Reformimpuls auf und schuf Ausbildungsgesetze, um die Juristen »zu einer Berufspraxis zu befähigen, die in der sich wandelnden Gesellschaft dem Anspruch einer rechtsstaatlichen, demokratischen und sozialstaatlichen Verfassung genügt«, bzw. um »neben dem statischen auch das dynamische Element des Rechts zu betonen«.[45] Die Ziele einer Modernisierung und Versozialwissenschaftlichung hatten ihren Platz in der Formel vom gesellschaftlichen Wandel gefunden. Bei diesem Stand erhoben sich zwei weitere Diskurse, in denen sich das Soziologisierungsthema radikalisierte – einmal pro, einmal contra.

44 Luhmann 1974: 10.
45 Niedersächsischer Landtag 1974: 9807.

Der Fusionsdiskurs

Es kam der Gedanke auf, die beiden Wissenschaften zu vereinigen. Die griffige Formel dazu lieferte Hubert Rottleuthner mit dem Buchtitel *Rechtswissenschaft als Sozialwissenschaft* (1973 a). Das Mantra regte die Debatte mächtig an, wurde ständig apostrophiert und erlaubte viele Interpretationen – vor allem schien es die Disziplinen zu entgrenzen, und zwar in Richtung einer feindlichen Übernahme der Jurisprudenz durch die Soziologie, lautete doch das Ziel »die Wi(e)derkonstituierung als Gesellschaftswissenschaft«.[46]

Dieser Diskurs hatte sich über mehrere Jahre herausgebildet. Auf der erwähnten Tagung in Loccum, am 2. November 1968, hatte Rudolf Wiethölter über die »Anforderungen an den Juristen heute« referiert und gesagt: »Wir kommen nur vom Fleck, wenn wir die Universitäten (und nicht nur sie) politisieren, demokratisieren, einige heilige Kühe also schlachten. Politisierung heißt [...] die vorhandene Politisierung von Wissenschaft und Hochschule [...] in ihre legitime Verfassung bringen.«[47] Damit war eine Tonart angeschlagen, die den traditionell neutralen juristischen Habitus verließ. Gegen die Schlachtung heiliger Kühe hatte schon Roxin eingewandt, die Reform könne »nur evolutionär, nicht revolutionär vor sich gehen«.[48] Im damals gleich folgenden Vortrag des Studentenvertreters Rainer Geulen aus Berlin wurden viel weitgehendere Positionen formuliert; in der Lehre des Rechts sei »radikale Kritik der gesellschaftlichen Entwicklung in diesem Lande und in dieser Welt zu leisten und daraus praktische Konsequenzen zu ziehen«.[49]

An der Freien Universität in Berlin sowie in Frankfurt/M. hatten sich bereits im Mai 1968 deutliche und fundierte Stimmen gemeldet. Gegen die Notstandsgesetze aufbegehrende Studierende riefen eine »Politische Universität« aus, die sich »Karl-Marx-Universität« nannte und die vorhandene Johann-Wolfgang-Goethe-Universität nicht ergänzen, sondern vollständig ersetzen wollte.[50] Die junglinke Prominenz legte eine Reihe von Texten vor, darunter auch einen zum Jurastudium als ein frühes Dokument zur Neuausrichtung. Der studentische Vorschlag, einen Lehrstuhl für Rechtssoziologie einzurichten, habe »nur Ablehnung und Empörung hervorgerufen«. Als theoretische Grundlagen wurden Autoren der Frankfurter Schule (Habermas, Negt) und aus Marburg (Abendroth, Hofmann) zitiert. Wiederholt wurde die schon einige Semester alte Forderung nach einer Reform des Jurastudiums,

46 Leibfried 1973: 186.
47 Wiethölter 1968 b: 35.!
48 Roxin 1968: 60.
49 In Loccumer Protokolle 25 (1968): 79.
50 Dazu Claussen/Dermitzel 1968.

um »den im Studium dargebotenen Rechtsstoff auf seine politischen, sozialen und ökonomischen Strukturzusammenhänge untersuchen zu können«. Die Autoren versprachen sich von der Rechtssoziologie eine kritische Analyse der Rechtsinhalte und -wissenschaft. Lapidar schrieben sie, »die Rechtswissenschaft hat sich prinzipiell zu orientieren an den gesellschaftlichen Verhältnissen«. Sie konnten noch nicht wissen, dass es auch eine in ihrem Sinne ›unkritische‹ Rechtssoziologie geben kann und geben wird; mit den zu untersuchenden ›Strukturzusammenhängen‹ meinten sie (nur) die ideologische Nähe zum Faschismus und die Einbindung in die ›bürgerliche Gesellschaft‹. Daher empfahl Hubert Rottleuthner den – hier noch per Sie angesprochenen – Jurastudierenden die Teilnahme an der Lehrveranstaltung ›Politische Soziologie‹ bei L. v. Friedeburg.[51] Von Gewicht war auch der Wunsch nach Veränderung der Einwegkommunikation in den Vorlesungen, um die neuen Gedanken, die der ›herrschenden Meinung‹ diametral zuwiderliefen, in das Vorlesungsplenum einzubringen. Für all dies lieferte ›Soziologie‹ einen Dachterminus, der sich erst Jahre später fachdisziplinär verengen würde.

Weniger der Auftritt dieser wohlorganisierten Studierenden als ihre Argumente beeinflussten den sich herausbildenden Fusionsdiskurs. Parallel zur Annäherungsbewegung zwischen Rechts- und Sozialwissenschaft lief die schon früher begonnene Debatte um die Politisierung der Rechtsprechung.[52] Durch Bedeutungsüberschneidung und Personalunionen verwoben sich diese Diskurse, zumal die neu belebte Rechtssoziologie viel Justizforschung betrieb. Die Vermischung zeigte sich auch darin, dass die Frankfurter Studenten ihre Zeitschriftengründung *Kritische Justiz* nannten und dass der Begriff Klassenjustiz eine Konjunktur erlebte. Einerseits zeitigte das Cross-over einen Synergieeffekt, andererseits aber floss viel von der in der Richterkritik[53] entfesselten Feindseligkeit in den Soziologiediskurs.

Das Loccumer Memorandum hatte noch zurückhaltend argumentiert, und nicht nur aus taktischer Erwägung. Diese Vorsicht waltete nicht überall. Mit der Eskalation zur Gesellschaftsveränderung verlor das Annäherungspostulat an Zustimmung; hypertrophe Vorlagen trieben es ins Abseits. Für die Übertreibungen waren ein studentischer Optimismus sowie ein sich als revolutionär verstehendes Lager verantwortlich. Eines der Handlungsziele bestand darin, die öffentliche Sprache mit neuen, aussagekräftigen Begriffen zu versehen, und das geschah manches Mal auf Kosten »der klaren Bestimmung dessen, was darunter genau zu verstehen

51 Alle Zitate von Bechmann u.a. 1968: 133, 139, 156.
52 Vgl. dazu Requate 2000.
53 Von der sozialen Herkunft der Richter war auf deren Mentalität geschlossen und entsprechendes Urteilsverhalten nahegelegt worden, vgl. dazu Kaupen 1969.

sei«.[54] Alles, was den Fusionsdiskurs ausmachte, findet sich bei Wiethölter, der die ursprüngliche und immer elaborierteste Stimme darin war.

Der Charismatiker Rudolf Wiethölter

Dass Rudolf Wiethölter (1929–2024) der *spiritus rector* der damaligen Bewegung zur Reform von Rechtswissenschaft und -ausbildung gewesen ist, das bezeugen seine Schriften ebenso wie viele Bekundungen seiner Schüler an der Universität Frankfurt am Main – bis heute. Aus zahlreichen Würdigungen spricht selbst Jahrzehnte nach der Begegnung noch eine ungewöhnliche Begeisterung für den seit 1963 in Frankfurt/M. lehrenden Wirtschaftsrechtler (geb. 1929). Die Faszination beschränkte sich nicht auf die Güte der Schriften, sondern hob auf die Person und ihr Auftreten ab. Offenbar evozierte sie eine Bereitschaft zum Zuhören und Nachfolgen, was auf ein persönliches Charisma hinweist. Dem widerspricht nicht – eher stimmt das Gegenteil –, dass Wiethölters Kollegs und Schriften gern mit entlegenen Beispielen arbeiteten und manchmal enigmatisch klangen.[55] Aus Wiethölters Vorlesung »Moderne Probleme des Bereicherungsrechts« im Sommer 1965 berichtete der damalige Student Erich Schanze, es habe ein soziologischer Exkurs stattgefunden: »Recht scheint Standesprodukt bestimmter Laufbahnen zu sein«.[56]

> Als er sich zuerst in die beginnende Reformdiskussion einschaltete, 1966 in den vier einleitenden Vorlesungen zu Beginn des berühmt gewordenen Funk-Kollegs zur Rechtswissenschaft, war der radikale Ton noch nicht zu hören. Wiethölter fragte: »Was ist dieses Recht?«. Er verwarf die reichlich vorhandenen Formalumschreibungen; sie seien einfach, klängen erhaben, aber sie »erschließen nicht wirklich die motorischen Kräfte des Rechts«. Die Grundstrukturen des Rechts und einiger Gebiete wurden informativ-beschreibend vorgeführt. Erst bei der Staatsidee kam es zum Bekenntnis, nicht die starke Obrigkeit zu befürworten, sondern den Pluralismus des Kräftespiels zu bevorzugen. Dabei verkniff er sich nicht die Bemerkung, dies sei vom »Grundgesetz nicht mit der notwendigen Folgerichtigkeit gesehen worden«. Zum unverrückbaren Orientierungspunkt setzte er die »freiheitliche Demokratie«. Eine wirkliche Staats- und Verfassungstheorie für unsere Zeit stehe noch aus, behauptete er hier. »Wir registrieren soziologisch einerseits, was wir juristisch noch nicht beherrschen.« Wiethölters Vision versuchte »vom herrschaftlich-anstaltlichen Staat wieder

54 Requate 2003: 166, mit Bezug auf Wiethölters ›politische Rechtswissenschaft‹.

55 Vgl. dazu Habermas 1989: 138 f.

56 Schanze 2013: 106.

> zur politisch-genossenschaftlichen Gesellschaft zu gelangen«.[57] Die Demokratie werde nicht reguliert, sondern regiere selber. Von hier aus entwickelte sich seine zukünftige Kritik an Recht und Jurisprudenz. Linksstehende Kreise, in der juristischen Welt ohnehin schmal, begrüßten durchweg Wiethölters Diskursöffnung. Nur der Salzburger Rechtssoziologe J.J. Hagen monierte mit schulmarxistischen Argumenten, Wiethölters Positionen enthielten nicht mehr als eine bloß stilistische Modernisierung der Rechtswissenschaft.[58]

Seine Positionen verkürzt wiederzugeben verbietet sich. Wo die meisten anderen Reformpapiere ihr Programm mit wenigen Sätzen und in Stichworten andeuteten, lieferte Wiethölter umfangreiche Plädoyers in zahlreichen, stets neu formulierten Veröffentlichungen. Selbst Anhänger:innen wunderten bzw. beschwerten sich darüber, dass sie dem langen Atem der Sätze und dem Anspielungsreichtum der Verweise nicht gewachsen waren. Die Gegner schäumten, wenn sie das Argument nicht zu packen bekamen, aber das Kenntnisniveau nicht leugnen mochten.[59] Wiethölter kombinierte einen gesamtrechtlichen Überblick mit treffend gewählten Fällen zu einem scharfsinnigen und emphatischen Vortragsstil.

> 1968 hieß es bei ihm: »Das Unbehagen am Recht ist folglich Unbehagen daran, dass wir Recht suchen, weil wir es brauchen, es aber für uns und unsere Zeit nicht finden können, weil es noch nicht da ist«.[60] 1969 schrieb er: »Recht, Juristen und Rechtswissenschaften müssen [...] auf die schon erreichten – freilich oft genug noch flachen – Höhen von Demokratie, Demokraten und Demokratiewissenschaft gebracht werden. Wir müssen sie entzaubern durch Aufklärung und entmachten durch Politik. Wir müssen sie buchstäblich befreien von 1813 – 1871 – 1914 hin zu 1789 – 1848 – 1918, von Th. Manns Kultur-Seele-Freiheit hin zu Zivilisation-Gesellschaft-Stimmrecht, genauer: zur politischen Gesellschaft möglichst mündiger Menschen, die zugleich möglichst mündige Bürger sind.«[61] 1970 leitete er einen Programmartikel so ein: »Eine Rechtswissenschaft, die ihren Namen verdiente, gibt es nicht.«[62]

Ein zentraler Bezugspunkt für Kritik und Mobilisierung bildete ›die Gesellschaft‹ und die aktuell vorfindliche Unruhe. Die Empfindlichkeit

57 Wiethölter 1967: 215, 220, 265 f., 274. Die 1967 im Druck erschienenen Vorlesungen wurden im Sommer 1966 gehalten, wie Mückenberger (1989: 112) mitteilt.

58 Hagen 1973: 99–103.

59 Beispielsweise schimpfte der publikationsstarke Landgerichtspräsident Herbert Tröndle über Wiethölters »Sprachmetastasen«, 1975: 620.

60 Wiethölter 1968 a: 41.

61 Wiethölter 1969 b: 31.

62 Wiethölter 1970 a: 25.

gegenüber dem Walten hierarchischer Macht, die nicht vollständig in die Hände demokratischer Institutionen gelegt ist, trieb den Autor an; er befand sich hierbei im Einklang mit der kraftvollsten Strömung seiner Zeit in Philosophie und Intelligenz. Zumal die über die restaurative Bundesrepublik aufgebrachte Studentenschaft konnte sich hier erkennen. Wiethölter rügte das unpolitische Erscheinungsbild, welches Recht und Rechtswissenschaft sich gegeben haben, anstatt einzuräumen, dass der ›Rechtsstaat‹ »stets und vor allem obrigkeitlicher Machtstaat blieb«.[63]

> Der »rote Leitfaden«, sagte Wiethölter, ist »das Unbehagen am Recht«. Darunter verstand er eine tödliche Isolation, in der Recht heute lebt, dahinsiecht, nicht ernst genommen wird »und für die politische Gesellschaft leerläuft«. »Im Namen von Recht und Rechtswissenschaft wird die emanzipative, freiheitliche und soziale Demokratisierung einer nachfaschistischen politischen Gesellschaft weitgehend stillgestellt.«[64]

Unverhohlen wandte er sich an die junge Generation; »sie will sich nicht gefallen lassen, dass und wie unsere Gesellschaft sich im Kreise dreht«. Wir müssten uns »um *den* Gegenstand in unserer Zeit bemühen: Verständnis und Entwicklung, Analyse und Veränderung der *menschlichen* Gesellschaft. Und das heißt [...] nicht zuletzt politische Aktion«.[65] Zugleich gab er den Protestkundgebungen der Spätsechziger eine demokratietheoretische Rückendeckung: »Eine ›friedliche‹, eine ›ordentliche‹, eine ›ruhige‹ Demonstration entspricht einem überholten unpolitisch-liberalen Rechts- und Politikverständnis«. Geld- und Sachschäden seien durchweg von minderem Rang gegenüber politischer Aufklärung und politischer Kommunikation in Öffentlichkeit, [...] gegenüber politischer Arbeit an der Veränderung unseres Bewusstseins«.[66] Von kaum einem Ordinarius der Rechtswissenschaft war damals etwas Derartiges zu hören. Wiethölter demonstrierte ein engagiertes Denken, das sich nicht an den Comment binnenjuristischer Diskurse hielt, vielmehr in jeder Hinsicht argumentative Freiräume öffnete. Die aus der ganzen Breite des Rechts ausgewählten Beispiele zeigten, dass alles, wirklich alles auf den Prüfstand müsse.

> »Denn unsere Rechts- und Juristenwelt ist im Ganzen vorindustriell, vordemokratisch, vorwissenschaftlich, kurzum: sie ist nicht auf der politischen Höhe unserer Zeit. Das Selbstverständnis unseres Rechts und unserer Juristen wird immer noch bestimmt von einem idealistisch-philosophisch-bürgerlich-liberalen Gesellschaftsmodell.«[67]

63 Wiethölter 1969 a: 156.
64 Wiethölter 1968 a: 26–41 (27) bzw. 1969 a: 157.
65 Wiethölter 1968 a: 39–41.
66 Wiethölter 1970 b: 136.
67 Wiethölter 1970 a, S. 136.

Als die Zunft auf das vieltausendfach sich verbreitende Taschenbuch zum Funk-Kolleg mit heftiger Kritik antwortete, spornte das Wiethölter an, seine Positionen erneut und konzis vorzubringen. Die Selbstkonzeption der Gesellschaft solle nicht mehr *philosophisch-individualistisch*, sondern *politisch-gesellschaftlich* sein; damit kämen wir dahin, »dass sich unsere Gesellschaft als politische begreift, als handelndes Subjekt mithin organisiert und *ihr* Recht gewährleistet«.[68]

Wiethölters Denken folgte rechtstheoretischen Bahnen und wollte damit gesellschaftlich etwas verändern, wofür er das Etikett Sozialwissenschaft einsetzte. Darunter verstand er nicht die tradierte Soziologie, sondern »die auf unsere konkrete Gesellschaft und ihre Zielorientierungen bezogene arbeitsteilige Einheit normativ-empirischer *Demokratie-Wissenschaften*«. Diese Einheit umfasste auch die Rechtswissenschaft, »als systematische Problematisierung, in der Absicht, Geschichte zu begreifen und Gesellschaft zu gestalten, d.h. als Teil politischer Theorie und Praxis«.[69] Noch weitere Einzelwissenschaften waren darin enthalten und wurden in Wiethölters Publikationen genannt, darunter (in chronologischer Reihe): Soziologie, Sozialwissenschaften, Kritische Theorie, Geschichtsphilosophie, Systemtheorie, Wissenschaftstheorie. Schaut man auf die Liste der Wendungen, dann erblickt man keine Konversionen, sondern die Suche Wiethölters nach einer Theoriegrundlage, um den Rechtsstoff wissenschaftlich zu durchdringen, statt ihn bloß repetitiv zu verdoppeln oder hermeneutisch nachzuerzählen.

> »Angesichts der gesellschaftlichen Grundstrukturen (Systemintegration über Krisen- und Konjunkturmanagement), die sich nicht spalten lassen in ›Staat‹ und ›Gesellschaft‹‹ (darin dann u.a. ›Wirtschaft‹), ist theoretisch wie praktisch nur noch für einen Arbeitsansatz Platz: für die sog. ›Sozialwissenschaft‹ (›Systemtheorie‹).«[70]

Aus der Soziologie i.e.S. fand sich vornehmlich Niklas Luhmann erwähnt; einmal wurde hinsichtlich des systemtheoretischen Ansatzes dessen »Ergiebigkeit für die heutige Rechtswissenschaft« skizziert.[71] Es war ein Leichtes, das Passepartout Systemtheorie einem jeden Lebensbereich überzustülpen; es produziert allerdings von sich aus noch keine Verbindung zur Soziologie. Luhmann betonte zwar eine »Dichte des Zusammenhangs von Politik und Recht«, behandelte aber beide als getrennte Systeme.[72] Später hieß es bei Wiethölter, die herrschende Rechtstheorie sei »eine sozialwissenschaftlich inspirierte Geschichtsphilosophie [, eine] heimliche

68 Wiethölter 1969 a: 157.
69 Wiethölter 1970: 30, 38.
70 Wiethölter 1970 c: 18 f.
71 Wiethölter 1974: 653 f.
72 Vgl. Luhmann 1994: 434.

gesamtgesellschaftliche Systemtheorie (in der Linie Niklas Luhmanns)«. Und er nannte die eigene »politische Rechtstheorie eine sozialwissenschaftlich inspirierte Geschichtsphilosophie in praktischer Absicht«.[73] Selber setzte er also auf Praxis, der andere nur auf Theorie. Immerhin blieb Luhmann auch fernerhin ein wichtiger Stichwortgeber.[74]

Als einzusetzende sozialwissenschaftliche Erkenntnismittel nannte Wiethölter die »Zweck-Mittel-Technologie; Entscheidungslehren; Realanalysen usw. usw.«. Er erläuterte das kurz mit einigen rechtsdogmatischen Argumentationsfiguren wie dem Grundsatz der Verhältnismäßigkeit der Mittel, Missbrauch von Rechtspositionen oder der Korrelation von Recht und Pflicht.[75] Später schränkte Wiethölter den Relevanzanspruch deutlich ein und schrieb, dass er »einem ›Modell‹ kritischer Gesellschaftstheorie anhänge, für das es keinen unmittelbar bestimmenden Einfluss auf Entscheidungen geben kann«.[76] Soziologisch durchargumentiert indessen war all das nicht; vielmehr knüpfte es sich oft an die Schlacken der Gesetzgebung älterer Zeiten, von denen sich eine behäbige Dogmatik nicht trennen mochte.

Ein Jahrzehnt nach 1970, der heiße Disput kühlte sich nun ab, hieß es, die Rationalität des Rechts durchlaufe gegenwärtig den Prozess einer ›Materialisierung‹, insofern sie sich zunehmend auf sozialwissenschaftliche Erkenntnisse und auf partizipatorische Mechanismen stütze und dabei einer Repolitisierung nicht ausweiche.[77] Die Debatte war nun zurückgekehrt in den rechtstheoretischen Fachdiskurs, wo die nicht ganz verbrannte Ernte der hitzigen Auseinandersetzungen eingefahren wurde – ohne eine Beteiligung der Soziologie i.e.S. Das seit Max Weber geläufige Begriffspaar formale vs. materiale Rationalität, ergänzt durch Innovationen wie Prozeduralisierung, Responsivierung, Reflexivität usw. des Rechts, bestimmte hinfort das Verhältnis von Sozial- und Rechtswissenschaft.

Wiethölter trat nicht nur als gedankenstarker Autor und Hochschullehrer hervor; er erhielt auch die Gelegenheit, seine Ideen zur Gestalt der Rechtswissenschaft in die Praxis umzusetzen. Im Frühjahr 1970 wurde er in den Gründungssenat der geplanten Universität in Bremen berufen[78], um neben dem kongenialen Soziologen Fritz Sack (damals in Regensburg) und vier weiteren Professoren das Profil der neuen Hochschule zu bestimmen. Sack war in seinen Gebieten (soziale Kontrolle und Kriminalität, Sozialtheorie) hochinnovativ und zudem am Recht interessiert. Da beide auch

73 Wiethölter 1974: 646.
74 Vgl. nur Wiethölter 1989: 795 f.
75 Wiethölter 1969 a: 158.
76 Wiethölter 1985: 126.
77 Vgl. dazu Teubner 1982: 16, mit Berufung u.a. auf Wiethölter 1982.
78 An Prof. Heide Gerstenberger, damals als assistentisches Mitglied ebenfalls im Gründungssenat, richtete ich 2021 gesprächsweise die Frage ›Wie war Wiethölter?‹ Es kam als spontane Antwort »Grandios«.

gesellschaftspolitisch harmonierten, konnten sie an einem Strang ziehen und taten das auch, soweit die Sitzungsprotokolle es erkennen lassen.[79]

> Als Wiethölter bei mehreren Berufungen die Ablehnung durch die Landesregierung mittrug (›Berufsverbote‹, weil zu ›radikal‹), kostete ihn das einige Sympathien auf der Linken. Hier erwies er sich als realistisch – bei insgesamt alles andere als ›rechtslastigen‹ Personalpaketen – und machte Abstriche vom eigenen Programm.[80] Auch in einem anderen, innerhalb der Berufungskommission sehr umstrittenen Fall einer Soziologieprofessur hielt es Wiethölter mit den Moderaten, gegen die radikalere Fraktion.[81]

Wiethölter hatte die Herrschafts- und Ungleichheitsdimension im Auge, wenn er der Rechtswissenschaft ankreidete, seit jeher »die politischen und sozialen Implikationen der Rechtsnormen zu verhüllen«.[82] Ideologiekritisch war er auch unterwegs, wenn er die vorfindlichen Theorien des Privatrechts auf »ihren gesamtgesellschaftlichen Konzeptionsgehalt« untersuchte, um den einen vorzuhalten, dass sie affirmativ sind, bzw. den anderen, dass sie »methodologisch verbergen, was sie politisch tun«.[83] Analysen zum Konzeptionsgehalt unternahmen (jedenfalls damals) viele Studien in der Soziologie auch, sodass es als eine genuin soziologische Fragestellung gelten durfte, die hier für die Jurisprudenz fruchtbar gemacht wurde. Der umfangreiche Aufsatz, ebenso wie weitere Artikel, zündete hierzu ein Feuerwerk an Interpretationen und Anknüpfungen in vielen, vor allem philosophischen Denkrichtungen.

> Eingebettet in eine überwältigende Fülle von Theorieverweisen muteten manche Passagen noch wie Prolegomena an; seine privatrechtlichen Schüler haben daran angeknüpft und es fortgeführt. »Selbstverständlich sind mit derartiger Problemarbeit zunächst keine ›Rechtsfälle‹ – etwa durch Gerichte – zu entscheiden.« Der Anspruch reicht nur so weit, die Figuren wie ›Wettbewerb‹, ›Markt‹ usw. neu zu begreifen: »Eingeschliffene Metaphern für angebbare und problematisierbare strukturierte Systemfunktionen.« Der systemtheoretischen Grundlagenstudie von C.-W. Canaris – der vielen Fachkollegen als der größte Meister des Privatrechts und der Rechtsmethodik seiner Zeit galt – attestierte Wiethölter den »rechtssystematischen Bankrott; sie ist frei von jeder rechtstheoretischen Begründung«.[84]

79 Vgl. die Akten zum Gründungssenat, BUA GS (1970, 1971).

80 In dem Gespräch mit Prof. Heide Gerstenberger, damals ebenfalls im Gründungssenat, wurde dieser Punkt auch nach fünf Jahrzehnten noch hervorgehoben.

81 Siehe BUA GS 60, Bl. 100–112, 134–141.

82 Wiethölter 1969 b: 38.

83 Wiethölter 1974: 646 f.

84 Wiethölter 1974: 666, 669.

In späteren Arbeiten bezog Wiethölter weitere Perspektiven genuiner Soziologie mit ein, etwa »die Frage nach sozialem Handeln unter Berücksichtigung der Subjekt- und Objektposition« sowie die »Frage nach dem möglichen Sinn, den möglichen Zielen, dem möglichen Fortschritt von sozialem und wissenschaftlichem Handeln«. Er wollte »Entwicklungen nachgehen, die zu Krisen geführt haben, und sich – prospektiv – auf Bedingungen möglicher Krisenüberwindungen einlassen«. Er bekannte sich zur »Vermessenheit des Griffes« nach einer »Weltformel«, der es um die »erneuerbare Universalität der Rechtskategorie oder aber um ihre Überwindung, Aufhebung, Ersetzung geht«.[85] Bezüglich der Verbindung zwischen Soziologie und Rechtswissenschaft interessierte, wie Wiethölter hier die Großtheorie gegen die »nachvollziehbaren Erklärungen unter Zustimmungszwängen«, also wohl die *middle range* Kausalaussagen kontrastierte. Die *grand theory* reizte ihn offensichtlich mehr, wenngleich er auf »Handlungsprogramme« und »einsichtige Vorschläge« nicht verzichten wollte.

Als ein etwas konkreteres Beispiel wählte Wiethölter den »Rechtsgrundsatz der Verhältnismäßigkeit«, hier verbinde sich Gesellschaftstheorie mit Rechtsentscheidung. Er skizzierte die Ideengeschichte des Grundsatzes (»uralt, von hehrer Abkunft aus der Gerechtigkeitstugend selbst«). Aber alles habe sich hier geändert. Der Autor unternahm mehrere *tours d'horizons* zur Kausalität, zur Zweck-Mittel-Beziehung, zur Proportionalität, zum wirtschaftlich vernünftigen Akteur. Danach hieß es, Auswirkungen auf die juristische Methode lägen auf der Hand, und diese wurden ausgeführt: Kausalitäten transformieren sich in Funktionalitäten, d.h. in Verhältnismäßigkeits-Bestimmungen, Normzwecke bestimmen sich abhängig von außerrechtlichen Systemreferenzen, eine an sich verpönte Folgenreflexion gebe sich als Zukunftsorientierung aus, ein Verfahren legitimiere. Die zeitgenössische juristische Methode erschöpfe sich in einer ›Logik des Besonderen‹. Anstatt Tatsachen unter Norm-Hypothesen zu ermitteln, werde für jeweilige Einheiten ein normatives und soziales Problemmaterial getrennt ermittelt. Die Argumente prasselten geradezu, äußerst kompakt und zugleich elegant formuliert. Die Leser gerieten unter Druck – wie nur dem folgen, alles verstehen, eine Meinung dazu bilden?! Jeder Satz evozierte Nachfragen und Assoziationen, auch Zustimmung und Bewunderung. Für die soziologische-juristische Verständigung drängte sich das zuletzt angerissene Thema auf: die »Konkretisierung von Normen im Blick auf Sachverhalte und in der Abstrahierung von Sachverhalten im Blick auf Normen«. Hier walte »stets eine Spaltung von ›juristischer‹ und ›sozialer‹ Subsumtion (Interpretation, Applikation)« mit der Folge »professioneller Schizophrenie« und von »Sachverständigen-Elend«. Knackte Wiethölter nun die Nuss mit dem Geheimnis, wie Norm- und

85 Wiethölter 1985: 127 f.

> Wirklichkeitsurteile in *einem* Kopf, in *einem* Gedankengang, in *einem* Spruch zu vereinen seien? Er formulierte es nur und wies eine Richtung: Zu tun hätten wir es mit *einem* »sozialen Stoff in Form von Recht«. Daher stellte sich für ihn »die Frage nach ›Formalität‹, ›Materialität‹, ›Funktionalität‹, ›Prozeduralität‹, ›Relationalität‹, die Formeln lassen sich vermehren, von Recht« – und es eröffneten sich neue, unendlich sich ausdehnende Diskurswelten.[86]

Im Rückblick erlebte Wiethölter die 1970er Jahre als »Paradoxon«, nämlich »dass sich Sozialwissenschaft wie selten zuvor mit ›Recht‹ und dass sich Rechtswissenschaft wie selten zuvor mit der ›Gesellschaft‹ beschäftigen und dass gleichwohl Recht wie Gesellschaft davon nichts bis wenig spüren«. Zwar kümmern sich Sozial- und Rechtswissenschaft um die Rationalität von Recht und Gesellschaft; sie »zielen auf nichts weniger als objektivierbare Kriterien der Gerechtigkeit selbst«. Doch sei eine »vernünftige Identität für moderne Gesellschaften« nicht mehr zu greifen. »Die Sozialtheorieangebote werden immer abstrakter, radikaler, komplexer [...]. Ist es ein Wunder, dass sich Recht davon unberührt zeigen kann und doch zugleich davon ganz gefangen genommen wird?«[87] Das frühzeitige Resümee zur Begegnung eines kritischen Juristen mit den Sozialwissenschaften desillusionierte.

Wiethölters Beiträge mit ihrem überwältigend breiten gedanklichen Einzugsgebiet und in der manchmal überfordernden Dichte der Argumentation blieben in der Durchschlagskraft auf einen angebbaren Kreis beschränkt. Indessen wurden sie von hier weitergetragen und entfalteten eine vermittelte Wirkmächtigkeit, die um 1970 im Grenzkonflikt von Rechts- und Sozialwissenschaft ihresgleichen suchte. Bleibende Effekte ergaben sich eher auf einzelnen Dogmatikfeldern als im generellen Verhältnis von Soziologie und Jurisprudenz. Damals schlug die Brillanz dieser Schriften die Leser unweigerlich in Bann. Die Lust und der Bedarf nach Diskussion waren riesig. Gepflegt wurde und wird das in einer eigenen Denkschule. Die Jurisprudenz hat sich mehrheitlich darauf nicht einlassen wollen. Die Gründe dafür bleiben zu erkunden.

Wie der Fusionsdiskurs sich ausbreitete

Wiethölters im Rundfunk gehaltenen und bald darauf gedruckt erschienenen Vorlesungen zündeten in vielen Köpfen. Der bundesweite Studentenverband *vds* forderte, als »Selbstaufklärung« der Rechtswissenschaft »wären zunächst die traditionellen Rechtskategorien ideologiekritisch

86 Alle Zitate bei Wiethölter 1970 b: 132–136.
87 Wiethölter 1985: 126 f.

zu durchleuchten und die gegenwärtige Rechtswirklichkeit sozialwissenschaftlich zu analysieren«. Die »Einbeziehung des Wissens und der Methoden der Sozialwissenschaften (solle) eine ›neue‹ Dogmatik hervorbringen«.[88] Und von einer Mittelbauposition her kamen als Formel der Entgrenzung »der Versuch der Rechtswissenschaft, ihren gesamtgesellschaftlichen Unterbau einzuholen«; der »Verlust der Einheit« solle mit einer »Neubegründung von Rechtswissenschaft« aufgehoben werden.[89] Der Diskurs nahm einen imperativen Stil an. Die Arbeit wurde geteilt: die einen entwerfen die Reformziele, stellen also der künftigen Rechtswissenschaft die Aufgaben; die anderen hatten das Programm zu implementieren. Da dies »nicht über Nacht« gehe, müssten »alle Versuche, die neu zu konstituierende Rechtswissenschaft positiv zu umschreiben, in Abstraktionen steckenbleiben«.[90] Selten wurden der Anweisungscharakter der Reform und ihre Unkonkretheit so offen formuliert. In dieser Art war es noch nicht bei Wiethölter, wohl aber beim Gefolge zu vernehmen.

Wo das Fusionsmodell sich auf die Lehre bestimmter Rechtsgebiete einließ, blieb es doch weitgehend bei einer Beschwörung von Prinzipien, wie etwa bei Erhard Denninger, wenn er für das – an sich schon weit übergreifende – Konzept ›Demokratie‹ nur Fragen der Repräsentation und Partizipation erörterte.[91] Die Sozialwissenschaften dienten hier der Ideologieanalyse des Rechts, und sie leisteten Gesellschaftskritik. Ein Vorschlag zu einer ›Soziologie im Recht‹ gemäß dem Reformdiskurs wurde zurückgewiesen, weil er nicht »mehr die konkrete Instrumentalisierung von Recht, die Verwendung von sozialwissenschaftlichen Theorien auf ihre nur gesellschaftstheoretisch ermittelbaren Hintergründe befragt«.[92] Wenn die Texte zur Studienreform auffällig oft Sozialwissenschaft mit Gesellschaftskritik gleichsetzten, dann zielte das auf die Vermittlung einer ›Haltung‹, wie es heute heißt; eine Veränderung der juristischen Praktiken käme zeitlich und sachlich erst danach.

Für die Sozialwissenschaften wurde nun vielerorts eine Art von Suprematie beansprucht. Es wurde nahegelegt, dass »es sich bei Rechtsstrukturen nur um einen eigenen sozialen Gegenstand der Erkenntnis handelt und einer Rechtswissenschaft als eigener Disziplin keinen Raum lässt«. Das Ziel sei, »die Juristische Fakultät als einen Teil einer Sozialwissenschaftlichen Fakultät zu verstehen, der mit dem sozialen Gegenstandsfeld ›Recht‹ befasst ist«.[93] In der Vorbereitung der Bremer Universität hatte die Fachkommission Gesellschaftswissenschaften »bereits die

88 Fachverband Rechtswissenschaften im *vds* in: Wassermann 1969: 97–122,105 f.

89 Voegeli 1979: 55 f.

90 Voegeli 1979: 56.

91 Denninger 1977.

92 Voegeli 1979: 140.

93 Leibfried 1973: 204.

Rechtswissenschaften ohnehin mit in ihre Erörterungen einbezogen«.[94] Für den all dies beobachtenden Soziologen Schelsky »zielt der Impuls der jüngeren, sozial engagierten Juristen auf wissensmethodische Unterwerfung unter die Sozialwissenschaften«.[95] Den Juristen im Lande kann dies nicht anders als ungeheuerlich vorgekommen sein. Diese Sprache, diese Hierarchie! Zwar waren das nur Stilfragen, aber sie prägten sich auch in den Inhalten aus.

Eine Art hierarchischer Unterordnung dürfte auch dort geschehen sein, wo das Recht als eine ›abgeleitete Sphäre‹ angesehen wurde. Es war dann nicht der maßgebliche Bezugspunkt für ein juristisches Urteil; die gültigen Grundlagen befanden sich in anderen, sozialstrukturellen Sphären. So vermisste Stephan Leibfried in den Reformpapieren, dass der »Ableitungszusammenhang von sozio-ökonomischer Struktur → staatlichen Funktionen → Rechtssphären in das Zentrum der rechtswissenschaftlichen Ausbildung und Forschung gestellt« wird.[96] Nach Wolfgang Voegeli will die »Rechtswissenschaft als Teil einer Einheit der Sozialwissenschaften« neubegründen, worin »die Rechtsmaterien als gesellschaftliche Produkte bestimmter historischer Verhältnisse zum Thema werden« und die Normgenese für die Lösung eines Konfliktfalles relevant wird.[97]

Es kam noch härter. »Die soziale Kaste der Juristen muss aussterben«, hieß es 1970 in einem Planungsdokument aus Frankfurt/M.[98] Dieser Topos des Fusionsdiskurses wurde später verschiedentlich erinnert; das Ziel (der drei norddeutschen Reformmodelle) sei »die Schaffung einer veränderten Rechtswissenschaft«.[99] »In der Literatur wurde offen gesagt, dass eine Öffnung zu den Sozialwissenschaften die Entscheidungsfähigkeit der Juristen beseitigen würde und damit die zentrale Funktion der juristischen Profession ad absurdum führe.«[100] Die Verkünder des Fusionsdiskurses, jedenfalls die entschiedensten unter ihnen, stellten sich etwas ganz Neues vor: die Destruktion des Überkommenen als Voraussetzung einer wirklichen Reform. Der Reformdiskurs, wiewohl hierin anfangs als das Saatbeet späterer Zuspitzungen noch ungenau, grenzte sich unterdessen vom Fusionsdiskurs ab, indem vermerkt wurde, es habe »sich die Einsicht durchgesetzt, dass die Verschmelzung von Rechts- und Sozialwissenschaften eine nicht einzulösende Utopie ist«.[101]

94 BUA GS 32/0 v. 13.4. 1970, Bl. 25.
95 Schelsky 1974: 413.
96 Leibfried 1973: 183.
97 Voegeli 1979: 57.
98 Abgedruckt bei Groth 1975: 70.
99 Lührig 1997: 153.
100 Rinken bei van de Loo 2016: 597.
101 Wassermann 1981: 9.

Der Traditionsdiskurs

Die drohende Usurpation der Jurisprudenz durch die Soziologie rief angstvolle und aggressive Abwehrreaktionen hervor. Das Menetekel einer Vergesellschaftung des altehrwürdigen und riesigen Rechtsbetriebs konnte die etablierte Jurisprudenz nicht kalt lassen. Soviel an Verständnis, ja Sympathie man dem frischen Wind in der Bundesrepublik bezeugt hatte, nun schien das eigene Überleben auf dem Spiel zu stehen. »Es war insbesondere das Reformpostulat der ›Integration der Sozialwissenschaften‹, das energischen Widerstand in der juristischen Zunft hervorgerufen hat.«[102] Selbstbehauptung und Bewahrung des Bewährten waren gefragt. Der Gegendiskurs verfuhr nicht zimperlich. Es entfaltete sich eine beträchtliche rhetorische Gewalt.

> Eine Schwachstelle traf der Münchner Ordinarius Andreas Heldrich, als er das Ziel sowohl des Reform- wie des Fusionsdiskurses verspottete, nämlich »den kritischen, mündigen, in permanenter Reflexion seiner selbst, der Gesellschaft und des Rechts verharrenden, juristischen Übermenschen«.[103] Die Ridikülisierung ist ein probates Mittel, einen allzu engagierten Diskussionsgegner zu neutralisieren. Die meisten Stimmen beider Seiten frönten allerdings einem verbissen-ernsthaften Ton.

Traditionalistisch war es, sich auf den Normativismus des Rechts zu berufen. Wilhelm Henke meinte, »die soziologische Betrachtungsweise [ist] bei allen Fragen der Normbindung und Norminterpretation unanwendbar, weil sie sich auf Normen und normative Begriffe nicht bezieht«.[104] Etliche Jahre später war von einem ›juristischen Proprium‹ zu lesen, so etwas wie die Eigengesetzlichkeit bzw. spezielle Berufsqualifikation eines Handelns in der Rechtssphäre. Damit wurden Vermischungen mit nichtjuristischem Denken auch unabhängig von systemtheoretischer Rahmung abgewehrt.

Herkömmlicherweise betont die kontinentale Jurisprudenz – in den Urteilsbegründungen, wissenschaftlichen Darstellungen, Ausbildungsgängen – den Wert der Dogmatik. Das bedeutete, dass die Normen vor allem mit hermeneutisch-sinnverstehenden Methoden interpretiert werden (also mit dem ›Geist des Gesetzes‹), während ihr soziales Substrat erst in zweiter Linie berücksichtigt wird. Dieses (nur mit der Theologie geteilte) Alleinstellungsmerkmal wurde nun zum Haupttopos einer Fachidentität, die bislang als selbstverständlich vorhanden gegolten hatte und nur selten infrage gestellt worden war. Das professionelle Selbstbewusstsein gestattete es, sich auf die bis zum Altrömischen Recht

102 Rinken bei van de Loo 2016: 596.
103 Heldrich 1974: 281.
104 Henke 1974: 734.

zurückführende Tradition zu stützen, auch wenn man sich hütete, diese etwas zweifelhafte Legitimation offen auszusprechen. Schon deswegen ging man in diesem Diskurs so gern zum Angriff über.

Der Soziologie wurde ihr Verwendungswert bestritten. Von ihr seien keine gesetzesartigen Aussagen, keine ausnahmslos geltenden Kausalverknüpfungen, nicht Unumstrittenes zu erwarten. Der Einwand, mit Wahrscheinlichkeitsaussagen ließe sich nicht juristisch arbeiten, musste als Abwehr erscheinen. Egon Schneider erklärte, die Soziologie keineswegs ausschließen zu wollen, und prüfte dann, »welche Hilfe der Richter denn *in praxi* bei seiner Alltagsarbeit wirklich zu erwarten hat«. Er kam zu dem Schluss, es habe »sich kein Ansatz für eine positive Antwort ergeben. [...] Der mögliche Einfluss von Soziologie und Psychologie auf den richterlichen Entscheidungsvorgang ist [...] als bedeutungslos anzusehen«.[105]

Das Loccumer Memorandum hatte gesagt, die juristischen Berufsfelder hätten sich vom Gesetzesvollzug zur Sozialgestaltung geändert; mit Dogmatik und Exegese seien die Aufgaben des Rechts nicht mehr zu bewältigen.[106] Daraus destillierten die Skeptiker die Aussage, Juristen würden nunmehr zu Sozialingenieuren gemacht. Mit dieser plakativen Figur, die mit pejorativem Unterton das Handwerk der Klempnerei aufruft, konnte disziplinweit eine ablehnende Stimmung erzeugt werden.

> Der Nürnberger Rechtsprofessor Wilhelm Henke schrieb: »Die Soziologie [...] entwirft eine sozialtechnische Praxis, in der die bisherige Jurisprudenz und Rechtspraxis aufgeht.« Für den Gerichtspräsidenten Herbert Tröndle »gewinnt der Ruf nach ›Sozialingenieuren‹ [...] bei einem so disponiblen und entwerteten Rechtsbegriff eine besonders gefahrvolle Dimension«.[107]

Ein weiteres Narrativ behauptete, die Bindung ans Gesetz werde gelockert. Heldrich (unter Berufung auf Naucke) sah eine »Aushöhlung der Bindung an das Gesetz«. Schelsky, der sogleich näher darzustellende Soziologe, beschwor eine Ablösung bzw. »Schwächung der Bindung des Juristen an das Gesetz«. In den Augen von Coing forderte das Wiesbadener Studienmodell eine »Rechtswissenschaft ohne Recht«, binde die Juristen nicht an Recht und Gesetz.[108] Das waren prominente, gewichtige Stimmen. Im Niedersächsischen Landesparlament attackierte die CDU-geführte Opposition den Begriff des ›neuen Juristen‹ und befürchtete, »dass er sich über das gesetzte Recht hinwegsetzt«.[109]

105 Schneider 1975: 265, 268.
106 Vgl. Kröning 1970: 309.
107 Henke 1974: 730 f. bzw. Tröndle 1975: 618.
108 Heldrich 1974: 284 f., Schelsky 1974: 414 bzw. Coing 1973: 799.
109 Niedersächsischer Landtag 1974: 9813.

Dies erschien umso gefährlicher, als man einen Trend zur Politisierung bemerkte, wozu der Fusionsdiskurs reichlich Anlass bot. Die Integration der Sozialwissenschaften sei ein »Vehikel zur politischen Beeinflussung der Studenten«.[110] Besonders scharf zu diesem Topos äußerte sich Schelsky. Zunächst warf er einer Gruppe jüngerer Rechtssoziologen vor, »ihre eigenen, durchaus partikulären politischen Zielsetzungen als die einzige Position des ›progressiven sozialen Wandels‹ zu monopolisieren«. Bald darauf ortete Schelsky die Politisierungstendenz in den fusionistischen Modellen, denen zufolge der Jurist politisch aktiv handeln solle. Demgegenüber habe das herkömmliche unpolitische Selbstverständnis des Juristen den Vorteil einer gewissen Selbstkontrolle.[111]

Als es mit den Studienreform ernst wurde, setzt eine Diabolisierung ein. In den parlamentarischen Debatten um die Juristenausbildungsgesetze der Bundesländer politisierte sich das Thema. Im Parlament des Bundeslandes Bremen kritisierte die Opposition (FDP und CDU) sogleich die Mitwirkung von Wiethölter im Gründungssenat der kommenden Universität. Dazu zitierte die führende Lokalzeitung einen Vergleich mit dem Volksgerichtshofvorsitzenden Freisler.[112] Im niedersächsischen Landtag sagte der Sprecher der Opposition am 18.12.1973, Hessen habe »ein linkssozialistisches Modell [...] und Bremen ein neomarxistisches Modell, das mit Sicherheit verfassungswidrig ist«,[113] wobei dieses eine sozialwissenschaftliche Schule, jenes eine politische Richtung bezeichnete, der konservativen Partei aber beides gleich abscheulich erschien.

In den Augen von Schelsky habe das Fusionsmodell »einen geistigen Imperialismus in der Monopolisierung der ›Rationalität‹ betrieben, die in der Kombination von heilsgläubigem Vernunftbegriff und moralisch-arroganter Ignoranz des juristischen Verfahrens das Tor zur revolutionären Umfunktionierung der Justiz aufgestoßen hat«.[114] Wenn die aufklärerisch gesinnten Justizsoziologen eine größere Freiheit des Richters zu ›sozialer Gestaltung‹ fordern, so sei das Skandalöse nicht der freie Verfügungsraum gegenüber dem Wortlaut des Gesetzes, »sondern in sozialwissenschaftlich-analytischer und damit in politisch-ideologischer Absicht über das Gesetz verfügen zu können«. Durch derartige ›Rechtswissenschaftler‹ (in Gänsefüßchen) norddeutscher Reformmodelle befürchtete Schelsky arge Folgen für die Justiz, und zwar nach Art »der in kommunistisch-totalitären geforderten politischen ›Parteilichkeit‹ der Richter«.[115]

110 So bei Eith 1982: 49.
111 Schelsky 1974: 414, 416.
112 Weser-Kurier 17. April 1970.
113 Vgl. Niedersächsischer Landtag, 1974: Spalte 8855.
114 Schelsky 1974: 412.
115 Schelsky 1980: 62 f.

Der Institutionalist Helmut Schelsky

Helmut Schelsky (1912–1984), der vielleicht einflussreichste Soziologe der frühen Bundesrepublik, nahm in dem Streit der Disziplinen eine widersprüchliche Position ein – pro und contra, als Geburtshelfer und Schmähredner. Das mag dann überraschen, wenn Schelsky nur mit der Wende zu einer ›Anti-Soziologie‹ aus seiner letzten Lebensphase erinnert wird. Seine Polemiken aus den 1970er Jahren verdunkeln seine Bedeutung und den Einfluss auf die deutsche Soziologie der Nachkriegszeit.[116] Dies gilt auch für die Rechtssoziologie, die er auf die Beine gebracht hat: mit den Tagungen im Zentrum für interdisziplinäre Forschung (*ZiF*) ab 1968, mit dem frischgebackenen Privatdozenten Niklas Luhmann als einem der Abteilungsleiter an ›seiner‹ Sozialforschungsstelle in Dortmund, mit seinen eigenen Aufsätzen. Er war der einzige Lehrstuhlinhaber in der Soziologie, der sich damals für das Thema wirklich interessierte.[117]

Vielschichtig kommentierte Schelsky die Studienreform. Eine sozialwissenschaftliche Ausbildung sei auch für Juristen erforderlich, weil sie selbst nach einem akademischen Studium »nur sehr begrenzte und subjektiv zufällige Teile der sozialen Wirklichkeit« überblicken können. »Die Realität der Welt, auf die das Recht wirken soll, ist nur sozialwissenschaftlich vermittelt noch zu erfassen.« Ausführlich wurden dann die Gebiete einer sozialwissenschaftlichen Ausbildung der angehenden Jurist:innen beschrieben. Soweit blieb Schelsky d'accord mit den avanciertesten Reformmodellen.

> Leisten könnten diese Lehre »nur soziologisch geschulte Rechtswissenschaftler [... ,] um »die gesellschaftliche und rechtsimmanente Funktion der Rechtsdogmatik erklären zu können [... und zugleich] die in Jahrtausenden erarbeitete ›Rationalität‹ der Jurisprudenz zu verteidigen«. Schelskys Text ließ sich klar in soziologisch-analytische Passagen einerseits, politische Warnungen andererseits unterteilen. In welcher Region er sich jeweils bewegte, merkte man an der eingesetzten Sprache: hie theoretisch anspruchsvolle Begrifflichkeit, dort knallig-polemische Wertungen. Im Einzelnen ging Schelsky scharf zur Sache. So habe die ›kritische Philosophie‹ (und als deren »juristische Nutznießer vor allem Wiethölter, Denninger, Lautmann u.a.) einen geistigen Imperialismus in der Monopolisierung der ›Rationalität‹ betrieben, die in der Kombination von heilsgläubigem Vernunftbegriff und moralisch-arroganter Ignoranz des juristischen Verfahrens das Tor zur revolutionären Umfunktionierung

116 Vgl. in diesem Sinne Hillebrandt 2017.

117 Im Herbst 1967 war ich nach dem Studienabschluss auf Arbeitssuche, hatte alle hier infragekommenden Ordinarien angeschrieben und zwei Hände voll soziologischer Institute ›abgeklappert‹. Alle Chefs empfingen mich, aber nur Schelsky bot mir die Anstellung an.

der Justiz aufgestoßen hat«. So forderte er zum einen die Soziologie in der Ausbildung und in der Person der Rechtslehrer, hielt aber zum anderen den dies umsetzenden Modellen eine Gardinenpredigt.

In seinem späten Bestseller ›Die Arbeit tun die anderen‹ (1975) geißelte Schelsky mit religiösen Metaphern das Linksengagement westdeutscher Intellektueller, das er mit einer um sich greifenden Soziologisierung erklärte. In der neu aufgeblühten Justizforschung sah er »eine politisch tendenzielle *Diffamierungssoziologie*«, in der Versozialwissenschaftlichung der Jurisprudenz eine Lockerung der Bindung an das Gesetz. Wenn der ›neue Jurist‹, angeleitet von seinem Gewissen, die soziale Gerechtigkeit unmittelbar durchzusetzen unternähme, würde das nur zu einer Rechtsanarchie richterlicher Subjektivitätsüberzeugungen führen.[118] Die These des Buchs – »Klassenkampf und Priesterherrschaft der Intellektuellen« – rief eine so zahlreiche Kritik hervor, dass Schelsky nur wenige Monate später der zweiten Auflage ein sechzigseitiges Nachwort mit Repliken anhängte.

Nachdem im weiteren Verlauf die Reibung zum Politikum geworden war, verschärfte Schelsky noch einmal seinen Ton. Zumal der Bremer Juristenausbildung warf er eine unmittelbare Nähe zur »Revolutionsjustiz Chomeinis« und zur Justiz des Dritten Reichs vor. Wie emotional aufgebracht muss der Mann gewesen sein, um zu einem solch totschlägerischen Vergleich zu greifen! Immerhin konnte er sich als Stifter einer genuin soziologischen Rechtsanalyse fühlen. Er rügte die von Ralf Dahrendorf initiierte Tendenz seines Fachs und meinte, in der Sicht des sozialen Konflikts werde das Recht verfremdet, ja geradezu verachtet.[119] Die sich auftuende Kluft zwischen Schelsky und seinen, wie man in gewissem Sinne sagen könnte, ›Abkömmlingen‹ hatte mehrere Ursachen. Offensichtlich gab es eine generationelle sowie eine politische Komponente.

Er folgte einer ›rechtsliberalen‹ Richtung in der Politik.[120] Im Aufsatz zur Juristenausbildung kann deutlich das Gewicht der politischen Differenz zwischen Reform und Bewahrung abgelesen werden. Der Soziologe nannte als sein Ideal einen »liberalen Rechtsstaat« und sprach seine Abneigung gegen linkes Vokabular und Denken direkt aus (z.B. bezüglich der kommunistischen Partei).[121] Juristen hingegen pflegten in ihren Stellungnahmen diese Dimension zu kaschieren.

118 Schelsky 1975: 280–284.
119 Schelsky 1980: 57, 63 f.
120 Dass Schelsky in seinen späten Jahren nicht zum Lager der ›Rechten‹ konvertierte, zeigt sein Bruch mit dem Freund Arnold Gehlen wegen dessen Buch ›Moral und Hypermoral‹ von 1969; vgl. dazu Rehberg 2017: 237–240. Zu den Anlässen gehörte die gezeigte Sympathie mit Habermas, den Schelsky allerdings später, in der Jurisprudenzdebatte, perhorreszierte.
121 Schelsky 1974: 414, 416.

Letztlich wurzelte Schelskys rechtssoziologische Positionierung und Parteinahme in seiner sozialphilosophischen Grundüberzeugung: Das Recht sei in der »institutionellen Spannung zwischen subjektiver Freiheit und sozialem Sachzwang« zur letzten vertretbaren Position geworden, zum einzigen politischen Mechanismus, der zwischen Fremd- und Selbstbestimmung vermitteln könne.[122] Diese Entdeckung bzw. Festlegung erklärt auch den späten Zeitpunkt des Engagements für das Recht in der Soziologie. Schelsky, den neben seinen Qualitäten als empirisch und theoretisch arbeitender Soziologe auch ein hohes taktisches Geschick auszeichnete, versuchte stets die Zwietracht zwischen Rechtswissenschaft und Soziologie zu glätten. Dafür aber war es aber damals noch zu früh.

Heute wiedergelesen tut sich eine veränderte Sicht auf Schelsky auf, sofern über dessen angeblich antisoziologische Pose hinweggesehen wird. Bereits 1968, nach seinem Schwenk zur Soziologie des Rechts, formulierte er eine Gegenposition zur Systemtheorie und suchte den kollegialen Disput mit Niklas Luhmann. Als gemeinsamer Bezug musste der Harvard-Soziologe Talcott Parsons gelten, Schöpfer der damals die Soziologie beherrschenden Theorie des Strukturfunktionalismus, den die beiden Deutschen nun in verschiedene Richtungen veränderten. Schelsky entwarf den, wie er ihn nannte, ›personfunktionalen Ansatz‹, womit er vom Individuum statt vom Ganzen der Gesellschaft her denken wollte. Kurz gesagt bildete hier ›der Mensch‹ statt ›das System‹ die gedankliche Grundlage; der Leitwert hieß ›Freiheit‹. Die personal-funktionale Sicht auf das Verhältnis von Rechts- und Sozialwissenschaften eröffnete die Möglichkeit, soziologische Gesichtspunkte in juristische Konfliktentscheidungen einzubringen; denn diese spielen ja weniger in einer makrosozialen Dimension, sondern regeln eine bestimmte Situation.

> Schelsky ergänzte den Denkrahmen des Funktionalismus (der mit den eigenen biologistischen Vorannahmen gut harmonierte) um die individualistische Note, wie dies der Vorreiter Parsons ja auch getan hatte. Ausgehend vom »Grundgedanken der Freiheit der Person, also der größtmöglichen Selbstbestimmung des Individuums«, den er in der Aufklärung, im Idealismus und Liberalismus, sogar im Christentum verankert sah, formulierte er die »auf das Individuum bezogene Leitidee persönlichen und sozialen Handelns«. Eine Analyse der sozialen Wirklichkeit werde nun »alle ihre Einrichtungen, Handlungen usw. daraufhin abfragen, wieweit diese den auf die Person bezogenen Leitideen entspricht und das in ihnen vorausgesetzte Endziel erfüllt«. Solche Theorien nannte Schelsky personenfunktional; Theologie, Pädagogik und Jurisprudenz (also: die normativen Handlungswissenschaften) hätten sie in Fülle aufzuweisen.[123]

122 Schelsky 1980: 27. Ausgeführt bei Raiser 2017: 99–106.
123 Schelsky 1970: 48.

Damit drückte Schelsky das Durchdrungensein juristischer Theorien mit wissenschaftlichen Analysen sozialer Wirklichkeit aus. Auch an anderen Stellen wurde dies deutlich, und zwar als Implikat seines ›personfunktionalen Ansatzes‹. Sätze wie die folgenden hätten auch in der Diskursatmosphäre um 1968 Gehör finden können – wenn der Sprecher als glaubwürdig (heute: ›*credibility*‹) erschienen wäre.

> Dem »System der Herrschaft gegenüber (wobei eben Herrschaft und System identisch sind), das ja auf der sozialen Ungleichheit oder Verschiedenheit besteht, liegen die vitalen Interessen des (beherrschten) Individuums darin, eine über das Recht zu erreichende Gleichheit der Verbindlichkeiten zwischen den Ungleichen der Herrschaft herzustellen. Die Reziprozität der Interessen auf Dauer, der Grundgedanke des Rechts, muss jetzt gegenüber dem ›Recht der Herrschaft‹, die das jeweilige ›soziale Ganze‹ repräsentiert, formuliert und durchgesetzt werden«.[124]

Von der Gegenposition akzeptierte Schelsky die Erkenntnis, »welche Leistungen das Recht für das Funktionieren des sozialen Systems als Ganzen erbringt«, hielt dies »allerdings auch für einseitig und unzureichend für eine umfassende funktionale Analyse des Rechts«. Denn in ihnen ist »das Individuum sozusagen nur die Marionette der ihm auferlegten Normsysteme«. Umsichtig, was die philosophische Grundierung anlangt, formulierte Schelsky die Grundlinien einer personenbezogenen, sprich: antisystemischen Rechtstheorie. Damit entging er dem Vorwurf, bloß ein Stichwort in die Debatte geworfen zu haben. Er stützte sich auf »drei Leitideen des Rechts, bezogen auf die Bedürfnisse des Individuums in der Geschichte und gegenwärtigen Existenz des Rechts«, nämlich Gegenseitigkeit auf Dauer, Gleichheit bei Verschiedenheit sowie Integrität und Autonomie der Person gegenüber Organisation.[125]

> Als »personale Leitidee des Rechts« bezeichnete Schelsky »die Auflösung von Macht in Recht«, wofür er sich auf Max Weber berief und was zeitgemäß gesagt war. An dieser Stelle äußerte er sich zur Rechtssoziologie und zu juristischen Methodenfragen (»unbefangen und unwissend gegenüber diesem Grundbestand rechtswissenschaftlicher Dogmatik«). Er schlage »vielleicht eine Brücke zwischen dem analytischen Vorgehen der Soziologie und dem sich ›normativ‹ bestimmenden juristischen Verständnis des Rechts«. Er befand, man müsse »das Gesellschaftssystem, insbesondere dieses Rechtssystem, daraufhin abfragen, was es tatsächlich, und nicht nur formal, für die Integrität und Autonomie der Person leistet«. Und forderte »den ›Kampf‹ um personbezogene Rechtsideen«, wobei er an den ›Kampf ums Recht« des Rudolf von Jhering anknüpfte.[126]

124 Schelsky 1970: 77 f.
125 Schelsky 1970: 56; 69–85 (69).
126 Schelsky 1970: 78, 85, 81, 88.

Schelsky erreichte die jungen Rechtssoziologen nicht mehr; einem 58jährigen Rechtsliberalen hörten sie einfach nicht zu. Dabei hätten sie ihn vielleicht sogar als Bundesgenossen gewinnen können, wenn sie seine antisystemische Position rezipiert und diskutiert hätten. Doch das wurde durch die politische Distanz verhindert. Im Ergebnis trennte Schelsky von denen, die eine Soziologisierung von Rechtswissenschaft und -ausbildung forderten, nur die vermutete Infragestellung des Eigenwerts juristischen Denkens und vor allem seine Antipathie gegen radikalsozialistische Töne, all dies mit geschliffen-scharfen, teilweise auch bösen Formulierungen. Indessen in der Sachanalyse waren damals alle beieinander. Wären die süddeutschen Länder sowie die dortigen Juraprofessoren auf die Empfehlungen Schelskys eingegangen, dann wäre es auch dort zu einem Umdenken gekommen. Heute lösen analytische Begriffe wie Emanzipation, Reflexion, Klasse, Kapitalismus u. dgl. nirgends mehr das tiefe Unbehagen aus, das damals den Konflikt befeuert hat.

Kap. 12
Inszenierungen eines Kampfes

Viele der integrationskritischen Stimmen aus der Jurisprudenz haben versichert, die Soziologie keineswegs ausschließen zu wollen.[1] Doch im Zuge des Traditionsdiskurses verwandelte sich die Soziologie bzw. Sozialwissenschaft, auf die man anfangs noch neugierig gewesen war, zu einem Feind. Noch 1995, als der Konflikt längst vorbei war, konnte das Szenario vom drohenden Untergang juristischer Denkweise beschworen werden, als ein bayerischer Ordinarius in der Neuen Juristischen Wochenschrift schrieb, die Rechtswissenschaft dürfe sich nicht »in Nachbarwissenschaften, wie z.B. Politologie oder Psychologie, Soziologie [...] auflösen«.[2] So nachhaltig hatte der Überwältigungsversuch die Zunft erschreckt.

In der Abwehr wurde nur selten versucht, den Anlass, Hintergrund und Inhalt des Soziologisierungspostulats zu erfassen; am liebsten zitierte man bloß eine Überschrift und legte dann los. Als solche Aufhänger dienten Schlagzeilen wie *Soziologie vor den Toren der Jurisprudenz* (1971), *Der neue Jurist* (1973) oder am häufigsten: *Rechtswissenschaft als Sozialwissenschaft* (1973). Sogar Niklas Luhmann, dessen Stern gerade aufging, beteiligte sich an der Kontroverse. 1973 hielt er Vorträge und verfasste ein Büchlein unter der »Maxime, den Punkt zu suchen, in dem die Gegner sich einig sind – und das Gegenteil zu behaupten«. Darin verwarf er das Postulat, sich bei einer juristischen Entscheidung auch an deren Folgen zu orientieren, und plädierte für die Eigenständigkeit des Rechtssystems; dessen Selbststeuerung geschehe durch die Rechtsdogmatik. Und prophezeite, »dass Soziologen, die ›vor den Toren der Jurisprudenz‹ aufmarschieren, ihr Cannae erleben werden«.[3] War es denn ein Krieg?

Tatsächlich wurde der agile Diskurs um 1970 damals als eine heftige Auseinandersetzung erlebt, und er wird auch so erinnert. Es fielen markige Sprüche, etwa über »Das Trojanische Pferd in der Zitadelle des Rechts« (Andreas Heldrich). Gestritten wurde um Grenzen und Gebietsgewinne: Wieviel Platz erhält soziologisches Denken im juristischen Handeln? Wie stark kann die Türhüterfunktion der Dogmatik sein?

In seiner 1972 angenommenen Dissertation fand Hubert Rottleuthner deutliche Worte gegen den sakrosankten Charakter der Rechtsdogmatik.

1 Beispielsweise Heldrich 1974: 282 f.; Henke 1974: 735; Schneider 1975: 266.
2 Schmitt Glaeser 1995: 2601.
3 Luhmann 1974: 10, 15–23.

> Er bezweifelte, dass es sie überhaupt gebe; die Annahme zur ›Autonomie juristischer Dogmatik‹ sei eine Standesideologie. Sie sei kein abgrenzbarer Bereich, denn zu ihr zähle alles, was in juristischen Entscheidungen als Argument fungieren dürfe. Die Analyse aller vorfindlichen Konzeptionen – später sprach man von ›Selbstbeschreibungen‹ – im Lichte verschiedener gesellschafts- und erkenntnistheoretischer Ansätze relativierte die Annahme, allein Gesetze und Dogmatik leiteten das juristische Entscheiden. »Die Gründe, die der Richter anführt, sind nicht seine Motive.«[4] Rottleuthners tiefschürfende Studie zeigte rechtssoziologisch die Leerstellen auf, die von der Rechtstheorie zu füllen wären; zu einem eigenen Vorschlag, etwa als Rekurs auf Soziologie, kam der Autor nicht.

Seitens der Rechtsmethodologie wurde zurückgeschossen. Ausgehend von einer messerscharfen Trennung zwischen Seinswissenschaften und Sollenswissenschaften war die Rede von »Methodensynkretismus« oder »›soziologischer Knochenerweichung des Rechts«. Die Gefahren zeige schon das »Beispiel der Freirechtsschule, deren ursprüngliche Beteuerung, lediglich die ›Kryptosoziologie‹ der Rechtsprechung sichtbar machen zu wollen, sie nicht daran hinderte, einer solchen alsbald selbst zu erliegen«.[5] So geriet das Thema einer Annäherung an vielen Stellen unter Rechtfertigungsdruck, hatte geradezu einen Vielfrontenkrieg zu führen, in dem es schon zahlenmäßig weit unterlegen war.

Besonders schwer war gegen die stillschweigende Voraussetzung anzukommen, wonach die herkömmliche Ausbildung den Maßstab für die juristische Qualifikation abgab, dem eine Reform zu genügen habe. Diese Auseinandersetzungen prägten auch die empirischen Studien in der zweiten Hälfte der 1970er Jahre und bereiteten die letztlich politische Entscheidung von 1984 vor. Die Einbeziehung der Soziologie ins juristische Lehrprogramm, abgesehen von einer Einführungsveranstaltung, so befürchtete der Strafrechtslehrer Dietrich Oehler, »könnte praktisch nur zu einer Halbbildung auf allen Gebieten, einschließlich des eigenen Faches, führen«.[6]

In Bremen, dem frühesten und nach allgemeiner Meinung avanciertesten Ort einer Ausbildungsreform, ereignete sich 1970 Beunruhigendes. Hier wurde der Aufbau eines *juristischen* Studiengangs in einer Untergruppe der *sozialwissenschaftlichen* Planungskommission vorbereitet – also hierarchisch untergeordnet bzw. dem Allgemeineren eingefügt.[7] Das

4 Zitate bei Rottleuthner 1973 b: 3 f., 187.
5 Vgl. Achterberg 1970: 282 f.
6 Oehler 1970: 121.
7 So schon vor Eröffnung der neuen Universität. Vgl. BUA GS 10/1969, Bl. 7; BUA GS 32/0, 13.4.1970, Bl. 21. Zur Vorbereitung war ein sorgfältig argumentierendes Gutachten eingeholt worden – nur dass dieses von drei

Gewicht der Sozialwissenschaft zeigte sich am hälftigen Anteil im vorgesehenen Lehrkörper der Juristenausbildung.

> 1968 hatte Roxin, noch im älteren Bremer Gründungssenat, unter 14 Professuren eine Stelle für Politikwissenschaft »als Bindeglied zur Sozialwissenschaft« sowie eine für Rechtssoziologie vorgesehen. In der Rechtssoziologie »müsse die Professur von einem Wissenschaftler vertreten werden, der sowohl den Fachbereichen der [...] Soziologie als auch dem der Rechtswissenschaft zugehöre, er müsse nach Möglichkeit auch in jeweils beiden Bereichen fachwissenschaftlich ausgebildet sein.«[8] Zwei Jahre später wurde für diese Fakultät eine Parität zwischen rechts- und sozialwissenschaftlicher Expertise vorgesehen und verwirklicht.

Die sichtbarsten Orte, an denen die Reibung zwischen Jurisprudenz und Soziologie zutage trat, waren die drei neuen Rechtsfakultäten in Bremen, Hamburg und Hannover mit ihrer reformierten Ausbildung und der entsprechenden Stellenstruktur. Hier versammelte sich das Personal, welches das juristische Denken für sozialwissenschaftliche Elemente öffnen wollte, und hiergegen artikulierte sich im Rest des Landes eine heftige Kritik.

> Rinken charakterisierte die Strategien: Die Reformvertreter bedienten sich »intellektuellen Reizgases«, ihre Gegner arbeiteten »nicht nur mit Überzeugungs- sondern auch Vernichtungsargumenten«. Es sei ein »Kampf um Verfassungspositionen« geführt worden, verkürzt formuliert stand der ›liberale Rechtsstaat‹ gegen den ›demokratischen Sozialstaat‹.[9]

Befürchtet wurde, bei einem Zusammengehen mit den Sozialwissenschaften würden deren kritische Strömungen – zu jener Zeit besonders lautstark – die einheitsstiftende Wirkung der herkömmlichen Rechtsdogmatik auflösen. Und in der Tat sägten die sozialstaatlich orientierten Reformer am festen Gefüge der damaligen Rechtswissenschaft. Die Begegnung von Jurisprudenz und Soziologie, so wie sie um 1970 stattfand, geriet in die schweren Wasser eines Kampfes, also des laufenden Konflikts zwischen den politischen Lagern, bei dem die Stärke der Bataillone und nicht die Kraft der Argumente zählte.

Ein zentraler Punkt in der Auseinandersetzung betraf die ›Vergleichbarkeit‹ der juristischen Qualifikationen; hierin lag auch ein Hebel, um

Frankfurter Jungkräften (davon einer kein Jurist, zwei unpromoviert) geschrieben war und unveröffentlicht blieb; vgl. Bechmann/Koch/Rottleuthner 1971.

8 BUA GS 3/1968, Bl. 4.

9 Rinken 1996: 296.

die Innovation gerichtlich zu bekämpfen, mit Berufung auf § 5 b des Richtergesetzes.[10] Wie weit durften die Neuen von den Bisherigen abweichen? Anders sollten sie ja sein, aber nicht zu sehr. Also kämpfte man schon in den das Experiment begleitenden Gremien, insbesondere in der Bundesevaluation, ständig um Geländegewinne.

> In den sehr bewegten öffentlichen Debatten um das Recht ging es um viele Merkmale und Änderungen, nicht nur eine Soziologisierung, um sie anfangs sogar überhaupt nicht. Erst im Verlauf der studentischen Fundamentalkritik erschien sie als eine Art von Kompromissformel, wenn nicht gar Sedativum für aufgebrachte Gemüter. Dass »diese Ausbildungsmodelle von vielen auch als Angriff auf das überkommene Verständnis der Rechtswissenschaft verstanden worden sind«, wird von Alfred Rinken heute bejaht. »Es war zweifellos so, dass der Versuch, die Jurastudierenden mit Hilfe sozialwissenschaftlicher Information und Kritik über die sozialgestaltende Funktion der Juristenarbeit aufzuklären, als Angriff auf die justizjuristische Ausbildung verstanden worden ist – und es war ja auch ein solcher.«[11] Der sichtbarste Repräsentant der Reform bekannte sich hier selber zum Topos eines ›Angriffs‹.

Damit gab es auch im Selbstverständnis zwei Kombattanten, und niemand brauchte sich als Opfer zu sehen; darüber herrschte beiderseits kein Missverständnis. – Das Berufsprestige schien gefährdet, weil der Reformbedarf aus Mängeln der Ausbildung hergeleitet wurde. Ein niedersächsischer Rechtspolitiker schrieb zu den Reformdebatten der 1960- bis 1990er Jahre: »Die Auseinandersetzungen haben zum Teil Formen angenommen, die dem Stand der Juristen eher abträglich denn förderlich sind.«[12]

Der Ton machte die Musik. Indigniert fragte der Oberlandesgerichtsrat Schneider: »Wie aber kann man von einem selbstbewussten Berufsstand Aufgeschlossenheit und Bereitschaft zur Selbstkritik erwarten, wenn man ihm ständig Unfähigkeit und Versagen vorwirft?«[13] Nun, Invektiven hatten die Fusionisten nicht vorgebracht; aber der Wortführer Wiethölter hatte die »Oberrichter« einer »Rechtsregentenschaft« zugerechnet und wiederholt die Rechtswissenschaft als insgesamt vorwissenschaftlich, vorindustriell und vordemokratisch bezeichnet.[14] In einem Land, das die Verfassung zur Zivilreligion erhoben hatte, musste das als schwerwiegende Herabwürdigung empfunden werden. Die – objektiv oder subjektiv

10 Mit dem Bundesgesetz vom September 1971 war den Ländern für zehn Jahre erlaubt worden, Studium und praktische Vorbereitung in einer gleichwertigen Juristenausbildung zusammenfassen. Die Einbeziehung der Sozialwissenschaften wurde erst in der länderspezifischen Ausgestaltung zum Thema.

11 Rinken 2016: 597.

12 Cassens 1995: 345.

13 Schneider 1975: 266.

14 Vgl. Wiethölter 1970 a: 25, 28.

– angegriffenen Traditionswahrer schossen zurück. Tröndle sprach von einem »progressiven Jahrmarkt«, sah eine »Überläufermentalität« um sich greifen, fand bei Rasehorn einen »geistigen Einphasenkanal« sowie ein »bunt gewürfeltes Ungefährwerk«.[15] Der Widerstand gegen eine Reform äußerte sich nicht nur mit harten Argumenten, sondern auch in originellen Formulierungen, manchmal sogar als Glosse.

> Als es in Hamburg zum Ernstfall kam – eine neue Ausbildungsordnung wollte die Integration im Rahmen der Staatsprüfung obligatorisch machen – protestierten Vertreter des ›klassischen‹, weiterhin bestehenden Fachbereichs. »Es ist nicht auszuschließen, dass mancher Kandidat auf diese Weise erstmalig in der mündlichen Prüfung einen Sozialwissenschaftler in seiner ganzen Leibhaftigkeit zu sehen bekommt. Insofern wird er offensichtlich bereichert.« Diese Reform sei so viel wie das Kuriosum einer Hamburgensie; »die übrigen Bundesländer planen nämlich den Frevel sozialwissenschaftlicher Enthaltsamkeit«. Im Weiteren wurde die geplante Schwerpunktbildung dem Spott preisgegeben: »Ein Wahlschwerpunkt z. B. ›Essen, Trinken und Reisen‹ bietet weitaus mehr Anschaulichkeit als die Vorlesung des Schuldrechts, die sich zumeist durch Abstraktion, Dogmatik und Systematik auszeichnet.«[16]

Eine gesellschaftspolitische Spaltungslinie

Dem methoden- und wissenschaftstheoretischen Diskurs wurde alsbald das Raster der Parteienlandschaft übergestülpt. Die parlamentarischen Mehrheiten entschieden hinfort über komplizierte Wahrheitsfragen. Der Bericht einer Forschungsgruppe an der Universität Mannheim, wo die Einstufenausbildungen vergleichend evaluiert wurden, winkte mit dem Zaunpfahl, als er zur Bremer Rechtsfakultät vielsagend vermerkte, hier gebe es einen hohen Anteil von Mitgliedschaften in SPD bzw. Gewerkschaft und einen niedrigen Anteil der CDU,[17] was generell dem Eindruck zu den norddeutschen Fakultäten entsprochen haben dürfte. Das Vorhaben einer gewissen Versozialwissenschaftlichung hatte sich offenbar politisiert, entlang der damals eingefahrenen Spur von A- und B-Bundesländern.

> Wie Hoffmann-Riem erinnert, lasse »sich feststellen, dass die Nordmodelle, darunter auch das Hannoveraner Modell und teilweise auch das Bielefelder Modell, sich von den ›südlichen‹ Modellen vor allem durch die stärkere Einbeziehung der Sozialwissenschaften unterschieden.«[18]

15 Tröndle 1975.
16 Landwehr u.a. 1985: 110 f.
17 Eith 1982: 49.
18 Vgl. van de Loo 2016: 603.

Die parteipolitische Markierung des Reformprogramms, in Sonderheit in der Auswahl von sozialwissenschaftlichen Stoffen, erschwerte die Akzeptanz. »Die politische Polarisierung machte das als rationalen Wettstreit der Ausbildungsmodelle konzipierte Experiment zu einem Machtkampf, in dem die Reformer die Unterlegenen waren.«[19] Sowohl der Reform- als auch der Fusionsdiskurs hatten sich selbst in Facetten des linken Spektrums gefärbt. So gebot der Gründungssenat in Bremen der Juraausbildung, »die Instrumentalisierung von Recht und Juristen im Dienste der herrschenden Interessen bewusst zu machen und zu ihrer Überwindung beizutragen«.[20] Das hatte mit Soziologie kaum etwas zu tun, auch wenn es sozialwissenschaftlich klang.

Im Selbstbild der Reformexponenten schwang eine politische Positionierung mit. Hier unterschied Wassermann drei Strömungen: 1. konservativ-reformatorisch, zielend auf ›Bewahren und Erhalten‹, 2. funktionalistisch-technokratisch, v.a. zwecks einer Verkürzung der Ausbildungszeit, 3. progressiv-utopisch, wollte zugleich die Gesellschaft verändern.[21] Die Wörter konservativ und progressiv signalisierten das damalige Rechts-Links-Schema.

Das politische Schisma zeigte sich dann in der Arbeit der Evaluationsgruppen, als dort Methoden durchgesetzt wurden, nach welchen die Reformmodelle schlecht aussehen würden, beispielsweise in der Frage, ob Studienleistungen auf die Endnote angerechnet werden können. »Bundesländer, die mit Reformen überhaupt nicht erst begonnen haben, liefern das Material zur Abwertung von Ergebnissen aus Ländern mit dem Reformexperiment Anrechnung.« Aus dem Hintergrund wurde dies gesteuert »durch politische Vorgaben« und »Vorschläge der Justizministerkonferenz«.[22] Unausgesprochen, aber durchschlagend hatte die Evaluation die bisherige Juristenausbildung – ihre Pflichtfächer sowie ihr Qualifikationsresultat – zum Maßstab gesetzt, wonach alternative Modelle fast zwangsläufig schlechter abschneiden mussten.

Die Reform vor Ort

Was geschah jenseits der Diskurskämpfe? Es wurden Studiengänge und Fachbereiche eingerichtet, universitäre Lehrstühle begründet, Tagungen abgehalten und zahlreiche Schriften publiziert, jeweils *sub specie* der juristisch-soziologischen Balance. Sogar die einer Reform Wohlgesonnenen

19 Rinken bei van de Loo 2016: 597.
20 Gründungssenat der Universität Bremen, Thesen zur Bremer Juristenausbildung v. 21.12.1970, abgedruckt bei Groth 1975: 81.
21 Wassermann 1969: 44.
22 Lindner 1981: 79 f.

schieden sich in zwei Lager, die sich in getrennten Vereinsgründungen verfestigten.[23] Damit minderten sie die Chancen auf einen Wandel des juristischen Denkstils, weil die eigentliche Spaltungslinie, nämlich die zum Traditionsdiskurs, woanders verlief.

Bei der Durchsicht der zahlreichen und umfangreichen Publikationen aus dem Kreis der universitären Reformmodelle lässt sich heute der Eindruck gewinnen, man sei dort mit der Neubestimmung der Rechtswissenschaft ziemlich weit gekommen. Die Studien blieben nicht allgemein, erschöpften sich nicht in großartigen Szenarien, sondern zeigten wohlbegründet und im Detail, wie die Lehre gestaltet war – ohne ›Abgrenzungsstreit‹. Dabei wurde unterschiedlich viel an soziologischer Reflexion und Empirie untergebracht, aber es gelang bis in die Prüfungen hinein. Es war ein Veränderungswerk *in progress*.

Unübersehbar befand sich die Jurisprudenz in einem Prozess der Veränderung, vielleicht gar des Umbruchs. Die Soziologie schien Ideenzufuhr zu versprechen; nur, was genau davon zu erwarten war, wussten beide Seiten nicht. Die einen erhofften sich ›Hilfe‹, sodass die Figur ›Hilfswissenschaft für Entscheidungen‹ in einem positiven Sinne aufkam.[24] Als schwierig bis unlösbar erwies sich die Umsetzung des sozialwissenschaftlichen Programms in der Rechtsdogmatik – wie ja auch an allen sonstigen Orten juristischen Denkens und Handelns hierzulande.

> Der mit den norddeutschen ›Jungtürken‹ generationsgleiche Tübinger Rechtsprofessor Klaus J. Hopt griff 1975 in die Debatte ein und dämpfte den Optimismus. Doch nachdem er konstatiert hatte, für die meisten Fälle einer Anleihe bei den Sozialwissenschaften fehle es an einer Dogmatik, »die diese Anleihen mit bestimmten Regeln zu kanalisieren imstande wäre«, führte er an konkreten Beispielen vor, wie vorzugehen sei und welche Engpässe dabei zu passieren sind.[25] Ähnlich behutsam sollte sich in den kommenden Jahrzehnten die juridische Praxis unauffällig verändern – in Richtung auf eine versozialwissenschaftlichte bzw. so klingende Denk- und Redeweise.

Den neuen Studiengängen fehlte es an methodologischen Vorarbeiten und Vorbildern. Trotz ihres aufgeschlossenen Personals, das sich deutlich von jenen übrigen Orten unterschied, war die gewünschte Innovation nicht auch noch neben der Etablierung der Einphasigkeit zu leisten. Schon deswegen konnte hierzu nur wenig gelingen.[26]

23 ›Sektion Rechtssoziologie‹ in der Deutschen Gesellschaft für Soziologie (seit 1972) bzw. ›Vereinigung für Rechtssoziologie‹ (seit 1976, heute ›Vereinigung für Recht & Gesellschaft‹).

24 So ein Diskussionsteilnehmer am ersten Abend der Loccumer Tagung, Prot. S. 44.

25 Hopt 1975: 345.

26 Vgl. Voegeli 1979, 225 ff. für das Wiesbadener Modell.

> Ein Jugendrichter, der in die Jurafakultät Hannover abgeordnet war, um als Praktiker in dem Reformmodell mitzuarbeiten, beschrieb die erlebte Situation: »Es kommt nicht zur Kooperation von Juristen und Sozialwissenschaften, weil [...] die Juristen ihre Fragen an die Sozialwissenschaften nicht explizit formulieren [...] und die Sozialwissenschaftler andererseits sich nur wenig auf die Alltagsbedürfnisse der Juristen einlassen.«[27] – Ein ausbildender Richter erlebte es so: Die sozialwissenschaftlichen Kenntnisse der Praktikanten taugten »eher zu rechtspolitischer Kritik als zur Anwendung im Einzelfall. Außerdem steht für viele [...] das Gesetz und seine Dogmatik neben der sozialwissenschaftlichen Betrachtung eines Falles und schließt diese aus.«[28]

Bedauernd wird konstatiert, die Hannoveraner Absolventen besäßen nicht den Mut für eine »partielle, antizipative, folgenreiche Gesellschaftsreform« – übrigens ein Wiethölter-Zitat –, wie ihn »sich die Reformer (nicht Revolutionäre)« erhofft hätten. Nicht einmal war »von den neuen Juristen ein Hauch von produktiver Verunsicherung und materialer Rechtsrationalität in die juristische Berufspraxis eingegangen«.[29] Es war wohl übersehen worden, dass Studierende keine frei formbare Knetmasse sind, sondern ein Berufsbild sowie ein Karrieremotiv mitbringen und vielen weiteren Einflüssen ausgesetzt sind.

Auch bemerkenswerte Einzelkämpfer waren am Werk. Beispielsweise fungierte der Arbeits- und Zivilrechtler Thilo Ramm als ›Eckprofessor‹ in der ab 1965 eingerichteten juristischen Reformfakultät an der Universität Gießen. Er hatte den Loccumer Arbeitskreis initiiert, trat aber zur Seite, wozu seine Distanz zur Soziologisierung beigetragen haben mochte, denn dies vor allem entzweite ihn mit Rudolf Wiethölter.[30] Mit politikwissenschaftlicher Grundierung und demokratietheoretischem Engagement stand er für eine weitgehende Neuorganisation im Rechtsbetrieb, allerdings nicht für eine sozialwissenschaftlich orientierte Methodenkritik. »In jedem Fall verdient Thilo Ramm in einer Geschichte der kritischen Rechtswissenschaft nach 1950 den Rang eines Gründers.«[31] Ramm selber zog später ein bitteres Resümee, wobei er sich von den damaligen Kollegen im Stich gelassen sah, weil sie entweder nicht nach Gießen gekommen oder an die ohnehin ›progressive‹ Rechtsfakultät in Frankfurt am Main gewechselt seien.[32]

Am ehesten konnten Autoren, die außerhalb etablierter Diskurszirkel standen, mit dem neuartigen Thema umgehen. So reflektierte ein

27 Schünemann 1975.
28 Schlichting 1978: 189.
29 Berlit u.a. 1981: 141, 145.
30 Vgl. im einzelnen dazu Bogdandy u.a. 2024: 505–508.
31 So die Würdigung von Derleder 2010, S. 112; vgl. ferner Bogdandy u.a. 2024: 502.
32 Vgl. Ramm 2009.

Richter am Bundessozialgericht »darüber, wie allgemein außerrechtliche Elemente, insbesondere Gegebenheiten des sozialen Lebens, die sozialwissenschaftlich zu erschließen sind, das Recht prägen«. Er führte das für sein Arbeitsgebiet aus und kommentierte, eine Fallentscheidung müsse »häufig den der Norm zugeordneten Sachbereich sozialwissenschaftlich analysieren und das Ergebnis in die Auslegung integrieren«. Er warnte aber vor einer »Omnipotenz der Sozialwissenschaften«.[33]

Ausbildungsexperimente und neue Fakultäten

Der dickste Zankapfel in den Auseinandersetzungen der 1970er Jahre lag in den Experimenten zur juristischen Ausbildung und den dazu eingerichteten Reformfakultäten. Dieses Thema wurde bundesweit und über die Fachkreise hinaus beachtet.[34] Der überaus lebhafte Diskurs stürzte sich auf die Extremformen, zusammengefasst als ›Nordmodelle‹. Hier wurde der durch die gesetzliche Experimentalklausel eingeräumte Spielraum am weitesten ausgenutzt. Zwar betrachtete man die neuen Fakultäten und Studienstrukturen nicht als grenzüberschreitend-illegal (obwohl auch prozessiert wurde); aber man rügte grobe Verstöße gegen die für gültig gehaltenen Bilder von juristischer Berufstätigkeit und Wissenschaft. Weniger Beachtung fanden die süddeutschen Modelle, die vor allem auf eine Effizienzsteigerung zielten und als ›technokratisch‹ gescholten wurden.[35]

Einige Modelle ›neuer‹ Juristenausbildung veränderten den Lehrkörper in mehrfacher Hinsicht: auf der Ebene der fachlichen Herkunft, in der Stufe formaler Qualifikation sowie hinsichtlich der internen Hierarchie. Diese juristischen Fakultäten bzw. Fachbereiche boten einen anderen Anblick als von den vorhandenen Universitäten her gewohnt.

> Im Gründungssenat für die Universität in Bremen wurde im Februar 1971, neun Monate vor der eilends geplanten Eröffnung, ein Ausschreibungstext erörtert; danach waren in der Einstufigen Juristenausbildung Stellen »für Juristen, Ökonomen, Soziologen, Politologen und Psychologen und Historiker zu besetzen«.[36]

In der Frühzeit der Diskurse um die Öffnung der Rechtsdogmatik hatte die Soziologie Neugier und Sympathie erregt. Von den zwischen 1945 und 1969 habilitierten Rechtswissenschaftler:innen, die sich noch in einem anderen Fach umgesehen hatten, wurde dafür am häufigsten die

33 Wulfhorst 1982: 574. 589.
34 Bogdandy u.a. 2024: 505.
35 Vgl. dazu Nocke 1986: 38–43.
36 BUA GS. Vorlage v. 19.2.1971.

Soziologie genannt.[37] Auch wenn das mit der Prominenz der Soziologie zum Befragungszeitpunkt (1970/1971) zusammenhängen mochte, zeigte es doch die Aufmerksamkeit und das Interesse für die Soziologie unter den damaligen Rechtslehrern.

Die Präsenz sozialwissenschaftlichen Lehrpersonals überwand nicht die Mauer studentischer Aufmerksamkeit, die auf das Erlernen des juristischen Handwerks gerichtet war. Nur für einen kleinen Teil kam aus intellektuellen oder/und politischen Gründen in Betracht, sich den gesellschaftlichen Hintergründen und Einbettungen des positiven Rechts zuzuwenden. Aus der Mitte der achtziger Jahre stammte die resignierte Einsicht: »Die Vermehrung des sozialwissenschaftlichen Angebots durch eine Vermehrung des sozialwissenschaftlichen Personals kann die Vermittlung des Stoffes nicht erzwingen.«[38]

Viele Neuberufene an den Reformfakultäten verfügten nicht über das Zeugnis ihrer Habilitation. Wo die Landeshochschulgesetze dies nicht zur Bedingung für eine Berufung gemacht hatten, konnte es schlecht lauthals moniert werden. Der Umstand musste als Gerücht herumgegangen sein, und das Gerücht war wahr. Die Habilitation gilt in Deutschland seit dem späten 19. Jahrhundert als Voraussetzung, auf eine (›ordentliche‹) Professur berufen zu werden. Um 1970 war dies gelockert, vordergründig um genügend Bewerber für die vielen offenen Stellen an den neu gegründeten Universitäten und Gesamthochschulen zu haben. Auch hieß es, eine überlange Gesellenzeit verzögere den Berufseintritt unangemessen. Schließlich wurde das Kooptationsverfahren mit seinen Anpassungszwängen als nicht mehr zeitgemäß, ja als zopfig empfunden. Diese Kritik wurde allerdings nur in ›progressiven‹ Kreisen geäußert.

> Tatsächlich bewirkten die drei Prüfungsschritte Diplom/Magister/Staatsprüfung – Promotion – Habilitation eine Selektion, die eine solide Fachwissenschaftlichkeit garantierte, aber die Ungeduldigen und weniger Beugsamen abschreckte. Das Durchschnittsalter für Habilitation und Erstberufung (anfangs noch bei Ende zwanzig) hatte sich im Lauf der Zeit immer weiter erhöht. Voranging in aller Regel eine mehrjährige Assistentenzeit, die bezahlt war und deren Verlängerungen vom Mentor befürwortet werden mussten. Die gängigen Habilitationsordnungen sahen Einspruchsrechte auch nichtbetreuender Professor:innen vor, weswegen die Kandidat:innen auf eine Gemeinverträglichkeit in Schrift und Vortrag achten mussten. Damit einher ging eine Einpassung in die institutionellen Gegebenheiten, womit eine noch am ehesten dem Traditionsdiskurs entsprechende Haltung sowohl erzeugt wie im Vorankommen begünstigt wurde. So ließ sich innerhalb der *Old School* das bewährte Profil zuverlässig weitergeben.

37 Rüthers 1972: 188.
38 Nocke 1986: 53.

Die neuen Rechtsfakultäten, soweit sie sich dem Reformdiskurs angeschlossen hatten, konnten ihr Lehrpersonal nicht allein im Kreis der Habilitierten finden, weil sie neben der Fachqualifikation auf Eignung und Bereitschaft für Innovation achten mussten. Wer über ein, zwei Jahrzehnte an einer Fakultät gedient hat, mochte sich zum hervorragenden Juristen entwickelt haben, versprach aber wenig Experimentierlust. Der Schwung für so etwas war dahin; Reputation und Fortgang der Karriere hingen von der Anerkennung durch die etablierten Stimmen ab. Nachdem 1964 eine nationale ›Bildungskatastrophe‹ ausgerufen worden war, hagelte es Hochschulgründungen. In der Bundesrepublik wurden in den 1960- bis zu den frühen 1970er Jahren 15 neue Rechtsfakultäten errichtet, 1971 mit einem statistischen Höhepunkt an Neuberufungen. Auch wenn es notwendig erschienen wäre, hätte sich der Bedarf an neuen Hochschullehrer:innen vermutlich nicht aus dem Angebot an Habilitierten decken lassen.

Anders als sonst bildet in der akademischen Jurisprudenz »die Qualifikationsleistung in Gestalt von Staatsexamina, Promotionsnote und Habilitation das zentrale Kriterium«.[39] Absichtlich oder nicht wichen die Reformfakultäten von dieser eisernen Regel ab – und zahlten einen Preis.

> Ein Exempel statuierten 1977 die bundesdeutschen Rechtsprofessoren an der Bremer Fakultät als dem entschiedensten Reformfall. Ekkehard Klausa hatte dazu eine Umfrage veranstaltet. Die hier befragten und als konservativ typisierten Rechtslehrer erteilten dem Bremer Fachbereich Rechtswissenschaft einstimmig die Note ›schlecht‹. Dafür dürfte den Ausschlag gegeben haben, dass dort besonders viele Sozialwissenschaftler berufen worden waren. Die Einhelligkeit der Ablehnung und die messbare Urteilsfreudigkeit der Abstimmenden wurde von Klausa als »Kreuzzug« eingeordnet und auf die Politisierung der Universität in der öffentlichen Meinung zurückgeführt, vor allem aber auf das erkennbare Bemühen der Bremer Professoren, Rechts- und Sozialwissenschaft in jedem einzelnen Kurs zu integrieren, statt beide personell nebeneinander agieren zulassen. Die anderen Einstufenmodelle kamen besser weg als Bremen. Offensichtlich war der hohe Anteil an Nichthabilitierten hierfür verantwortlich, während die Namen aus den anderen Neugründungen den Fachkollegen mehr sagten als diejenigen aus Bremen.[40]

Die Mischung der Disziplinen, der Einzug junger Dozenten und die Stimmung der Zeit gegen die ›Ordinarienuniversität‹ brachten es mit sich, dass in den Reformfachbereichen andere Autoritäts- und Entscheidungsstrukturen installiert wurden als in den herkömmlichen Jurafakultäten. Das erregte mancherorts Kopfschütteln, fand allerdings wenig publizistischen Niederschlag.

39 Gross u.a. 2007: 459, auf der Grundlage einer Befragung in vier Fächern.
40 Vgl. Klausa 1982: 19.

> Besonders weit ging auch hier die neugegründete Universität Bremen, wo den seit einigen Jahren erhobenen studentischen Forderungen nach drittelparitätischer Mitbestimmung in den Gremien der Selbstverwaltung gefolgt wurde, jedenfalls in der Anfangszeit ab 1971.[41]

Nicht auszuschließen ist, dass in der Gestaltung des Lehrkörpers der Punkt des ärgsten Anstoßes lag, den die Reformmodelle damals erregten. Ausgesprochen wurde das selten, da war das Höflichkeitsregime im Wege. Aber auf indirekte Weise kam die Ablehnung der veränderten Personalstruktur deutlich zum Ausdruck. Nachdem die Lehrkörpermerkmale der drei norddeutschen Reformfakultäten sich herumgesprochen hatten, reagierten die übrigen mit Exklusionstendenzen. Die Neuen wurden nicht als gleichwertig anerkannt; eine vorenthaltene Reputation ist mit einem dienstlichen Professorenstatus nicht wettzumachen. Die Absolvent:innen gewärtigten Schwierigkeiten bei einer Bewerbung in anderen Bundesländern. Weitere Ausschließungen waren zu verzeichnen, wenn die Staatsrechtslehrervereinigung den Neuen die Mitgliedschaft verweigerte, die Deutsche Forschungsgemeinschaft eine neugegründete Universität (mit ›Drittelparität‹ der Gremien) nicht aufnahm oder – so noch nach 2000 – ein sozialwissenschaftlicher Professor mangels rechtsdogmatischer Lehre eine negative Evaluationsnote erhielt.

Die Justiz als Ort von Reformen

Auch in der Justiz bildete sich ein Nest für Reformforderungen; schon im Diskurshöhepunkt um 1900 hatte die Richterfunktion im Fokus gestanden. Von hier verlauteten gut vernehmlich die ersten Forderungen, neben Rudolf Wassermann als dem Protagonisten von Theo Rasehorn und anderen Richtern. Als gesellschaftlich sichtbarster Teil des Rechtsbetriebs stand das Wirken der Justiz, nicht nur durch die medienstarken Strafprozesse, immer unter Beobachtung.[42] Der vom Habitus her betont unauffälligen Richterschaft war die grassierende öffentliche Kritik schwer erträglich. Auslöser waren die (nach einem Wort von Fritz Bauer) ungesühnte NS-Justiz, die entschieden entpolitisierende Judikatur nach 1945, Kommentare zu obrigkeitsstaatlich angehauchten Urteilen sowie gezielte Angriffe aus der DDR.

Aus der Soziologie kamen in der zweiten Hälfte der 1960er Jahre weithin wahrgenommene Studien, die sich mit der sozialen Herkunft der amtierenden Richterschaft und dem mutmaßlichen Einfluss auf die Judikatur befassten (Ralf Dahrendorf; Johannes Feest; Klaus

41 Vgl. mehrere Beiträge in Torp 2023.

42 Für die gesamte Nachkriegszeit skizziert bei Requate 2000.

Zwingmann; Wolfgang Kaupen). All dies war nicht zu überhören und begründete die Befürchtung, dem sozialen Prestige des Richterberufs könne es an den Kragen gehen. So geriet einiges in Bewegung (übrigens auch die Besoldung), und die Reformideen erhielten von dieser Seite einen Rückenwind. Es gründeten sich Aktionskomitees zur Reform der Justiz und der Juristenausbildung, deren umgangssprachlich Volljurist genanntes Ziel bekanntlich die Befähigung zum Richteramt darstellt (§ 5 Abs. 1 Deutsches Richtergesetz, DRiG). Die Legislative schuf für die Besoldung den (besser dotierten) R-Tarif und erlaubte Ausbildungsexperimente (§ 5 b DRiG). Danach legte sich der richterliche Rückenwind für Reformen.

> Der Historiker Jörg Requate registrierte eine enorme Dynamisierung, die die Debatte um die Justiz und deren Reformbedarf in der 1960er Jahren ganz offensichtlich erfahren hat. Abgeschreckt vom Verlauf der Studentenproteste seien viele Richter, die zuvor reformwillig gewesen waren, von ihren Vorstellungen abgerückt. Dass der Reformdiskurs schließlich für die Justiz leerlief, führte er darauf zurück, »dass unter den allgemeinen Forderungen nach Reformen ein diffuses Gemisch von berufsständischen, technokratischen und demokratisierenden Vorstellungen bestand«.[43] Für ein historisches Verstehen wäre an dieser Stelle zu fragen, ob sich denn nicht immer Reformforderungen aus einem Gebräu vielfältiger Motivationen speisen. Jedenfalls reichte die Kraft des Innovationsanliegens nicht aus (man fand beispielsweise zu keinem geschlossenen Konzept), sodass in der sich wandelnden gesamtpolitischen Wetterlage dem Ganzen bald der Atem ausging.

Das zuvor in richterlichen Kreisen erwachte Interesse für die Soziologie verebbte, als die Forderungen der Protestbewegung sich als politisch linksaußen etikettieren lassen wollten und mussten. Wassermann resümierte später, die Impulse der Studentenrevolte hätten sich im Ergebnis als kontraproduktiv für die Justizreform erwiesen, »weil die Justiz das bevorzugte Angriffsziel der APO war und das Bürgertum die Kulturrevolution fürchtete«; so seien die vorhandenen Reformkonzepte zunichte gemacht worden.[44] An dieser einseitigen Schuldzuweisung konnte allerdings verwundern, dass die Studierenden – von denen ein nicht geringer Teil der Reformideen stammte – die Kraft gehabt haben könnten, den Reformwillen einer mächtigen staatlichen Institution auszubremsen.

43 Requate 2000: 442.
44 Wassermann 1989: 180.

Gespräche zwischen den Disziplinen

An den vielen Stellen, wo nicht bloß ›Heilsversprechen‹ oder pauschale Polemiken abgesandt wurden, kam es zu einem unmittelbaren Gedankenaustausch zwischen Rechts-und Sozialwissenschaften. Auch hier wurde ›gerungen‹, aber um Erkenntnis und in den Formen des intellektuellen Disputs. Das meiste davon gehört zu den Erträgen des Streitdiskurses und füllt das nächste Kapitel. Manches hingegen trug zum Erlöschen der positiven Suche bei. Für einige Rechtsfelder seien die Beispiele benannt.

In der Wissenschaft vom Verfassungsrecht, wo soziologisches Denken bereits in den 1920er Jahren Fuß gefasst hatte (vgl. Kap. 5 und 6), waren nicht nur diese Positionen wiederentdeckt worden, sondern es war in den 1970ern ein lebhafter und voranschreitender Diskurs entstanden. Doch als das Jahrzehnt vorbei war, überwand die deutsche Staatsrechtsdogmatik die anscheinend eingetretene Verunsicherung verfestigter Denkgewohnheiten. Dazu bemerkte Oliver Lepsius: »Das Staatsrechtslehrerreferat Hoffmann-Riems 1981 stellte einen Wendepunkt dar. Die Zeit der sozialwissenschaftlichen Erkenntnishoffnung war vorüber. Es begann ein Jahrzehnt methodischer Rückbesinnung.«[45] Die Delle im hergebrachten Selbstverständnis verschwand nun, hier wie auch in anderen Rechtsgebieten.

Ähnlich verlief es im Strafrecht. Immerhin hatte sich die Soziologie nach 1970 auf keinem anderen Rechtsfeld so intensiv und mit so vielen Fachvertreter:innen auf die Begegnung mit der Jurisprudenz eingelassen wie im Bereich von Verbrechen und Strafe – und vice versa; es kooperierten zahlreiche Professor:innen des Strafrechts und der Kriminologie. Allerdings war seitens der ›Kritischen Kriminalsoziologie‹ viel fundamentale Skepsis gegenüber der humanitären Vertretbarkeit und resozialisierenden Wirksamkeit von Strafsanktionen geäußert geworden, bis hin zum Abolitionismus, d.h. der Abschaffung des Strafrechts. Seitens der Strafrechtslehre hörte man den sozialwissenschaftlichen Thesen bzw. Predigten zu, diskutierte sie auf Konferenzen und blieb mit Reaktionen zurückhaltend. Zu neu, zu abstrakt und zu uneinheitlich muteten diese Ideen über die juristischen Institutionen an.

Besonders diskussionsoffen und konfliktbereit zeigte sich der Frankfurter Strafrechtstheoretiker Wolfgang Naucke. Zunächst noch hatte er sich auf die erkenntnistheoretische Abgrenzung zurückgezogen. Ausgehend von der neukantianischen Position Max Webers prüfte er die Möglichkeiten und den Stand einer Verwendung der Sozialwissenschaften. Als geeigneten Einlass akzeptierte er vor allem die Gesetzgebung. »Was hier versäumt wird, kann später bei der Rechtsanwendung nicht nachgeholt werden.« Im Übrigen kam er, kurz gesagt, zum Ergebnis, wo

45 Lepsius 2022: 778.

Empirie draufstehe, sei Moral drin. Die sozialwissenschaftliche »Erörterung besserer Rechtszustände« sei »nur der etwas verzweifelte Versuch, dem Wertungsproblem in der Jurisprudenz auf schnelle Weise zu entkommen«.[46] Er traf wohl ins Schwarze, wenn er die sozialwissenschaftliche Rechtsdiskussion als von Gerechtigkeitserwägungen durchzogen empfand und hiergegen das Wertfreiheitspostulat in Anschlag brachte. Naucke glaubte, die Jurisprudenz solle an dieser Stelle auf naturrechtliche Begründungsmöglichkeiten und relativistische Dezision zurückgreifen. Und es stimmte ja: Ein unter dem Signum der Integration verhandeltes Streben nach mehr ›Gerechtigkeit‹ wäre nur schwerlich von einer Moralisierung zu unterscheiden.

> Die grundsätzlichen Formulierungen beispielsweise des Hamburger Modells zur Juristenausbildung fand Naucke »großspurig« und »methodisch nicht genau überlegt«. So etwas passiere, »wenn man Anwendung des positiven Rechts begreift als Mittel der Verwirklichung der eigenen Person«. Auch hielt er die vorhandenen Sozialwissenschaften für uneinsetzbar, weil ihre »Forschungen immer noch bei den allgemeinen Institutionen wie Eigentum, Staat und Strafe« seien und nicht sagen, wie »es sich in dieser Beziehung aber mit Pkws, Elektroherden, Kinderwagen, Regenschirmen und Skiern verhält«.[47] Das brachte den Verständigungskonflikt deutlich auf den Punkt – der Jurist erwartete unmittelbar einsetzbare Informationen, wohl wissend, dass dies in der disziplinären Arbeitsteilung nicht die Aufgabe der ›anderen‹ Seite sein konnte.

Ein Jahrzehnt (und viele Diskussion im Frankfurter Strafrechtskolloquium) später äußerte sich Naucke verbindlicher und analysierte »sozialphilosophisch« (statt nur erkenntnistheoretisch) die Inhalte der neuen Ausrichtung. Jetzt meinte er, »dass das sozialwissenschaftlich orientierte Strafrecht wohl alte Ziele wissenschaftlich zerstören, aber keine neuen zeigen kann. Das ist halbierte Aufklärung im Strafrecht.«[48] Und er warnte vor einer drohenden Entgrenzung, weil jetzt der Bestrafungsmechanismus in die Hand der jeweiligen politischen Macht gelange. Naucke blieb also skeptisch gegenüber einer Soziologisierung der Rechtsbegründung, wie sie seine Kollegen betrieben, demonstrierte aber eine bemerkenswerte Diskussionsbereitschaft.

Auf dem weit verzweigten Feld des Privatrechts entstand vergleichsweise wenig Bewegung, zumal nur ein geringer soziologischer Input zur Verfügung stand, und wenn, dann im Duktus der Politischen Ökonomie. Der Traditionsdiskurs beobachtete argwöhnisch diese Unternehmungen. Ein Rechtsprofessor aus Marburg stieß sich an der Aussage in Eike

46 Naucke 1972: 62, 65.
47 Naucke 1972: 50, 63 f.
48 Naucke 1983: 33.

Schmidts Grundkurs, das Recht sei »Ausdruck der jeweils vorherrschenden Machtstrukturen«, und fand, das gleiche »DDR-Politkatechismen«. In heutigen Ohren klingt die Kausalassoziation Recht-Macht-Herrschaft trivial, damals jedoch traf sie auf einen anderen Resonanzraum, abgesteckt durch den Kalten Krieg, die heißlaufenden Studentenproteste sowie die RAF. Da konnte jene Wendung als »Kampfstrategie der Neuen Linken« empfunden werden und die Gemüter verstören.[49] In seiner Unverstelltheit war der Anwurf ein Ausreißer, den die Redaktion der Juristenzeitung aber des Abdrucks wert befunden hatte.

Disharmonien im Reformlager

Da die Reforminitiativen keine einheitliche Gruppe bildeten, kam es auch hier zu Meinungsverschiedenheiten und Fraktionierungen. Sie schwächten die ›Opposition‹. wie es oft auf der Gegenseite einer vorherrschenden Strömung der Fall ist. Vor allem konnten sich die Vertreter einer sozialwissenschaftlichen Integration nicht einigen, je nachdem ob sie in ihrer fachlichen Einbindung von der Jurisprudenz oder von der Soziologie herkamen. Zwar kannte und kommunizierte man miteinander und gründete gemeinsam die *Zeitschrift für Rechtssoziologie*, aber nicht ohne Argwohn.

Auch hier hielt Helmut Schelsky einige Fäden in der Hand. Durch sein, wie geschildert, kräftig erwachtes Interesse an einer Belebung der Rechtssoziologie sowie die von ihm seit 1968 ins Leben gerufenen Tagungen im ›Zentrum für interdisziplinäre Forschung‹ wurde er zum Akteur sowohl einer Annäherung als auch einer Spaltung. Bald aus politischen Gründen enttäuscht von ›seiner‹ Fakultät für Soziologie in Bielefeld wanderte er an die Juristische Fakultät in Münster ab. Dies entsprach seiner Strategie, mit den aufgeschlossenen Vertretern der Rechtswissenschaft ins Gespräch zu kommen, anstatt das Anliegen im Schulenstreit der Soziologie verkümmern zu lassen. Von heute her gesehen scheint es so, dass er damit richtig lag, kann doch ein Wandel der Methodenpraxis nur innerhalb der juristischen Zunft bewerkstelligt werden.

> 1972 machte sich Schelsky zum Sprecher der reformbereiten Juristenfraktion und kritisierte das Verhalten der jungen Rechtssoziologen mit Forderungen. Damit reagierte er auf die Erfahrungen einiger Tagungen am ZiF über Recht und Gesellschaft, insbesondere auf den kurzen Artikel von vier jüngeren Soziologen, denen ob ihrer Ungeduld das Entgegenkommen interessierter Juraprofessoren nicht weit genug ging und die daher den Tagungsbetrieb glossierten. Insbesondere beanstandeten sie

49 Sturm 1975: 411.

die »Schwierigkeiten interdisziplinärer Kommunikation, die bei unterschiedlichem Niveau der methodologischen und theoretischen Grundlagen kaum überbrückbar sind«.[50] Schelsky fürchtete für seine Bemühungen, Soziologie und Jurisprudenz gesprächsweise zueinander zu bringen, und erwiderte scharf. Dabei wandte er sich gegen »den ›soziologie-imperialistischen‹ Abbruch der interdisziplinären Zusammenarbeit«. Stattdessen empfahl er ein Konzept der »Kooperation verschiedenster Wissenschaftsdisziplinen« und hoffte auf »eine philosophisch-reflektive ›Theorie der Interdisziplinarität‹ als das probate Mittel einer Versöhnung der verschiedenartigen fachlichen Theorie- und Wissenschaftsansätze«, zu entwickeln anhand der »*Erfahrungen* interdisziplinärer Zusammenarbeit an konkreten Themen und von sehr verschiedenen Fächern«.[51] Heute klingt das vernünftig, damals fanden wir es reaktionär.

In der Folge gründete sich die ›Vereinigung für Rechtssoziologie‹, die sich vorwiegend an Jurist:innen wandte und von ihnen getragen wurde. Innerhalb der Deutschen Gesellschaft für Soziologie bestand da bereits eine ›Sektion Rechtssoziologie‹. Zwischen den beiden gab es viele Personalunionen, gemischte Unternehmungen und die gemeinsam getragene *Zeitschrift für Rechtssoziologie*, also keinerlei Feindseligkeit. Aber ebenso sichtbar war die Differenzlinie in der fachlichen Identifikation.

Weniger bemerkt wurden Rivalitäten zwischen den verschiedenen Reformmodellen in der Juristenausbildung. Auch hier wurde kritisiert, wer sich zu weit vorgewagt hatte. Nicht nur, dass der Initiator Wassermann sich allmählich abwandte, auch im Kreise der Reforminteressierten blickte man skeptisch auf manche Entwicklung. Die 1977 unternommene Befragung von Klausa brachte eine Beurteilung an den Tag, die kaum unter Klarnamen geäußert worden wäre. Hier sahen selbst die als Linksliberale oder Linke eingestuften Fachkollegen den Ausbildungsort Bremen mit Abstand hinter allen anderen Fakultäten, zu denen ja auch blasse, dafür aber systemkonforme Fakultäten zählten.[52] Auch sonst bestand keine vorbehaltlose Solidarität.

Im sehr reformfreudigen Fachbereich Rechtswissenschaft der Universität Frankfurt/M. fanden in den 1970ern zwei unterschiedliche Ausbildungsexperimente statt. Sie waren nicht unmittelbar dem sogenannten Wiesbadener Modell verpflichtet, sondern wurden nach eigenen Konzeptionen jeweils von den Hochschullehrern Rudolf Wiethölter und Hans Erich Troje getragen. Den Berichten zufolge hat der eine Versuch die Gefolgschaft der Studierenden verloren,[53] während der zweite – auf dieser Erfahrung organisatorisch aufbauende – Versuch bis zum Ende

50 Blankenburg u.a. 1972: 602.
51 Alle Zitate aus Schelsky 1972 (H.i.O.).
52 Vgl. Klausa 1982: 19.
53 Vgl. Bogdandy u.a. 2024: 507 f.

durchhielt und einen umfassenden Bericht hervorbrachte.[54] Man scheint einander mit Skepsis beäugt zu haben.[55] Nachfolger gab es nicht.

Letztlich war es die Zurückhaltung einer übergroßen Mehrheit der Universitätsjurisprudenz, hierin einbegriffen all diejenigen, die mit einer Integration der Sozialwissenschaften sympathisierten, weswegen die Experimente aufliefen und der Diskurs versiegte.

Die Vertreter der Soziologie

Hier gab es drei Lager. Das größte machten die Uninteressierten aus. Zwei kleine Lager bildeten die wenigen Fachvertreter, die sich pro bzw. contra auf den Streitdiskurs einließen. Helmut Schelsky, als der Prominenteste, wurde bereits als Wortführer im Traditionsdiskurs vorgestellt, wo seine Schelte willkommen geheißen und oft zitiert wurde, auch von etlichen Dogmatikern in der ihm 1978 gewidmeten Festschrift. Nur machte man es sich leicht und übersah einfach die andere, soziologisierende Seite des Schelskyschen Januskopfes. Auch die von Niklas Luhmann 1974 erteilte Absage an eine Verwendung soziologischer Argumente in juristischen Entscheidungen wurde breit rezipiert.

Aufseiten der Soziologie wurden die Anfragen der Jurisprudenz kaum als eine die Situation des ganzen Fachs berührende Angelegenheit wahrgenommen, und so wurde auch nicht darauf reagiert. Die noch kaum entwickelte intradisziplinäre Organisation – es existierten nur kleine Universitätsinstitute mit sehr wenigen Lehrstühlen sowie der Honoratiorenverein DGS – sah keinen Ort für eine kollektive Antwort vor. Ganz anders die durchorganisierte Jurisprudenz mit ihren Fakultäten, Verbänden und Kongressen. Hier waren die Standesinteressen sehr bewusst und konnten mit dem Fachpersonal auf vielen staatlichen Ebenen wirksam angemeldet werden. Die große juristische Profession verfügte seit Jahrhunderten über klar definierte Berufsfelder, und ihr gehörten mächtige Institutionen. Die Abgrenzungskonflikte fanden innerhalb der Jurisprudenz statt, nicht zwischen zwei Disziplinen. Nur solche Vertreter der Soziologie wurden hinzugezogen, die von den reformaktiven Juristen ins Auge gefasst waren, darunter diese:

Fritz Sack vertrat in den Reformmodellen von Hannover und später in Hamburg die Kriminalsoziologie. Im Straf- und Strafverfahrensrecht

54 Troje 1979. Dieses Projekt lief nicht unter der Experimentierklausel des Richtergesetzes, sondern über vier Studiensemester im Rahmen konventioneller Zweiphasigkeit.

55 Auffälligerweise enthielt die umfangreiche Literaturliste von Troje keinen einzigen Artikel von Wiethölter.

ist die Integrationsforderung »auf weniger Widerstand gestoßen als in anderen Rechtsgebieten«.[56] Hier hatte die von Haus aus disziplinengemischte Kriminologie vorgearbeitet.

Wolfgang Kaupen (1936–1981) kam ab 1974 für die Soziologie i.e.S. in die Hannoveraner Jurafakultät. Auch er haderte mit dem Erreichten, ohne zu ahnen, dass nie wieder so viel soziologische Fachkompetenz in einem rechtswissenschaftlichen Fachbereich vertreten sein würde. Sein Engagement entfaltete sich in Hannover dann eher in rechtspolitischer Richtung, und zwar im Rahmen eines lokalen Stadtteilvorhabens sowie des Bevölkerungszugangs zum Recht. Aktivismus galt aber den meisten nicht als Brücke zwischen Soziologie und Jurisprudenz.

Unter den Fachsoziologen, die in einen Jurastudiengang berufen wurden, dürfte *Fritz Haag* (1939–2017, Professor in Hamburg ab 1974) sich am konsequentesten eingebracht haben. Mochte das auch im Familienrecht leichter fallen als in anderen Rechtsgebieten, so stand Haag doch für das Gelingen der ursprünglichen Intentionen, nicht zuletzt als Dekan der in Hamburg später vereinigten juristischen Fachbereiche.[57]

Die beiden profiliertesten Vertreter einer Soziologie des Rechts, *Erhard Blankenburg*[58] und der von der Philosophie herkommende *Hubert Rottleuthner*[59], arbeiteten außerhalb der Reformmodelle, aber innerhalb juristischer Fakultäten (Vrije Univ. Amsterdam bzw. Freie Univ. Berlin). *Volkmar Gessner* betrieb mit einem Stab anwendungsbezogene Rechtssoziologie an juristischen Forschungsinstituten, zunächst in Hamburg und danach in Bremen.

Die meisten der am Diskurs beteiligten Soziologen – es waren einige mehr als die hier Genannten – zogen sich nach und nach zurück. Sie hatten entweder eine Stelle im Rechtsbetrieb ergattert oder setzten ihre Laufbahn woanders fort. Die verbreitetsten Lehrbücher zur Soziologie des Rechts wurden dann bezeichnenderweise von Juristen geschrieben (Manfred Rehbinder, Thomas Raiser, Klaus F. Röhl).

Erschlaffen des Reformimpulses

Nach einer gewissen Übererwartung an die Soziologie zeichnete sich ein sehr zwiespältiges Bild ab; die Urteile reichten von strikter Ablehnung bis zu einer vorsichtigen Annäherung. »Die Forderung nach Einbeziehung

56 So Giehring 1986: 69 f.
57 So bezeugt von Hoffmann-Riem 2019: 471 f.
58 Vgl. insbesondere Blankenburg 1988.
59 Vgl. den Grundriss von Rottleuthner 1987.

der Sozialwissenschaften in die Rechtsausbildung fand in der Reformdebatte breite Unterstützung, solange man von dieser abstrakten Formel ausging.«[60] Im Strafrecht beispielsweise bestanden jetzt »hohe Erwartungen an eine Veränderung der Sanktionspraxis durch die Berücksichtigung sozialwissenschaftlicher Forschungsergebnisse. Gegenwärtig scheint eine gewisse Ernüchterung eingetreten zu sein«.[61] »Sowohl das strafrechtswissenschaftliche als auch das sozialwissenschaftliche Lager haben in den 80er Jahren eher getrennt nebeneinanderher gearbeitet und nur [...] ansatzweise kooperiert.«[62]

Ein Teil des ›linken‹ Lagers, der ursprünglich der Soziologie gegenüber aufgeschlossen gewesen war, erkannte im geschriebenen, also ›positiven‹ Recht ein Widerstandspotenzial, wenn in den Bereichen Recht und Politik ultrarechte Kräfte in die Vorhand kommen würden. Es war nicht nur die Hochschätzung marxistischen Denkens, die das (schul-) soziologische Denken ins Abseits schob. Da man die grundgesetzliche Demokratie in Gefahr sah – Notstandsgesetze, Kapitalmacht usw. –, glaubte man der Abwehrqualität des vorhandenen Rechts zu bedürfen. Statt die Arbeit mit diesem Recht soziologisch zu befragen und das juristische Selbstbewusstsein zu verunsichern, wollte man sich darin perfektionieren, um gerüstet zu sein.

> Volker Neumann (geb. 1947), als Student im der ›Basisgruppe Jura Heidelberg‹ aktiv, später Rechtsprofessor an der Humboldt-Universität, blickte zurück: »Weil die Legalität die stärkste Waffe in der Hand der Verteidiger der Demokratie ist, sollen linke Juristen ihre juristischen Fähigkeiten verwissenschaftlichen, um als ›Bremsfaktoren‹ von restaurativen politischen Prozessen zu wirken. Rechtsmethodisch hieß dies Abkehr sowohl von einer Soziologisierung des Rechts als auch von topischer Beliebigkeit und Hinwendung zum Exaktheitsanspruch des juristischen Positivismus.«[63]

Die Auseinandersetzung zwischen Jurisprudenz und Soziologie, sofern es überhaupt dazu kam, verlief über weite Strecken metakommunikativ. Über die Idee der Integration von sozialwissenschaftlichen Inhalten in die Ausbildung wurde räsoniert, statt eine Integration zu bewerkstelligen. Ein Beispiel dafür ist der gedankenreiche Artikel von Leibfried (1973). Die Notwendigkeit einer Annäherung der Disziplinen ein ums andere Mal neu zu begründen brachte die Sache kaum weiter, erhöhte aber die Hürden.

Wenn die Sozialwissenschafts-Integration allmählich aus den Debatten und Gremientagesordnungen verschwand, hatte das mit dem Alltag

60 Salge 1980: 46.
61 Giehring 1986: 204.
62 Beste 1989: 150.
63 Neumann 2009: 151.

des Ausbildungsbetriebs zu tun. Neue Argumente erschienen kaum im Diskurs, und die Experimentierstudiengänge führten ihre Vorhaben durch. Um sich fest zu etablieren, hätte es eines längeren Zeitraums, konstruktiver Vergleiche und eines Diskussionsklimas außerhalb von Freund-Feind bedurft.

Auch bröckelte bereits nach wenigen Jahren die Phalanx der voranstürmenden Reformer. Die Ziele des Reformdiskurses wurden durch den überholenden Fusionsdiskurs blockiert, weil nunmehr die Gefolgschaft des Traditionsdiskurses mächtig anschwoll. Die einzelnen Modelle erkannten schnell das Problem und schraubten die Erwartungen zurück. Es hätte wohl eines Mitmachens der Rechtswissenschaft im Ganzen bedurft, zumindest großer Teile von ihr, um hierin zu einem Erfolg zu kommen.

> Ein Gerichtspräsident notierte: »Wassermann lässt hingegen zunehmende Mäßigung erkennen.«[64] Der Initiator des Loccumer Modells nahm Abschied vom »überzogenen Integrationspostulat«.[65] Im Hannoveraner Studiengang, der durch seinen Einsatz gegründet worden war, beobachtete Wassermann Diskussionsverzerrungen und Stigmatisierungen von konservativer Seite, aber auch Selbstüberschätzung im Fachbereich. In seinen Memoiren nannte er mehrere Juristen, die anfänglich Mitstreiter gewesen seien, dann sich nach links hin radikalisiert hätten und ihn hätten ausschalten wollen. »Wieder schlug mir eine Welle der Ablehnung, um nicht zu sagen: des Hasses entgegen.« Er habe sich gefragt, warum »an sich besonnene und vernünftige Kommissionsmitglieder sich nicht zum Widerstand aktivieren ließen.« Hervorragende Bewerber seien abgelehnt worden oder seien nicht gekommen. »Auf diese Weise wurde der Eindruck erweckt, in der Juristenausbildung solle ideologisch eine Zukunftsgesellschaft vorweggenommen (so unsinnig gerade für Soziologen ein solcher Gedanke auch sein musste), in den Fachbereichen sozusagen eine ›Gegengesellschaft‹ als Keimzelle für Kulturrevolutionen errichtet werden.«[66]

Nach einem Jahrzehnt zeigten sich die Protagonisten abgrundtief enttäuscht; sie akzeptierten die Deutungsmuster der Selbststeuerung, der Abgeschlossenheit der Jurisprudenz und sprachen vermehrt von deren Systemcharakter. Die Loccumer Ideen galten jetzt als »Prophetien oder Visionen«, euphorisch und mit einem »unpolitisch idealistischen Konzept«. Bezüglich der Sozialwissenschaften bemerkte Wiethölter bitter, es gebe niemand mehr, der nicht für deren Integration in die Rechtswissenschaften sei; nur wisse man nicht, »was dort eigentlich integriert wird«.[67] Im Klartext wohl: das Falsche.

64 Tröndle 1975: 617.
65 Wassermann 1981: 9.
66 Vgl. Wassermann 2001: 83–94; Zitate: 83, 90–92.
67 Wiethölter 1981: 4 f.

Durch die linke Rhetorik, die unterstellte Nähe zur Außerparlamentarischen Opposition (APO) sowie den Mangel an Klarheit und Stoffbeschränkung verlor die sozialwissenschaftliche Umorientierung an Reiz; ab Mitte der siebziger Jahre wurde hier keine Reformenergie mehr investiert. In den Reformausbildungen erwies sich ein Teil der Studierenden als uninteressiert oder überanstrengt. Rinken meinte rückblickend, »dass dieses umfassende Programm die Gefahr einer Überforderung der mit der Programmumsetzung betrauten Lehrenden und Studierenden enthielt.«[68]

Das Ende der Streitphase

Der disziplinäre Abgrenzungsstreit wurde nicht gelöst, sondern eingeschläfert. Die Rechtswissenschaft war zu bald zu dem Schluss gekommen, sie wolle ›lieber nicht kooperieren als schlecht kooperieren‹. Konnte man es ihr verdenken? Ein Machtwort aus Bonn schuf Klarheit an den juristischen Fakultäten: ab 1984 keine Experimente mehr, realisiert in einer Nichtentscheidung – die Befristung in § 5 b des Richtergesetzes wurde nicht verlängert, und zwar »aus politischem Misstrauen«.[69]

Der Staat argwöhnte seiner eigenen Einrichtung, der Universität. Man befürchtete, sie sei von ›falschen‹ Kräften gekapert worden, und brachte gegen sie alle drei etablierten Gewalten in Stellung. Anstatt das Spiel der reformerischen Eigenkorrektur und akademischen Selbstkontrolle zu überlassen, intervenierten Prüfungsämter, Verfassungsjustiz und der Gesetzgeber, die allesamt den Status-quo ante zum Maßstab nahmen. Sowohl die Erwartungen der Auszubildenden als die der mitwirkenden Praktiker fixierten das Lernziel auf das herkömmliche Juristenbild eines rein normativen Entscheidens.[70]

Der Konflikt um die begonnene Soziologisierung wurde mit den Mitteln politischer Macht niedergebracht und vorher schon mit der Beharrungskraft herkömmlicher Jurisprudenz. Ein verfassungsgerichtliches Verfahren beschnitt den Experimentierraum.[71] Statt die Rechtsfiguren mit soziologischen Theorien und Methoden neu zu deuten und dafür eine Zeitstrecke zum Entwickeln offenzuhalten, wie es empirisch gerichteter Methodologie entspricht, wurde der Maßstab normativ fixierter Richtigkeit angelegt. Diese Entscheidung *ex cathedra* lief jedem sozialwissenschaftlichen Ideal zuwider.

Der Verschmelzungsversuch – sofern es denn einer war – zwischen Jurisprudenz und Soziologie misslang auch an den Universitäten. Hier

68 Rinken 2015: 264.
69 So Schulze-Fielitz 2015: 174.
70 So von Hoffmann-Riem aus Hamburg berichtet, 1990: 84–86.
71 Vgl. dazu sehr genau Rinken 1985: 610–615.

waren es die Rechtsdogmatiker, die im Ausbildungsexperiment ihre sozialwissenschaftlichen Kollegen an den Fakultäten ausbremsten (so berichtet für Hannover) oder die Justizprüfungsämter oder das Landesministerium, das der Rechtssoziologie die übliche Nebenrolle als Wahlfach zugewiesen hatte (wie im Münchner Modell und in Augsburg). Selbst ein deutlich abgeschwächter, aber als »unausweichlich« bezeichneter Reformansatz, wie ihn Hoffmann-Riem vorlegte, stieß auf den Zweifel, »ob die juristische Profession dies zulassen wird«.[72]

Statt von ›Streitigkeiten‹ sprachen die Staatsinstanzen in der Ausbildungsdebatte von Reform, Modellversuch, Experiment u. dgl. Und anstatt einen offenen Verlauf des Aufeinandertreffens zu beobachten und auszuwerten, zügelten sie den Konflikt durch legislatorische und justizielle Auflagen. Schon deswegen mussten die Resultate mager bleiben. Eine bundesweite Evaluation der verschiedenen Ausbildungsmodelle war aufwändig begonnen worden, erbrachte aber keine brauchbaren Resultate. Vor allem Richtungsstreitigkeiten, hinter denen die Darstellungsinteressen der einzelnen Modelle sowie die politischen Lager standen, hatten eine effektive Arbeit gestört. »So war die Evaluation des Experiments zum Papiertiger geworden.«[73]

Zum Scheitern des Annäherungsversuchs gab es zwei Interpretationen. Die eine meinte, die damaligen Akteure seien *überfordert* gewesen.[74] Das schien zu bedeuten: eigentlich richtig, auch gut begonnen, aber zu dumme Verhältnisse. Die Berufsbilder in den Köpfen der Studierenden waren mehrheitlich darauf nicht eingestellt; das Handwerk des Rechtsbetriebs wollten sie erlernen, nicht die sozialwissenschaftliche Problematisierung des Handwerkszeugs. Die zweite Version bezweifelte die *Wahrheit* des Satzes, Rechts- und Sozialwissenschaft könnten sich ineinander verschlingen. Dies entsprach der Meinung sowohl wissender Methodolog:innen als auch strategisch denkender Fachleute sowie letztlich aller uninformierter Beobachter. Am Ende ging man vom usurpatorischen zum moderaten Konzept der Soziologieverwendung über, wie es dann Ulrich Beck, Doris Lucke u.a. vorführten. Zudem war das Zeitfenster für die Versuche, Rechts- und Sozialwissenschaft einander anzunähern, viel zu schmal, um geeignete Modelle zu entwickeln und das Bewusstsein ihrer Brauchbarkeit zu wecken.[75]

Generell gesehen ließ die gesellschaftliche Beachtung gegenüber Beiträgen aus den Sozialwissenschaften in der Bundesrepublik bereits in den achtziger Jahren nach, wie vielfach vermerkt worden ist. Man vertraute nicht mehr auf ihre Leistungsfähigkeit als Steuerungsmittel.

72 Hoffmann-Riem 1990: 108.
73 Lührig 1997: 169.
74 Dazu mit Nachweisen Rinken 2015: 264.
75 So resümierte auch Ingo Richter (2021: 211) seine Hamburger Erfahrung.

Entsprechend nahm auch das Interesse der juristischen Profession an den Sozialwissenschaften insgesamt ab. »Man wandte sich wieder stärker den traditionellen Methoden zu.«[76] Sozialwissenschaftlich denominierte Stellen im Lehrkörper verschwanden, gemeinsame Lehrveranstaltungen fanden nicht mehr statt. Da sich keine Gegenstimmen erhoben, erlosch dieses Diskursthema. Heute dürfte es nur als Skurrilität, wenn nicht gar als Fehlinvestition erinnert werden.

76 Schäfer 1990: 304.

Kap. 13
Wie sich der Streitdiskurs bis 2000 auswirkte

Wenn das 1970er Jahrzehnt als Streitphase gilt, dann erbieten sich die beiden anschließenden Jahrzehnte als ein Zeitraum, für den die unmittelbaren Nachwirkungen zu betrachten sind. Danach schieden die Diskursaktiven aus dem Dienst, und eine neue Generation rückte nach. Es kann dahingestellt bleiben, inwieweit im neuen Jahrhundert einige Erinnerungen wachblieben und das Denken beeinflussten – was fraglos immer der Fall ist –, bezieht sich doch die rechtsdogmatische Meinungsbildung auf die jeweilige Gegenwart.

Soweit Würdigungen des Diskursstreits vorhanden sind, lauten sie uneinheitlich und bestehen aus knappen Bemerkungen. Überwiegend wird von einem Reformversagen ausgegangen. Hubert Rottleuthner befand: »Das Programm einer ›Rechtswissenschaft als Sozialwissenschaft‹ ist gescheitert.« Es sei um eine neue Art der Verwissenschaftlichung der Jurisprudenz gegangen.[1] Andere Resümees verfuhren summarisch und ohne Detailanalysen anzustellen. Diese Einschätzungen klingen manchmal wie Stoßseufzer einer Erleichterung; insoweit sind sie nachholende Stellungnahmen zum Streitstoff. Kurz gesagt, eine umfassende Evaluation hat nicht stattgefunden. Aber es gibt fundierte Einzelstudien.

> In einem zeitnah gegebenen Rückblick erklärte Rudolf Wiethölter die unzureichend umgesetzte Reform damit, dass es »kaum gewichtige Veränderungsinteressen« gegeben habe.[2] – Susanne Karoline Paas hat die zivilrechtlichen Unterrichtsmaterialien der 1970er Zeit analysiert, insoweit dort eine Integration der Soziologien in die Lösung juristischer Fälle versprochen worden war. Einige der Lehrbücher blieben in der Absichtserklärung stecken, anderen hingegen gelang es. »Die Anwendung von Soziologie im Fall war möglich, wenn auch mit einigem Aufwand.« Während ein Werk mit eher vollmundigen Versprechungen mehrere Auflagen bis ins neue Jahrhundert erlebte, hatte ein anderer, aber mit der Integration ertragreicher Band weder eine Nachauflage noch fand er Nachfolger. Alles in allem habe sich hier eine rechtsmethodische Innovation im Versuchs- und Entwicklungsstadium gezeigt. Dass die interdisziplinäre Kooperation dann erlosch, ging nicht auf einen Mangel an Erfolg zurück. Paas erwähnt als eines der Hindernisse die bestehenden »Machtkartelle an juristischen Fakultäten«.[3]

1 Rottleuthner 1998: 323.
2 Wiethölter 1982: 7.
3 Paas 2022: 53 f.

Praxis und Wirkmacht eines Diskurses

Wenn ein Diskurs sich in abstrakten Überlegungen ergeht und auf dieser Ebene verharrt, dann bleibt offen, ob nicht auf konkreteren Ebenen substanzielle Erkenntnisse hervorgebracht worden sind. Gerade neuartige Herausforderungen lassen sich eher an Einzelfragen abarbeiten als in genereller Weise am Ganzen. Zu fahnden ist mithin auch an entlegenen Stellen nach den bleibenden Effekten eines Meinungsstreits. Der zeitlich unmittelbare, also vorübergehende Niederschlag wird zunächst von den Diskursbetreibern selbst erzeugt: Sie schaffen die kommunikativen Dokumente. Was ausschließlich in mündlicher Lehre, durch Vorträge und Konferenzbeiträge geäußert worden ist, wirkt zwar im Augenblick, wird aber später kaum noch empirisch greifbar sein. Da die Jurisprudenz ihre Methodendebatten in publizierten Schriften organisiert, sollen hier die fachliterarischen Spuren geprüft werden, um mögliche ›Erfolge‹ der sozialen Idee in der juristischen Denkweise zu ermitteln.

Der Vorher-Nachher-Vergleich richtet sich auf den tatsächlichen Diskursbestand. Den Maßstab bilden nicht die Wünsche und Erwartungen der Beteiligten, also was erfüllt bzw. enttäuscht wurde. Die objektiven Wirkungen entsprechen nicht immer den vorherigen Absichten, entfalten sich vielleicht sogar gegenläufig. Viele Umstände aus dem kommunikativen Kontext spielen mit, so »dass ›Wirkung‹ von den jeweiligen Resonanzkonstellationen abhängt«.[4]

Die ›Kommunikationsmacht‹ zielt nicht nur auf ein Verstandenwerden, sondern primär auf ein Bewirken, und zwar auf das Befolgen einer Botschaft. Im Bereich einer Wissenschaft wird die dominierende Meinung nicht mit Gewalt oder materieller Gratifikation durchgesetzt, sondern durch ein Überzeugen, das mit guten Gründen oder durch Anpassung an das Meinungsklima im Denkkollektiv erzielt wird. Damit in der Rechtswissenschaft bzw. in den juristischen Teilgemeinschaften die Idee des Sozialen als Entscheidungskriterium etabliert wird, muss sie also wohlbegründet und in der Gruppe akzeptiert sein.

In einer anfänglichen Einschätzung kann zum Schicksal der im Diskursstreit von 1970 angreifenden Idee des Sozialen gesagt werden, dass sie weder einen ›Sieg‹ erzielt noch eine Niederlage erlitten hat. Das heißt, es hat sich keine wissenschaftliche Revolution ereignet (im Sinne von Thomas S. Kuhn), wonach der Denkstil umschlägt. Aber auch ist kein Nullimpact zu verzeichnen› also dass die Idee verschwand ›wie am Meeresufer ein Gesicht im Sand‹ (nach dem Diktum von Michel Foucault). Wir müssen den unterschiedlichen Diskurswirkungen auf den einzelnen Denk- und Handlungsfeldern nachgehen.

4 Keller 2021: 28.

Die Alternativkommentare

Das ambitionierteste Vorhaben zur juristischen Fachliteratur war die Reihe der ›Alternativkommentare‹, erschienen in einem der Reform wohlgesonnenen Verlag. Dahinter stand die historisch zutreffende Einsicht, dass der Primat des Einflusses juristischer Literatur sich von den akademischen Analysen in Lehrbüchern und Monographien auf die Kommentare zu einzelnen Gesetzen verlagert hat. Der neue Buchtyp, der sich mit dem Kürzel *AK* zu erkennen gab, sollte sowohl die einzelnen Rechtsnormen sozialwissenschaftlich unterfüttert erläutern als auch in die Rechtspraxis hineinwirken.

> Rudolf Wassermann betätigte sich als »Initiator und Gesamtherausgeber« der Reihe. Er entwickelte das Konzept, schlug es dem Verleger vor und schloss einen gut honorierten Rahmenvertrag.[5] Auf die Frage ›Was ist alternativ an den Alternativkommentaren?‹ antwortete er: »Stets geht es um die Hereinnahme sozialwissenschaftlicher Erkenntnisse und das Aufzeigen der sozialen, wirtschaftlichen und politischen Prämissen der gesetzlichen Regelungen, wobei der Einfluss von sozialen, wirtschaftlichen, kulturellen und politischen Faktoren auf die Rechtsetzung wie auf die Auslegung der gesetzlichen Regelungen beachtet wird.«[6]

Bereits an der Redundanz, mit der Rudolf Wassermann den Einbezug der Sozialwissenschaften als das primäre Merkmal der ›Alternativität‹ hervorhob, noch vor dem Theorie-Praxis-Topos, zeigte sich der anfängliche Optimismus, im Zeichen des Sozialen etwas Neues vorlegen zu können. Zu einem vergleichbar angelegten Rückblick auf die Reihe, etwa zehn Jahre danach, ist es nicht mehr gekommen. Im Gegenteil: bereits zwei Jahre später erschienen die ironisch-herablassenden Bemerkungen von Harm-Peter Westermann, auf die noch eingegangen wird. Dass einige Alternativkommentare als zuvörderst gesellschaftspolitische Botschaft gelesen wurden, war auch durch den Hauptherausgeber Wassermann veranlasst, den in erster Linie die Rechtspolitik umtrieb und der in seinem Geleitwort mehrfach die Sozialstaatlichkeit beschwor. So explizit ausgesprochen und den neuen Kommentaren als Leitlinie vorangesetzt, verstieß das gegen den Neutralitätshabitus der Jurisprudenz. Die Idee zu einer nicht nur norm-, sondern auch wirklichkeitswissenschaftlich orientierten Gesetzeskommentierung war bereits 1970 verkündet worden.

5 Vgl. Wassermann 2001: 322–324.

6 Wassermann in Alternativkommentare 1987: 13 – ein umfangreiches Buch, worin der Verlag ohne namentlich genannten Herausgeber eine Sammlung von Texten und Rezensionen zu der AK-Reihe veröffentlichte.

> Johannes Feest, später Herausgeber des AK zum Strafvollzugsgesetz, entwarf im Herbst 1970 einen solchen Plan für das Strafgesetzbuch. Das Werk müsse in »der äußeren Form des traditionellen juristischen Kommentars [...] inhaltlich etwas völlig Neues und dem juristischen Kommentar Komplementäres schaffen. Anstelle von dogmatischen Erläuterungen und Hinweisen auf die Rechtsprechung und juristische Literatur müsste ein solcher Kommentar zu jeder Bestimmung [...] rechtstatsächliche Erläuterungen und Hinweise auf die Literatur der empirischen Wissenschaften enthalten«.[7]

Als Gegenstände der sozialwissenschaftlichen Kommentierung des Strafrechts galten: Rechtsgut, Schaden und Strafzweck – alles Figuren der einer Legislation richtigerweise vorangehenden Erwägungen, also in der rechtspolitischen Phase. Die Empirie trat hier *neben* die rechtsdogmatische Erörterung, addierte sich zur rein rechtswissenschaftlichen, so jedenfalls in der Darbietung für die juristische Praxis. An eine soziologische Durchdringung der Rechtsfiguren war noch nicht gedacht, sodass ungeklärt blieb, ob solche Zusätze dogmatisch und praktisch brauchbar sein könnten. Auch so wurde ein immenser, kaum zu überschätzender Aufwand dareingesetzt, für alle großen Rechtsbereiche neuartige Kommentarwerke zu schaffen. In den soeben gegründeten Rechtsfakultäten wurde so die literarische Kapazität der meisten Angehörigen über Jahre gebunden. Die meist dickleibigen Bände mit jeweils vielen Autoren wurden lange vorbereitet, zumal die neuen Rechtsfakultäten, aus denen die meisten Autoren stammten, erst entstehen mussten. Der Zeitfaktor sollte über die Rezeption mitentscheiden – der Zeitverbrauch wurde zum Verhängnis.

Als Flaggschiff voran segelte der ›Alternativkommentar zum Bürgerlichen Gesetzbuch‹, der in sechs Bänden mit mehreren tausend Seiten zwischen 1979 und 1990 erschien.

> Die Kommentierung des Allgemeinen Teils des BGB habe sich zugleich »mit der sozialen Funktion zentraler Privatrechtsinstitute und ihren Entwicklungen in Wissenschaft und Praxis auseinanderzusetzen«, hieß es im ersten Satz des Vorworts. Das Privatrecht habe die Aufgabe, »sich an der Steuerung sozialer und ökonomischer Prozesse zu beteiligen und für aktuelle Problemlagen offenzuhalten«. Es solle nicht »Privatautonomie zur Grundlage von Machtentfaltung qua Privatrecht werden«.[8] Auch das Vorwort zum Allgemeinen Schuldrecht bezog sich auf »die soziale Funktion zentraler Schuldrechtsinstitute, die sich nicht erst in der neueren sozialwissenschaftlichen Literatur finden«.[9] Die Kommentierung zu § 242 BGB führte als neue dogmatische Schlüsselbegriffe die

7 Feest 1970: 457.
8 AK-BGB, Allgemeiner Teil ...: XVII.
9 AK-BGB, Bd. 2, Allgemeines Schuldrecht, 1980: VII.

> Konzepte Zweck, Rolle und Organisation ein und bezog sich hierfür auf soziologische Literatur von Claessens und Luhmann.

Die Soziologie musste hier gar nicht ausdrücklich erwähnt werden, um sie und ihre Verarbeitung im Hintergrund der Rechtsinterpretation zu sehen. Wieweit bei den einzelnen Vorschriften, die ja in einem Kommentar typischerweise aufgesucht werden, nun sozialwissenschaftliche Erkenntnisse zum Einsatz kamen, kann an dieser Stelle nicht untersucht werden. Die Weichen dafür waren jedenfalls gestellt, und erklärtermaßen waren die Autoren dafür offen.

Im Alternativkommentar zur Zivilprozessordnung (1987) konnte die damals ertragreiche empirische Justizforschung (von Blankenburg und mehreren anderen) angewandt werden. Allerdings müssen die Regeln eines Gerichtsprozesses hochgradig formell sein, sodass hier ein ›enges‹ juristisches Denken den Vorrang hatte. Nur dann, wenn Ermessensräume deutlich vorhanden waren, flossen die sozialwissenschaftlichen Erkenntnisse ein. Der AK-ZPO wies auf sie in den jeweiligen Vorbemerkungen hin, und so musste man argwöhnen, dass sie in der Praxis der Kommentarbenutzung wenig berücksichtigt wurden.

> Es gelang noch nicht, eine prozessrechtliche Weisung im Lichte der Justizsoziologie zu erläutern. Als beispielsweise die Erhebung und Würdigung des Beweises abgehandelt wurde – bekanntlich soll die Soziologie vor allem im Bereich der ›Fakten‹ zum Zuge kommen –, gab es im AK zur ZPO nur erkenntnistheoretische und sogar hirnphysiologische Ausführungen. Oder im Abschnitt zur Eidesleistung wurde nicht auf kultursoziologische Erkenntnisse Bezug genommen. Da die Kommentatoren – gerade in diesem Werk angeführt von Rudolf Wassermann – dem Reformlager entstammten, verwunderte der Befund. Offenbar sperrte sich die Praxis des Zivilprozessrechts gegen eine leichte Zugänglichkeit für fachfremde Argumente; auch erdrückten der Umfang und die Detailgenauigkeit der Prozessrechtsdogmatik jedes dazu nicht von vornherein passende Argument. Die Integration der Sozialwissenschaften erwies sich weniger als eine Angelegenheit des guten Willens, sie stieß auf objektiv vorhandene Hürden.

Für eine Verständigung von Soziologie und Rechtsdogmatik mussten die Alternativkommentare zwischen zwei Untiefen hindurchsteuern: In der einen wurden sozialwissenschaftliche Erkenntnisse bloß additiv neben den herkömmlich abgehandelten Normstoff gesetzt; was beide miteinander zu tun haben könnten, blieb den Nutzern überlassen. Die andere ›Untiefe‹ verstand das Soziale so, dass die Normen im Lichte sozialstaatlicher Grundsätze zu interpretieren seien. In Rezensionen wurde ein solcher Kurs, so billigenswert er nach der Verfassung (und übrigens auch nach dem Fusionsdiskurs) sein mochte, als rechts*politisch* eingeordnet, und das mochte die Rechtsdogmatik nicht sein. Wiederum also erwies sich die Integration von Soziologie und Rechtsauslegung als ungewohnt und schwierig.

> Die Lektüre der soziologischen Literatur ermögliche »Strukturdurchblicke, die zu mehr Sicherheit in der Bearbeitung der jeweiligen Einzelprobleme beitragen und die professionellen Verfahrensbeteiligten vor allem in den Stand versetzen, sachangemessene Fragestellungen zu entwickeln sowie die dazu eingegangenen Antworten (z.B. Sachverständigengutachten) korrekter zu würdigen«, hieß es im Alternativkommentar zur Zivilprozessordnung.[10] Der Kommentator war sichtlich bemüht, eine Relevanz zu finden, blieb aber bei einer allgemeinen Empfehlung und bei einer Verlagerung auf den Einzelfall.

Viele Bände der AK-Reihe wurden in Rundfunksendungen und Zeitungen besprochen, als ob sie an die breite Öffentlichkeit und weniger an die fachjuristische Praxis gerichtet wären. Darin zeigte sich eine gewisse Zwitterhaftigkeit, die der professionellen Rezeption kaum dienlich sein konnte. Die Besprechungen bezeugten ihren Eindruck, in den AK sei es zumindest in Teilen gelungen, sozialwissenschaftliche Erkenntnisse in die Normauslegung zu integrieren. Gerügt wurden sprachlich-begriffliche Verständnisschwierigkeiten, die Uneinheitlichkeit jener Integration hinsichtlich der Intensität und Theorieansätze, auch Lücken in der Kommentierung – m.a.W. die typischen Schwächen erster Auflagen neuartiger Werke. Eine Lehre hieraus wäre gewesen, die Kommentare in den nächsten Auflagen zu verbessern, zu denen es aber kaum gekommen ist. Weiterführend war die häufige Bemerkung, die ›alternativen‹ Passagen befänden sich eher in den Einleitungen sowie Vorbemerkungen zu ganzen Abschnitten – beispielsweise zur Miete oder zur BGB-Gesellschaft –, nicht aber in den einzelnen Vorschriften. Damit wurde darauf hingewiesen, dass eher soziologische Makro- statt Mikrotheorien zum Zuge gekommen waren, wie es dem Theoriegeschmack der 1970er Jahre entsprach.

Mit dem gewichtigsten Kritikpunkt wurde vermerkt, dass die herkömmlichen Kommentarwerke durch die AK nicht ersetzt, sondern nur ergänzt werden. Das bedeutete, dass die AK im Alltag der Rechtspraxis keinen Platz finden würden, sondern allenfalls für rechtspolitische Orientierung sowie vertiefende Zitierung und Information tauglich befunden wurden.

Die Alternativkommentare bezogen eine Zwischenstellung zwischen lehrbuchartiger Darstellung ihres jeweiligen Rechtsgebiets (dies vor allem in den langen Einleitungen zu den einzelnen Abschnitten) und einem nach Paragraphen geordneten Nachschlagewerk für die Fallentscheidung

10 Schmidt in AK-ZPO 1987: 46.

(wobei selten praktizierte Abschnitte übersprungen wurden). Das entsprach damals dem durchaus auf Grundsatzdiskussion erpichten Denkstil, dem sich auch die konventionelleren Bücher beugten. Konkurrent des AK zum BGB war der zeitgleich entstandene Münchener Kommentar zum BGB, dessen sieben Bände zwischen 1978 und 1991 zuerst erschienen. Beide Kommentarwerke wurden von einem umfangreichen Team geschrieben und erlebten ein höchst unterschiedliches Schicksal.

> Franz Jürgen Säcker hatte im November 1970 dem Verlag Vahlen vorgeschlagen, einen neuen zehnbändigen Kommentar zum BGB herauszugeben, der »das Privatrecht nach Inhalt und Methode zeitgerecht kommentiere«. Nach einem Verlagsübergang von Vahlen zu Beck wurde der Plan dort weiterverhandelt, wo man allerdings befürchtete, »dass der Kommentar zu theorielastig werde«, weswegen ein Mitherausgeber aus der Praxis gefunden wurde. Leitbild war »ein vom Telos der Vorschrift geleitetes, in Kenntnis des konkreten Wirklichkeitsausschnitts geschriebenes Werk«.[11] In Säckers Einleitung war bei der ersten Auflage noch von den »Entwicklungen auf dem sozialen, technischen, ökonomischen und kulturellen Gebiet« die Rede gewesen; zwei Jahrzehnte später war das vergessen und getilgt.[12]

Dieser Münchener Kommentar wurde ein Erfolg, während sich die Alternativkommentare nicht im Alltag von Lehre und Praxis etablieren konnten, mit der Folge, dass von dem immensen Aufwand an Neudurchdenken und Materialbeschaffung nicht viel in den Fortgang der Rechtswissenschaft eingeflossen ist. Nur wenige erlebten eine zweite Auflage (wie sie der Aktualitätsbedarf im Entscheidungsablauf erfordert). Eine bemerkenswerte Ausnahme bildet der AK zum Strafvollzugsgesetz, der in immer wieder erneuerten Ausgaben bis heute aktuell und verfügbar ist – inzwischen unter Verzicht auf das anscheinend verstörende Präfix ›Alternativ-‹.

> Die Ursachen für den Erfolg dieses Werks dürften vielfältig gewesen sein. Die Reform des Strafvollzugs, ein großes Thema jener Jahre, forderte weniger die Dogmatik als die Kriminalpolitik heraus. Hier waren die Brücken zwischen Theorie und Praxis schon entworfen, und für die Rechtspolitik galt der Einsatz von sozialwissenschaftlicher Expertise immer schon als legitim. So konnte der AK StrafvollzG in besonderem Maße ›alternativ‹ angelegt werden, mit einer Praktiker- und Betroffenenpartizipation sowie einem engen Bezug zur sozialen Wirklichkeit. Die Herausgeber des AK StrafvollzG untersuchten selbst den Impact ihres Werks, ausgehend von der pessimistischen Nullhypothese von »der Chancenlosigkeit abweichender Meinungen«. In ihren Fallstudien

11 Säcker 2007: 406, 409.

12 Vgl. Münchener Kommentar zum BGB, 1. Aufl., Vorwort Bd. 1, S. VII.

fanden sie aber durchaus Rezeptionschancen, nahegelegt schon durch die Beobachtung, »dass in diesem Bereich Kommentare vergleichsweise wichtige Meinungsträger sind«.[13]

Die engere Rechtswissenschaft nahm ihre neue Literaturgattung weitgehend schweigend zur Kenntnis. Rezensionen erschienen selten, und wenn, dann klangen sie gar nicht so unfreundlich, was vielleicht als Herablassung verstanden werden konnte. Immerhin sind die publizistisch tätigen Juristen auf die eine oder andere Weise mit den herkömmlichen Gesetzeskommentaren verbunden, sodass man einander als höfliche Wettbewerber begegnete.

Eine Rezension zu drei Bänden des AK zum BGB sah in ihnen keinen ausreichenden Ersatz für etablierte Kommentare, aber einen hohen innovativen Wert. »Es ist zu hoffen, dass der AK die zivilrechtliche Diskussion nachhaltig belebt.« Hinsichtlich einer Integration von sozialwissenschaftlicher Information gelinge es dem AK, »wenn auch nicht für alle Rechtsinstitute des BGB zu demonstrieren, wie das ehrgeizige Reformziel verwirklicht werden könnte«.[14] In einer etwas kurzen, scheinbar wohlwollenden Rezension zum Erbrechtsband des AK zum BGB wurden vor allem eine Reihe kleinerer Mängel und ein wenig prinzipielle Kritik aufgelistet – »fürs Weiterdenken aber unentbehrlich, wenn auch nicht immer überzeugend«.[15] Bald nach Erscheinen der ersten Alternativkommentare wurde seitens des Traditionsdiskurses darauf hingewiesen, dass die Reformforderungen sich an Ausbildung und Praxis richten sollten, ohne – wie in einem Kommentar – rechtlich standardisiert zu werden.[16] Diese feinsinnige Unterscheidung war ein rechtstheoretisch ernstzunehmendes Argument; ob es allerdings diejenigen, die den AK so konstant ignorierten, tatsächlich angeleitet hat, das stand dahin.

Einer entscheidenden Bewährungsprobe wurde der AK zum BGB unterzogen, als er in einer Sammelrezension der *JuristenZeitung* vergleichend neben die konkurrierenden Werke aus München, von Soergel, Staudinger und anderen gestellt wurde. Der Rezensent Wolfram Henckel, ein profilierter Ordinarius, würdigte diese anderen Kommentare im Detail, wohingegen er vom AK nur das Geleitwort erwähnte, um das Alternative daran zu verstehen, was nicht gelingen wollte. Entweder wolle der AK »der Tendenz des Gesetzgebers entgegentreten« – was ja wohl nicht anzunehmen sei –, oder hier werde Bekanntes und Selbstverständliches beschrieben, etwa mit der Forderung, »sozialwissenschaftliche Erkenntnisse zu berücksichtigen. [...] Ein Kommentator,

13 Feest/Lesting 1986: 248 f.
14 Wollschläger 1982: 477 f.
15 Grunsky 1990: 583.
16 Henckel 1984: 968 f.

der glaubt, mit deren Einbeziehung Neuland zu betreten, ignoriert die Geschichte rechtswissenschaftlichen Bemühens.«[17] Der Rezensent prüfte danach nicht mehr, ob und wo die Texte des AK vielleicht ein alternatives Programm verwirklichen; vom eigentlichen Inhalt des AK wurde nichts zur Kenntnis gebracht. Das unausgesprochene Urteil dieser Musterung lautete also ›nicht verwendungsfähig‹.

Gnädiger blickte der Zivilrechtler Harm-Peter Westermann 1989 auf die Gesamtreihe der Alternativkommentare, als die meisten davon vorlagen. Ihm schien, das hochgemute Versprechen der Alternativkommentare habe eine »Aura des Höherwertigen und Besonderen« erzeugt, kontrastierend zu den bisherigen Kommentaren, die demgemäß »nur simple Kochrezepte für den juristischen Alltag geliefert haben«. Das habe deren Verfasser zum Widerspruch gereizt. Einigen Passagen entnahm er, dass man »die Alternativkommentare als politisches Kampfinstrument verstehen kann«. Und so sah er denn die Unterschiede des neuen Formats weniger in der Methodik als vielmehr in der Berücksichtigung von Interessenlagen, wofür »das allgemein-politische Vorverständnis des Autors« verantwortlich zeichnete.[18]

Angesichts dieser Aufnahme durch den Traditionsdiskurs, der weiten Verbreitung von Handkommentaren und vor allem der Gefolgschaftsregel h.M. konnte das Auslaufen der dissidenten Konkurrenz abgewartet werden. Und so geschah es. »Der AK-BGB wurde nicht zitierfähig.«[19] Schon nach wenigen Jahren später hatte sich der auf Unterscheidung zielende Inhalt des Präfixes ›alternativ‹ erschöpft. Werbende, aufmerksamkeitsheischende Wirkung war davon nicht mehr zu erwarten, nachdem alles und jedes hatte alternativ sein wollen.

Auch war der Zeitrahmen zu eng gesteckt, um die komplexen Inhalte einer neuartigen Kommentierung zu erarbeiten und niederzuschreiben. Wassermann, der als Gesamtherausgeber meist nur editorisch tätig war und in einigen Notfällen als Autor einsprang, äußerte sich später enttäuscht über die Autoren, wenn sie die vereinbarten Termine sehr erheblich überschritten. »Nur einige wenige lieferten ihre Bearbeitungen einigermaßen pünktlich ab«. Ihm zufolge beschleunigte sich das Ende der Alternativkommentare dadurch, dass der Verlag (Luchterhand) verkauft wurde und der Erwerber (Kluiver) uninteressiert war.[20]

Das letzte Wort über die literarischen Produkte des Reformdiskurses ist freilich noch nicht gesprochen. Nicht alles geriet in Vergessenheit, und manches harrt der Wiederentdeckung. Empirisch gestützte Erkenntnisse

17 Henckel 1984: 968.
18 Westermann 1989: 117 f., 122.
19 Löhnig 2018: 99.
20 Vgl. Wassermann 2001: 325–330.

versprach ein Vergleich zwischen vier juristischen Medien, die um 1970 ins Leben getreten waren: Einerseits die sich dem Reform- und Fusionsdiskurs zurechnende *Kritische Justiz* (KJ) sowie der *AK-BGB*, andererseits der *Münchener Kommentar zum BGB* und auch die *Zeitschrift für Rechtspolitik* (ZRP) aus dem Verlag C.H. Beck, in dem sich der Traditionsdiskurs zuhause fühlen durfte.

> Mit Hilfe von Suchmaschinen zeigte Löhnig auf, wie selten der AK-BGB innerhalb von drei Jahrzehnten zitiert worden ist – ein Prozent oder weniger von der Häufigkeit bei etablierten Kommentaren. Für Löhnig kamen die AKs zu spät; zehn Jahre früher hätten sie eine Chance gehabt. Zum Ende der sozial-liberalen Ära seien nicht wenige Juristen vom Wort ›alternativ‹ befremdet gewesen, sie begrüßten vielmehr die vom neuen Bundeskanzler Helmut Kohl angekündigte ›geistig-moralische Wende‹. Auch sei das Verlagshaus den konservativen Zeitgenossen nicht vertrauenerweckend erschienen, hatte es doch die Literatur von Günter Grass, Anna Seghers und Christa Wolf im Programm. Ferner – und damit gelangte Löhnig vielleicht zum Kern der Bedenken – sei die Autorengruppe verdächtig gewesen: junge, links orientierte und nicht habilitierte Professoren.[21]

> Der Zeitschrift *Kritische Justiz*, die ebenfalls in den quantitativen Vergleich eingegangen war, konnten hingegen publizistische Erfolge bescheinigt werden. Ihr Vorteil war die frühe Gründung – die Idee war bereits 1968 aufgekommen. Die KJ erschien zu einer Zeit, als die Öffentlichkeit noch neugierig war, was ›kritisches Denken‹ an Neuem hervorbringen könne. Als zehn Jahre später der AK-BGB auftrat, war die Neugier erloschen und die Abwehr verfestigt, spätestens durch den Terrorismus des Jahres 1977.

Was erklärt den unterschiedlichen Erfolg der beiden Reformmedien? Die angestrebte ›Alternativität‹ stellte sie vor verschiedene Aufgaben: Während ein *Kommentar* die gesammelten Erkenntnisse in Wissenschaft und Jurisdiktion berichtet, antwortet eine *Zeitschrift* wie die KJ auf kurzfristige Entwicklungen in Rechtspolitik und Gesetzgebung.[22] Daher benötigte der AK eine jahrelange Vorbereitung, während die KJ sogleich loslegen konnte.

> Schon in der Gründungsgeschichte der KJ fanden sich Anklänge an die späteren Manifeste. Es sei die »Rechtswissenschaft aus ihrer mehr oder weniger selbstgewählten Isolation zu lösen« – wie es Wiethölter später oft sagte; aber da stand auch, was anders klang als dessen Hauptthese: »Die ›Kritische Justiz‹ will Justiz und Recht nicht ›politisieren‹«.[23]

21 Löhnig 2018: 104.
22 Löhnig 2018: 96.
23 Aus einem undatierten Konzeptpapier, zit. bei Kemmerer 2020: 122; so stand es dann auch in der Verlagsankündigung, vgl. Mückenberger 1989: 109.

> Diese Wurzel reichte anscheinend mehrere Jahre zurück. Ein SDS-Seminar über Rechtstheorie im Winter 1965/66 legte die Spur zu system- und subjektbezogener Rechtskritik; die Idee einer sozialwissenschaftlich informierten Rechtsreform stand im Raum.[24]

Die Zeitschrift *Kritische Justiz*, ins Leben gerufen in einem Netzwerk junger Juristen an der Frankfurter Universität, bezog sich von Anfang an auch auf die Soziologie – hier allerdings nur innerhalb eines Buketts anderer interessanter Fächer. Nach dem genannten Konzeptpapier waren »die Erkenntnisse anderer Wissenschaften, wie Politologie, Soziologie, Psychologie, Psychoanalyse, Wirtschaftswissenschaften, für Rechtswissenschaft zu vermitteln und zu verarbeiten«.[25] Dieser Entwicklungsstrang zielte primär auf Kritik und Reform des Rechts. Hingegen als eine szientistische Konfrontation zwischen Jurisprudenz und Soziologie wurde das eher von Außenstehenden gesehen, die sich attackiert oder enteignet fühlten.

In der KJ fand sich ein farbenreiches Spektrum von den diversen Marxismen bis hin zu linksliberalen Positionen, die alle ihren Standpunkt nicht verbargen. Im AK-BGB sah das unter den Autor:innen zwar nicht anders aus, aber hier bestand der Zwang, einen Gebrauchsnutzen zu erzeugen, also es anderen Kommentaren gleichzutun. Daraus resultierte ein Hybrid aus Neuem und Herkömmlichem. Vielleicht war es ein allzu angestrengtes Produkt, für dessen Herstellung keine Vorerfahrung bestand und dessen Verwendung schwierig war, weil man nie wusste, ob man sich auf der ›sicheren Seite‹ einer h.M. befand oder bereits ›abweichend‹ unterwegs war.

Rechtsfeld Verfassung

Für die Sozialwissenschaften am weitesten geöffnet hat sich der Bereich des Öffentlichen Rechts. Hier wurde der Charakter der Rechtsdogmatik intensiv diskutiert, hier wurden Sozio- und Politologie offen hinzugezogen, hier konnte eine interdisziplinäre Orientierung positiv zu individuellen Karrieren beitragen. Speziell für das Gebiet des Verfassungsrechts waren Annäherungen zu beobachten. Warum gerade hier? Das Gebiet war nicht von rechtsdogmatischen Traditionen ›aus unvordenklicher Zeit‹ geprägt; auf ihm konnte flexibel gedacht werden. Die Verbindung zwischen sozialwissenschaftlicher Politikanalyse (›Staatslehre‹) und juristischer Verfassungsanalyse (›Staatsrecht‹) war nie abgerissen. Die Vorlagen aus den Weimarer Jahren waren noch frisch. Als nach 1945 eine

24 Vgl. dazu Kemmerer 2020: 132.
25 Kemmerer 2020: 123.

Demokratie implantiert wurde, könnte die sozialwissenschaftlich unverkrampfte Umgangsweise aus den Vereinigten Staaten in das Vakuum eingeströmt sein. Auch kehrten einige Verfassungsrechtler aus der Emigration zurück.

Die Politikwissenschaft konnte dem Staatsrecht bequem zur Hand gehen, weil sie immer voller normgesättigter Aussagen sozialethischer oder demokratiegeneigter Provenienz gewesen ist. Und wenn, wie so oft, politologische Gedanken ihren Ursprung im Verfassungsrecht hatten, wurde dieses gespiegelt, aber in einem sozialwissenschaftlichen Prisma[26] – eine interessante und erfolgreiche Verwendungssituation mit nur teilweise tautologischem Charakter.[27]

> Seitens der Sozialwissenschaft ist das damals allerdings nicht so optimistisch gesehen worden. Die Soziologen Erhard Blankenburg und Hubert Treiber erlebten eine »geschlossene Gesellschaft der Verfassungsinterpreten«, d.h. von Juristen.[28] Rückblickend konstatierte der Öffentlichrechtler Andreas Voßkuhle: »Bis Anfang der 1990er Jahre war die Vereinigung der deutschen Staatsrechtslehrer [...] von einem eher konservativen Grundton geprägt, der der Rechtswissenschaft insgesamt eigen ist. Charakteristisch für die damit einhergehende methodische Grundhaltung waren unter anderem eine selten explizit ausgesprochene Aversion gegen soziologische Betrachtungen des Rechts und eine intuitive Abneigung gegen jede Form von ›Theoretisierung‹.«[29]

Eine interessante Diskursvariante zum Sozialbezug des Verfassungsrechts bot die Debatte zum Stellenwert des Staatsbegriffs. Die eine, für lange Zeit dominierende Richtung betonte das Gewicht des Staates (der im Grundgesetz nicht genannt, sondern vorausgesetzt werde) für die Verfassungsrechtsdogmatik. Es sei der Staat, der die Sicherheit, Ordnung und Freiheit bewahrt, der die Gesellschaft vor einem Chaos schützt. Die andere Richtung wollte die Verfassungsauslegung von staatstheoretischer Begrifflichkeit freihalten. Der Etatismus wurde hier unter den Verdacht antidemokratischer und antipluralistischer Tendenzen gestellt. In der Argumentation spielte eine Rolle, welche vor- und außerjuridische Qualität dem Staat zukomme – offensichtlich eine spezielle Frage im Verhältnis von Recht und Sozialem. In diesem Diskurs der Verfassungsrechtswissenschaft begegneten sich nicht zwei Fachdisziplinen;

26 Vgl. die Politiktheorie des Rechts bei Preuß 1973 und 1987; vgl. a. Franzius/Stein 2015.

27 Die Problematik der »Konfrontation von präskriptiven Sozialwissenschaften mit rechtsnormativen Verfassungsgeboten und ergänzenden normativen Annahmen (Alltagstheorien) der Rechtsanwender« wird von Hoffmann-Riem 1977 b: 53 beleuchtet.

28 Blankenburg u.a. 1982: 543, 550.

29 Voßkuhle 2010: 154 f.

vielmehr lagen verschiedene Politikpräferenzen im Streit. In der Priorität zwischen Staat und Verfassung fand sich ein Abbild unserer Frage nach der Verbindung von juristischem und sozialwissenschaftlichem Denken.

> Zu beachten ist, dass hier auf zweierlei Ebenen argumentiert wurde (und bis heute wird): zum einen mit dem Staat in seiner empirischen Gestalt, vor allem in der deutschen Geschichte; zum anderen mit der Idee vom Staat in der politischen Philosophie. Auf jeder der beiden Ebenen bewegen sich speziell zuständige Teildisziplinen der Sozialwissenschaften, in der Staatslehre auch die Jurisprudenz. Im Kaleidoskop politiksoziologischer, sozialphilosophischer und verfassungsrechtlicher Gesichtspunkte mischten sich die wissenschaftlichen Perspektiven; plötzlich vertrugen sich normative und empirisch-historische Befunde problemlos, standen sie doch in den jeweiligen Theorien ungetrennt nebeneinander. Wenn die fachliche Herkunft und Dignität der Anleihen nicht offenbart wurde – Referenzen fehlten fast immer –, die Aussagen aber in einem juristischen Kontext gemacht wurden – erkennbar am Hauptfach des Autors oder dem Publikationsort –, dann musste das Außerjuridische hinfort als innerjuridisch erscheinen. Es war eine seltsame, geradezu klandestine Art, sozialphilosophische, politologische und soziologische Bestände in die Rechtsdogmatik einzugemeinden. Inwieweit diese Vorgehensweise der Staatsrechtswissenschaft ein Vorbild auch für andere Bereiche der Rechtsdogmatik sein könnte, wurde noch nie erörtert.[30]

Die Jahrzehnte seit 1970 vollzogen, was zu Ende der Weimarer Zeit vorbereitet worden war. Bei Hermann Heller hatten sich in der Staatsverfassung sowohl normatives Recht als auch wirkliche Macht verbunden, Sollen und Sein sich verknüpft. Er hatte damit den Einseitigkeiten in Kelsens Betonung der Norm sowie in Schmitts Betonung der Macht widersprochen.[31] Bereits bei ihm habe, wie Dian Schefold feststellte, die Integration der Sozialwissenschaften eine methodische Grundlage erhalten; relevant sei dies bei aktuellen Topoi wie ›institutionellem Grundrechtsverständnis‹, ›fehlerhaften Verfassungsgerichtsentscheidungen‹, ›Verfassungsorgantreue‹ und ›Handlungsfähigkeit des Volkes als Staatsorgan‹ geworden.[32] Auch für das Selbstverständnis einer sich ausbildenden Politikwissenschaft sei die Bedeutung der Ansätze Hermann Hellers kaum zu überschätzen gewesen, wie Thomas Duve befand.[33] Wenn also ein Staatsrechtler etwas Entscheidendes zur Begründung der Politologie in Deutschland beigetragen hat, dann indizierte das ebenfalls eine bemerkenswerte Verflechtung von Rechts- und Sozialwissenschaft. All dies

30 Vgl. zum Ganzen Frick 2018: 77–149.
31 Vgl. Gassmann 2008: 254.
32 Schefold 1984: 565.
33 Duve 1998: 368.

bedeutete eine methodologische Herausforderung, die der Rechtshistoriker Michael Stolleis so beschrieb: »Plötzlich hielten die Sozialwissenschaften im weitesten Sinne [...] auf breiter Front Einzug in die Jurisprudenz und lösten dort mannigfache Irritationen aus, [das erforderte] die Kraft zur Umsetzung von deren Ergebnissen in ›rechtsrelevante‹ Fragestellungen. Für Letzteres gab es bis dahin kaum gangbare Pfade.«[34]

Rechtsfeld öffentliche Verwaltung

Im Rechtsfeld öffentliche Verwaltung, das ja mit dem von Staat und Verfassung im Begriff des ›Öffentlichen Rechts‹ zusammengeschlossen ist, wurde ebenfalls das Verhältnis zu den Sozialwissenschaften geprüft. Zuweilen schien hier der Versuch einer Integration zu gelingen. Es begann mit einer in den folgenden Jahrzehnten immer wieder zitierten Abhandlung von Winfried Brohm, damals an der Reformuniversität Bielefeld. In einem umfangreichen und mit Literaturverweisen stark abgestützten Referat 1971 vor der Vereinigung der Deutschen Staatsrechtslehrer schlug Brohm ganz neue Töne an.

> Im Unterschied zum Zivilrecht sei im öffentlichen Recht der Zusammenhang der Dogmatik mit den sozialen Interessen- und Wertungskonflikten in starkem Maße erhalten geblieben. Eine gesetzliche Vorschrift könne im Allgemeinen nicht schon aus ihrem Normtext heraus verstanden und auf den Einzelfall angewandt werden. »Sie erfährt vielmehr ihren Sinngehalt erst aus dem jeweiligen Sachverhalt, der seinerseits in seinen relevanten Daten wiederum von der Norm bestimmt wird.« Der Anwender müsse wissen, bei welcher Auslegung er in der sozialen Wirklichkeit die Wirkung erzielt, die das Gesetz bezweckt. »Soll das Recht in den jeweils neuen Konfliktsituationen seinem Sinne nach zur Wirksamkeit gebracht werden, dann ist die Dogmatik dem Wandel der sozialen Verhältnisse entsprechend zu ändern.« Dabei sei sie »in besonderem Maße auf die sozialwissenschaftliche Forschung angewiesen«.[35]

Das konnte straflos so gesagt werden, weil ja nicht die Rechtsnorm, sondern ›nur‹ die Dogmatik geändert wurde. Dass dies bloß legitimatorisch, nicht aber praktisch einen Unterschied machte, blieb geschickterweise außer Betracht. Die Berücksichtigung der Entscheidungsfolgen, ein von der h.M. damals fast einmütig abgelehnter Topos, wurde ebenfalls geschickt eingeführt, nämlich beschränkt auf den Gesetzeszweck. Der Verweis auf die hinzuzuziehenden Sozialwissenschaften war ein weiterer überraschender Schritt, dessen Begründung mit den Urteilskonsequenzen

34 Stolleis 2012: 461.

35 Brohm 1972: 246, 250 f.; vgl. a. den Leitsatz 2, S. 307.

und dem sozialen Wandel es ausschloss, das Argument von Brohm als ideologisch bzw. zeitgeistbedingt abzutun.

Es war ja auch vorgearbeitet worden. Bereits 1966 hatte der Öffentlichrechtler Peter Badura in seiner Göttinger Antrittsvorlesung sich dagegen ausgesprochen, die Resultate der Sozialforschung in die Verwaltungs*lehre* abzuschieben. Er berief sich auf eine neunzig Jahre alte Publikation des Lorenz v. Stein, wonach »die Verwaltungsrechtswissenschaft das Verständnis aller derjenigen Kräfte und Gesetze in sich aufnehmen muss, die das wirkliche Leben beherrschen, dass sie ›das Verwaltungsrecht aus dem Wesen des zu Verwaltenden bilden‹ muss«.[36]

In der verwaltungsrechtlichen Theoriearbeit schloss sich ein folgenreicher Import von Soziologie an. Die zahlreich vorliegenden verwaltungswissenschaftlichen Publikationen von Niklas Luhmann waren hier bereits bekannt.[37] Als Ideengeberin hinzu trat die sehr produktive Politik- und Organisationssoziologin Renate Mayntz, die damals mit Luhmann ein empirisches Forschungsprojekt über das Personal im Öffentlichen Dienst betrieb. Rezipiert wurde vor allem die Theorie gesellschaftlicher Steuerung. Damit einher ging der Vorschlag, die Verwaltungs*rechts*wissenschaft völlig neu aufzustellen, was zunächst auf sprachlicher Ebene erfolgreich vollzogen wurde. Die nah verwandte Verwaltungswissenschaft, ein Mischfach, verstand sich als empirische und nicht als normdogmatische Disziplin. Ähnliches galt für die später hier relevant gewordene Politikwissenschaft mit ihrem Governance-Konzept. Wenn die Erforschung des Verwaltungsrechts sich in solche Richtungen geöffnet und ihre Grenzen durchlässig gemacht hätte, wäre es mit dem überkommenen Denkstil rechtssystematischer Geschlossenheit vorbei gewesen. Es entwickelte sich nun ein fachlich begrenzter und länger anhaltender Diskurs, der literarisch reiche Früchte trug.

Der vielseitige Wolfgang Hoffmann-Riem lieferte die meisten Beiträge. Durch seine Mitwirkung im Hamburger Ausbildungsexperiment und in verschiedenen außeruniversitären Ämtern (als Landesjustizminister, als Richter am Bundesverfassungsgericht, als Leiter eines Forschungsinstituts) gewann er einen langanhaltenden Einfluss. Im Projekt des Bielefelder Zentrums für interdisziplinäre Forschung ›Sozialwissenschaften im Studium des Rechts‹ von 1976 gab er die Resultate der Arbeitsgruppe zum Verwaltungsrecht heraus und schob einen Band für Studierende mit Fällen und Lösungen nach.

Hier vermied er die die konfrontativ wirkende Bezeichnung einer ›Integration von Sozial- in die Rechtswissenschaft‹; ebenso verwarf er das Konzept einer ›alternativen Dogmatik‹. Stattdessen betrachtete er den

36 Badura 1966: 17.

37 Vgl. dazu die Diskussionsbeiträge im Anschluss an das Referat von Brohm 1972.

> juristischen Entscheidungsvorgang nach den verschiedenen Aspekten. Die »Multidimensionalität des Rechtsanwendungsprozesses diskreditiert einen Großteil der herkömmlichen Rechtswissenschaft«.[38] Von dieser Kritik brauchte sich nur angesprochen zu fühlen, wer dem genau argumentierenden Autor nicht folgen wollte. Damals war freilich die Bereitschaft groß, einander zuzuhören und vielleicht unmerklich sich selber zu verändern. Der pflegliche Umgang zwischen Kontrahenten und der Verzicht auf Reizvokabeln ließ den Diskurs voranschreiten.

Wenngleich es seit den 1980er Jahren um die Integrationsbemühungen insgesamt stiller wurde, hielten einige Akteure des vorhergehenden Jahrzehnts daran fest. Ihnen gelang es, einen neuen Diskurs in Gang zu setzen, der sich jetzt »Grundlagen des Verwaltungsrechts« nannte, mit Tagungen begann und umfangreiche, stark beachtete Publikationen hervorbrachte.[39] Die hier verwerteten Ideen aus den Sozialwissenschaften wurden zumindest in der akademischen Lehre und Erforschung des Verwaltungsrechts aufgenommen.

> Hoffmann-Riem zog vollumfänglich sozialwissenschaftliche Publikationen heran, um eine Rechtsfrage zu klären. So schrieb er über die relative Wirkungskraft von Recht, dass nicht die Juristen allein die Antwort geben könnten. »Rechtliche Instrumente haben nur Aussicht auf wirkungsvolle Korrektur von Fehlentwicklungen, wenn sie in ihrer Struktur auf die Struktur des Steuerungsobjekts, also die politische, soziale und ökonomische Realität, abgestimmt sind.«[40]

Die kontinuierlich geführte Debatte mündete in das Projekt ›Neue Verwaltungsrechtswissenschaft‹, welches einmal das längstlebende Produkt des Diskurses von 1970 sein würde. Hoffmann-Riem lieferte einen konsequenten Entwurf, wie die Analyse des Verwaltungsrechts als Steuerungswissenschaft zu betreiben sei und wie damit die Lösung sozialer Probleme anzugehen sei.[41] Der Normbestand wurde hier nicht mehr allein in seinen internen Bezügen interpretiert, sondern im Lichte der Wirkungsbereiche. Die Mitarbeit weiterer Autor:innen zeigte, dass der Ansatz sich zu etablieren begann. Ab 1990 erschienen in zehn Bänden die ›Schriften zur Reform des Verwaltungsrechts‹.

Wieviel darin von den einstmals inspirierenden Sozialwissenschaften erhalten geblieben ist und welche Transformation die Ursprungsgedanken durchgemacht haben, steht auf einem anderen Blatt. Mit dem Gedanken der Steuerung durch Recht wurde die Effektivität regulativer Politik angesprochen; die Rechtsdogmatik beschäftigte sich mit der

38 Hoffmann-Riem 1977 a: 10, 17.
39 Dargestellt bei Schulze-Fielitz 2015: 186–189.
40 Hoffmann-Riem 1982: 216.
41 Hoffmann-Riem 1990 b: 405–408 und passim.

Implementierbarkeit der Programme. ›Steuerung‹ lenkte den Blick auf die eingreifende Gestaltung der Wirklichkeit; neben den normativen Aspekt (als Ziel und Gerichtetheit des Eingriffs) trat gleichgewichtig der faktisch-soziale Aspekt (die Wege, Kosten und Hindernisse einer Zielverwirklichung).

> In den Worten von Hoffmann-Riem stellte sich als die zentrale Frage der Reformdiskussion, »wie es gelingen kann, die Verwaltungsrechtswissenschaft (auch) als Steuerungswissenschaft einzurichten, die sich mit den Bedingungen der Wirkung der Rechtsnormen auf die Adressaten innerhalb und außerhalb der Verwaltung sowie mit den Bedingungen der Wirkung administrativer Maßnahmen auf das Verhalten ihrer Adressaten und betroffener Dritter beschäftigt«.[42]

Die Politikwissenschaft bemerkte indessen, wie oft eine zentrale Gesellschaftssteuerung misslang und dass optimistische Versuche planmäßiger Gesellschaftsgestaltung scheiterten. So ließ die Begeisterung für das Steuerungskonzept nach, weil die Empirie zu wenig Bestätigung lieferte. Man wandte sich nun dem Konzept der *Governance* zu. Der Reformprozess in der Verwaltungsrechtsdogmatik vollzog das nach und konnte so vermeiden, vorschnell zum alten Eisen gelegt zu werden.

> Beide Konzepte versprachen auch in der Kombination einen Nutzen für das juristische Denken. Mit ›Steuerung‹ werden die Akteure ins Auge gefasst, mit ›Governance‹ die Institutionen. Dies entspricht dem sozialtheoretischen Doppel von Handeln und Struktur. Im Governancekonzept treffen verschiedene Strömungen zusammen, darunter die Transaktionskostentheorie und die Netzwerkanalyse. Das Regieren wurde nicht mehr ausschließlich in der Top-Down-Perspektive betrachtet, sondern die Widerstände und Kooperationsbereitschaften der Regierten wurden in die Modelle eingebaut.

Derartige Überlegungen waren in rechtsdogmatischen Erörterungen nicht nur neu, sie forderten ein prinzipielles Umdenken. Es schien nicht mehr zu genügen, den Theorietransport über eine Wortgleichheit zu bewerkstelligen; d.h. wenn auf beiden Wissensgebieten derselbe Begriff vorkam, dann konnte die Jurisprudenz den sozialwissenschaftlichen Bestand herübernehmen, allerdings mit der entscheidenden Einschränkung, dass dies juristisch meist irrelevant blieb. Nachdem der Reformdiskurs in den 1970 bis 1990er Jahren hier derart tiefe Wurzeln geschlagen hatte, konnte die Verwaltungsrechtswissenschaft nicht mehr zum alten Duktus zurückkehren. Der Öffentlichrechtler Gunnar Folke Schuppert wagte einen großen Schritt, als er erklärte, es gehe nicht bloß um sozialwissenschaftliche Importe, die nach der Funktionslogik der Wissenschaft

42 Hoffmann-Riem 1990 b: 405.

vom Verwaltungsrecht verarbeitet werden, sondern darum, dass die Verwaltungsrechtswissenschaft selbst »ihre disziplinäre Entgrenzung und ihre Öffnung für sozialwissenschaftliche Erkenntnisse und Methoden – von der Implementationsforschung über die Organisationstheorie – zum Dauerprogramm erhebt«.[43]

Rechtsfeld Kriminalität

Unter den großen Rechtsfächern stehen die Regeln über das Bestrafen einer sozialwissenschaftlichen Ko-Interpretation besonders nahe. Oft war und ist zu lesen, im Bereich des Strafrechts falle der Informationsaustausch leicht, weil durch die Kriminologie seit langem eine Übung bestehe. Daran trifft so viel zu, dass es hier intensiver als auf anderen Rechtsgebieten probiert worden ist und dass dieser Normbereich mehr Anschlussstellen bietet als meist sonst. Im Strafgesetzbuch (StGB) und in den sogenannten Nebengesetzen finden sich relativ wenige abstrakt formulierende Paragraphen; die meisten Vorschriften bestimmen einigermaßen konkret den strafbaren Sachverhalt und ebenso die Rechtsfolge, wie es schon vom Grundgesetz her geboten ist. Die Dogmatik brauchte hier nicht so formal-logisch zu argumentieren wie in manchen anderen Rechtsbereichen. Daher konnte sich schon früh eine Brücke zwischen dem Rechtsdenken und den Erkenntnissen zur gesellschaftlichen Wirklichkeit aufbauen. Die theoretische Grundlage war 1882 durch Franz von Liszt mit der Abhandlung ›Der Zweckgedanke im Strafrecht‹ prominent geschaffen worden. Die Zweckbindung verwies auf Außerrechtliches, ebenso wie es die später aufgekommene Perspektive von den ›Rechtsgütern‹ tat, die zu schützen grundsätzlich die Aufgabe und Rechtfertigung des Strafrechts sein sollte, oder noch ganz anders die Perspektive der ›Sozialverteidigung‹.

Die Verknüpfung war nie abgerissen: In Liszts Seminar hatten sich Hermann Kantorowicz und Gustav Radbruch kennengelernt und am ›Kampf um die Rechtswissenschaft‹ gearbeitet, wie in Kap. 2 dargestellt. Die Idee des Sozialen traf auf dem Feld von Verbrechen und Strafe stets auf offene Ohren, und in den Jahrzehnten ab 1970 mit nie gekannter Intensität. Mehrere Fachzeitschriften wurden gegründet oder öffneten sich der Thematik, die staatliche Forschungsförderung (DFG) richtete Schwerpunktprogramme ein, viele Jurist:innen und Soziolog:innen kommunizierten häufig, eng und unaufgeregt miteinander, prominente Strafrechtler:innen verwandten das soziologische, sozialpsychologische usw. Vokabular in ihren Publikationen, ja sogar in den Buchtiteln. In diesen wenigen Jahrzehnten dürfte das kriminalwissenschaftliche Feld, betrachtet vom Thema dieses Buchs her, so etwas wie ein Paradies gewesen sein. Und doch!

43 Schuppert 2010.

Die vielen Tagungen und Projekte fanden einen reichhaltigen literarischen Niederschlag. Da Kriminalpolitik, Kriminologie und auch Kriminalistik als Forschungsgebiete schon lange vor dem Reformdiskurs existiert hatten, konnten die neuen Herausforderungen ohne Anlauf aufgegriffen werden, und dies geschah auch. Der Spezialdiskurs über Sozialwissenschaften im (!) Strafrecht erreichte einen so großen Umfang, dass für eine Meta-Analyse an dieser Stelle kein Raum ist.

Die soziologische Phantasie entzündete sich weniger an bestimmten Paragraphen des StGB, sondern wandte sich sogleich dem Schauspiel des Strafens zu. Stilbildend wurde das vielgelesene Werk von Michel Foucault ›Überwachen und Strafen‹ (frz. 1975), das seit 1976 in deutscher Übersetzung vorlag. Die Schilderungen öffentlicher Hinrichtungen und des Gefängnisses als ein Sinnbild für den ›Panoptismus‹ als allgegenwärtige Kontrolle und Disziplinierung[44] faszinierten das Publikum. Mit Analysen der geschriebenen Rechtsvorschriften hielt Foucault sich nicht auf, war auch nicht daran interessiert – sie wären wie trocken Brot gewesen, verglichen mit den saftigen Bildern leidender Körper und eingesperrter Menschen. Die Sozialwissenschaften mischten sich kraftvoll in das Geschäft der Disziplinierung ein, aber in ganzheitlicher Weise (›holistisch‹), gewissermaßen oberhalb einer mit der kleinteiligen Norminterpretation befassten Strafrechtswissenschaft. Und wenn überhaupt einmal vom Recht die Rede war, dann wurde es meist als ›soziale Kontrolle‹ analysiert, womit die normativen Details schon wieder aus dem Blickfeld herausfielen.

> Für all dies standen die Schriften des Stichwortgebers und Meinungsführers einer ›Kritischen Kriminologie‹ in Deutschland, Fritz Sack. Bereits 1969 hatte er als Erster in dem damals einzigen für die Soziologie repräsentativen Handbuch das Strafrecht thematisiert. Sack besprach das Strafrecht im Ganzen, beispielsweise auf das Verbundensein mit der Klassenstruktur und mit dem Wertsystem der Mittelschichten, auf seine legislative Entstehung sowie vor allem als Hauptfaktor in der gesellschaftlichen Definition von Kriminalität. Dies war unerhört für kriminalwissenschaftliche Ohren, es war höchst willkommen in der zur Devianz forschenden Abteilung der Soziologie; nur konnte es strafrechts*dogmatisch* kaum verwendet werden. Daher blieb die Sack'sche Theorieaufstellung auf ihre Relevanz für die Kriminal- und Rechts*politik* beschränkt. Ihre größten Effekte verbreitete sie in der akademischen Organisation kriminalwissenschaftlicher Forschung.
>
> In Durkheim'scher Tradition betrieb Sack eine Soziologie *des* Strafrechts, nicht *in* diesem. Die Erträge aus mehreren Jahrzehnten kriminalwissenschaftlicher Forschung in den Vereinigten Staaten waren zu rezipieren und in den hiesigen Wissensbestand einzufügen. Im Abschnitt zur Anwendung einer Norm erörterte Sack den Ablauf der Entscheidung, die

44 Foucault 1976: 251–292.

darin mitlaufenden Hintergrundswerte, den Zuschreibungseffekt einer Verurteilung u.a. In Deutschland habe bis dahin »eine Kriminalsoziologie noch nicht existiert«.[45] Der reichhaltige und weiterdenkende Bericht zum Erkenntnisstand taugte zur Selbstreflexion strafrechtsdogmatischer Arbeit; vor allem regte er mächtig die innersoziologische Forschung an.

Fritz Sacks Analyse glitt nicht in die ›Niederungen‹ so unerfreulicher Einrichtungen wie Gefängnis, Psychiatrie, Bewährungsaufsicht usw. ab, behielt aber das Strafrecht stets im Auge. Dieses allerdings eben in seiner Gesamtheit und speziell in seiner die Kriminalsoziologie beengenden Rolle, insoweit kriminologische Forschung nur als Dienstleistung für den Strafbetrieb gefördert wurde (und wird).

1991, auf einer der vielen Tagungen zur Begegnung zwischen Strafrechtslehre und Sozialwissenschaft, empfahl Sack der Kriminologie, eine Distanz zum Strafrecht herzustellen, »die es erlaubt, dieses als eine kontingente, historisch bedingte, gesellschaftlich relative – und damit vergängliche – Institution zu begreifen«. Denn das Recht habe »nicht die Gestalt und Form einer sozialen Beziehung zwischen den einzelnen Mitgliedern und Gruppen einer Gesellschaft, sondern ist in seiner bis auf den heutigen Tag fortwirkenden Tradition nach Auftreten und Anspruch etwas der Gesellschaft und seinen Mitgliedern von außen Aufgegebenes«. Der Autor beabsichtigte damit, »dieses Selbstverständnis des Rechts in Frage zu stellen, zu delegitimieren und zu ›entmystifizieren‹ «.[46] Hier klang die alte Kritik am Etatismus und an undemokratischer Herrschaft an, die in der zeitgenössischen Strafrechtsdogmatik wohl niemand hätte auf sich beziehen wollen.

Angesichts des Fokus auf das Straf*recht*, statt auf Straf*taten* und *-täter*, konnten die zahlreichen und intensiven Beiträge Sacks im kleinteiligen Alltag dogmatischer Normauslegung nicht fest andocken. In den Kommentaren und Lehrbüchern fanden seine Positionen allenfalls in den Vorbemerkungen zur Erläuterung eines Paragraphen ihren Platz, ohne so die Entscheidungspraxis direkt beeinflussen zu können. Sack verstand die Kriminologie als theoriegeführt und auf das Strafrecht fokussiert; damit hätte er die Aufmerksamkeit der Strafrechtslehre finden können, die sich aber mehr für die üblichen Delinquenz- und Instanzenstudien interessierte. Wenngleich die Kritische Kriminologie nicht als Argument in die dogmatische Aussage einzugehen vermochte, entfaltete sie Wirkungen in der ›Haltung‹ des juristischen Personals. Nicht nur bei den Lehrkräften in den Reformfakultäten, auch in den nicht mit dem Einphasenmodell experimentierenden Fakultäten fand sie Anhängerschaft.

45 Sack 1969: 961, 996–1006.
46 Sack 1993: 17, 19, 21.

Hier ragte der juristische Fachbereich der Universität Frankfurt am Main heraus, wo Klaus Lüderssen, Winfried Hassemer, Herbert Jäger, Peter Alexis Albrecht und andere die Analyse des Strafrechts zu den Gesellschaftswissenschaften hin öffneten. Mit weiteren Kolleg:innen begründeten sie eine weithin wahrgenommene Debattenkultur, in der unterschiedliche Nachbarwissenschaften und auch skeptische Gegenpositionen zu Wort kamen. Ihre Treffen fanden wöchentlich statt. Auch für eine Nachfolge wurde gesorgt (Cornelius Prittwitz, Klaus Günther und weitere). Es entstand sogar eine Debatte, ob von einer ›Frankfurter Schule des Strafrechts‹ gesprochen werden könne. Die einen meinten, die eingebürgerte Bezeichnung sei bereits an die Sozialphilosophie vergeben.[47] Indessen verneinten die als Mitglieder apostrophierten Ordinarien ausdrücklich, es bestehe eine ›Schule‹; sie selber wollten so nicht eingeordnet werden. Mit diesem Diskurselement – das neben dem Thema Strafrecht und Soziologie vor allem die Frage kriminalpolitischer Liberalität enthielt – verband sich die Gefahr, zuerst einzeln minorisiert und dann als Gruppe insgesamt ins Abseits gestellt zu werden.

Einem Zusammenspiel von Strafrechtsdenken und Sozialwissenschaften schien nichts im Wege zu stehen. Von juristischer Seite war die Hand ausgestreckt, aber wurde sie vom Gegenüber ergriffen? Merkwürdigerweise blieb der Weg holprig. Die ›Kritische Kriminologie‹, die sich zu Beginn des 1970er Jahrzehnts konstituiert hatte und aus der Interpretativen Soziologie entstanden war, zog in die neuen Ausbildungsgänge ein, zumal die kriminalsoziologische Literaturproduktion reichhaltig floss. Doch das »kriminologische Glasperlenspiel« florierte weiterhin.[48] Auch sozialwissenschaftlich aufgeschlossene Juristen kamen zu dieser Einschätzung.[49] Zunächst indessen bewegten sich alle aufeinander zu.

Die Frankfurter Strafrechtsordinarien Winfried Hassemer und Klaus Lüderssen, beide ungemein rührig in der Organisation disziplinärer Grenzüberschreitungen, gaben einen auch didaktisch aufgebauten Sammelband heraus, worin sie profilierte Vertreter aus Kriminal- und Sozialwissenschaft zu jeweils einem Unterrichtsthema schreiben ließen. Sie hatten bereits Erfahrungen mit solchen Kooperationen gemacht und warnten vor der Illusion, »das Zusammenwirken von Strafrechtlern und Sozialwissenschaftlern führe nun zu einer glatten Lösung der verbliebenen quälenden Jahrhundertprobleme; ›Schuld‹ und ›Generalprävention‹ – um zwei besonders umstrittene Prinzipien zu nehmen – können auch

47 Zur Bestandsaufnahme vgl. Jahn u.a. 2014. Wegen der Vielstimmigkeit sei es keine ›Schule‹ gewesen, meinte 1996 ein Mitglied der Gruppe; vgl. Kuhlen 2023.

48 So eine Gruppe kritischer Kriminologen, berichtet bei Schumann u.a. 1981: 164.

49 Jäger 1980: 9 f.; Fabricius 1981.

mit noch so viel Empirie und Grundlagenforschung vorerst wohl kaum aus dem Bannkreis des Unbekannten gezogen werden«.[50] Die reizvolle Herausforderung wurde in dem umfänglichen Band teilweise angenommen. Dass Aufklärung und Entzauberung nur als ein Prozess von Dauer und mit viel Input stattfinden können, wurde nicht gesagt; anscheinend erwartete man ein ruckweises Angehen des Lichts. Doch lag es auf der Hand, dass kulturell vielfältig verwurzelte Grundprinzipien wie beispielsweise ›Schuld‹ sorgfältig ausgegraben werden müssen.

Exemplarisch für denjenigen Pfad, der zum Scheitern einer Integration führte, war die gemeinsame Herausgabe der Textsammlungen von Klaus Lüderssen und Fritz Sack, in vielen Bänden und mehreren Tausend Seiten zwischen 1975 und 1980. Die gleichaltrigen Herausgeber rangierten auf beachtlicher Höhe des beruflichen Erfolgs; beide waren Männer der großen Geste. Sie unternahmen es, das Strafrecht und die Soziologie in Kommunikation zu bringen.

Dazu kommunizierten sie öffentlich miteinander, als sie die Einleitungen zu ihren Sammelwerken nebeneinanderstellten, statt sich auf gemeinsame Texte zu einigen.[51] Sie kooperierten vor allem in der Organisation der Bücher, doch zusammen kamen sie nicht. Lüderssen wartete auf Zulieferung seitens der Soziologen; Sack war kaum daran interessiert, den laufenden Strafbetrieb zu stärken. In den Einleitungen zeigten sich bereits unüberbrückbar differente Perspektiven: Der Jurist wollte die Soziologie in der Anwendung des Strafrechts heranziehen, der Soziologe hätte dieses am liebsten beseitigt oder zumindest minimiert.[52] Auch im rechtstheoretisch kitzligsten Teil ihrer Sammlung – der Auslegung von Strafrechtsnormen – blieben Lüderssen und Sack auseinander; jeder der beiden organisierte selbst gewählte und eingeleitete Texte.[53] Auch stellte sich heraus, dass die Differenz normativ/empirisch keineswegs sauber zwischen den beiden Fächern trennt: Von juristischer Seite wird viel Empirie eingebracht, und zwar in Gestalt von ›Fällen‹; die soziologische Seite erhebt kriminalpolitische, also normative Forderungen.[54] Am Ende dieser Zusammenarbeit mit Sack und einer Reihe weiterer Kriminalwissenschaftler juristischer und soziologischer Provenienz bekundete Lüderssen Enttäuschung über das »niederschmetternde Ergebnis«. Er sprach von einem »dornenvollen Weg [...] Auch von der kritisch-wechselseitigen Durchdringung ist solange nichts Wesentliches zu erwarten, wie nicht einmal gemeinsame Fragestellungen zustande kommen.«[55]

50 Hassemer/Lüderssen 1978: XIV.
51 Vgl. Lüderssen/Sack 1980/1: 13–62.
52 Vgl. Lüderssen/Sack 1975–1980: I, 7–46; II, 7–42; III/2, 7–30.
53 Lüderssen /Sack 1975–1980: II, 1.
54 Vgl. Lüderssen/Sack 1975–1980: IV, 7.
55 Lüderssen 1980: II/737, 743.

Die Soziologie des abweichenden Verhaltens und der sozialen Kontrolle befasste sich in diesen Jahrzehnten intensiv mit dem Strafbetrieb in allen seinen Facetten, zu denen auch das Recht zählte. Die hier anfallenden Sanktionen berührten vorwissenschaftliche Empfindlichkeiten, angesichts der Nachteilszufügung und Gewaltausübung gegenüber Menschen, was immer diese zuvor getan haben mochten. Punitivität war dieser Generation in der Soziologie tief zuwider. Im Hintergrund lockte die Wunschvorstellung, der Einsatz von Strafsanktionen könne generell aufgegeben oder zumindest auf ein Mindestmaß reduziert werden. Dieser Abolitionismus konnte kaum wollen, dass die Strafrechtsdogmatik mithilfe der Soziologie optimiert werde. Auf der anderen Seite konnte der humanitäre Strafskeptizismus kaum auf viel Gegenliebe bei der Strafrechtswissenschaft hoffen. Da verpuffte also manche soziologische Phantasie, weil die Kontrollinstanzen ungerührt weitermachten, bis schließlich Kapazitätsengpässe – in der Justiz wie im Sanktionenvollzug – die Strafaktivität zur Zurückhaltung zwangen.

In vielen sozialwissenschaftlichen Theoriefiguren konnte sich die Aversion gegen das Strafen ausdrücken: das Top-down-Gefälle eines Strafverfahrens als Herrschaftsausübung, die unterschiedliche Behandlung der Delinquenten als Fall der sozialen Ungleichheit, das Schicksal der Straffälligen als Fall von Stigmatisierung und Ausschließung, das Archaische der Begründungsargumente Schuld und Sühne als ein ideologisches Wissen, die Tätereigenschaft als Zuschreibung, das Tatgeschehen als Konstruktion von Wirklichkeit, die Verurteilung als Entscheidungsprozess u.a.m. Mit derartigen Ideen begaben sich zahllose kriminalsoziologische Forschungsprojekte in das Feld, wo sie dem Strafrecht begegneten und es in ihre Analysen einbezogen – allerdings weniger dessen Auslegung und Dogmatik als vielmehr das ablaufende Verfahren und die resultierenden Verurteilungen. In wenigen Jahren wurde das Sanktionsgeschehen – von der privaten Anzeige und dem polizeilichen Verdacht bis hin zu Strafvollzug und Bewährungsaufsicht – so gründlich erforscht wie noch nie zuvor. Es darf angenommen werden, dass diese auch massenmedial und in der Fortbildung vermittelten Erkenntnisse von den Akteuren in den Kontrollinstanzen in groben Zügen registriert worden sind. Zunächst vielleicht unangenehm berührt, welcher Spiegel ihnen da vorgehalten wurde, dürfte der Bestand an Emotionen und Grundüberzeugungen beeinflusst worden sein. Dieser Diskurseffekt hätte sich allerdings weniger als das Resultat eines zwischendisziplinären Gesprächs ergeben, sondern als prägende Erfahrung von Welt.

Die auffälligsten Reformwünsche forderten Abolition und Therapie-statt-Strafe; sie wurden der Soziologie bzw. Sozialpsychologie zugerechnet, auch wenn sie eher dem Gewissen als einer Theorie entsprungen waren. Immerhin führten sie zu einer Humanisierung des Strafvollzugs und anderer Sanktionsformen. Als das Strafrecht von der Soziologie her bedacht wurde, ergab sich keineswegs eine abolitionistische Automatik. Ein Drängen auf Entpönalisierung, per ›Verstehen‹ von Tat und Täter, wäre ein Akt der Kriminalpolitik und keine soziologische Beratung des Sanktionsgeschehens. Einmal wurde sogar das Gegenteil befürchtet; resultieren könne auch eine »uferlose Ausweitung der Strafbarkeit« bei Heranziehung eines bestimmten soziologischen Gewaltbegriffs.[56] Nicht nur hier war man von Galtungs Konzept der ›strukturellen Gewalt‹ irritiert, das auch immaterielle Benachteiligungen einschloss.

Wenn sich Soziologen auf die volle Komplexität des juristischen Sprachspiels einließen, m.a.W. auf die Rechtsdogmatik, stieß ihre Denkweise auf die epistemologische Barriere der Jurisprudenz und erzeugte eine frustrierende Erfahrung. Zwei Auswege boten sich an: die Situation des Einander-Verfehlens zu erklären oder in einer geeigneteren Abteilung juristischer Arbeit tätig zu werden.

> Karl F. Schumann, als Kriminalsoziologe an eine der juristischen Reformfakultäten geraten, tat beides. Er sah keine Mitwirkungsmöglichkeit »in der Sachverhaltsermittlung und in der erfahrungswissenschaftlichen Interpretation dogmatischer Figuren«. Die (sprachanalytische) Erklärung für diesen Befund fand er im pragmatischen Kontext. Strafrechtliche Begriffe seien so gefasst, dass am Ende die Frage der Vorwerfbarkeit entschieden werden kann, während sozialwissenschaftliche Begriffe in einem Stil des Wenn-dann operieren. Daraus folgerte Schumann, »dass die unterschiedlichen pragmatischen Kontexte (Präzisierung von Art und Richtung eines Zusammenhangs hier – Kommentierung der Verantwortlichkeitsfrage dort) die Zuordnung von Erscheinungen zu Begriffen bzw. von Begriffen zu Erscheinungen verschieden steuern werden. Ein schlichter Transfer der Inhalte ist damit ausgeschlossen.« Überraschen musste, dass die empirische Sozialforschung nicht einmal bei der Faktenfeststellung helfen könne, obwohl die juristische Methodenlehre hier den Einsatz geradezu ermunterte. Im Strafrecht seien die Deliktsmerkmale pseudo-deskriptiv in der Rechtssprache formuliert, ja täuschend ähnlich den erfahrungswissenschaftlichen Konzepten gewählt; daraus sei das Missverständnis entstanden, »die Begriffe seien mögliche Vehikel für den Austausch der juristisch gemeinten Phänomene durch erfahrungswissenschaftliche Inhalte. Aber die Begriffe, so ähnlich sie sein mögen, sind zwei Seiten von verschiedenen Medaillen.«[57]

Angesichts dieser niederschmetternden Erkenntnis wandte sich Schumann dem Einsatz der Soziologie auf den Ebenen der Gesetzgebung und Kriminalpolitik zu – dort fehlt der fachpolitische Widerstand gegen nichtjuridisches Wissen – und konnte u.a. für das Jugendstrafrecht bemerkenswerte Effekte erzielen.

56 Berichtet bei Schumann u.a. 1981: 166.
57 Schumann 1981: 2 f.

Einige Barrieren für die wechselseitige Kommunikation, die auch außerhalb des Kriminalitätsbereichs gelten dürften, wurden von Hubert Beste benannt. Mit der normativen Regelung sozialschädlichen Verhaltens im Strafrecht sei eine eindeutige und ausweisbare Wertentscheidung getroffen, die indessen in der Soziologie auf ihren Bezug zu den gegebenen Realitäten befragt werde. Sodann sei der Praxisbezug in der Strafrechtswissenschaft sehr hoch und unabhängig von empirischer Resonanz, in der Soziologie aber nur gering. Schließlich gebe es in der Soziologie, anders als in der Strafrechtswissenschaft, keine hochprofessionalisierten und fest verankerten Agenturen, die für eine Überführung des wissenschaftlich produzierten Wissens in gesellschaftliche Praxis sorgen können.[58]

Was sagten die Akteure später zu unserem Thema? Unter den 21 Selbstdarstellungen von in den 1940ern geborenen Strafrechtslehrern befanden sich einige, in denen die Berührung mit dem Streitdiskurs von 1970 deutlich wurde – dem sie doch alle in ihren formativen Jahren begegnet waren –; aber es war nur eine Stimme zu hören, die eine bleibende Idee dazu äußerte. Thomas Vormbaum bekannte, die Diskussionen um 1968 hätten bei ihm »die Auffassung von der Rechtswissenschaft als einer Herrschaftswissenschaft gestärkt, die in eine ›normative Sozialwissenschaft‹ umgestaltet werden müsse«.[59] In einem Vorgängerband hatten sich ebenso viele Strafrechtslehrer davorliegender Geburtsjahrgänge beschrieben; der Streitdiskurs der 1970er war hier noch von mehreren lebhaft erinnert worden und hatte sich in ihren Publikationen niedergeschlagen.[60] Der Vergleich – es ist kein empirischer Befund i.e.S. – mag demonstrieren, wie der Diskursaufbruch von 1970 verebbte: Die nachfolgende Generation wandte sich von den Ideen und Konflikten ihrer Vorgänger ab; die Heftigkeit des Streits und Vermutungen über drohende Karrierehindernisse mochten dazu beigetragen haben.

Um von heute her die damals entstandenen Enttäuschungen zu würdigen, müssten sie allerdings in eine Relation zu den gehegten Erwartungen gesetzt werden; versprochen worden war juristischerseits ja nichts. Das Resümee am Ende des Reformjahrzehnts konnte also nicht lauten, im Strafrecht sei die Annäherung an die (Devianz-) Soziologie per Vermittlung durch die Kriminologie gelungen – das Gegenteil war ja der Fall. Immerhin waren die methodischen und kommunikativen Probleme einer solchen Annäherung hier besser durchschaut worden als in anderen Rechtsbereichen, und zwar durch die Debatten innerhalb der Kriminologie. Heute wäre das als ein Erfolg einzuschätzen, weil es einen notwendigen Zwischenschritt in einem vielgliedrigen Veränderungsprozess bedeutete, der dann aber nicht fortgesetzt worden ist.

58 Beste 1989: 163.
59 Vormbaum 2021: 585.
60 Vgl. Hilgendorf 2010.

> Die von den Sozialwissenschaften herkommenden Kriminologen vermissten die Berücksichtigung ihrer Erkenntnisse in Gesetzgebung, Anwendung und Dogmatik des Strafrechts. Einige von ihnen haben die Situation bereits damals analysiert. Das Strafrecht »hat sich wieder reingewaschen von kriminologischen Verzerrungen und Verdrehungen, die Sicherheit einer konstruierten und sanktionierten Wirklichkeit ist wieder in greifbare Nähe gerückt«, bemerkte sarkastisch der Soziologe Hubert Beste bei abklingender Reformphase. Wie er meinte, tat sich »in Kreisen des Strafrechts Berührungsangst, wenn nicht gar Schaudern auf«, wenn sich einmal kriminologische Erkenntnisse anboten.[61] Fritz Sack sah hier eine *double-bind*-Situation: Einerseits zeigen sich Strafrechtler grundsätzlich gesprächsbereit und erzeugen eine Kooperationsperspektive, andererseits unterbinde die Dogmatik allzu oft eine konkrete Folge des interdisziplinären Gesprächs.[62] Der Strafrechtler Dirk Fabricius kommentierte, die Situation verschärfe sich noch, weil die wechselseitige Wahrnehmung von einem idealisierten statt einem realistischen Berufsbild ausgehe; zur Abhilfe versuchte er, »das Spezifische der einzelnen Wissenschaften in ihrer Gemeinsamkeit zu entwickeln«.[63]

Sinnbildlich für die auf halbem Wege stecken gebliebene Kooperation stand der (Alternativ-) Kommentar zum Strafgesetzbuch, an dem viele Diskursbeteiligte mitschrieben. Er kam spät heraus, von den geplanten drei Bänden erschienen nur zwei, und auf das Präfix Alternativ- wurde verzichtet.[64] Sie enthielten zwei grundrissartige, zugleich meinungsstarke »Vorbemerkungen« (zu §§ 1 und 13 StGB) mit je um die hundert Seiten. Und im Vorwort stand an der Spitze der Grundsatz, die sozialen Voraussetzungen rechtlicher Regelungen sollten bewusst gemacht werden. Die Bibliotheken verbannten das umfangreiche, aber Fragment gebliebene Werk später in ihre Magazine.

Rechtsfeld privater Beziehungen

In ihrer Ansprechbarkeit für sozialwissenschaftliche Erkenntnisse unterscheidet sich die Dogmatik privatrechtlicher Beziehungen scharf von der zum StGB. Das Strafrecht in seiner relativ zu anderen Rechtsmaterien archaischen Natur, mit seinem niedrigen Generalisierungsgrad und seiner schwachen Dogmatisierung, seinem hohen Anteil an Sachverhaltsbeschreibungen, seiner aus all diesen Gründen leichten Zugänglichkeit für den interkulturellen Vergleich, seinem hohen Maß an medialer

61 Beste 1983: 114.
62 Sack 1975: 356.
63 Fabricius 1981: 179, 181.
64 Vgl. Albrecht u.a. 1986/1990.

Sichtbarkeit und Publikumsinteresse – wie konnte es sich einer Versozialwissenschaftlichung widersetzen? Hingegen im Zivilrecht, dessen Denktradition bis zum antiken Rom zurückreicht, wurde stets eine intensive Methodendiskussion geführt, sodass der dogmatische Argumentationsstil zum Erkennungsmerkmal juristischer Berufsidentität aufgestiegen war. Ein Vergleich der Soziologisierungsansätze im Straf- und im Zivilrecht stellt also den einfachsten und den schwierigsten Fall einander gegenüber.

> Dies zeigte sich bereits am Topos der Folgenberücksichtigung. Für die Strafzumessung bestimmt § 46 StGB: »Die Wirkungen, die von der Strafe für das künftige Leben des Täters in der Gesellschaft zu erwarten sind, sind zu berücksichtigen.« Im Zivilrecht hingegen tat man sich methodologisch schwer damit, die tatsächlichen Normwirkungen als einen Gesichtspunkt der Rechtsanwendung zu billigen.[65] Seltsamerweise konnte man sich hierfür auf den Soziologen (oder hier doch Juristen?) Luhmann berufen und tat das auch.[66] Die Prüfung faktischer Folgen einer Rechtsentscheidung wurde immer schon als Einzugstor außerjuridischen Wissens angesehen. Eike Schmidt reklamierte für eine sozialwissenschaftlich informierte Rechtsdogmatik, dass sie »sich zu weitestmöglicher Folgenorientierung bekennt«.[67]

Nun werden mit der Bezeichnung Privatrecht überaus viele Lebensbereiche und Regelkomplexe angesprochen – weit mehr als in den zuvor analysierten Rechtsfeldern Verfassung, Verwaltung und Kriminalität zusammen. Sie alle zu würdigen bedürfte es eines Teams von Forschenden und eines eigenen Buchs. Daher können an dieser Stelle nur einige wenige Partien davon betrachtet werden; es sind solche, wo sich nach 1970 auffallende Diskurswirkungen ereignet haben. Eine zusammenfassende Debatte zum Komplex ›Privatrecht und Sozialwissenschaft‹ war nicht zu ermitteln. Es lässt sich auch nicht sagen, dass die jüngere und sehr lebendige Methodenlehre bzw. Rechtstheorie überwiegend vom Privatrecht her betrieben würde; eher im Gegenteil. Entweder ist der Komplex zu heterogen, oder die Hürden liegen hier höher als beispielsweise im Staatsrecht.

Zum Flaggschiff des Privatrechts, nach wie vor das BGB, wurde im Rahmen des hier verfolgten Diskurses immerhin der enorm umfangreiche und um Integration bemühte Alternativkommentar erschaffen, wie eingangs dieses Kapitels dargestellt. Im Vorwort des 1979 zuerst erschienenen Bandes zum Besonderen Teil des Schuldrechts sagten die Verfasser, sie hätten »unterschiedliche sozialwissenschaftliche Theoriebestände

65 Vgl. dazu Rottleuthner 1980.
66 Vgl. Luhmann 1974: 31–48.
67 Schmidt 1980: 157.

bemüht« und spielten damit auf ihren uneinheitlichen Denkhintergrund an.[68] Das Vorwort des im darauffolgenden Jahr herausgekommenen Bandes zum Allgemeinen Teil des Schuldrechts gab zu bedenken, die sozialwissenschaftlichen Zusatzinformationen würden »die Einzelfallentscheidung nicht leichter machen, wohl die Richtigkeitsgewähr mit der Rücksicht auf außerdogmatische Entscheidungskriterien vergrößern können«.[69] Die Abschnitte zu Pacht, Leihe, Darlehen, Auslobung u.a. wurden nur kurz kommentiert, umfangreich hingegen die sozialstaatlich weit interessanteren und rechtspolitisch umkämpften Abschnitte zu Miete und Dienstvertrag. Das konnte nur eine eingeschränkte Relevanz bedeuten. Alles klang weder mutig noch herausfordernd. Die Bescheidenheit wurde nicht belohnt; der AK-BGB vermochte nicht das Blatt zu wenden. Ihm wurden Praxistauglichkeit und politische Neutralität abgesprochen.

> In den Besprechungen wurde auch herauszufinden versucht, worin denn nun das ›Andere‹ eines Alternativkommentars bestehe. Der (sehr gut informierte) Andreas Heldrich knöpfte sich Gunther Teubners ausführliche Erläuterung zu § 242 BGB (›Treu und Glauben‹) vor. Er fand es erwartbar, dass Teubner für seinen Import der Idee eines ›Responsiven Rechts‹ die Generalklauseln zum Einfallstor erwählte. Die theoretische Fundierung dazu kam ihm interessant und teilweise befremdlich vor; in der näheren Ausführung dann sah er überwiegend eine Rückkehr zum Gewohnten. Letztlich vermisste er die Vermittlung, »wie die nunmehr erreichte abstrakte Reflexionsebene mit den Niederungen der Rechtsanwendung im konkreten Einzelfall überhaupt in Zusammenhang gebracht werden kann«, womit ein Nutzen für die praktische Rechtsarbeit verneint war.[70]
>
> In der Juristenzeitung hieß es zu den zwei Bänden des Allgemeinen und Besonderen Schuldrechts, der AK verstehe sich angesichts seiner inhaltlichen Zielsetzung wohl eher als Lehrkommentar. »Rechtspolitischen Anliegen sind dann bei der Auslegung und Anwendung des geltenden Rechts kaum noch Schranken gesetzt.« Rhetorisch fragte der Rezensent, wer denn wisse und bestimme, welche Wünsche eine Gesellschaft an ihr Recht stellt und wessen Erwartungen erfüllt werden sollen. »Was legitimiert eine Gesellschaft, an das von den Organen des demokratischen Rechtsstaates gesetzte Recht Anforderungen zu stellen?«[71] Damit waren die sozialwissenschaftlichen Bemühungen des AK-BGB zurückgewiesen.
>
> Ein anderer Rezensent stieß sich im AK-BGB zum Allgemeinen Schuldrecht an den Beiträgen von Christian Joerges und Gunther Teubner,

68 AK-BGB III: XI.
69 AK-BGB II: VII.
70 Heldrich 1986: 102–107.
71 Henckel 1984: 967–969.

> »die aus eigenen, monographisch entwickelten Lehren eine Kommentierung machen wollen«.[72] Das war vermutlich richtig beobachtet; gerügt wurde der Verstoß gegen den hergebrachten Stil eines Gesetzeskommentars. Üblicherweise »erwarten wir von einem Kommentar doch in erster Linie eine zuverlässige Information über den derzeitigen Meinungsstand vor allem der Rechtsprechung. In diese Erwartungshaltung fügen sich die Alternativkommentare nicht immer ein.« So wurde es in einer Besprechung des AK-BGB Erbrecht präzisiert.[73]

Dergestalt gingen die Kommentatoren, renommierte Ordinarien des Zivilrechts, auf Distanz zum neuen Format. Offen blieb allerdings die Frage, ob nicht auch innerhalb einer sozialwissenschaftlich informierten Dogmatik über den richtigen Weg debattiert werden muss, und sei es in einem Kommentar, der momentan einflussreichsten juristischen Literaturgattung. Heute gelten die Alternativkommentare wissenschaftsgeschichtlich als Episode. Die Nachrufe mochten hier keinen Meilenstein sehen. Einmal hieß es sogar, es seien »gewisse strukturelle Parallelen zu den auf der NS-Ideologie als politischem Vorverständnis fußenden Kommentaren erkennbar«. Und später noch einmal: die Alternativkommentare »positionierten sich links von der herrschenden Meinung«.[74] Im Mäntelchen politischer Neutralität hätten sie wohl mehr Respekt ernten können, doch dann hätten es nicht die 1970er Jahre sein dürfen.

Geblieben sind die Ausführungen zur Methodologie, die nicht so zeitgebunden sind wie die aktualistische Rechtsdogmatik. Der Reformdiskurs versuchte, mit Thesen und Konzepten die Meinungsbildung in der Privatrechtslehre zu beeinflussen. Angesichts der zahlenmäßigen Unterlegenheit – die Quantitäten sind bislang nicht ausgezählt worden, war es 1 zu 10 oder nicht eher 1 zu 20 oder … ? – musste es bei Einzelstimmen bleiben.

> Beispielsweise ersetzte Eike Schmidt den Grundsatz der Privatautonomie durch eine Sozialautonomie, was aber nur selten aufgegriffen wurde. Methodologisch trennte er die drei Ebenen Rahmensetzung, Institutionenbildung und routinemäßige Subsumtion; auf jeder davon seien Dogmatisierung und Gesellschaftsbindung in unterschiedlichen Graden einzusetzen. Eine rechtswissenschaftliche Prinzipienbildung gelinge nur, »wenn sie dabei sowohl Sozialempirie als auch die normative Verarbeitung der betr. (*sic*) Daten in den dafür einschlägigen Wissenschaftsdisziplinen zur Kenntnis nimmt«.[75]

> Rückblickend schilderte Gunther Teubner kürzlich, es habe damals zwei Arten alternativer Dogmatik gegeben. Die eine, »Parteilichkeit

72 Wollschläger 1982: 476.
73 Grunsky 1990: 582.
74 So Kästle-Lamparter 2016: 88 sowie Zimmermann 2020: 449.
75 Schmidt 1980: 159 f. //

zugunsten von gesellschaftlichen Partialinteressen«, habe er »als eine falsche Politisierung des Privatrechts« empfunden und stattdessen »eine gesamtgesellschaftliche Sicht auf das Privatrecht« gesucht und in der »Auseinandersetzung des Privatrechts mit drei gesellschaftlichen Institutionen – Interaktionsmoral, Markt/Organisation, Funktionssysteme –« gefunden.[76]

Der Reformdiskurs wandte sich auch der Gattung Lernbuch zu, also geschriebenen Gesamtdarstellungen des unterrichts- und prüfungsrelevanten Rechtsstoffs. Damit sind ›nur‹ didaktische, kaum aber wissenschaftliche Meriten zu erwerben. Geprägt sind die Texte weniger vom Profilierungsanspruch gegenüber der Fachgemeinschaft und mehr von der Orientierung auf die Studierenden. Solche Bücher, auch ›Grundrisse‹ o.ä. genannt, werden selten zitiert, beeinflussen also kaum die jurisprudentielle Meinungsbildung. Umso einflussreicher sind sie, ähnlich dem von in den sogenannten Repetitorien vermittelten Wissen, in den studentischen Köpfen.

Ein erfolgreiches Exemplar dieses Genres war der »Zivilrechtliche Grundkurs für Studienanfänger«, den Eike Schmidt schon 1974 vorlegte. Darin hieß es, das Recht sei »ein Abbild gesellschaftlicher Verhältnisse und Prozesse«; es sei »abwegig, von irgendwelchen ›Rechtsideen‹ zu sprechen«. Rechtswissenschaft sei »sinnvoll nur im Zusammenwirken mit anderen wissenschaftlichen Teildisziplinen möglich«, und zwar »nicht nur der Sozialwissenschaften«. Schmidt sprach von einer »Ent-Absolutierung juristischer Dogmatik«, diese sei »offen für ein gewandeltes soziales Problemverständnis«.[77] Die methodische Leitlinie wurde für die »Allgemeine Einführung« befolgt, die immerhin etwa ein Fünftel des Buchs umfasste.

Etwas später und ebenfalls für den Unterricht schuf der Zivilrechtler Gert Brüggemeier ein zweibändiges Werk mit ausführlich kommentierten Texten zur Entstehung und Praxis des BGB. Dokumentiert wurde die Rechtsentwicklung vor dem Hintergrund der realen ökonomischen Verhältnisse im Zeitraum von 1873 bis 1918. Er beabsichtigte, für »den empirischen Wirtschaftsrechtsstoff [...] von dessen sozialer Funktion her einen Begriff des Wirtschaftsrechts zu entfalten«. Ein substanzieller Begriff von Wirtschaftsrecht sei nur zu gewinnen auf der Grundlage neuester Sozialgeschichte. In dieser zeige sich die Instrumentalisierung des Wirtschaftsrechts durch die politisch-ökonomische Macht. Brüggemeier unterstrich die Notwendigkeit »einer juristischen Sozialwissenschaft«. Statt der Perspektive des bürgerlichen Rechtsstaats sei die Sozialstaatsperspektive anzulegen; diese thematisiere den sozialen Wandel und die Veränderbarkeit der sozialen Ordnung.[78]

76 Teubner 2022: 659.
77 Schmidt 1974: 13–15.
78 Brüggemeier 1977: 18, 20, 25.

> 1989 taten sich Schmidt und Brüggemeier für den ›Zivilrechtlichen Grundkurs‹ zusammen. Nun lag ein Werk vor, das sowohl den Rechtsstoff als dessen sozialhistorischen Hintergrund enthielt. Das Buch wurde in wiederholten Neuauflagen über drei Jahrzehnte lang aktuell gehalten. Mit der Doppelautorenschaft fanden unterschiedliche Traditionen des Methodendenkens und der Integration zusammen.

Zum Zivilprozessrecht – das eigentlich dem Öffentlichen Recht angehört, aber in den Stellendenominationen meist dem materiellen Zivilrecht zugeordnet wird – erschien ebenfalls ein Alternativkommentar im Umfang von weit über zweitausend Seiten.[79] Allerdings verstrich die Chance, die Normen mit den Ergebnissen der empirischen Justizforschung zu konfrontieren. Denn zwar waren die prozesssoziologischen Studien bekannt und wurden zitiert, allerdings meist ohne nun auch die jeweilige Rechtsfolge in neuem Licht zu bestimmen.

> Eike Schmidt, aus dem Herausgeberkreis des AK-ZPO und mit zehnjähriger nebenamtlicher Praxis an einem Landgericht, erörterte einige Jahre später die Frage nach dem Kern des Zivilprozesses. In geschätzt mindestens 80 Prozent werde nicht ernstlich über Rechtsthemen gestritten; Unstimmigkeiten zum tatsächlichen Geschehensablauf würden dominieren. Demnach gebe es zwei Konflikttypen, je nachdem ob Rechts- oder Faktenfragen im Vordergrund stehen. Diese Betrachtung orientierte sich an der (intuitiv ermittelten) Empirie; sozialwissenschaftliche Erkenntnisse wurden dafür nicht benötigt. Wenn eine Partei solche Expertise in die Entscheidung einbezogen haben möchte, waren nach Schmidts Meinung Sachverständige zu berufen. So verlaufe die Kenntnisnahme fachfremden Wissens, der eine Integration in den juristischen Steuerungszusammenhang folge. Die damit verknüpften Transferprobleme seien noch weitgehend ungelöst, weswegen er für die Wiederaufnahme der Kooperation mit den Sozialwissenschaften plädierte.[80] Fast klang das wie ›zurück auf Anfang‹.

Unabhängig von diesen Themen begannen andere Privatrechtler mit dem Unternehmen, das (deutsche und europäische) Wirtschaftsrecht in einer den kontinentalen Denkstil hinter sich lassenden Weise zu betrachten. Die Normen wurden dabei stets in ihrem ökonomischen und gesellschaftlichen Kontext analysiert. Dieser Ansatz verdichtete sich zu einer Schule und sollte sich dauerhaft etablieren. Seine Entwicklung und Spielarten genauer darzustellen und zu würdigen, ist hier nicht der Platz; nur wird im folgenden Kapitel noch ein Blick auf die große Bedeutung zu werfen sein, welche die Schule in den jüngsten Jahrzehnten gewonnen hat.

79 Wassermann 1987.
80 Schmidt 1989: 319.

Um 1980 griff Gunther Teubner das neue Konzept der ›Responsivität‹ auf. Es war dies ein aus Kalifornien kommender Integrationsansatz für den Brückenbau, entwickelt von Philippe Nonet (Jurist) und Philip Selznick (Soziologe). In der evolutionären Abfolge verschiedener Stadien stünden wir heute am Start eines neuen Rechtstypus – »ein ›responsives Recht‹, in dem Recht als flexible, lernfähige Institution erscheint, die sensibel reagiert auf soziale Bedürfnisse und menschliche Aspirationen«. Der humanistische Klang des Responsiven Rechts passte gut in die seit Ende der 1960er entstandene Stimmung zur gesellschaftsbezogenen Verantwortung aller Wissenschaft, und so fand es »in der inneren Krise des Rechtsformalismus seine Entwicklungschance«. Teubner reinterpretierte und erweiterte den Ansatz mit Thesen der Kritischen Theorie (Habermas) und zunehmend im Lichte der Systemtheorie (Luhmann), die er als komplementär behandelte.[81]

> In einem persönlichen Rückblick beschrieb Teubner kürzlich die Phasen der von ihm geübten Rechtswissenschaft nach den Orten seiner Tätigkeit und als Abfolge von »vielfältigen Umwegen«. In Tübingen faszinierte ihn »die hochgetriebene Dogmatik des Privatrechts«, beschlichen ihn »Zweifel an der Angemessenheit solch kristalliner Normstrukturen«, sodass er sich »den in die Gesellschaft ausgreifenden Rechtskonzepten« zuwandte. In Berkeley fand er mit der soziologischen Jurisprudenz den »Anschluss an eine systematische institutional analysis der gesellschaftlichen Phänomene«. In Bremen begegnete er den »verschiedenen Formen alternativer Dogmatik. In Florenz überwand er die »Konzentration auf bloße Kontaktzonen von Jurisprudenz und Soziologie, an denen punktuelle Einbruchstellen für sozialwissenschaftliche Analysen zu finden waren«. Als Grundlage für eine erneuerte Privatrechtstheorie wählte er das autopoietische System von Niklas Luhmann. In London adaptierte er den bei Eugen Ehrlich skizzierten Ansatz eines staatsfernen Rechtspluralismus. In Frankfurt/M. ging er daran, »Verfassungsnormen für die neuen intermediären Gewalten, die sich zwischen Staat und Individuen geschoben haben (Funktionssysteme, formale Organisationen, transnationale Regimes), zu entwickeln«.[82] Der – ungewöhnlich kurvenreiche und ungewöhnlich offen geschilderte – Weg durch die Stationen zeigte, was eine Rezeption der Sozialtheorie in der Rechtsdogmatik ausrichten kann.

Eine andere Entwicklungslinie bezog sich auf das Wirtschaftsmodell, das den privatrechtlichen Figurationen zugrunde liegt, auf den Ordoliberalismus und seine Spielarten. Statt allgemeiner Thesen zum Recht wurden einzelne Institutionen konkret erörtert. Dieter Hart lieferte in den

81 Zitate von Teubner 1982: 13 f., 16. 40.

82 Teubner 2022.

frühen 1970ern eine sozialwissenschaftlich unterfütterte Diskussion zum Recht der Allgemeinen Geschäftsbedingungen (AGB). Hier war eine Gerechtigkeitslücke spürbar geworden; das kompliziert zu lesende und oft gar nicht zur Kenntnis genommene ›Kleingedruckte‹ war von der Unternehmensseite zu eigenen Gunsten formuliert worden und ließ sich bei der Vertragsschließung nur schwer ändern. Bevor 1976 das AGB-Gesetz kam, hatte die Rechtsprechung bereits eingegriffen. Um die gesetzliche Vertragsbindung (*pacta sunt servanda*) zu lösen, bedurfte es eines erheblichen Argumentationsaufwands. Es konnte eine Auslegung von Willenserklärungen in traditioneller Art sein, aber auch eine Rechtsfortbildung mit sozialwissenschaftlicher Begründung. Hart diskutierte die Frage unter den Gesichtspunkten Privatautonomie und Konsens der Vertragschließenden; er zeigte die wirtschaftspolitischen Grundlagen der einschlägigen Rechtsprechung auf und führte hierfür Franz Böhm und Walter Eucken an.

> Es ergebe sich, »indem der ökonomische Prozess sich selbst überlassen bleibt, für die Rechtsprechung auf dem Gebiete des Privatrechts eine Beschränkung auf die Überprüfung von Konsenstatbeständen«.[83] Die Reziprozität werde nicht weiter geprüft, der Eingriffsbereich in AGB somit geringgehalten. Die Argumentation war nicht als Ideologiekritik abzutun, sondern besaß Dogmatikrelevanz. Um den innovativen Charakter seiner These und die neue Theoriegrundlage zu betonen, bestand Hart später darauf, dass die Rechtsprechung hier nicht bloß ›Auslegung‹ sei, sondern ›Intervention‹ und ›Fortbildung‹ betreibe. Als Erklärung bzw. Begründung dienten der »sozioökonomische Wandel« und das »Marktmachtproblem«, welche die Freiheiten des Vertragsschlusses und der Vertragsinhaltsbestimmung entkoppelt hätten.[84] Damit wurden wirtschaftswissenschaftliche Beobachtungen herangezogen, die allerdings an diesen Stellen nicht mehr dokumentiert wurden, nachdem sie in früheren Publikationen angeführt worden waren. Darüber hinaus wurde, methodologisch bemerkenswert, aus der (faktisch-normativen) Wirtschaftsentwicklung eine neue Rechtsinterpretation ›abgeleitet‹.

Die Tendenz dieser Argumentation blieb nicht die isolierte Meinung eines einzelnen Autors, sondern stützte sich auf ähnliche Bekundungen von Heinz-Dieter Assmann, Gert Brüggemeier, Reinhard Damm, Christian Joerges, Rolf Knieper, Jutta Limbach, Norbert Reich, Eike Schmidt und anderen; die ansehnliche Schar bildete allerdings nur eine Seitenlinie im privatrechtlichen Hauptstrom. Die Beiträge aus sozialwissenschaftlich sensibilisierten Federn fanden sich eher in den ›eigenen‹ und damit etwas nischenhaften Medien wie dem Alternativkommentar oder der Kritischen

83 Hart 1974: 42.
84 Hart 1986: 227, 238, 240.

Vierteljahresschrift für Gesetzgebung und Rechtswissenschaft.[85] Ihre Meinungsbildung kreiste um Argumentationsfiguren wie Geschäftsgrundlage, Rechtslücke (im Gesetz oder im Vertrag) und Rechtsortbildung; damit wurden jene Befunde in die Rechtsdogmatik eingefügt, ohne die Herkunft beim Namen nennen zu müssen. Nur manchmal wurden soziologische (bzw. so klingende) Konzepte auch explizit verwendet; verwiesen wurde beispielsweise auf das Auftreten von Machtphänomenen sowohl auf der Interaktions- wie auf der ›gesellschaftlich-institutionellen Ebene‹ oder mit einer ›Vergesellschaftung‹ des Vertrages. Dass die dominierende Strömung später ihre Richtung änderte, konnte ebenso gut wie auf den ideologiekritischen Analysen auch auf ethischen Erwägungen zum Schutz von wirtschaftlich Schwächeren beruhen; im übergeordneten Wert der Gerechtigkeit waren sich beide Lager einig.

Wenn aus Erwägungen der Sachgerechtigkeit der sozio-ökonomische Hintergrund überkommener Rechtsnormen ergründet und mit diesem dogmatisch argumentiert wurde, begriffen viele dies als Materialisierung des Privatrechts. Nach der von Max Weber vorgegebenen Nomenklatur galt als ›formal‹ die Hinnahme und hermeneutische Bearbeitung gesetzter Normen, als ›material‹ der darüber hinausgehende Bezug auf Werte wie die Gerechtigkeit. Die Berücksichtigung sozialwissenschaftlicher Erkenntnisse und die empirische Überprüfung bislang formal vorausgesetzter Merkmale galten ebenfalls als ›materiales‹ Denken. Der Nachweis der Interessengebundenheit einer historischen Rechtsetzung bzw. des ihr zugrundeliegenden Sozialmodells unterfütterte die Gerechtigkeitsbehauptung. So flossen historische, ökonomische und soziologische Analysen – allesamt empirisch – in die juristische Meinungsbildung ein, ohne das Sein-Sollen-Trenngebot allzu sichtbar zu verletzen. Die Neuerer drangen allerdings damals nicht durch; erst sehr viel später sollten sowohl das Konzept wie der Vorgang einer ›Materialisierung des Rechts‹ zu einem vielerörterten Thema der Jurisprudenz werden.

Ökonomische Rechtsanalyse

Noch eine weitere Erfolgsgeschichte für den Reformdiskurs zur Integration begann bereits in den 1970ern. Der zunächst in Bielefeld, später in Köln lehrende Zivilrechtler Norbert Horn hatte sich 1974 mit der *Economic Analysis of Law* beschäftigt und brachte das Thema ins Zentrum für interdisziplinäre Forschung (ZiF), dessen Direktor er damals war. Der Verlag Beck vertraute ihm eine vierbändige Reihe zum kurzzeitig angesagten Thema ›Sozialwissenschaften im Studium des Rechts‹ an, worüber auch eine Arbeitsgemeinschaft im ZiF stattfand. Das Vorgehen fand Anklang.

85 Beispielsweise Hart 1989 sowie AK-BGB Band 1.

> Dazu trug gewiss bei, und Horn hob es hervor, dass ihr nichtmarxistischer Charakter die *Economic Analysis of Law* für die Rechtswissenschaft attraktiv machte. Listig fügte der Autor an, eine einseitig marktwirtschaftliche Orientierung leite das Wasser auf die Mühlen marxistischer Kritik. Damit wurde verhindert, dass der neue Ansatz eine von ›links‹ her angreifbare Note erhielt; er stand nun in der Mitte zwischen den Lagern. Für Horn konnte die *Economic Analysis of Law* zur Abwägung zwischen Marktwirtschafts- und Gemeinschaftswerten beitragen.[86]

Dass sich Wirtschaftsrechtsdogmatik und Ökonomik vertrugen, wurde von den Umständen begünstigt: Zum einen betraf die Kooperation einen eingegrenzten Bereich. Zum anderen harmonierten die Beteiligten in ihren Grundhaltungen – im Kritischen Rationalismus rangiert Empirie vor Spekulation, und mit dem *Rational-Choice*-Ansatz vermied man die Vielstimmigkeit der soziologischen Theorie. Mit *Rational-choice* adaptierte die Soziologie die aus der Wirtschaftswissenschaft stammende Nutzentheorie. In dieser Perspektive hatte auch Karl-Dieter Opp 1973 seine ›Soziologie im Recht‹ präsentiert.

Wenn Peter Behrens den Theorieansatz der Ökonomischen Analyse des Rechts ausdrücklich als analytisch-normativ bezeichnete und es ausschloss, ihn als deskriptiv-empirisch zu verstehen,[87] dann schien damit zumindest wissenschaftstheoretisch eine belastbare Brücke zur Rechtsanwendung geschaffen zu sein. Allerdings enthielt sich der Ökonom solcher Erörterungen, käme es doch letztlich auf die Rezeption innerhalb des rechtsdogmatischen Diskurses an. Dieser Erfolg stellte sich in Form eines Lehrbuchs ein, als Gemeinschaftswerk eines Ökonomen und eines Privatrechtlers, beide Mitglied im Hamburger Reformfachbereich, wo sie Kurse im Team abhielten. In dem Buch von Hans-Bernd Schäfer und Claus Ott (erstmals 1986) wurden einige Bereiche des Zivilrechts abgehandelt und sozialwissenschaftlich kommentiert. Die Autoren legten nur eine einzige Perspektive an, eben die Nutzentheorie, und konnten so eine einheitliche Interpretationslinie verfolgen. Mit Schwerpunkt im Schadensersatz- und Vertragsrecht wurden die Folgen von Regelungen ermittelt, bezogen auf die rationale Entscheidung über Alternativen beim Umgang mit knappen Gütern.[88]

> Ende der neunziger Jahre führte Stephan Tontrup vor, wie normative Ökonomik und dogmatische Jurisprudenz zusammenkommen können. Entgegen einer zurückhaltenden h.M., wonach das Sache der Gesetzgebung sei, sah er »die Möglichkeiten vor allem der wissenschaftlichen

86 Horn 1976: 311, 333. Horn edierte 1977 den ersten Band der Reihe ›Sozialwissenschaften im Studium des Rechts‹ zum Zivil- und Wirtschaftsrecht, worin u.a. Hein Kötz eine Lehrveranstaltung über Ökonomische Analyse von Rechtsproblemen entwarf (Kötz 1977).

87 Behrens 1986: 46.

88 Schäfer/Ott 1986; in späteren Auflagen kamen weitere Themen hinzu.

Jurisprudenz anders. Gerade die dogmatischen Konstruktionen sollen die Konsequenzen der rechtlichen Konstruktionen berücksichtigen«. Es sei »nicht sinnvoll, dem Gesetzgeber ganz die Aufgabe zu überlassen, dem Recht einen Wirklichkeitsbezug zu geben, der sozialwissenschaftlich fundiert ist«. Dieses Wissen werde über Lehrbücher und Kommentare »den Konstruktionen und Regeln eingeschrieben« und damit für Richter und Rechtsanwälte »aufschließbar und anwendbar«. Den Praktikern wurde dabei aufgegeben, sich den erforderlichen theoretischen Hintergrund zu verschaffen – so wie sie sich auch mit den Verkehrssitten auskennen müssten. Das eine sei nicht schwerer als das andere, es sei ihr »Alltagsgeschäft«.[89]

Seitens der juristischen Methodenlehre erging es der ökonomischen Rechtsanalyse nicht so schlecht wie den Annäherungsversuchen der Soziologie. Doch auch jetzt betonte man Abgrenzung, besorgt um den Erhalt der Besonderheit der Jurisprudenz gegenüber allen anderen Gesellschaftswissenschaften.

So hieß es, der monokausale Theorieansatz verkürze die Multifunktionalität des Rechtswesens und beschneide das Recht um seine wesentlichen Aufgaben. Das sei mit einem freiheitlichen Rechtsdenken unvereinbar. Sonst werde die Jurisprudenz als »Rechtstechnik im Modell politischer Ökonomie aufgehen. [...] Die ökonomische Rechtstheorie ist ein Irrweg, den zu beschreiten das Recht sich hüten sollte.«[90]

In ihrer Erwiderung auf diese weithin rezipierte Kritik benutzten Ott und Schäfer die von den anderen Grenzdebatten bekannten Argumentationsfiguren: die Sorge vor »Soziologisierung«, »Missachtung des ›genuin‹ Juristischen« usw. Man saß also im selben Boot. Die ökonomische Rechtsanalyse erhebe keinen Anspruch auf Vorrang oder Alleinvertretung gegenüber anderen sozialwissenschaftlichen Theorien. Aber sie sei »nicht nur eine gesellschaftliche Theorie des Rechts, sondern auch und besonders eine Gerechtigkeitstheorie. [...] Die ökonomische Analyse des Rechts stellt aber den Geltungsanspruch von Rechtsnormen und Gerichtsurteilen nicht in Frage.« Doch die Normen selbst werden »unter dem Gesichtspunkt der Allokationseffizienz überprüft. Ergeben sich dabei Defizite, so ändert das nichts an der unmittelbaren rechtlichen Geltung bzw. Verbindlichkeit der Norm, wirft aber die Frage auf, ob die Norm noch als sachgerechte und vernünftige Regelung des anstehenden Problems akzeptiert werden kann.«[91] Mit diesen feinsinnigen Unterscheidungen waren die Bedenken der Kritik allerdings nicht ausgeräumt.

89 Tontrup 1998:118 f.
90 Fezer 1986: 823 f.
91 Ott/Schäfer 1988: 213–215.

Die Vorbehalte aus der Jurisprudenz hatten eine gewisse Plausibilität; da die Ökonomie und zumal die ökonomische Rechtsanalyse nicht nur empirisch-erklärend, sondern auch normativ-empfehlend vorgeht, war besondere Vorsicht gegen eine ›Übergriffigkeit‹ angesagt. Seitens der Ökonomie wurde die Berechtigung für normative Empfehlungen mit der Notwendigkeit begründet, »zu wissen, wie effiziente Normen aussehen bzw. welche Effizienzeinbußen bei der Verfolgung anderer Ziele in Kauf genommen werden müssen«.[92] Empirische Soziologie würde sich an dieser Stelle darauf beschränkt haben, die Folgen bestimmter Rechtsentscheidungen aufzuzeigen.

> Aus der Sicht der Volkswirtschaftslehre – selten genug in diesem Diskurs – nahm Hans-Bernd Schäfer, Professor im Modell Hamburg, sehr deutlich Stellung, indem er die Unabdingbarkeit einer Integration der Sozialwissenschaften bejahte: »Eine Rechtsdogmatik, die vorgibt, Rechtssätze mit dem traditionellen Methodenkanon abzuleiten, während sie sich tatsächlich an voraussichtlichen oder gewollten sozialen Folgen dieses Rechtssatzes oder an Rechtsprinzipien, die sich evolutorisch als gesellschaftlicher Konsens herausbildet, orientiert, muss auf Dauer das Vertrauen in den Rechtsstaat untergraben.«[93]

> Auch die juristische Front bröckelte. Der Wirtschaftsrechtler Friedrich Kübler, ohnehin mit einer methodologischen Öffnung sympathisierend, argumentierte gegen die Abgrenzungsbemühungen der deutschen (und us-amerikanischen) Jurisprudenz: »Der Umstand, dass die Rechtsanwendung einem besonders ausgebildeten Rechtsstab und den unabhängigen Institutionen der Gerichte anvertraut ist, vermag keine ›Eigenständigkeit‹ der Rechtswissenschaft zu begründen, die es erlaubte, die Rechtserkenntnis von der kritischen Mitsprache der Wirtschaftswissenschaft (oder anderer sozialwissenschaftlicher Disziplinen) hermetisch abzuschotten.«[94]

Zu den Themen Ökonomie bzw. Sozialwissenschaften im Recht wurde getrennt debattiert. Die beiden Diskurse stammen aus verschiedenen Quellen und fanden in anderen Personenkreisen statt. Mochten sie auch auf einer höheren Abstraktionsebene zusammengehören, diskurstheoretisch nahmen sie einen verschiedenen Verlauf, wobei sie einander berührten und eine gewisse Schnittmenge der Argumentation aufwiesen. Die ökonomische Analyse des Rechts hatte im Diskurs die Startvorteile, dass sie von Juristen vorgetragen wurde, sich auf anscheinend empirisch exakte Daten berief und diese formal-logisch, ja mathematisch wiedergeben konnte. Ökonomisches Denken sei darauf angelegt, wie der

92 Vgl. Söllner 2021: 220–223 (223).
93 Schäfer 1990: 296.
94 Kübler 1989: 305.

Wirtschaftsrechtler Peter Behrens glaubte, zu einer größeren Rationalität des juristischen Argumentierens zu gelangen.[95] Mit ›Rationalität‹ war ein Schlüsselwort juristischen Selbstverständnisses ausgesprochen, das auch den erwähnten Norbert Horn umtrieb.

> In seiner Frankfurter Antrittsvorlesung von 1972 hatte Horn sehr grundsätzlich seine Auffassung dazu darlegt, woher juristische Entscheidungen die Rationalität ihrer Begründung nehmen. Tatsächlich war dies der Punkt, an dem seitens der Rechtstheorie auf den kritischen Diskurs zur Dogmatik eingegangen werden konnte. Als Rechtshistoriker griff der Referent nun weit zurück, blieb dann aber bei Gesetz und Rechtsdogmatik und wich »den modernen Wünschen, die Jurisprudenz zu einer neuartigen Sozialwissenschaft umzugestalten« mit dem Stichwort ›Systemtheorie‹ aus.[96]

Mit der Ökonomischen Analyse des Rechts schien ein Kompromiss erreicht zu sein: Das Prinzip von *Rational-choice*, die empirische Feststellung der Normfolgen und deren mathematische Darstellung versprachen ein Höchstmaß an Rationalität. Ein latenter Linksdrall stand nicht zu vermuten. Doch setzte auch dieser sozialwissenschaftliche Ansatz einige Vorkenntnisse voraus, forderte ein Umdenken und eine andere Fachsprache.

Feminismus in der Rechtswissenschaft

Zeitgleich mit dem Diskurs um eine Versozialwissenschaftlichung der Jurisprudenz machte sich die, wie sie heute heißt, feministische Rechtswissenschaft auf den Weg. Für alle Felder des Öffentlichen und Privaten wurde nach dem Beitrag des Rechts zur sozial disprivilegierten Lage der Frauen gefragt. Sowohl die Bewegungs- als auch die Wissenschaftsseite betrieben das Thema ›Frauen im Recht‹, und beide instruierten sich wechselseitig. Daher schien es zunächst, als ginge es primär um Politik und neue Gesetze, bis sich herausstellte, dass es auch auf die wissenschaftliche Bearbeitung des vorhandenen Rechts ankam. Anfänglich wurde allseits normativ argumentiert, mit Berufung auf Menschenrechte und auf verfassungsmäßige Gleichheit. Als Appell machte das durchaus Eindruck, zeitigte aber nur sehr allmählich spürbare Folgen. Erst bei einer Verankerung auf allen Ebenen des Rechtsbetriebs war mit höherer Durchschlagskraft zu rechnen. So machten sich denn die juristischen Grundlagenfächer auf den Weg, den Diskurs über Geschlechterdifferenz und -gleichheit zu vertiefen.

95 Behrens 1986: 27.
96 Horn 1975: 153, 157.

Die seit Ende des 19. Jahrhunderts angemeldeten Rechtsforderungen wurden nur schrittweise erfüllt. Sie betrafen die bürgerschaftliche Mitwirkung des Wählens, Versammelns usw., den Schwangerschaftsabbruch sowie die Stellung in der Ehe, also Themen aus allen Bereichen der herkömmlichen Dreiteilung der Jurisprudenz. Bald wurde nun klar, dass es sich nicht nur um eingrenzbare Gebiete und isolierte Einzelfragen handeln konnte, sondern um eine Querschnittsaufgabe, die umfassend und langfristig anzugehen war. Die Diskursentwicklung ließ sich bis zu Dokumenten aus der Französischen Revolution zurückverfolgen; die Geschichte der Entrechtung von Frauen wurde epochen- und kulturvergleichend aufgearbeitet.

Aus den Sozialwissenschaften waren seit den 1970er Jahren die entscheidenden Ideen gekommen, die das Denken des Geschlechterverhältnisses entbiologisierten und in einen soziokulturellen Rahmen stellten. Danach stammten das Geschlechterverhältnis und seine Regulation nicht aus der ›Natur‹, nicht aus körperlicher Beschaffenheit oder angeborenen Mentalitäten; vielmehr waren sie soziokulturell entstanden und dementsprechend änderbar. Die Vorbilder für die nun aufblühenden Bewegungs- und Forschungsaktivitäten waren, zusammen mit anderen bürgerschaftsrechtlichen Themen, mit leichtem zeitlichem Vorsprung im angloamerikanischen Raum entstanden.

> Der Kanadier Eving Goffman (1922–1982), ein vielgelesener und gedankenreicher Solitär der Interpretativen Soziologie, verfasste 1976 und 1977 die ersten Werke, in denen die gesellschaftliche Lage der Frauen nicht nur kritisch fortgeschrieben, sondern in zukunftweisender Art erklärt wurde. Die Differenz der Geschlechter (*gender*) wird in alltäglicher Interaktion immer wieder neu erzeugt und bestätigt; das Recht als eine der Institutionalisierungen reflektiert die Differenz. Beide Ebenen – Interaktion und soziale Ordnung – zusammen garantieren den »institutionalisierten Genderismus«; damit »bietet die auf dem Geschlecht basierende parallele Organisation einen leicht handhabbaren Ausgangspunkt für die Etablierung einer unterschiedlichen Behandlung der Geschlechter«. Zwar besteht nun im Bereich der gesetzlichen Rechte ein hohes Maß an Gleichheit zwischen den Geschlechtern, ja manchmal werden Frauen sogar bevorzugt; doch entscheidend ist, »in welchen Arrangements das geschieht und welche symbolische Bedeutung diesen Arrangements zukommt«. Hieraus resultieren besondere Umstände der Lage der Frauen, »die unsere moderne egalitäre Welt zu weiten Teilen zur patriarchalsten machen, die wir uns vorstellen können«. Das Recht, so kann präzisiert werden, gehört zu einem »bestimmten Typus institutioneller Reflexivität«, womit Goffman meint, »dass tief verankerte institutionelle Praktiken so auf soziale Situationen wirken, dass diese sich in Kulissen zur Darstellung von Genderismen beider Geschlechter verwandeln«.[97]

97 Goffman 1977: 114–119, 150.

Bis dahin war ›Geschlecht‹, als die Differenz zwischen Frauen und Männern, als kulturelle Selbstverständlichkeit im Alltagsbewusstsein und als eine Strukturvariable in den Wissenschaften unproblematisiert vorhanden gewesen. In dieser Form traf Geschlecht auf alle Erscheinungsweisen des Rechts. Aber in den historischen und interkulturellen Materialien stellte sich das Verhältnis von Recht und Geschlecht höchst unterschiedlich dar. Seit den 1970er Jahren wurde dieses Verhältnis nach Maßgabe der sozialen Gleichheit geprüft. Die Sozialwissenschaften waren berufen, hierzu Ideen beizutragen; das haben sie getan. Die relative Beschaffenheit der Geschlechter (*sexes*) mochte ein Thema der Physiologie sein; das gesellschaftliche Verhältnis aber wurde nun als eine Grunddimension der Sozialtheorie anerkannt.

Dieser Topos berührte das gesamte Denken des Rechts. Die Saat war gelegt, doch sie ging viel später auf als im Falle der alternativen Gesetzeskommentierung oder der reformierten Ausbildung. Es fehlte nämlich an Personal; in den oberen Etagen der akademischen Jurisprudenz gab es kaum Frauen,[98] und männliche Wissenschaftler fühlten sich von der Frage nicht angesprochen. Starke Fraktionen der politischen Meinungsbildung und Entscheiderschaft glaubten befürchten zu müssen, dass die Erfüllung der Rechtsforderungen mit einer sie gefährdenden Veränderung der Herrschaftsverteilung einhergehen würde. Unterdessen stieg bei den Studierenden der weibliche Anteil stark an, wovon viele, jetzt noch in ihrer Qualifikationsphase, nach der Jahrhundertwende die dann freiwerdenden Professuren besetzen würden. Dass die Frauen- bzw. Geschlechterfrage von ihnen bevorzugt aufgegriffen werden würde, verdankte sich allerdings weniger der Kraft sozialwissenschaftlicher Forschung als ihrer Betroffenheit, ein zum Bewegungsthema gehörender Aspekt. Aus der Frauenbewegung stammte der Antrieb zu Selbstorganisationen wie dem (schon lange bestehenden) Juristinnenbund und der 1983 gegründeten, vornehmlich von Anwältinnen beschickten Zeitschrift *Streit*.

Stärker noch als die Idee des Sozialen förderte also die Idee der Gerechtigkeit den Feminismus im Rechtsdenken. Die beiden Gedankenlinien verbinden sich an vielen Stellen, gehen aber nicht ineinander auf; es gibt Soziologie ohne (expliziten) Bezug auf Gerechtigkeit, und alle Gerechtigkeitskonzepte beziehen sich auf bestimmte gesellschaftliche Ausschnitte. Beispielsweise finden soziologisches und gerechtigkeitspolitisches Denken zusammen, wenn das vielgenutzte Konzept der Diskriminierung definiert wird als Bezeichnung für Differenzen, die nicht nur Unterschiede sind, »sondern Hierarchien widerspiegeln oder aufrechterhalten«.[99] Die Forderung, die Interessen der weiblichen, also der

98 Die erste ordentliche Professorin an einer bundesrepublikanischen Jurafakultät war ab 1965 in Gießen die Kriminologin Anne-Eva Brauneck.

99 Lembke 2021: 118.

statistischen Hälfte der Bevölkerung angemessen in sämtlichen Sparten des Rechts zu berücksichtigen, kam ohne sozialwissenschaftliche Denkformen nicht aus, auch wenn deren Beitrag oft im Hintergrund blieb.

Die Feministische Rechtswissenschaft, so stellt Ute Gerhard fest, »bezieht ihre Instrumente, Ansätze und Methoden der Forschung und Kritik aus der sozial- und kulturwissenschaftlichen Geschlechterforschung«; damit beeinflusst sie »zunehmend auch die Rechtsdogmatik und Rechtsanwendung«.[100] In ihrer soziologisch-historischen Analyse zur Rechtsstellung der Frauen bildete der ›Patriarchalismus‹ das vornehmlich erklärende Moment.[101] Sie benutzte also ein Merkmal der Sozialstruktur, ohne sich auf die Soziologie zu beziehen – mit gutem Grund, denn die damalige Familiensoziologie hing durch Bücher von Helmut Schelsky und anderen einer institutionalistischen Konzeption von Ehe an, worin die Rechte der Frauen einem dubiosen Gesamtinteresse nachgeordnet waren. Stattdessen unterzog Gerhard die Rechtsgeschichte einer kritischen Sichtung im Lichte des Patriarchalismus. Unausgesprochen blieb die Lehre, dass die Familienrechtswissenschaft anders ausgesehen hätte, wenn sie auf die geschlechtersoziologischen Beiträge eingegangen wäre.

Wie in der Rechtswissenschaft nahm auch der Hauptstrom der Sozialwissenschaften die neue Herausforderung nur zögernd zur Kenntnis. Die Attacken der interpretativen Soziologie auf die naturhaft-biologistischen Vorstellungen im Alltagswissen hatten es schwer gegen eine Theorietradition, die entweder funktionalistisch-systemologisch geprägt war (als Übernahme aus der Biologie) oder in einer materialistischen Tradition stand. Zumal die Familiensoziologie, der das Thema Frau einengend zugeordnet gewesen war, »primär die Reproduktions- und Sozialisationsfunktion der Familie« betonte, statt den »Widerspruch zwischen bürgerlicher Freiheit und Gleichheit und den nur der Frau übertragenen familiären Verpflichtungen« zu problematisieren.[102] Erst die Methoden der empirischen Sozialforschung konnten die mittelbaren und strukturellen Benachteiligungen in der Rechtsstellung von Frauen sichtbar machen. Dazu eigneten sich multivariate Analysen, die den Einfluss verschiedener Faktoren gegeneinander abwiegen und die an der Oberfläche nicht erkennbaren Effekte, also latente Faktoren, sichtbar machen. Rechtsnormen, die dem Wortlaut nach nicht zwischen Männern und Frauen unterscheiden, erwiesen sich als androzentrisch, wenn sie nur die männliche Erfahrungswelt berücksichtigten und den weiblichen Lebenszusammenhang ignorierten.

100 Gerhard 2009: 163.
101 Gerhard 1978: 12 f.
102 Gerhard 1978: 75.

Die ersten empirisch-rechtssoziologischen Forschungsprojekte zur Geschlechterdifferenz begannen Ende der 1970er Jahre an der Reformfakultät in Bremen. Untersucht wurde die Tätigkeit der ›Gleichstellungsstellen‹, wie die staatlichen Einrichtungen zur Frage der Frauendiskriminierung damals hießen. Eines dieser Projekte richtete sich auf das lokale Amt, ein anderes auf die Ämter in den Bundesländern.[103] Zwei weitere Projekte befassten sich mit den frauenbezogenen Effekten der neueren Gesetzgebung in den Bereichen Arbeitsförderung und Ehescheidung.[104] In allen vier Vorhaben ging es nicht um die Idee des Sozialen im *Denken* des Rechts, sondern in dessen praktischer *Handhabung*.

Einsetzend mit der napoleonischen Gesetzgebung hatte sich in ganz Europa die Rechtsstellung der Frauen verschlechtert. Folgenschwer und hartnäckig wirkte der politische Ausschluss der Frauen aus der politischen Öffentlichkeit. Die Gleichheitsklauseln in der Weimarer und Bonner Verfassung hatten die Lage nur stückhaft verbessert. Symptomatisch: im juristischen Diskurs meldeten sich bis Ende der 1990er Jahre fast nur Männer zu Wort, obwohl ab 1997 mehr Frauen als Männer Jura studierten.[105] Die fortbestehenden Ungleichheiten betraten seit den 1970ern mit dem Diskurs um die Sozialwissenschaften im Recht das Problembewusstsein der Jurisprudenz, sodass auch dieses Thema als ein Saatbeet für den Feminismus in der Rechtswissenschaft angesehen werden kann.

Ausbildung und Lehrpersonal

Mögen die Experimente und Neugründungen auch längst Geschichte sein, so bleibt doch nach der Wirkmacht dieses Diskurses zu fragen, nach dem erinnerbaren Niederschlag. Was nur hatte die Idee des Sozialen mit den Formen juristischer Ausbildung zu tun? Mit Curriculum und Didaktik? Wissenschaftssystematisch wenig, in den Diskursen sehr viel. Die Gestaltung von Studium und Referendariat war seit Jherings Zeiten (Kap. 1) immer zugleich mit der Methodenproblematik thematisiert worden. So war es auch in der Bundesrepublik seit 1949 geschehen, wie neuerlich eine umfangreiche Bibliographie nachwies.[106]

Da die Studienreform von 1970 weder Pläne noch Material für die Lehrinhalte vorfand, worauf sie hätte aufbauen können, musste sie es selber beschaffen. Das geschah an den einzelnen Orten mit wechselnder Intensität und inhaltlicher Akzentuierung. Die Hauptfaktoren für Erfolg bzw.

103 Vgl. die Forschungsberichte von Krautkrämer-Wagner 1983 und Meuser 1989.
104 Siehe die Darstellung bei Lautmann 1990.
105 So Flam 2020: 11.
106 Vgl. Bergmans 2021; er nennt »die Diskussionsbeiträge zu den Reformen der Juristenausbildung im Laufe der Jahrzehnte kaum überschaubar«.

Schwierigkeiten waren der landespolitische Kontext, der die Ausbildungsordnung festlegte, und das beteiligte Lehrpersonal. Wie einem Experiment angemessen, wurden mehrere Formen eines veränderten Rechtsstudiums angeboten, die sich auf je eigene Weise von der vorhandenen Einheitsform absetzten und deren Rahmen in einer Vorschrift des Richtergesetzes festgelegt war. Eine Reihe juristischer Fakultäten machte Gebrauch von der befristeten Experimentierklausel des Richtergesetzes. Höchst unterschiedlich fielen die Versuche mit der ›Einbeziehung der Sozialwissenschaften‹ aus.

In Bielefeld wurden sie erst zum Ende der Ausbildung behutsam in rechtliche Veranstaltungen integriert. Auch in Trier wurden solche Themen weitgehend vermieden, in Bayern sowieso. Kiel verzichtete auf ein sozialwissenschaftliches Grundstudium, das in Bremen eine einjährige Eingangsphase bekam, zusätzlich eine sozialwissenschaftliche Grundierung sowohl in jeder der drei rechtlichen Schwerpunktbereiche als auch in der abschließenden Projektphase. Das Wiesbadener Modell (nicht realisiert) übertraf dies noch in der Dauer der sozialwissenschaftlichen Eingangsstufe sowie in einigen Formulierungen (von Aufrechterhaltung der Klassengesellschaft und Unterdrückung der Arbeiterklasse war hier die Rede). Hannover und Hamburg machten ebenfalls Ernst mit dem Reformprogramm.[107]

Die Implementation des sozialwissenschaftlichen Beitrags ging verschiedene Wege: Er konnte additiv *oder* integrativ erbracht werden, konnte am Studienbeginn *oder* erst in einer Schwerpunktphase am Ende liegen bzw. in beiden Phasen (sogen. U-Modell, bei dem in den mittleren Semestern der Rechtsstoff ›unverwässert‹ im Vordergrund stand). Da dies zum ersten Mal stattfand, waren alle Erfahrungen erwünscht und für eine Weiterentwicklung dienlich – vom Standpunkt eines Feldexperiments her gesehen.

Auch für den sogen. Vorbereitungsdienst, den nachuniversitären, zweiten Teil des Weges zur juristischen Vollqualifikation, wurde der Einbezug sozialwissenschaftlicher Erkenntnisse erprobt. Oberlandesgerichtspräsident Wassermann organisierte es für seinen Bezirk und brachte 1979 einen Sammelband mit Handreichungen heraus.[108] Ein Erfahrungsbericht zehn Jahre später verriet allerdings wenig Enthusiasmus bezüglich der Erfolge in diesem Reformpunkt.[109] Keinerlei sozialwissenschaftliche Themen waren im dreitägigen Seminar an der Verwaltungshochschule in Speyer zum Thema ›Probleme der Juristenausbildung‹ im September 1978 mit hochrangigen Referenten vorgesehen; vielmehr ging es um Berufsaussichten und Prüfungsfragen.[110]

107 Alles nach dem Überblick bei Lührig 1997: 148–151.
108 Dästner u.a. 1979.
109 Vgl. Nichterlein 1989: 184.
110 Programm in BUA 4/EJA2 - Nr. 5545b.

Die damals vorgelegten Konkretisierungen des Integrationsprogramms lasen sich nicht als ›flächendeckende‹ Darstellung eines gesamten Rechtsgebiets. Meist handelte es sich um einzelne Berichte aus den Reformmodellen, also Unterrichtsbeispiele. Das wurde nicht als Beweis eines Gelingens verstanden – da es ja nur Auszüge betraf –, und wahrscheinlich wurden solche Berichte gar nicht zur Kenntnis genommen. Tatsächlich konnte das Integrationsprogramm gar nicht anders implementiert werden als durch parallel unternommene Versuche, wie es in einem ›Experiment‹ notwendig und immer der Fall ist. Und jede dieser Unternehmungen konnte nur einen Teil des riesigen Ackers bestellen. »Der Versuch einer Einbeziehung der Sozialwissenschaften in die Lehre des materiellen Strafrechts kann nur exemplarisch geschehen.«[111] Bei der Exemplarietät musste es ohnehin bleiben, jedenfalls im zeit- und stoffbegrenzten Unterricht.

> Im Bereich der Strafrechtslehre – um hier ein Beispiel zu nennen – schritt die Integration schneller voran als in anderen Rechtsbereichen. So beantragte Prof. Peter Thoss 1974 ein Forschungsfreisemester, um »ein schon begonnenes Vorhaben über Grundzüge einer sozialwissenschaftlichen Vermittlung von Strafrecht weiter zu bearbeiten und abzuschließen«.[112] – Im strafrechtlichen Schwerpunkt – offiziell hieß er ›Sozialisation, Kriminalität, Resozialisation‹ – initiierten die Professoren Backes und Schumann 1976 ein mehrsemestriges »Projekt« mit dem Titel »Alternativen zum Strafverfahren«. Die Studiengangkommission kritisierte: »In der Vorlage sind die materiell-rechtlichen Komponenten nicht ausreichend dargelegt worden.«[113] Freilich entstanden hier einige anregende Examensarbeiten. – Eine bundesweite Befragung der Strafrechtsdozierenden ergab: Über die Verknüpfung rechts- und sozialwissenschaftlicher Erkenntnisse entscheidet die eigene diesbezügliche Ausbildung der Lehrenden und ersatzweise ein Zusammenwirken im Team-Teaching.[114]

Lagen im Straf-, Verwaltungs- und Staatsrecht die Anschlussmöglichkeiten auf der Hand, so bot sich im Zivilrecht das dickste Brett. Hier empfahl sich als Nachbarfach die Ökonomie, und im Hamburger Reformstudiengang taten sich, wie bereits geschildert, ein Volkswirt und ein Jurist für den Unterricht zusammen, woraus das bis heute erfolgreiche Lehrbuch hervorging.[115]

111 Schumann in Giehring u.a. 1986: 181–183.
112 BUA 4/EJA2 - Nr. 5547b, o.S.
113 BUA 4/EJA2 - Nr. 5542a.
114 Giehring/Schumann 1986: 142.
115 Für den sehr deutlichen Erfahrungsbericht siehe Schäfer 1990, für das Lehrbuch Schäfer/Ott 2021.

> Offenbar bedurfte es dazu eines Arbeitscharakters, der auf Nüchternheit und Präzision insistiert. Schäfer wandte sich explizit gegen überschwängliche Integrationsideen, die er in zwei Spielarten wahrnahm: als »taktische Instrumentalisierung von Sozialwissenschaften und die romantische Schlagseite«. Er tadelte »die Verwendung sozialwissenschaftlichen Jargons, den Missbrauch sozialwissenschaftlicher Begrifflichkeiten für Bluff- und Aufschneiderstrategien, für verbale Überwältigungskunststücke und brillante Formulierungen, die es ermöglichen, über höchst unklare Aspekte eines Problems hinwegzuhuschen«. Einen Zug zur Romantik entdeckte er in den verkündeten »Entschleierungstheorien, Demaskierungsthesen und Katastrophenszenarien« sowie in dem Bestreben, »die Welt in gut und böse, fortschrittlich und reaktionär einzuteilen«.[116]

Wenn als Einperson-Unternehmen durchgeführt, klappte die Verbindung nicht so gut. Ingo Richter, bekannt geworden als einer der profilierten Bildungsreformer in der alten Bundesrepublik, schilderte überzeugend, wie er in seinem Hamburger Kurs ›Verwaltung‹ die soziale und rechtliche Ebene kombinierte. Das förderte zwar ein Verständnis für die Funktionsweise des Rechts, vermittelte aber keine Kompetenz und Sicherheit für das Berufshandeln; denn in der sozialwissenschaftlichen Perspektive ergaben sich mehr Fragen als Antworten. Der spätere Bildungsforscher musste sich fragen, »ob dies der richtige Weg zur Ausbildung praktischer Juristen war«. Und so verabschiedete er sich vom Ziel einer Integration von Rechts- und Sozialwissenschaft.[117] Günstiger klangen die Berichte zum Team-Teaching.

> Die ›Integration‹ von Strafrecht und Kriminalsoziologie im universitären Unterricht wurde in Hannover gründlich untersucht. Im Winter 1979/80, die neue Jurafakultät war fünf Jahre alt, wurden die Strafrechtsdozenten befragt, welche Probleme die Einbeziehung der Sozialwissenschaften ihnen bereitet habe. Herauskamen die damals schon bekannten Engpässe wie die Sorge, als bloße Entscheidungshilfe instrumentalisiert zu werden, die Befürchtung, mit einer Versozialwissenschaftlichung dehne sich der punitive Raum aus, ferner die divergenten Fachidentitäten sowie die Asymmetrie der Lernbereitschaft (die Soziologen sollen sich in die Rechtsprogramme einarbeiten, weil Juristen und keine Soziologen ausgebildet werden). Hieran interessierte nicht der Aspekt des Vergeblichen, sondern das Potenzial, die doppeldisziplinäre Stoffvermittlung zu verbessern. In Hannover bewährte sich die Integration »dann gut, wenn beide Perspektiven gemeinsam von nur einer Lehrperson vertreten und aufeinander bezogen werden, weniger gut und für einige Befragten offenbar eine eher frustrierende Erfahrung, wenn dies im team-teaching passiert«.[118]

116 Schäfer 1990: 301.
117 Richter 2021: 204–206.
118 C. Schumann 1981: 137 f.

Hoffmann-Riem organisierte u.a. den Sammelband zur sozialwissenschaftlich orientierten Rechtsanwendung in öffentlich-rechtlichen Übungs- und Prüfungsarbeiten, woran sich namhafte Fachvertreter beteiligten. Hierzu lieferte er selber eine ausführliche Einführung, wie sozialwissenschaftliche Überlegungen in die juristische Argumentation eingebaut werden können. Dieser Text gehört zu den detailliertesten Bearbeitungen der Integrationsthematik.

> Die Schwierigkeiten beim Zugang (Vokabular, Denkschulen, Datenqualität, Forschungslücken) verschwieg er nicht. Er versprach sich davon, »juristische Selbstverständlichkeiten in Frage zu stellen, z.B. gängige Problemwahrnehmung und die überkommenen Relevanzkriterien zu erschüttern«.[119] Innerhalb des Methodendiskurses musste der hierfür aufgewandte Forschungseinsatz verpuffen, weil das Buch als ›Fälle mit Lösungen‹ deklariert war, ein Genre, dessen fachlicher Anerkennungswert weit unterhalb desjenigen eines ›Lehrbuchs‹ liegt, sodass es in der Disziplin ignoriert wird.

Wenig wurde darüber bekannt, wie die Vertreter der verschiedenen Fachrichtungen zusammenwirkten. Hier freilich musste sich die Reichweite einer Integration entscheiden.

> In den Gremien an der Universität Bremen arbeiteten die Vertreter der beiden Fachrichtungen zusammen. Die Durchsicht der Protokolle aus den Jahren 1974 bis 1979 ergab, dass sich unter den sechs professoralen Mitgliedern stets auch Sozialwissenschaftler befanden, im Jahr 1977/78 sogar zur Hälfte.[120] An mangelnder Repräsentanz der Außerjuristischen lag der Misserfolg also nicht. – An der Rahmenkonzeption für das sozialwissenschaftliche Eingangsjahr in Bremen beteiligten sich nur Professoren mit nachdrücklich außerrechtlichen Forschungsinteressen, selbst wenn sie einen juristischen Grad besaßen. Hier gab es sogar zwei Vorlagen, wovon eine – unter Mitwirkung von Rechtsprofessoren – weniger politökonomisch und eher soziologisch sowie fachspezifisch orientierend ausfiel.[121] Das Gremium kam auf der Sitzung v. 7. Juni 1978 »nach eingehender Diskussion« zu keinem Konsens, der erst später erreicht wurde.

Außerhalb der Experimentiermodelle, also an den klassischen Fakultäten, wurde die Soziologie so gut wie nicht nachgefragt. Nur an der FU Berlin war eine Professur für Rechtssoziologie ausgeschrieben, die beschlossene Liste mit Wolf Rosenbaum, Gerd Winter und Wolfgang Kaupen wurde (als zu ›links‹) von der unterlegenen Professorenmehrheit bekämpft und vom Senat zurückgewiesen. Immerhin bestand hier eine

119 Hoffmann-Riem 1981: 15.

120 BUA 4/EJA2 - Nr. 5547a, o.S.

121 Beide enthalten in BUA 4/EJA2 - Nr. 5545c, Vorlage zur Sitzung der Studiengangskommission Juristenausbildung am 24. Mai 1978.

beachtliche Traditionslinie mit Ernst E. Hirsch, Manfred Rehbinder und Jutta Limbach, und so wurde schließlich Hubert Rottleuthner berufen. Einige andere Fakultäten akzeptierten Rechtssoziologie als eine weitere Zuständigkeit hinter dem dogmatischen Hauptfach. Da die Rechtssoziologie damals politisch umstritten war und Zweifel am Konzept einer soziologischen Jurisprudenz bestanden, wurde sie zwar oft als eine Option in den zu prüfenden Grundlagenfächern geführt, was aber eine »Minimallösung« darstellte, zumal die Rechtssoziologie dann nur noch einen »Nebenaspekt der Aufgaben eines Professors« abgab.[122]

Als schwierig erwies sich eine Integration sowohl innerhalb der rechtsdogmatischen Lehrveranstaltungen als auch in der Begegnung mit der institutionellen Praxis. Genau diese Situationen wurden denn auch als die Problempunkte einer Denkreform erkannt; in nicht wenigen Augen war das gebohrte Brett zu dick. Einig war man sich, dass der interdisziplinäre Versuch zumindest Anfangserfolge erbracht hatte und dass es lohnen würde, auf dem eingeschlagenen Weg noch weiterzugehen. Nur wer von vornherein an der überkommenen Methodik hatte festhalten wollen, konstatierte nun ein völliges Scheitern bzw. wollte es so vorhergesehen haben; doch eine solche Totalablehnung wurde nur gesprächsweise geäußert. Die veröffentlichten Stimmen klangen entweder herbe enttäuscht (wegen des als vorzeitig empfundenen Versuchsabbruchs) oder neutral (weil nun Ruhe einkehren würde).

> Für Alfred Rinken, Vorkämpfer des Versuchs in Bremen, war »die anfängliche Hochstimmung der nüchternen Einschätzung gewichen, dies sei ›ein weites Feld‹ und ein langer Weg«. Gleichwohl hielt er an der Integrationsforderung fest, »wenn auch mit einer durch Erfahrung ernüchterten und weniger emphatischen Weise«.[123] Hinsichtlich der Umsetzung wurde selbst im ambitionierten Hamburg moniert, es werde nur scheinbar auf die Sozialwissenschaften eingegangen.[124] Und in Hannover kam nach der einjährigen Einführung anhand »allgemeinen Orientierungswissens« der »Dogmatikschock«, wie es bei den Studierenden hieß. Der Reformanspruch, die Rechtsstoffe integriert mit den Sozialwissenschaften zu vermitteln, ging dabei unter. In anderen Modellen wurde »ein Verständnis von Rechtswissenschaft als Sozialwissenschaft [...] nicht einmal ansatzweise erfüllt«.[125] Das Hauptziel des bayerischen Experimentes war die Effektivierung der Ausbildung, insbesondere eine Verkürzung der Studiendauer.

Bei einer großen Reihe von Studierenden stieß die Integration auf Desinteresse, wenn nicht gar Ablehnung. In der Rebellionsphase um 1969

122 Machura 2020: 1320 f.
123 Rinken 1996: 291 bzw. 281.
124 Voegeli 1979: 53.
125 Fruth in Berlit u.a. 1981: 164, über Augsburg.

waren die Anstöße noch von engagierten Studiengruppen aus Frankfurt/M. und Berlin gekommen; in den neuen Fakultäten ab 1971 fand sich eine ›normale‹ Studienbelegschaft ein. Die Betreiber der Reform waren überrascht oder gar irritiert; denn wenn Wissenschaftler:innen ihre Innovationen nicht im Unterricht erproben konnten, musste jedes Experiment auf der Strecke bleiben.

> In Bremen befasste sich die Studiengangskommission Juristenausbildung am 8. Mai 1974 mit dem »Verhältnis der Rechtsdogmatik zur Sozialwissenschaft«. Das Protokoll vermerkte: »Während ein großer Teil der Hochschullehrer des Studiengangs Juristenausbildung anwesend war, war die studentische Beteiligung außerordentlich gering.« Die Gründe hierfür lägen darin, »dass der Stellenwert der bisherigen Debatte zu diesem Thema nicht vermittelt und ihr Abstraktionsniveau als Omen dafür (miss)verstanden wurde, dass eine gemeinsame Konkretisierung des Curriculums [...] in absehbarer Zeit nicht mehr versucht werden soll«.[126]

Neu und am interessantesten war die Figur »Dogmatikschock«. Den Studierenden in Hannover und Bremen waren im ersten Jahr vollzeitlich sozialwissenschaftliche Kurse geboten worden; als sich daran die Kurse in konventioneller Rechtsdogmatik anschlossen, erlebten sie eine kaum überbrückbare Kluft, einen »radikalen Bruch in Form und Gegenstand der Ausbildung«.[127]

> Das sozialwissenschaftliche Eingangsjahr wurde so beschrieben: »Das juristische Studium sollte nicht rechtssystematisch geordnet in den bisher parzellierten Einführungen in das Bürgerliche Recht, in das Strafrecht und in das Öffentliche Recht beginnen. Vielmehr sollten anhand von Problemfeldern wirtschaftliche, soziale und politische Dimensionen rechtlicher Institutionen und Verfahren verdeutlicht werden.«[128]

Mit dem Fokus auf Ausbildung wurde auf eine Reform durch Ablösung der Generationen gesetzt. Dabei war aber übersehen worden, dass das praktizierte Berufsbild der tonangebenden Generation auch die Orientierung des Nachwuchses prägen musste, allein schon durch die in den Abschlussprüfungen angelegten Kriterien. Mit einem ›sanften Zwang‹ hätten sich sozialwissenschaftliche Angebote vielleicht im Lernhaushalt verankern lassen, wären sie in den Prüfungen als bestehens- und notenrelevant anerkannt gewesen. Dies war jedoch nur fakultativ-optional und nicht obligatorisch vorgesehen. Soweit sich der Diskurs mit dem Examensmanagement beschäftigte, standen aber andere Themen im Vordergrund: die Staatszentriertheit der ›Befähigung zum Richteramt‹, das aus

126 BUA 4/EJA2-Nr. 5547b, o.S.
127 Vgl. Berlit u.a. 1981: 143.
128 So Rinken bei van de Loo 2016: 594 f.

Behörden stammende Prüfungspersonal, Abschichtung durch universitäre Vorleistung u.ä. Hier rangen die Reformstudiengänge um einen größeren Spielraum, der erst eine Integration sozialwissenschaftlicher Inhalte in das Prüfungsgeschehen ermöglicht hätte.

Bald stellten sich Schwierigkeiten heraus. Ein Leiter von niedersächsischen Arbeitsgemeinschaften erfuhr, nachdem er sich um die Einbeziehung der Sozialwissenschaften bemüht hatte, dass diese nicht in die Gesetzesauslegung einzubringen waren; vielmehr »taugen sie eher zu rechtspolitischer Kritik als zur Anwendung im Einzelfall«.[129] Allenthalben wurde eine Ernüchterung registriert; die Studierenden waren überfordert.[130] Es könne nicht um eine Integration oder Verschmelzung gehen, sondern nur darum, die Jurastudierenden mit den Sozialwissenschaften vertraut zu machen.[131] So unmittelbar einleuchtend, ja trivial derartige Erkenntnisse auch anmuten mochten – es hatte an Zeit für die Vorbereitung gemangelt.

In den meisten Reformstudiengängen wurde eine Begleitforschung installiert; bei fünf Fachbereichen von Anfang an, bei dreien später, alle mit Stellen versehen und als Gruppe organisiert. Sodann wurde zwischen 1977 und 1981 auf Bundesebene eine ›Zentrale Forschungsgruppe zur Juristenausbildung‹ eingerichtet, die mit Bundesmitteln reich ausgestattet und berichtspflichtig zur Justizministerkonferenz war. Was hier herausgefunden und verhandelt wurde, fand sich in Berichten und Dokumenten niedergelegt. Das Licht der Öffentlichkeit erblickte nur wenig davon, sodass auch keine Kenntnisnahmen, Kommentare und Debatten registriert werden konnten. Ohne eine (mögliche) Archivrecherche sind die Interndiskurse nicht rekonstruierbar.

> Der Blick richtete sich vor allem auf die Arbeit der ›Zentralen Forschungsgruppe‹, die spät gestartet und bald beendet war. In ihrem Abschlussbericht finden sich interessante Daten zum Ausbildungsverlauf der untersuchten Modelle mit Vergleichen zu den konventionellen Fakultäten. Ihre Arbeit musste allerdings aufgrund des frühzeitigen Abbruchs »ein Forschungs-Torso bleiben«. In Anlehnung an eine Typologie angewandter Sozialforschung bezeichnete Fritz Haag, ebenso engagiert wie am Ende enttäuscht, die gelaufene Evaluation als ›Veränderungs-‹ und ›Verhinderungsforschung‹.[132] Auch andere Beobachter konnten kein verwertbares Ergebnis der Begleitarbeit finden. »Die relative Unwirksamkeit der Evaluation hat außerhalb der Hochschuldidaktik kein größeres Bedauern ausgelöst.«[133]

129 So Schlichting 1978: 187.
130 Vgl. Eith 1982: 49.
131 Wassermann 1981: 5.
132 Haag 1986: 22–24, mit einzelnen Resultaten aus der Evaluation.
133 Nocke 1986: 51.

Da die Evaluationsprojekte nicht vorankamen, blieben flächendeckende und methodisch abgesicherte Studien zur Lehrpraxis weitgehend aus – mit einer bemerkenswerten Ausnahme, und zwar im Straf- und Strafverfahrensrecht. An der im Winter 1984/85 durchgeführten Fragebogenerhebung beteiligte sich knapp die Hälfte von allen dazu aufgeforderten 128 Universitätsprofessor:innen. Der umfangreiche, zeitnah in einem profilierten juristischen Verlag publizierte Forschungsbericht hätte eine generelle Debatte auslösen können. Aber dafür war es 1986 wohl schon zu spät.

> Heinz Giehring und Karl F. Schumann bildeten das passend gemischte Forscherduo: Strafrecht und Kriminalsoziologie, jeder dem Gebiet des anderen aufgeschlossen, aus zwei Reformstudiengängen – und wohl illusionslos. Die Forschungsstrategie setzte auf standardisierte Fragen und quantitative Auswertung; damit konnte sie auch bei Juristen, die Soziologie mit Statistik gleichsetzen, eher auf Gehör hoffen. Entsprechend kleinteilig-genau und tabellarisch-differenziert geriet denn auch der Forschungsbericht. In den Interpretationen waren sich Jurist und Soziologe weitgehend, aber nicht immer einig. – Zu einigen Ergebnissen: In der Intensität der fachlichen Öffnung zeigte sich ein breites Spektrum. »Für die Normkonkretisierung selbst werden die Sozialwissenschaften nur begrenzt herangezogen«, am stärksten noch bei der Strafzumessung. Klar wurde, dass gegenwärtig »die Einbeziehung sozialwissenschaftlichen Wissens nur exemplarisch, nicht flächendeckend erfolgen kann«. Wenn solches Wissen präsentabel vorhanden ist, könnten Jurastudierende den Nutzen des Blicks über die Fachgrenzen erkennen. Für die Zukunft wurde dementsprechend empfohlen, dass eine Tiefenwirkung erzielt wird, nicht aber flächendeckende Ergänzung versprochen wird.[134]

Spätestens zum Ende des 1970er Jahrzehnts, als die ersten Durchgänge abgeschlossen hatten, gelangte man zu der Einsicht, dass die ursprünglichen Vorstellungen über die Integration von Rechts- und Sozialwissenschaften sich verändert hätten oder einer Revision bedürften. Norbert Reich, der spätere Leiter des Zentrums für Europäische Rechtspolitik, leitete aus dem ersten Durchgang im Hamburger Modell fünf Empfehlungen ab, die es in sich hatten, hier in Stichworten: Integration von Rechts- und Sozialwissenschaften von Anfang des Studiums an; in den rechtlichen Kernkursen an bestimmten Stellen die Integrationsleistung vorführen; dies auch gegenüber formalisierten Routinen; die Präsenz ausgewiesener Sozialwissenschaftler:innen in der Rechtsfakultät; Prüfungsrelevanz der Sozialwissenschaften.[135] Da dieses Zwischenfazit kurz vor dem Ende der Experimentierzeit gezogen wurde, konnte es ausbildungspolitisch nicht mehr wirksam werden.

134 Giehring/Schumann 1986: 119, 183.
135 Reich 1981: 27 f.

Über die ›relative Unwirksamkeit‹ der Implementation sozialwissenschaftlicher Ausbildungsinhalte wurde wenig nachgedacht. Das nicht zu übersehende Desinteresse vieler Lehrender und Studierender besaß geringe Erklärungskraft, denn sie sollten ja erst überzeugt werden, und hierzu waren die Reformen angetreten. Ergiebiger war eine These des Rechtsdidaktikers Joachim Nocke, der die Fachbereiche in Hannover und Hamburg kannte und die theoretisch-curriculare Planung der Modelle unter die Lupe nahm.

> Sie sei deduktionistisch statt praxisbezogen verfahren. »Die Reformbedürftigkeit der juristischen Qualifikation in Richtung auf ihre sozialwissenschaftliche Öffnung wurde aus dem Funktionswandel der Gesellschaft hergeleitet.« Für die Qualifikation der Zukunft wurden sozialstaatliche Attribute eingesetzt: zukunfts-, planungs- und folgenorientiert. Doch als die Studierenden in die Praxisphase kamen, erlebten sie es anders: Der herkömmliche, erfolgreiche und entscheidungsfreudige Jurist gab sich zwar sozialwissenschaftlich aufgeschlossen, beklagte aber die rechtsdogmatischen Defizite der Auszubildenden. So sei ihnen unerkennbar geblieben, »welches Motiv die Praxis haben sollte, sich auf eine Qualifikation umzustellen, die wesentliche traditionelle Funktionen des Rechtssystems nicht berücksichtigte«. Als solche, von den Reformmodellen vernachlässigte Funktionen nannte Nocke »das Bestandsinteresse des staatlichen Apparats«, das »Interesse bürokratischer Systeme einschließlich des Justizapparats an kontrollierbarer Entscheidungsroutine«, den »Gewissheitsanspruch des autoritativen Kommentarstils« sowie die »didaktisch außerordentlich wirksame Orientierungsleistung der juristischen Systematik«.[136]

Vielfach gesehen wurde, dass das Ausbildungsziel ›Einheitsjurist‹ nicht nur Spezialisierung und Schwerpunktstudium (als Voraussetzungen für eine sozialwissenschaftliche Erweiterung des Rechtsdenkens) verhindert, sondern auch zur Nivellierung des Berufsprofils führt. Die Vielzahl der Sozialwissenschaften und die Multiparadigmatik der Soziologie lassen sich nicht zu einem ›gemeinschaftlichen Vielfachen‹ zusammenrechnen. Als ›gemeinsamer Nenner‹ einer juristischen Qualifikation taugt aber durchaus die althergebrachte Kunstfertigkeit, auf streitige Sachverhalte mit einem normativen Urteil antworten zu können, mit der Berufung auf eine ›herrschende Meinung‹ als dem Goldstandard.

Von Nichtbeteiligten wurden die Ausbildungsexperimente, in Sonderheit eine ›Integration‹ von Soziologie und Jurisprudenz, später für gescheitert erklärt – ein Pauschalurteil, geboren aus einer A priori-Feindseligkeit oder aus der Ungeduld überzogener Hoffnungen. Nur selten wurde in umgekehrter Perspektive danach gesucht, was denn damals ›gelungen‹

136 Nocke 1986: 51–53.

sein könnte. Wie es scheint, war das nicht allzu wenig; nur müssten wir uns ins Klein-Klein einzelner Rechtsfiguren in den jeweiligen Rechtsgebieten begeben. So lehrte die universitäre Erfahrung für das Gebiet des Wirtschaftsrechts und vermutlich verallgemeinerbar: »Die Praxis des Schwerpunktstudiums lässt sich nicht als fachliche Spezialisierung beschreiben, sondern bietet ein Abbild von Entwicklungen des Rechtssystems selbst.«[137] Rechtsdogmatische Aussagen – mit ihrer eigenen und hochdifferenzierten Begrifflichkeit – mit soziologischen Erkenntnissen – mit ihrerseits eigener Begrifflichkeit – zu verbinden, konnte auf Anhieb nicht gelingen. Es wurde versucht, hätte aber wohl eines längeren Anlaufs bedurft.

> Hierzu liegt die Inhaltsanalyse von Susanne Karoline Paas vor. Im zivilrechtlichen Grundkurs von Eike Schmidt und Gert Brüggemeier (sieben Auflagen von 1974 bis 2006) »spielte die Soziologie für die konkrete Fallanalyse [...] kaum eine Rolle«. Und das zivilrechtliche Lehrbuch von W. Rainer Walz (1983) begnügte sich zumeist mit programmatischen Aussagen.[138]

Wo der Einbezug von Sozialwissenschaft ernsthaft ausprobiert worden war, ergaben sich weiterführende Einsichten, etwa zur Gestaltung eines Schwerpunktstudiums, zur Figur ›Einheitsjurist‹ sowie zum Verhältnis zwischen einer fachlichen Spezialisierung und dem Gesamtbereich des Rechts.

> Den Lernprozess bei der ominösen Integration beschrieb Christian Joerges »als simultanes Wachstum von praktischer Sicherheit und theoretischer Behutsamkeit«. Für einen wirtschaftsrechtlichen Schwerpunkt berichtete er: Nicht abstrakte Formeln werden im Unterricht behandelt, sondern »die Rezeption von in der Rechtswissenschaft vorfindbaren oder in der Praxis bereits realisierten interdisziplinären Arbeitsansätzen, um problembezogene oder systematische Anleihen bei den Wirtschaftswissenschaften oder in der Soziologie (z. B. der Wettbewerbstheorie, der Organisationssoziologie, der Theorie des Konsumentenverhaltens), um die Auseinandersetzung mit empirischen Materialien, um die Analyse von Zielsetzungen der im Untersuchungsfeld relevanten Akteure«.[139]

Fächerübergreifend gab es Erfahrungsberichte zum Lehrangebot im Allgemeinen. Da war zunächst die seit langem bestehende Kritik an der justizjuristischen Orientierung der Ausbildung, womit die anderen Rechtsberufe in Verwaltung und Beratung vernachlässigt worden seien. Damals wurde dieser Punkt als ein Angriff auf die Verlässlichkeit der juristischen

137 Joerges 1982: 96.
138 Paas 2022: 44, 46.
139 Joerges 1982: 97.

Entscheidung angesehen. Der Reformer Rinken konzedierte als eine richtige Erkenntnis: »Wenn sich das juristische Entscheiden vom rein formalen Entscheidungsmodus des Justizsyllogismus löst, wird es zweifellos komplexer.« Und hielt an der Reform fest.[140]

> Die Fokussierung des Studiums, zumindest am Ende in der Prüfung, auf die Lösung von Fällen wurde als persönlichkeitsbildendes Merkmal erkannt. Aus der Analyse einschlägiger Lehrbücher ergab sich die These, dass hier der ›juristische Habitus‹ entsteht, der dogmatische Konstrukte verdinglicht und deren politisch-historische Entstehung ausblendet. Nur wenige der den ›Fällen‹ beigefügten ›Lösungen‹ beruhten auf Begründungen, in denen die Folgen für das gesellschaftliche Umfeld mitreflektiert wurden. Da hatte die alte Methode des Justizsyllogismus noch einmal Pate gestanden.[141]

Verstreut erschienen später einige Erfahrungsberichte von Studierenden, Lehrenden und Absolvent:innen. Sie ließen den Charakter erster und vorläufiger Eindrücke erkennen; einem gemeinsamen Nenner folgten sie nicht.

> Wolfgang Köck, 1991 im Mittelbau tätig, erörterte 2011, was am Bremer Modell nachhaltig gewesen sein könnte. In die Lücken hinsichtlich einer konventionellen juristischen Qualifikation »konnte das üppige Projektstudium in gewisser Weise kompensierend eingesetzt werden, weil hier jedenfalls sachbereichsbezogen die Balance von vertiefender Rechtserkenntnis und sozialwissenschaftlicher Reflexion stimmte«. Als nachhaltig erwiesen hätten sich die Integration sozialwissenschaftlichen Wissens und die Schwerpunktorientierung.[142]

> Wolfgang Hoffmann-Riem erinnerte beim Rückblick auf den Versuch der Theorie-Praxis-Integration: »Eine solche Vorgehensweise erlaubte und erforderte es zugleich, über den juristischen Tellerrand hinaus zu sehen und zu beobachten, ob und wie Praktiker auf wirtschafts- oder sozialwissenschaftliche Fragestellungen eingehen. Insofern war die Theorie-Praxis-Integration zugleich ein Stimulus für die Einbeziehung nachbarwissenschaftlicher Erkenntnisse in die Ausbildung.«[143] Hoffmann-Riem berichtete auch, die Absolventen seien problemlos aufgenommen worden und viele beruflich sehr erfolgreich geworden.[144]

Gerade auch die enttäuschten Stimmen enthielten Hinweise, wie eine nachhaltige Reform zu gestalten wäre. Manche aber nahmen die kritischen

140 Rinken bei van de Loo 2016: 597.
141 Vgl. dazu Schütte 1982.
142 Köck 2011: 384 f.
143 Hoffmann-Riem bei van de Loo 2016: 595 f.
144 Hoffmann-Riem 2019: 472.

Berichte, an denen es nicht mangelte, als Ausweis eines Scheiterns. Das klang mehr nach Schadenfreude als nach Lernbereitschaft. Sie verkannten die Strategie von *trial-and-error*, die bekanntlich beides verlangt – Erfolgs- ebenso wie Misserfolgsmeldungen, zumal im Prozess einer Reform, an deren Notwendigkeit kaum gezweifelt wurde.

Nach dem Schluss des Experimentierzeitraums konnten begonnene Ausbildungszüge noch zu Ende geführt werden, sogar mit der für die Einbeziehung erforderlichen Schwerpunktbildung. Danach freilich war es mit dem Integrationsprogramm vorbei – zum durchaus hörbaren Bedauern derjenigen, die sich ein Jahrzehnt und mehr darin engagiert hatten. Dauer erlangte vielleicht nur dieses Resultat der Experimentierphase: dass auch unter stark veränderten Bedingungen und Programmen, einschließlich der sozialwissenschaftlichen Orientierung, ›richtige‹ Jurist:innen ausgebildet worden waren.

> In den sich periodisch wiederholenden Versuchen, die juristische Ausbildung zu reformieren, kam der Topos Sozialwissenschaften nicht mehr vor. Nunmehr ging es um Studienzeitverkürzung, Anerkennung universitär erbrachter Leistungen, Internationalisierung und Orientierung an Anwaltstätigkeiten. Die Reform von 2002 zielte mit dem Topos ›soziale Kompetenz‹ auf kommunikative Schlüsselqualifikationen; der universitäre Teil erhielt etwas mehr Raum für die Grundlagenfächer.[145]

***

Hier schließt mein Bericht zur Diskursphase seit 1970, die mit den 1990er Jahren als endend angenommen wird. In diesen vier Jahrzehnten schwoll die Menge an Kommunikaten so sehr an, dass ich nur einen kleinen Teil davon zitieren oder wiedergeben konnte; zur Kenntnis habe ich weit mehr genommen, jedoch nicht alle, um nicht mehrere Recherchejahre damit zuzubringen. Die Auswahl geschah intuitiv, d.h. nach dem Einstieg über die vorab mir bekannten Orte wie Namen wurden die Fachmedien durchsucht und sämtliche relevant erscheinenden Hinweise aufgegriffen. Zu Archivbesuchen hat es nur ausnahmsweise gereicht. Eine Wiedergabe im Text erfuhren die für einen Gedanken charakteristischen Funde.

Die Überfülle des Stoffs habe ich in drei Kapiteln zu ordnen und einzugrenzen versucht: in Kap. 11 die drei erkennbaren Hauptlinien des Diskurses, in Kap. 12 den Streitverlauf und in Kap. 13 die ›Diskurseffekte‹, also den feststellbaren Niederschlag mit der Chance auf eine Nachwirkung. Zumal der Bericht über diese Effekte musste eine Auswahl treffen und viele Gebiete auslassen, selbst solche mit engem interdisziplinärem Austausch wie das Arbeits- und Sozialrecht.

145 Vgl. Greßmann 2002: 32–34.

Zusammenfassend kann zu diesem Kapitel festgehalten werden, dass in den einzelnen Rechtsprovinzen unterschiedliche Ansätze der Sozialwissenschaften zum Zuge gekommen sind. Im Zivilrecht bildeten sich Kolonien der materialistischen Analyse, der Kritischen Theorie und der soziologischen Systemtheorie, teils auch in einer etwas seltsam anmutenden Kombination der beiden zuletzt Genannten. Kaum vertreten, abgesehen vom Strafrecht, war die Interpretative Soziologie, obwohl gerade diese Richtung mit ihrer Betonung auf Lebensweltanalysen als prädestiniert erscheint, die rechtlichen Beziehungen unter Privatleuten und mit Gruppen sozialtheoretisch und empirisch zu unterfüttern.

Das folgende, die Diskursanalyse abschließende Kapitel versucht sich an einigen Thesen, die sich aus der Betrachtung des Jahrhundertverlaufs aufdrängen. Danach wird noch ein Blick auf den juristischen Methodendiskurs der Gegenwart geworfen, innerhalb dessen die Gedankengänge des verflossenen Jahrhunderts nur noch rudimentär aufscheinen.

Folgerungen und Perspektiven

Kap. 14
Fazit – Thesen zur Diskursgeschichte im 20. Jahrhundert

Statt einer Zusammenfassung wird eine Reihe von Thesen präsentiert, viele davon bloß als Gedankensplitter. Sie interpretieren den in den vorangegangenen Kapiteln geschilderten Diskursverlauf, daher könnten es auch mehr sein und vor allem: Auch ganz andere Schlüsse können aus der Diskursgeschichte gezogen werden. Deutlicher noch als die vorangegangenen Kapitel werden Auswahl und Formulierung der Thesen erkennen lassen, welche Erkenntnisinteressen und Wertpositionen den Verfasser geleitet haben – unvermeidlich, weil jede primärmotivierte Forschung auf einen solchen Kompass angewiesen ist. – Die folgenden *Thesen* erwuchsen aus der Beschäftigung mit den juristischen Methodendebatten. Die angefügten *Bemerkungen* sind nur skizzenhaft-kurze Einwürfe; sie dienen nicht der Begründung, sondern erläutern das Gemeinte und enthalten weiterführende Hinweise. In den Thesen und Glossen mischen sich, vielleicht irritierend, historisch-deskriptive mit präsentistisch-deliberativen Überlegungen. Das Changieren gehört anscheinend zu allen Betrachtungen der Geschichte: Sie werden im Lichte der Gegenwart unternommen.

Zum Verlauf

(1) *Zweimal ist im 20 Jahrhundert gezielt versucht worden, der Jurisprudenz eine sozialwissenschaftlich inspirierte Wende zu geben. Die Versuche waren weder erfolgreich (gemessen am Selbstverständnis), noch waren sie folgenlos (in der Außenbetrachtung gesehen).*

Im ersten Jahrzehnt war ein ›Kampf um die Rechtswissenschaft‹ ausgerufen worden, und die Freirechtslehre versprach sich einen Fortschritt durch die damals neue Soziologie. Um 1970 wurden neue Rechtsfakultäten gegründet, einige davon mit dezidiertem Reformanspruch und Ausbildungsexperimenten. Aber alle Gründungseuphorie lief ins Leere. Wenn etwas geblieben ist, dann dieses: Im juristischen Feld begannen sich die Denk- und Handlungsweisen durchaus in eine Richtung zu wandeln, die Inhalt der vorangegangenen Auseinandersetzungen gewesen ist.

Bei aller Unübersichtlichkeit des vielstimmigen Diskurses, auch angesichts zahlloser Vermittlungsversuche, bleibt der Eindruck eines ungleichen Zweikampfs: Der kontinentale Stil des Rechtsdenkens veränderte sich nur wenig. Trotz vieler Anläufe gelang nie ein großer Sprung: Die Idee des Sozialen drang nicht durch. Die Auseinandersetzung – so man hier eine Art Duell sehen möchte – erinnert an das Verhältnis zwischen Intellektuellen und Öffentlicher Meinung: Zahlreiche Einzelvorschläge, die meisten davon mit eigenem Konzept, rennen vergeblich gegen eine festgefügte Wand an. Das Lager der dogmatikkritischen Positionen einigte sich nie auf eine einheitliche Linie; erinnert sei an 1910, als die Freirechtler sich nicht zu einer Schule zusammenfügten, und an 1970, als Reform- und Fusionsdiskurs einander ablehnten. Die jeweils herrschenden Linien einer begrifflich-systematisierend orientierten Jurisprudenz blieben auf kurze Sicht unbeeindruckt. Langfristig durchaus feststellbare Wandlungen gaben nicht zu erkennen, inwieweit sie von den vorangegangenen Streitdiskursen ausgelöst waren.

(2) *Der Diskurs zwischen Rechts- und Sozialwissenschaften wurde fortlaufend geführt, obwohl nur die beiden Höhepunkte jeweils isoliert erinnert werden.*

In der zweiten Diskursperiode um 1970 ereignete sich mit 1910 Vergleichbares, ohne dass die beiden Debatten miteinander oder gar mit der Vorgeschichte verknüpft worden wären. Die da den Einbezug der Sozialwissenschaften forderten, hatten unterschiedliche und schwer vereinbare Teile davon im Sinn und konnten einander politisch oft nicht ausstehen. Sie bestanden auf der Alleineignung des jeweiligen Konzepts und verwarfen alternative Reformvorschläge. Das Lager der herrschenden Methodenmeinung hingegen publizierte in den breit rezipierten Fachmedien, sprach über die kleinen Unterschiede und wusste sich einig gegen Revoluzzer. Das politische Spektrum griff auch hier breit aus, die Positionen blieben aber unausgesprochen.

(3) *Einige Protagonisten ragten im Stimmengewirr der Diskurse hervor und wurden stilbildend – andere gingen unter.*

Vor dem ersten Weltkrieg waren dies Eugen Ehrlich, Hermann Kantorowicz und Ernst Fuchs mit spektakulären Schriften (Kap. 2 und 3). Um 1970 waren es die Stimmführer der drei Diskurslinien: Rudolf Wassermann, Rudolf Wiethölter und Helmut Schelsky (Kap. 12). Sie traten publizistisch und medial wirksam in Erscheinung, nutzten ihre institutionellen Ressourcen und setzten prononcierte Akzente.

Andere hier als Protagonisten gehandelte Personen sind in der Methodengeschichte (fast) vergessen worden. Zu Martin Drath (Kap. 9) hieß es später, er sei für die Geistesgeschichte »eine Figur aus der zweiten Reihe geblieben«.[1] So geht es, wenn nicht das Gewicht der Ideen, sondern

1 Bei dem Historiker van Laak 2009: 128.

der – vielleicht auch noch institutionell abgestützte – Einfluss bei Fachgenossen in der Bewertung den Ausschlag gibt. In die ›zweite Reihe‹ gerät, wer abseits des Hauptstroms denkt und seine abweichende Meinung nicht zu dramatisieren und nach vorn zu schieben versteht. Im Falle von Drath erklärten die Unebenheiten und Brüche einer akademischen Laufbahn, warum seine weiterweisenden Ideen nur wenig aufgegriffen worden sind. Der zitierte Historiker vermerkte wirkungsgeschichtlich kühl, verglichen mit Carl Schmitt stehe Drath für ein Talent, das wegen der Zeitumbrüche sich wohl nur eingeschränkt habe entfalten können. Ähnlich war es bereits Theodor Sternberg ergangen, als er nur in Japan auf eine Professur gelangen konnte. Sternberg (1878–1950) hatte eine antipositivistische Rechtslehre entworfen, zu der Kantorowicz/Gnaeus Flavius bemerkte, darin sei jene Juristenlogik, wie sie die traditionelle Hermeneutik bietet, so glücklich an den Pranger gestellt.[2]

(4) *Oftmals waren es Einzelpersonen, die mit Produktivität und Perseveranz einen Integrationsdiskurs mobilisierten.*

Ihre Initiative und ihr Einfluss beschränkten sich auf das spezielle Rechtsfeld, in dem sie tätig und kompetent sind. Ohne die Teildiskurse wäre das Gesamtthema nicht zustande gekommen. Solche ›Diskursunternehmer‹ waren beispielsweise R. Wassermann (für die juristische Ausbildung), R. Wiethölter (für das Wirtschaftsrecht) und F. Sack (für die Strafverfolgung).

(5) *Es gab verschiedene Diskursszenen: Neuerer vs. Bewahrer, Neuerer untereinander.*

Mit besonderer Schärfe kritisierten einander Diskursteilnehmer, die sich in sehr vielen Hinsichten ›eigentlich‹ nahestanden, aber über Details verschiedener Meinung waren. Die Äußerungen fokussierten sich dann auf die Differenzen, statt erst einmal das Gemeinsame hervorzuheben und die Distanz zur überkommenen Meinung zu betonen. Beispiele dafür sind aus der Diskursperiode zu Jahrhundertanfang: H. Kelsen contra E. Ehrlich sowie auch die Freirechtler untereinander. So musste die Minderheit als zerstritten erscheinen und konnte dann im Einzelnen abgefertigt werden, ohne dass jemand dazwischenging. Mangels eines Binnendiskurses versäumten die Innovateure, einen Leitfaden zu spinnen, der ihre beachtlichen Gedanken zusammengefasst hätte. Jeder werkelte am eigenen Konzept, ohne dass sich eine Denkschule auftat.

In der späten Weimarer Zeit verkeilten sich H. Heller und H. Kelsen in einander.[3] Das Gemeinsame bestand in republikanischer Gesinnung

2 Vgl. Sternberg 1904; Kantorowicz 1906: 23; Bartels-Ishikawa 1998; Rehbinder 2000.

3 Vgl. Müller 2010: 69.

und Sympathie für eine gleichheitsorientierte Politik, ferner in der Aufgeschlossenheit für die Sozialwissenschaften. Zumal Hans Kelsen eignete sich als Gegenpol umso weniger, als auch er einen soziologischen Staatsbegriff vorschlug und andere Beiträge zur Soziologie leistete. Doch man schoss sich auf die Reine Rechtslehre ein, auf einen zugespitzten Idealtypus juristischen Denkens, der in der gegebenen Jurisprudenz kaum je verwirklicht war.

Ganz anders die Beiträge des Traditionslagers. Sie unterschieden sich untereinander mindestens ebenso stark, was sie aber als Ausdruck jeweiliger Individualität bestehen ließen und höflich diskutierten. Damit konnten sie sich der gemeinsamen Grundlage gewiss bleiben und die Große Koalition positivistischer Methodik aufrechterhalten.

(6) Die beteiligten Akteure blieben wissenschaftlich präsent, meist auf Feldern, die sie ohnehin schon beackert hatten.

Für die erste Streitphase zeigte sich das an Hermann Kantorowicz, der bis zum letzten Buch unbeirrt, wenngleich modifiziert, an seiner freirechtlichen Einstellung festhielt; sein Arbeitsfeld war die Strafrechtsgeschichte. Nach der zweiten Streitphase scharte Rudolf Wiethölter über viele Jahrzehnte einen Kreis um sich; das Arbeitsfeld lag im Wirtschaftsrecht. Auch Wolfgang Hoffmann-Riem vertrat über Jahrzehnte die ›Neue Verwaltungsrechtswissenschaft‹.

(7) Stets versuchte die nächste rechtswissenschaftliche Generation, methodologische Innovationen der Vorgänger abzuwickeln und die Änderungen vergessen zu machen.

Das Ziel scheint zu sein, das eventuell ramponierte Bild der Rechtsmethodik zu reparieren, indem rückwirkend ein einheitliches Agieren behauptet wird. Zum Streit um die Freirechtslehre hieß es in den 1920er Jahren wiederholt, inzwischen werde so verfahren, ja eigentlich habe man immer schon so judiziert. Ein anderer Fall: der ›Neuen Verwaltungsrechtswissenschaft‹ der 1980er wurde später zwar ein Schub für die Verwissenschaftlichung der Dogmatik, insgesamt aber wenig Neues bescheinigt.[4]

(8) Das Diskursgedächtnis ist kurz.

Die juristische Literaturproduktion hat meist eine begrenzte Haltbarkeit, nur weniges wird längerfristig verwertet. Schon deswegen gelten die Aufregungen von 1970 heute oft als überwundene Episode – wie eine überstandene Krankheit; die Infektion durch den sozialwissenschaftlichen Virus wurde abgewehrt. Innerhalb einer Diskursgeschichte des

4 Gärditz 2017: 123–144.

rechtsdogmatischen Denkens wurde als einziger Effekt vermerkt, »die klassisch juristische Arbeit am geltenden Recht [...] genauer zu definieren«.[5] Tatsächlich war damals ja das Primat dogmatischer Begründungen der Hauptstreitpunkt. Wenn es indessen an derselben Stelle kurz darauf heißt, nun werde »Rechtsdogmatik nicht mehr gleichbedeutend mit Rechtswissenschaft oder Jurisprudenz verstanden, dann hat die juristische Arbeit sich ja doch von der früheren Art entfernt.

Die Identität der beteiligten Fächer

(9) *Die Nachfrage nach sozialwissenschaftlichen Erkenntnissen ging von der Jurisprudenz aus.*

Der Bedarf an zusätzlichen Erkenntnissen wurde von Jurist:innen angemeldet, die viel Sozialwissenschaftliches rezipiert hatten. Dafür gibt es viele Belege. Der Verfassungsrichter Konrad Hesse hatte die Forderung der einzigartigen ›Richtigkeit der Ergebnisse‹ juristischer Entscheidungen als ›Fiktion und Lebenslüge der Juristen‹ bezeichnet, Josef Esser 1970 sein einflussreiches Buch über »Vorverständnis und Methodenwahl in der Rechtsfindung« veröffentlicht. Hoffmann-Riem sah eine »Phase der Verunsicherung«, in der die Forderung nach Versozialwissenschaftlichung auf fruchtbaren Boden gefallen sei.[6] Letztendlich fehlte es der juristischen Denkweise an methodologisch ausgewiesenen Anknüpfungspunkten beim unausweichlichen Bezug auf die zu regelnden Wirklichkeiten.

(10) *Der Abgrenzungsstreit zwischen Rechts- und Sozialwissenschaften war kein Kampf zwischen den Fachinstitutionen, sondern eine innerdisziplinäre Auseinandersetzung unter Juristen.*

Diese These ergibt sich aus der vorangegangenen Feststellung zur Nachfrage. Bis zu einem gewissen Grade mag es sich auch um einen Konflikt zwischen Staat und Rechtseinrichtungen gehandelt haben. Sowohl das Fach Soziologie als auch die einzelnen beteiligten Soziolog:innen wurden hineingezogen.

(11) *Das rechtswissenschaftliche Herkommen und die Kraft der Fachidentität haben die sozialwissenschaftliche Infiltration neutralisiert.*

In methodenhistorischer Perspektive schien es, dass die Reformversuche stets an der Beharrungskraft rechtswissenschaftlichen Herkommens abgeprallt sind. Der Rückblick bis ins 19. Jahrhundert zeigt, wie

5 Sahm 2019: 38.
6 Vgl. Hoffmann-Riem 1990: 79 f.

schon damals und seither immer wieder versucht worden ist, die dogmatische Rechtswissenschaft für Belange des ›Lebens‹ und zur Gesellschaft hin zu öffnen, und dass diese Versuche aber längerfristig leerliefen.[7] Nur Partikel einer sozialwissenschaftlich informierten Sicht und auch nur dann, wenn sie von Juristen zu Juristen gesprochen wurden, gelangten in die Denk- und Redeweisen der Rechtsdogmatik. Um nur ein einziges Beispiel zu nennen: bereits in der Staatslehre des Lorenz von Stein (1815–1890), worin Staat und Recht die Einheit der Gesellschaft zu garantieren hatten, konnte die »Wissenschaft des positiven Rechts«, d.i. die heutige Rechtsdogmatik, »ohne die Wissenschaft der Gesellschaft nicht gefunden werden«.[8] Sowenig es damals schon eine Soziologie im heutigen Sinne gab, so deutlich wird hier ein analoger Gedanke formuliert.

(12) *Ein Abgrenzungskonflikt zwischen Rechts- und Sozialwissenschaften hat, außer auf rhetorischer Ebene, zu keiner Zeit bestanden.*

Was selten angesprochen wurde: die Soziologie ist eine theoriegenerierende, hingegen die Jurisprudenz eine anwendungsbezogene Wissenschaft. Die eine will erklärend verstehen, die andere Entscheidungen vorbereiten. In weiten Bereichen konnten sich die beiden Disziplinen gar nicht ins Gehege kommen, brauchten also um ihre Fachidentität nicht zu fürchten. In der Hitze des Diskursgefechts klang das manchmal anders. Der reformorientierte Verwaltungswissenschaftler Klaus Lenk formulierte es einmal so: Die Rechtswissenschaft betreibe in ihren (dominierenden) dogmatischen Teilen keine Grundlagenforschung, sondern sei eine »unentwickelte Entscheidungstheorie mit einigen Besonderheiten«.[9]

Im Rückblick ist die Radikalität der Integrationsidee entschärft worden. Wolfgang Hoffmann-Riem, einer der Akteure in Hamburg, hat sich zwischen 1977 und 2011 immer wieder kenntnisreich zu unserem Thema geäußert. Dabei akzeptierte er eine sozialwissenschaftliche Expertise, insoweit sie der »Ablösung unüberprüfter Alltagstheorien«, »der Anpassung an veränderte Verhältnisse und damit als Anpassung zur Lebensnähe des Rechts verstanden werden konnte«. Allerdings hätte man dazu nicht die ganze Affäre entfachen müssen. Rückblickend sagte er 2016: »Motiv der Reformer war nicht ein Angriff auf die Rechtswissenschaft als solche; ihr besonderer Status als normorientierte Wissenschaft stand nicht zur Disposition.«[10]

7 Vgl. Dubischar 1978: 86–86.
8 Vgl. v. Stein 1856: 228.
9 Lenk 1970: 277.
10 Hoffmann-Riem 1990: 81 sowie bei van de Loo 2016: 596.

(13) Der Wunsch nach Integration bezog sich auf viele ›Nachbardisziplinen‹ und eher selten auf die Soziologie i.e.S.

In der Frühzeit des Streitdiskurses war zwar viel von ›Soziologie‹ die Rede, aber in einem wenig konturierten Sinne. Um 1970 hatten die Mitglieder der Reformkommissionen eher die Politische Ökonomie vor Augen, wohingegen Soziologie i.e.S. als ›bürgerliche Wissenschaft‹ verachtet wurde und folglich beiseite blieb. Zu allen Zeiten hat sich freilich hinter der Tür mit der Aufschrift ›Soziologie‹ oder ›Sozialwissenschaften‹ ein weites und vielstimmiges Feld aufgetan. Das breite Etikett beantwortete nicht die Frage, *welche* Soziologie es denn für die Verwendung in der Jurisprudenz sein solle. Heute besänftigt dies die Idee einer ›multiparadigmatischen‹ Soziologie.

Unter der Integration von Rechts- und Sozialwissenschaften wurde um 1970 im Rechtsunterricht verstanden, »die historischen, politischen, gesellschaftlichen, technischen und ökonomischen Voraussetzungen und Folgen rechtlicher Regelungen zu verdeutlichen«. Hier ließ sich schon ahnen, dass nicht Soziologie i.e.S. gemeint war, sondern ein großer Kranz von Wissensbeständen. Leibfried sprach von einem »Wissenschaftshaufen«. Und bei Wiethölter hieß es: »Dabei ist völlig belanglos, ob etwa die Rechtswissenschaft als Sozialwissenschaft oder als Geisteswissenschaft, als empirische oder als normative rubriziert wird.«[11]

Nur selten wurde in der Jurisprudenz konkret geprüft, inwieweit Soziologisches in ihre Arbeit hineinragt und ob das mit dem eigenen Methodenverständnis vereinbart werden könne. Dann wurden positive Belege für eine punktuelle ›Integration‹ genannt. In zahlreichen Fällen habe der Bundesgerichtshof in Zivilsachen bisher schon Aussagen verwendet, »die das Einbringen sozialwissenschaftlicher Erkenntnisse nötig oder jedenfalls möglich gemacht hätten, und zwar auch gerade in der ›typisch rechtlichen‹ Argumentation«.[12]

(14) Die politische Verortung der Soziologie entsprach nicht dem Selbstverständnis des Fachs.

Die Eignung der Soziologie, gesellschaftliche Ungleichheit anzusprechen, leitet sich nicht so sehr aus dem Selbstverständnis und Herkommen dieses Faches her, mit dem es in den 1960ern mit Ungleichheitsthemen prominent wurde und sich als ›die Soziologie‹ im linken Spektrum verortet fand. Als dann der damals geradezu modische Marxismus auch in der Wortwahl deutlich hervortrat, verfielen die Sozialwissenschaften zur Gänze der Ablehnung durch eine fast einmütige Majorität in der etablierten Jurisprudenz.

11 Zitate bei Enck u.a. 1978: 118; Leibfried 1973: 192; Wiethölter 1968 a: 40.
12 Jost 1979, S. 13, 160.

Für die Soziologie lässt sich aber keine partei- bzw. richtungspolitische Heimat feststellen. Als Beispiel seien einmal die drei Gründerfiguren genommen: Max Weber war bei der liberalen DDP, Georg Simmel nur ganz kurz in der SPD, Émile Durkheim galt zumindest passagenweise als konservativ. Fachintern kommunizieren die Mitglieder miteinander unabhängig davon, was über ihre politische Präferenz bekannt ist, ähnlich wie in der Jurisprudenz.

(15) *Nach einem Jahrhundert streitiger Diskurse hat sich das Verhältnis der Disziplinen beruhigt – spätestens um 2000 gab es keine Grenzdebatten mehr.*

Einige Jahrzehnte nach 1970 pflegten die beiden einst zerstrittenen Fächer ein freundliches Nebeneinander, d.h. sie kamen einander nicht mehr ins Gehege. Wie die Auseinandersetzung sich stillstellte, ließ sich am Betrieb zweier Fachvereinigungen beobachten. Die bereits im Jahre 1972 in der Soziologie-Fachgesellschaft DGS gegründete ›Sektion Rechtssoziologie‹, hervorgegangen aus dem seit 1970 bestehenden ›Arbeitskreis Rechtssoziologie‹, und die 1975 gegründete ›Vereinigung für Rechtssoziologie‹ (seit 2010: ›Vereinigung Recht und Gesellschaft‹) betrieben anfangs noch den Hader von 1970. Durch Doppelmitgliedschaften, wechselseitige Tagungsteilnahmen und vor allem: durch ihr identisches Thema und die gemeinsam beschickte *Zeitschrift für Rechtssoziologie* stellte sich ziemlich bald eine fruchtbare Zusammenarbeit ein.[13]

An den Grenzstellen und die Arten der Verwendung

(16) *In weiten Bereichen des juristischen Denkens wurde methodologisch anerkannt, dass sozialwissenschaftliche Erkenntnisse einsetzbar sind.*

Als unproblematisch galt eine Verwendung in der Rechtspolitik und Gesetzgebung, ebenso die Rechtstatsachenforschung in der Sachverhaltsaufklärung und schließlich das allgemeine Nachdenken über den sozialen Charakter von Recht. In all diesen Situationen werden keine im engeren Sinne rechtswissenschaftlichen Entscheidungen getroffen. Schwierig und streitig wird es nur auf dem Feld der Rechtsdogmatik, denn dort werden die unmittelbar legitimierenden Grundlagen juristischer Akte erzeugt.

Für die Schaffung neuer Gesetzesnormen war stets unumstritten, dass die relevanten Erkenntnisse aus allen Wissenschaften heranzuziehen seien. Für Klaus Hopt bestand schon während der 1970er Jahre eine

13 Vgl. Wrase 2006.

Einigkeit, dass »die Sozialwissenschaften als für eine rationale Gesetzgebung unentbehrlich gelten. [...] Rechtspolitik und Gesetzgebungslehre waren keine juristischen Disziplinen.«[14] Soziologie und Politologie haben sich mit der, wie es dort genannt wurde, Genese von Recht beschäftigt und für eine Reihe spezieller Gesetze empirische Studien vorgelegt. Oft zielten diese darauf, die für illegitim gehaltenen Einflüsse der außerparlamentarischen Lobby und Interessenverbände aufzudecken. So wurde der Entstehungsprozess von Recht beschrieben und erklärt, nur wurden keine Konsequenzen für eine ›Gesetzgebungslehre‹, wie das in der Jurisprudenz genannt wird, gezogen. Beide Forschungsrichtungen – Genese und Methodik der Gesetzgebung – konnten sich rätselhafterweise nie stark entwickeln. Zusammenhängen dürfte es u.a. damit, dass die Praxis der Legislative bei uns in die Hände professioneller Jurist:innen gelegt ist, und zwar in der Ministerialbürokratie. Damit erhalten die Denkweisen der Rechtsdogmatik unausgewiesen einen verborgenen, aber kräftigen Einfluss auf die Textformulierung. Sprache, ›Systematik‹ und Hintergrundwissen der Jurisprudenz formen jedes neue Gesetzes- und Verordnungsrecht, wenn es nicht symbolhaft bleiben will.

(17) *Die Rezeption sozialwissenschaftlicher Erkenntnisse wurde auf einzelnen Inseln im Rechtsdenken heimisch.*

Sozialwissenschaftliche Gedankengänge in erkennbarer Form haben in jedes dogmatische Rechtsgebiet Eingang gefunden. Sie bildeten hier kleine Siedlungen, aber nur selten feste Diskursgruppen, was schon aus ihrem marginalisierten Status innerhalb der Rechtswissenschaft folgte. Soweit ein organisierter Zusammenhang festzustellen war, blieben es lockere Zirkel teilweise geistesverwandter Leute, die nur temporär ein gemeinsames Ziel verfolgten. Für die Freirechtler um 1910, schon quantitativ Wenige, ist das öfter konstatiert worden. Die Reformbegeisterten um 1970 versammelten sich mehrheitlich an den Orten der experimentellen Ausbildung, und sie gründeten Vereinigungen. Aber kein Mitgliedschaftsregime veranlasste so etwas wie In- oder Exklusion. Mit dem Anstrich des Innovativen, Modernen, ›Interessanten‹, leicht Dissidenten ernteten sie Aufmerksamkeit, wurden skeptisch beäugt, manchmal auch diskutiert, aber nicht (mehr) stigmatisiert.

Diese Inseln können sich als ›Erben‹ der soziologischen Rechtsbewegungen des 20. Jahrhunderts betrachten. Doch die Vorläufer haben nicht aus eigener Kraft die Ansiedlung bewirkt. Stärker waren die aus der anglo-amerikanischen Rechtskultur kommenden Einflüsse. Viele juristisch-akademische Jüngere sind interkulturell erfahren (Studium, Praxisstationen, Forschungen); sie haben den Import sozialwissenschaftlicher Ideen mitbewirkt. Nur zu einem kleinen Teil handelt es sich auch

14 Hopt 1975: 341 f.

um Re-Importe der frühen Rechtssoziologie, deren Vertreter häufig haben emigrieren müssen. Das Beharrungsvermögen der überkommenen Dogmatik und ihres Denkstils ist weiterhin so hoch, dass kein Umbruch in neue Arbeitsweisen zu erkennen ist. Ob der schleichende Wandel anhält, liegt in den Händen des Nachwuchses.

(18) Es fehlte an einer ›Theorie der Rechtspolitik‹.

Sie war angedacht, konnte sich aber nicht etablieren. Spätestens seit den 1970er Jahren bestand Einigkeit darüber, dass jede Gesetzgebung der vorherigen sozialwissenschaftlichen Beratung über die zu regelnden gesellschaftlichen Verhältnisse bedarf. Die Rechtsdogmatik meldet für die Phase der Verrechtlichung allenfalls den Anspruch an, die kommenden Regeln sollten sich der ›Systematik‹ vorhandener Regeln einpassen. Darüber hinaus wird der normative Gehalt eines neuen Gesetzes nicht vorgegeben – es sei denn, die professionelle Vorprägung der das Gesetz formulierenden Personen, zumeist mit volljuristischer Vorbildung, übe einen Einfluss aus (das wurde noch nie untersucht). Die Legislative des Parlaments ist nicht rechtswissenschaftlich eingebunden (wiederum abgesehen davon, dass auch hier viele Jurist:innen sitzen und es einen Wissenschaftlichen Dienst gibt). Die Soziologie könnte dort unbehindert ihre Erkenntnisse einspeisen. Allerdings ist das weder vorgeschrieben, noch existiert eine elaborierte Methodik des Gesetzemachens. Die sozialwissenschaftliche Fundierung der Gesetzesvorlagen obliegt den Referaten der Fachministerien (die sich auf diesem Wege vielleicht der Beeinflussung durch die Lobbyisten erwehren könnten).

Das Methodenthema, wie die Gesetzgebung von den (Sozial-) Wissenschaften beraten wird bzw. werden kann, liegt bis heute weitgehend brach. Ein dünner Zweig der Rechtswissenschaften nennt sich ›Gesetzgebungslehre‹ und wird gelegentlich als Teil der juristischen Ausbildung genannt. Die hier aufzuwerfenden Fragen werden vor allem in politikwissenschaftlichen Fallstudien und in verfassungsrechtlichen Arbeiten behandelt und nicht in der Rechtssoziologie.[15]

(19) Erst wenn die methodischen Möglichkeiten des sozialwissenschaftlichen Einsatzes genau bezeichnet sind, kann es zum konstruktiven Dialog kommen.

Was Reform- und Fusionsdiskurs meinten, wurde erst sehr viel später klar formuliert. Dieter Simon kommentierte, »dass dies nicht durch eine Überführung der Jurisprudenz in Rechtstheorie oder Rechtssoziologie zu schaffen war, sondern dass das gesamte Fach sozialwissenschaftlich neu zu strukturieren gewesen wäre, wenn die sozialen, ethischen und

15 Vgl. Schulze-Fielitz 2000: 158.

politischen Bedingungen, die das Formalrecht systematisch aus dem Rechtshaushalt verbannt hatte, wieder integriert werden sollten«. Er hielt dies für eine gigantische Aufgabe mit dubiosen Erfolgschancen, weswegen man sich bald mit einem interdisziplinären Konzept ›Rechtswissenschaft und Nachbarwissenschaften‹ (Dieter Grimm 1973/1976) zufriedengegeben habe, bei dem »die systematische Vermittlung eines solchen Konzepts teils wegen der Masse des Stoffes, teils wegen Dissenses über generalisierbare Exempel unterblieb«.[16]

(20) Offen eingesetzt wurden Sozialwissenschaften juridisch nur dort, wo in der Rechtsnorm ein Anknüpfungspunkt für extrajuridische Aussagen vorhanden ist.

Wie es einmal heißt, werden Sozialwissenschaften juridisch nur dort relevant, »wo eine Rechtsnorm eine ›Einbruchstelle‹ bzw. einen Anknüpfungspunkt für das Einfließen extrajuridischer Aussagen enthält«. Sodann »können von der *Rechtswissenschaft* informiert und methodenbewusst dogmatisch rezipierte und für die Rechtsanwendung aufbereitete sozialwissenschaftliche Erkenntnisse« zur Verfügung gestellt werden.[17] Verräterisch ist das hier von dem Dogmatiker verwendete Bild einer »Einbruchstelle«, das an ein Unglück oder Verbrechen denken lässt. Oder gibt es legitime, gar methodologisch geforderte ›Einbrüche‹?! Auf jeden Fall sehen wir ein Nadelöhr, durch welches sich nur wenig Sozialwissenschaft fädeln lässt.

(21) Sozialwissenschaftliche Theoreme wurden in der Rechtsdogmatik eher verwendet, wenn sie normative Anschlussstellen enthielten.

Die Übervorsicht aus der Tradition der Wertfreiheitsdebatte und des Kritischen Rationalismus hat die Soziologie zurückhaltend und ertragsarm mit als normativ erkennbaren Aussagen werden lassen. Schon bei den ihrerseits normativ getränkten Konzepten der Steuerung, Governance oder der Ökonomischen Rechtsanalyse fiel der Transfer schwer.

(22) Die Integration gelang dort am ehesten, wo in der Rechtswissenschaft Vorarbeit geleistet worden war oder eine gewisse Tradition bestand.

Dies ist der Fall beispielsweise in der Verwaltungsrechtswissenschaft, wo derartige Debatten mit Otto Mayer und Otto von Gierke zur Vorgeschichte unseres Themas gehören. Einen Kontrastfall bildet das Privatrecht, dessen Dogmatik eine Integration immer schon heftig abgelehnt hat.

16 Alle Zitate bei Simon 1990: 162.
17 Kahl 2020: 147.

(23) *Die mittelbare und latente Rezeption ist nur aufwändig zu dokumentieren.*

Gemessen am Aufsehen, das die Konflikte um 1970 hervorriefen, nehmen sich die institutionell bleibenden Wirkungen vielleicht gering aus, sofern sie manifest ins Auge fallen. Die mittelbaren Wirkungen sind schwerer zu dokumentieren. Und wenn ein Rechtslehrer des Reformkreises schrieb, die Rechtswissenschaft habe mittlerweile »einen Grad von Interdisziplinarität erreicht, der 1968 unvorstellbar erschien«, dann dürfte das zutreffen.[18] Nur wurden und werden solche Veränderungen selten explizit ausgestellt, sodass offenbleibt, ob auch die *Old School* den Eindruck teilt.

Eine Rezeption der Sozialwissenschaft im juristischen Arbeiten geschieht auf diffuse und verkappte Weise im Zuge des allmählichen Wandels der methodischen Gepflogenheiten. Für den 1970er Diskurs wurde das 1980 so konstatiert: »Die mit dem Stichwort von der Integration der Sozialwissenschaften genannten Zielsetzungen der Reform sind heute eher akzeptiert und in die Rechtswissenschaft integriert.«[19] Eine Explizitheit wäre erst durch die Zitierung sozialwissenschaftlicher Literatur gegeben, was sehr selten vorkommt. Dies bedeutet nicht zwangsläufig, dass solche Literatur nicht gelesen wird – es mag inopportun sein, sich dazu zu bekennen. Mithin wären Art und Ausmaß einer Rezeption erst in Zeitvergleichen festzustellen, also durch eine empirisch-historische Analyse juristischer Texte – durch eine Inhaltsanalyse, die nicht lediglich Zitiertes auszählt, sondern Argumentationen rekonstruiert.

(24) *Manche Reformforderungen wurden stillschweigend akzeptiert.*

Die zu den Diskurshöhepunkten mit Berufung auf die Sozialwissenschaften vehement eingeforderte Modifikation der juristischen Arbeitsweise wurde zunächst zurückgewiesen, fand sich aber später als akzeptiert. Das betraf um 1905 die Befreiung von Begrifflichkeits- und Konstruktionszwängen sowie nach 1970 die Öffnung zu den Sozialwissenschaften. Der Wandel vollzog sich fast unbemerkt und wurde im zeitlichen Abstand als vollzogen konstatiert. Oder es waren Neogesetze, zu denen kein dogmatisches Herkommen bestand, sodass sie mit sozialwissenschaftlicher Expertise interpretiert werden konnten. »Die neuen Gegenstände ließen sich nicht mehr mittels dogmatisch gespeicherter Erfahrungssätze bewältigen, sondern verlangten nach interdisziplinärer Aufklärung.«[20] Hoffmann-Riem hält die Forderung nach Einbeziehung der Sozialwissenschaften in die rechtswissenschaftliche Arbeit heute für

18 Mückenberger 1989: 110.

19 Hart 1980: 420.

20 Lepsius 2022: 774 f.

weithin anerkannt, allerdings weniger »durch ausdrückliche Thematisierung als durch Nutzung der durch ›Versozialwissenschaftlichung‹ [...] veränderten Sichtweisen und Begriffe«. Die alten Abgrenzungsstreitigkeiten seien beinahe überwunden. Und angesichts der mittlerweile erreichten ›Modernisierung‹ von Recht und Rechtswissenschaft »klingen die Inhalte gar nicht mehr so radikal und erst recht nicht so provozierend wie seinerzeit«.[21] Zu fragen ist: Waren die Reformer also ihrer Zeit *voraus*? Nein, ihre Versuche waren nicht *innerhalb* ihrer Zeit, und deswegen sind Reformer und Bewahrer gescheitert.

(25) Das rechtsdogmatische Denken erfuhr einen allmählichen Wandel.

Neben den expliziten Integrationsversuchen vollzog sich allgemein der allmähliche Wandel rechtsdogmatischen Denkens, ein Wandel, der ebenfalls von den Herausforderungen durch die Freirechtslehre und durch das Auftreten der Soziologie befördert wurde. Die hierdurch aufgenommenen Impulse gaben ihre Herkunft nicht zu erkennen und blieben im Schatten der spektakulären Entwürfe, die man kritisierte und zurückpfiff, nicht ohne ihnen später ein Stück weit zu folgen. An einer Beschreibung dieser Änderungsprozesse – die bereichsspezifisch vorzunehmen wäre – fehlt es bislang, und sie war auch in diesem Buch nicht zu leisten.

(26) Der Import geschah in Grenzgängen, die von der Jurisprudenz aus unternommen worden sind.

Erbracht wird die indirekte Art von Rezeption dann wohl von sozialwissenschaftlichen Dienstleistern oder besser noch durch die solche Erkenntnisse sich beschaffenden Jurist:innen.

(27) Die ›Relevanz‹ sozialwissenschaftlicher Erkenntnisse bestimmt die Jurisprudenz nach den eigenen Selektionskriterien.

Nur nach der Anerkennung als ›relevant‹ werden die »nachbardisziplinären Erkenntnisse« in die Argumentation einbezogen. Ein Dogmatiker fasste das in den Satz, die Jurisprudenz verfüge über eine »disziplinäre Autonomie«, nicht aber über »Autarkie«.[22]

(28) Juristische Erörterungen zur ›Natur der Sache‹ ersetzten den Rückgriff auf Grundlagenwissenschaften, darunter die Soziologie.

Mit der Formel Natur-der-Sache wurde vermieden, empirische und theoretische Resultate der Soziologie heranzuziehen, die den *konstruierten* Charakter der Wirklichkeit herausgearbeitet hat. Die ›Natur der Sache‹

21 Hoffmann-Riem 2011: 173 bzw. 181.
22 Stark 2020: 321.

impliziert eine vorgegebene Ordnung und verbirgt ihren normativen Charakter. Um 1900 lagen solche Erkenntnisse auch kaum, vor; die damals entwickelte juristische Figur blieb aber erhalten.[23]

(29) Das ›Gewohnheitsrecht‹ diente als Einfallstor.

An der Figur des Gewohnheitsrechts machte sich eine Gedankenverbindung zwischen Rechtswissenschaft und Soziologie fest. Die sozialen Gebräuche und die Akzeptanz ihres normativen Gehalts festzustellen, konnte eine mit soziologischen Mitteln zu erfüllende Aufgabe sein, wie es die treibende Idee bei Eugen Ehrlich gewesen war.

(30) Gibt es eine Juristensoziologie?

Juristische Aussagen verwandten ständig und notwendig Annahmen zur Wirklichkeit; die jeweiligen Autoren folgten hier ihrem Vorwissen und ihren Gedanken. Soweit es die soziale Dimension betrifft, wäre von ›Juristensoziologie‹ zu sprechen, im Unterschied zur nicht bemühten wissenschaftlichen Soziologie. Um ein fachliches Zusammenwirken handelt es sich dabei nicht. Diskursanalysen juristischen Entscheidens – ansetzend an den Kammerberatungen und den Urteilsgründen – könnten dies abklären. Vielerorts im juristischen Methodendiskurs tauchte die Soziologie als notwendiges Argumentationsmaterial auf. Allzu oft jedoch verblieb es bei einer generellen Empfehlung bzw. der Bezug beschränkte sich auf eine Art von Erkenntnishaltung – der juristische Kopf versucht soziologisch zu denken. Dies führte dann zu der beklagten ›Juristen-Soziologie‹. Dahin konnte es kommen, weil die Fachsoziologie sich nur selten mit den Verfahrensweisen und Gegenständen der Jurisprudenz beschäftigt hat, also gegenüber rechtswissenschaftlichen Anfragen stumm geblieben ist.

(31) Sozialwissenschaftliche Erkenntnisse wurden umetikettiert und fungierten als neues Alltagswissen.

Die Integration der Sozialwissenschaften sei unter weniger plakativer Titulierung inzwischen vielfältige Praxis, bemerkte Alfred Rinken.[24] Wie diese ›Titulierung‹ aussieht, lässt sich in dem immer noch führenden Lehrbuch rechtswissenschaftlicher Methoden nachlesen. Zur Bestimmung des Sachverhalts werde das Erfahrungswissen herangezogen, heißt es. »Solche Erfahrungssätze findet der Richter aufgrund seiner eigenen sozialen Erfahrung und vielfach in den juristischen Erläuterungsbüchern.«[25] Im besseren Fall zählen Erkenntnisse der Soziologie – wie immer sie dem Publikum vermittelt worden sind – dann zu jener ›eigenen

23 Vgl. die dogmengeschichtliche Analyse bei Anter 2004.

24 Rinken 2015: 270 unter Verweis auf Hoffmann-Riem 2011.

25 Larenz/Canaris 2013: 109.

sozialen Erfahrung‹, allerdings ohne dass die Lieferantin bewusst wird bzw. deren Seriosität geprüft wäre. Wenn sich einige Impulse der Soziologie gegenüber der Rechtswissenschaft langfristig durchgesetzt haben sollten, dann um den Preis, dass die Urheberschaft verborgen bleibt. Die Soziologie verschwindet; dieses Schicksal teilen so gut wie alle ihre Anwendungen. Warum das so ist und ob die These vom Erfolg überhaupt stimmt, das sind neue Themen.

Irritationen und Barrieren

(32) Zum Topos ›Bindung ans Gesetz‹ entstand eine Sprachverwirrung.

Nachdem einige freirechtliche Autoren, darunter Kantorowicz, zu weit gehende bzw. salopp formulierte Sätze von sich gegeben hatten, wurde die ganze Lehre als Contra-legem etikettiert und geriet damit in den Ruch, an den Festen der Rechtsstaatlichkeit zu rütteln. Selbstkorrekturen halfen nicht. Manche Stimme aus diesem Lager mit sozialwissenschaftlichen Argumenten wurde nicht mehr gehört. Auch das richtungweisende Buch von Rudolf Wiethölter (1968) wurde in Besprechungen als Wiederaufnahme der Programmschrift des *Gnaeus Flavius* (1906) gesehen, und zwar als »bei weitem radikaler und stärker politisch orientiert«.[26] Die Unklarheit des Sprechens, gewiss auch in diesbezüglichen sozialwissenschaftlichen Schriften, nährte ein Missverstehen und erlaubte vordergründige Abgrenzungen. Dabei setzte Kantorowicz nicht auf die Freiheit von positivem Recht, sondern auf dessen Neuauslegung mithilfe soziologischen Wissens. Hierin, und nicht in der Auflösung der Gesetzesbindung, lag das Neue.

(33) Erst spät wurde geklärt, worin die ›politische‹ Substanz einer Soziologisierung des Rechtsdenkens besteht.

Geblieben sei von dieser Art von Justizsoziologie ebenso wenig wie von den Auseinandersetzungen um die Politisierung der Justiz, schrieb Dieter Simon mehrdeutig. Was er meinte, steht gleich danach: Die Justiz habe in diesem Diskurs allmählich erreicht, »was unter ihren Mitgliedern und Kritikern noch umstritten war: demokratische Justiz in einem demokratischen Staat zu sein« – m.a.W. die demokratiepolitischen Implikationen der Justizforschung haben zum Erfolg geführt.[27]

(34) ›Ungleichzeitigkeit‹ als Disparität der Erkenntnisstände.

Wenn Hermann Heller der Soziologie ein Primat vor der Jurisprudenz einräumte, dann nur der Idee dieser Wissenschaft nach, keinesfalls aber

26 Kramer 1970: 82.
27 Simon 1990: 161.

im Erkenntnisstand. Am Ende der 1920er Jahre befanden sich zwar die abstrakten Theorien der Soziologie auf einem Niveau, das orientierende Hypothesen erlaubte; aber empirisch war noch zu wenig geschehen, als dass die Staatsrechtswissenschaft damit hätte arbeiten können. Hellers überraschende Prioritätensetzung konnte daher nur als prototheoretische Behauptung für die interdisziplinäre Kooperation gelten.

(35) Die kräftigste Rezeptionsbarriere war der Glaube an das Geschlossensein der Rechtsordnung, aus dem heraus sich alle Fragen beantworten lassen müssten.

Gegen diesen Systemcharakter gingen die Freirechtler an; ihnen war das Recht eher Stückwerk, es bestand aus Einzelnormen und Gesetzbüchern. Indem Kantorowicz den voluntaristischen Charakter, also den subjektiven Gehalt juristischer Entscheidungen betonte, holte er diese aus dem Himmel der Begriffe auf die Erde von Individuen und Institutionen. Damit öffnete er einer soziologischen Herangehensweise die Tür. Mit dem oft beschworenen Bild der ›Lücken‹ malte er das Poröse aus. Das Gesetz enthalte mehr Lücken als Wörter, behauptete Gnaeus Flavius. Die Metapher schlug ein und erntete wütendes Kopfschütteln.

(36) Die Rechtsdogmatik ist die Königsdisziplin der Jurisprudenz.

Die Idee, alle geltenden Rechtnormen seien in einem organisch-systematischen Zusammenhang abbildbar (C.H. v. Savigny), hat die Jurisprudenz von ihren empirischen Grundlagenfächern entkoppelt.

(37) Die Barrieren durchlaufen in der Generationenfolge eine Metamorphose.

Vieles im heutigen Denken und Mitteilen verdankt sich der Generationsdifferenz; die Jüngeren sind in Erfahrung und Sprache anders sozialisiert. Daher drückt der heutige Diskurs manches anders aus als der von 1970, ohne dass zugrundeliegende Muster sich geändert haben müssten.

Der juristische Normativismus

(38) In den Aussagen der Jurisprudenz werden die Normen, nicht aber die Fakten mit höchstem wissenschaftlichem Aufwand bearbeitet.

In allen nachbarlichen Grenz- und Austauschdiskussionen tauchte beständig das Argument auf, in der Jurisprudenz gehe es um *normative* Urteile, die sich gegen das Eindringen empirisch begründeter Aussagen sperrten. Umgekehrt hatten die Sozialwissenschaften eine heftige Debatte über die Werturteilsfreiheit geführt, mit einem präzisen Aufsatz von

Max Weber aus dem Jahre 1914. Diese Position hat sich verstörend auf den Auftritt von Hermann Kantorowicz auf dem ersten Soziologiekongress ausgewirkt (Kap. 4). Für Weber bestand konkreter Anlass, der Politisierung der gerade entstehenden Soziologie einen Riegel vorzuschieben. Auch der Positivismusstreit in der Soziologie der 1960er Jahre (Popper vs. Adorno, Albert vs. Habermas) bewegte sich um den Topos einer Wertfreiheit. Inzwischen haben sich die Aufregungen gelegt, die Fronten beruhigt: Normative Prämissen wurden erkennbar gemacht, empirische Resultate wurden als auch normativ voraussetzungsvoll erkannt usw. Das Kultur- und Wertgeladene sozialwissenschaftlicher Erkenntnis und ihrer Anwendungen wird heute stillschweigend akzeptiert; die Differenzierung in Entstehungs- und Begründungszusammenhang schuf Frieden. Nur bei Übersteigerungen der Wertgebundenheit einerseits, der reinen Empirizität andererseits entsteht heute noch Streit. Die Jurisprudenz aber beharrt auf einer in Anspruch genommenen Besonderheit, die andere Fächer nicht kennen.

(39) Die Annahme einer ›Geschlossenheit des Rechtssystems‹ lockerte sich und wurde überwunden.

Beim interkulturellen Stilvergleich von Rechtswissenschaften stellte sich heraus, dass im deutschsprachigen Raum die Rechtsdogmatik sich in erster Linie mit der systemimmanenten Weiterentwicklung des Rechts befasst, während in den USA fast immer von einem externen Blickwinkel ausgegangen wird, vornehmlich unter Einbezug von Soziologie, Politikwissenschaft, Philosophie und Ökonomie.[28] Als für den Unterschied verantwortlich gelten der amerikanische Rechtsrealismus und der Utilitarismus. Während der zweite Faktor für eine Nutzenanalyse selbstverständlich ist, muss für den ersten an Kantorowicz und die Debatten um 1910 erinnert werden, die dem *Legal Realism* damals als verwandt erschienen.

Ein Kollateralkonzept zur Geschlossenheit des Rechtssystems war die Debatte zur Lückenlosigkeit, denn ›Lücken‹ können ja nur in einem Gebilde auftreten, das als Ganzes gedacht wird. Wird das Recht hingegen als ein Weg unter mehreren in der Konfliktbearbeitung gesehen und die Rechtsdogmatik als das juristische Fach zur zusammenfassenden Vorbereitung der Konfliktlösung, dann verschwindet das Lückenproblem zugunsten der Kooperation vieler Wissensbereiche.

(40) Die Jurisprudenz hat eine eigene Erkenntnistheorie.

Normativität, zumal wenn sie innerhalb der Rechtstheorie besprochen und als feststehender Begriff behandelt wird, fungierte als Hauptelement

28 Grechenig u.a. 2008: 514 f.

in der Abwehr des Sozialen – dieses unterscheide sich essentiell und gehöre zum Bereich der Faktizität. So kam es zu den in vollster Überzeugung tausendfach wiederholten Behauptungen, normative Urteile ließen sich niemals auf soziale Fakten gründen. Wenn es denn so einfach wäre ... Der Neukantianismus, die analytische Philosophie, die Meta-Ethik unterhalten darüber ausgedehnte Diskurse, die demonstrieren, dass die Unterscheidungen Faktizität-Normativität, Sein-Sollen usw. metaphysische Setzungen sind, was bedeutet, dass sie axiomatisch als Erkenntnistheorie den Diskurs zu unserem Thema grundieren. In der aktuellen Rechtstheorie wird der Punkt manchmal behandelt, bislang ohne den Charakter des Selbstverständlichen und scheinbar Nichtbegründungsbedürftigen anzutasten.[29]

Wer auf den angestrengten und ziemlich willkürlich anmutenden Versuch verzichtete, der Rechtsanalyse eine eigene Erkenntnistheorie zur Seite zu stellen, hatte es plötzlich ganz einfach mit den anderen (!) Sozialwissenschaften. *Allzu einfach*, wie zu befürchten stand, in den Augen der Bewacher der ›Zitadelle des Rechts‹, insofern sie das Verhältnis juristischer und soziologischer Denkweise gern hochkompliziert in unübersichtlichen Gedankengebäuden verschlüsselten.

Die vielbemühte Trennung zwischen Sein und Sollen ist ein Gebot der Logik, wurde aber wie eine ontologische Aussage behandelt. Auch bei Kelsen wurde das Verbot einer ›Vermischung‹, der sogenannte Naturalistische Fehlschluss, nicht begründet, sondern vorausgesetzt. Es hätte hinzugefügt werden können, dass das juristische Handeln neben der logischen Sauberkeit auch einer Sachangemessenheit genügen will, wofür die geeigneten logischen Mittel rechtstheoretisch aufzufinden sein müssten. Kelsen hat später seinen ›normativistischen Positivismus‹, der ursprünglich die Rechtsauslegung gegen das Eindringen von Politik, Religion und Moral abgesichert hatte, in voluntaristischer Richtung umgedeutet.[30]

Die Fragen zum Verhältnis der ›Sein und Sollen‹ genannten Gedankenfelder zueinander und in den Einzelwissenschaften waren von der Philosophie aufgeworfen worden. Hatte sich das bei Immanuel Kant noch auf die ethische Begründung begrenzt, war es in den neukantianischen Schulen auf alle Wissenschaften erstreckt worden, ohne dass hier die Reichweite der epistemologischen Unterscheidung bereits geklärt gewesen wäre. In den Methodenlehren sowohl der Jurisprudenz als auch der Soziologie erhielt diese Problematisierung um 1900 ein äußerst hohes Gewicht. So ging es in Webers rechtssoziologischen Fragmenten

29 Vgl. dazu Magen, der das Konzept der Normativität auf der Grundlage der angelsächsischen Philosophie analysiert und nach einer »naturalistischen Erklärung rechtlicher Normativität [aus] dem Fundus der empirischen Sozialwissenschaften« sucht (2018: 52).

30 Vosgerau 2010: 74.

vorrangig darum, »nicht unzulässigerweise vom Seinsollenden ins Sein zu gleiten«.[31] Als ›der letzte Schrei‹ auf dem Markt philosophischer Ideen wurde die Vergänglichkeit des Zeitgeistes übersehen. So schlossen selbst so souveräne Köpfe wie Gustav Radbruch, Hans Kelsen und Max Ernst Mayer wie fast alle anderen zu Beginn des 20. Jahrhunderts bei der Bestimmung ihres Rechtsbegriffs ein soziales Element aus. Die neu geformten Selbstbilder verliehen ein Bewusstsein zu disziplinärer Eigenart und Selbständigkeit, womit sie die Fächer auseinandertrieben.

Andere Rechtskulturen haben diese Grundhaltung längst aufgegeben bzw. nie gekannt.[32] Es fiel und fällt schwer, sich von der strikten Trennung Fakt/Norm, Sein/Sollen fernzuhalten, ohne auf platte Weise in entweder Materialismus oder Idealismus zu verfallen. Zu eingewöhnt waren die Sprechweisen und Sätze wie ›Aus Faktischem kann niemals Normatives folgen‹. Gesucht wurde nach Erkenntnisformen, die Soziales und Recht verschieden analysieren, aber ohne die beiden Bereiche gänzlich voneinander abzukoppeln. Eindringlich hatte sich hier Hermann Heller hervorgetan; seine langen Ausführungen ließen erkennen, wie er um eine Lösung kämpfte und dabei die gängige neukantianische Redeweise vermied.[33]

(41) Die Reinheit der Rechtslehre

Eine seltsame Rolle nahm der Normativismus von Hans Kelsen ein, erstmals in der Auseinandersetzung mit Eugen Ehrlich formuliert, in der Staatstheorie der Weimarer Zeit in herausgehobener Position und 1934 als ›Reine Rechtslehre‹ vollendet. Danach konnten, verkürzt gesagt, Rechtssätze allein aus Rechtsnormen und keinesfalls aus sozialwissenschaftlichen Erkenntnissen hergeleitet werden. Die Theorie beeindruckte durch logische Konsistenz und Schlüssigkeit; nur vermochten ihre Folgerungen nicht zu überzeugen, angefangen bei der imaginären ›Grundnorm‹. So wurde sie einerseits verworfen und andererseits als Abwehr gegen die Invasion des Sozialen in die Rechtstheorie benutzt. Der Glanz von Kelsens Texten verdeckte gewisse Mängel in der erkenntnistheoretischen Begründung.[34] Heute würde die Wahl zwischen Neukantianismus und Phänomenologie nicht mehr so selbstverständlich zugunsten der Sein-oder-Sollen-Dichotomie fallen, die das Praxispotenzial juristischen Handelns ignoriert. Beide, sowohl der juristische wie der soziologische Zugriff auf das Geschehen, werden immer davon ausgehen, dass Rechtsnormen vorhanden sind und das Handeln der Konfliktparteien durchdringen, sowie auch davon, dass Inhalt und Geltungsgrad

31 Schweitzer 2021: 536.
32 Vgl. dazu Wrase 2016, S. 474–485.
33 Beispielsweise Heller 1934: 41–48.
34 Dazu vgl. Funke 2010: 30–35.

der behaupteten Normen vom lebensweltlichen Alltag mitbestimmt sind. Das wechselseitige Aufeinanderverwiesensein lässt sich nur dann auflösen und in säuberlich getrennten Diskursen untersuchen, wenn man die Folgekosten veranschlagt, die eine solche Artifizialität verursacht.

(42) *Die Abwehr der Sozialwissenschaften diente dem Eigensinn der Rechtswissenschaft.*

Zur Rhetorik der Abschließung gehört auch eine Fülle von Bezeichnungen, die einen theoretisch belangvollen Gehalt versprechen, sich bei näherem Zusehen aber als Pleonasmen für ebendiese Abschließung entpuppen: Selbststand, Autarkie, Geschlossenheit, Proprium u. dgl. Man könnte darin einen Trick sehen, aus der intellektuell schwer zugänglichen Dogmatik eine Profession zu schmieden, die Laien vom Rechtsbetrieb fernhält. Die Resilienz einer auf Dogmatik gestimmten Rechtswissenschaft gegenüber den Zuflüssen aus der Soziologie hat mehrfache Wurzeln. Die durch eine lange Tradition gefestigte Fachidentität wird in den Öffnungsdiskursen ständig beschworen. Die juristische Profession verspricht eine sechsstellige Zahl an Berufspositionen mit hohem Status und einem Einkommen im obersten Quintil für viele. Wer teilt schon freiwillig? Bereits Max Weber hat auf Standesideologie als Quelle des Methodenstreits verwiesen.

(43) *Alles, was sich ›soziologisch‹ nannte, geriet durch die Diskurshitze um 1970 ins Abseits.*

Für eine Pauschalablehnung verantwortlich war die teils offene, teils unterstellte Politisierung der Rechtssoziologie. Diese habe sich nicht davon erholen können, dass sie damals »nicht nur als eine spezifische Gussform unseres wissenschaftlichen Zugriffs auf die Welt aufgetreten ist, sondern sich in großen Teilen zugleich so offensiv mit bestimmten politischen Ideen verbunden hat, dass sie dadurch unwiederbringlich ein Stück ihrer Seriosität eingebüßt hat«.[35] Interessanterweise entwickelte die juristische Fachdisziplin weit weniger Widerstand, als eine Öffnung zu nichtsoziologischen Nachbardisziplinen anstand. Über eine ›Ökonomisierung des Rechts‹ wird unverkrampft diskutiert.[36]

(44) *Der explizite Bezug auf ›Soziologie‹ verschwand zugunsten bloßer ›Empirie‹.*

Empirische Fakten, wie sie die Rechtstatsachenforschung bereitstellt, treten als sozialwissenschaftlich uninterpretierte Informationen auf. Das

35 So Lüdemann 2015: 9.

36 Beispielsweise bei Stefan Magen 2015: 110–112, bezogen auf das Verwaltungsrecht und das Zivilrecht.

macht sie für den Rückbezug auf Wirklichkeit attraktiv und lässt sie methodologisch als harmlos erscheinen. Dass in Vorauswahl, Erhebungsart und Präsentation auch wertende Entscheidungen stecken, bleibt im Hintergrund. – Unter der neuen Bezeichnung ›Empirische Rechtswissenschaft‹ erlebt die entsoziologisierte Faktensuche jetzt einen Aufschwung. Die gesellschaftliche Seite des Rechts wird hier als das ›Reale‹ gesehen, und zwischen der empirischen Rechtswissenschaft einerseits und den Sozialwissenschaften andererseits besteht ein Konkurrenzverhältnis.[37]

Wege aus dem Normativismus

(45) Die ›Rechtsquellen‹ diversifizierten sich.

Mit dem Konzept der Rechtsquelle wurde eine Metapher geschaffen, notwendig, wenn das positive Recht der einzige Fluss bleiben sollte, aus dem eine juristische Entscheidung schöpfen darf. Als Wissensstrom für Recht lassen sich außerjuridische Erkenntnisse kaum vorstellen, schon *ex definitione* nicht, woraus dem Methodendiskurs ein handliches Gegenargument erwuchs, wie vordergründig immer, um den Gedanken des Sozialen fernzuhalten. Der Verwaltungsrechtler Schuppert unterschied bezüglich der normativen Situation drei Regelungsschichten: das staatliche Gesetzesrecht, ein reichhaltiges, privat gestaltetes *soft law* sowie eine Vielzahl sozialer Normen. Diese »Pluralität rechtlicher Regelungen« sei rechtsdogmatisch zu bewältigen. »Eine nur auf das staatliche Recht fixierte Rechtswissenschaft kann dieser Aufgabe nicht gerecht werden.«[38]

(46) Der ›freiere‹ Umgang mit dem Gesetzesrecht stützte sich auf Generalklauseln.

Nach dem ersten Weltkrieg hatte sich so vieles einschneidend geändert, dass wirtschaftliche Vereinbarungen sich kaum noch wortwörtlich umsetzen ließen, dem Grundsatz *pacta sunt servanda* zum Trotz. Das Reichsgericht sprang über seinen Schatten und erklärte 1920, die erste und vornehmste Aufgabe des Richters gehe dahin, den unabweislichen Bedürfnissen des Lebens gerecht zu werden und sich in dieser Beziehung von den Erfahrungen des Lebens leiten zu lassen.[39] Das Urteil nannte zur Begründung die bekannten Generalklauseln des BGB; darin liege »der als wünschenswert oder nötig erachtete Anhalt im positiven Recht«. Das war offenbar der Formelkompromiss eines nur im

37 Vgl. Engert 2022: 6.
38 Schuppert 2018: 200.
39 RGZ 100: 129.

Ergebnis einigen Zivilsenats. Es wurde nur eine lockere Anbindung an das Gesetz, aber keine logisch zwingende Folgerung benannt. Was höchste Richter sich hier gegenüber einem im Wortlaut nicht umzubiegenden Gesetz herausgenommen hatten, wurde weithin als freirechtliches Denken verstanden. Der Staatsrechtslehre gelang es freilich, die ›Abweichler‹ einzufangen, sodass die innovativen Entscheidungen eine Ausnahme blieben.

Wie verhielt sich dieser Vorgang zur Frage, in welcher Weise sozialwissenschaftliche Argumente sich in einer juristischen Argumentation nützlich machen könnten? Die Problematiken deckten sich nicht, hatten aber miteinander zu tun. Ob in juristischen Entscheidungen auch sozialwissenschaftlich argumentiert werden darf, verlängert die Reihe der diskutierten Fragen um Freiräume, subjektives Dafürhalten und Contra-legem-Urteile. Es ging auch nicht unmittelbar um Rechtsfortbildung, wie von der herrschenden Methodenlehre geargwöhnt wird und mit der ›unbegrenzten Auslegung‹ der NS-Justiz gleichgesetzt wird.

(47) Mit dem Aufkommen einer ›Rechtsfortbildung‹ lockerte sich der Normativismus.

Einige Urteile des Reichsgerichts zeigten »eine besondere Lebens-Betonung« und nahmen damit freirechtliche oder soziologische Topoi auf.[40] Die Kommentatoren waren sich uneins, ob das eine Bestätigung des freirechtlichen Ansinnens war, das sie ja meist zurückwiesen. Nun war ja die Übernahme soziologischer Überlegungen keineswegs ein Reservat eines freirechtlichen Denkens, und sie musste auch keineswegs im Widerspruch zur Gesetzesbindung stehen. Begriffe wie ›Leben‹ und ›Wirklichkeit‹ ermöglichten Urteilssprüche, die in der Sache überzeugten, auch wenn ihre Begründung von dogmatischen Traditionen abwich und sich auf im Gesetz angelegte Spielräume berief. Richterliche Rechtsänderung, in der Normauslegung sowie in den befolgten Methoden, hatte immer schon ihre Innovativität verborgen und sich als ›Entdeckung‹ von bereits vorhandenem Normsinn verkleidet.

Die Jurisprudenz besprach die Fälle eigenständiger, nicht aus einem Gesetz begründbarer Normsetzung als ›Rechtsfortbildung‹. Dies zu erkennen war das Hauptanliegen der Freirechtslehre. Der Begriff einer ›Fortbildung‹ unterstellt eine Entwicklung nach Art organischen Wachstums – eine Pflanze dehnt sich aus, ein Mensch erwirbt neues Wissen, der ›Stamm‹ bleibt erhalten und treibt neue Äste. Wer die rechtliche Reaktion auf neue Herausforderungen und Problemlagen so verstand, versteckte die Einflüsse auf die getroffene Entscheidung. Eine verbergende Umschreibung lautete das Zu-Ende-Denken von Gesetzen unter gewandelten Umständen, zugehörig »zum Bereich legitimer richterlicher

40 Klemmer 1996: 95–102.

Rechtserzeugung«.[41] Heute wird zugestanden, dass in einer juristischen Entscheidung die Rechtsfortbildung neben die Normauslegung tritt und somit über die gesetzgeberische Vorgabe hinausgeht.[42]

(48) *Wenn schon nicht die Idee des Sozialen, so erbot sich die Kategorie der Kultur dazu, den Normativismus zu relativieren.*

Die methodologischen Probleme, wenn die Soziologie dem Rechtsdenken aufzuhelfen versucht, waren schon von Kantorowicz erörtert worden. Die Jurisprudenz als ›analytische‹ Wissenschaft verfüge über »die weitaus größere Strenge, Sicherheit, Abgeschlossenheit gegenüber der ›synthetischen‹ Soziologie, die immer einen gewissen Mut zur Oberflächlichkeit voraussetzt«. Aber die Jurisprudenz bezahle diese Vorteile mit Formalismus, Einseitigkeit und Lebensfremdheit. Deshalb verlange »sie nach einer synthetischen Ergänzung durch die Soziologie, nach einer Anwendung der soziologischen Methode auf die eigenen Probleme derart, *dass ihre Gegenstände nicht isoliert, sondern als Ergebnisse und Erzeuger der jeweiligen gesellschaftlichen Kultur betrachtet werden*, also in ihren Wechselbeziehungen zu allen anderen Kulturgütern.«[43] Diese Idee ist lebendig geblieben.[44]

Zum Verbleib der Idee vom Sozialen

(49) *Die Wirkungslinien der Sozialidee im Diskurs um die juristische Methodik sind vielfach gebrochen.*

Eine direkte und ununterbrochene Wirkungslinie von 1900 bis zur Gegenwart dürfte sich nicht ziehen lassen; dafür weist schon die Rechtsgeschichte des Jahrhunderts zu viele Brüche und Transformationen auf. Die Weitergabe von Ideen verläuft ohnehin nicht in einem geradlinigen Kausalmodell. Wohl aber sind zahlreiche Veränderungen eingetreten, die sich als Versozialwissenschaftlichung deuten lassen, ohne dass die Soziologie dabei unmittelbar mitgewirkt hätte. Das juristische Denken hat soziologische Denkfiguren nach Bedarf ausgewählt, in seiner Sprache rekonstruiert und damit rechtsdogmatisch verwertbar gemacht. Die beiden Wissensgebiete haben sich dabei entkoppelt; es fällt sogar schwer, die quasi-soziologischen Argumente der Rechtswissenschaft als aus der Soziologie kommend zu erkennen.

41 Bumke 2012: 41.
42 Vgl. Fischer 2007: 134.
43 Kantorowicz 1923: Teil III, H.i.O.
44 Vgl. Duve 2015: 181; Krüper 2015: 143–150.

(50) *Spuren der Freirechtsbewegung ziehen sich durch die Methodengeschichte.*

Die von einigen der ursprünglichen Freirechtlern erhobene Forderung, soziologische Gesichtspunkte müssten bei der Rechtsauslegung berücksichtigt werden (Kap. 2 und 3), ist aus der rechtstheoretischen Reflexion nicht mehr verschwunden. Schon die ein Jahrzehnt jüngeren Autoren griffen sie damals auf, etwa Hermann Heller. Wahrnehmung und Würdigung der Freirechtslehre schwankten in allen Jahrzehnten nach dem ersten Weltkrieg. Die Volatilität folgte den Konjunkturen der Rechtstheorie. Zeitweise, etwa in der frühen Bundesrepublik, zu schweigen von der NS-Zeit, wurde kaum Notiz von ihr genommen. Als Beispiel für Opposition, ja eine Art von Aufstand gegen das Vorherrschen einer Meinung bei moderater Detaildiskussion, erhielten die Freirechtsideen immer dann eine gewisse Aufmerksamkeit, wenn in der ansonsten konsensbildenden Szene der Jurisprudenz Unruhe aufkam. Einschätzungen aus den letzten Jahrzehnten sahen die damalige Bewegung meistens aber als weniger bedeutsam und innovativ, als diese sich selbst gesehen hatte.

Eine Ausnahme machte der Privatrechtsgeschichtler Knut Wolfgang Nörr, als er das Aufwertungsurteil des Reichsgerichts von 1923 untersuchte, die wohl politisch bedeutsamste Gerichtsentscheidung der Weimarer Zeit. In ihr war entgegen dem Gesetzeswortlaut die Regel Mark-gleich-Mark wegen der Inflation aufgegeben worden (Kap. 5). Das Reichsgericht nutzte für seine ›innovativen‹ Sprüche nicht die nahezu unbegrenzten Spielräume der Generalklauseln, sondern nahm die Verfassung zum Maßstab und rettete so das Prinzip der Gesetzesbindung. »So hat die Freirechtsbewegung und mehr noch der Schock des Weltkriegs und der Inflation [...] die Richter zur Weimarer Verfassung, zum Grundgesetz der ersten deutschen Republik geführt.«[45] Eine derartige Deutung wurde eher in den Schriften der Rechtsgeschichte als in denen der Dogmatik und Methodenlehre vertreten. »Die ›Einheit der Rechtsordnung‹ und die Herrschaft des Gesetzes hatten mit der Freirechtsbewegung, mit der vom Krieg ausgelösten Regelungsflut und mit dem breiten Einbruch von Zwecken und Interessen in die Rechtsanwendung ihre Steuerungsfunktion verloren.« Das schrieb Michael Stolleis und meinte weiterhin, die alte Aufgabe juristischer Arbeit, nämlich die Konstruktion der Rechtsinstitute, »war ohnehin längst durch Freirechtsschule, Interessenjurisprudenz und generelles Vordringen des teleologischen Denkens verändert worden«.[46] Offenbar sorgen sich Historiker weniger als Dogmatiker um den Eigenwert eines Juridismus.

Wie aber waren die Freirechtler zwei Jahrzehnte vor 1923 dazu gekommen, der richterlichen Tätigkeit eine »größere Beweglichkeit« zu

45 Nörr 1996: 31.
46 Stolleis 1999: 169, 373.

verschaffen? Der Freiraum sollte nicht mit Willkür gestaltet werden, sondern in Anlehnung an die gesellschaftlichen Lebens- und Rechtsverhältnisse, wie es seit 1903 von Eugen Ehrlich u.a. propagiert worden war. Kantorowicz hatte das ›Soziologie‹ genannt – in dem Sinne, wie damals davon zu sprechen war – und damit eine interdisziplinäre Brücke gebaut. Spätere Rechtswissenschaftler bemerkten zwar die Brücke, nicht aber die Steine, mit denen sie errichtet war.

(51) Von der Soziologie kamen zwiespältige Botschaften, jedenfalls keine wirksame Unterstützung für eine Verwendung ihrer Resultate in der Jurisprudenz.

Wenn juristische Neugier sich auf die Soziologie richtete und dann, wie zumeist, bei Max Weber oder Niklas Luhmann einstieg, dann wurde sie entmutigt. Beide Klassiker hielten nichts davon, Rechtsdogmatik an ihre Wissenschaft anzuschließen.

Die soziologische Systemtheorie konnte in der Rechtswissenschaft so erfolgreich werden, weil sie Argumente für die innere Abgeschlossenheit juristischen Denkens lieferte. Sie sprach von der Selbstreferenz des rechtlichen Diskurses und von der Autopoiesis des Rechts; das Recht wurde als weitgehend autonomes gesellschaftliches Teilsystem angesehen, dessen Anpassung und Weiterentwicklung mit systeminternen (also rechtlichen) Operationen bewerkstelligt werde.[47] Mit diesem Import wurde – gewiss unbeabsichtigt, aber vielleicht nicht unwillkommen – der Bezug auf andere soziologische Theorien und Resultate der Feldforschung unterbunden. Im Hintergrund stand wohl die traumatische Erfahrung des nationalsozialistischen Rechtsmissbrauchs; mit einer Systemgeschlossenheit vermag das juristische Handeln sich gegen autoritäre Einflussnahme abzuschirmen, jedenfalls eine Zeitlang.[48]

(52) Die Innen-Außen-Differenz behinderte die Kenntnisnahme der Sozialwissenschaften.

Meist stellte man sich vor, die Erkenntnisse zum Sozialen würden vom juristischen Denken ›importiert‹. Dergestalt unterschieden sich die Prämissen einer juristischen Entscheidung nach ihrer Herkunft von innen oder außen. ›Innen‹ lagert das Recht, ›außen‹ lauert die Umwelt. Das Recht ist schon da, die Umwelt wird bedarfsweise hinzugenommen – ›inkorporiert‹, wie es auch heißt.[49] Die Crux lag dann in der Frage, ob die vorgefundenen Rechtstexte prinzipiell *ohne* oder *mit* Außenreferenz aufbereitet werden. Daraus ergaben sich zwei sehr verschiedene

47 Vgl. Grechenig u.a. 2008: 544.
48 Vgl. Grimm 1982: 475.
49 So z.B. bei Bumke 2017: 157.

Arbeitsweisen. Ohne Außenbezug traten soziale Bezüge nur selektiv und additiv hinzu. Mit Außenbezug waren sie von Anfang dabei und beeinflussten das Verständnis des Rechtstextes.

(53) *Auch in den Sozialwissenschaften umstrittene Aussagen sind juristisch verwendbar, ebenso Wahrscheinlichkeitsaussagen.*

Entgegen landläufiger Meinung in der juristischen Methodenlehre war zu betonen: Kontroverse Meinungen sind sowohl in der Soziologie als auch in der Jurisprudenz an der Tagesordnung (und vielleicht gerade deswegen auch im Verhältnis zwischen den beiden Disziplinen). Ferner sind stochastische Aussagen in den empirisch forschenden Wissenschaften unvermeidlich, denn hier gibt es schlicht keine Einhundert-Prozent-Gesetze.[50] Auch das kann die juristische Methodenlehre nicht erschrecken; das hier meist zur Anwendung empfohlene ›Erfahrungswissen‹ verfügt ja über keinerlei Wahrscheinlichkeitsangaben.

Die Kräfte einer weiteren Öffnung

(54) *Erst mit einem Befremden gegenüber der pur rechtsdogmatischen Arbeitsweise öffnete sich das Interesse an den Sozialwissenschaften.*

Um sich aus dem Zirkel rechtsdogmatischen Denkens – aus Allgemeinem wird etwas Besonderes logisch abgeleitet – hinauszuwagen, bedurfte es eines Anlasses. Oft wird dies ein Erlebnis des Befremdens gewesen sein, beispielsweise selber der kognitiv-sozialen Ordnung der Jurisprudenz nicht richtig anzugehören. Eher vom Rande als von der Mitte einer kommunikativen Gemeinschaft her fiel auf, wie kontingent deren Selbstverständlichkeiten sind und welchen stillen Prinzipien sie gehorchen. Und die Marginalität des Beobachters ermutigte zur Dissidenz. Warum standen die Akteure des Sozialen im Recht an der Peripherie der Jurisprudenz?

Um als Rechtswissenschaftler an der Universität arbeiten zu können, muss hierzulande das Lehren der Dogmatik übernommen werden – was aber, wenn die eigenen Interessen einem der juristischen Seitenfächer gelten? In diesem Zwiespalt steckten unsere Akteure fast alle. Es war der Fall bei Hermann Kantorowicz (der vor allem Rechtsgeschichte betrieb), bei Hugo Sinzheimer (politisch engagiert für die Verrechtlichung der Lohnarbeitsbeziehungen) oder Hermann Heller (in der Staatslehre). Hier zu erwähnen ist auch Carl Schmitt, der nicht unbedingt in diese Reihe gehört; er räsonierte vor allem politikphilosophisch statt rechtsdogmatisch. Eine Distanz zum Fokus auf rechtswissenschaftliche ›Theorie‹ schuf es auch, in der juristischen Praxis an Gerichten, in Verwaltung oder

50 S. Augsberg 2009: 166.

Anwaltschaft tätig zu sein. Das entsprach oft nicht dem Berufsziel. Kaum einer der Dissidenten befand sich auf einem glatten *tenure track* hin zum Ordinariat. So war es bei Kantorowicz, Sinzheimer, Kahn-Freund u.a.

Noch andere Wege in die Distanznahme sind gut vorstellbar. So verhielt es sich bei Ernst E. Hirsch, der, 1933 aus Richteramt und Privatdozentur vertrieben, in die Türkei exilierte und erst hier die Rechtssoziologie für sich entdeckte. Als er nämlich an der Universität Istanbul das rezipierte mitteleuropäische Recht zu lehren begann, bemerkte er, dass dieses Recht das soziale Leben in der Türkei an denjenigen Stellen nicht erreichen konnte, wo die traditionellen Bräuche weiter herrschten. Daraufhin widmete er sich dem »Grundproblem des Auseinanderfallens von Sein und rechtlichem Sollen«. Nach der Rückkehr war Hirsch der Erste in der Bundesrepublik, der die Rechtssoziologie institutionell wieder eingerichtet hat. (Ein Kuriosum: Mit dem doch zeitweise stürmischen Erfolg des neuen Fachs zeigte sich Hirsch später unzufrieden. In einem Brief an Krüger überlegte er 1979, »ob ich mit der Neuerweckung der Rechtssoziologie bei meiner Rückkehr nach Deutschland nicht eine große Dummheit begangen habe«.)[51]

(55) Die beiden Integrationsziele von Theorie-und-Praxis sowie der Rechts- und Sozialwissenschaften waren stets verbunden.

In dem Reformziel, Theorie und Praxis enger miteinander zu verbinden, steckte auch das Interesse an soziologischem Denken. Dass die juristischen Theorien den Bezug zur Wirklichkeit ausweisen sollten, entsprang einem Wunsch nach sozial-empirisch abgesicherten Erkenntnissen. Und das Ziel, die Praxis aus ihrer Entfremdung gegenüber juristischer Theorie zu lösen, beschränkte sich nicht auf Rechtsdogmatik, sondern bezog die Sozialwissenschaften mit ein. Die praxisorientierten Engagements, über Generationen beherrschend in den Theorieauseinandersetzungen, hatten schon seit Mitte des 19. Jahrhunderts auf die Hinwendung zum ›Leben‹ gezielt.[52] Man wollte sich von den Schulweisheiten abwenden, Empirie im Sinne erfahrungswissenschaftlicher Methoden war gefragt.

Häufig wurde eine Praxisnähe der akademischen Rechtswissenschaft behauptet. Zur Begründung hieß es, die Universitäten hätten seit jeher »an ihren höheren Fakultäten (Medizin, Jurisprudenz und Theologie) auf außerwissenschaftliche Berufe vorbereitet«. Zugleich wurde erkannt, wie sehr diese Art von Praxisorientierung das juristische Denken gegen sozialwissenschaftliche Einflüsse imprägniert.[53] Damit war die Jurisprudenz als Praxis- und Anwendungswissenschaft eingeordnet. Übergangen bzw. übersehen wurde, dass die Integration der Soziologie die Jurisprudenz

51 Krüger 1986: 148.

52 Dubischar 1978: 83–86.

53 Vgl. Schulze- Fielitz 2015: 170–176.

mit einer grundwissenschaftlichen Qualität ausstatten könnte, was den szientifischen Anspruch der juristischen Profession untermauern könnte.

(56) *Verändert ›Modernisierung‹ die Jurisprudenz?*

Modernisierung hieß, zumal zur Mitte des 20. Jahrhunderts, ein epochaler Trend, und der Aufstieg der Soziologie war ein Teil davon. Manche Reformakteure beriefen sich auf diesen Topos, der im letzten Drittel des 20. Jahrhunderts weithin propagiert und studiert worden ist. Wie es hieß, zielte die Forderung nach Einbeziehung der Sozialwissenschaften »auf eine Modernisierung der Rechtswissenschaft«.[54] Noch 2006 sagte Hoffmann-Riem zurückblickend, der Rechtswissenschaft sei fortwährend ihre Modernisierung aufgegeben, nämlich »das Ringen um Antworten auf jeweils neue Entwicklungen«. Und später nochmals in diesem Sinne: »Diejenigen, die eine Reform der Ausbildung forderten, hatten dabei auch Änderungen in der Rechtswissenschaft selbst und die Modernisierung des Rechts zur Bewältigung gesellschaftlicher Probleme in einer sich wandelnden Welt im Blick.«[55] Auch für Rinken blieben von der Reformphase »wesentliche Impulse zur Modernisierung der Rechtswissenschaft«.[56] Wer nun genauer wissen wollte, was ›Modernisierung‹ über ›sozialen Wandel‹ hinaus im Einzelnen bedeutet, bekam es mit einer unübersichtlichen und widersprüchlichen Literatur zu tun. Zudem nahm die Prominenz des Topos ab; in der Postkolonialismus-Debatte wurde die Universalität der Modernisierung in Zweifel gezogen.

(57) *›Interdisziplinarität‹ des Rechtsdenkens verließ allmählich den Status des Abseitigen.*

In der Spätzeit des Diskurses wurde mehr und mehr die Überwindung disziplinärer Grenzen gefordert. Schon früh wies der von Dieter Grimm herausgegebene Sammelband (1973) die Richtung. Fraglich blieb, wie und inwieweit die Rechtswissenschaft für sich *interdisziplinär* betrieben werden könne. Deutlicher gefragt, ob sie offenlegen und eine Methodik entwickeln könne, dass sie sich häufig und unvermeidlich bei außerrechtlichen Wissensfächern bedient. Hans Kelsen hatte das noch als einen ›Methodensynkretismus‹ gescholten, der dem damals von ihm vertretenen Prinzip logischer Reinheit zuwiderlief, und dafür Anerkennung gefunden.[57] Das wurde später nicht mehr so gesehen, und ein interdisziplinäres Miteinander wurde ernsthaft in Betracht gezogen.[58] Anscheinend

54 Hoffmann-Riem 1990: 80.
55 Zitate bei Hoffmann-Riem 2011: 157 sowie ders in: van de Loo 2016: 591.
56 Rinken 2015: 270.
57 Kelsen 1934: 2, 9–11.
58 Vgl. Stark 2020: 323–329.

haben auch pragmatische Gründe den Wandel mit herbeigeführt, zu nennen etwa die Wünsche, ›zeitgemäß‹ zu sein sowie im Trend zur Internationalität mitzutun.

Beispielsweise in dem Konzept der ›Verfassungsentwicklung‹ manifestierte sich eine gewisse Offenheit des Staatsrechtsdenkens, die ehrlicherweise nicht durch dogmatische Mittel zu überdecken war und anderem Wissen (nicht nur aus der Soziologie) eine Tür aufmachte.[59] Woher konnten jene Veränderungen gekommen sein, wenn nicht von ›außen‹? Aus dem positiven Recht, das ja feststand, konnte der Antrieb nicht stammen. Die Staatsrechtslehre musste extrajuridische Faktoren ins Auge fassen, was bewahrenden Gemütern nicht gefallen konnte. So blieb es nicht aus, dass das Konzept Verfassungswandel bezweifelt wurde.[60]

Der Herausgeber des bis heute zitierten Doppelbandes »Rechtswissenschaft und Nachbarwissenschaften« von 1973 erinnerte sich 2016, man habe »sich damals auf vermintes Gebiet« begeben. Er fügte hinzu, das interdisziplinäre Arbeiten in der Dogmatik sei berechtigt, aber nur begrenzt möglich.[61] Wahrscheinlich werden die Grenzen durch den Mangel an Übung gezogen. Und wenn die Einübung als lästig oder überflüssig gilt, dann verweist dies nur erneut auf die Widerstände.

(58) Interdisziplinarität blieb in der Rechtswissenschaft prekär.

Bis in die Gegenwart beeindruckte die Gründlichkeit und gedankliche Tiefe, mit der die Methodenthematik behandelt wird. Nur am Rande wurde erwogen, ob die Art der Fragestellung einer Lösung vielleicht im Wege stehen könne. Ein Rechtstheoretiker schrieb über den von ihm organisierten gehaltvollen Dialog, Interdisziplinarität sei notwendig und schwierig, aber möglich; zuvor jedoch müssten die erkenntnistheoretischen Fragen geklärt werden.[62] Durch diesen Vorbehalt geriet der Diskurs immer wieder auf das Glatteis einer Prinzipiendiskussion, deren Pirouetten naturgemäß die Beteiligten auseinanderdriften lassen mussten. Indem die Rechtstheorie ihre Eigenheit beschwor und dazu den Normcharakter ihres Gegenstands hypostasierte, erschien alles andere als ein Außen und damit als rechtsfremd; Grenzen wurden gezogen, die vormals einheitliche Aufgabe (der friedlichen Lösung von Konflikten) spaltete sich auf und verteilte sich auf verschiedene Professionen – das Problem einer Kooperation war in die Welt getreten. Der Fokus verlagerte sich auf Meta-Ebenen wie die neue ›Rechtswissenschaftstheorie‹, die als intellektuell feinsinnig sowie aufwändig und zeitintensiv nachzuvollziehen

59 Vgl. Bryde 1982: 23–26, 111–115, der mehrfach auf Hermann Kantorowicz 1911 Bezug nahm.
60 Voßkuhle 2004: 458.
61 Grimm 2016: 21, 23.
62 Vgl. Kirste 2016: 37.

gelten und nur wenige Fachleute interessierte. Bei normalem Konsum fachlicher Literatur blieb nur hängen, dass sozialwissenschaftliche Erkenntnisse in der Jurisprudenz mit großer Vorsicht zu verwenden sind. Üblicherweise hieß es, über die Verwendung entscheide allein die rechtswissenschaftliche Seite, weil es eben eine Angelegenheit der juristischen Methodologie sei. Nur manchmal klang es anders: »Methodenfragen sind keine rein akademischen Steckenpferde, sondern auch historisch kontextabhängige Machtfragen, ein Seismograph für den zeitgenössischen Blick auf die öffentliche Gewalt.«[63]

(59) Elastische Vokabulare erleichterten die Rezeption.

Die von Niklas Luhmann ebenso gemeinverträglich wie unaggressiv formulierte Systemtheorie bot ein elastisches Vokabular. Ohne an die sonstige soziologische Terminologie zu erinnern, konnte hiermit die reine Rechtsdogmatik aufgebrochen werden.

Ein weiterer Zugang öffnete sich mit dem Aufstieg der Kategorie ›Kultur‹, ein noch offeneres Konzept als ›System‹. In den Schriften des Rechtssoziologen Erhard Blankenburg und der Hallenser Rechtsethnologen fand sich vieles, was einem rechtsdogmatischen Kopf zu denken gab, ohne dass er sich angegriffen fühlen musste. Hans-Albrecht Hesse entwickelte ein Konzept der »Kultivierung juristischer Praxis«. Mit Berufung auf Max Weber verabschiedete er das Bild vom juristischen Praktiker als einer »juristischen Denk-Maschine«, also vom reinen Fachmenschentum. Juristisches Handeln solle ein ›kultiviertes‹ sein, fähig zum Perspektivwechsel, damit es unterschiedliche Problementdeckungs- und -lösungsversuche ausprobieren kann.[64]

(60) Als unentbehrlich erwies sich die Soziologie in der Selbstreflexion des Rechts.

Wird die gesamte Jurisprudenz als gesellschaftliches Konstrukt gesehen, lässt sich ihre soziale Praxis wissenssoziologisch durchleuchten. Da dies nur von Denkpositionen außerhalb des Rechts geschehen kann und die diskurstheoretischen sowie praxeologischen Ansätze sich dafür geradezu anbieten, lassen sich Überlegungen zur sozialen Funktion des Rechts usw. anstellen.

(61) Die alten Argumente und Reformideen gelten fort.

Die damalige Faszination und die nicht ausgeräumten wissenschaftstheoretischen Argumente galten fort, aber ohne die Rechtsdogmatik erneut herauszufordern. Das erforderte manchen Balanceakt. Beispielsweise

63 Gärditz 2017: 113.
64 Hesse 1985: 573–575.

wollte Joachim Rückert zwischen juristischer Ausbildung einerseits und »Jurisprudenz als Theorie und Praxis« andererseits trennen; nur die Azubis dürften dem Recht im Blickwinkel »einer normativ angeleiteten Sozialphilosophie«, auch genannt ›Sozialwissenschaft‹, begegnen[65] – gewissermaßen als didaktische Konzession an die politische Begeisterungsfähigkeit junger Leute.

Die juristische Ausbildung

(62) *Die Integration der Sozialwissenschaften beschäftigte zentral die Reformen der juristischen Ausbildung.*

Ein dauerhaftes Resultat ist allerdings nicht zu vermelden. Zum Auftakt des Reformdiskurses um 1970 hatte dessen Akteur Rudolf Wassermann geschrieben: »Es gibt eine Geschichte der Ausbildungsreform, die ganze Bände füllt, aber die Reform selbst findet nicht statt.«[66] Eine Diskursphase später ist auf weitere Anläufe zurückzublicken, und es füllt diese Geschichte bereits eine ganze Bibliothek; aber die Reform selbst blieb aus. Einige ihrer zentralen Forderungen waren bereits zu Ende des 19. Jahrhunderts erhoben worden. Ganz ungnädig verfuhr Simon mit der Ausbildungsreform: Halbherzig seien die Versuchsmodelle der Juristen gewesen, und daher »war das Experiment zum Scheitern verurteilt«. Es lag an der »Unbeweglichkeit der Justizprüfungsämter« und »hochnäsigen Entrüstung der Professoren«.[67] Die an manchen Stellen des Diskurses explizit erhobene Forderung, dass die Ausbildung auch sozialwissenschaftlich sein sollte, ist heute an das Ende einer möglichen Agenda gerutscht und versteckt sich dort innerhalb längerer Aufzählungen sowie unter dem Label der Interdisziplinarität.[68]

(63) *Die Ausbildungsreformen der 1970er haben nachhaltig gültige Vorlagen hervorgebracht.*

Obwohl die Reformmodelle bis zum Abbruch des Experiments nur wenige Durchgänge abschließen konnten, hinterließen sie nachhaltige Spuren »in der sozialwissenschaftlichen Problematisierung des Rechtsstoffes«. Es wurde gezeigt, wie sich die Rechtsdogmatik unbefangen auf die »soziale Realität« beziehen kann, als sei das selbstverständlich.[69]

65 Rückert 2020: 1265.
66 Wassermann 1969: 35.
67 Simon 1990: 161 f.
68 So bei Kahl 2020: 163–165.
69 Zitate bei Rinken 1985: 606 bzw. Drosdeck 1992.

Was seitens der Sozialwissenschaften geschehen könnte

(64) Zur Frage der Interdisziplinarität wurden Antworten auch seitens der Soziologie erwartet.

»Wir brauchen eine jurisprudentielle Soziologie, eine Sozialwissenschaft des Rechts, die zu den Problemen spricht und durch die Ideen der Jurisprudenz informiert wird.«[70] Der amerikanische Jurist Philippe Nonet, der dies schrieb, wünschte sich damit etwas, das für die Rechtswissenschaft mehr leisten könne als eine bloß ›angewandte Soziologie‹. Wir sehen hier das Spiegelbild zur Soziologischen Jurisprudenz, einen weiteren Versuch der wechselseitigen Durchdringung.

(65) Die Sozialwissenschaften machten sich für die Jurisprudenz eher verwendbar, wenn sie sich mit dem Recht beschäftigten.

Wenn Wissenschaftsdisziplinen wechselseitig mit dem mahnenden Finger auf die jeweils andere zeigen, bleibt die Kommunikation in dieser Situation stecken. So befand Alfons Bora, nicht die Jurisprudenz sei zu borniert gewesen, um die Rechtssoziologie zu rezipieren.[71] Eher hält sich die Soziologie gegenüber dem Recht zurück.

(66) Was das Prinzip der Wertfreiheit besagt.

Max Webers überscharfe, nur für damals nachvollziehbare Trennung von Wertbezug und Wirklichkeitserkenntnis hat die gegenseitige Abkapselung der geschichtlich und sachlich aufeinander bezogenen Sozialwissenschaften eingeleitet und verfestigt.[72] Da die entscheidungsvorbereitende Rechtswissenschaft nicht wertungsfrei betrieben werden kann, musste jene ›Wertfreiheit‹ die Wege trennen, auch wenn die Soziologie den Weber'schen Weisungen längst nicht mehr folgt.

(67) Sozialwissenschaft oder Common sense?

Oftmals wurde vermerkt, und jede Textanalyse konnte es bestätigen, dass juristische Thesen voller empirischer Prämissen über soziale Sachverhalte stecken, die in den *Obersatz* des Syllogismus eingehen, also die normative Ableitung auf den Einzelfall vorbereiten. Da hierzu fast nie eine sozialwissenschaftliche Quelle angegeben bzw. benutzt worden ist, entstammten derart quasi-soziologischen Entscheidungsprämisse dem quasi-sozialwissenschaftlichen Denken des Entscheiders, meistens aus seiner Allgemeinbildung und Lebenserfahrung. Dieses ubiquitäre und

70 Nonet 1976: 543.
71 Bora 2023: S67.
72 Vgl. S. Augsberg 2009: 166.

in allen Methodenlehrbüchern umschriebene Verfahren wurde in der Rechtssoziologie gern aufgespießt – als Alltagswissen bzw. ›Laientheorien‹ in juristischen Aussagen.[73] Genau hier liegen aber mögliche Einsatzpunkte für eine professionelle Soziologie, die nun also das Gespräch mit der Jurisprudenz hätte suchen können. Juristische Entscheidungen kommen ohne jene Obersätze nicht aus, und diese Einsicht hat zur Rede von ›Rechtswissenschaft als Sozialwissenschaft‹ geführt. Die Formel stammte zwar aus dem Fusionsdiskurs, konnte aber als verständnisvoller Befund über das Aufeinanderverwiesensein gelten.

(68) War die Systemtheorie ein Danaergeschenk?

Von der Soziologie wurde seit 1970 fast ausschließlich die systemtheoretische Richtung rezipiert. Sie eignete sich gut dafür und brachte viele Publikationen hervor. Eine theoretisch *und* empirisch gesättigte Bezugnahme auf die soziale Wirklichkeit blieb jedoch aus, weil dafür andere Varianten der Soziologie hätten benutzt werden müssen. Luhmann hat seine (genial gehandhabte) Erkenntnisstrategie des Ich-mach-alles-anders selbst eingestanden, gerade hinsichtlich des Imports von Soziologie in die Rechtswissenschaft.[74] Diese vielzitierte Position hat er später relativiert bzw. zurückgenommen. Sie stand einer Rezeption zusätzlich im Wege. – Schelskys 1968 vorgetragener Ansatz (Kap. 12) richtete sich unverhohlen gegen den universalistischen Charakter des Systemdenkens, und zwar konkret bei Luhmann (den Schelsky schätzte, d.h. als gleichrangig ansah). Das hochgeneralisierende Systemkonzept (auch wenn es später auf Interaktionen herunterzubrechen versucht wurde) ging an der Struktur von sozialen Situationen und Konflikten vorbei, auf welche die Rechtsnormen sich doch beziehen. Luhmann hatte ›die Person‹ aus seiner Konzeption ausgeschlossen und negierte damit die Anschlussfähigkeit für soziales Handeln, mit dem aber die Jurisprudenz unaufgebbar befasst ist. Eine Soziologie, die auf die Kategorie des Individuums verzichtete, war für die juristische Arbeit absolut unbrauchbar und wollte das ja auch sein.

(69) Gunther Teubner erfüllte die Nachfrage nach Soziologie in der Jurisprudenz.

Das eindrucksvolle Korpus an Veröffentlichungen von Gunther Teubner hat einen Diskurs hervorgebracht, innerhalb dessen der Bezug auf ›das Soziale‹ stets sichtbar geblieben ist. Verwundern muss, dass die Jurisprudenz sich damit begnügte, also kaum andere soziologische Perspektiven auf ihre Verwendbarkeit geprüft hat, abgesehen von gelegentlichen

73 Vgl. hierzu Rottleuthner 1973 b: 83–86.
74 Vgl. Luhmann 1974: 7.

Anleihen bei Bourdieu und Foucault. Von denen, die sich überhaupt um die Sozialwissenschaften bemühten, gaben sich die meisten mit der Rezeption systemtheoretischer Sprechweisen zufrieden. Offen blieb, inwieweit sich dadurch etwas am Ergebnis ihrer Normauslegungen änderte.

(70) Wer hätte die Methodik einer Integration sozialwissenschaftlicher Erkenntnisse zu liefern?

Es wird heute allgemein und beinahe unbestritten angenommen, dass sozialwissenschaftliche Erkenntnisse überall im Recht gute Dienste tun könnten, nur fehle es leider an einer Methodik, sie in normative Urteile einzufügen. Einerseits darf das als ein Entwicklungsschritt gelten, der in der Streitphase noch nicht denkbar gewesen ist. Andererseits bleibt die Aufgabe unerfüllt, eine geeignete Methodologie zu entwickeln. Dass hierfür die Jurisprudenz zuständig ist, sollte nicht zweifelhaft sein, und zwar schon deswegen nicht, weil nur die juristische Methodenlehre in der Lage ist, die Rechtspraxis zu beeinflussen. Mit der Verwendung könnte übrigens durchaus begonnen werden, ohne dass Leitfäden und Bücher darüber schon vorliegen. Auch die positivistische Methodentheorie wurde nämlich erst *ex post*, entlang bereits gepflogener Praktiken entwickelt, und dies oft genug in Reaktion auf die extrajuridischen Herausforderungen seit 1900.

(71) Das wechselseitige Enttäuschtsein ist ein circulus vitiosus.

Die Positionen zeigten wechselseitig mit dem Finger aufeinander: Juristen meinten, anwendbare Soziologie sei kaum zu finden, und deren Vertreter fühlten sich nicht gefragt oder gar zurückgewiesen. Beide Seiten konnten passende Erfahrungen vorweisen, und keine von beiden durchbrach den Zirkel. Nicht geklärt wurde, wer den Anfang zu machen habe. Fast schien es, als hätten diejenigen etwas zu verlieren, die sich zuerst bewegen würden (und dann vielleicht den Offenbarungseid ablegen müssten).

***

Das nun folgende Schlusskapitel wirft einen Blick auf die Gegenwart und verlässt somit die historische Rekonstruktion. Ohne die Absicht, sich in ein noch offenes Diskursgeschehen einzumischen, wird gefragt: In welches Verhältnis zu den Sozialwissenschaften tritt die juristische Methodologie im ersten Viertel des neuen Jahrhunderts?

Kap. 15
Der fortlaufende Methodendiskurs – Vorschau auf die Gegenwart

Ein Diskurs kann verlässlich nur für zurückliegende Zeitperioden untersucht werden; alles andere bedeutet Spekulation oder Mitwirkung. Die Themenexplosion von 1970 samt ihren Nachwirkungen endete um die Jahrtausendwende, ohne dass eine Zäsur feststellbar wäre. Ein abrupter Abbruch wie 1914, 1933 oder 1945 hatte sich jetzt nicht ereignet. Bereits vorher hatten sich einige Akteure verabschiedet (darunter der Verfasser dieses Buchs), wohingegen andere unverdrossen weiterarbeiteten; die Zeiten waren friedlich. Der juristische Methodendiskurs nahm erneut Fahrt auf – nunmehr nicht mehr als Nachfolger des Streits aus den Jahrzehnten nach 1970, sondern aus sich heraus. Denn die verschiedenen Gesellschafts- und andere Grundlagenwissenschaften behelligen die Jurisprudenz, seit diese sich als eigenständige Disziplin konstituiert hat. Noch hat sich kein neuer Schwerpunkt herausgebildet. Zur gegenwärtigen Abwartesituation seien einige Beobachtungen angestellt – gewissermaßen im Vorgriff auf eine kommende Analyse aus historischer Distanz.

Wer immer sich zuletzt dazu äußerte, konstatierte, dass das Verhältnis von Rechts- und Sozialwissenschaften auf der Agenda geblieben ist. Im Duktus verläuft der Diskurs ruhig; im Inhalt blieb der juristische Zweifel am *Wie* erhalten, während das früher so häufige Nein zum *Ob* verstummt ist. Konkrete Versuche, wirtschafts- und sozialwissenschaftliche Erkenntnisse in die Rechtsdogmatik einzubauen, behielten ihren Seltenheitswert. Einige sozialwissenschaftliche Publikationen, die im Bildungspublikum auf breites Interesse gestoßen sind, fanden auch in den Rechtswissenschaften einen Widerhall, der offensichtlich vom massenmedialen Erfolg verursacht wird. Solche Wahrnehmung erzielten die Autoren Ulrich Beck (›Risikogesellschaft‹), Michel Foucault (›Dispositive der Macht‹), Niklas Luhmann, Jürgen Habermas, Andreas Reckwitz und weitere ›öffentliche Intellektuelle‹, die im Feuilleton besprochen werden und mit Interviews hervortreten, ohne ihren wissenschaftlichen Rang einzubüßen. Rechtstheoretisch geforscht wird dann nach den möglichen Bezügen und Konkordanzen.[1] Nur selten schafft es diese Art juristischer Rezeption bis in konkrete Entscheidungen, und sie erlischt auch wieder, sobald die Prominenz jener Texte nachlässt.

1 Vgl. die Beispiele aus der Privatrechtstheorie in der kommentierten Textsammlung von Grundmann u.a. 2015.

Der Diskurs der 1970- bis 1990er Jahre hatte zwar einen spürbaren Impact gezeitigt, aber sein Ziel nicht erreicht. Es wurden und werden Anläufe einer Integration unternommen, nur springen sie zu kurz. In einer längeren Liste von Mängelrügen hieß es, in den Rezeptionsvorgängen mache sich nicht selten so etwas wie Wahllosigkeit und Willkür breit, nachbarwissenschaftliche Lesefrüchte würden theoretisch unzubereitet als juristisches Argument serviert, inkompatible Versatzstücke aus verschiedenen paradigmatischen Kontexten würden rhetorisch gewaltsam zusammengeleimt, die Grenzen der verwendeten Modelle würden kaschiert.[2] Diese harsche Kritik wollte nicht das Integrationsthema erledigen, ganz im Gegenteil: Es wurde eine ›Rezeptionstheorie der Rechtswissenschaft‹ gefordert, um dem eigenen Anspruch an methodologischer Reflektiertheit gerecht zu werden. Damit war das vielleicht zentrale Thema für den gegenwärtig laufenden Diskurs gesetzt, in dem sich die Versuche einer erneuten Grenzbefestigung einerseits und die Nachrichten über eine bevorstehende Auflösung der Fachidentität andererseits eigenartig mischten.

Wenn ›das Recht‹ ein Ergebnis von Vergesellschaftungsprozessen ist – eine nicht nur in soziologischer Sicht völlig triviale und oft verkündete Feststellung –, dann blieb zu fragen, warum die Rechtsdogmatik die Genese ihres Erkenntnisstoffs so vollständig ignorieren konnte bzw. nur nach Belieben selektiv berücksichtigte. Die Rechtsgeschichte, die an einer Antwort ebenso wie die Soziologie interessiert sein musste, fand ein praktikables Arrangement, indem Rechtsdogmatiker sich in Personalunion als Historiker betätigten. Auch der in diesem Buch gegebene Überblick zu den vielen Ereignissen, Personen und Diskussionen seit Ende des 19. Jahrhunderts historisiert das Thema.[3]

Seit der Aufspaltung der Gesellschaftswissenschaft in mehrere Einzeldisziplinen im 19. Jahrhundert suchen diese nach einer Abgrenzung untereinander. Meist bleiben die Grenzen geöffnet, ohne dass die Fachkerne im Ungewissen verharren; denn die Überschneidungen sind ebenso zahlreich wie offensichtlich – Grenzdebatten lohnen nicht. Manchmal wird ohne irgendein Aufheben die Fachzugehörigkeit gewechselt; beispielsweise ordnete sich die Soziologin Renate Mayntz – in den 1980ern auch in der Verwaltungsrechtswissenschaft stark beachtet – später der Politikwissenschaft zu.[4] Ähnliche Durchlässigkeiten können für die Koppelungen der Soziologie mit der Ökonomie, Psychologie, Ethnologie u.a. beobachtet werden. Nur die akademische Jurisprudenz hütet das ›Eigene‹ wie ihren Augapfel. Die Gründe dafür sind hier nicht zu untersuchen, wohl aber der Diskurs. Das Bemühen um Abgrenzung kennzeichnet die

2 So Lüdemann 2007 b: 49.
3 Erste Versuche einer solchen Zusammenschau lieferte Steffen Augsberg 2009.
4 So Mayntz in Leendertz/Schimank 2019: 59.

juristische Methodendebatte der jüngsten Zeit und wird im Folgenden dargestellt unter den Topoi Rechtsdogmatik, Selbstand und Normativismus.

Rechtsgewinnung durch Dogmatik

Die Rechtswissenschaft gelangt zu ihren autoritativen Vorschlägen durch kommunikativen Konsens. Alle Meinungen können geäußert werden, eine davon etabliert sich. Wenn sie von Stimmen mit Gewicht vertreten wird – obere Gerichte, verbreitete Kommentarbücher, angesehene Rechtslehrer:innen –, entsteht ›juristische Wahrheit‹. Mit zahl- und umfangreichen Texten wird die Aussage begründet; darin besteht die dogmatische Arbeit, welche die Wissenschaftlichkeit der Jurisprudenz untermauert. So gilt für den (auch international) vielgelesenen Rechtsphilosophen Robert Alexy, »dass die juristische Argumentation [...] das von der Rechtsdogmatik erarbeitete System des Rechts beachten muss«.[5] Der Weg, auf dem die Einheitlichkeit der normativen Antworten erreicht wird, ist wenig erforscht. Man könnte hier das Betriebsgeheimnis der Jurisprudenz sehen – ›geheim‹, insofern darüber kaum gesprochen worden ist und die nicht juristisch ausgebildeten Beobachter:innen wahrscheinlich den Gedankengängen nicht zu folgen vermögen. Im Fach missfällt das nicht; Anna-Bettina Kaiser hat zum dogmatischen Arbeiten bemerkt: »Unsere Methode bleibt in gewisser Weise geheimnisvoll.«[6] Vermöge des Dogmatismus kann für jede Konfliktsituation eine normative Antwort (›Lösung‹) bereitgestellt werden, hinter der die Kraft der ganzen Rechtswissenschaft steht und die nur ein diktatorischer Gegenbefehl ausbremsen könnte. Falls es zu einem Gerichtsprozess kommt, fallen die Kapitalkraft und die anwaltliche Munitionierung der Streitparteien ins Gewicht; nicht gekauft werden kann, abgesehen von bestellten Gutachten, die Stellungnahme der Jurisprudenz.

Rechtsdogmatik als Sammlung und Ordnung vorhandener juristischer Erkenntnisse ist »die Beschreibung einer institutionalisierten Praxis«.[7] Ihre Produkte wollen innerhalb der juristischen Arbeit verwendet werden und durch breite, eventuell höchstrichterliche Anerkennung eine normative Geltung erlangen. Die rechtssoziologische Analyse dieser Vorgänge stellt eine Beobachtung dar, ohne selber in das Geschäft einzugreifen, etwa ein bestimmtes dogmatisches Verfahren als richtig oder falsch zu markieren. Wohl aber hält sie den juristisch Tätigen einen Spiegel vor, der ihnen ein Bild zeigt, durch das sie sich bestätigt fühlen oder

5 Alexy 2009: 163.
6 Kaiser 2023: 31.
7 Boulanger 2019: 176.

zum Nachdenken angehalten werden können. Und alle Übrigen – ›die Gesellschaft‹ also – können beurteilen, ob sie mit dieser Art von Rechtsfindung einverstanden sind. Die Rechtsdogmatik kann (und sollte) von der Soziologie beobachtet und untersucht werden.[8]

> Pierre Bourdieu sprach mit geradezu verzweifelten Worten über die Ohnmacht von Reforminitiativen, wenn es zu Kämpfen innerhalb des juristischen Bereichs kommt. Denn der Kult des Textes, das Primat der Doktrin und der Exegese, der Theorie und der Vergangenheit gingen einher mit der Weigerung, der Rechtswissenschaft auch nur die geringste schöpferische Kraft zuzugestehen, und damit mit einem faktischen Verleugnen der sozialen und wirtschaftlichen Realität und einer Ablehnung jeglicher wissenschaftlicher Erfassung dieser Realität.[9] Er verglich das Rechtsdenken in Deutschland und Frankreich mit dem in Großbritannien und den USA. Mit seinem Habitus- und Feldkonzept durchleuchtete er den Einfluss und großen Erfolg, ja die ›symbolische Gewalt‹ der Jurisprudenz in den gesellschaftlichen Verhältnissen.[10] So gewiss dies allerbeste Rechtssoziologie ist, so wenig vermöchte die Rechtsdogmatik daraus Hinweise zu beziehen, wie sie es anders, beispielsweise ›soziologischer‹ machen könnte. Denn sie wird in ihrem Ist-Zustand genommen, wie schon bei M. Weber, N. Luhmann und J. Habermas. Eine sozialwissenschaftliche Kritik am Formalismus der kontinentalen Jurisprudenz wird dort nicht rezipiert bzw. mit einem gelangweilten *déjá raconté* beiseitegeschoben.

Im ersten Jahrzehnt nach der Tausenderwende verdichtete sich der Diskurs zur Rechtsdogmatik. Es fanden mehrere Tagungen statt, die Vorträge wurden veröffentlicht, die Rechtswissenschaftstheorie besänftigte die aufgekommenen Zweifel am Erkenntniswert und hatte damit anscheinend Erfolg. Zutage getreten waren merkwürdige Wege der Rechtsinterpretation, wie es sie offenbar nur in diesem Fach gibt. Am Horizont erschien eine vierte Kraft in der herkömmlichen Dreiteilung der staatlichen Gewalten, als gebe es neben Legislative-Exekutive-Judikative auch eine juristische ›Prudentive‹ – eine Rechtsgewinnung aus der Dogmatik. Manche Dogmatiker zielen darauf, »kraft wissenschaftlicher Überlegenheit an der Rechtsgewinnung beteiligt zu sein«, schrieb Matthias Jestaedt an einer wenig beachteten Stelle.[11]

Im (deutschsprachigen) juristischen Diskurs besteht heute Einigkeit – keineswegs selbstverständlich in diesem Feld – über den Primat des Dogmatikstils. »Die Dogmatik ist das ›Herzstück‹ der deutschen

8 Vgl. dazu Schulz-Schaeffer 2004: 149–152, 164.

9 Bourdieu 1987: 850.

10 Vgl. dazu die instruktive Darstellung von Nour Sckell 2020: 244–256; ferner Kretschmann 2019.

11 Nämlich in einer österreichischen Festschrift, vgl. Jestaedt 2011: 180.

Rechtswissenschaft. Juristisches Arbeiten in Deutschland heißt in erster Linie dogmatisches Arbeiten.«[12] Sie gilt als der »Markenkern deutsch(sprachig)er Rechtswissenschaft«.[13] Soweit das Selbstverständnis juristischer Tätigkeit – und wie in der Fremdbeobachtung? Die Außenperspektive kann auch von Jurist:innen angelegt werden, beispielsweise von historischer oder methodologischer, d.h. rechtsphilosophischer Warte aus. Ideal und Realität eines sozialen Handelns decken sich wohl niemals vollständig. Daher untersucht die Soziologie empirisch getrennt die Prozesse des Herstellens und des Darstellens von Entscheidungen. Angesichts der in der juristischen Ausbildung vermittelten Virtuosität im Begründen – Beispiel: die strenge Trennung von Gutachten- und Urteilsstil – steht die Sozialforschung vor nicht unerheblichen Problemen und unterlässt es lieber, eine juristische Selbstdarstellung genauer zu betrachten (methodologisch einmischen dürfte sie sich ohnehin nicht).

> Mit ihrer »verdrängenden Dominanz« avancierte die Dogmatik zur »juridischen Hauptdisziplin« und gilt als »spezifisch deutsch(sprachiger) Beitrag zum sich internationalisierenden rechtswissenschaftlichen Diskurs«.[14] Die Ursache »dieses spezifisch deutschen Rechtwissenschaftsstils« sah Marietta Auer in »der tradierten Fachkultur auf der Basis von Habilitations- und Planstellenzuschnitten«.[15] Darin lag ein vornehmer Hinweis auf institutionelle Privilegien und das Interesse an deren Fortbestand. Die, wie es manchmal hieß, in aller Welt bewunderte deutsche Rechtsdogmatik beansprucht einen Eigenwert, der sogar in ästhetischen Analysen und im Konzept einer *elegantia juris* zum Ausdruck kam. Das wurde aber nicht überall so gesehen. Bei Stephan Tontrup hieß es nüchtern: »Dogmatische Theorien entstehen durch Arbeitsteilung zwischen Praxis und Wissenschaft. [...] Was diese Arbeitsteilung funktionieren lässt, ist die Anwendbarkeit der Ergebnisse der dogmatischen Theorie in der Praxis.«[16] Hier bezog die Rechtsdogmatik ihren Sinn und Wert aus der Verwendbarkeit bei den Aufgaben des juristischen Arbeitsalltags. Gesättigt mit Bezugnahmen auf die Wirklichkeit und zugänglich vor allem in Kommentarwerken, erleichterte sie nun das Begründen guter Empfehlungen und Entscheidungen.

Dogmatik hat erst in der jüngsten Phase, beginnend gegen Ende des vorigen Jahrhunderts, den Aufschwung zu heutiger Prominenz erfahren. Als Treiber dieser Entwicklung werden der Wunsch nach Professionalisierung der Rechtswissenschaft, Furcht vor Politisierung im Gefolge der 1970er Jahre (vgl. Kap. 11 und 12) und der Zugewinn an Einfluss auf

12 Stark 2020: 21, mit vielen Belegzitaten.
13 Jestaedt 2014: 4, mit weiteren Nachweisen.
14 Jestaedt 2011: 170 f.
15 Auer 2021 a: 301.
16 Tontrup 1998: 118.

die Praxis genannt. Die frisch gewonnene Anerkennung der Dogmatik rechtfertigte es schließlich, »sich mit sozialwissenschaftlichen Fragestellungen nicht beschäftigen zu müssen«.[17] Dogmatik gilt vielen Beobachtern als unvermeidbar sowie als unverzichtbar. Wenn dem so ist, dann bleiben immer noch Fragen wie: Welche Dogmatik? Woher bezieht die Rechtsdogmatik ihre Aussagen – etwa ausschließlich aus den Wortlauten gegebener Gesetze? Wie geschieht Auslegung?

Da sich keine einheitliche und exakte Definition von Dogmatik durchgesetzt hat,[18] gibt es nur Charakterisierungen, wovon hier einige Beispiele genannt seien. Polemisch wird sie seit Jhering (Kap. 1) als *Begriffsjurisprudenz* geschmäht, eine zuspitzende, mehr rhetorisch als inhaltlich zutreffende Bezeichnung; denn allein mit Begriffsanalysen arbeitet die geläufige Rechtsdogmatik ja keineswegs. Sodann heißt sie *Positivistische Rechtswissenschaft*,[19] insofern ständig versucht wird, die eigene juristische Aussage – woher diese motivational auch stammen mag – als in einem festen Rechtsgefüge (bestehend aus Gesetz, Judikat, Gewohnheitsrecht) gegründet darzustellen. Gesprochen wird auch von der Rechtswissenschaft als *allein anwendungspraktischer Dimension*.[20] Hier »geht es um Fragen der richtigen Rechts- und Gesetzesanwendung, d.h. um Jurisprudenz im Sinne einer *praktischen Kunstlehre*«, auch »Rezeptwissen« genannt.[21] Schließlich ist zu lesen von der Dogmatik im Sinne »eines dem Anspruch nach konsistenten Systems von Begriffen, Strukturen und Prozessen der Rechtsfindung«, als »widerspruchslose Ordnung und Einheit des Zusammenhangs einzelner Argumente«.[22]

Wie diese Denkweise im Einzelnen verfährt, ist nicht leicht auszumachen. Sie gilt sogar als eine Black Box, »über deren Inhalt nur implizites Wissen existiert«.[23] Denn die soziale Praxis der Rechtsdogmatik wandelt sich ständig.[24] Schon innerhalb des mitteleuropäischen Rechtskreises, dessen Tradition die Länder zu einem gewissen Grad vereint, unterscheiden sich die Dogmatikstile, sowohl zwischen den deutschsprachigen Ländern als auch zu den romanischen Ländern.[25] »Rechtsdogmatik ist eine spezifisch deutsche Begriffsprägung.«[26] Wenn »Dogmatik als deutscher Sonderweg«

17 Vgl. Lepsius 2012: 48–53 (52).
18 Jestaedt 2011: 172.
19 So etwa bei Krüper 2015: 150.
20 Vgl. Krüper 2015: 144.
21 Schulze-Fielitz 2015: 158.
22 Vgl. Schulze- Fielitz 2015: 158; Rinken 1996: 249 f.
23 Bumke 2017: 2.
24 Vgl. dazu Lepsius 2012: 48–52.
25 Vgl. Boulanger 2019: 180.
26 Waldhoff 2012: 36.

bezeichnet wird,[27] dann klopft man sich wenig überzeugend auf die eigene Schulter. Mit der Figur eines ›deutschen Sonderwegs‹ hat sich die Geschichtswissenschaft darum bemüht, die katastrophalen Ereignisse hierzulande zu erklären, und dies weitgehend erfolglos.

Bis zum 19. Jahrhundert, zu vorkodifikatorischen Zeiten, hatte die Rechtswissenschaft aus römischen und altdeutschen Vorlagen das anzuwendende Recht destilliert, sodass sie als ›Rechtsquelle‹ angesehen werden konnte. Mit den Reichsgesetzen änderte sich das; Aussagen aus der Wissenschaft durften nur noch beim Erkennen helfen. Diese methodologische Weisung war das eine, das tatsächliche Vorgehen beim praktischen Entscheiden das andere. Der normative Status rechtsdogmatischer Erkenntnisse blieb seltsam unbestimmt. In einer streng rechtsstaatlichen Sicht dürfen sie keine Letztbegründung juristischer Entscheidungen sein, nur wird das weder allzu deutlich ausgesprochen noch im Entscheidungsverhalten befolgt. Die Rechtsdogmatik, die ja ihre eigene Methodologie schreibt, geriet in einen Zwiespalt: Sollte sie ihren mühsam errungenen Einfluss auf die Rechtspraxis selbst entwerten? Das forderte die Rechtswissenschaftstheorie zu einem Manöver heraus, in dem sie das Dilemma mit den gewohnten Mitteln bearbeitete: mit Unterscheidungen, Metaphoriken und neuen Begrifflichkeiten. Schon das Wort ›Quelle‹ enthielt ein vielfältig ausdeutbares Bild – was entsprang da woher, und wer schöpfte daraus was und wofür?

> Es heißt, dass »die Rechtswissenschaft nicht als normativ bindende Rechtsquelle angesehen wird«, aber als »Rechtserkenntnisquelle« dient sie schon. »Der Rechtsanwender ist hiernach an die Gesetze gebunden, über deren Inhalt indes Prinzipien, richterrechtliche Präjudizien und *vor allem die rechtswissenschaftlichen Dogmatiker* entscheiden. Sie […] beurteilen ex cathedra, was der richtige Inhalt der Gesetze ist«.[28] Oder zugespitzt, wie das Strafgericht ›aus dem Inbegriff der Verhandlung geschöpften Überzeugung‹ den Beweis würdigt: »Sie konstruieren in einem mentalen Prozess diesen Brunnen als den Inbegriff, und dieser Brunnen ist gefüllt. Womit, bleibt durchaus offen«.[29]

Als rechtserzeugende Instanzen ausdrücklich gleichgesetzt wurden Dogmatik und Legislative zwar nicht. Aber auf bemerkenswerte Weise rückten die Institutionen einander nahe. Eine Gleichsetzung wäre bedenklich gewesen, da die Rechtslehre, unter dem Grundrechtsschirm der Wissenschaftsfreiheit arbeitend, nicht politisch, allenfalls disziplinarrechtlich verantwortlich ist. Viele vage Formulierungen kamen in Umlauf, um die Nähe oder gar Identität zwischen dogmatischer Rechtsforschung und

27 Lepsius 2012: 47. Vgl. a. Hertig Randall 2023.
28 Fischer 2007: 108, 147; hier kursiv.
29 Legnaro/Aengenheister 1999: 90.

praktischer Rechtsverwirklichung zu benennen. Die gefundenen Bilder und Umschreibungen sind beeindruckend; sie verbergen durchaus nicht die Grenzüberschreitung.

> Marietta Auer sprach von einer »Diskursverschleifung zwischen Rechtswissenschaft und Rechtspraxis«.[30] Für Michael Pawlik prägt die Dogmatik »die Gestalt des geltenden Rechts mit und übt dadurch eine informelle Herrschaft aus«.[31] Alexander Somek fand nichts daran auszusetzen, wenn die Rechtsdogmatik »sich als Teil des Rechtserzeugungsprozesses versteht und das Recht auch als Subjekt seines Wissens begreift«.[32] Bei Christoph Möllers hieß es: »Rechtswissenschaft scheint das Recht nicht nur zu beschreiben, sondern auch zu vertreten. [Mit der Folge,] dass im Umgang mit Normen nicht immer klar zu unterscheiden ist, ob eine normative Ordnung nur beschrieben oder durch diese Beschreibung auch aktiv vertreten wird.«[33] Matthias Jestaedt resümierte, die Wissenschaft erwecke »zumindest den Anschein geltenden Rechts [...]. Es wird also in den Kategorien der Dogmatik nicht (oder doch nicht ernsthaft) unterschieden zwischen Rechtserkenntnis und Rechtserzeugung«.[34] »Aufgrund der Verwissenschaftlichung des Rechts sind Recht und Rechtswissenschaft nicht mehr voneinander ablösbar«, schrieb Wolfgang Ernst; für ihn hat »die rechtswissenschaftliche Erkenntnis in einer eigentümlichen Weise auch am Geltungsanspruch des Rechts teil«.[35] »Die rechtsprägende Wirkung der Dogmatik« hieß es bei Thomas Lobinger.[36] Und ausführlicher bei Jannis Lennartz: »Das Recht ändert sich durch Literatur – und zwar ohne dass diese Literaturmeinung in einem Urteil aufgenommen werden müsste. [...] Das Recht gilt so, wie es kommentiert wird. [...] Die wissenschaftliche Beschreibung einer normativen Vorgabe wird schnell selbst normativ.«[37] Deutlicher hatte es bereits Niklas Luhmann ausgedrückt, der die innerjuristischen Diskurse eigentlich nur beobachten wollte. Zwar blieb ihm der Begriff ›Rechtsquelle‹ fragwürdig. Aber er konstatierte schon, dass »die Rechtsdogmatik selbst als ›Rechtsquelle‹ behandelt werden kann« und seit dem 19. Jahrhundert auch so auftritt.[38]

Die mangelnde Distanz bzw. die Konvergenz zur Rechtsquelle äußert sich auch darin, dass Dogmatiktexte in derselben Sprechweise formuliert

30 Auer 2021 a: 301.
31 Pawlik 2015: 372.
32 Somek 2023: 26.
33 Möllers 2008: 167, 171.
34 Jestaedt 2011: 181, 185.
35 Ernst 2007: 10.
36 Lobinger 2016: 52, vgl. a. 47.
37 Lennartz 2017: 115 f.
38 Vgl. Luhmann 1993: 290, 366, 387, 525.

werden wie Entscheidungsgründe[39] – *copy & paste* kann genutzt werden. In den heutigen Großkommentaren schreiben Wissenschaftler und Praktiker ungetrennt nebeneinander. Damit betreiben sie keine Systematisierung, sondern leisten Praxishilfe und möchten damit in höchstrichterlichen Urteilen auftauchen. Unübersehbar herrscht das Bemühen, dogmatische Erkenntnisse umstandslos für die Entscheidung realer Konflikte einzusetzen. Nicht ohne Grund ist die Dogmatik institutionell ausdrücklich in den Universitäten angesiedelt und soll sich nicht an die Judikatur anlehnen.[40] Jedoch die Mitwirkung an den Erläuterungsbüchern »zielt ihrer Anlage nach nicht auf neue Erkenntnisse, sondern auf die aktualisierende Administration von im Kern bekanntem Wissen«; sie dreht sich daher statt um Wahrheit eigentlich um Geltung.[41]

Dort freilich, wo ein Rechtsgebiet aus analytischer Distanz, also ›wissenschaftlich‹, betrachtet und bearbeitet wird, etwa mit historischen, soziologischen, philosophischen u.a. Ansätzen, da sehen sich die Resultate in die ›Grundlagenfächer‹ abgeschoben; eine ›dogmatische‹ Relevanz wird ihnen durchwegs abgesprochen. Diese Tendenz hat sich in der Rechtswissenschaftstheorie der jüngsten Zeit immer weiter verstärkt. Vorsichtiger wurde verfahren, wenn man den Rechtsquellencharakter der Dogmatik erkenntnistheoretisch betrachtete, dabei ihn allerdings bloß konstatierte, doch nicht zurückwies.

> Das bürgerliche Recht sei seit jeher von akademischen Eliten entwickelt worden.[42] Komplizierter klang es in diesem Satz: »Dogmatik ist die praxisorientierte Reflexion des Rechtssystems, eine Reflexion erster Ordnung, aus der Perspektive nicht des Beobachters, sondern des Teilnehmers.«[43] Das führte zu einer interessanten Differenzierung, wonach es zwei unterschiedliche Dogmatiken gebe: eine ziele auf Rechtserkenntnis, die andere auf Rechtserzeugung.[44] Eine wissensdynamische Ursache dafür scheint darin zu liegen, dass es in der Rechtsdogmatik »keine Unterscheidung von Theorie und Objektbereich gibt«, wie Hubert Rottleuthner konstatiert. Wenn hier eine ›Theorie‹ aufgestellt werde, gelte die Frage nach dem juristischen Endergebnis als beantwortet; die dogmatische ›Theorie‹ decke sich mit der Problemlösung. Rechtswissenschaft will praktisch werden und möchte ihre Resultate unmittelbar in Einzelentscheidungen umgesetzt sehen. »Rechtswissenschaftstheorie und theoretische Rechtswissenschaft geraten in den Sog der Rechtspraxis.«[45]

39 Wie Rottleuthner bemerkt, 2021: 250.
40 Lobinger 2016: 101–104.
41 Jansen 2018: 630.
42 Jansen 2010: 138.
43 Gutmann 2013: 697.
44 Jestaedt 2011: 185 f.
45 Zitate bei Rottleuthner 2021: 246 f.

Ein Skeptiker verglich es mit einem alchimistischen Kunststück, wie die doppelte Transmutation gelingt: zuerst aus dem Recht eine Wissenschaft zu machen und aus dieser anschließend wieder Recht zu gewinnen.[46] Fürwahr ein geheimnisvoller Vorgang, der allenfalls in der Theologie eine Parallele findet. Die neue Rechtswissenschaftstheorie bemüht sich nicht ohne Erfolg, die erkenntnistheoretischen Aporien aufzulösen, wozu spitze Begrifflichkeiten und Theorie-Praxis-Differenzierungen eingesetzt werden. Als unbeabsichtigtes Nebenprodukt dieser Selbstbefestigung bauen sich frische Bollwerke gegen Öffnungsinitiativen auf.

Das große Rätsel, auf welchen Wegen die vorherrschende Rechtsdogmatik das juristische Geschehen beeinflusst, treibt heute die vielfältigen Fragen nach ihrer Funktionsweise hervor; es dürfte bereits am Ursprung des ›Kampfes um die Rechtswissenschaft‹ (Kap. 2) gestanden und die zeitweilige Aggressivität der Meinungsfronten verursacht haben. Immer häufiger wird jetzt nach dem Zustandekommen und der Legitimation des rechtsdogmatischen Wissens gefragt.[47] Die Rechtstheorie hat zwar immer über die gehörigen Methoden diskutiert, aber im Rahmen ihrer eigenen Ziele und Voraussetzungen und nie mit einem Außenbezug, wie er sich im Hinblick auf die Rechtsnutzer und die Gesamtgesellschaft herstellen müsste. Viel, außerordentlich viel ist zur Rechtfertigung der Institution Rechtsdogmatik gesagt worden. Man hat sich mit dem Aufzählen positiver Funktionen überboten; sie sind anscheinend so zahlreich, dass sie sich kaum resümieren lassen.[48] Der Überblick bei Christian Boulanger nennt diese Gruppen: Stabilisierung durch Berechenbarkeit, Anpassung und Transformation, Erhaltung der Autonomie des Rechtssystems sowie Entlastung,[49] wohinter ganze Bibliotheken stehen.

> Wenn Dogmatik »das Gesetz hinter dem Gesetz ist«, wie es bei Susanne Baer heißt,[50] dann hat sie tatsächlich ein handfestes Problem: Wie rechtfertigt sich dieser herausgehobene Status in einer verfassten Demokratie? Reicht es, auf Tradition, Professionalität und mangelnde Kritik hinzuweisen? Müssten nicht die intellektuellen und sozialen Kosten der hier neben dem obersten Verfassungsorgan agierenden Jurisprudenz offengelegt werden? Erzeugt die Position ›Hinter-dem-Gesetz‹ nicht einen Nebel der Verantwortlichkeit? Ein Nebel, der sich durch die relative Uneinsehbarkeit der Jurisprudenz und Richterentscheide noch einmal verdichtet.

46 Jestaedt 2011: 175 f.
47 Der Öffentlichrechtler Lindner sieht die »Rechtswissenschaft als Machtwissenschaft« und spricht von einem Legitimations- und Demokratieproblem, 2017: 62–66, 69 f.
48 Bei Kahl 2020 wird im Index etwa ein Dutzend aufgeführt.
49 Boulanger 2019: 183–188.
50 Baer 2017: 98.

In der Politikwissenschaft ist man auf das demokratietheoretische Defizit der Rechtsdogmatik längst aufmerksam geworden.[51] Könnte eine sozialwissenschaftliche Anreicherung des Argumenten-Inventars das Defizit beheben? Die Öffnung würde jedenfalls die In-sich-Kommunikation der Rechtswissenschaft beenden. Gerade die so oft befürchtete Uferlosigkeit, Umstrittenheit und Uneindeutigkeit sozialwissenschaftlicher Denkweisen heben die Geschlossenheit auf, was sich mit demokratischen Idealen gut vereinbart. Wäre dies nun ein legitimatorisches Defizit oder eine Vermeidung gesellschaftlicher Partizipation?

> Lepsius benennt das »Geltungsproblem« der Rechtswissenschaft: »Mit Hilfe der Dogmatik versucht sie sich einen Anteil an der Rechtserzeugung zu sichern und zu behaupten, dass ihre Aussagen über das geltende Recht eine rechtliche Geltung besitzen. [...] Man könnte es auch eine Strategie zur Selbstermächtigung nennen, die aber nur im Zusammenwirken [mit der Praxis, RL] funktioniert. [...] Rechtsdogmatik hat epistemologisch daher einen äußerst prekären Status. Sie kennt keinen Urheber, sondern ist selbstreferentiell.«[52] Die Frage nach dem Wie juristischen Entscheidens betreffe Probleme der Demokratietheorie, heißt es. »Sie führt am Ende zur Frage, wie viel Einfluss die Berufsgruppe der Juristinnen auf zentrale gesellschaftliche Entscheidungen hat und wie dieser Einfluss gerechtfertigt werden kann.«[53]

Nutzung und Betonung des Dogmatikstils ebenso wie dessen Problematisierung und methodologischer Ausbau unterliegen Diskurskonjunkturen. Zurzeit steht dieser Stil hoch im Kurs. Es könnte seine letzte Blüte sein, bevor er verwelkt; eine Tradition von – *immerhin* oder *nur* – zweihundert Jahren wird sich zur Wehr setzen. Die historische Wandelbarkeit der Präferenz für rechtsdogmatisches Denken wird gelegentlich beschrieben.

> Für die Verfassungsrechtswissenschaft beobachtete Jonas Plebuch einen Schub in den 1980er Jahren. Als charakteristisches Merkmal benannte er die Entkontextualisierung, d.i. »erstens Abstrahierung von dem zuständigkeitsauslösenden Sachverhalt und zweitens Abstrahierung von dem breiteren politisch-sozialen Kontext, in dem die Entscheidung steht«.[54] Dazu gehöre das »Folgerichtigkeitsgebot«. Dogmatisierung sei erkennbar an der Zunahme von entscheidungsorientierter juristischer Literatur (Lehrbücher, Kommentare, teilweise auch Handbücher). »Dem dogmatisierenden Jahrzehnt der 1980er Jahre folgte das

51 Vgl. Frick 2017: 139.
52 Lepsius 2012: 44 f.
53 Boulanger 2019: 174.
54 Diese und folgende Zitate bei Plebuch 2021: 285, 298, 301, 329, mit Bezug auf Lepsius 2011.

> dogmatische Jahrzehnt der 1990er Jahre.« Die Redogmatisierung der 1980er Jahre erklärte Plebuch aus dem Wechsel in der Regierungskoalition, der Hochschulexpansion, der Abschaffung der Einstufigen Juristenausbildung sowie der fachlichen Profilierung einzelner Sozialwissenschaften, die nunmehr den sozialen Bereich selbständig interpretierten.

War der Aufschwung rechtsdogmatischer Denkweisen also eine paradoxe Folge der Aufregungen von 1970? Nach den stürmischen Debatten (Kap. 11 und 12), in denen der Erkenntniswert *überkommener* Rechtswissenschaft in Zweifel gezogen worden war, wurde das Thema Rechtsdogmatik für geraume Zeit gemieden, ebenso aber auch das Thema einer Soziologisierung. Ob dies nun auf Ermüdung, Verwundung, Entpolitisierung, Unklarheit usw. beruhte – den Stimulus für den Abschwung dürfte der vorangegangene Methodenstreit gesetzt haben. Nichts Ungewöhnliches, denn in »den letzten 150 Jahren wechselten sich Phasen der Offenheit und Phasen der Geschlossenheit im Umgang mit anderen Wissenschaften kontinuierlich ab«.[55] Der Methodenstreit von 1970 gilt heute oft als eine überwundene Episode – wie eine überstandene Krankheit, nachdem die Infektion durch den sozialwissenschaftlichen Virus abgewehrt war. In seiner Diskursgeschichte des rechtsdogmatischen Denkens vermerkte Philipp Sahm als einzigen Effekt, die klassisch juristische Arbeit am geltenden Recht genauer zu definieren.[56] Tatsächlich war damals hauptsächlich über das Primat dogmatischer Begründungen gestritten worden. Wenn es indessen jetzt an derselben Stelle hieß, nun werde »Rechtsdogmatik nicht mehr gleichbedeutend mit Rechtswissenschaft oder Jurisprudenz verstanden«, dann dürfte sich die juristische Arbeit ja doch von der früheren Art entfernt haben. Weder der Gesamtcharakter von Rechtswissenschaft und insonderheit Rechtsdogmatik noch deren Praxiswirksamkeit sind festgeschrieben, sondern historisch kontingent; sie wandeln sich mit dem sozialen Kontext, also beispielsweise mit der Industrialisierung vom 18. zum 19. Jahrhundert[57] oder mit der Demokratisierung im 20. Jahrhundert. Im angelaufenen 21. Jahrhundert wird sich der Bedeutungswandel fortsetzen.

Die Brauchbarkeit, ja Notwendigkeit dogmatischen Denkens kommt dort an eine Grenze, nach den von ihr gesetzten Bedingungen, wo die teleologischen Grundlagen einer Rechtsfigur in Vergessenheit geraten; es steigt die Gefahr begrifflicher Deduktionen.[58] Dann wird nicht nur eine Rechtsfortbildung als schlüssige Konsequenz vorhandener Normen verschleiert, sondern auch der Einsatz wirklichkeitswissenschaftlicher Expertise abgeschnitten, wie sie im Rahmen teleologischer Argumentation

55 Stark 2020: 12.
56 Sahm 2019: 38.
57 Zu dieser Epoche vgl. Stichweh 1992.
58 Hoffmann 2016: 165 f.

zwanglos möglich wäre. Da die Jurisprudenz einen starken Einfluss auf das reale Rechtsgeschehen auszuüben vermag bzw. das anstrebt, wird sie ihr Arkanum schützen, wird ihre Sprache und Methoden schwer zugänglich gestalten, wird sie Einblick und Mitwirkung anderer Wissenschaften möglichst begrenzen. Hier könnte die effektivste Ursache für das Abstandhalten zu den Sozialwissenschaften zu suchen sein.

Der Selbstand der Rechtswissenschaft

Ein merkwürdiges Wort – *Selbstand*.[59] In der Wissenschaftsforschung war es unbekannt, bis die Rechtswissenschaftswissenschaft – noch so ein merkwürdiger Ausdruck – es einführte. Die Verwendung des Worts und seiner Bedeutung signalisiert ein Risiko, etwas Gewagtes, verweist auf etwas, das nicht ohne Weiteres von selbst aufrechtsteht, wie es beispielsweise eine Staatsverfassung vermag, obgleich sie immer von Änderungswünschen umgeben ist. Mit dem ›Selbstand der Rechtswissenschaft‹ wird postuliert, dass dieses Fach prinzipiell keine Zufuhr oder Stützung von außen brauche. So heißt es einmal zur Reinen Rechtslehre, sie setze »auf disziplinären Selbstand statt auf disziplinären Synkretismus«.[60]

Die Wahl eines wenig gebräuchlichen Terminus – als Fachbegriff taucht er heute nur gelegentlich in philosophisch-theologischen Texten auf – deutet auf eine ungewöhnliche Unternehmung hin. Wir haben es mit Bemühungen der akademischen Jurisprudenz zu tun, sich des eigenen Wissenschaftscharakters zu vergewissern, obwohl dieser ihr angesichts ihrer Tradition und Institutionalisierung kaum je ernsthaft bestritten worden ist. Allerdings müssen sich alle an Hochschulen gelehrten Fächer, sofern sie sich an einem etablierten Berufsbild orientieren und auf die praktische Arbeit hinführen, mit Zweifeln an ihrer Wissenschaftlichkeit auseinandersetzen. Auch das Fach ›Jura‹ musste sich schon öfters als Kunstlehre eingeordnet sehen, wie auch die Medizin, Pädagogik usw. Mit ausgedehnten Erörterungen und Vokabularen wird dagegen angegangen, beispielsweise mit den Differenzierungen zwischen ›Jurisprudenz‹ und ›Rechtswissenschaft‹ sowie zwischen Praxis und Theorie. Die vorhandenen Vermischungen und Personalunionen sprechen dann allerdings gegen diesen Lösungsweg.

> Historisch gesehen gelte, »dass die Autonomie des Rechts nicht einfach existiert, sondern sie ein Konstrukt oder eine Fiktion darstellt«. Gemeint ist damit, dass die Autonomie nicht ontologisch gegeben ist, sondern eine handlungsleitende Idee im juristischen Beruf ist. Dabei

59 In Grimms Wörterbuch noch *Selbststand* geschrieben.
60 Jestaedt u.a 2006: XVII.

gehe es um professionelle Inklusionsvorgänge in »einer Berufsgruppe, die mit ganz handfesten materiellen und Status-Interessen dieser Zunft verbunden sind«.[61] Günther beruft sich dafür auf die Entwicklung seit dem Hochmittelalter. Erst allmählich hätten konkurrierende Gruppen wie Adel und Theologen als Sprecher im juridischen Feld ausgeschaltet und der Zugang über Staatsexamina eingeengt werden können.

Zahlreiche metarechtswissenschaftliche Ansätze, zusammengenommen die Rechtstheorie i.w.S., haben sich seit Beginn des 20. Jahrhunderts zu dem Ziel aufgemacht, die Wissenschaftlichkeit der Jurisprudenz abzusichern. Ein facheigener Kritiker kleidete das Konvolut der höchst unterschiedlich bezeichneten Unternehmungen in das Bild »eines Urwalds von juristischen Nachtschattengewächsen« und warnte vor »der immer weiteren Zersplitterung des Wissens«.[62] Im Blickwinkel dieses Buches erscheinen diese Studien, deren Zahl neuerdings angeschwollen ist, oftmals wie eine Ablenkung von der Integration erfahrungswissenschaftlicher Prämissen.

Um einen ›Selbstand‹ zu begründen, begab man sich auf die Suche nach dem ›Proprium‹ der Rechtswissenschaft. Der so überschriebene Sammelband dokumentierte die Referate aus einer Runde juristischer Ordinarien, die sich 2006 in einem bayerischen Kloster versammelt hatten.[63] Mit *proprium*, lat. das Eigene, war so etwas wie das unverwechselbare Charakteristikum oder Alleinstellungsmerkmal gemeint. Das Eigentümliche an der juristischen Eigentümlichkeit war die Nähe zur *self-fufilling prophecy*. Die Frage, von Juristen an Juristen gestellt, forderte positive Reaktionen heraus. Wer, zumal als Professor, würde seinem Fach den unverwechselbaren Kern absprechen? So enthielten denn auch die 300 Seiten des Berichtsbandes eine Fülle von ›Propria‹.

Nur der Einlader, Christoph Engel, hielt ein sehr engagiertes Plädoyer für die Sozialwissenschaftsverwendung. Zu einer Zeit, als der Fokus (noch) auf Steuerung lag, wagte er sich am weitesten vor: »Die Verwaltungsrechtswissenschaft und die Sozialwissenschaften unterscheiden sich nicht mehr durch ihren Gegenstand.« Bei allen Ausflüchten des Dogmatikers könne stets auch von ihm verlangt werden, »dass er die sozialwissenschaftliche Konzeption und die empirischen Befunde erst einmal verstanden und ihr normatives Gewicht bestimmt hat«.[64] Gleichwohl bemühte sich Engel um ein ›Proprium‹, ein Kriterium für die Eigenart der Jurisprudenz. Er beschrieb es als »Herrschaftsausübung bei offener Wirklichkeitsdefinition«.

61 Günther 2018: 87.
62 Lahusen 2007: 19, 22.
63 Engel/Schön 2007.
64 Engel 2007: 230; das folgende Zitat 239.

Vorangegangen waren die vielen Debatten zur ›Interdisziplinarität‹ und zum Verhältnis gegenüber ›Nachbarwissenschaften‹; doch um eine späte Nachwirkung der Unruhe von 1970 konnte es sich, angesichts des Generationsabstands, jetzt nicht mehr handeln. Eher ging es um Besonderheiten der hiesigen Rechtskultur im europäischen und globalen Vergleich. Die Rechtswissenschaft demonstrierte ihre Resilienz gegenüber Erosion und Infiltration, obwohl die durch den dogmatischen Denkstil und die lange Ausbildung gebildeten Zugangshürden jede ernsthafte Einmischung bereits im Vorfeld verhindern konnten. Auch war die Institutionalisierung aller Rechtsberufe nirgends angetastet oder infrage gestellt worden; die gesetzlich festgelegte Formalqualifikation für Anwälte und Beamte, die reiche Ausstattung der Fakultäten, die breite Landschaft fachlicher Medien sowie das von der Bevölkerung zugemessene Prestige taten ein Übriges. Es musste wohl ein Frühwarnempfinden sein, das die Frage nach dem Proprium damals aufs Tapet brachte. Realiter war die Gefahr gering; denn ein, zwei Jahrzehnte später gibt es noch immer keinen Vorstoß gegen die abgeschottet-privilegierte Position der etablierten Rechtswissenschaft hierzulande. Und nach einem Proprium wird gegenwärtig auch nicht mehr ausgeschaut.

Die argwöhnisch beäugten Nachbargebiete sicherten ihre Fachidentität meist über metatheoretische und methodische Konzepte ab, wie intern umstritten auch immer. Die Jurisprudenz hatte das ebenfalls vorzuweisen, nur war ihr Anspruch auf Eigenständigkeit aus der Rechtstheorie allein nicht zu begründen. Der Verweis auf die so genannten Grundlagenfächer – die disziplineigenen Ausgründungen einer Rechtsgeschichte, -philosophie, -soziologie, -psychologie, -ethnologie und anderer mehr – verfing nicht, weil diese erstens nur die in den jeweiligen Bezugsfächern betriebene Forschung anwenden wollten, zweitens in der Blickverengung auf den juristischen Gegenstand keine neuen Grundlagenerkenntnisse hervorbringen konnten. So ging die kurze Debatte über das ›Proprium‹ in die Geschichte der Versuche ein, die Rechtsdogmatik reformiert zu erhalten und die juristischen Auslegungsmethoden mit wirklichkeitswissenschaftlichen Elementen entweder anzureichern oder das Einsickern historisch hinauszuzögern.

Oft begegneten in rechtsdogmatischen Texten der Gegenwart die Wörter ›sozial‹, ›gesellschaftlich‹ u. dgl., ohne dass sich damit eine veränderte Methodik verband. Das verbale Vorkommen allein gewährleistete zwar ein modernes Vokabular, hob aber die Kontinuität der Denkweise nicht auf. So stellte der sehr scharfsinnige und belesene Günther Jakobs – der auch mit der systemtheoretisch argumentierenden Figur eines ›Feindstrafrechts‹ von sich reden machte –, das ›Proprium‹ des Strafrechts in den Kontext gesellschaftlicher Funktionalität. Ihm zufolge kann die Rechtswissenschaft »an den Wirklichkeitsbedingungen des Rechts nicht vorübergehen, sondern hat diese zu berücksichtigen«.

Doch schien er diese Orientierung nur »auf die Frage nach der zeitgemäßen Legitimation, nach der Wahrheit des Strafrechts« zu beziehen.[65] Hierzu lautete der Grundgedanke, das Strafrecht habe die Aufgabe, die normative Struktur der Gesellschaft zu stabilisieren – sicherlich keine soziologische Idee. Jakobs bemerkte in einem Interview: »Die Gesellschaft kann man einerseits als Soziologe, andererseits auch als Philosoph betrachten.« Er entschied sich für die philosophische Begründung.[66] Es war also eine juristeneigene Vorstellung von Gesellschaft, keine der soziologischen Analysen dazu, die hier angewandt wurde.

In seiner These zur Doppelnatur des Rechts versuchte Robert Alexy, das ›Ideale‹ mit dem ›Realen‹ zu versöhnen. Dazu berücksichtigte er zwar die sozialen Fakten, allerdings begrenzt auf das Zustandekommen einer Norm und deren Wirkungen.[67] Aber für diese beiden Teile juristisch richtiger Argumentation stand der Rekurs auf die Faktizität nie in Zweifel. – Eine andere Diskussionslinie, die Wissenschaftlichkeit der Jurisprudenz betreffend, befasste sich mit Charakter und Qualität juristischer ›Theorien‹, mit denen in der juristischen Literatur unbefangen gearbeitet wird. Was hat es mit diesem Gebilde auf sich?

Beispielsweise las man, Theorien im Recht »enthalten in generalisierter Form Aussagen zur Dogmatik des geltenden Rechts, die in einer rechtlichen Begründung als Argument verwendbar sind«.[68] Rottleuthner zufolge deckt sich, wie oben erwähnt, die dogmatische Theorie mit der Problemlösung, sodass es keine Unterscheidung von Theorie und Objektbereich gibt.[69] Von anderen wurde moniert, »indem darunter bereits Antworten auf interpretatorische Detailfragen verstanden werden«, werde »der Begriff ›Theorie‹ in juristischen Arbeiten inflationär verwendet«.[70] Ein »Befund der maximalen Inflationierung und folglich Ubiquität des Theoriebegriffs und damit fast vollständigen Verlustes seiner Spezifikationskraft« wurde beklagt.[71]

Allzu schnell war eine ›Theorie‹ erblickt worden, sobald ein generalisierbarer Gedanke in der Rechtsdogmatik auftauchte. ›Theorien‹ über Recht bzw. im Recht sind also normative, d.h. gelten wollende Aussagen und damit Versatzstücke der dogmatischen Argumentation, vielfach einsetzbare Verallgemeinerungen. Sie können nicht wahr oder unwahr sein, wie es bei Theorien im Sinne der Wissenschaftstheorie der Fall ist.

65 Jakobs 2007: 133 f.
66 Vgl. Jakobs 2008: Rn. 31.
67 Alexy 2009: 151; ferner ders. 2011: 396–404.
68 Calliess/Kähler 2019: 7.
69 Rottleuthner 2021: 246 f.
70 Calliess/Kähler 2018: 15.
71 Von der Pfordten 2018: 73.

Stattdessen sind sie richtig oder falsch (andere Formulierungen in der juristischen Literatur: zutreffend/unzutreffend, angemessen/unpassend, brauchbar/ungeeignet, überzeugend/abwegig u.v.a.), und ob sie das sind, bemisst sich nach dem Grad ihrer Akzeptanz in der *communis opinio* der juristischen Zunft. Ein tatsächlich sehr spezieller Begriff von Theorie, für den die Rechtslehre eine andere Bezeichnung wählen müsste, wenn sie im allgemeinen Wissenschaftsdenken anschlussfähig bleiben wollte. Aus spitzen Differenzierungen entstehen innerjuristische Diskurse, denn selbstverständlich sehen andere das anders (wie auch ich hier). Eine Nebenwirkung dürfte sein, nichtjuristische Aussagen draußen zu halten, weil sie ja nicht normativ sind, begründet mit einer Petitio Principii: Juristische ›Theorien‹ sind normativ richtig/unrichtige Aussagen; soziologische Theorien sind empirisch wahr/unwahr, nicht aber richtig/falsch. Diese Wahrnehmung wird von dem an dieser Stelle üblichen Argumentengewitter vernebelt; jedenfalls vermittelt die Lektüre methodologischer Texte zu ›Theorien‹ im, über, zum usw. Recht äußerst seltsame Eindrücke, die wiederzugeben hier erspart bleibe. Die Jurisprudenz sichert ihre Grenze ab und macht sich unzugänglich.

Der erwünschte ›Selbstand‹ der Rechtswissenschaft gerät von drei Diskurslinien her unter Druck: durch die wachsende Internationalisierung des juristischen Gesichtskreises, durch die unvermindert anhaltende Aufforderung zu einer Interdisziplinarität sowie durch die vergleichende Betrachtung der Rechtskulturen.

Der Globalisierung des Warenaustauschs und den politischen Zusammenschlüssen in Europa wird ein Effekt zugeschrieben, der die deutschsprachige Rechtswissenschaft verändern könnte. Ein ›Transnationales Rechtsdenken‹ bahne sich an, und die ihm zugeordnete Dogmatik werde nicht diejenige einer einzelnen Rechtskultur sein können. Die Internationalisierung verstärke den Bedarf an Interdisziplinarität, weil erst der kulturelle und soziale Kontext der nationalen Rechtsordnungen den Rechtsvergleich und die Vereinheitlichung zum Erfolg führen kann.[72]

> Das analytische Instrumentarium, meinte Thomas Duve, könne »nur über einen empirischen Zugang gewonnen werden«, und dazu bedürfe es ethnologischer, soziologischer usw. Expertise.[73] Und Andreas Voßkuhle zitierte die Anfangssätze aus Gnaeus Flavius/Kantorowicz' *Kampf um die Rechtswissenschaft* und unterstrich »die darin zum Ausdruck kommende Leidenschaft, mit der schon vor mehr als hundert Jahren über das Leitbild des Juristen gestritten wurde«. Voßkuhle zeichnete ein Leitbild der Juristenausbildung, das nicht mehr der subsumierende Richter sein könne. »Paradigmatisch und zukunftsweisend ist vielmehr der vielfältig einsetzbare Rechtsgestalter, der über

72 Vgl. dazu Grimm 2016: 30–32.
73 Duve 2015: 180 f.

Orientierungs- und Verfügungswissen für soziales Handeln in einer komplexen Welt verfügt«.[74]

Wenn plurale Teilrechtsordnungen von staatlichen Instanzen zu koordinieren sind, gelangt die herkömmliche Dogmatik an ihre Grenze. In den multinational beschickten Rechtsfeldern kann eine nationale Wissenschaft ohnehin nicht mehr allein maßgebend sein. Hier ereignen sich die zu entscheidenden Konfliktfälle unter Beteiligung von Rechtskulturen, in denen pragmatisch statt doktrinal gedacht wird. Überdies tritt der Einfluss staatlich gesetzten Rechts zurück, sodass Normbestände verschiedener Provenienz zusammenspielen – eine für unsere Rechtsdogmatik ganz ungewöhnliche Herausforderung. Dazu zwei Beispiele aus dem Wirtschafts- bzw. Verwaltungsrecht.

Die Globalisierung der Wirtschaftsbeziehungen hat einen Bedarf für Konfliktbeilegung geschaffen, für den es an anwendbarem Recht fehlt. Die am Güteraustausch Beteiligten finden keinen normativen Rahmen vor, um ihre Beziehungen zu gestalten. Wenn ein Streit ausbricht, ist der Geltungsraum des innerstaatlichen Rechts verlassen. In dieses Vakuum strömen Regeln ein, deren Rechtsqualität zweifelhaft ist. Daher wurde schon ein Bedeutungsverlust des Rechts insgesamt befürchtet. Soziologische Analysen konnten demgegenüber zeigen, dass die Erosionswarnung vorschnell war, weil sich neues Recht herausbildet. Nun ist die Normgenese zwar von den üblichen erkenntnistheoretischen Bedenken gegen sozialwissenschaftliche Mithilfe nicht erfasst; doch rücken die neuartigen Formen der Rechtsentstehung den Anspruch des dogmatischen Normativismus in ein anderes Licht. Denn es zeigten sich informelle Regelungsstrukturen verschiedener Provenienz, die nicht als unvollkommenes, defizitäres Recht abqualifiziert werden dürfen, sondern »in ihrer jeweiligen Eigenlogik und ihrem spezifischen Problemlösungspotential ernstzunehmen« sind. Interpretative Methoden der empirischen Sozialforschung konnten dabei helfen, indem sie subrechtliche Regelbestände zutage förderten und als anwendungsfähig formulierten.[75]

Dazu liegen einige Studien vor; sie betrafen das Agieren von multinationalen Konzernen, von Verwaltungsnetzwerken und die Arbeit transnationaler Rechtsberatung. Untersucht wurden die größten deutschen Chemieunternehmen, alle international tätig und exportintensiv. In jeder dieser Firmen zeigte sich ein enges Geflecht organisatorischer und technischer Standards, die zum Teil in konzern-internen Dokumenten und Richtlinien festgeschrieben sind, zum Teil erst aus den Interviews mit den Praktikern erschlossen werden konnten. Die normative Verankerung der Selbstverpflichtungen benutzte neue juristische Formate;

74 Voßkuhle 2010: 326, 335.
75 Herberg 2008: 118.

»ihre Geltungsgrundlagen sind durchaus autonom; eine Form der Herstellung von Ordnung, die als wichtiges und Sozialität stiftendes Potential in den allgemeinen Strukturen der Lebenswelt verankert ist«. Das staatliche Recht, sofern überhaupt vorhanden, wird nicht außer Kraft gesetzt, sondern es initiiert und flankiert die Selbstregulierung. Dabei muss es »intensiv auf die Intelligenz und die Problemnähe gesellschaftlicher Akteure zurückgreifen«.[76] Herausgefunden wurde für »die quasi-rechtlichen Regime ein hoher Grad an Dauerhaftigkeit und ein enormes Steuerungspotential«. Hier muss die überkommene Routine – zuerst das positive Recht, sodann dessen ›Anwendung‹ auf den Konfliktfall – versagen, und zwar wegen »des Verzichts auf eingeschliffene privatrechtliche Formate (etwa Vertrag; Satzung)«. Es regieren informelle Mechanismen im Sinne »ungeschriebener Regeln, impliziter Wissensbestände und tiefer liegender Erzeugungs- und Handlungsschemata«. Für die Ordnungskonstitution und das Konfliktmanagement tritt das ›emergente‹ Recht an die Stelle des ›positiven‹ Rechts. Ohne sozialwissenschaftliche Empirie lasse sich der Stand der Regelbildung nicht verlässlich ermitteln. Nur so könne vermieden werden, »den Gegenstandsbereich vorschnell auf die formal fixierten und nach außen sichtbaren Elemente der Steuerungssysteme einzuengen«. Es sei »exakt zu rekonstruieren, wodurch die Bindungskräfte im transnationalen Raum in Gang gebracht werden«. Für den Geltungsgrad sei zu ermitteln, ob »die Normstrukturen akzeptanzfähig und vernünftig erscheinen [und] einen gewissen Konsolidierungs- und Stabilitätsgrad aufweisen«. Eine besondere Herausforderung für eine rechtlich geordnete Konfliktlösung bedeuten solche Regeln, »die nicht schriftlich fixiert sind und die stellenweise weniger im diskursiven, als vielmehr im praktischen Bewusstsein der Akteure verankert sind, denen für die Herstellung von Ordnung aber dennoch ein zentraler Stellenwert zukommt«.[77]

Für die Frage nach dem Verhältnis von Jurisprudenz und Sozialwissenschaften folgt aus dem Geschilderten: Was dem ›Reich des Rechts‹ entglitten schien, lässt sich mit rechtssoziologischer Expertise zurückholen, und zwar indem das Recht »veranlasst wird, sich immer wieder seiner Gesellschaftsnähe, seiner Aktualität und Problemadäquanz zu versichern«.[78] Um die interessebasierten und deswegen konfliktanfälligen Handlungen von Privatleuten in einen rechtlichen Rahmen ›einbetten‹ und beurteilen zu können, bedarf es eines entsprechend gerüsteten Zugriffs.

Die Regulierung von Verwaltungsvorgängen auf EU-Ebene – als zweites Beispiel – ist mit klassisch-rechtsdogmatischen Denkweisen allein nicht nachzuvollziehen. Das Verwaltungsrecht in der Europäischen

76 Zitate bei Herberg 2005: 404 f., 414.

77 Zitate bei Herberg 2008: 129; 2007: 232 f., 235.

78 Herberg 2007: 242.

Union lässt sich vielfach nicht, wie aber bei den innerdeutschen Gesetzen üblich, von den Normen her verstehen; vielmehr ist der Ausgangspunkt »ein spezifisch funktionaler Gesamtzusammenhang, der die Elemente der Institution verklammert«.[79]

Hierfür nutzt Martin Nettesheim das Konzept ›Verwaltungsregime‹; das sind »Institutionen, die sich aus einem Bestand von Rechtsnormen, einem oder mehreren Handlungsakteuren und den von diesen ergriffenen Maßnahmen zusammensetzen«. Es dominieren eigentümliche, weitgehend ungeschriebene Regeln. »Überkommene normative Konzepte werden demgegenüber verdrängt.« Stattdessen erscheint es sinnvoll, »auf einer Meso-Ebene typische Konfliktlagen zu behandeln, in denen es um die Sicherung der Effektivität von EU-Verwaltungsrechtsregimen geht«.[80] Das scheint keine rechtsdogmatische, sondern einer betriebswirtschaftliche, soziologische usw. Aufgabe zu sein. Die Verwendung des Funktionsbegriffs verlangt allerdings begriffliche Präzision; und hinsichtlich der Kausalzusammenhänge »beruht die Analyse oft auf zweifelhafter Empirie. [...] Statt nach Funktionen sollte besser nach Auswirkungen der Verfahrensmodalitäten geforscht werden.«[81]

Die Einschätzung, gute Rechtswissenschaft müsse interdisziplinär aufgestellt sein, wird heute weithin geteilt. Wie aber wird sie exekutiert? Die abstrakte Idee lässt viele Ausführungsweisen zu, wovon sich keine einzelne durchgesetzt hat. Helmuth Schulze-Fielitz zeichnete (für die Staatsrechtslehre) das Bild einer Vielfalt, wie sie nur selten nach außen hin sichtbar gemacht wird. Hierin bilden sich die Faktoren ab, deren Kräftespiel die zukünftige Entwicklung bestimmt und damit auch das Schicksal sozialwissenschaftlicher Beeinflussung des Rechtsdenkens.

Schulze-Fielitz sieht die Schar deutschsprachiger Staatsrechtslehrer in fünf »Denkkollektive« bzw. »Richtungen oder Wissenschaftsstile« geteilt. Es dominiere weiterhin ein rechtsdogmatischer Ansatz. Daneben gebe es zunehmend Wissenschaftler, »die sich dezidiert mit Hilfe der empirischen Grundlagen des Rechts i.S. einer sozialwissenschaftlich-interdisziplinär angereicherten Jurisprudenz zentrale Einsichten erhoffen«. Ein dritter Zug sucht metadogmatischen Rückhalt in gesellschafts- und verfassungstheoretischen Überlegungen. Die vierte Gruppe konzentriert sich aufs Europa- und Völkerrecht mit komparatistischem Blick. Eine fünfte, zu den vorigen vier querstehende, Kennzeichnung verläuft entlang der politischen Links-Rechts-Achse.[82] Die Sammlung seiner Abhandlungen untertitelte Schulze-Fielitz, der immer wieder mit Initiativen zur Interdisziplinarität hervorgetreten ist, als »Soziologie und Theorie

79 Nettesheim 2021: 450.
80 Nettesheim 2021: 450 f., 465.
81 Winter 2023: 98.
82 Schulze-Fielitz 2013: 169–171.

der Wissenschaft vom Öffentlichen Recht«. Im Buch fungierte die Sozialwissenschaft dann vornehmlich als Lieferantin von Empirie. Rechtsdogmatische Arbeit überzeuge vor allem dann, »wenn sie durch Folgenorientierung den jeweiligen Sachstrukturen angemessen ist«; dazu diene ein »metadogmatisch, sozialwissenschaftlich informierter Blick«. Metadogmatisch – hier wohl im Sinne von ›über den Tellerrand hinaus‹.[83] Allerdings wird in dieser Begrenztheit der Nutzung soziologischer Expertise das Pulver der Rechtsdogmatik trocken gehalten. Vorwärtsweisend ist die Idee, das Recht nicht nur objektiv, sondern auch »aus der Handlungsperspektive des Juristen« zu betrachten.[84] Hier deutete sich die Kritik an einer normativistischen Verkürzung und die Präferenz für eine pragmatisch gestimmte Rechtsfindung an.

Interessanterweise hielt Schulze-Fielitz die Staatsrechtslehre für einen Sonderfall; sie lasse sich »nur schwer in die üblichen Erscheinungsformen der Systematisierung einordnen«.[85] Er nannte sie – anscheinend anders als die anderen juristischen Teildisziplinen – eine »Realwissenschaft mit erklärendem und prognostischem Anspruch«. Um diesen erstaunlichen Anspruch zu verkraften, folgten dann allerlei argumentative Verrenkungen, wie man es wohl nennen muss, um die Konnektivität zum herrschenden Selbstverständnis der Rechtswissenschaft nicht zu gefährden. Einfacher wäre es, Schulze-Fielitz' Ideen auf das gesamte juristische Denken zu übertragen, für das sie zweifellos ebenso zutreffen.

Bereits seit Ende des vorigen Jahrhunderts hielt sich ein zunehmender Teil des juristischen Nachwuchses zu ausgedehnten Studien und Forschungen in anglophonen Ländern auf und wurde mit den dortigen Rechtskulturen vertraut. Ihnen musste der im Weltmaßstab ungewöhnliche Charakter der mitteleuropäischen Jurisprudenz auffallen, wie immer sie das – geprägt durch die hiesige Ausbildung – bewerten mochten. Nicht wenige aus den jüngeren Generationen akademisch etablierter Rechtswissenschaftler:innen nennen Studienabschlüsse aus dem angloamerikanischen Rechtsraum.

Wer einmal anglo-amerikanische Rechtsfakultäten kennengelernt hat, bestätigt: Hier herrscht Offenheit gegenüber den Sozialwissenschaften.[86] In dem Maße, wie die Denkweisen der anglo-amerikanischen Rechtskulturen bei uns rezipiert werden – worauf zahlreiche Umstände verweisen –, verändern sich die »axiologischen Grundprinzipien deutscher Dogmatik«.[87] Das Bemühen der deutschen Rechtswissenschaft

83 Schulze-Fielitz 2013: 357.
84 Ebda.: 142.
85 Schulze-Fielitz 2002: 16.
86 Vgl. z.B. Wrase 2013: 72.
87 Stürner 2012: 18.

»um fast schon kompromisslose Konsistenz, ihre dogmatische Leistungsfähigkeit, ihre konsequentes Systemdenken, ihre präzise Rechtssprache«[88] geraten dort unter Druck, wo transnationale Kommunikationsfähigkeit verlangt ist.

Wenn die ausländische Forschungsliteratur verwertet wird, gelangen Denkansätze und Erkenntnisse der *socio-legal studies* zu uns, die immer schon Soziologisches zwanglos rezipiert und verwendet haben. Dieser Transfer füllt inzwischen spürbar die Lücken deutschsprachiger Interdisziplinarität und verstärkt in unauffälliger Weise einen Trend, dem sich die Majorität noch entgegenstellt. Auf internationalen Rechtsfeldern arbeitende Rechtswissenschaftler:innen sehen den Einbezug sozialwissenschaftlicher Erkenntnisse als etwas völlig Selbstverständliches und Notwendiges an. Sie sind der Enge der kontinentalen Rechtskultur entkommen und argumentieren gleichsam von außen her. So haben spätestens seit Ende des 20. Jahrhunderts die Europäisierung und Globalisierung den Blick auf andere Rechtskulturen, die den zwanglosen Umgang innerhalb sämtlicher Sozialwissenschaften im erweiterten Sinne gewohnt sind, auch etlichen unserer Dogmatiker die Augen geöffnet. Mit ihnen beginnt nun ein veränderter Diskurs zum Platz des Sozialen im juristischen Denken, ein Platz, der vor dem neuen Erfahrungshintergrund nicht mehr erkämpft werden muss. Und die Rechtstheorie braucht sich nicht für ein ›Proprium‹ oder den ›Selbstand‹ zu plagen.

Grade des Normativismus

In ihrer Selbstdeutung fixiert sich die Rechtswissenschaft auf die Auslegung der gültigen, vom Staat erlassenen Gesetze sowie gleichwertiger Normen, die zusammen das positive Recht ausmachen. Dieser ›Normativismus‹ wurde bald nach 1900 als kräftigste Denkbarriere gegen die Mitwirkung sozialwissenschaftlicher Einsichten in juristischen Entscheidungen aufgebaut. In der Reinen Rechtslehre fand der Normativismus seine radikalste Ausformung, in der Freirechtslehre seinen vielstimmigen Gegner. In der juristischen Methodenlehre dominierte zwar stets die Ablehnung *beider* Extrempositionen; im Einzelnen jedoch neigte man mehr oder weniger deutlich zu dem einen oder anderen Pol. Dergestalt munitionierte der Normativismus die in diesem Buch geschilderten Auseinandersetzungen und formatiert immer noch das vorhandene Meinungsspektrum. Wie steht es darum in der Gegenwart?

Repräsentativ für den Fortbestand des Normativismus in der Privatrechtslehre heißt es bei Thomas Lobinger, nachdem er die Kritiken des

88 Duve 2015: 185.

Wissenschaftsrats (2012) zurückgewiesen hat: »Unter alleinigem Rückgriff auf die aktuelle Legalordnung« solle die Dogmatik dem Rechtsanwender die Regel zur Verfügung stellen, um »die aufgeworfene Rechtsfrage durch einfachen Subsumtionsschluss zu beantworten.« Auch alle weiteren Grundannahmen der herkömmlichen Diskursmajorität werden aufgerufen: Es sei »etwas Gegebenes zu erkennen und nicht etwas Neues zu schaffen,« das geltende Recht sei vollständig in dem Sinne, »für jede nur erdenkliche Rechtsfrage eine Antwort zu enthalten«. Diese Annahmen immunisieren nach Lobinger die Dogmatik »gegen einen unmittelbaren Rückgriff auf außerrechtliche Kriterien«, außer dass diese »auch tatsächlich verrechtlicht wurden«. Insgesamt markiert das »den starken begriffsbildenden, ordnenden und systematisierenden Zug der Rechtsdogmatik«. Die Gegenposition wird als »kadijustizartiges Richterkönigtum« bezeichnet.[89]

Der Ausdruck *freirechtlich* erwuchs im 20. Jahrhundert zu einer Art Beelzebub im Methodendiskurs und ist das unverändert geblieben. Es genügt die Erwähnung, bei Verzicht auf nähere Begründung, um die abgrundtiefe Ablehnung eines Arguments zu artikulieren und die Abwehr des Publikums zu schüren. Die mit Soziologie sympathisierenden Vorschläge der Freirechtler werden fast nur noch als Freiheit-gegen-das Gesetz betrachtet. Ignoriert werden die ursprünglichen Erkenntnisziele, etwa inwieweit das positiv gegebene Recht richterlich fortgebildet werden dürfe, welche Wertungsgrundlagen akzeptabel seien und wie das Ziel der Gerechtigkeit zu verwirklichen sei. Und doch wurden seither die Fragen, ob es ein ›Richterrecht‹ geben könne und ob juristische Entscheidungen aus vielfältigem Normenbestand schöpfen, nachhaltig bejaht und zu Ende diskutiert – übrig geblieben sind nur Bezeichnungs-, also Nominalprobleme. Damit wurde der seinerzeit viel breiter angelegte Diskurs in das ausgebaute Kanalbett juristischer Eigenbetrachtungen hinübergeleitet, während die Thematik des Sozialen in einem stillen Seitenarm vermoderte.

Beispielhaft stehe dafür die grundlegende Studie von Jan Schröder, der als »konstruktives Hauptanliegen« der Freirechtsbewegung »keine Theorie der Interpretation, sondern eine der freien richterlichen Rechtsschöpfung« sah.[90] Noch verengter klangen die zahlreich wiederkehrenden Beschwörungen der *Contra-legem*-Fabel. Meist hob man auf eine buchstäblich verstandene ›Gesetzestreue‹ ab, die vor allem verbal hochgehalten wurde, vergessen die an anderer Stelle selbst vollbrachten Interpretationskunststücke.

Die Kritiken der Freirechtslehre an einer lebensfremden, soziologiefernen Rechtsdogmatik werden heute für gegenstandslos erklärt, weil es

89 Zitate von Lobinger 2016: 36–39, 42, 51; vgl. a. 79 f.
90 Schröder 2020: 339.

einen »blinden Formalismus oder eine unkritische Dogmatik«, wie ihn die Freirechtslehre anprangerte, in Deutschland nie gegeben habe und insoweit gegen einen Strohmann gekämpft worden sei.[91] Also ›viel Lärm um Nichts‹? Wie dumm müssen die damaligen Kontrahenten gewesen sein, um das nicht zu bemerken und sich daraufhin in Scheinkontroversen zu verstricken? Diese Annihilierung eines Diskurses kann nur bedeuten, dass dessen manifeste und latente Inhalte nicht als das genommen werden, was sie waren, sondern so rekonstruiert werden, dass sie den gegenwärtigen Bedürfnissen der Jurisprudenz entsprechen. Das liefe auf eine Dogmatik der Rechtstheorie hinaus, die neben der Geschichte der Rechtstheorie steht. Zugleich würde dadurch die Freirechtslehre hypothetisch in die Gegenwart geholt; denn deren Verkünder würden sich nicht zufriedengeben, ein Scheingefecht geführt zu haben – sie würden erneut antreten. Auch würden sie es kaum auf sich sitzen lassen, wider besseres Wissen – so beschreibt Katharina Isabel Schmidt es vorsichtig[92] – Mythen und defizitäre Ideen vorgebracht zu haben. Mit anderen Worten, für die heutige Rechtswissenschaftstheorie sind einige Teile des Freirechtsdiskurses auf widerständige Weise relevant geblieben.

Kann die Rechtswissenschaft offenlegen und eine Methodik entwickeln, dass sie sich überaus häufig und unvermeidlich bei außerrechtlichen Wissensfächern bedient? Hans Kelsen hatte das noch als einen ›Methodensynkretismus‹ gescholten, der dem damals von ihm vertretenen Prinzip logischer Reinheit zuwiderlief.[93] Eine krude Trennung zwischen Sein und Sollen prägt weiterhin das rechtstheoretische Allgemeinwissen. Dabei ist der Neukantianismus in der Philosophie bereits in den 1920er Jahren von anderen Strömungen verdrängt worden. Seine frühere Prominenz verdankte sich der zeitbedingten Abwehr von materialistischen und religiösen Grundhaltungen; heute ist er nur noch *eine* philosophische Strömung und beileibe nicht mehr dominierend.[94] Aber das methodologische Basisargument, losgelöst von jeglicher philosophischen Grundierung, funktioniert als brauchbares Rüstzeug gegen soziologische Entscheidungsprämissen.

> Kant und Kelsen, also der Sein-Sollen-Dualismus, »bilden bis heute die entscheidende logische Trumpfkarte, um die rechtstheoretische Überlegenheit, ja geradezu Alternativlosigkeit eines aufgeklärt rechtspositivistischen Verständnisses von staatlichem Recht zu begründen«.[95] Die erkenntnistheoretische Rückendeckung liefert die analytische Rechtsphilosophie von H.L.A. Hart bis Norbert Hoerster, wonach die

91 Schmidt 2014: 446.
92 Schmidt 2014: 465.
93 Kelsen 1934: 2, 9–11; vgl. Stark 2020: 323–329.
94 Vgl. Krijnen 2020.
95 Auer 2018 a: 138.

juristische Argumentation sowohl von realistischen (sprich: sozial-empirischen) ebenso wie von idealistischen (sprich: ethisch-religiösen) Prämissen freibleiben muss. Für Marietta Auer prägt diese Schule auch »die gegenwärtige Rechtsdogmatik einschließlich ihrer Methodenlehre, deren Ziel erklärtermaßen bis heute in der Interpretation eines Kanons autoritativer Rechtsquellen mit dem Ziel möglichst authentischer Anwendung des geltenden Rechts liegt«.[96] Die Gegenposition eines realistischen, auf Soziologie, Ökonomie, Psychologie usw. gestützten Denkstils verfällt ebenso Auers Ablehnung. Joachim Rückert – Professor auch für Rechtsphilosophie – versuchte, »wenigstens einige Regeln für die Verbindung von Sein und Sollen zu finden«, und bekannte nicht ohne Ironie, er habe »leider in dieser Dunkelheit noch kein Licht gefunden«.[97]

Wenn diese Bestandsaufnahmen zutreffen, dann ist daraus ein niederschmetternder Schluss zu ziehen: Die Rechtswissenschaft hat sich seit zweihundert Jahren auf den Logizismus festgelegt, und die Idee des Sozialen kann keinen Zugang zu ihr finden. Symptomatisch für die fortdauernde Abgrenzung sind die Bemühungen um eine »Reinheit des Rechts«, wie der Titel eines Sammelbands von Depenheuer (2010) lautet. Allein die unzweifelhaft hohe Wertschätzung für das Puritätsideal adelt solche Bemühungen; eine ›Vermischung‹ des Normativen mit dem Sozialen rückt in die Nähe von Schmutz.

Otto Depenheuer findet dafür scharfe Charakterisierungen: »Reinheit ist nur um den Preis des Empirischen zu haben, [...] einer prinzipiellen Distanz zum realen Dasein.« Die ›Reinigung‹ führe zu manichäischem Denken und könne in lebensfeindliche Tyrannei umschlagen; »die Hypertrophie des Gesetzesvorbehalts führt zu einer verwaltungsmäßig nicht mehr umsetzbaren Normenflut«. Er votiert für einen Kompromiss »mit den Bedürfnissen des praktischen Lebens«, also »für das Recht als pragmatische, d.h. lebensdienliche Ordnung«. »Das Leben muss der Unreinheit Nischen geben, damit das Leben mit all seinen Widersprüchlichkeiten gelebt werden kann.«[98] Dreimal wird der Vitalismus beschworen (der bei Georg Simmel eine philosophisch-soziologische Ausprägung gefunden hat); aber methodologisch wird keine weitergehende Konsequenz gezogen. – Für Ulfried Neumann ist ein konsequenter Methodendualismus nur um den Preis zu haben, dass die soziale und kulturelle Wirklichkeit des Rechts ausgeblendet wird. »Aber dieser Preis wäre hoch.«[99] Auch die vorrechtliche Normativität institutioneller Tatsachen (also ein Resultat soziologischer Analyse) gehöre in die juristische Entscheidungsfindung.

96 Auer 2021 b: 135.
97 Rückert 2022: 78.
98 Depenheuer 2010: 12–19.
99 Neumann 2023: 130.

Die Ratlosigkeit zeigte an, dass die Aufgabe nicht richtig gestellt sein konnte. Nur wenn die Relevanz und erkenntnistheoretische Reichweite des Arguments von Sein-oder-Sollen neu bestimmt wurde, ließ sich das Dunkel lichten. Es fehlte ja nicht an Ansätzen, den Dualismus zu überwinden. Beispielsweise wandte sich Friedrich Müller gegen einen »abstrakten Dualismus von Sein und Sollen«; vielmehr seien beide in der Normativität verschränkt. »Das differente Benennen kann beiden Faktorengruppen keinen de facto getrennten operativen Status verschaffen; tatsächlich *wirken* sie miteinander, mag man sie noch so gravitätisch als ›auseinander unableitbar‹ titulieren.«[100] War denn die Trennung von Sein und Sollen ein Gebot der Logik (und damit auf den Bereich des juristischen Syllogismus beschränkt), oder besaß sie gar einen ontologischen Charakter und schuf zwei durch einen tiefen Grabenbruch getrennte Kontinente des Seienden? In den meisten Texten war das nicht geklärt.

Selbst bei Kelsen war das Verbot einer ›Vermischung‹ von Sein und Sollen, der sog. Naturalistische Fehlschluss, nicht begründet, sondern vorausgesetzt worden.[101] Alfons Bora sah, dass Kelsen »den Neukantianismus ontologisch überstrapazierte, ihn also nicht als eine Bestimmung der Ableitbarkeit von Sätzen aus Sätzen, sondern als Aussage über Weltausschnitte verstand und dabei die Möglichkeit ausklammerte, Normen und Recht als empirische Gegenstände zu beobachten«.[102]

Auch Jürgen Habermas, als Philosoph zuhause in der Erkenntnistheorie, hat sich mit dem juristischen Methodenkonflikt befasst, ohne Partei zu ergreifen. Die beiden Grundpositionen – rechtsrealistisch versus hermeneutisch-positivistisch – verabschiedete er mit Gründen. Dem Realismus wurde vorgehalten, er stelle das Recht »als ein Medium ohne eigene innere Struktur den Zielsetzungen der politischen Herrschaft zur Disposition« – ein Verdacht übrigens, der auch schon gegen den Positivismus erhoben worden war. Habermas suchte nach einer Lösung für das Rationalitätsproblem, »wie die Anwendung eines kontingent entstandenen Rechts intern konsistent vorgenommen werden und extern rational begründet werden kann, um gleichzeitig *Rechtssicherheit* und *Richtigkeit* zu garantieren«. Dazu formulierte er seine »Diskurstheorie des Rechts, die die rationale Akzeptabilität von richterlichen Urteilen nicht nur von der Qualität der Argumente, sondern von der Struktur des Argumentationsprozesses abhängig macht«.[103] Die akademische Rechtsdogmatik mit ihren Prozeduren des offenen Meinungsaustauschs konnte sich bestätigt sehen.

100 Müller u.a. 2013: 438 f. (Rn. 423); H. i. O.
101 Vgl. Vosgerau 2010: 74.
102 Bora 2023: 1/85.
103 Vgl. Habermas 1992: 243–248, 256, 277, H.i.O.

Nun wurden und werden auch unter dem Diktat des Normativismus in der Rechtswissenschaft einige Versuche unternommen, sich zu den Sozialwissenschaften hin zu öffnen. Eine kaum zu überhörende, freilich im Gewicht nicht klar einzuschätzende Stimme erhob der (deutsche) Wissenschaftsrat, der 2011 eine ambivalente Bestandsaufnahme zur Rechtswissenschaft erarbeitete. Darin wurde wortreich über Interdisziplinarität, Öffnung und Austausch »mit den geistes- und sozialwissenschaftlichen Nachbarfächern« gesprochen. Die Empfehlungen nannten erstens »eine Akzentverschiebung von spezialistischem Anwendungswissen auf ein übergreifendes Wissen über die fachlichen und außerfachlichen Kontexte« und zweitens »eine Verstärkung der Interdisziplinarität bzw. der Öffnung für und der Einbeziehung von Perspektiven der Nachbardisziplinen«.[104] Welchen Formelkompromissen sich diese etwas gewundenen Formulierungen verdankten, wurde nicht deutlich. Die Empfehlungen erzeugten allerlei Verbeugungen und auch ernsthafte Bemühungen. »Es geht um die Einfügung von Fremdwissen in den juristischen Prozess, das dabei seinen fremdartigen Charakter erhalten und doch zugleich für die systemeigenen Operationen anschlussfähig gestaltet werden soll.«[105] Das erkenntnistheoretische Problem wird allerdings mitgenommen bzw. wiedergeboren, wenn Wissen als *fremd* vs. *eigen* klassifiziert wird. Und am Ende wird stehen, dass das Fremde und fremd Bleibende abgestoßen wird, weil es nimmer heimisch werden kann.

Mit vielschichtigen Überlegungen wurde erneut versucht, sozialwissenschaftliche Erkenntnisse mit rechtsdogmatischen Wertungen kompatibel zu machen, sodass sich ein einheitliches juristisches Urteil ergeben könne. Allerdings waren solche Textpassagen, gemessen am Umfang der jeweiligen Abhandlung, ziemlich kurz. Bezüglich einer Integrationsmethode blieben sie stumm, das überkommene Vorgehen innerhalb der Rechtsdogmatik stellten sie nie infrage. Eine Schule ergab sich aus den Befürwortern nicht. Befürchtungen klangen an, bei zu viel Prosozialität bei der Fachgemeinschaft Anstoß zu erregen. Die bösen Erfahrungen mit den Diskursstreitigkeiten von 1910 und 1970 mahnten zur Vorsicht und standen erkennbar Pate bei der eigenen Zurückhaltung. Die alten Positionen wurden nicht wiederbelebt, sondern als ›ideologisch‹ abgetan.

Wie eine Öffnung der Methodik, zumindest als Einstieg in eine Diskussion klang es, als kürzlich eine weithin wahrgenommene Monographie zur Rechtsdogmatik befand: »Mit den meisten Dingen lässt sich rechtlich erst angemessen umgehen, wenn man sie versteht.« Und deswegen gebe es ein Bedürfnis nach außerrechtlichem Wissen sowohl bei der Anwendung als auch bei der Bildung der rechtlichen Maßstäbe. Etwas ernüchtert aber registrierte man, dass diesem Thema nur knapp vier von über zweihundert

104 Zitate in Wissenschaftsrat 2012: 7 f., 36. Vgl. dazu Auer 2018 b.
105 I. Augsberg 2013: 24.

> Druckseiten gewidmet sind, es also nicht allzu ernst gemeint sein konnte bzw. noch nicht ausgearbeitet war. Erst wenn das Alltagswissen nicht ausreicht, werde »man bei anderen Disziplinen um Rat fragen« – und erhalte dann »unterschiedliche Erklärungen« sowie ein »Sammelsurium an Daten«.[106] Keine verlockende Situation, aber immerhin eine offene Frage an die Methodologie. – Bumke ging dieser Frage ein kurzes Stück nach und explizierte das Denkmodell einer ›Inkorporation‹ von Außerrechtlichem. Am Anfang stehe »die Suche nach Aufklärung und am Ende die Rezeption der gewonnenen Informationen, Einsichten und Erklärungen«. Zeitlich und logisch finde eine »Übernahme und Einbindung in das Recht« statt. Das entsprach der geläufigen Priorisierung (die Norm ist schon da) und Privilegierung (von der Norm her wird entschieden, ob überhaupt Soziales hinzugezogen wird). Bei einer Gleichrangigkeit der Wissensbestände müsste die Interpretation der Norm anders verlaufen. Bumke schien den Widerspruch zu seiner vorherigen Aussage – erst die soziale Situation *verstehen*, dann sie juristisch *beurteilen* – zu erkennen, als er fortfuhr, man gerate »oft in die Situation, dass sich der rechtliche Maßstab erst unter Rückgriff auf die außerrechtlichen Einsichten entwickeln lässt«.[107]

Wir sind hier tatsächlich ganz nahe vor einer Kehrtwende in der gewohnten Methodologie, die noch auf jener Priorisierung und Privilegierung des normativen Ausgangspunkts beharrt. Bumke wollte sich nicht von der »Sorge um die Eigenständigkeit der Rechtsdogmatik« beirren lassen, wenn »die Beziehungen zwischen Recht und Wirklichkeit« erneut untersucht werden. Das musste er auch nicht; denn allemal bestimmt die Rechtsdogmatik ihre Methodik selbst, sodass sie in jedem Fall die Oberhoheit behält. Eine Zusammenarbeit von Rechts- und Sozialwissenschaften gefährdet keineswegs notwendig den Eigencharakter der juristischen Arbeit, noch muss sie die Aussagekraft der soziologischen Erkenntnisse verzerren und damit trivialisieren.

> In der Konzeption von Alexander Stark wird die Rechtsdogmatik nicht (mehr) abgeschottet, sondern sie bestimmt selbst, ob und welche nachbarwissenschaftlichen Bestände sie heranzieht. Kurz ausgedrückt, »ist die rechtsdogmatische Vorgehensweise bezogen auf die Selektionskriterien autonom, bezogen auf den potenziellen Inhalt der Argumentation jedoch heteronom«.[108] Danach kann soziologisches Wissen verwendet werden, aber in seiner originalen Gestalt und nicht nach Belieben umgeformt bzw. verflacht.

Die sehr voraussetzungsreichen Methodendiskussionen, die heute zu unserem Thema zu lesen sind, führen m.E. zu keinen zwingend argumentierten

106 Bumke 2017: 157 f.
107 Bumke 2017: 159 f. Das folgende Zitat ebd.: 160.
108 Stark 2020: 321.

Resultaten. Eher ist es so, dass man bei der Lektüre abwartet, welche Schlüsse am Ende des jeweiligen Beitrags gezogen werden – oft so unvorhersehbar wie bei einem Gerichtsprozess. In dieser Irritation stellt sich sogar die Frage, ob die Rechtsmethodologie einem ähnlichen Integrationsproblem ausgesetzt ist, wie sie hier für Sozialwissenschaft und Jurisprudenz diskutiert wird, betreffend die Vereinbarkeit von Philosophie und Rechtsdogmatik – will sagen: die Antwort sollte von der Fachphilosophie (Abt. Erkenntnistheorie, Wissenschaftslehre, Meta-Ethik usw.) kommen und nicht von einer juristischen Eigenphilosophie.[109] Einige Teile der Rechtswissenschaftstheorie verstärkten sogar ihre Anstrengungen, die Abgeschlossenheit und Eigenständigkeit der juristischen Denkweise mit einem neuen Wortgewand aufrechtzuerhalten.

In jüngerer Zeit wurde ›Dekontextualisierung‹ zum Stichwort, um den hermeneutischen Logizismus abzuschirmen. Dogmatisches Denken folge dem Dreischritt von »der Dekontextualisierung über die Konsistenzialisierung zur Rekonkretisierung«; damit verkoppele sich das Recht mit der Wissenschaft vom Recht auf »ebenso sonderbare wie effektvolle Weise«. Die ›Konsistenzialisierung‹ betreibt ganz unverhohlen die begriffsjuristische Methode, wie sich an den erläuternden Wörtern Hierarchie, Widerspruchsfreiheit, Vollständigkeit und Systematisierung zeigt.[110] Da die Rechtsdogmatik einen angemessenen Begriff von ›Daten‹ entwickeln müsse, um die sozialen Funktionen der entsprechenden Eigentumsrechte rechtlich herauszufinden, sowie den Platz von ›Daten‹ in der sozialen und rechtlichen Eigentumsverfassung zu bestimmen – wie es bei Teubner/Golia heißt[111] –, steht hier eine nur interdisziplinär zu bewältigende Aufgabe an.

Sogar die Figuration von ›Begriffsjurisprudenz‹ und ›Subsumtionsautomaten‹, die ein ganzes Jahrhundert lang einmütig abgelehnt worden ist, gewinnt heute dort wieder Sympathien, wo es um die Automatisierung, sprich Digitalisierung juristischen Entscheidens geht.[112] Der Binarismus von richtig/falsch ermöglicht eine Technisierung, die den Einsatz von Algorithmen und Robotern erlaubt. Eine dadurch bedingte Rückkehr zum Formalismus würde den Argumentationen aus dem Bereich des Sozialen die Mitwirkung zumindest erschweren.

Denn Interpretation und Konkretisierung einer Rechtsnorm beruhen auf Sinndeutungen, deren Resultat im Einzelfall nie von vornherein feststeht. »Algorithmen enthalten technische Regeln zur automatisierten

109 Auch andere machen diese Unterscheidung in »Juristen-Rechtsphilosophie und Fach-Rechtsphilosophie«, so Funke 2015: 49.

110 So bei Jestaedt 2014: 6.

111 Teubner/Golia 2023: 623 f.

112 Vgl. Meder 2020: 127–145.

> Bewältigung einer Aufgabe. Sie beruhen auf einer spezifischen technischen, nicht textförmigen Sprache.« Dergestalt erzeugte Entscheidungen haben, wie Hoffmann-Riem zeigt, »eine andere Qualität als die auf sozialer Interaktion beruhende und/oder auf sie gerichtete sozial eingebundene Sinndeutung und Entscheidungsbildung durch Menschen«.[113]

Der Prozess einer Digitalisierung verläuft in der Sozial- und in der Rechtswissenschaft mit verschiedenem Tempo. In dem einem Bereich erstreckt sie sich auf das riesige Feld menschlichen Tuns, im anderen auf den vergleichsweise überschaubaren Rechtsstoff, zudem angetrieben von den arbeitsökonomischen Interessen juristischer Berufe. Eine Künstliche Intelligenz (KI) bedient sich der jetzt schon leicht zugänglichen Informationen aus Gesetzesvorschriften, Präjudizen und Fachliteratur. Die digitale Hilfestellung vermag eine kaum überwindliche Wand schlagkräftiger Informationen zu schaffen, wonach die Entscheidung vorgegeben bzw. vorhersagt wird. Freilich würde dies »die Hinwendung zu einem die Komplexität der Rechtsanwendung negierenden digitalen Neopositivismus bedeuten«.[114] Um dieser Gefahr zu entgehen, genügen allerdings wohl kaum plausible Warnungen; erforderlich wäre die Kooperation seitens der Sozialwissenschaften, ihre Erkenntnisse in digital aufbereiteter Form zur Verfügung zu stellen.

Zur Frage, wie die soziale Realität methodisch richtig in die juristische Entscheidung eingeht, gibt es bis heute keine Antwort. Bumke resümiert dazu in der aktuell gründlichsten Bestandsaufnahme: »Das Rätsel um die Verknüpfung zwischen Einsicht in die tatsächlichen Gegebenheiten und Zusammenhänge und Verständnis eines rechtlichen Maßstabes konnte nicht gelöst werden.«[115] Muss nun, nach jahrzehntelanger Diskussion, ein solcher Befund enttäuschen – oder ist vielleicht die Frage falsch gestellt? Norm und Wirklichkeit derart *gegeneinander* zu positionieren, anstatt von einem *Ineinander* auszugehen, könnte der erkenntnistheoretische Schritt vom Wege gewesen sein. Ein anderer Ausgangspunkt würde die Norm als Bestandteil der realen Konfliktsituation betrachten und die (antizipierten) Konflikte als Bestandteil der Norm. Damit würden die Realvorgänge und die juristische Intervention viel näher zusammenrücken, als dies in der heute herrschenden (neukantianischen) Betrachtung üblich ist. Die Abspaltung einer rein-normativen Dimension erschuf zwar (in Deutschland) die juristische Professionalität, entfremdete aber das Rechtshandeln von seiner sozialen Einbettung – Bumke spricht hier vom »Fachfremden«[116] – und erzeugte das Problem der ›Transformation‹, das aber ebenfalls ungelöst ist.

113 Hoffmann-Riem 2017: 30.
114 Hoffmann-Riem 2022: 280.
115 Bumke 2017: 153.
116 Ebd.: 159.

An zahlreichen Entscheidungen des Bundesverfassungsgerichts, wo dieses einen rechtlichen Wandel eingeleitet hat, demonstrierte Bumke, »wie vertrackt und facettenreich sich das Zusammenspiel gestaltet«. Er kam zum Ergebnis, es lasse »sich im Rahmen der Maßstabsbildung der Umgang mit der Wirklichkeit nicht methodisch disziplinieren«.[117]

An den heutigen Diskursen beeindruckte wiederum die Gründlichkeit und gedankliche Tiefe, mit der die Methodenthematik behandelt wurde. Allerdings nur am Rande wurde erwogen, ob die Art der Fragestellung einer Lösung vielleicht im Wege stehe. Stephan Kirste schrieb zu einem von ihm organisierten gehaltvollen Dialog, Interdisziplinarität sei notwendig und schwierig, aber möglich; zuvor jedoch müssten die erkenntnistheoretischen Fragen geklärt werden.[118] Durch solche Vorbehalte geriet der Diskurs immer wieder auf das Glatteis einer Prinzipiendiskussion, deren Pirouetten naturgemäß die Beteiligten auseinanderdriften lassen mussten. Indem die Rechtstheorie ihre Eigenheit beschwor und dazu den Normcharakter ihres Gegenstands hypostasierte, erschien alles andere als ein Außen und damit als rechtsfremd. Grenzen wurden gezogen; die vormals einheitliche Aufgabe (der friedlichen Lösung von Konflikten) spaltete sich auf und verteilte sich auf verschiedene Professionen – das Problem einer Kooperation war in die Welt getreten. Die Aufmerksamkeit verlagerte sich auf Meta-(meta-)Theorien, die als intellektuell feinsinnig sowie aufwändig und zeitintensiv nachzuvollziehen nur wenige Fachleute interessierte. Im alltäglichen Konsum fachlicher Literatur blieb nur hängen, dass eine Verwendung sozialwissenschaftlicher Erkenntnisse juristisch anfechtbar macht.

Dem aktuellen Diskursstand haftet etwas Halbherziges an. Zu lesen waren Stellungnahmen, die sich weder auf die eine noch auf die andere Seite des Methodenkonflikts stellten, was meist auf ein unverbindliches Sowohl-als-auch hinauslief.

So sprach Jan Schröder von einer »soziologischen Wendung der westdeutschen Rechtswissenschaft« seit Mitte der 1960er Jahre. »Aber die Grenze zwischen Faktum und Recht wird trotz aller Annäherungen nicht überschritten«.[119] Und Eric Hilgendorf registrierte einen »kurzen, aber ungemein intensiven Austausch zwischen dem Recht und den Sozialwissenschaften«; seinerseits verstand er »das Recht als (angewandte) Sozialwissenschaft«. Zuvor aber hatte er der »Verschwisterung von Rechts- und Sozialwissenschaften«, wie sie in den 1970er Jahren propagiert worden war, ein arges Zuviel an Utopie, Theorielastigkeit, Praxisferne, an »eigenen politischen oder moralischen Stellungnahmen« attestiert. Einerseits sah Hilgendorf viele Felder für eine

117 Bumke 2017: 154–156.
118 Kirste 2016: 37.
119 Schröder 2020: 160.

> Zusammenarbeit, andererseits galten ihm die Sozialwissenschaften als eine neue »Modedisziplin« der 1960er Jahre. Das Sowohl-als-auch der rechtstheoretischen Positionierung zeigte sich in Formulierungen wie: »Die Kritik am selbstgenügsamen Formalismus der Juristen war zum Teil berechtigt, zum Teil schoss sie jedoch weit über ihr Ziel hinaus.« Und doch war es für ihn »sozusagen ein Flirt mit Folgen. Vor allem hat das Bewusstsein der Juristen von den empirischen Bedingungen und Folgen ihres Tuns wesentlich zugenommen«.[120]

Auch andere Rechtstheoretiker und -historiker äußerten zu jeder Streitseite ein bisschen Zustimmung, ein bisschen Ablehnung, vielleicht froh darüber, sich nicht entscheiden zu müssen. Entgegen der dogmatischen Sitte, sich in die Tradition der Denkentwicklung einzureihen, wird speziell hier auf den Anschluss an früher erzielte Integrationsresultate gern verzichtet; eine Kumulation sozialwissenschaftlich informierter Rechtsdogmatik findet kaum statt.

> Symptomatisch dafür ist das Vergessenwerden der Reformliteratur aus den Jahrzehnten 1970 bis 1990 (vgl. Kap. 12). Die Rückblicke auf die vorangegangenen Diskurse fallen verschieden aus. Für die Verwaltungsrechtswissenschaft wenig Effekt sah Gärditz, einen »weithin sichtbaren Wandel« hingegen Ruffert.[121]

Wie gering die zeitliche Haltbarkeit rechtstheoretischer Positionen anzusetzen ist, ergibt sich aus dem Wechsel der dominierenden Meinungen im historischen Ablauf. Und es wechseln auch die Fächer eines Bezugs zum Sozialen. »In jüngerer Zeit hat die Ökonomie die Soziologie als sozialwissenschaftliche Leitdisziplin abgelöst«, heißt es.[122] Es gibt noch weitere Belege dieser Art. Für Auer ist das illusionslos der »nahezu zyklische Verlauf der Rezeptionsgeschichte unterschiedlicher realistischer Methodenmodelle, die während des 20. Jahrhunderts alle irgendwann zugunsten noch exakterer, noch modernerer Methoden fallengelassen wurden, ohne dass sich die versprochene Exaktheit in der Rechtswissenschaft je eingestellt hätte«. Fast scheint es, als befände das jeweilige Angesagtsein darüber, von welchem Fach die Jurisprudenz ihre realwissenschaftlichen Informationen bezieht. Nur ist die Ökonomie ebenso eine Sozialwissenschaft wie die Soziologie, und ihre juristische Verwendung bekommt es mit den gleichen methodologischen Problemen zu tun. Das Taktieren in der Auswahl einer für relevant befundenen ›Nachbarwissenschaft‹ lässt sogar an der Ernsthaftigkeit der Absicht zweifeln.

Wie weiter mit dem Normativismus? Die langlebigen Debatten um die Kluft bei Sein-und-Sollen sowie die politische Perhorreszierung der

120 Hilgendorf 2005: 47–51.
121 Vgl. Gärditz 2017: 143 f. bzw. Ruffert 2017: 165.
122 Auer 2021 b: 135.

Soziologie haben die Interdisziplinarität mit einem Problemgehalt aufgeladen, der ein unbefangenes Verknüpfen belastet und erschwert. Alle Seiten haben sich in einer Besonderheit stilisiert, die allerdings nur auf dem Papier anzutreffen ist, nämlich in den jeweiligen Metatheorien der Einzeldisziplinen, wohingegen der Alltag juristischen, soziologischen usw. Tuns davon kaum angekränkelt ist. Die wechselseitige Abschottung kennzeichnet tendenziell ›nur‹ den Methodendiskurs (Soziologie sei wertfrei, Jurisprudenz rein normativ usw.), nicht aber die Praxis der Themenbearbeitung. Von der nunmehr ein Jahrhundert lang sattsam geführten Allgemeindebatte mit ihren Beschwörungen oder Bausch-und-Bogen-Verdammnissen ist fortzukommen, wenn konkrete Probleme angegangen werden, was auch vermehrt geschieht. Erneut empfehlen sich sozialwissenschaftliche Theorien der ›mittleren Reichweite‹, weil ihnen ein empirisches Bewährtsein und eine größere Erklärungskraft zukommt.[123]

Die noch im 1970er-Diskurs geläufige Abwehr, juristische Kompetenz könne neben der Beherrschung des Rechtsstoffs nicht auch noch das unübersehbare Feld der Sozialwissenschaften umfassen, verliert seine Überzeugungskraft, wenn die Integrationsaufgabe aufgeschlüsselt wird. Soweit Sozialwissenschaftler:innen in die juristische Disziplin eingelassen wurden, unterzogen sie sich einer Transformation, von Tontrup so beschrieben: Sie »haben sich in Zuarbeiter zu einer genuin juristischen Dogmatik verwandelt, die die Hoheit über die das Geschäft treibenden letzten Zwecke für sich reserviert«.[124] Seitens der Rechtswissenschaft ging es darum, »das theoretische Wissen der Nachbarwissenschaften in Dogmatik oder zumindest in Argumentationsbausteinen einzufangen und auf diese Weise für den Rechtsanwender zu erschließen«.[125] So ließ sich die Mammutaufgabe vielleicht bewältigen, weil nicht jeder alles können muss, sondern die Aufgaben arbeitsteilig erledigt werden. Der juristische Alltag in Kanzlei, Behörde und Gericht bedient sich der Kommentar- und Fachliteratur, und bei deren Erarbeitung – also entlastet vom Entscheidungszwang und -zeitdruck – wird das Zusatzwissen eingespeist. Und dies alles problemspezifisch, kommentarmäßig nach Paragraphen parzelliert. Derart heruntergebrochen konnte eine Integration als machbar erscheinen, musste aber weiterhin auf integrationsbereite Jurist:innen warten.

Neben der ›eigentlichen‹ Rechtswissenschaft haben sich für einige Felder hybride Vermittlungsdisziplinen etabliert, die sich den Transfer empirischer Erkenntnisse in normorientierte Rechtsaussagen vornehmen: Staatslehre (für das Feld Verfassung), Verwaltungslehre (für

123 So beispielsweise Lüdemann 2007 b: 37.
124 Tontrup 2007: 193.
125 Lüdemann 2007 b: 47 f.

den Behördenapparat des Staates) und Kriminologie (für Verbrechen); dazu einige ganz spezielle wie Forensische Psychiatrie oder Ökonomische Rechtsanalyse. Die Vermittlungsdisziplinen bereiten außerjuridisches Wissen so auf, dass es für juristisches Argumentieren verwendbar wird. Das verlangt meist eine durchgreifende Transformation, die auswählt, umformuliert und vor allem befremdliche Details aus dem Diskurs der Nachbarfächer tilgt. In den Vermittlungsdisziplinen ringen juridische und außerjuridische Expertise um Führung und Vorherrschaft.[126]

Im Folgenden werden einige Beispiele für die Verwendung sozialwissenschaftlicher Erkenntnisse in juristischen Zusammenhängen angeführt. Wiederum an der Spitze marschiert hier das Rechtsfeld Verwaltung, wofür bereits die vorige Generation von sozialwissenschaftlich interessierten Rechtsdogmatikern die Steuerung von Verhalten und Verhältnissen angesprochen hatte (E. Schmidt-Aßmann, W. Hoffmann-Riem). Vom Recht her sollte das individuelle Handeln normativ ausgerichtet werden, sollten institutionelle Praktiken zielgerecht beeinflusst werden. Auch für Rechtsbereiche, bei denen die Dimension des Steuerns-per-Recht nicht so nahe lag, äußerte man sich jetzt so, etwa im Strafrecht.[127] Im Ordnungsrecht wurde die von einem amerikanischen Kriminologen geschaffene *Broken-Windows*-Theorie prominent.

> Für das Strafrecht prüft eine rechtsökonomisch angelegte Analyse, ob die Sanktionsdrohungen einen Anreiz in der Kalkulation darstellen, die zur Tathandlung führt bzw. davon zurückhält. Ob Verbrechen sich lohne, fragt die Rational-Choice-Theorie. »Wie viel Ressourcen sollte die Gesellschaft für die Bekämpfung von Kriminalität aufwenden? [...] Um zu verstehen, wie die Institutionen der Kriminalpolitik effizient arbeiten können, ist ein Verständnis des Verhaltens der ihr Unterworfenen unverzichtbar.«[128] Im Forschungsgebiet Prävention kooperiert die (juristische) Kriminologie seit jeher eng mit den nichtjuristischen Wissenschaften, allerdings eher mit individualbezogenen (Psychologie u.a.) als mit sozialbezogenen Fächern, wobei auch die Rivalität dieser beiden Richtungen offen und intensiv ausgetragen wird. Hier mangelt es also nicht an praktizierter Interdisziplinarität.

Dass sich Wirtschaftsrechtsdogmatik und Ökonomik vertragen, versteht sich fast von selbst und wird von einigen Besonderheiten unterstützt: Zum einen betrifft die Kooperation einen eingegrenzten Bereich (Wirtschaftsunternehmen). Zum anderen harmonieren die Beteiligten in ihren Grundhaltungen, da im Kritischen Rationalismus Empirie vor

126 Zum Fall der Verwaltungswissenschaft vgl. Braun Binder 2021: Rd.nr. 25–27.
127 Vgl. Tontrup 2007: 195–197 am Beispiel von Günther Jakobs.
128 Englerth 2010: 4, 6.

Spekulation rangiert und mit dem Rational-Choice-Ansatz der vielstimmige Theoriechor der Soziologie vermieden wird. So klingen die Kooperationsansätze im Wirtschaftsrecht besonders optimistisch.[129] Interessanterweise entwickelte die juristische Fachdisziplin noch weniger Widerstand, als eine Öffnung zu nichtsoziologischen Nachbardisziplinen wie der Wirtschaftswissenschaft anstand. Über eine ›Ökonomisierung des Rechts‹ wird unverkrampft diskutiert.[130]

> Ökonomisch orientierte Analysen zentraler Gesetzesvorschriften mit juristisch verbindlich gemeintem Resultat liegen inzwischen zahlreich im Monographie- und Lehrbuchformat vor.[131] Anne van Aaken markierte Wege und lieferte Beispiele, wie die Sozialwissenschaften (Ökonomie, Soziologie usw.) in die juristische Argumentation gelangen können, ohne mit der Trennung von Sein und Sollen in Konflikt zu geraten. Dazu gab sie eine Reihe von Hinweisen auf eine funktionale und handlungspraktische Rechtswissenschaftstheorie. Sie schrieb, dass die teleologische Auslegungsmethode »als Einfallstor für sozialwissenschaftliche Erkenntnisse betrachtet werden kann, denn das Zweck-Mittel-Verhältnis ist ein Optimierungsprogramm, bei dem verschiedene Auslegungsalternativen auf ihre Zweckerreichungsgrade geprüft werden müssen.«[132]
>
> Die sozialwissenschaftliche Figur des Netzwerks fand ein rechtsdogmatisches Echo, beispielsweise bei Dan Wielsch für den Bereich Wirtschaft: Die netzwerkförmigen Kooperationen (etwa bei Just-in-time-Zulieferverbindungen, beim Franchising oder beim bargeldlosen Zahlungsverkehr) verlangen von den Beteiligten eine Doppelorientierung der Handlungen. Hierbei verwirklicht dieselbe Handlung eine der Individualorientierungen der Netzknoten und zugleich die Kollektivorientierung des Netzes. Beide Orientierungen haben ihren eigenen normativen Gehalt, und beide müssen rechtsdogmatisch rekonstruiert werden können, ohne dem Netzwerk zu schaden. – Im Bereich Familie: Wenn deren institutioneller Status in eine Vielzahl von subjektiven Rechten einzelner Familienmitglieder abgewickelt wird, bleibt nur noch eine Hülle übrig und das familiale Sozialsystem wird entleert. Es sollten aber »die sozialen Referenzen vom Recht wiedergewonnen werden«.[133]

Obwohl diese Ansätze gesellschaftspolitisch offensichtlich weniger ›gefährlich‹ sind als die meist links-liberal gestimmten aus der engeren

129 Etwa bei Renner 2020: 54; Grundmann u.a. 2015.

130 Beispielsweise bei Stefan Magen (2015: 110–112), bezogen auf das Verwaltungsrecht und das Zivilrecht.

131 Vgl. dazu Magen 2015: 113–117.

132 Vgl. van Aaken 2008: 82–85, 91.

133 Näher zu diesen Beispielen Wielsch 2020: 190–196 (193), der sich dabei auf Vorarbeiten von Gunther Teubner, Karl-Heinz Ladeur u.a. bezieht.

Soziologie, verharrt die herrschende Meinung auch hier in Skepsis. Registriert wird eine ganze Reihe von Kooperationen mit der Ökonomik seit den 1980ern, »doch die juristische Kritik an den theoretischen Angeboten der Nachbarwissenschaft ist dadurch nicht verebbt«.[134]

> Kurz vor der Jahrhundertwende hatte Christoph Engel die Rechtswissenschaft als angewandte Sozialwissenschaft identifiziert, und dies nicht nur *en passant*, sondern in einem ausführlichen Aufsatz. Zwei Jahrzehnte später inspizierte er das zuständige Fachjournal (die *Zeitschrift für Unternehmens- und Gesellschaftsrecht*, ZGR) auf eine Evidenz für seine These und musste erkennen, dass neben einigen Diskussionen zu *Law and Economics* nur schwache Spuren einer Rezeption der Sozialwissenschaften zu finden sind.[135]

Im Privatrecht entwarf Bertram Lomfeld im Anschluss an die Diskurstheorie von Jürgen Habermas eine ›deliberative Dogmatik‹ des Vertrages. Der Brückenschlag zur Soziologie ist einem solchen Ansatz inhärent und kam auch zum Ausdruck, wenn es etwa hieß: »Eine deliberative Rechtstheorie versteht Dogmatik daher immer auch als politischen Kampf um das Recht.«[136] Lomfeld schloss auch an betriebswirtschaftliche und nutzentheoretische Wissensbestände an; das war folgerichtig, denn für Lomfeld »erobern die ›Rational-choice‹-Theorien die Sozialwissenschaften«.[137] Wie schon bei der von Gunther Teubner adaptierten Systemtheorie bot die Nutzentheorie dem Rechtsdenken eine propädeutische Nahbarkeit, hier im Hinblick auf die Präzision, Berechenbarkeit und Reinigung von irrationalen Einflüssen. Auch konnte dogmengeschichtlich an die gut entwickelte ›Ökonomische Analyse des Rechts‹ angeknüpft werden (Kap. 13). Sozialwissenschaftlich i.w.S. war das durchaus, soziologisch i.e.S. nur partiell.

> Inwieweit trug nun die sozialwissenschaftliche Lesart rechtstheoretischer Fragestellungen zur rechtsdogmatischen und -praktischen Arbeit bei? Dazu gab Lomfeld eine vielstimmige Fallsammlung für eine »neue Praxis soziologischer Jurisprudenz« heraus (2017). In einem eigenen Beitrag reanalysierte er einen prominenten Rechtsfall, nämlich die Milliardenklage des Filmhändlers Leo Kirch gegen die Deutsche Bank. Er prüfte das OLG-Urteil aus dem Jahre 2012 und verwendete dabei neben juristischen Konzepten solche der ökonomischen Nutzentheorie, der Systemtheorie u.a.; die vom Gericht angeführten juristischen

134 Lüdemann 2007 a: 1.
135 Engel 2020; vgl. a. dens. 1998: 39 f.
136 Lomfeld 2015: 307. Vgl. Reinelt 2023 für eine soziologische Durchleuchtung der Vertragsfigur von anderer, nämlich differenzierungstheoretischer Warte aus.
137 Lomfeld 2015: 144 f.

Entscheidungsgründe wurden in anderer Sprache mit sozialwissenschaftlichen Anklängen – übrigens überzeugend und ohne anderes Endresultat – rekonstruiert.[138] Nun wird sich erst bei weiteren Versuchen und größerer Verbreitung zeigen können, ob dieser Weg einer Versozialwissenschaftlichung die übliche dogmatische Art praktischer Rechtsfindung bloß verdoppelnd nachvollzieht oder aber für einen Gerechtigkeitsgewinn taugt. Lomfelds Weg einer Versozialwissenschaftlichung hielt vor einer hier doch wohl essentiellen Schwelle an: Sie ließ den rechtsdogmatischen Anteil juristischer Arbeit unberührt und beschränkte sich auf die »selektive Konstruktion des Sachverhalts für die Subsumtion«.[139] Auch wenn Lomfeld anschließend Auswahl und Auslegung der anzuwendenden Normen »im Lichte des ökonomischen Effizienzmaßstabes« vornehmen wollte, galt das nur für die Sachverhaltskonstruktion, die indessen schon immer und unangefochten den sozialwissenschaftlich-empirischen Methoden zugewiesen worden ist.

Eine von der Deutschen Forschungsgemeinschaft geförderte Gruppe von Rechts- und Sozialwissenschaftler:innen erörterte untereinander das Thema, wie sich das deutsche Privatrecht im Spannungsfeld zwischen Macht und Freiheit darstellt. Das Dreieck von Recht-Macht-Freiheit neigte sich zwar von vornherein zur normativen Achse hin (Recht, Freiheit), der soziologische Topos Macht erhielt aber große Aufmerksamkeit. Die hier erzielten Einsichten könnten ein Vorbild für weitere Versuche in dieser Richtung abgeben, denn die beteiligten Disziplinen kamen authentisch zu Wort und hörten einander zu.

Der Beitrag des Soziologen Johannes Berger unterließ zwar direkte Empfehlungen, wie sich die soziologisch allgegenwärtige Machtdimension in das juristische Denken eingliedern könnte, brachte aber eine Reihe von Beispielen, wie sich Machtbeziehungen in Rechtsbeziehungen abbilden, so etwa im Konflikt zwischen Privatrecht und wirtschaftlicher Monopolmacht.[140] – Für das Arbeitsrecht boten sich dogmatische Analysen im konzeptuellen Rahmen der Machtverteilung geradezu an, weil hier oft zwei Seiten mit artikuliertem Gegensatz in Interessen und Ressourcen miteinander um Ausgleich ringen. Mit dem in der Jurisprudenz allgegenwärtigen Konzept der Autonomie ist das schon deswegen nicht zu lösen, wie die Rechtssoziologin Eva Kocher darlegte, weil Unternehmen und Beschäftigte ganz unterschiedlich ausgestattete Freiheitsräume einfordern: »Die Machtkonstellationen beeinträchtigen die Gleichwertigkeit der Autonomiepositionen der Vertragspartner.«[141] – In der Figur des Eigentums ließ sich »der Archetyp der rechtlich verfassten

138 Lomfeld 2017 b.
139 Lomfeld 2017 a: 9.
140 Berger 2016: 63.
141 Kocher 2016: 247.

> Macht des Individuums« erkennen, wodurch die gesellschaftlichen Verhältnisse mitbestimmt werden. »Wie das Eigentum aber zu verfassen ist und wie die Beschränkungen aussehen sollen, dazu sagt der Ansatz nichts aus.«[142] – Abgelehnt wurde die Idee, »dass ein soziologischer Begriff wirtschaftlicher Macht im Privat- und Wettbewerbsrecht als rechtlicher Kontrapunkt zum notwendig normativen Freiheitsbegriff taugt«.[143] Allerdings dürfte diese Konfrontation eine verengende Fragestellung sein, die den analytischen Nutzen des sozialen Machtkonzepts nicht ausschöpft. Nach den Einsichten der Forschungsgruppe zu Recht und Privatmacht konvergieren die Typologien, die in den Sozial- und Privatrechtswissenschaften zu den Machtquellen entwickelt worden sind. »Es liegt hierin eine Chance, empirische Phänomene, auf die das Recht reagiert, besser zu verstehen und zu kategorisieren.«[144]

Konzepte wie Macht, Herrschaft, Über- und Unterlegenheit gehören zur genuin sozialwissenschaftlichen Denksphäre, treten aber in juristischen Texten kaum je auf, jedenfalls nicht explizit, während implizit im Recht beständig das Willkürhandeln sozial Mächtiger einzudämmen versucht wird. Die Beziehungen zwischen Macht und Recht eröffnen mithin ein äußerst ergiebiges Feld. Würde sich in einer Zivilgesellschaft die vom positiven Recht entworfene Ordnung restlos durchsetzen, ginge also alles ›mit rechten Dingen‹ zu, bräuchten wir über Macht kaum zu reden. Die Realität aber sieht anders aus, sodass allein schon die vom Recht nicht erreichten bzw. erfolglos intendierten Lebenswelten machtanalytisch zu untersuchen sind. Schon jede einzelne Rechtsnorm kann auf der Folie der durch sie hergestellten Machtbalance gewürdigt werden.

Angesichts einer Denktradition, die es für schlicht unmöglich hielt, empirisch-soziologische mit normativ-juristischen Aussagen zu vereinigen, wurde auch nach dem Charakter und Erkenntnisziel der eigentlichen juristischen Arbeit gefragt. Wenn schon nicht die Idee des Sozialen, so könnte sich vielleicht die Kategorie der Kultur dazu eignen, den Normativismus zu relativieren. Gefordert wurde »die Abkehr von einem geisteswissenschaftlichen, philosophischen oder historisch-hermeneutischen Rechtsbegriff als Grundlage der Rechtswissenschaft«; an die Stelle sollten wirklichkeitswissenschaftliche, empirische Rechtsbegriffe treten. »Recht wird dann nicht mehr als ein bloß irgendwie in eine Kultur eingebettetes Phänomen gesehen, sondern es ist Kultur, die Recht produziert.«[145] Die hundert Jahre alte Idee von Max Ernst Mayer, das Recht an den »Lebensbedingungen der Gesellschaft« auszurichten und bei der Anwendung des Strafrechts auf die diesem zugrundeliegende

142 Lehmann 2016: 308.
143 H. Schweitzer 2016: 472.
144 Franck 2016: 561 f.
145 Duve 2015: 181.

Kulturnormen zurückzugreifen, wurde erneut geprüft und für rechtstheoretisch zu schwach begründet befunden.[146] Viele der momentan als kulturwissenschaftlich etikettierten Forschungen sind zugleich Resultate der Soziologie und in unserem Zusammenhang »eine Reformulierung klassischer rechtssoziologischer Fragestellungen«.[147]

> Julian Krüper versteht den kulturwissenschaftlichen »Forschungsauftrag als den zu einer theoretischen Distanzierung vom Recht im Sinne einer Überwindung der allein anwendungspraktischen Dimension«. Die einfach klingende Formulierung hat es in sich – was wäre hier zu überwinden? Gemeint ist, dass die Rechtswissenschaft vor allem die Legitimationsnachfrage bedient und hierfür ein Monopol hält. Eine kultursoziologische Fundierung des Staatsrechtsdenkens wird entwickelt mit der Analogie zu Andreas Reckwitz' Postulat, die vorpolitischen Horizonte des Politischen offenzulegen. Das reiche »über eine schlichte Rahmung gängiger Verfassungsfunktionen hinaus« und nehme »das konstitutionelle Spektrum in seiner Breite und kulturellen Tiefe insgesamt in den Blick«. Exemplarisch seien Forschungsfelder wie die symbolischen Dimensionen von Verfassung sowie Verfassung und kollektives Gedächtnis.

Es wird heute allgemein und beinahe unbestritten angenommen, dass sozialwissenschaftliche Erkenntnisse überall im Recht gute Dienste tun könnten, nur fehle es leider an einer Methodik, sie in normative Urteile einzufügen. Einerseits darf das als ein Entwicklungsschritt gelten, der in der vorangegangenen Streitphase noch nicht denkbar gewesen ist. Andererseits bleibt die zentrale Frage offen, warum das vorhandene Gebäude der Dogmatik (und nicht nur der Wortlaut des Gesetzes) die unverrückbare Grundlage einer interdisziplinären Kommunikation sein muss. Die Fokussierung auf einen Normativismus im Rechtsdenken steht erneut auf dem Prüfstand – diesmal aber nicht (so sehr) in Abwehrhaltung, sondern mit (berechtigter) Neugier auf Alternativen. Erwogen wird jetzt ernsthaft, ob Rechts- und Sozialwissenschaften sich nicht über den Normbegriff miteinander verbinden. »Die Rechtswissenschaft kann an ein als ›soziale Praxis‹ verstandenes Normkonzept anschließen«.[148] Wenn sie bloß *kann*, dann ist das nur eine Möglichkeit, aber noch keine Empfehlung; immerhin schlägt diese rechtstheoretische Assoziation einen neuen Ton zwischen den Disziplinen an. Dazu wird vorgeschlagen, »Rechtsdogmatik als Deliberation über rechtliche und nichtrechtliche Gründe zu verstehen«.[149]

146 Vgl. Pawlik 2023: 149, 156–158, 160–162.
147 Krüper 2015: 143. Zum Folgenden ebd.: 143–150.
148 Schaefer 2018: 103.
149 Stark 2020: 366, vgl. a. 278–296.

> Bei Dan Wielsch erkennt Rechtsdenken »den wechselseitigen Zusammenhang von individuellen Rechten und sozialen Institutionen. Entsprechend kann nicht nur die normative Kraft von Rechten für die soziale Praxis betrachtet werden, sondern umgekehrt ist auch die normative Qualität von sozialer Praxis für die Rechte und ihre Auslegung zu berücksichtigen«. Recht müsse die »soziale Praxis verstehen«.[150] Da erscheint sie wieder – die unmittelbar normative Relevanz sozialer (nichtjuridischer) Verhältnisse. Diese Konzeption des dogmatischen Denkens »fasst rechtliche Bedeutung nicht als Gegebenes, sondern als einen Prozess auf, in dem rechtliche Prädikation unter Berücksichtigung anderer Quellen normativer Bedeutung stattfindet«. Zur (heute) richtig betriebenen Dogmatik gehöre, dass »andere Sinnwelten im Recht zur Sprache kommen oder gar von ihm zur Sprache gebracht werden«.[151]

Allenthalben reden derzeit Rechtslehrer:innen (der jüngeren und mittleren Generation) einer innerjuristisch-sozialwissenschaftlichen Normanalyse das Wort. Dan Wielsch wollte die juristische Operationsweise von einem ›subsumtiven‹ auf ein ›formatives Rechtsdenken‹ umstellen und dabei die jeweilige soziale Praxis ›verstehen‹, und zwar durch eine »soziale Hermeneutik im Recht«.[152] Zuletzt suchte man Zuflucht bei der Literaturwissenschaft, um die juristische Methodenlehre zu grundieren.[153] Kritiker reagierten mit einiger Skepsis auf diese Vorschläge; man wisse nicht, wie das gehen solle, und vermisste eine gangbare Methode.[154] Das Argument ist alt, dient aber heute nicht mehr einer Totalablehnung. An den meisten Antworten fiel auf, dass die Herausforderung nicht mehr geleugnet wird. Daher kommt es darauf an, dass konkrete Analysen vorgelegt werden, in den sich eine methodisch an der sozialen Realität orientierte Rechtsauslegung (›Dogmatik‹) zeigt. Solche Analysen werden zunehmend publiziert und in ihrem Erkenntniswert anerkannt. Eine einfache Lösung liefe darauf hinaus: Juristische Aussagen und Entscheidungen beruhen auf normativen, empirischen und strategischen Argumenten gleichermaßen; sie müssen mit dem geltenden Recht übereinstimmen. Allerdings wird verdächtig oft das Besondere einer juristischen ›Theorie‹ beschworen. Begründet wird das entweder mit dem Entscheidungszwang oder mit der Normativität. Der Entscheidungszwang dürfte nichts Einzigartiges sein, viele Fächer stehen ebenfalls unter ihm: Medizin, Ingenieurwissenschaft usw.; es handelt sich schlicht um den Effekt der Praxis, die eine Disziplin ausübt.

150 Wielsch 2020: 188.
151 Wielsch 2020: 200 f.
152 Wielsch 2020: 182, 188, 190; vgl.a. Wagner 2024.
153 So bei Augsberg 2024: 160 f.; vgl.a. Ladeur 2024: 233–286.
154 Beispielsweise Viellechner 2020: 203.

Wie kritisch das hier ›Normativismus‹ genannte Merkmal der Jurisprudenz auch betrachtet wird – es gehört unaufhebbar zu ihr. Nicht die Orientierung an Normen, Gesetzen, Regeln usw. steht zur Disposition, sondern das graduelle Ausmaß und die ungeplanten Wirkungen. Jede Rechtskultur wird sich hiermit auseinandersetzen. Am Horizont tauchen dabei die Ideen des Pragmatismus auf, eines Gegenpols zum Normativismus. Für eine pragmatistisch gesonnene Rechtstheorie besteht die Aufgabe darin, »die vielfältigen sozialen und politischen Kontexte zu erforschen, in die das Recht eingebettet ist und die die Entscheidungen der Rechtsanwender ebenso beeinflussen wie umgekehrt deren Entscheidungen auf die soziale Wirklichkeit zurückwirken«.[155] Zuspitzend verlief eine Debatte im so ganz anders gearteten Common-Law-Bereich. Der Literaturtheoretiker Stanley Fish wollte in der Welt des Rechts keine festgefügte Ordnung aus Regeln und Werten, sondern nur Diskurse und Gewaltprozesse am Werk sehen. Von textwissenschaftlicher Warte aus befasste er sich mit dem Formalismus des Rechts, womit er dem Selbstverständnis der Jurisprudenz schon deswegen nahekam, weil der Normativismus sich auf die Hermeneutik gesatzter Regeln beschränken zu können glaubt.

> Fish meinte, die magischen und substanzlosen Worte, aus denen die Jurisprudenz besteht, sollten abgeschafft werden, um einen unverstellten Blick auf die Situation und Probleme zu gewinnen. Er propagierte den Wechsel »von einem Essentialismus, der mit Naturrecht und begrifflicher Logik identifiziert wird, zu einem anderen [...], der im strengen Empirismus der Sozialwissenschaften gesehen wird«.[156] Fish wusste sich in vielem mit den Rechtstheoretikern Richard Posner und Ronald Dworkin einig; er empfahl eine pragmatistische Sicht auf die Rechtsordnung, die damit nicht etwa abgeschafft, sondern nur rekonzeptualisiert werde. Das juristische Vokabular leite nicht Entscheidungen an, vielmehr stelle es sie bloß dar und ermögliche die Kommunikation über sie.

Hier wiederholte sich vieles, und wurde auch zitiert, was der *Legal-realism* und die Freirechtslehre bereits gesagt hatten (vgl. Kap. 3). Die Texte lagen auch auf Deutsch vor (mit Dieter Simon als Mitübersetzer), blieben aber (nach einer vernichtenden Rezension durch Winfried Hassemer) unbeachtet. Niemand mochte die Strukturen des eigenen Feldes derart relativiert sehen. Einer allzu großen Selbstgewissheit wäre Einhalt geboten worden.

155 Kasiske 2009: 264.
156 Fish 2011: 212 f.

Handeln vs. System als soziologische Perspektiven

Der Normativismus verriegelt das Rechtsdenken gegen die Idee des Sozialen. Er fokussiert den Blick auf die Regelrichtigkeit und lenkt ab von der konkreten Situation. Wird aber der zu lösende Konflikt in seinen Kontext eingebettet, dann gibt es keine einzig richtige Antwort mehr. Vielmehr bieten sich verschiedene Perspektiven an, zwischen denen die Auswahl schwerfällt. Wird von der umfassendsten Warte ausgegangen, also der Soziologie, dann stehen zahlreiche Deutungsansätze bereit, wovon hier die beiden meistgewählten näher betrachtet werden: Handeln und System.[157]

Eine lange Tradition, einsetzend mit Max Weber ab etwa 1910, nimmt rechtliche Vorgänge als ein soziales Handeln in den Blick.[158] Nach diesem Ansatz, der ›Verstehenden Soziologie‹, ist die meiste empirische Forschung unternommen worden, etwa zu den Aktionen der juristischen Instanzen und zum Verhalten der Konfliktparteien. Jedes rechtswissenschaftliche Urteil sei als ›juristisches Handeln‹ aufzufassen, heißt es bei Friedrich Müller, und zwar schon deswegen, weil die gesetzlichen Tatbestände in der Form von »Handlungssätzen« erscheinen.[159] In mikrosozialer Sicht wird außer den Akteuren und ihrem Verhalten auch die gesamte Situation betrachtet, in welcher der Konflikt sich abspielt. Dazu gehören die Umstände, aus denen heraus der Streit auf die Ebene juristischer Auseinandersetzung gehoben wurde. Welchen Sinn die in Betracht kommenden Rechtsnormen in dieser Situation annehmen, macht dann den rechtswissenschaftlich zu ermittelnden Beitrag aus, an den die Entscheidung gebunden ist. In dem Schattendasein, das die Soziologische Jurisprudenz in den jüngsten Jahrzehnten fristete, ist allerdings wenig zum Thema geschehen. Wolfgang Hoffmann-Riem hat kontinuierlich formuliert und ausgeführt, die Rechtswissenschaft dürfe »nicht als nur normtext-orientierte Interpretationswissenschaft verstanden werden, sondern muss umfassender als eine kontextbezogene, problemlösungsorientierte, auch Elemente der Rechtserzeugung umfassende, Handlungswissenschaft konzipiert werden«.[160] Gleiches äußert sich in der Direktive, Rechtswissenschaft müsse »akteurssensibel« vorgehen.[161]

157 Eva Kocher unterscheidet mindestens vier Ansätze, neben Handlungs- und Systemtheorie noch Poststrukturalismus und Kulturwissenschaft, 2017: 162–171.

158 »Ist die Rechtswissenschaft die Theorie vom Handeln des Menschen, ist ihr Erkenntnisgegenstand der handelnde Mensch, der sich Zwecke sucht und diese zu realisieren sucht«, hieß es bei Heinz Such, 1947: 231.

159 Vgl. Müller in Müller/Christensen 2013: Rdnr. 423 und passim bzw. Müller/Christensen 2012: Rdnr. 168–175.

160 Hoffmann-Riem 2022: 17.

161 Rentsch 2023: 79.

In einigen Rechtsfeldern wird explizit mit dem Handlungsbegriff operiert. In der Verwaltungsrechtsdogmatik wurde ein Perspektivwandel konstatiert: vom Rechtsschutz zum Handeln und Problemlösen hin.[162] Hier etablierte sich die Lehre von der *Handlungsform*, das ist ein der Verwaltung zurechenbares Tun, unterschieden von der Organisation und deren Maßstäben. Wie in der Rechtsdogmatik üblich, wurde für die neue Lehre eine lang zurückreichende Tradition ›gefunden‹, im Falle der Handlungsformenlehre bei bedeutenden Autoren des 19. Jahrhunderts wie C. v. Gerber und F.F. v. Mayer.[163] Ein Bezug zur soziologischen Handlungstheorie wurde indessen fast nie hergestellt. Dafür lösten sich durch den Formcharakter mit seinem normativen Klang manche erkenntnistheoretischen Bedenken auf.

> Mit den Entdeckungen des informellen Verwaltungshandelns, des Gewichts der Implementation und der Pluralität der Steuerungsebenen im Verwaltungshandeln – und dies nur als Beispiele – habe sich herausgestellt, »dass die herkömmlichen Grenzen zwischen Verwaltungsrecht und Verwaltungswissenschaft nicht aufrechterhalten werden können«.[164] Dabei ist allerdings zu berücksichtigen, dass die Verwaltungswissenschaft als eine Mischdisziplin anzusehen ist, wie auch die Staatslehre, die Politologie u.a., die normativ-rechtliche Elemente enthält. In ihrem Charakter – Erkenntnisziel und Methoden – gehört die Verwaltungswissenschaft als Fach in den Kreis der Sozialwissenschaften, auch wenn die Verwaltungsjurisprudenz das vorsichtshalber nur ganz selten ausspricht.

Die Figur des Verwaltungshandelns lud sich normativ auf, als ›Maßstäbe‹ benannt wurden, die ihrerseits allerdings nicht dem positiven Recht entstammten. Hier verwirklichte sich eine von der Rechtsdogmatik betriebene Adaptation sozialwissenschaftlicher Erkenntnisse in ein juristisches Resultat.

> »Maßstäbe wie Effektivität, Effizienz, Flexibilität, Vertrauen, Innovationsoffenheit oder Akzeptabilität entstammen entweder anderen Disziplinen als der Rechtswissenschaft oder werden jedenfalls auch von dieser thematisiert. Ihr Bedeutungsgehalt kann daher [...] nur mit der Rezeption dieser interdisziplinären Wissensbestände vollständig erschlossen werden. Insbesondere die Wirtschafts- und Sozialwissenschaften werden hier relevant«.[165] Eine derart kooperationsbereite Haltung ist bis heute keineswegs selbstverständlich. So kam eine dogmatische Habilitation zur verwaltungsrechtlichen Handlungsformenlehre ohne jeden

162 Vgl. Lenk 2017: 118.
163 Vgl. Kahl 2023: 733–736.
164 Schuppert 2010: 1050–1056 sowie 1072.
165 Pilniok 2023: 16 f.

> Bezug auf die soziologische Handlungstheorie aus, wie sie sich seit Max Weber in Vielfalt und Feinheit entwickelt hat.[166] Leere und Zirkularität der Argumente sowie Alltagssprachlichkeit des verwendeten Handlungsbegriffs waren die Folge.

Ebenso böte sich in der Strafrechtsdogmatik an, ihr zentrales Konzept sozialwissenschaftlich zu unterfüttern.[167] Hier wurde der Gehalt des Handlungsbegriffs immer schon intensiv diskutiert.[168] Denn der Begriff dient als »Anknüpfungspunkt für alle Erscheinungsformen strafrechtlich relevanten Verhaltens. Er ist den strafrechtlichen Bewertungskategorien (Tatbestand, Rechtswidrigkeit, Schuld und Verantwortlichkeit) grundsätzlich vorgelagert«.[169] Für den ›Tatbestand‹, also die Feststellung des Sachverhalts, wäre das methodologisch allseits unproblematisch. Aber der Handlungsbegriff ist relevant auch auf den Prüfebenen wie ›Rechtswidrigkeit‹ und ›Schuld‹, auf denen die Wertprädikate hinzutreten, weil sie sich auf ein faktisches Substrat beziehen. Die zahllosen dogmatischen Kontroversen um diese beiden normativ so aufgeladenen Konzepte würden sich vielleicht entzerren.

Statt auf das soziale Handeln kapriziert sich eine einflussreiche Fraktion in der Rechtsdogmatik auf das Konzept des sozialen *Systems*. Mit der enggeführten Rezeption werden bislang viele Einsatzchancen der Soziologie vernachlässigt. Ideengeschichtlich bilden Handeln und System freilich nicht die Antipoden, als die sie heute gelten. An drei Namen aus aufeinander folgenden Generationen der soziologischen Theorieentwicklung zeigt sich das deutlich: Max Weber (*1864), Talcott Parsons (*1902) und Niklas Luhmann (*1927). Auf Weber geht ›soziales Handeln‹ als Grundbegriff zurück; Parsons transportierte das Konzept in die während der Zwischen- und Nachkriegszeit erstarkte amerikanische Soziologie, überformte es mit der Systemfigur und wurde so seit den 1960ern im deutschsprachigen Raum rezipiert. Luhmann begann mit der verstehend-interpretativen Perspektive, bevor er mehrere Fassungen einer Systemperspektive schuf – von ›klassisch‹ bis ›autopoietisch‹. Die Jurisprudenz, zum Mitdenken und Verwenden aufgefordert, wandte sich der einen oder anderen Version Luhmann'scher Systemtheorie zu (übrigens zumeist der älteren von 1984 und davor).

Auch dort, wo soziales Handeln als die passende Kategorie erkannt wird, modulieren die Texte das in eine Systemsprache, wodurch Einsichtmöglichkeiten abgeschnitten sind, ohne neue hinzuzugewinnen. Diese heuristische Widersprüchlichkeit zeigte sich aufschlussreich bei Dan Wielsch, einem für Sozialwissenschaftliches explizit aufgeschlossenen

166 Gemeint ist: Glaser 2013: 53–58.

167 Zur strafrechtlichen Handlungszuschreibung vgl. Schulz-Schaeffer 2007: 346–387.

168 Vgl. Ambos 2021: 91 f.

169 Roxin 2020: Rdnr. 129.

Privatrechtler. Er betrachtete die privatrechtlichen Grundkonzepte Vertrag, Generalklauseln und Eigentum in handlungssoziologischer Sichtweise. Auch in späteren Arbeiten demonstrierte Wielsch immer wieder seine Methode an konkreten Rechtsfiguren, wie andere Sinnwelten im Recht zur Sprache kommen können.[170]

> Alles komme »darauf an, wie differenziert das Recht die Umweltanforderungen an den Vertrag erfassen kann. Wenn eine soziologische Jurisprudenz den Vertragsschluss als sozialen Sachverhalt rekonstruiert, so macht sie für das Recht sichtbar, was die extrem formale Definition des Vertrages als Übereinstimmung von Willenserklärungen für einen sozialen Effekt hat.« Bei den Generalklauseln könne »eine soziologische Jurisprudenz die Rechtsanwendung präzisieren: Denn ist der Vertrag erst einmal als sozialer Sachverhalt rekonstruiert, können verschiedene Umweltanforderungen an den Vertrag unterschieden werden«.[171]

Da hier ganz viel von der Wortwahl abhängt, muss der Übergang von der Handlungs- auf die Systemperspektive reibungslos gelingen, wie schon beim Klassiker Talcott Parsons. In der Jurisprudenz, die das verbale Changieren meisterlich ausübt, klappt das in wenigen Sätzen.

> Am Anfang steht das soziologische Handlungskonzept: »Die Verbindung der Konsistenzanforderungen innerhalb des Rechtsdiskurses mit gesellschaftlichen Umweltanforderungen verlangt im Schuldrecht nach einem veränderten Verständnis des Vertrags. Im Unterschied insbesondere zum Konsensmodell der Rechtsgeschäftslehre, das subjektphilosophisch fundiert ist und mit der Willensreferenz als Grundkategorie arbeitet, ist der Vertrag als eine soziale Handlungsstruktur zu begreifen.« Sodann wird diese Einsicht in die Logik des Systems transformiert: »Durch den Vertragsschluss aber werden die respektiven Handlungsorientierungen integriert in ein neues, gegenüber den Parteirollen eigenständiges Handlungssystem. Nach der Umstellung der Systemtheorie von einer Handlungs- auf eine Kommunikationstheorie ist diese Vorstellung präzisiert und das Sozialverhältnis, das durch einen Vertragsschluss entsteht, als Interaktionssystem beschrieben worden.«[172]

Solche – überaus ernsthaften und fruchtbaren – Manifestationen einer Soziologischen Jurisprudenz amalgamieren die Elemente der System- wie der Handlungstheorie. Interpretierende Begriffe wie Vertrauen, Erwartung, Rolle, Macht, Entscheidung, Kooperation usw. werden ungeachtet ihrer handlungstheoretischen Herkunft ohne weiteres genutzt, schon weil es dazu (frühe) Publikationen von Luhmann gibt.

170 Siehe dazu Wielsch 2009 und 2020.
171 Wielsch 2009: 400.
172 Wielsch 2009: 398.

Die Systemtheorie in ihren verschiedenen Versionen ist seit vielen Jahrzehnten der Platzhalter einer sozialwissenschaftlichen Denkweise in der Jurisprudenz. Dementsprechend viel kann über die aktuellen Verwendungen und Entwicklungen berichtet werden. Die Denkschule zum Recht als Sozialsystem führt in ein Hochgebirge juristischen Räsonnements, der Aufstieg ist beschwerlich, und die Wandergruppe muss gut ausgerüstet sein. Die Sprache dieses Diskurses ist in keiner Gerichtsstube, Anwaltskanzlei oder ministeriellen Behörde zu hören, auch nicht in den Sälen der gefeierten Karlsruher Justiz. Erst wenn versucht würde, jene Gedankenflüge in den Alltag des Rechtshandelns einzuführen, sie also hierher zu übersetzen, würde sich zeigen, was von den sozialwissenschaftlichen Einsprengseln übriggeblieben ist. Festzuhalten bleibt trotz alledem etwas Außergewöhnliches: Zwischen Jurisprudenz und Soziologie hat sich ein Diskurs etabliert, der einstmals von Rudolf Wiethölter ausging (Kap. 11), im Frankfurter Umkreis weitergetragen sowie andernorts aufgegriffen wurde und mit Gunther Teubner über einen Autor verfügt, dessen Arbeiten in die Soziologie hineinwirken – also genau in die noch nie befahrene Richtung. Auch wer den theoretischen Grundlagen oder einzelnen Folgerungen nicht beipflichten will, kommt nicht um das Anerkenntnis herum, dass hier eines der möglichen Modelle für die Verflechtung von Soziologie und Jurisprudenz geschaffen worden ist.

Für die deutschsprachige Rechtsdogmatik ist Niklas Luhmann der Lehrmeister systemtheoretischer Ideen und sein gerade zum Thema Recht überaus reichhaltiges Werk eine gut zugängliche Fundgrube. Zu allen Entwicklungsstufen dieser Theorie hat er dauerhaft verwertbare Texte vorgelegt: zur Vorphase im Strukturfunktionalismus, zur ersten Version mit der Innen-Außen-Differenz sowie zur zweiten, autopoietischen Version. Innerhalb der juristischen Methodenlehre wird über den Einfluss des Systemgedankens gestritten, etwa ob er nur für die engere Dogmatik eine (zentrale) Bedeutung habe oder auch für das gesetzgeberische Vorgehen gelte.[173] Die Systemkonzeptionen der Rechtswissenschaft variieren untereinander, und sie alle unterscheiden sich stark von denen der Soziologie.[174] Die weitreichende Konkordanz im Sprechen vom ›System‹ beruht auf der Äquivokation differenter Bedeutungsgehalte, was den Verdacht weckt, ein Wissenstransfer werde oftmals bloß simuliert.

> Anna Beckers analysierte in einer strukturfunktionalistischen Sichtweise den Bestand an Rechtsnormen, um globale Selbstregulierung mit nationalem Privatrecht zu verknüpfen. Ihre »Studie wählt ein funktionales Verständnis der besonderen hier vorkommenden Rechtsbegriffe. Dieses erfasst Rechtsbegriffe und -lehre unter dem Gesichtspunkt, wie sie mit dem speziellen Phänomen Verhaltensregeln für Unternehmen

173 Vgl. Kaiser 2021: Rdnr. 25, 49.
174 Kaiser 2021: Rdnr. 51–55.

umgehen. [... Und sie ist] geleitet von der Frage, welche Funktion ein bestimmtes Rechtskonzept hinsichtlich der Unternehmensregeln erfüllen kann und, mit Bezug zum vergleichenden Element, mit einem Blick auf die funktionalen Äquivalente in den verschiedenen Rechtssystemen«. Das war ein Versuch, all den unternehmerischen Bewegungen ein normatives Gerüst zu verschaffen.[175]

Luhmann hat mit seinem geradezu didaktisch geschriebenen Buch von 1993, welches alle Verständnisbarrieren überwindet und auf viele Einwände eingeht, die juristische Zunft geradezu verführt, wie es auch die Vorgängerwerke seit den frühen 1970ern schon getan hatten. Gedankenreichtum, Eleganz der Darstellung und der überaus weite Horizont liegen diesem Rezeptionserfolg zugrunde. Wir können hier nur nachfragen, wie in einer solchen Perspektive das Soziale einen Eingang in das Rechtsdenken gefunden hat.

Luhmann verkündete die »operative Geschlossenheit des Rechtssystems«, womit er nach seinen Worten nur den überlieferten Topos von der ›Positivität‹ des Rechts meinte. Geschlossenheit dürfe nicht als Abgeschlossenheit verstanden werden, es bestünden intensive Kausalbeziehungen zur Umwelt. Autopoiesis und Selbstreferentialität kennzeichnen das geschlossene System. Fremdreferenzen – also kognitive Bezugnahmen auf Außerrechtliches – sind möglich, unterliegen aber der Würdigung durch den innersystemischen Imperativ Recht/Unrecht (›*Re-Entry*‹). All dies geschieht durch ›Beobachtungen‹.[176]

Trotz der vielen vormals ungewohnten Begrifflichkeiten bleiben Luhmanns Überlegungen nahe an den Denkweisen der Rechtstheorie und rekonstruieren diese im Zusammenhang der ausgereiften Systemtheorie. Der Autor sagt, »eine adäquate soziologische Rechtstheorie [dürfe] ihr Objekt nicht verfehlen. Das heißt: Sie muss es so beschreiben, wie die Juristen es verstehen.« Lässt man sich darauf ein, so Luhmann, dann »kommt eine ganze Hierarchie von Bestimmungen zum Zuge«.[177] Sein Buch ist durchzogen von Formulierungen, wie der Engpass zwischen Geschlossenheit und Öffnung zu durchschreiten sei.

Beispielsweise heißt, es, »dass Selbstreferenz und Fremdreferenz in der Form von normativer Schließung und kognitiver Öffnung zusammenwirken müssen, und zwar auf der Basis normativer Schließung«. Die Autopoiesis des Systems sei, »im Recht wie in der Gesellschaft wie im Leben auch, ein ziemlich robustes Prinzip«. Wenn es demzufolge reicht, salopp gesagt, dass das letzte Wort juristisch gesprochen werden muss,

175 Beckers 2015: 39 (meine Übersetzung).
176 Luhmann 1993: 38–123; Zitate ebd.: 38, 43 f., 51, 76.
177 Luhmann 1993: 18, 54.

dann stünde der Berücksichtigung des Sozialen hier nichts im Wege. Luhmann zieht dem allerdings mehrfach eine deutliche Grenze, jedenfalls die vorfindliche Rechtssoziologie betreffend. Er unterscheidet ein formales Argument (ist innerhalb des Rechtssystems beheimatet) von einem substantiellen Argument (wird auch außerhalb des Rechtssystems anerkannt). Das eine praktiziert Selbstreferenz, das andere Fremdreferenz. »Die substantielle Argumentation verhindert, dass das System sich auf diese Weise selbst isoliert.« Das spricht für eine Berücksichtigung des von außen kommenden Sozialen, allerdings nicht um der Gerechtigkeit willen, sondern aus Gründen der Bestandserhaltung. Luhmann diskutiert das Problem anhand der alten Kontroverse Begriffsjurisprudenz/Interessenjurisprudenz. Der einen droht »eine letztlich leerlaufende begriffliche Distinktionstechnik«, die andere tendiert dazu, dass »mehr Varietät in das System eingeführt werden kann«. Juristisch kann nur als rechtens herausgefunden werden (»Selbstbeschreibung des Rechtssystems«), was dem Code Recht/Unrecht entspricht. Luhmann bezweifelt, dass soziologische Theorien etwas »Nennenswertes zur Selbstbeschreibung des Rechtssystems beitragen«.[178]

Trotz dieser Skepsis gibt es in einem Rechtsbereich tatsächlich die ersehnte Annäherung, ja Verflechtung der Fächer. Sie wird innerhalb einer kritisch-aufgeklärten Diskursgruppe von Jurist:innen betrieben; als ihr Stimmführer ist Gunther Teubner zu nennen. Rudolf Wiethölter – der Stifter des einstigen Fusionsdiskurses – wirkt als Doyen und kann hier durchaus die eigenen Anfänge wiedererkennen, wie sich auch der Diskurs mit den Orten des Wirkens von Wiethölter (Frankfurt/M. und Bremen), verbindet und die Berufslaufbahn vieler Autor:innen auf die eine oder andere Weise mit ihm verknüpft ist. Bei allem Erstaunen über die Lebendigkeit und generationsübergreifende Kontinuität bleibt zu fragen, inwieweit die Integration von Jurisprudenz und Soziologie hier gelungen ist. Eine indirekte Antwort auf diese Frage liegt vielleicht darin, dass Teubner die Bedingungen eines *erst zu führenden* Diskurses umreißt. Er will allgemein zeigen, »dass in der Begegnung von Sozialtheorie und Recht ein rechtsdogmatischer Mehrwert dann erzeugt werden kann, wenn das prekäre Verhältnis von Autonomie und Verflechtung in drei unterschiedlichen Dimensionen respektiert wird«. Diese für eine soziojuristische Erkenntnis zu erfüllenden Bedingungen lauten: Transversalität, Responsivität und Eigennormativität.[179] Möglicherweise hat bisher nur der von Teubner angeführte Diskurs die von ihm genannten Voraussetzungen erfüllen können.

Hatte Teubner anfänglich in der Soziologie »eine Methode zur Ermittlung sozialer Normen und Wertvorstellungen« gesehen – also wohl

178 Zitate bei Luhmann 1993: 83, 396, 400, 540.
179 Teubner 2015: 164.

nur als Empirische Sozialforschung, die verlässliche Informationen liefert –, so gebrauchte er sie, nach seiner Wende von der empirischen zur theoretischen Soziologie, als »ein Instrument zur Analyse juristischer Entwicklungen«. Anders gesagt, die Soziologie hatte zunächst »der gesellschaftlichen Anpassung der Rechtsdogmatik« gedient – also einem Anliegen des Reformdiskurses. Nach der autopoietischen Wende stand dann für ihn eine Dekonstruktion des rechtswissenschaftlichen Selbstverständnisses an. Damit einher ging die »Autonomie« der Jurisprudenz, wenn sie soziologisches Wissen verwertet – zuvor war noch von »kontrollierter Rezeption« die Rede gewesen.[180]

Damit wurde der Soziologiebezug in die Rechtstheorie eingemeindet, und die ›soziologische‹ Systemtheorie konnte neu formuliert werden, was Teubner tat. Dazu sei bemerkt, dass es völlig legitim ist, wenn eine Anwendungswissenschaft wie die Rechtsdogmatik grundlagenwissenschaftliche Erkenntnisse, hier aus der Soziologie, autonom verwendet. Allerdings wandelte sich dadurch der Kooperationsstil – Vertreter der Grundlagendisziplin brauchten nicht mehr mitzuwirken. Für Teubner zeigte sich hier der Beginn »eines langen Wegs, auf dem die Diskussion rechtsdogmatischer Probleme immer mehr allgemeinen Theoriefragen untergeordnet wird«.[181] Es entstand eine Version der Rechtstheorie, die viele andere zunehmend faszinierte, aber kaum noch innerhalb des Reformdiskurses mit dem Ziel fachlicher Kooperation stand.

Die Luhmann'sche Formel für Gerechtigkeit als »adäquate Komplexität des konsistenten Entscheidens«, von juristensoziologischer Seite heftig kritisiert, wird von Teubner verteidigt. Gerechtigkeit könne heute nicht mehr als rechtliches Entscheidungskriterium dienen, sondern liege im Prozess der juridischen Selbstbeschreibung.[182] Wir befinden uns hier, wie überhaupt auf weiten Strecken dieser Diskurse, im Bereich der Allgemeinen Rechtslehre mit ihren protojuristischen Denkfiguren.

Mit seiner hohen Produktivität, den variablen Themen und theoretischen Wendungen[183] sowie dem auch soziologisch überaus breiten Einzugsbereich der verwendeten Lektüren ist Teubner bis heute eine bedeutende, wenn nicht *die* Figur im sozio-juristischen Diskurs. Allerdings wäre es unangebracht, die von ihm begründete Schule innerhalb eines kursorischen Überblicks kritisch zu würdigen, sowohl was ihre Erfolge wie auch eventuelle Enttäuschungen anlangt.

Von der Systemtheorie (neben dem Poststrukturalismus) geht auch Karl-Heinz Ladeur aus. Bei ihm ›beobachten‹ Wissenschaft und

180 Vgl. für diese Analysen Femia 2019: 106–112, Zitate 196, 110.
181 Femia 2019: 118.
182 Teubner 2008: 9, 17.
183 Geschildert bei Teubner 2022 und 2024: 215–228.

höchstrichterliche Judikatur das Recht,[184] wodurch er selber zum Beobachtungsbeobachter avanciert. Nach einer seltenen Bedeutungsvariante von ›beobachten‹ (lat. *observare*) könnte das sogar stimmen: Dem Recht wird ›gehorcht‹, wie es in der Rechtsanwendung ja auch zu geschehen hat. Die Ambiguität von ›Observanz‹ – einerseits das sozio-physische Hingucken, andererseits das normative Folgeleisten – scheint die Rezeption dieser Variante des Systemdenkens mitzubedingen. Gesagt wird das nicht – in der Luhmann'schen Systemtheorie ist das Beobachten eine bloße Erkenntnisoperation.

> Ladeur widerspricht der Vorstellung, dass die juristisch begründete Macht im Staat der gesellschaftlich begründeten überlegen sei; er sagt, die öffentliche demokratische Legitimation – und das heißt: rechtliche Legalität – nehme keine »höhere Stellung als die Selbstordnung der Gesellschaft durch die Selbstorganisation der ›Mittel‹ ein«. Er hütet sich, die ›gesellschaftlich begründete Macht‹ als normativ zu bezeichnen, wiewohl sie doch, falls generalisiert, Gefolgschaft verlangt. Wenn das ›Juristische‹ neben dem ›Gesellschaftlichen‹ steht, wird dem hier anstehenden Methodenkonflikt ausgewichen, und dies angesichts der unbefriedet gebliebenen Streitigkeiten gewiss mit gutem Grund. In der Dimension der Macht soziologisiert sich allerdings das Thema. Die Institutionen des positiven Rechts bilden eine juristisch begründete Macht im Staat, gleichrangig daneben stehen die sozial vorhandenen Regulationen mit ihren Ressourcen.

Die beiden Normwelten kommen hier miteinander ins Benehmen, weil sie beide Macht sind. Im Abgleich der jeweils ins Feld geführten Bataillone fallen die juristischen Entscheidungen. Als eine *Erklärung* vorfindlicher Rechtsakte leuchtet das sofort ein. Wird es auch zu einer *Leitlinie* juristischen Arbeitens? – Ladeur hat für die beiden Dimensionen Gesellschaft und Recht ein elaboriertes Analysemodell entwickelt. Zum einen sind da die »praktischen gesellschaftlichen *Lebensformen* [mit] den in diese eingetragenen Konventionen und Wissensbeständen, die weitgehend sprachlos bleiben und sich dem Zwang zur Begründung durch ihre eigene Praxis entziehen«; das ist die gesellschaftliche Seite. Zum anderen gibt es die »politisch-rechtlichen Formen der Beobachtung und Reflexion der Gesellschaft innerhalb eines theoretischen Registers der *expliziten Regelbildung* und der Interventionen von oben« – also erklärtermaßen die juristische Seite.[185] Es fragt sich nun, ob beide Seiten zusammenwirken *oder* ob die ihnen zugeordneten Fachwissenschaften nebeneinanderstehen. In Ladeurs Modell können sie getrennt vorgehen; denn die Lebensformen sind sprach- und begründungsfern, wohingegen die

184 Vgl. Ladeur 2021: 171; das folgende Zitat ebd.: 175.
185 Ladeur 2021: 8, H.i.O.

juristische Regelbildung das Gesellschaftliche beobachtet und reflektiert. Doch kommt es auch zu Kooperationen, beispielsweise bei der Repräsentation, die hier das Verhältnis der beiden Seiten »orchestriert«, wobei offenbleibt, wer – in dieser Metapher – die Partitur schreibt.

Über die juristische Methodik sagt Ladeur, dass »*praktische Entscheidungsheuristiken* und ihre Verknüpfung mit sozialen Wissens- und Regelbeständen jenseits des formalen Rechts für die Einstellung des Rechts auf den historisch aktualisierbaren Möglichkeitsraum sehr viel wichtiger sind als das geschriebene Recht«. Als empirischer Befund ist das Rechtssoziologie und trifft zweifellos zu. Wie indessen methodologisch vorzugehen sei, bleibt zu präzisieren. ›Das Recht einstellen‹ ist eine Metapher aus der Technik: Maschinen werden ›eingestellt‹, und zwar auf die Situation, in der sie zu funktionieren haben. Die ›Stellschrauben‹ dafür finden sich Ladeur zufolge weniger im positiven Recht und mehr in »sozialen Wissens- und Regelbeständen« – eine klare Bezugnahme auf die Soziologie. Vermittelt werden die formalrechtlichen und soziologischen Urteilselemente durch »praktische Entscheidungsheuristiken«, womit hier die juristische Arbeit, wie sie tatsächlich ist, charakterisiert wird.[186] ›Entscheidungsheuristik‹ ist ein Konzept der Wirtschaftspsychologie und meint eine schnell arbeitende Denkweise, die viele Informationen ohne abschließende Klärung berücksichtigen muss. In den Erläuterungen dazu taucht das Wort ›Bauchgefühl‹ auf, und es gibt mehrere Typen. ›Praktisch‹ bedeutet hier wohl: handhabbar, vielleicht auch empirisch vorfindlich. Auch wenn ›heuristisch‹ das Gegenteil von ›gründlich‹ ist und das Attribut ›praktisch‹ auf die Begrenzung der zeitlichen und sachlichen Ressourcen verweist, muss Ladeurs Charakterisierung des juristischen Alltagshandelns die professionelle Ehre nicht beleidigen, sondern rückt es bloß in das helle Licht der Realität. Juristische Logik ist all das nicht, eher so etwas wie Judiz und professionelle Erfahrung.

Auch bei Ladeur werden die argumentativen Winkelzüge juristischer Texte mit einer teilweise sozialwissenschaftlichen Nomenklatur nachvollzogen, wobei zum einen rechtssoziologische, zum anderen rechtstheoretische Thesen entstehen. Die Rechtsdogmatik wird hier nicht methodologisch instruiert: »Dogmatik ist vor allem eine Kultur*technik*, und Techniken bedürfen nicht der theoretischen Begründung.«[187] All diese Einordnungen hängen stets von der beim jeweiligen Autor verwendeten Definition ab, sodass sie sich nicht von ihrem Kontext lösen lassen – den zu berücksichtigen allerdings dazu führt, in den juristischen Diskurs hineinzurutschen.

Die systemtheoretisch inspirierten Hauptwerke von Teubner und Ladeur erschienen bereits seit den 1980er Jahren, gehören also der vorigen

186 Zitate bei Ladeur 2021: 42, H.i.O.
187 Ladeur 2021: 32.

Diskursgeneration an. Man *kann* das Recht (Normen, Dogmatik, Instanzen) als autopoietisches System analysieren; der Jurisprudenz zu empfehlen ist das allerdings nur dann, wenn förderliche Einsichten für die ihr gestellten Aufgaben zu erwarten sind. Ob dies bislang der Fall ist, richtet sich nicht nach der Fülle zustimmender Fachliteratur; denn es ist keine normative Entscheidung. Vor allem Texte der allgemeinen Rechtslehre hantieren mit dem Systemvokabular. Neuere Einschätzungen kommen zu skeptischen Resultaten; die Erträge der Systemtheorie hinsichtlich einer Verwendung der Sozialwissenschaften sind sehr rar geblieben.

Joachim Lege glaubt nicht, »dass die Systemtheorie für die juristische Dogmatik von großem Nutzen ist«. Klaus F. Röhl hält die autopoietische Version »für die Jurisprudenz schlicht irrelevant«.[188]

Die Denkfigur ›System‹ fasziniert die Rechtswissenschaft nach wie vor – aber nicht als soziales, sondern als dogmatisches System.[189] Auch in der Gegenwart bleibt dieses Vokabular prägend für die Sprachgestalt der juristischen Methodenlehre, soweit sie sich um den Anschluss an Sozialwissenschaftliches bemüht, was ohnehin nur eingeschränkt geschieht. Zunehmend verbreitern jetzt die grundlagentheoretischen Suchbewegungen ihren Einzugsbereich, wobei die Anregungskraft der Systemfigur – für mehrere Jahrzehnte die soziologische Sphinx der Rechtstheorie – allmählich ausgeschöpft sein könnte.

Der Rezeptionserfolg der Systemtheorie ist regional beschränkt geblieben, wobei der jeweilige ›Provinzialismus‹ der regionalen Rechtsdiskurse mitwirkt.[190] Einige Stimmen bezweifeln die Ertragskraft der Systemtheorie für eine (empirische) Rechtssoziologie. Für den Strafrechtstheoretiker Klaus Lüderssen war die Systemtheorie nur ein Modell; sie müsse sich, um zu bestehen, irgendwie bewähren. Ansonsten bedeute sie Dezisionismus, weil die Ursprünglichkeit des Subjekts verneint würde.[191]

Der Rechtshistoriker Marcel Senn, den sein interdisziplinäres Interesse vor vier Jahrzehnten, wie damals in der ›aufgeschlossenen‹ Jurisprudenz üblich, zu Luhmanns Systemtheorie geführt hatte, verabschiedete sich davon; denn er fand fast nur noch jene »systemtheoretisch angehauchten Aperçus und selbstreferentiellen Déjàvus, die zwar intelligent geschrieben, substanziell aber unergiebig sind«.[192] Der Strafrechtler Peter Kasiske wollte »angesichts der radikalen Selbstreferentialität fast schon

188 Lege 2011: 44. Röhl 2015: 74.
189 Beispielsweise bei Hilbert 2015.
190 Für den Common-Law-Bereich vgl. Michaels 2021.
191 Lüderssen 1995: 884, bezogen auf G. Jakobs.
192 Senn 2016: 158–160; mit Nennung weiterer Namen und einiger Ausnahmen.

von einem Autismus des Rechts als sozialem Subsystem sprechen«.[193] Der Rechtstheoretiker Matthias Mahlmann hielt den »Reproduktionsfunktionalismus der Systemtheorie [für] analytisch defizitär«, wenn es nach »Gründen für die normative Institutionalisierung von Menschenrechten« gesucht werde.[194] Der Rechtstheoretiker und *legal sociologist* Roger Cotterrell meinte, dass die weitreichende These von Luhmann und Teubner, das moderne Recht sei unvermeidlich völlig selbstreferentiell, der empirischen Evidenz ermangele.[195] Thomas Vesting registrierte ein »Altwerden der Systemtheorie« und regte an, »Luhmanns Vorstellung der Autonomie der gesellschaftlichen Teilsysteme zu relativieren«. Denn es komme »sehr wohl zu Resonanzen über die Grenzen der Teilsysteme hinweg, die von erheblicher formgebender Bedeutung sind«.[196]

Die Perspektivendifferenz zwischen *System* und *Handeln* (*structure* vs. *agency*) muss nicht unüberwindbar bleiben. Zwar wird die Differenz in der Theorieentwicklung scharf herausgestellt; aber in der Theorieverwendung dürfen die aufgabenspezifisch brauchbaren Teile zusammengesetzt werden. Zuweilen wird dem Systemdenken bloß im verbalen Anschein gefolgt, tatsächlich aber vollzieht die Gedankenführung eine handlungstheoretische Wende.

So wählte Gerd Winter beim Abwägen zwischen einem »konstruierten und einem pragmatischen Zugang zum Klimaproblem« den pragmatischen Weg, weswegen sein systemischer Ansatz theoriewidrig »die Elemente und Operationen des ›Systems‹ nicht nur aus Kommunikation, sondern auch aus Akteuren und ihrem Verhalten« erfasste.[197] Als der Öffentlichrechtler Thomas Wischmeyer die Entwicklung der Denkfigur ›Zweck‹ nachzeichnete, sagte er, dass sich »das Recht als (zweckgerichtete) soziale Handlungsordnung konzipiert [...]. Wo niemand handelt, gibt es kein Recht. [...] ›Handlungen‹ bilden die ›Struktur‹ des ›Rechts‹.«[198] Die Studie folgte dann dem systemtheoretischen Duktus, obwohl es später hieß: »Die gerade auch durch den Zweckbegriff kommunizierte Handlungsorientierung des Rechts wird von der Rechtswissenschaft jedoch vielfach als theoretische Position nicht ernst genug genommen.« Dorthin könnte der Methodendiskurs sich künftig einmal wenden.

Mit der monopolistischen Rezeption des Systemkonzepts hat sich die Rechtswissenschaftstheorie den Blick auf die Soziologie so sehr eingeengt, dass sie deren Nützlichkeit unterhalb abstrakter Erwägungen kaum noch erkennen kann. Erst allmählich findet sie aus diesem

193 Kasiske 2009: 275.
194 Mahlmann 2011: 341, 345.
195 Cotterrell 2020: 24.
196 Vesting 2018: Nr. 291, 191.
197 Winter 2011: 4 f.
198 Wischmeyer 2015: 9, 211; das folgende Zitat 404.

›Gedankengefängnis‹ heraus. So schlug Nils Jansen vor, die Systemtheorie »um eine handlungs- und konflikttheoretische Dimension zu ergänzen«.[199] In diesem Versuch einer Quadratur des Kreises wurden die Sichtweisen von Luhmann und Bourdieu zusammengebracht, was für die Suche nach theoretischer Orientierung reizvoll ist, aber weder in der dogmatischen Arbeit an Einzelfragen noch im juristischen Praxisalltag gelingen dürfte. Dahinter steht die Erfahrung, dass den Bedürfnissen einer Anwendungswissenschaft mit einer sozialwissenschaftlichen ›Großtheorie‹ (Jansen) nicht gedient ist. Für Jansen erschien (in einer etwas schiefen Alternative) »das begriffliche Instrumentarium der empirischen Soziologie, wie es insbesondere Max Weber und Pierre Bourdieu entwickelt haben, hilfreicher als die Systemtheorie«.[200] Auch die Konflikttheorie, als die dritte von ihm genannte Möglichkeit und eine noch schärfere Gegenposition zum Systemdenken, birgt viele Anschlüsse – hat das Recht doch fast immer mit gesellschaftlichen Auseinandersetzungen zu tun, von der Normgenese bis zum einzelnen Gerichtsprozess.

Kein Ausblick

Das Bild des gegenwärtigen Diskurses, wie es hier umrissweise – mit den Topoi Rechtsdogmatik, Selbstand und Normativismus – gezeichnet worden ist, hinterlässt eine seltsam diffuse Impression. Dieser Diskurs oszilliert zwischen zwei Polen: Abwarten auf etwas Neues – Abwehren eines Umbruchs. Die Pole stoßen einander nicht ab; aber etwas Erregendes kann sich in dem spannungsarmen Feld nicht entwickeln. Ein allerletztes ›Fazit‹ (wie das in Kap. 14) lässt sich zu einem laufenden Prozess naturgemäß nicht ziehen. Nur einige Eindrücke seien herausgestellt. Dass der Diskurs um die dogmatische Rechtswissenschaft hier am Faden der Soziologie aufgerollt worden ist, wird ein wenig eigennützig ausgesehen haben oder auch wie eine arg verengte Perspektive. Wahrscheinlich aber hätten für dasselbe Ergebnis ebenso gut auch andere Fäden herhalten können: das Theorie-Praxis-Verhältnis oder die Stärke der Gesetzesbindung oder die Politikverwendung oder die personale Zusammensetzung juristischer Fakultäten oder die Ausbildung der Jurastudierenden – denn zu diesen Fragen äußerten sich die hier aus 150 Jahren zu Wort gekommenen Rechtswissenschaftler meist ebenfalls. An welchem Faden auch gezogen wurde, es fiel die Masche eines allzu selbstgenügsamen Gewebes. Daher mag der betrachtete Ausschnitt exemplarisch für das Ganze stehen, nämlich für den Diskurs um die erkenntnistheoretische und pragmatische Tauglichkeit kontinental-dogmatischer Rechtswissenschaft. Die problematischen

199 Jansen 2019: 27; zum Folgenden ebd.: 8–12.
200 Jansen 2019: 12.

Seiten juristischer Autarkie sämtlich zugleich zu behandeln, statt sie voneinander abzuschichten, gehört zum üblichen Verwirrspiel in diesem Diskursfeld. Dass beispielsweise die Veränderung des Ausbildungsprogramms nicht an der Dominanz der normlogischen Dogmatik zu rütteln vermag, erwies sich dramatisch in den Experimenten während der 1970er Jahre (Kap. 12). Ein zweites Beispiel zeigt die Freirechtslehre, die mit ihrer Behauptung der Undeterminiertheit juristischer Urteile die Verwendung der Soziologie ebenso unfreiwillig wie nachhaltig diskreditierte (Kap. 3). Erst wenn die Kritiklinien mit ihrer je spezifischen Stoßrichtung getrennt behandelt werden, verwirrt sich nicht mehr der klare Blick.

Dass Analysen des Rechts auch anderen Fächern als der Jurisprudenz obliegen, dass die Resultate miteinander kommunizieren und die juristische Arbeit berühren, all dies wird heute sehr deutlich gesehen. Das zeige die Zunahme der Publikationen, heißt es; zuvor jedoch müssten die erkenntnistheoretischen Fragen geklärt werden.[201] Ohnehin steht heute die Interdisziplinarität ganz generell auf der Tagesordnung für die Diskurse über Forschungs- und Studienstrukturen.[202] Nachdem der Begriff einer Interdisziplinarität nun schon vielleicht zu oft beschworen worden ist, ergreifen andere Konzepte das Wort, beispielsweise eine Transdisziplinarität. Wenn schon die Jurisprudenz sich von der Soziologie nur sehr zögerlich und dann in eigentümlichen Verzerrungen hat beeindrucken lassen, dann könnten ja beide Fächer zugleich studiert werden – ? Hierfür sind Stichwörter wie Hybridisierung, Duales Studium u.a. im Umlauf. Doch stößt ein duales Studium im Bereich der Rechtswissenschaften erkennbar auf »professionspolitische Widerstände«.[203]

> Auer hat die Publikationen im Bereich Rechtsphilosophie/Rechtstheorie seit den 1990er Jahren quanti- und qualitativ durchmustert. Der Diskurszustand verschiebe sich mit erheblicher Geschwindigkeit zur Interdisziplinarität mit Tendenz zur Fragmentierung, Pluralisierung und Repolitisierung. Sie nennt dafür u.a. die Stichworte Machtsoziologie, Governance und Risikogesellschaft. Dies entspreche der Vision des Wissenschaftsrats von einer zukunftsfähigen Rechtswissenschaft und habe das Potenzial, »die ›dysfunktionale Gegenüberstellung‹ von Dogmatik und Grundlagenfächern aufzuheben«.[204]

Wie das Rechtsdenken auf die Idee des Sozialen eingeht, geschieht wechselhaft in Diskurskonjunkturen,[205] aber gerade nicht als ›Wendeliteratur‹ und auch nicht zur Sicherung der Fachidentität. Rechts- und

201 Vgl. Kirste 2016: 37.
202 Vgl. Stichweh 2021.
203 Johannsen/Philipp 2021: 85 f.
204 Auer 2018 b: 34 f., 37.
205 Von Lena Foljanty (2013) für das Naturrechtsdenken der Nachkriegszeit untersucht; zum Folgenden ebd.: 4–13.

Sozialwissenschaften sind von ihrem Ursprung her dauerhaft verbunden; wie sie jeweils miteinander auskommen, das hängt nicht nur an der gesellschaftlichen Großwetterlage, sondern auch an den Investitionen beider Fächer in das gemeinsame Projekt individueller und sozialer Gerechtigkeit. – Der Generationenwechsel wird überkommene Debattenfronten einfrieren; sie werden beiseitegelassen, ohne überholt zu sein.

»Heute greift die jüngere Rechtswissenschaft den damals prominenten Ansatz wieder auf«, schreibt Johanna Croon-Gestefeld und zitiert Titel wie *Soziologie vor den Toren der Jurisprudenz* und *Rechtswissenschaft als Sozialwissenschaft.* Sie zeigt an Beispielen, wie sich Gerichte mit den Methoden der Erkenntnisse anderer Disziplinen auseinandersetzen – aber es sind Einzelentscheidungen, Fälle bloß ›anekdotischer Interdisziplinarität‹, wenn nicht gar »Chimären-Interdisziplinarität«. Croon-Gestefeld versteht das als Auftrag, dass »sich die Rechtswissenschaft über ihre eigenen Methoden und ihr Verhältnis zu ihren Nachbarwissenschaften vergewissert«.[206] Zunächst einmal müsste sie wohl den eigenen Umgang mit dem Recht auf eine neue Grundlage stellen. – Anne von Aaken widmet sich den »sozialwissenschaftlich informierten Auslegungsmethoden« und verwendet zur erkenntnistheoretischen Grundlegung den Trialismus von Kantorowicz (1910). Die Sozialwissenschaften erbringen »nicht Objektivität, sondern Intersubjektivität, die empirisch untermauert sein sollte«. Eine so verstandene Rechtsdogmatik ermögliche es, »den wissenschaftstheoretischen Status der Argumente transparent zu machen und kritisierbar zu lassen sowie von subjektiven Intuitionen und Werturteilen möglichst freizuhalten«.[207]

In einem Vortrag zur »Empirieprägung von Verfassungsrecht« verriet der höchstrangige Richter des Landes, wie in der heutigen Rechtspraxis das methodische Problem wahrgenommen und gelöst wird. Hier räumte er ein: »Dass sich das Recht überhaupt für Wirklichkeit – noch dazu für die Erkenntnisse empirischer Wissenschaften – interessieren darf, wird nach wie vor als begründungsbedürftig angesehen«. Sehr weit konnte es also mit der Selbstaufklärung der Rechtswissenschaft nicht gekommen sein. Für Harbarth war freilich nicht auszuschließen, »dass empirische Erkenntnis und damit Wirklichkeit nur in den ›Untersatz‹ und nicht auch in den Maßstab selbst einflösse«. So gewunden diese Formulierung, so klar wurde darin zugestanden, dass die empirischen Wissenschaften (und nur die können mit ›Erkenntnis‹ gemeint sein) in die eigentliche Normauslegung hineingelangen. Den methodischen Imperativ ›Kein Sein im Sollen‹ überwand Harbarth mit der Vorstellung, die Rechtsanwendung vollziehe sich »in Gestalt einer ›Spirale‹, einer vom Rechtsanwender zu erklimmenden, sich stetig verjüngenden

206 Croon-Gestefeld 2018: 53, 64, 68 f.
207 Aaken 2023: 366, 368, 381.

›Wendeltreppe‹, um ihn immer enger an immer tiefere Einsichten von Norm und Sachverhalt und schließlich an die Lösung des Rechtsfalls heranzuführen«. Dies entsprach dem hergebrachten ›Hin- und Herwandern des Blickes‹ (einer Formel von Karl Engisch aus der alten Bundesrepublik und davor), was den Synkretismusvorwurf zu überlisten versuchte.[208]

Gibt es noch Dissens? Und ob, aber in verhaltener Intensität. Wer immer sich zuletzt zur Kooperationsfrage äußerte, stellte fest, dass das Verhältnis von Rechts- und Sozialwissenschaften auf der Agenda verblieben ist. Im Stil verläuft der Diskurs friedlicher; im Inhalt blieb der juristische Zweifel am Wie erhalten, während das früher so häufige Nein zum Ob verstummt ist. Konkrete Versuche, wirtschafts- und sozialwissenschaftliche Erkenntnisse in die Rechtsdogmatik einzubauen, behielten ihren Seltenheitswert. Doch die Stimmen, die sich für eine Öffnung zum Sozialen einsetzten, erhoben sich in den letzten Jahren wieder zahlreich und waren zu gewichtig, um als ›Lippenbekenntnis‹ abgetan zu werden. Sie benannten genau die Herausforderung und Problematik; anstatt über die Feinheiten der Begründung zu streiten, zitierten sie einander aufbauend. Anscheinend allerdings sind es oft dieselben Namen, die für eine Integration zu nennen sind. Sie erheben eine gut hörbare Stimme, doch ihre Zahl bleibt überschaubar, und nicht alle davon arbeiten auf zentralen Feldern der Dogmatik.

Theorie – Dogmatik – Praxis: alles in einer *Jurisprudenz?* Soziologie und andere Sozialwissenschaften haben im Recht wahrscheinlich nur dann eine Chance, wenn die Jurisprudenz ihren Anspruch aufgibt, beiden Qualitäten genügen zu wollen: Wissenschaft vom Recht *und* Instruktion juristischer Entscheidungen in der Praxis zu sein. Für die szientifische Analyse gilt heute unstreitig, dass Aussagen zum geltenden Recht nicht ausschließlich von Gesetzeswortlauten her zu gewinnen sind, sondern dass dafür und in Übereinstimmung mit diesen aus weiteren Quellen geschöpft wird, wozu u.v.a. die Soziologie gehört. Für die Bereitstellung von Falllösungen indessen hat es sich als kaum durchführbar erwiesen, auf soziologische Expertise zurückzugreifen. Nur als Wissenschaft verfügt Jurisprudenz über die personalen, sachlichen und zeitlichen Ressourcen, um mit den Nachbarwissenschaften zu kommunizieren. Für die Berufspraxis im juristischen Alltag gilt ein anderer Bestimmungsmodus. Rechtswissenschaft i.e.S. und Entscheidungstätigkeit treten also auch methodologisch auseinander, wie es *de facto* immer schon der Fall war. Die schillernde Figur Dogmatik hat die Ebenen verklammert und dabei deren Disparität verhüllt.

Das eine wird in Monographien und Lehrbüchern vermittelt, das andere in Kommentaren und Kompendien, wie sie beispielsweise – *horribile*

208 Harbarth 2022: 157 f.

dictu – von Repetitorien herausgegeben werden. Eine diskutierende, pluralistisch offene und mit ihrer intellektuellen Umwelt kommunizierende Wissenschaft befindet sich in einem ganz anderen Diskurszusammenhang als dem zur Berufswirklichkeit. In der Praxis werden Gesetze vorbereitet, Verwaltungsentscheidungen getroffen, Gerichtsverfahren geführt, Klienten und Unternehmen beraten – all dies, ohne zuerst juristische Grundlagenforschung einzuschalten. Es stimmt schon, dass bislang Resultate der Rechtswissenschaft in den genannten Berufswirklichkeiten auftauchen; aber das tun sie weniger erkenntnisleitend als nur begründend und das Ergebnis als ›zwingend‹ darstellend.

Demzufolge befindet sich das strategische Problem, wie es einstmals im *Kampf um die Rechtswissenschaft* (Kap. 2) adressiert worden ist, nicht an der Systemgrenze des Rechts zum Außen anderer Teilsysteme, sondern es befindet sich innerhalb des Rechts, genauer: in der Organisation der Jurisprudenz. Der akademische Anspruch als Rechtswissenschaft hat sich immer gerieben an der Erwartung des Staates und der Berufswelt, ein lösungsorientiertes und entscheidungsbereites Personal hervorzubringen. Zu ihrem Nachteil wurde die Wissenschaftlichkeit der Jurisprudenz oft mit dem Hinweis bezweifelt, dass hier doch bloß das Handwerk des ›Herstellens bindender Entscheidungen‹ vermittelt werde. Erst in den letzten Jahren ist eine ›Rechtswissenschaftstheorie‹ entstanden, die sich ernsthaft und ergebnisoffen damit beschäftigt, wie im Dreieck von Theorie – Dogmatik – Praxis zu verfahren sei. Dabei besteht Einigkeit darüber, die drei Ebenen zunächst einmal getrennt zu betrachten und erst dann auf neue Weise in Beziehung zu bringen.

Die (bislang nicht dominante) Strömung in der rechtswissenschaftlichen Selbstreflexion beschäftigt sich mit der Heterogenität des in der Jurisprudenz angehäuften Konglomerats an Erkenntnis- und Handlungszielen – »dieses Arrangement von Theorie und Praxis, Gegenstand und Perspektive, professionalisierter Dogmatik und interdisziplinärer Öffnung«.[209] Ein wahrlich disparates Set von Vorgehensweisen, die sich kaum zu einer einheitlichen Methodik zusammenfügen lassen dürften, das es aber gestattet, zwischen ihnen je nach Anlass hin- und herzuschalten, wobei das Ganze dann unter dem unantastbaren Etikett ›rechtswissenschaftlich‹ unkritisiert ablaufen kann. Um den Verdacht bloß taktischer Cleverness auszuräumen, müssten die einzelnen Denkverfahren expliziert werden.

> Begriff und Inhalt der zu differenzierenden Ebenen liegen nicht auf der Hand. Zumal der vieldeutige Begriff ›Theorie‹ lädt zum Aneinander-vorbei-Reden ein. Ich meine nicht die Rechtstheorie im geläufigen Sinne, unter welcher Bezeichnung die Philosophie des Rechts und die Methodologie juristischer Erkenntnis betrieben werden, die also eher

209 Lepsius 2008: 21.

eine Meta-Theorie ist. Auch ein vielbenutztes Werk wie ›Neue Theorien des Rechts‹[210] versammelt in zwanzig Kapiteln überwiegend Außenblicke auf das Recht, die sich allerdings sämtlich erbieten, innerhalb der Rechtswissenschaft mitzuwirken. Unter solcherart Anleitung und mit eigenständigen Methoden würde die theoriebezogene Abteilung der Jurisprudenz ihre – nunmehr zweifellos wissenschaftlich zu nennenden – Aussagen über Normen und Figuren des Rechts erarbeiten.

Aus den Diskursen um 1970 war zu lernen, dass eine Lösung *all-in-all* schwerlich ihr Ziel erreicht. Theorie *und* Praxis, Jurisprudenz *und* Soziologie hatten vereinigt werden sollen, in Ausbildung, Prüfung, Beruf *und* Wissenschaft – alles auf einmal. Es ging nicht: zu aufwändig, zu teuer, zu umstritten in den tonangebenden Institutionen, zu wenig akzeptiert bei den Studierenden. Die Reformziele waren ambitioniert, *zu* ambitioniert. Aus nicht unähnlichen Gründen war schon der Freirechtsdiskurs um 1910 stecken geblieben. In den 2020ern wird die Problematik erneut aufgerollt.

Eine Rechtswissenschaft i.e.S., die ihr Ziehkind der juristischen ›Handwerkskunst‹ in die methodologische und institutionelle Selbständigkeit entlässt, kann sich danach zwar für Grundlagenwissenschaften öffnen und damit für die neu entstandenen Herausforderungen wappnen. Sie büßt aber möglicherweise auch einiges von dem ein, was sie bislang attraktiv gemacht hat. Könnte sie weiterhin so staatsnah sein wie in ihrer bisherigen Geschichte? Gewissermaßen ein Teil der ›Kritischen Infrastruktur‹? Ebenso bewundert wie gefürchtet? Selbstgenügsam und autark (gar als ein ›autopoietisches System‹)? Wohl kaum. Sie rückt dann ein Stück weiter von der Theologie weg und tritt in den Kreis der übrigen Wissenschaften ein; ihre Erkenntnisse werden als ›Wahrheit‹ überprüfbar. Dadurch wird sie verletzbarer, aber leistungsfähiger (wobei von den Gewinnen in Sachen Pluralismus, Offenheit, Demokratie usw. hier geschwiegen sei).

Der Worte sind genug gewechselt …, hub der Theaterdirektor in Faust I (Goethe) an. Nun liegen bereits 150 Jahre Methodendiskurs hinter uns. Die Auseinandersetzung der 1970er Jahre zeitigte einen spürbaren Impact, aber erreichte ihre Ziele nicht. Es wurden und werden also Anläufe einer Integration unternommen, nur springen sie zu kurz. In einer längeren Liste von Mängelrügen hieß es, in den Rezeptionsvorgängen mache sich nicht selten Wahllosigkeit und Willkürlichkeit breit, nachbarwissenschaftliche Lesefrüchte würden theoretisch unzubereitet als juristisches Argument serviert, inkompatible Versatzstücke aus verschiedenen paradigmatischen Kontexten würden rhetorisch gewaltsam zusammengeleimt, die Grenzen der verwendeten Modelle würden kaschiert.[211] Diese harte Kritik wollte nicht das Integrationsthema erledigen, ganz im

210 Buckel/Christensen/Fischer-Lescano 2020.
211 So Lüdemann 2007 b: 49.

Gegenteil: Es wurde eine ›Rezeptionstheorie der Rechtswissenschaft‹ gefordert, um dem eigenen Anspruch an methodologischer Reflexion gerecht zu werden.

Die seit Ende des 19. Jahrhunderts unaufhörlich fließenden Ausführungen über ›Sein und Sollen‹ müssen für unser Thema nicht aufgerufen werden. Weder eine ›Zwei-Welten-Lehre‹ noch das Gespenst eines ›Methodensynkretismus‹ konnten davon abschrecken, die Verwendung sozialwissenschaftlicher Erkenntnisse im juristischen Handeln positiv zu erörtern. Kein Rechtsurteil verzichtet auf Annahmen über die Lebenswelt, wie sie beschaffen ist, so wenig wie auf einen Normbezug, wie die im Konflikt stehenden Güter verteilt sein sollen. »Das Recht ist stets mit den umgebenden Sozial- und Wissensordnungen verbunden«.[212] Die Wissensregimes ersetzen einander nicht, sie können erkenntnistheoretisch gut unterschieden werden. Doch im praktischen Zusammenwirken – Entscheiden und Begründen – wird es schwierig; hierin bestehen Kunst und Eigenart der juristischen Professionalität. Zu den avancierten Positionen heute rechnet sich die These, das interdisziplinäre Arbeiten in der Dogmatik sei berechtigt, aber nur begrenzt möglich.[213] Nicht erwogen wurde, ob mangelnde Übung für die Schwierigkeiten mitverantwortlich ist. Ein weiteres Resümee aus einem Jahrhundert Methodenstreit leuchtet allein schon aus pragmatischen Gründen ein: die Gegenüberstellung von »Dogmatik versus Grundlagen« aufzugeben und die Suche nach einer Verbindung zwischen ihnen zu beenden. Das ist der Vorschlag von Marietta Auer.

> »Es bleibt immer bei der Konstatierung einer wie auch immer gearteten Relation zwischen beiden Bereichen, und die Frage, was das zwischen beiden Polen entstehende Dazwischen denn nun konkret bedeutet, wie also Dogmatik und Grundlagenwissenschaften im Einzelnen interagieren, wie sie jeweils zur Leistungsfähigkeit des Gesamtfelds der Rechtswissenschaften beitragen, bleibt weitgehend unbeantwortet«. Hierzu holt Auer theoriegeschichtlich aus, beginnend bei H. Kantorowicz. Eine theoretisch anspruchsvolle Rechtswissenschaft widme sich »einer *multidisziplinären Gesellschaftstheorie, betrachtet durch das Medium des Rechts*. Das Erkenntnisobjekt einer solchen gesellschaftstheoretischen Rechtswissenschaft ist nicht oder jedenfalls nicht in erster Linie das Recht um seiner selbst willen, sondern vielmehr das Recht als aus vielfältigen Perspektiven zu beobachtendes Medium der Gesellschaft, als Symptom sozialer Entwicklungen und vor allem sozialer Deformationen.«[214] In ihre Analyse des Privatrechts baute Auer die soziologische Theorie der Moderne ein.[215]

212 Arnauld 2015: 46.
213 So beispielsweise Grimm 2016: 23.
214 Auer 2018 b: 18, 51, H.i.O.
215 Vgl. Auer 2014: 13 f., 49–55, 86 f.

... *Lasst mich auch endlich Taten sehn*, fuhr der Theaterdirektor fort. Nur ganz selten in dem Diskursjahrhundert wurde darauf hingewiesen, dass der Gedanke des Sozialen weder von außen noch von Einzelnen im Innern der Jurisprudenz zu etablieren ist. Vielmehr kann dies wohl nur in einem kollektiven Vorgehen und in dauerhafter Praxis mit der üblichen Versuch-und-Irrtum-Toleranz bewerkstelligt werden. Allzu häufig endeten die rechtsmethodologischen Bestandsaufnahmen mit einem Achselzucken; die an sich plausiblen Vorschläge für sozialwissenschaftliches Informiertsein im Recht erschöpften sich in der prinzipiellen Empfehlung, aber ermangelten der Konkretion, wie es denn zu machen sei – in der Dogmatik, in der Ausbildung, in der Praxis. Nicht überlegt wurde, dass solche Veränderungen sich erst im gemeinsamen Ausprobieren einstellen können und dass dazu ein deutlich gesetzter Abschied an eingefahrene Gewohnheiten vonnöten ist. Für beides waren nur zaghafte Ansätze zu erkennen, während das Gros rechtswissenschaftlicher Handlungen in den alten Bahnen weiterlief.

> Wenn die Methodenproblematik nicht angesprochen wird, dann kann auch in der deutschen Rechtswissenschaft sogleich von Soziologischem zu Juristischem fortgeschritten werden, wie es Judith Froese in ihrer Habilitationsschrift vorgemacht hat. Sie bediente sich hier »soziologischer Begriffsverständnisse, die das Recht zwar nicht zwingend vernehmen muss, die ihm jedoch in vielen Fällen als Ausgangspunkt dienen dürften. [...] Die juristische Perspektive ist eine Perspektive unter vielen.« Das soziologische Begriffsverständnis von Kategorien und Gruppen liege der juristischen Begriffsbildung in großem Maße zugrunde und könne für die juristische Auslegung fruchtbar gemacht werden.[216] Für die Methodenorthodoxie mag das als ›hemdsärmelig‹ erscheinen, und doch passiert es so in der Dogmatik.

> Dem Gesichtspunkt der Praxis kam Robert Alexy nahe, als er den Gegensatz zwischen »idealer und realer Dimension des Rechts« mit der These aufhob, die juristische Argumentation sei ein Sonderfall des allgemein-praktischen Diskurses.[217] Aus der philosophischen Höhe wurde allerdings kein Gang in die Niederung juristischer Entscheidungstätigkeit angetreten, sodass sich keine Weiterung für den Konnex zwischen Rechts- und Sozialwissenschaften ergab.

Machen statt Räsonieren lautet also eine Empfehlung. Für den Erfolg dürfte zu beachten sein, dass sich sozialwissenschaftliche Großtheorien erst dann als Bestandteil einer Norminterpretation eignen, wenn sie auf eine mittlere Ebene heruntergebrochen werden. Auch sozialwissenschaftliche Zeitdiagnosen sind juristisch nicht unmittelbar verwendbar; sie

216 Froese 2022: 55 f.
217 Vgl. Alexy 2011.

bilden ein besonderes Genre, dessen Brauchbarkeit sich in massenmedialen und politischen Räumen entfaltet.

> Am Beispiel des Haftungsrechts demonstrierte Micklitz die Schwierigkeit, sich auf ein soziologisches Makrokonzept wie die ›Risikogesellschaft‹ von Ulrich Beck einzulassen, obwohl es auf die Rechtsfigur zu passen schien und auch die Haftungsfrage ansprach. »Die Thesen Becks von der ›organisierten Unverantwortlichkeit‹ und der Legitimationsfunktion des geltenden Haftungsrechts für ›ein weiter so‹ lassen sich so gar nicht in die tradierten Muster des Rechts einpassen.«[218]

Hinderlich wäre auch eine disziplinäre Verknüpfung *top-down* anstelle von *bottom-up*. Die Verwendung der Sozialwissenschaften wurde bislang meist als rechtstheoretische Grundsatzfrage diskutiert, als eine prinzipielle Umorientierung der juristischen Methodik. Das Vorgehen im Recht geschah dann gewissermaßen *deduktiv*, als eine generalisierte Bereitschaft, alles zu ändern. Mittlerweile etabliert sich eine *induktive* Vorgehensweise. Einzelfragen werden behutsam soziologisiert, ohne die schmerzhafte Prinzipiendiskussion anzuwerfen.

> Diese Operation zeitigte Erfolge, zu besichtigen etwa in der von Lomfeld edierten Sammlung von Fällen (2017) und in dem DFG-Netzwerk über »Private Macht und private Gestaltungsfreiheit« mit dem Sammelband von Möslein (2016). Moritz Renner verband soziologische Machtbegriffe mit dem Vertrags-, Verbraucher-, Wettbewerbs-, Familien- und Erbrecht. Dort erwies sich die Machtkategorie stets als erkenntnisstiftend. Zu Rate gezogen wurden vier sozialwissenschaftliche Autoren (M. Weber, N. Luhmann, M. Foucault und W. Eucken), deren unterschiedliche Machtkonzepte bereichspezifisch passten, d.h. rechtsdogmatisch verwertbar waren, allerdings unterschiedlich: Webers Begriff in hohem Maße, Foucaults kaum.[219] – Auch Gerd Winter beschritt explizit einen induktiven Weg, und zwar für eine Umweltschutzklage gegen die Europäische Union. Zunächst müsse man verstehen, »worauf die Klagen zielen, wer sie wo erhebt, in welchem gesellschaftlichen, wirtschaftlichen und rechtskulturellen Kontext sie stehen, warum sie entstanden sind, welche rechtsdogmatische Qualität sie haben, welchen Beitrag sie zum öffentlichen Diskurs leisten, inwieweit sie die Akteure zu Verhaltensänderungen angestiftet haben und welche Folgen negative oder positive Entscheidungen gehabt haben.«[220]

Ein induktives Vorgehen bedeutet, Einzelfiguren des geltenden Rechts sowie bestimmte lösungsbedürftige Konfliktsituationen einerseits nach ihrer sozialen Beschaffenheit, andererseits nach den für sie einschlägigen

218 Micklitz 2015: 1159 f.
219 Renner 2016: 526.
220 Winter 2019: 270.

Rechtsnormen zu beschreiben. Solche Analysen erzeugen das deskriptive Niveau, auf dem sozialwissenschaftliche Erkenntnis weiterführend eingespeist und mit den juristischen Lösungsalternativen kombiniert werden kann. Von einer entsprechend sensibilisierten Beschreibung der Regelungsinstrumente »ist es dann freilich nur noch ein kleiner Schritt zu der normativen Frage nach der ›richtigen‹ Regelungsstrategie«.[221] Zunächst werden dabei die aus dem Bildungswissen stammenden laiensoziologischen Argumente überprüft. Wenn zudem jene beiden Beschreibungen so angelegt worden sind, dass sie sich einander annähern und partiell übereinstimmen, dann wird die soziale Analyse auch juristisch relevant, sei es als Untermauerung der früher schon gefundenen Lösung, sei es zu deren Problematisierung. Der Erkenntnisgewinn ergibt sich nicht nur für die Gesetzesvorbereitung, bei der die Sozialwissenschaften immer schon selbstverständlich zuarbeiten, sondern auch in den Spielräumen innerhalb der rechtsdogmatischen Erwägungen, bei denen sozialwissenschaftliche Erkenntnis vielfache Orientierung zu leisten vermag.

Von außen gesehen gibt es Verwunderung über den deutschen Sonderweg. Der kanadische, auch in Deutschland lehrende Politologe Ran Hirschl sagte: »Eine der erstaunlichsten Eigenarten der zeitgenössischen Verfassungsforschung ist ihre disziplinäre Trennung und der daraus resultierende Mangel an Kommunikation zwischen der Rechtswissenschaft auf der einen und den Sozialwissenschaften, insbesondere der Politikwissenschaft, auf der anderen Seite«. Die Verantwortung für die scharfe disziplinäre Trennung liege aber nicht allein bei der Rechtswissenschaft; auch die mangelnde Aufmerksamkeit für die Rechtsdogmatik spiele mit.[222] Wie also steht es um die Mitwirkung vonseiten der Sozialwissenschaft i.e.S.? Nach den Erfahrungen des vorigen Jahrhunderts wird sie sich nicht mehr in rechtstheoretische Debattenfronten hineinziehen lassen, sondern schlägt diese einfach dem Objektbereich einer wissens- oder wissenschaftssoziologischen Untersuchung zu. Ungeachtet ihrer Multiparadigmatik scheint die Soziologie sich bislang noch einig darüber zu sein, dass der normativ-dogmatische Charakter dem juristischen Denken inhärent sei.

Ein gewinnbringender Austausch zwischen Jurisprudenz und Soziologie kann wohl nur als Zwei-Wege-Kommunikation zustandekommen. Auch die Soziologie muss das Recht wieder »adressieren«, wie Doris Schweitzer es anschaulich nennt. Die rechtswissenschaftliche Literatur zieht gern Stoffe anderer Wissenschaften heran, »diese aber umgekehrt kaum sie«.[223] Die Klage, Soziologie diene nur als ›Hilfswissenschaft‹, ermangelt der Ernsthaftigkeit, wenn von hier aus kein Arm ausgestreckt

221 Möslein 2016: 566.
222 Hirschl 2018: 15, 23 f.
223 Kähler 2018: 108.

wird. Die vielberufene Interdisziplinarität kann nur in Wechselseitigkeit geschehen.

Noch einmal zu meinem frühen Büchlein mit der Überschrift *Soziologie vor den Toren der Jurisprudenz.* Von dieser Aufsatzsammlung hat nur der Titel überlebt; er wurde weidlich zitiert als warnendes Beispiel und Beleg für einen bösartigen Angriff auf die Rechtswissenschaft. Niklas Luhmann, an dessen Lehrstuhl ich damals angestellt war, assoziierte *Hannibal ante portas* und prophezeite dem Autor ein *Cannae*, wo 216 v. Chr. Rom gegen Karthago vernichtend unterlegen war.[224] Ein Spaßvogel unterstellte mir, mit den ›Toren der Jurisprudenz‹ auf die törichten Juristen gezielt zu haben. Tatsächlich aber meinte das Bild die befestigten Tore einer Burg. Und davor verharrt ja die Soziologie in einer Wartehaltung; nur gelegentlich wird sie hineingelassen. Das Problem, wie sich juristisches Arbeiten mit den Sozialwissenschaften verbindet, wird sich zukünftig wieder spürbarer stellen als in der Eleganz, mit der es gegenwärtig besänftigt wird. Vielleicht auch wird das Problem übersprungen und es entwickelt sich eine ganz neue Art, das Soziale im Recht mitzudenken.

224 Luhmann 1974 10.

Nachwort

Wie gern ich dieses Buch geschrieben habe! Und wie groß die Bedenken, mit der Sichtung und Würdigung des schier unübersehbaren Materials jetzt aufzuhören, obwohl eine fortgesetzte Analyse die Hauptlinien des Diskurses genauer ausgemalt und neue Nebenlinien entdeckt hätte. Hätte! Aber ein Panorama über anderthalb Jahrhunderte zu zeichnen, das rief nach Beschränkung. Der Blick musste streng fokussiert werden, hier auf das Verhältnis zwischen der Rechtsmethodik und den Sozialwissenschaften. An diesem Vorgehen kann eine Kritik ansetzen, zumal ich auf ein eigenes Kapitel über Theorie und Methode verzichtet habe.

Konnte mein Unternehmen gewagt werden, ohne sich auf eine jahrzehntelange Dauerbeschäftigung zu stützen? Selber hatte ich praktisch und wissenschaftlich immer wieder im Rechtsbetrieb zu tun, allerdings nur phasenweise und dann jeweils intensiv auf einen Ausschnitt fokussiert. Zuerst in einer klassischen Ausbildung (mit verlängerter Referendarzeit und Anwaltsvertretungen), später als Richter (in einem Beobachtungsprojekt), für ein Dutzend Jahre mit der Lehre in einem juristischen Fachbereich und lebenslang in der Forschung. Das summierte sich zeitlich auf mehrere Jahrzehnte und erstreckte sich auf alle juristischen Sparten. Soviel zu meinem allgemeinen Erfahrungshintergrund für dieses Buch.

Speziell mit dessen Themen war ich erstmals in den frühen 1960er Jahren in Berührung gekommen. Für eine Dissertation zum ›Wesen des Rechts‹ – hm! – hatte ich einen verzweigten Zettelkasten aus rechtsphilosophischen Lektüren angelegt, bevor ich auf das Thema ›Freie Rechtsfindung und Methodik der Rechtsanwendung‹ stieß und mich davon schlagartig begeistern ließ. Sogleich stürzte ich mich auf Hermann Kantorowicz, Eugen Ehrlich & Co. und schrieb 1963 die Dissertation (die als bloße Qualifikationsarbeit zu Recht unveröffentlicht geblieben ist). Die Lektüre der beiden genannten Klassiker steuerte anschließend meinen Übertritt zur Soziologie, für die ich seither tätig geblieben bin (beginnend mit der Dissertation über die Begriffe Wert und Norm, 1969). Dies alles vollzog sich außerhalb von Lehrer-Schüler-Verhältnissen, ohne Einbindung in Doktorandenseminare und sonstige Anlehnung, also wohl etwas ungebärdig, wie es kaum in einer juristischen, wohl aber in einer soziologischen Universitätskarriere geschehen kann.

Das Verquicktsein von Jurisprudenz und Soziologie tauchte erneut auf, als 2019 zwei Tagungen ausgeschrieben wurden, und zwar über ›Disziplinäre Abgrenzungsstreitigkeiten: Zum Verhältnis von Rechtswissenschaft und Soziologie zu Anfang des 20. Jahrhunderts bzw. zwischen 1960 und 1980‹, geplant von Clemens Boehncke, Karlson Preuß und

Doris Schweitzer für die Sektion Rechtssoziologie in der Deutschen Gesellschaft für Soziologie. Die Kapitel 2 bis 4 sowie 11 und 12 beruhen auf den Recherchen für die Vorträge, die ich dort gehalten habe, und zwar im Januar 2020 an der Universität Erfurt bzw. im November 2021 im Hamburger Institut für Sozialforschung. Die Vorträge wurden zu Artikeln ausgearbeitet, die in der *Zeitschrift für Rechtssoziologie* bzw. *Mittelweg 36* abgedruckt sind.[1] Der Fülle des Stoffes war schon in diesem engen Rahmen kaum beizukommen. Die Wiederbegegnung sowie die anderen Vorträge und Diskussionen auf den Konferenzen brachten mich auf den Weg, das gesamte Trajekt zu besichtigen.

Da ich um 1970 selber in die Debatten involviert gewesen bin, stellte sich jetzt die Frage, aus welcher erkenntnistheoretischen Position der Diskurs betrachtet wird. Gerne hätte ich mich auch als Autor ›neuerfunden‹, zumal ich ja einige Metamorphosen bereits hinter mir hatte. Doch das wäre eine Illusion gewesen, deren Möglichkeit uns im Zeitalter des Identitätstauschs vorgegaukelt wird. In dieser grundsätzlichen Frage kann ein Autor heute nicht umsichtig genug sein, schon wegen der forschungsethischen Dimension. Vorgeschlagen wurde mir, ich möge mich auch als interessierter Akteur in den analysierten Diskursen verorten. Aber genau dies habe ich in meiner Studie zu vermeiden gesucht, war freilich erstaunt, in welcher Position ich mich befinde: ein Ex-Akteur, der in die Rolle des Beobachters wechselt. Eine Zeitlang habe ich mit diesem Widerspruch gekämpft.

Es fehlen die Vergleichsbeispiele, wie eine solche Situation methodologisch einzuschätzen ist. Zu denken ist an Fälle wie: ein Ex-Häftling, der den früheren Strafvollzug analysiert; ein Holocaustopfer, das den Judenmord rekonstruiert; ein Politiker, der nach seiner Parlamentszeit in die Wissenschaft wechselt; eine Frauenpolitikerin, die nun *Gender Studies* betreibt. Ich glaube nicht, dass derartige Autor:innen ihr früheres Engagement bzw. Betroffensein heute vor sich her tragen. Michel Foucault, der Professor für die Geschichte der Denksysteme, hat es – soweit hier vergleichbar – auch nicht gemacht.

Es ist schon, wenn man so will, ein interessantes Dilemma: Jemand kehrt nach vier Jahrzehnten mit anderem Blick auf ein früher beackertes Feld zurück. Sowohl das Feld als auch der Autor haben sich verändert. So ging ich ans Werk, die alten Vorgänge von heute her zu analysieren, unabhängig davon, dass sie, wie es gerne genannt wird, zu einem ›früheren Leben gehören‹. Der diskursanalytische Ansatz (in der Soziologie eines der Surrogate für das Arbeiten mit historischen Materialien) erleichtert die Distanzierung von eigenem Beteiligtsein. Eine Beimischung aus den Schubladen des Autobiographischen oder der Zeitzeugenschaft

1 Zeitschrift für Rechtssoziologie 41 (2), S. 281–315, 2021; Mittelweg 36, Jg. 31 (5), S. 11–35, 2022.

vertrüge sich damit m.E. überhaupt nicht. Für meine Beiträge aus der Zeit der alten Bundesrepublik, die sich noch als eine Art gesellschaftlicher Intervention begriffen, bereite ich gerade eine kontextualisierte Auswahl damaliger Aufsätze vor.

Das Manuskript dieses Buchs ist als Ganzes oder in einzelnen Kapiteln dankenswert von freundlichen Kolleg:innen durchgesehen worden; daraus ergaben sich Hinweise auf formale Fehler und inhaltliche Weiterführungen, und die Vorlage konnte verbessert werden. Mit dem Gesamttext haben sich Daniela Klimke, Aldo Legnaro und Hubert Rottleuthner befasst; ihnen bin ich dafür tief verbunden. Einzelne oder mehrere Kapitel wurden von Thorsten Benkel, Christian Boulanger, Christian Joerges, Pamela Feldman-Savelsberg, Wolfgang Hoffmann-Riem, Joachim J. Savelsberg, Susanne K. Paas und Karl F. Schumann gelesen. Von allen bekam ich fruchtbare Rückmeldungen, die dem Buch zugutegekommen sind. Die Verantwortung für den mehrfach überarbeiteten Text und die verbliebenen Fehler liegt beim Verfasser. Auf ein Namens- und Sachverzeichnis konnte verzichtet werden, weil der im Internet frei zugängliche Gesamttext des Buchs (*open access*) eine zielgenaue Suche ermöglicht.

Gewidmet sei das Buch dem mir angetrauten Heiko Hinrichs, der meine unnützen Bemühungen mit Geduld beobachtet.

Berlin/Bremen, im Oktober 2024

Literatur

Aaken, Anne van 2008: »Funktionale Rechtswissenschaftstheorie für die gesamte Rechtswissenschaft«, in: Jestaedt, Matthias/Oliver Lepsius (Hg.), *Rechtswissenschaftstheorie*, Tübingen: Mohr Siebeck, 79–104.

Aaken, Anne van 2023: »Rechtsdogmatik als Sozialwissenschaft«, in: Bezemek, 365–382.

Achterberg, Norbert 1970: »Gedanken zur Einführung rechtssoziologischer Lehrveranstaltungen in den Rechtsunterricht«, in: *Juristenzeitung* 25 (9), 281–283.

Adamek, Wojciech/Janusz Radwan-Pragłowski 2006: »Ludwik Gumplowicz: A Forgotten Classic of European Sociology«, in: *Journal of Classical Sociology* 6, 381–398.

AK-BGB 1979–1990: *Kommentar zum Bürgerlichen Gesetzbuch*, sechs Bände, Neuwied: Luchterhand.

AK-Strafvollzugsgesetz 1979: *Alternativkommentar zum Strafvollzugsgesetz*, Neuwied: Luchterhand.

AK-ZPO 1987: *Kommentar zur Zivilprozeßordnung*, Neuwied: Luchterhand.

Albrecht, Hans-Jörg u.a. (Hg.) 1986/1990: *Kommentar zum Strafgesetzbuch*, Neuwied: Luchterhand.

Alternativkommentare 1987: *Anspruch und Kritik*, Neuwied: Luchterhand.

Alexy, Robert 2009: »Hauptelemente einer Theorie der Doppelnatur des Rechts«, in: *Archiv für Rechts- und Sozialphilosophie* 95 (2), 151–166.

Alexy, Robert 2011: »Die Doppelnatur des Rechts«, in: *Der Staat* 50. 389–404.

Alvear Moreno, Rafael 2020: *Soziologie ohne Mensch? Umrisse einer soziologischen Anthropologie*, Bielefeld: transcript.

Ambos, Kai 2021: »Strafrecht und Gesellschaft«, in: *RW Rechtswissenschaft* 12 (1), 76–117.

Anter, Andreas 2004: »Die ›Natur der Sache‹ und der Hüter der Verfassung«, in: *Zeitschrift für Politik* 51 (3), 277–294.

Anter, Andreas 2016: *Max Weber und die Staatsrechtslehre*, Tübingen: Mohr Siebeck.

Anter, Andreas/Verena Frick 2013: »Der verdrängte Carl Schmitt«, in: Rüdiger Voigt (Hg.), *Ausnahmezustand*, Baden-Baden: Nomos, 128–143.

Arnauld, Andreas von 2015: »Öffnung der öffentlich-rechtlichen Methode durch Internationalität und Interdisziplinarität«, in: *Referate und Diskussionen auf der Tagung der Vereinigung der Deutschen Staatsrechtslehre*, Berlin: de Gruyter, 39–87.

Arnold, Wilhelm 1865: *Kultur und Rechtsleben*, Berlin: Dümmler.

Auer, Marietta 2014: *Der privatrechtliche Diskurs der Moderne*, Tübingen: Mohr Siebeck.

Auer, Marietta 2015: »Der Kampf um die Wissenschaftlichkeit der Rechtswissenschaft – Zum 75. Todestag von Hermann Kantorowicz«, in: *Zeitschrift für europäisches Privatrecht* 23, 773–805.

Auer, Marietta 2018 a: »Cantus firmus der Moderne. Rechtstheorie in der Berliner Republik«, in: Thomas Duve/Stefan Ruppert (Hg.), *Rechtswissenschaft in der Berliner Republik*, Berlin: Suhrkamp, 121–146.

Auer, Marietta 2018 b: *Zum Erkenntnisziel der Rechtstheorie. Philosophische Grundlagen multidisziplinärer Rechtswissenschaft*, Baden-Baden: Nomos.

Auer, Marietta 2021 a: »Selbstreflexion der Privatrechtswissenschaft. Formation, Herausforderungen, Perspektiven«, in: Hilgendorf, Eric/Schulze-Fielitz, Helmuth (Hg.): *Selbstreflexion der Rechtswissenschaft*, 2. erweiterte Aufl., Tübingen: Mohr Siebeck, 301–325.

Auer, Marietta 2021 b: »Politische Theologie als Rechtswissenschaftstheorie«, in: *Rechtsphilosophie* 7 (2), 131–140.

Auer, Marietta/Ralf Seinecke (Hg.) 2024: *Eugen Ehrlich: Kontexte und Rezeptionen*. Tübingen: Mohr Siebeck.

Augsberg, Ino 2013: »Multi-, inter-, transdisziplinär?«, in: ders. (Hg.), *Extrajuridisches Wissen im Verwaltungsrecht*, Tübingen: Mohr Siebeck, 3–33.

Augsberg, Ino 2018: »Hermann Kantorowicz und die Freiheit des Rechts«, in: Andreas von Arnauld/Ino Augsberg/Rudolf Meyer-Pritzl (Hg.), *350 Jahre Rechtswissenschaftliche Fakultät der Christian-Albrechts-Universität zu Kiel*, Tübingen: Mohr Siebeck, 191–235.

Augsberg, Ino 2024: »Methodisch verfahren«, in: *JuristenZeitung* 79 (5), 157–166.

Augsberg, Steffen 2009: »Die aktuelle Methodendiskussion: eine wissenschaftstheoretische Renaissance?«, in: Andreas Funke/Jörn Lüdemann (Hg.), *Öffentliches Recht und Wissenschaftstheorie*, Tübingen: Mohr Siebeck, 145–199.

Aydin, Taner 2020: *Gustav Radbruch, Hans Kelsen und der Nationalsozialismus*, Baden-Baden: Nomos.

Badura, Peter 1966: *Verwaltungsrecht im liberalen und im sozialen Rechtsstaat*, Tübingen: J.C.B. Mohr (Paul Siebeck).

Baer, Susanne 2017: *Rechtssoziologie*, 3. Aufl., Baden-Baden: Nomos.

Bartels-Ishikawa, Anna 1998: *Theodor Sternberg*, Berlin: Duncker und Humblot.

Bastuck, Pascal 2020: *Rudolf Wassermann. Vision und Umsetzung einer inneren Justizreform*, Berlin: de Gruyter.

Bechmann, Gotthard/B. Moldenhauer/E. Osborg/H. Rottleuthner 1968: »Zur politischen Reorganisation des Jurastudiums«, in: Claussen/Dermitzel, 130–156.

Bechmann, Gotthard/Koch, Hans-Joachim/Rottleuthner, Hubert 1971: »Gutachten zum integrierten sozialwissenschaftlichen Eingangsstudium an der Universität Bremen unter besonderer Berücksichtigung des Frankfurter Reformversuchs mit Studienanfängern an der juristischen Fakultät«, vervielf. Manuskript.

Becker, Martin 2005: *Arbeitsvertrag und Arbeitsverhältnis während der Weimarer Republik und des Nationalsozialismus*, Frankfurt/M.: Klostermann.

Becker, Walter G. 1950: »Rezension zu Wilhelm Sauer, System der Rechts- und Sozialphilosophie«, in: *Archiv für die civilistische Praxis*, 151 (2), 176–178.
Beckers, Anna 2015: *Enforcing Corporate Social Responsibility Codes*, Oxford: Hart.
Behrends, Okko 1989: »Von der Freirechtsschule zum konkreten Ordnungsdenken«, in: Ralf Dreier/Wolfgang Sellert (Hg.), *Recht und Justiz im ›Dritten Reich‹*, Frankfurt/M.: Suhrkamp, 34–79.
Behrens, Peter 1986: *Die ökonomischen Grundlagen des Rechts. Politische Ökonomie als rationale Jurisprudenz*, Tübingen: J.C.B. Mohr (Paul Siebeck).
Benöhr, Hans-Peter 1996: »Der Beitrag deutsch-jüdischer Juristen zum Arbeits- und Sozialrecht«, in: *Zeitschrift für Religions- und Geistesgeschichte* 48, 313–337.
Berger, Johannes 2016: »Macht als Grundbegriff der Soziologie«, in: Möslein, 47–63.
Bergmans, Bernhard 2021: *Bibliographie zur Rechtsdidaktik und Juristenausbildung, 1949–2021 (Deutschland)*, www.w-hs.de/irdip (Abruf 23. Februar 2024)
Berlit, Uwe/Josef Brink/Horst Dreier/Thomas Fruth/Eckart Wähner 1981: »Juristenausbildung in der Kritik«, in: *Kritische Justiz* 14, 141–171.
Beste, Hubert 1983: *Innere Sicherheit und Sozialforschung*, Münster: Lit-Verlag.
Beste, Hubert 1989: »Zur Rolle der Sozialwissenschaften im Strafrecht«, in: *Kritische Vierteljahresschrift für Gesetzgebung und Rechtswissenschaft* 2, 149–178.
Bezemek, Christoph (Hg.) 2023: *Rechtsdogmatik. Stand und Perspektiven*, Wien: Manz.
Birr, Josefa 2022: *Der Schatten des Wanderers – Einzelfall, Rechtswandel und Fortschritt in Rudolf von Jherings Lehre vom Rechtsgefühl*, Berlin: Duncker & Humblot.
Blanke, Sandro 2005: *Soziales Recht oder kollektive Privatautonomie? Hugo Sinzheimer im Kontext nach 1900*, Tübingen: Mohr Siebeck.
Blankenburg, Erhard/Wolfgang Kaupen/Rüdiger Lautmann/Frank Rotter 1972: »Kritische Anmerkungen zur rechtssoziologischen Forschung und Argumentation, in: *Jahrbuch für Rechtssoziologie und Rechtstheorie* 3, 600–602.
Blankenburg, Erhard/Hubert Treiber 1982: »Die geschlossene Gesellschaft der Verfassungsinterpreten«, in: *Juristenzeitung* 37 (15/16), 543–551.
Blankenburg, Erhard 1988: *Mobilisierung von Recht*, Amsterdam: Vrije Univ.
Blasius, Dirk 1971: »Gesellschaftsgeschichte und Gesellschaftswissenschaft bei Lorenz von Stein«, in: *Archiv für Rechts- und Sozialphilosophie* 57 (2), 261–85.
Boehncke, Clemens 2021: »Die ›Freirechtler‹ als Intellektuellengruppe betrachtet«, in: *Zeitschrift für Rechtssoziologie* 41 (2), 185–214.

Bogdandy, Luca von/Florian Forster 2024: »Der Loccumer Arbeitskreis. Schicksal eines Netzwerks zur Reform der juristischen Ausbildung«, in: *JuristenZeitung* 79 (11), 500–508.

Bora, Alfons 2023: *Responsive Rechtssoziologie – Theoriegeschichte in systematischer Absicht*, Wiesbaden: VS Verlag für Sozialwissenschaften.

Boßdorf, Peter 2003: *Ludwig Gumplowicz als materialistischer Staatssoziologe, Eine Untersuchung zur Ideengeschichte der Soziologie*, Diss. rer. pol., Universität Bonn.

Boulanger, Christian 2019: »Die Soziologie juristischer Wissensproduktion«, in: ders./Julika Rosenstock/Tobias Singelnstein (Hg,), *Interdisziplinäre Rechtsforschung*, Wiesbaden: VS Verlag für Sozialwissenschaften, 173–192.

Bourdieu, Pierre 1987: »The force of law: Toward a sociology of the juridical field« (frz. 1986), in: *The Hastings Law Journal* 38, 814–853.

Braun Binder, Nadja 2021: »Verwaltungsrecht und Verwaltungslehre«, in: Wolfgang Kahl/Markus Ludwigs (Hg.): *Handbuch des Verwaltungsrechts*, Heidelberg: C.F. Müller, Band 1, 495–515.

Breuer, Stefan 2002: »›Gemeinschaft‹ in der ›deutschen Soziologie‹«, in: *Zeitschrift für Soziologie* 31 (5), 354–372.

Brink, Josef 1981: »Juristenausbildung in der Kritik – Betroffene berichten: Sozialisation eines ›neuen Juristen‹?«, in: *Kritische Justiz* 14 (2), 141–149.

Brix, Emil (Hg.) 1986: *Ludwig Gumplowicz oder die Gesellschaft als Natur*, Wien: Böhlau.

Brohm, Winfried 1972: »Die Dogmatik des Verwaltungsrechts vor den Gegenwartsaufgaben der Verwaltung«, in: *Veröffentlichungen der Vereinigung der Deutschen Staatsrechtslehrer* 30, 246–312.

Brüggemeier, Gert 1977: *Die Entwicklung des Rechts im organisierten Kapitalismus*, Frankfurt/M.: Syndikat.

Brünneck, Alexander von 2000: »Ernst Fraenkels Urdoppelstaat von 1938 und der Doppelstaat von 1941/1974«, in: Hubertus Buchstein/Gerhard Göhler (Hg.), *Vom Sozialismus zum Pluralismus*, Baden-Baden: Nomos, 29–42.

Bryde, Brun-Otto 1982: *Verfassungsentwicklung. Stabilität und Dynamik im Verfassungsrecht der Bundesrepublik Deutschland*, Baden-Baden: Nomos.

BUA = Bremer Universitätsarchiv, Bestände zum Gründungssenat (GS) und zur Einstufigen Juristenausbildung (4/EJA2).

Buckel, Sonja/Ralph Christensen/Andreas Fischer-Lescano (Hg.) 2020: *Neue Theorien des Rechts*, 3. Aufl., Tübingen: Mohr Siebeck.

Bumke Christian 2012: »Verfassungsrechtliche Grenzen fachrichterlicher Rechtserzeugung«, in: ders. (Hg.), *Richterrecht zwischen Gesetzesrecht und Rechtsgestaltung*, Tübingen: Mohr Siebeck, 33–48.

Bumke, Christian 2017: *Rechtsdogmatik*, Tübingen: Mohr Siebeck.

Calliess, Gralf-Peter/Lorenz Kähler 2018: »Einleitung«, in: dies. (Hg.), *Theorien im Recht – Theorien über das Recht*, Stuttgart: Steiner, 7–16.

Carter, Frank 2005: »Gustav Radbruch and Hermann Kantorowicz: Two Friends and a Book – Reflections on Gnaeus Flavius‹ Der Kampf um die Rechtswissenschaft«, in: *German Law Journal* 7, 657–700.

Cassens, Johann-Tönjes 1995: »Juristenausbildungsreform«, in: Jürgen Goydke u.a. (Hg.), *Vertrauen in den Rechtsstaat*, Köln: Heymann, 345–356.
Claussen, Detlev/Regine Dermitzel (Hg.) 1968: *Universität und Widerstand*, Frankfurt/M.: Europäische Verlagsanstalt.
Coing, Helmut 1973: »Bemerkungen zu dem Modellentwurf für die einstufige Juristenausbildung in Hessen«, in: *Juristische Schulung* 13, 797–799.
Cotterrell, Roger 2020: »Sociological Jurisprudence«, in: Jiří Přibáň (Hg.), *Research Handbook on the Sociology of Law*, Cheltenham: Elgar, 19–30.
Coutu, Michel 2018: *Max Weber's Interpretive Sociology of Law*, Milton Park: Routledge.
Cristaudo, Wayne/Norman Fiering/Andreas Leutzsch 2015: »Introduction: Eugen Rosenstock-Huessy (1888–1973)«, in: *Culture, Theory and Critique* 56 (1), 1–12.
Croon-Gestefeld, Johanna 2018: »Interdisziplinäres Arbeiten der Zivilgerichte, in: Gregor Christandl u.a. (Hg.), *Intra- und Interdisziplinarität im Zivilrecht*, Baden-Baden: Nomos, 51–69.
Curran, Vivian Grosswald 2001: »Rethinking Hermann Kantorowicz. Free law, American legal realism and the legacy of anti-formalism«, in: Annelise Riles (Hg.), *Rethinking the masters of comparative law*, Oxford: Hart, 66–93.
Dästner, Christian/Werner Patett/Rudolf Wassermann (Hg.) 1979: *Sozialwissenschaften in der Rechtsausbildung. Unterrichtsmaterialien für die Praxis*, Bonn: Bundeszentrale für Politische Bildung.
Denninger, Erhard 1977: »Demokratieprinzip und Verfassung«, in: Wolfgang Hoffmann-Riem (Hg.), *Sozialwissenschaften im Studium des Rechts*, Bd. 2, München: Beck, 33–46.
Depenheuer, Otto Hg. 2010: »Reinheit und Recht«, in: ders. (Hg.), *Reinheit des Rechts. Kategorisches Prinzip oder regulative Idee?*, Wiesbaden: VS Verlag für Sozialwissenschaften, 7–20.
Derleder, Peter 2010: »Der Erste bei der verfassungsrechtlichen Überformung des Privatrechts: Thilo Ramm zum 85. Geburtstag«, in: *Kritische Justiz* 43, 108–112.
Deutscher Juristentag 1970: In welcher Weise empfiehlt es sich, die Ausbildung der Juristen zu reformieren?« *Sitzungsbericht der Verhandlungen der Abteilung Juristenausbildung*, München: Beck.
Dilcher, Gerhard 2010: »Franz Wieacker als Germanist«, in: Okko Behrends/Eva Schumann (Hg.), *Franz Wieacker. Historiker des modernen Privatrechts*, Göttingen: Wallstein, 223–252.
Dilcher, Gerhard 2016: »Freirechtsbewegung und Rationalisierung bei Max Weber«, in: *Scritti per Luigi Lombardi Vallauri*, Band 1, Milano: Wolters Kluwer Italia, 465–474.
Ditt, Thomas 2011: *›Stoßtruppfakultät Breslau‹. Rechtswissenschaft im ›Grenzland Schlesien‹ 1933–145*, Tübingen: Mohr Siebeck.
Dörk, Uwe 2018: »Die frühe Deutsche Gesellschaft für Soziologie«, in: Stephan Moebius/Andrea Ploder (Hg.), *Handbuch Geschichte der deutschsprachigen Soziologie*, Wiesbaden: VS, 829–848.

Dorn, Reinhard 2010: *Der verfassungssoziologische Vergleich zwischen Deutschland und den westlichen Demokratien im Denken von Ernst Fraenkel*, Stuttgart: Steiner.

Drath, Martin 1952a: »Zur Soziallehre und Rechtslehre vom Staat, ihren Gebieten und Methoden«, in: *Rechtsprobleme in Staat und Kirche. Festschrift für Rudolf Smend*, Göttingen: Otto Schwartz, 41–58.

Drath, Martin 1952b: »Grenzen der Verfassungsgerichtsbarkeit«, in: *Veröffentlichungen der Vereinigung der Deutschen Staatsrechtslehrer* 9, Berlin: de Gruyter, 17–116.

Drath, Martin 1963: *Grund und Grenzen der Verbindlichkeit des Rechts*, Tübingen: Mohr Siebeck.

Drath, Martin 1977: *Rechts- und Staatslehre als Sozialwissenschaft*, Berlin: Duncker & Humblot.

Dreier, Ralf 1993: »Karl Larenz über seine Haltung im ›Dritten Reich‹«, in: *JuristenZeitung* 48 (9), 454–457.

Dreier, Ralf 1996: »Der Untergang der DDR und die Rechtsphilosophie«, in: Gerhard Haney u.a. (Hg.), *Recht und Ideologie*, Freiburg: Haufe, 263–284.

Dreier, Ralf 2011: »Gustav Radbruchs Rechtsbegriff«, in: Matthias Mahlmann (Hg.), *Gesellschaft und Gerechtigkeit. Festschrift für Hubert Rottleuthner*, Baden-Baden: Nomos, 15–45.

Dreier, Ralf/Jörn Eckert/Karl A. Mollnau/Hubert Rottleuthner (Hg.) 1996: *Rechtswissenschaft in der DDR 1949–1971, Dokumente zur politischen Steuerung im Grundlagenbereich*, Baden-Baden: Nomos.

Drosdeck, Thomas 1992: »Freie Fahrt für Rechtsdogmatik? Zum Schicksal einer alten Diskussion«, in: *Rechtshistorisches Journal* 11, 398–408.

Dubischar, Roland 1978: *Theorie und Praxis in der Rechtswissenschaft*, Freiburg: Alber.

Duve, Thomas 1998: *Normativität und Empirie im öffentlichen Recht und der Politikwissenschaft um 1900*, Ebelsbach: Aktiv Druck.

Duve, Thomas 2015: »Internationalisierung und Transnationalisierung der Rechtswissenschaft«, in: Dieter Grimm u.a. (Hg.), *Rechtswege*, Baden-Baden: Nomos, 167–195.

Ehrlich, Eugen 1888: »Über Lücken im Recht«, in: *Juristische Blätter* 17, 447–630 (in Fortsetzungen).

Ehrlich, Eugen 1893: *Die stillschweigende Willenserklärung*, Berlin: Carl Heymanns.

Ehrlich, Eugen 1903: *Freie Rechtsfindung und freie Rechtswissenschaft*, Leipzig: Hirschfeld.

Ehrlich, Eugen 1906 a: »Soziologie und Jurisprudenz«, in: *Die Zukunft* 54, 231–240.

Ehrlich, Eugen 1906 b: *Soziologie und Jurisprudenz*, Czernowitz: Gutenberg.

Ehrlich, Eugen 1913: *Grundlegung der Soziologie des Rechts*, München: Duncker & Humblot.

Eith, Wolfgang 1982: »Zehn Jahre Einstufige Juristenausbildung – vorläufige Kurzbilanz und Ausblick«, in: *Zeitschrift für Rechtspolitik* 15 (1), 47–51.

Emge, Carl August 1934: »Ideen über die Aufgaben der wissenschaftlichen Rechtsphilosophie, in: *Zeitschrift der Akademie für Deutsches Recht* 1, 210–212.

Enck, Paul/Joachim Heilmann/Barbara Zahlmann-Willenbacher 1978: »Die Einstufige Juristenausbildung in Hannover, Erwartungen, Erfahrungen, neue Erwartungen«, in: Wolfgang Fichten/Klaus Jaeckel/Richard Stinshoff (Hg.), *Projektstudium und Praxisbezug. Reformmodelle der Lehrer- und Juristenausbildung*, Frankfurt/M.: Campus, 116–156.

Engel, Christoph 1998: »Rechtswissenschaft als angewandte Sozialwissenschaft«, in: ders. (Hg.), *Methodische Zugänge zu einem Recht der Gemeinschaftsgüter*, Baden-Baden: Nomos, 11–40.

Engel, Christoph 2007: »Herrschaftsausübung bei offener Wirklichkeitsdefinition«, in: ders./Schön, 205–240.

Engel, Christoph 2020: »Rechtswissenschaft als Sozialwissenschaft. Spurensuche im Jahrgang 2019 der ZGR«, in: Gregor Bachmann/Stefan Grundmann/Anja Mengel/Kaspar Krolop (Hg.), *Festschrift für Christine Windbichler*, Berlin: De Gruyter, 33–49.

Engel, Christoph/Wolfgang Schön (Hg.) 2007: *Das Proprium der Rechtswissenschaft*. Tübingen: Mohr Siebeck,

Engert, Andreas 2022: »Empirische Rechtswissenschaft – Vorstellung einer Forschungsrichtung«, in: *Berliner Rechtszeitschrift* 3, 3–13.

Englerth, Markus 2010: *Der beschränkt rationale Verbrecher. Behavioral Economics in der Kriminologie*, Berlin: Lit-Verlag.

Ernst, Wolfgang 2007: »Gelehrtes Recht«, in: Engel/Schön, 3–49.

Esser, Josef 1956: *Grundsatz und Norm in der richterlichen Rechtsfortbildung*, Tübingen: Mohr.

Esser, Josef 1958: »Gedanken zur Dogmatik der ›faktischen Schuldverhältnisse‹«, in: *Archiv für die civilistische Praxis* 157, 86–99.

Esser, Josef 1970: *Vorverständnis und Methodenwahl in der Rechtsfindung*, Frankfurt/M.: Athenäum.

Fabricius, Dirk 1981: »Wissenschaftstheoretische Probleme der Integration im Lichte von Bateson's ›Ecology of Mind‹«, in: *Kriminologisches Journal* 13 (3), 178–184.

Faulenbach, Bernd 1982: »Eugen Rosenstock-Huessy«, in: Hans-Ulrich Wehler (Hg.), *Deutsche Historiker IX*, Göttingen: Vandenhoeck & Ruprecht, 102–126.

Fechner, Erich 1941: »Die Wirklichkeit als Rechtsquelle im Arbeitsrecht«, in: *Zeitschrift für die gesamte Staatswissenschaft* 102, 78–100.

Fechner, Erich 1952: »Die Bedeutung der Gesellschaftswissenschaft für die Grundfrage des Rechts. Das Naturrechtsproblem im Schatten der Soziologie«, in: Carl Brinkmann (Hg.), *Soziologie und Leben*, Tübingen, 102–125.

Fechner, Erich 1954: *Die soziologische Grenze der Grundrechte. Versuch einer Ordnung der einwirkenden Kräfte zum Zwecke ihrer besseren Beherrschung*, Tübingen: Mohr.

Fechner, Erich 1956: *Rechtsphilosophie, Soziologie und Metaphysik des Rechts*, Tübingen: Mohr.

Fechner, Erich 1963: *Probleme der Arbeitsbereitschaft. Arbeitsbereitschaft und verwandte Erscheinungen in der Ordnung der Arbeit*, Tübingen: Mohr.

Feest, Johannes 1970: »Kommentierung des Strafgesetzbuchs in sozialwissenschaftlicher Absicht«, in: *Kritische Justiz* 3 (4), 457–461.

Feest, Johannes/Wolfgang Lesting 1986: »Zur Wirksamkeit von Alternativkommentaren«, in: Heribert Ostendorf (Hg.), *Integration von Strafrechts- und Sozialwissenschaften. Festschrift für Lieselotte Pongratz*, München: Schweitzer, 231–250.

Feldmann, Malte 2021: »Hans Kelsens Soziologieverständnis in den 1920er Jahren«, in: *Zeitschrift für Rechtssoziologie* 41 (2), 316–337.

Femia, Pasquale 2019: »Generalklauseln«, in: Lars Viellechner (Hg.): *Verfassung ohne Staat. Gunther Teubners Verständnis von Recht und Gesellschaft*, 105–129.

Fezer, Karl-Heinz 1986: »Aspekte einer Rechtskritik an der economic analysis of law und am property rights approach«, in: *JuristenZeitung* 41 (18), 817–824.

Fischer, Christian 2007: *Topoi verdeckter Rechtsfortbildungen im Zivilrecht*, Tübingen: Mohr Siebeck.

Fish, Stanley 2011: *Das Recht möchte formal sein*, Berlin: Suhrkamp.

Flam, Helena 2020: *Juristische Expertise zwischen Profession und Protest: von der Weimarer in die Bonner und Berliner Republik*, Baden-Baden: Nomos.

Fögen, Marie Theres 2002: *Römische Rechtsgeschichten*, Göttingen: Vandenhoeck & Ruprecht.

Foljanty, Lena 2013: *Recht oder Gesetz: juristische Identität und Autorität in den Naturrechtsdebatten der Nachkriegszeit*, Tübingen: Mohr Siebeck.

Foucault, Michel 1976: *Überwachen und Strafen*, Frankfurt/M.: Suhrkamp.

Foucault, Michel 1999: *In Verteidigung der Gesellschaft*, Frankfurt/M.: Suhrkamp.

Fraenkel, Ernst 1929/1999: »Rechtssoziologie als Wissenschaft«, in: ders. 1999, 370–379.

Fraenkel, Ernst 1999: *Gesammelte Schriften*, Band 1, Hg. Alexander von Brünneck, Baden-Baden: Nomos.

Franzius, Claudio/Tine Stein 2015: »Preuß im Kontext«, in: dies. (Hg.), *Recht und Politik. Zum Staatsverständnis von Ulrich K. Preuß*, Baden-Baden: Nomos, 15–42.

Franck, Jens-Uwe 2016: »Machtquellen: Grundlagen privater Machtpositionen«, in: Möslein, 529–562.

Freyer, Hans 1930: *Soziologie als Wirklichkeitswissenschaft, Logische Grundlegung des Systems der Soziologie*, Leipzig: Teubner.

Freyer, Hans, 1935: »Gegenwartsaufgaben der deutschen Soziologie«, in: *Zeitschrift für die gesamte Staatswissenschaft* 95, 116–144.

Frick, Verena 2017: »Rechtspositivismus als Demokratisierungsprogramm?«, in: dies./Oliver Lembcke/Roland Lhotta (Hg.), *Politik und Recht. Umrisse eines Politikwissenschaftlichen Forschungsfeldes*, Baden-Baden: Nomos, 133–154.

Frick, Verena 2018: *Die Staatsrechtslehre im Streit um ihren Gegenstand, Die Staats- und Verfassungsdebatten seit 1979*, Tübingen: Mohr Siebeck.
Friesenhahn, Ernst 1950: *Staatsrechtslehrer und Verfassung*, Krefeld: Scherpe.
Froese, Judith 2022: *Der Mensch in der Wirklichkeit des Rechts. Zur normativen Erfassung des Individuums durch Kategorien und Gruppen*, Tübingen: Mohr Siebeck.
Frommel, Monika 2023: »System und Kasuistik der modernen Rechtswissenschaften«, in: *Zeitschrift für Rechtssoziologie* 43 (2), 224–246.
Fuchs, Ernst 1912: *Juristischer Kulturkampf*, Karlsruhe: Braun.
Fuchs, Ernst 1918: »Jhering und die Freirechtsbewegung«, in: *Archiv für Rechts- und Wirtschaftsphilosophie* 12 (1), 10–24.
Fuchs-Heinritz, Werner 2018: »Das individuelle Gesetz«, in: Rüdiger Lautmann/Hanns Wienold (Hg.), *Georg Simmel und das Leben in der Gegenwart*, Wiesbaden: Springer VS, 363–379.
Funke, Andreas 2010: »Normativität in der Reinen Rechtslehre«, in: Otto Depenheuer (Hg.), *Reinheit des Rechts*, Wiesbaden: Springer VS, 21–54.
Funke, Andreas 2015: »Konjunkturen in der Bedeutung von Grundlagenfächern«, in: ders. u.a., 37–64.
Funke, Andreas/Julian Krüper/Jörn Lüdemann (Hg.) 2015: *Konjunkturen in der öffentlich-rechtlichen Grundlagenforschung*, Tübingen: Mohr Siebeck.
Gärditz, Klaus Ferdinand 2017: »Die ›Neue Verwaltungsrechtswissenschaft‹ – Alter Wein in neuen Schläuchen?«, in: Martin Burgi (Hg.), *Zur Lage der Verwaltungsrechtswissenschaft*, Berlin: Duncker & Humblot, 105–145.
Gassmann, Vera 2008: *Institution und Handlung. Hermann Hellers Staatslehre im Lichte analytischer Theorien sozialen Handelns*, Frankfurt/M.: Lang.
Geiger, Theodor 1931: »Art. Gemeinschaft«, in: Alfred Vierkandt (Hg.), *Handwörterbuch der Soziologie*, Stuttgart: Enke, 173–180.
Geis, Gilbert 1963: »Sociology and Sociological Jurisprudence. Admixture of Lore and Law«, in: *Kentucky Law Journal* 52, 267–293.
Geiss, Imanuel 1967: »Einleitung«, in: *Hermann Kantorowicz, Gutachten zur Kriegsschuldfrage 1914*, Frankfurt/M.: Europäische Verlagsanstalt, 11–50.
Gephart, Werner 2010: »Einleitung« zu *MWG* 22/3, Recht, 1–133.
Gerhard, Ute 1978: *Verhältnisse und Verhinderungen. Frauenarbeit, Familie und Rechte der Frauen im 19. Jahrhundert*, Frankfurt/M.: Suhrkamp.
Gerhard, Ute 2009: »Von der Frauenbewegung zur feministischen Rechtswissenschaft – Wegmarken und Diskussionen«, in: *Kritische Vierteljahresschrift für Gesetzgebung und Rechtswissenschaft* 92 (2), 163–180.
Giehring, Heinz/Karl F. Schumann 1986: »Die Zukunft der Sozialwissenschaften in der Ausbildung im Straf- und Strafverfahrensrecht«, in: Winfried Hassemer/Wolfgang Hoffmann-Riem/Jutta Limbach (Hg.), *Juristenausbildung zwischen Experiment und Tradition*, Baden-Baden: Nomos, 65–192.

Gierke, Otto von 1874/1915: »Die Grundbegriffe des Staatsrechts und die neuesten Staatsrechtstheorien«, in: *Zeitschrift für die gesamte Staatswissenschaft* 30 (1 und 2). Nachdruck 1915, Tübingen: Mohr.

Gierke, Otto von 1887: *Die Genossenschaftstheorie und die deutsche Rechtsprechung*, Berlin: Weidmann.

Girke, Michael/Michael Gormann-Thelen 2019: »Lagerdenken. Siegfried Kracauer begegnet Eugen Rosenstock-Huessy«, in: Sabine Biebl/Helmut Lethen u.a. (Hg.), *Errettung oder Erlösung der Wirklichkeit?*, Frankfurt/M.: Campus, 51–66.

Glaser, Andreas 2013: *Die Entwicklung des Europäischen Verwaltungsrechts aus der Perspektive der Handlungsformenlehre*, Tübingen: Mohr Siebeck.

Goffman, Erving 1977/1994: »Das Arrangement der Geschlechter«, in: ders., *Interaktion und Geschlecht*, Frankfurt/M.: Campus, 105–158.

Gonzáles Vicen, Felipe 1990: »Die Freirechtsbewegung«, in: Ernesto Garzón Valdés (Hg.), *Spanische Studien zur Rechtstheorie und Rechtsphilosophie*, Berlin: Duncker & Humblot, 137–144.

Grechenig, Kristoffel/Martin Gelter 2008: »Divergente Evolution des Rechtsdenkens. Von amerikanischer Rechtsökonomie und deutscher Dogmatik«, in: *Rabels Zeitschrift für ausländisches und internationales Privatrecht* 72, 513–561.

Greßmann, Michael 2002: *Die Reform der Juristenausbildung*, Köln: Bundesanzeiger.

Grimm, Dieter 1982: »Methode als Machtfaktor«, in: Norbert Horn (Hg.), *Europäisches Rechtsdenken in Geschichte und Gegenwart*, Band 1, München: Beck, 469–492.

Grimm, Dieter 2016: »Notwendigkeit und Bedingungen interdisziplinärer Forschung in der Rechtswissenschaft«, in: Stephan Kirste (Hg.), *Interdisziplinarität in den Rechtswissenschaften*, Berlin: Duncker & Humblot, 21–34.

Grimm, Dieter (Hg.) 1973: *Rechtswissenschaft und Nachbarwissenschaften*, Band 1, Frankfurt/M.: Fischer Athenäum.

Groth, Klaus 1975: »Reform als Prozeß – die Diskussion um die Bremer Juristenausbildung bis zur Universitätseröffnung«, in: Kritische Justiz, 5 (1), 63–85.

Grundmann, Stefan/Hans-Wolfgang Micklitz/Moritz Renner 2015: Privatrechtstheorie. Zwei Bände, Tübingen: Mohr Siebeck.

Grunsky, Wolfgang 1990: »Rezension zum Kommentar zum Bürgerlichen Gesetzbuch, Bd. 6 (Reihe Alternativkommentare)«, in: Archiv für die civilistische Praxis 190, 581–583.

GSG: *Georg Simmel Gesamtausgabe*, 1989–2015, Hg. Otthein Rammstedt, Frankfurt/M: Suhrkamp.

Gumplowicz, Ludwig 1883: *Der Rassenkampf. Sociologische Untersuchungen*, Innsbruck: Wagner.

Gumplowicz, Ludwig 1885: *Grundriss der Sociologie*, Wien: Manzsche k.u.k. Hof-Verlags- und Universitäts-Buchhandlung.

Gumplowicz, Ludwig 1891: *Das Österreichische Staatsrecht*, Wien: Manz'sche Buchhandlung.

Gumplowicz, Ludwig 1892: *Die sociologische Staatsidee*, Graz: Leuschner & Lubensky.

Günther, Frieder 2004: *Denken vom Staat her*, München: Oldenbourg.

Günther, Frieder 2018: »Zeitgeschichte und Recht«, in: Markus Rehberg (Hg.): *Der Erkenntniswert von Rechtswissenschaft für andere Disziplinen,* Wiesbaden: VS Verlag für Sozialwissenschaften, 83–104.

Günther, Frieder 2022: »Antiliberalismus, liberaler Konsens, Neoliberalismus«, in: Pascale Cancik/Andreas Kley/Helmuth Schulze-Fielitz/Christian Waldhoff/Ewald Wiederin, *Streitsache Staat. Die Vereinigung der Deutschen Staatsrechtslehrer 1922–2022*, Tübingen: Mohr Siebeck, 867–891.

Günzl, Clara 2019: »Subsumtionsautomaten und -maschinen«, in: *Juristen-Zeitung* 74: 180–188.

Gutmann, Thomas 2013: »Der Holzkopf des Phädrus – Perspektiven der Grundlagenfächer«, in: *JuristenZeitung* 68 (14), 697–700.

Gyldenfeldt, Christian Sehested von 2008: *Gunther Ipsen zu Volk und Land, Versuch über die Grundlagen der Realsoziologie in seinem Werk*, Berlin: Lit.

Haag, Fritz 1986: »Juristenausbildung als Gesetzgebungsexperiment«, in: Winfried Hassemer/Wolfgang Hoffmann-Riem/Jutta Limbach (Hg.), *Juristenausbildung zwischen Experiment und Tradition*, Baden-Baden: Nomos, 11–24.

Habermas, Jürgen 1989: »Der Philosoph als wahrer Rechtslehrer. Rudolf Wiethölter«, in: *Kritische Justiz* 22 (2), 138–146.

Habermas, Jürgen 1992: *Faktizität und Geltung*, Frankfurt/M.: Suhrkamp.

Hänel, Albert 1888: *Die organisatorische Entwicklung der deutschen Reichsverfassung*, Leipzig: Haessel.

Haferkamp, Hans-Peter 1997: »Bemerkungen zur deutschen Privatrechtswissenschaft zwischen 1925 und 1935 – dargestellt an der Debatte um die Behandlung der exceptio doli generalis«, https://forhistiur.de/1997-07-haferkamp/?l=de (Zugriff 27.12.2019).

Haferkamp, Hans-Peter 2004: *Georg Friedrich Puchta und die ›Begriffsjurisprudenz‹*, Frankfurt/M.: Klostermann.

Haferkamp, Hans-Peter 2022: »Richterausbildung in der DDR«, in: Schmidt-Recla u.a., 35–87.

Hagen, Johann Josef 1973: *Soziologie und Jurisprudenz. Zur Dialektik von Gesellschaft und Recht*, München: Fink.

Hamann, Hanjo 2014: *Evidenzbasierte Jurisprudenz*, Tübingen: Mohr Siebeck.

Hamann, Ulrike 2016: *Prekäre koloniale Ordnung: Rassistische Konjunkturen im Widerspruch*, Bielefeld: transcript.

Haney, Gerhard 1996: »Wahrheit, Wert und Widerspruch – ein Postscriptum«, in: ders./Werner Maihofer/Gerhard Sprenger (Hg.), *Recht und Ideologie. Festschrift für Hermann Klenner zum 70. Geburtstag.* Freiburg: Rudolf Haufe Verlag, 315–349.

Harbarth, Stephan 2022: »Empirieprägung von Verfassungsrecht«, in: *JuristenZeitung* 77 (4), 157–162.

Hart, Dieter 1974: *Allgemeine Geschäftsbedingungen und Justizsystem*, Frankfurt/M.: J. W. Goethe-Universität.
Hart, Dieter 1980: »Überlegungen zur Vereinheitlichung der Juristenausbildung«, in: *Kritische Justiz* 13 (4), 416–425.
Hart, Dieter 1986: »Soziale Steuerung durch Vertragsabschlußkontrolle – Alternativen zum Vertragsschluß?«, in *Kritische Vierteljahresschrift für Gesetzgebung und Rechtswissenschaft* 69 (3), 211–241.
Hart, Dieter 1989: »Zivilrechtspraxis zwischen Vertragskonsolidierung und Vertragsrechtsfortbildung«, in: *Kritische Vierteljahresschrift für Gesetzgebung und Rechtswissenschaft* 72 (2), 179–200.
Hassemer, Winfried/Klaus Lüderssen (Hg.) 1978: *Sozialwissenschaften im Studium des Rechts.* Band 3: Strafrecht, München: Beck.
Heck, Philipp 1923: »Rezension zu Max Ernst Mayer, Rechtsphilosophie«, in: *Archiv für die civilistische Praxis* 121, 128–138.
Heck, Philipp 1936: »Die Interessenjurisprudenz und ihre neuen Gegner«, in: *Archiv für die civilistische Praxis* 142, 129–202.
Heldrich, Andreas 1974: »Das Trojanische Pferd in der Zitadelle des Rechts? Überlegungen zur Einbeziehung der Sozialwissenschaften in die juristische Ausbildung«, in: *Juristische Schulung* 14, 281–288.
Heldrich, Andreas 1986: »Die Bedeutung der Rechtssoziologie für das Zivilrecht«, in: *Archiv für die civilistische Praxis* 186 (1–2), 74–114.
Heine, Steffi 2004: *Die Methodendiskussion nach Inkrafttreten des Bürgerlichen Gesetzbuchs und die Gründung des Vereins ›Recht und Wirtschaft‹*, Frankfurt/M.: Lang.
Heller, Hans-Detlef 2015: *Die Zivilrechtsgesetzgebung im Dritten Reich. Die deutsche bürgerlich-rechtliche Gesetzgebung unter der Herrschaft des Nationalsozialismus*, Münster: Monsenstein.
Heller, Hermann 1926: »Die Krisis der Staatslehre«, in: *Archiv für Sozialwissenschaft und Sozialpolitik* 55, 289–316.
Heller, Hermann 1927 a: *Die Souveränität. Ein Beitrag zur Theorie des Staats- und Völkerrechts*, Berlin: de Gruyter.
Heller, Hermann 1927 b: »Der Begriff des Gesetzes in der Reichsverfassung«, in: *Veröffentlichungen der Vereinigung der Deutschen Staatsrechtslehrer* 4, Berlin: de Gruyter, 98–135.
Heller, Hermann 1929: »Bemerkungen zur staats- und rechtstheoretischen Problematik der Gegenwart«, in: *Archiv des öffentlichen Rechts* 55, 321–54.
Heller, Hermann 1930: *Rechtsstaat oder Diktatur?* Tübingen: J.C.B. Mohr (Paul Siebeck).
Heller, Hermann 1934: *Staatslehre*, Leiden: Sijthoff.
Henckel, Wolfram 1984: »Zum gegenwärtigen Stand der Kommentarliteratur des Bürgerlichen Gesetzbuchs«, in: *JuristenZeitung* 39 (21), 966–971.
Henke, Wilhelm 1974: »Jurisprudenz und Soziologie«, in: *Juristenzeitung* 29, 729–735.
Henkel, Michael/Oliver Lembcke 2003: »Der Staat als Lebensaufgabe: Martin Drath (1902–1976)« in: *Kritische Justiz* 36, 445–461.

Henkel, Michael/Oliver Lembcke (Hg.) 2010: *Moderne Staatswissenschaft. Beiträge zu Leben und Werk Martin Draths*, Berlin: Duncker & Humblot.

Hennig, Eike 1984: »Nationalismus, Sozialismus und die ›Form aus Leben‹«, in: Müller/Staff, 273–286.

Herberg, Martin 2005: »Re-Embedding the Disembedded. Die Umweltstandards multinationaler Konzerne in der globalen Steuerungsarchitektur«, in: *Soziale Welt* 56, 399–416.

Herberg, Martin 2007: *Globalisierung und private Selbstregulierung. Umweltschutz in multinationalen Unternehmen*, Frankfurt/M.: Campus.

Herberg, Martin 2008: »Globalisierung des Rechts, Öffnung des Staates: Der Staat als Koordinator pluraler Teilrechtsordnungen«, in: Achim Hurrelmann/Stephan Leibfried/Kerstin Martens/Peter Mayer (Hg.), *Zerfasert der Nationalstaat?*, Frankfurt/M.: Campus, 113–140.

Hertig Randall, Maya 2023: »Rechtsdogmatik und Rechtsvergleichung«, in: Bezemek, 91–113.

Hesse, Hans-Albrecht 1985: »Über den Beitrag der Juristenausbildung zur Kultivierung juristischer Praxis«, in: Christian Broda u.a. (Hg.), *Festschrift für Rudolf Wassermann*, Neuwied: Luchterhand, 565–579.

Hilbert, Patrick 2015: *Systemdenken in Verwaltungsrecht*, Tübingen: Mohr Siebeck.

Hilgendorf, Eric (Hg.) 2010: *Die deutschsprachige Strafrechtswissenschaft in Selbstdarstellungen*, Berlin: de Gruyter.

Hilgendorf, Eric 2005: *Die Renaissance der Rechtstheorie zwischen 1965 und 1985*, Würzburg: Ergon.

Hillebrandt, Frank 2017: »Auf der Suche nach Wirkung«, in: Thomas Gutmann/Christoph Weischer/Fabian Wittreck (Hg.), *Helmut Schelsky*, Berlin: Duncker & Humblot, 243–257.

Hirsch, Ernst E, 1966: *Das Recht im sozialen Ordnungsgefüge*, Berlin: Duncker & Humblot.

Hirsch, Ernst E. 1984: *Rechtssoziologie für Juristen*, Berlin: Duncker & Humblot.

Hirschl, Ran 2018: »Verfassungsrecht und vergleichende Politikwissenschaft – an den Grenzen der Disziplinen«, in: Michael Hein/Felix Petersen/Silvia von Steinsdorff (Hg.), *Die Grenzen der Verfassung*. Baden-Baden, Nomos, 15–29.

Höhn, Reinhard 1935 a: *Rechtsgemeinschaft und Volksgemeinschaft*, Hamburg: Hanseatische Verlagsanstalt.

Höhn, Reinhard 1935 b: »Partei und Staat«, in: *Deutsches Recht* 5, 474–478.

Hoffmann-Riem 1981: »Sozialwissenschaftlich orientierte Rechtsanwendung in öffentlich-rechtlichen Übungs- und Prüfungsarbeiten«, in: ders. (Hg.), *Sozialwissenschaften im öffentlichen Recht*, Neuwied: Luchterhand, 3–75.

Hoffmann-Riem, Wolfgang 1977 a: »Rechtswissenschaft als Rechtsanwendungswissenschaft«, in: ders. (Hg.), *Sozialwissenschaften im Studium des Rechts*, Band 2, München: Beck, 1–31.

Hoffmann-Riem, Wolfgang 1977 b: »Medienfreiheit«, in: ders. (Hg.),

Sozialwissenschaften im Studium des Rechts, Band 2, München: Beck, 47–82.

Hoffmann-Riem, Wolfgang 1982: »Selbstbindungen der Verwaltung«, in: *Veröffentlichungen der Vereinigung der Deutschen Staatsrechtslehrer* 40, 187–239.

Hoffmann-Riem, Wolfgang 1990: »Reform des Allgemeinen Verwaltungsrechts als Aufgabe – Ansätze am Beispiel des Umweltschutzes«, in: *Archiv des öffentlichen Rechts* 115, 400–447.

Hoffmann-Riem, Wolfgang 1990: »Sozialwissenschaften in der Juristenausbildung«, in: Heinz Giehring/Fritz Haag/Wolfgang Hoffmann-Riem/Claus Ott (Hg.), *Juristenausbildung – erneut überdacht*, Baden-Baden: Nomos, 75–108.

Hoffmann-Riem, Wolfgang 2011: »Modernisierung der Rechtswissenschaft als fortwährende Aufgabe. Impulse aus der einstufigen Juristenausbildung«, in: Veith Mede u.a. (Hg.), *Staat, Verwaltung, Information*, Berlin: Duncker & Humblot, 157–183.

Hoffmann-Riem, Wolfgang 2017: »Verhaltenssteuerung durch Algorithmen – Eine Herausforderung für das Recht«, in: *Archiv des öffentlichen Rechts* 142, 1–42.

Hoffmann-Riem, Wolfgang 2019: »Eine Episode: Die einstufige Juristenausbildung in Hamburg«, in: Sarah A. Bachmann/Tilman Repgen/Florian Jeßberger/Markus Kotzur (Hg.), *100 Jahre Rechtswissenschaft an der Universität Hamburg*, Tübingen: Mohr Siebeck, 457–479.

Hoffmann-Riem, Wolfgang 2022: *Recht im Sog der digitalen Transformation*, Tübingen: Mohr Siebeck.

Hoffmann, Jan Felix 2016: »Dogmatik und Rechtsfortbildung am Beispiel der Domain ›gewinn.de‹ zwischen Prätendentenstreit und Forderungskollision«, in: Daniel Effer-Uhe u.a. (Hg.), *Richterliche Rechtsfortbildung und kodifiziertes Richterrecht*, Stuttgart: Boorberg, 163–201.

Hofmann, Hasso 2008: »Recht und soziale Ordnung«, in: *Internationale Zeitschrift für Philosophie* 17, 45–62.

Hopt, Klaus J. 1975: »Was ist von den Sozialwissenschaften für die Rechtsanwendung zu erwarten?«, in: *Juristenzeitung* 30 (11/12), 341–349.

Horn, Norbert 1975: »Rationalität und Autorität in der Juristischen Argumentation«, in: *Rechtstheorie* 6, 145–160.

Horn, Norbert 1976: »Zur ökonomischen Rationalität des Privatrechts. Die privatrechtstheoretische Verwertbarkeit der ›Economic Analysis of Law‹«, in: *Archiv für die civilistische Praxis* 76, 307–333.

Hüpers, Bernd 2010: *Karl Larenz – Methodenlehre und Philosophie des Rechts in Geschichte und Gegenwart*, Berlin: Berliner Wissenschafts-Verlag.

Huppuch, Willibald 2004: *Eugen Rosenstock-Huessy (1888–1973) und die Weimarer Republik*, Hamburg: Kovac.

Intelmann, Peter 1996: *Franz L. Neumann. Chancen und Dilemma des politischen Reformismus*, Baden-Baden: Nomos.

Ipsen, Gunther 1933: *Blut und Boden. Das preussische Erbhofrecht*, Wachholtz, Neumünster.

Jäger, Herbert 1980: »Veränderung des Strafrechts durch Kriminologie?«, in: Lüderssen/Sack, Band IV, 9–25.

Jahn, Matthias/Sascha Ziemann 2014: »Die Frankfurter Schule des Strafrechts. Versuch einer Zwischenbilanz«, in: JuristenZeitung 69 (19), 943–947.

Jakobs, Günther 2007: »Strafrecht als wissenschaftliche Disziplin«, in: Engel/Schön, 104–135.

Jakobs, Günther 2008: »Ein Gespräch mit Herrn Professor Dr. Günther Jakobs«, in: *Forum historiae iuris*. https://forhistiur.net/legacy/Gespraeche/pdf-files/0810schmoeckel_mayenburg_jakobs.pdf (Zugriff 21.4.2024)

Jakobs, Hermann 2001: »›Das Verhältnis von Forschung und Lehre kehrt sich um‹. Eugen Rosenstock als erster Leiter der Frankfurter Akademie der Arbeit 1921/22«, in: Armin Kohnle/Frank Engehausen (Hg.), *Zwischen Wissenschaft und Politik*, Stuttgart: Steiner, 345–386.

Jansen, Nils 2010: *The making of legal authority. Non-legislative codifications in historical and comparative perspective*, Oxford: Oxford University Press.

Jansen, Nils 2016: »Gesetzliche Schuldverhältnisse: eine historische Strukturanalyse«, in: *Archiv für die civilistische Praxis* 216, 112–233.

Jansen, Nils 2018: »Rechtsdogmatik, Rechtswissenschaft und juristische Praxis: Zum gesellschaftlichen Ort und wissenschaftlichen Selbstverständnis universitärer Rechtsdogmatik«, in: *Archiv des öffentlichen Rechts* 143 (4), 623–658,

Jansen, Nils 2019: *Recht und gesellschaftliche Differenzierung*, Tübingen: Mohr Siebeck,

Jenß, Johannes 2017: *Die ›Volksgemeinschaft‹ als Rechtsbegriff*, Frankfurt/M.: Peter Lang.

Jestaedt, Matthias 2011: »Wissenschaftliches Recht. Rechtsdogmatik als gemeinsames Kommunikationsformat von Rechtswissenschaft und Rechtspraxis«, in Clemens Jabloner/Ludwig Adamovich/Gabriele Kucsko-Stadlmayer/Gerhard Muzak (Hg.), *Vom praktischen Wert der Methode. Festschrift Heinz Mayer*, Wien: Manz, 169–187.

Jestaedt, Matthias 2014: »Wissenschaft im Recht. Rechtsdogmatik im Wissenschaftsvergleich«, in: *JuristenZeitung* 69 (1), 1–12.

Jestaedt, Matthias/Oliver Lepsius 2006: »Der Rechts- und der Demokratietheoretiker Hans Kelsen«, in: *Hans Kelsen, Verteidigung der Demokratie*, Tübingen: Mohr Siebeck, VII–XXIX.

Jhering, Rudolf von 1865: *Der Geist des römischen Rechts auf den verschiedenen Stufen seiner Entwicklung*. Dritter Teil, Leipzig: Breitkopf & Härtel.

Jhering, Rudolf von 1884: *Scherz und Ernst in der Jurisprudenz*, Leipzig: Breitkopf und Härtel.

Jhering, Rudolf von 1889: *Der Besitzwille. Zugleich eine Kritik der herrschenden juristischen Methode*, Jena: Fischer.

Joerges, Christian 1982: »Die Rolle der Sozialwissenschaften und die Bedeutung des Schwerpunktkonzepts für die Ausbildungsreform«, in: *Zeitschrift für Rechtspolitik* 15, 96–98.

Joerges, Christian 1994: »History as Non-History«, in: *American Journal of Comparative Law* 42 (1), 163–193.

Joerges, Christian 2011: »German Perspectives and Fantasies«, in: *German Law Journal* 12, 10–27.

Johannsen, Thies/Thorsten Philipp 2021: »Duales Studium«, in: Thorsten Philipp/Tobias Schmohl (Hg.), *Handbuch Transdisziplinäre Didaktik*, Bielefeld: transcript, 79–91.

Jost, Fritz 1979: *Soziologische Feststellungen in der Rechtsprechung des Bundesgerichtshofs in Zivilsachen*, Berlin: Duncker & Humblot.

Kähler, Lorenz 2018: »Die asymmetrische Interdisziplinarität der Rechtswissenschaft«, in: Markus Rehberg (Hg.), *Der Erkenntniswert von Rechtswissenschaft für andere Disziplinen*, Wiesbaden: VS Verlag für Sozialwissenschaften, 105–151.

Kästle-Lamparter, David 2016: *Welt der Kommentare, Struktur, Funktion und Stellenwert juristischer Kommentare in Geschichte und Gegenwart*, Tübingen: Mohr Siebeck.

Kahl, Wolfgang 2020: *Wissenschaft, Praxis und Dogmatik im Verwaltungsrecht*, Tübingen: Mohr Siebeck.

Kahl, Wolfgang 2023: »Handlungsformenlehre im Verwaltungsrecht«, in: ders./Markus Ludwigs (Hg.), *Handbuch des Verwaltungsrechts*, Band 5, Heidelberg: C.F. Müller, 721–770.

Kahn-Freund, Otto 1930: »Die prozessuale und soziale Funktion des arbeitsgerichtlichen Güteverfahrens«, in: *Juristische Wochenschrift* 59, 388–392.

Kahn-Freund, Otto 1931: *Das soziale Ideal des Reichsarbeitsgerichts*, Mannheim: Bensheimer.

Kahn-Freund, Otto 1932: »Der Funktionswandel des Arbeitsrechts«, in: *Archiv für Sozialwissenschaft und Sozialpolitik* 67, 146–174.

Kahn-Freund, Otto 1949/1965: »Einführung. Anmerkungen«, in: Karl Renner, *Die Rechtsinstitute des Privatrechts und ihre soziale Funktion*, engl. 1949, Stuttgart: Gustav Fischer, 1–44 und 207–286.

Kahn-Freund, Otto 1976: »Einleitung«, in: Sinzheimer 1976, 1–31.

Kahn-Freund, Otto 1981: »Autobiographische Erinnerungen an die Weimarer Republik«, in: *Kritische Justiz* 11, 183–200.

Kaiser, Anna-Bettina 2021: »Juristische Methode, Dogmatik und System«, in: Wolfgang Kahl/Markus Ludwigs (Hg.): *Handbuch des Verwaltungsrechts*, Heidelberg: C.F. Müller, 941–977.

Kaiser, Anna-Bettina 2023: »Dogmatik – eine Methode im Werden«, in: Bezemek, 31–38.

Kaiser, Joseph H. 1988: »Konkretes Ordnungsdenken«, in: Helmut Quaritsch (Hg.), *Complexio Oppositorum*, Berlin: Duncker & Humblot, 319–331.

Kantorowicz, Hermann 1906: *Gnaeus Flavius, Der Kampf um die Rechtswissenschaft*, Heidelberg: Winter.

Kantorowicz, Hermann 1907: »Probleme der Strafrechtsvergleichung«, in: *Monatsschrift für Kriminalpsychologie und Strafrechtsreform* 4 (2), 65–112.

Kantorowicz, Hermann 1911a: »Rechtswissenschaft und Soziologie«, in: *Verhandlungen des 1. Deutschen Soziologentages*, Frankfurt/M.: Sauer u. Auvermann, 275–310.
Kantorowicz, Hermann 1911b: »Was ist uns Savigny?«, in: *Recht und Wirtschaft* 1, 47–54.
Kantorowicz, Hermann 1923: »Der Aufbau der Soziologie Kantorowicz«, in: *Erinnerungsgabe für Max Weber*, Band 1, München: Duncker & Humblot, 73–96.
Kantorowicz, Hermann 1967: *Gutachten zur Kriegsschuldfrage 1914*, Frankfurt/M.: Europäische Verlagsanstalt.
Kasiske, Peter 2009: *Rechts- und Demokratietheorie im amerikanischen Pragmatismus*, Baden-Baden: Nomos.
Kaskel, Walter/Hermann Dersch 1932: *Arbeitsrecht*, 4. Aufl., Berlin: Springer.
Kaupen, Wolfgang 1969: *Die Hüter von Recht und Ordnung. Die soziale Herkunft, Erziehung und Ausbildung der deutschen Juristen*, Neuwied: Luchterhand.
Keller, Reiner 2021: »Diskursmacht und Kommunikationsmacht«, in: Norbert Schröer/Oliver Bidlo/Verena Keysers/Michael Roslon (Hg.), *Facetten der Kommunikationsmacht*, Weinheim: Beltz, 23–42.
Kelsen, Hans 1922: *Der soziologische und der juristische Staatsbegriff*, Tübingen: Mohr.
Kelsen, Hans 1934: *Reine Rechtslehre*, Leipzig: Deuticke.
Kemmerer, Alexandra 2020: »Praktiker des Wortes«, in: Katharina Rauschenberger/Sybille Steinbacher (Hg.). *Fritz Bauer und ›Achtundsechzig‹*, Göttingen: Wallstein, 121–142.
Kersten, Jens 2011: »Georg Jellineks System«, in: Georg Jellinek, *System der subjektiven öffentlichen Rechte*, Tübingen: Mohr Siebeck, *7–*52.
Kirste, Stephan 2016: »Voraussetzungen von Interdisziplinarität der Rechtswissenschaften«, in: ders. Hg., Interdisziplinarität in den Rechtswissenschaften, Berlin: Duncker & Humblot, 35–85.
Klatt, Matthias 2019: »Law as Fact and Norm«, in: Nicoletta Bersier Ladavac/Christoph Bezemek/Frederick Schauer (Hg.), *The Normative Force of the Factual*, Cham: Springer Nature Switzerland, 45-64.
Klausa, Ekkehard 1982: »Was kümmert den Rebellen die Hofrangordnung? Die Bremer Rechtslehrer in der Prestige-Hierarchie juristischer Fakultäten«, in: *Recht und Politik* 18 (1), 19–25.
Kleinwächter, Friedrich 1909: »Ludwig Gumplowicz«, in: *Archiv für Rechts- und Wirtschaftsphilosophie* 3 (1), 78–80.
Klemmer, Markus 1996: *Gesetzesbindung und Richterfreiheit. Die Entscheidungen des Reichsgerichts in Zivilsachen während der Weimarer Republik und im späten Kaiserreich*, Baden-Baden: Nomos.
Klenner, Hermann 2005: »Vorwärts, doch nicht vergessen: Die Babelsberger Konferenz von 1958«, in: *UTOPIE kreativ* 174, Berlin: Rosa-Luxemburg-Stiftung, 291–305.
Klingemann, Carsten 1993: »Sozialwissenschaftler im Einflussbereich Alfred

Rosenbergs«, in: ders. u.a. (Hg.), *Jahrbuch für Soziologie-Geschichte*, Opladen: Leske + Budrich, 115–160.

Klingemann, Carsten 2009: *Soziologie und Politik, Sozialwissenschaftliches Expertenwissen im Dritten Reich und in der frühen westdeutschen Nachkriegszeit*, Wiesbaden: VS Verlag für Sozialwissenschaften.

Klingemann, Carsten 2020: *Soziologie Im Deutschland der Weimarer Republik, des Nationalsozialismus und der Nachkriegszeit*, Wiesbaden: VS Verlag für Sozialwissenschaften.

Kocher, Eva 2016: »Private Macht im Arbeitsrecht«, in: Möslein, 241–279.

Kocher, Eva 2017: »Rechtssoziologie. Das Recht der Gesellschaft und die Gesellschaft des Rechts«, in: *Rechtswissenschaft* 2, 153–180.

Köck, Wolfgang 2011: »Wandel der Handlungsformen im Öffentlichen Recht: Die Assistententagung 1991 in Bremen – Erinnerungen an Rechtswissenschaft und Juristenausbildung an der Universität Bremen«, in: Marcel Dalibor u.a., *Perspektiven des Öffentlichen Rechts. Festgabe 50 Jahre Assistententagung Öffentliches Recht*, Baden-Baden: Nomos, 377–386.

Kötz, Hein 1977: »Ökonomische Analyse von Rechtsproblemen, Entwurf einer Lehrveranstaltung für Juristen«, in: Norbert Horn/Reinhard Tietz (Hg.), *Sozialwissenschaften im Studium des Rechts*, München: Beck, 234–244.

Konzen, Lucas P./Bordini, Henrique S. 2019: »Sociology of law against legal dogmatics: revisiting the Ehrlich-Kelsen debate«, in: *Revista Direito e Práxis* 10 (1), 303–334.

Korioth, Stefan 1992: »Erschütterungen des staatsrechtlichen Positivismus im ausgehenden Kaiserreich«, in: *Archiv des öffentlichen Rechts* 117, 212–238.

Kornfeld, Ignatz 1911: *Soziale Machtverhältnisse*, Wien: Manz.

Kornfeld, Ignatz 1920: *Allgemeine Rechtslehre und Jurisprudenz*, Berlin: Rothschild.

Kracauer, Siegfried 1922: *Soziologie als Wissenschaft*, Dresden: Sibyllen-Verlag.

Kramer, Ernst A. 1970: »Der Kampf um die Rechtswissenschaft«, in: *Zeitschrift für Rechtspolitik* 3 (4), 82–84.

Krautkrämer-Wagner, Uta 1983: *Frauenpolitische Einrichtungen in den Bundesländern*, Bremen: Universität.

Kretschmann, Andrea (Hg.) 2019: *Das Rechtsdenken Bourdieus*, Weilerswist: Velbrück Wissenschaft.

Krijnen, Christian 2020: » Neukantianismus: Rechtsphilosophie als transzendentale Kulturphilosophie«, in: Internationale Vereinigung für Rechts- und Sozialphilosophie (Hg.), *Enzyklopädie zur Rechtsphilosophie*. http://www.enzyklopaedie-rechtsphilosophie.net. Zugriff: 22.4.2024

Kröning, Volker 1970: »Konzepte der neuen Juristenausbildung«, in: *Kritische Justiz* 3, 307–326.

Krüger, Hilmar 1986: »Zum Gedenken: Ernst E. Hirsch (1902–1985)«, in: *Die Welt des Islams* 26 (1), 141–153.

Krüper, Julian 2015: »Konjunktur kulturwissenschaftlicher Forschung in der Wissenschaft vom öffentlichen Recht«, in: Funke u.a., 125–156.

Kübler 1989: »Schlusswort: Vergleichende Überlegungen zur rechtspraktischen Bedeutung der ökonomischen Analyse«, in: Claus Ott/Hans-Bernd Schäfer (Hg.), *Allokationseffizienz in der Rechtsordnung, Berlin*: Springer, 293–306.

Kubo, Keiji 1995: *Hugo Sinzheimer. Vater des deutschen Arbeitsrechts*, Köln: Bund-Verlag.

Kudlien, Fridolf 1983: »Ein Briefwechsel zweier Kieler Professoren aus dem Jahre 1931 und sein zeitgeschichtlicher Hintergrund«, in: *Medizinhistorisches Journal* 18 (4), 338–348.

Kuhlen, Lothar 2023: »Gibt es eine Frankfurter Schule der Strafrechtswissenschaft?«, in: Beatrice Brunhöber/Christoph Burchard/Klaus Günther/Matthias Jahn/Michael Jasch/Jesús-María Silva Sánchez/Tobias Singelnstein (Hg.), *Strafrecht als Risiko*, Baden-Baden: Nomos, 131–148.

Laak, Dirk van 1993: *Gespräche in der Sicherheit des Schweigens. Carl Schmitt in der politischen Geistesgeschichte der frühen Bundesrepublik*, Berlin: Akademie-Verlag.

Laak, Dirk van 2002: »Zur Soziologie der geistigen Umorientierung«, in: *Neue Politische Literatur* 47 (3), 422–440.

Laak, Dirk van 2009: »Staatsdenken in der frühen Bundesrepublik: Carl Schmitt und Martin Drath«, in: Michael Henkel/Oliver Lembcke (Hg.), *Moderne Staatswissenschaft. Beiträge zu Leben und Werk Martin Draths*, Berlin: Duncker & Humblot, 123–137.

Ladeur, Karl-Heinz 2021: *Verfassungsgerichtsbarkeit in der Krise?* Tübingen: Mohr Siebeck.

Ladeur, Karl-Heinz 2024: *Das Rechtssubjekt und sein Bildungsroman*, Weilerswist: Velbrück Wissenschaft.

Ladwig-Winters, Simone 2009: *Ernst Fraenkel. Ein politisches Leben*, Frankfurt/M.: Campus.

Lahusen, Benjamin 2007: »L‹art pour l‹art«, in: *Kritische Vierteljahresschrift für Gesetzgebung und Rechtswissenschaft* 90, 19–23.

Lahusen, Benjamin 2019. »Die Selbstermächtigung des Rechts: Breslau 1933. Zum ›Stillstand der Rechtspflege‹ in der Juristischen Zeitgeschichte«, in: *Zeithistorische Forschungen*, 258–277.

Landwehr, Götz/Klaus-Peter Martens/Hans Hermann Seiler 1985: »Tu felix Hammonia – auf dem Weg zur juristischen Erleuchtung«, in: *JuristenZeitung* 40 (3), 109–112.

Lange, Heinrich 1933 a: *Liberalismus, Nationalsozialismus und bürgerliches Recht*, Tübingen: Mohr.

Lange, Heinrich 1934 a: *Vom alten zum neuen Schuldrecht*, Hamburg: Hanseatische Verlagsanstalt.

Lange, Heinrich 1934 b: *Vom Gesetzesstaat zum Rechtsstaat*, Tübingen: Mohr.

Lange, Heinrich 1935: »Nationalsozialismus und bürgerliches Recht«, in: Hans Frank (Hg.), *Nationalsozialistisches Handbuch für Recht und Gesetzgebung*, München: Eher, 933–956.

Lange, Heinrich 1936: »Mittel und Ziel der Rechtsfindung im Zivilrecht«, in: *Zeitschrift der Akademie für Deutsches Recht* 3 (19–20), 922–925.

Lange, Heinrich 1937–1944: *Boden, Ware und Geld*, in fünf Bänden, Tübingen: Mohr.
Lange, Heinrich 1941: *Die Entwicklung der Wissenschaft vom bürgerlichen Recht seit 1933*, Tübingen: Mohr.
Lange, Heinrich 1943: »Wesen und Gestalt des Volksgesetzbuchs«, in: *Zeitschrift für die gesamte Staatswissenschaft* 103 (2), 208–259.
Larenz, Karl 1947: »Zur Beurteilung des Naturrechts«, in: *Zeitenwende* 18: 27–32 (zuerst in: Forschungen und Fortschritte, 21./23. Jg., Heft 4–6, 49 f.)
Larenz, Karl 1960: *Methodenlehre der Rechtswissenschaft*, Berlin: Springer.
Larenz, Karl 1966: *Über die Unentbehrlichkeit der Jurisprudenz als Wissenschaft*, Berlin: de Gruyter.
Larenz, Karl/Canaris/Claus-Wilhelm 2013: *Methodenlehre der Rechtswissenschaft*, 3. Aufl., Berlin: Springer.
Lasch, Sebastian 2007: »Bürgerliche Wissenschaft und demokratische Politik. Martin Drath und Wolfgang Abendroth an der Universität Jena«, in: Uwe Hoßfeld/Tobias Kaiser/Heinz Mestrup (Hg.), *Hochschule im Sozialismus*, Köln: Böhlau, 1993–2018.
Lasch, Sebastian 2010: »Biographische Anmerkungen zu Martin Drath«, in: Henkel/Lembcke, 11–27.
Lauermann, Manfred 1997: »Die Herrschaftssoziologie von Gumplowicz – eine alternative Transformationstheorie?«, in: *Verhandlungen des 28. Kongresses der Deutschen Gesellschaft für Soziologie*, Opladen: Westdeutscher Verlag, 718–720.
Lautmann, Rüdiger 1990: *Die Gleichheit der Geschlechter und die Wirklichkeit des Rechts*, Opladen: Westdeutscher Verlag.
Lautmann, Rüdiger 2024: »Hermann Kantorowicz: Rechtswissenschaft und Soziologie«, in: Alfons Bora/Andrea Kretschmann (Hg.), *Soziologische Theorien des Rechts*, Weilerswist: Velbrück Wissenschaft, 63–73.
Lautmann, Rüdiger/Michael Meuser 1986: »Verwendung der Soziologie in Handlungswissenschaften am Beispiel von Pädagogik und Jurisprudenz«, in: *Kölner Zeitschrift für Soziologie und Sozialpsychologie* 38, 685–708.
Lederer, Emil 1923: »Aufgaben einer Kultursoziologie«, in: Melchior Palyi (Hg.), *Hauptprobleme der Soziologie, Erinnerungsgabe für Max Weber*, Band 2, München: Duncker & Humblot, 147–171.
Leendertz, Ariane/Uwe Schimank (Hg.). 2019: *Ordnung und Fragilität des Sozialen. Renate Mayntz im Gespräch*, Frankfurt/M.: Campus.
Legnaro, Aldo/Aengenheister, Astrid 1999: *Die Aufführung von Strafrecht*, Baden-Baden: Nomos.
Lehmann, Matthias 2016: »Private Macht im Eigentumsrecht«, in: Möslein, 281–308.
Leibfried, Stephan 1973: »Tendenzen der Einphasenausbildung«, in: *Kritische Justiz* 6 (2), 182–209.
Leibholz, Gerhard 1961: »Einleitung zum Neudruck, in: Heinrich Triepel, *Die Souveränität*, Aalen: Scientia, o.S.
Lembcke, Oliver W. 2020: »Verfassungstheoretische Ansätze der Staats(rechts)

lehre«, in: Rüdiger Voigt (Hg.), *Aufbruch zur Demokratie*, Baden-Baden: Nomos, 88–102.

Lembke, Ulrike 2021: »Die Gleichheit der Ungleichen«, in: Jens Kersten/Stephan Rixen/Berthold Vogel (Hg.), *Ambivalenzen der Gleichheit*, Bielefeld: transcript, 115–136.

Lenk, Klaus 1970: »Von der Bedeutung der Rechtswissenschaft und Sozialwissenschaften für Juristen«, in: *Kritische Justiz* 3 (3), 273–282.

Lenk, Klaus 2017: »Transdisziplinäre Verwaltungswissenschaft«, in: *Verwaltung & Management* 23 (3), 115–127.

Lennartz, Jannis 2017: *Dogmatik als Methode*, Tübingen: Mohr Siebeck.

Lepsius, M. Rainer 2011: »Max Weber und die Gründung der Deutschen Gesellschaft für Soziologie«, in: *Soziologie* 40 (1), 7–19.

Lepsius, M, Rainer 2017: *Soziologie und Soziologen.* Tübingen: Mohr Siebeck.

Lepsius, Oliver 1994: *Die gegensatzaufhebende Begriffsbildung*, München: C.H. Beck.

Lepsius, Oliver 2008: »Themen einer Rechtswissenschaftstheorie«, in: Matthias Jestaedt/Oliver Lepsius (Hg.), *Rechtswissenschaftstheorie*, Tübingen: Mohr Siebeck, 1–49.

Lepsius, Oliver 2011: »Die maßstabsetzende Gewalt«, in: Matthias Jestaedt u.a., *Das entgrenzte Gericht*, Berlin: Suhrkamp. 159–279.

Lepsius, Oliver 2012: »Kritik der Dogmatik«, in: Gregor Kirchhof/Stefan Magen/Karsten Schneider (Hg.), *Was weiß Dogmatik?*, Tübingen: Mohr Siebeck. 39–62.

Lepsius, Oliver 2020: »Die Zwei-Seiten-Lehre des Staates«, in: Andreas Anter (Hg.), *Die normative Kraft des Faktischen. Das Staatsverständnis Georg Jellineks*, 2. Aufl., Baden-Baden: Nomos, 67–92.

Lepsius, Oliver 2022: »Interdisziplinarität auf der Staatsrechtslehrertagung«, in: Pascale Cancik/Andreas Kley/Helmuth Schulze-Fielitz/Christian Waldhoff/Ewald Wiederin (Hg.), *Streitsache Staat*, Tübingen: Mohr Siebeck, 753–794.

Lepsius, Susanne 2019: »Richterleitbilder im 20. Jahrhundert – Hermann Kantorowicz, Gustav Radbruch und der ›Kampf um die Rechtswissenschaft‹«, in: *Juristische Studiengesellschaft, Jahresband 2018*, Karlsruhe: C.F. Müller, 147–176.

Lhotta, Roland 2022: »Der Staat in uns: Hermann Hellers etatistischer Neo-Institutionalismus avant la lettre«, in: Verena Frick/Oliver W. Lembcke (Hg.), *Hermann Hellers demokratischer Konstitutionalismus*, Wiesbaden: Springer VS, 85–117.

Lindner, Joachim 1981: »Wissenschaftliche Legitimationen in der juristischen Ausbildungsreform durch Begleitforschung?«, in: *Kritische Justiz* 14 (1), 77–81.

Lindner, Josef Franz 2017: *Rechtswissenschaft als Metaphysik. Das Münchhausenproblem einer Selbstermächtigungswissenschaft*, Tübingen: Mohr Siebeck.

Llanque, Marcus 2010: »Die Transformation sozialer Wirklichkeit in Recht bei

Georg Jellinek und ihr Einfluss auf Martin Draths Neukonzipierung der Staatslehre als Gesellschaftslehre«, in: Henkel/Lembcke, 223–238.
Lobinger, Thomas 2016: »Perspektiven der Privatrechtsdogmatik am Beispiel des allgemeinen Gleichbehandlungsrechts«, in: Archiv für die *civilistische Praxis* 216 (1/2), 28–106.
Loccumer Arbeitskreis (Hg.) 1970: *Neue Juristenausbildung*, Neuwied: Luchterhand.
Loccumer Protokolle 1968: *Krise der juristischen Bildung*, Nr. 25, Loccum: Evangelische Akademie.
Löhnig, Martin 2018: »Alternative Legal Publicism? Four Legal Publications from the Long 1970s and Their Reception in Legal Studies and Legal Practice«, in: *Moving the Social* 60, 95–120.
Lohmann, Ulrich 2015: *Zur Staats- und Rechtsordnung der DDR: juristische und sozialwissenschaftliche Beiträge 1977–1996*, Wiesbaden: Springer.
Lomfeld, Bertram 2015: *Die Gründe des Vertrages: Eine Diskurstheorie der Vertragsrechte*, Tübingen: Mohr Siebeck.
Lomfeld, Bertram 2017 a: »Vor den Fällen. Methoden soziologischer Jurisprudenz«, in: ders. (Hg.), *Die Fälle der Gesellschaft. Eine neue Praxis soziologischer Jurisprudenz*, Tübingen: Mohr Siebeck, 1–16.
Lomfeld, Bertram 2017 b: »Recht auf Restrukturierung«, in: ders. (Hg.), *Die Fälle der Gesellschaft. Eine neue Praxis soziologischer Jurisprudenz*, Tübingen: Mohr Siebeck, 171–181.
Loo, Janwillem van de 2016: »Die Ausbildung von Juristinnen und Juristen im Widerstreit«, in: Sonja Buckel u.a. (Hg.), *Streitbare JuristInnen: eine andere Tradition*, Baden-Baden: Nomos, 589–616.
Ludyga, Hannes 2016: *Otto Kahn-Freund (1900–1979). Ein Arbeitsrechtler in der Weimarer Zeit*, Baden-Baden: Nomos.
Lüdemann, Jörn 2007 a: »Jenseits von Rationalität und Eigennutz«, in: Christoph Engel u.a. (Hg.), *Recht und Verhalten*, Tübingen: Mohr Siebeck, 1–6.
Lüdemann, Jörn 2007 b: »Die Grenzen des homo oeconomicus und die Rechtswissenschaft«, in: Christoph Engel u.a. (Hg.), *Recht und Verhalten*, Tübingen: Mohr Siebeck, 7–58.
Lüdemann, Jörn 2015: »Grundlagenforschung im Öffentlichen Recht«, in: Andreas Funke u.a. (Hg.), 1–16.
Lüderssen, Klaus/Fritz Sack (Hg.) 1975–1980: *Seminar: Abweichendes Verhalten*, Bände I bis IV, Frankfurt/M.: Suhrkamp.
Lüderssen, Klaus 1980: »Kollektive Zurechnung – individualisierende Haftung. Ein ›Grundwiderspruch‹ der modernen Kriminalpolitik?«, in: ders./ Fritz Sack (Hg.), *Vom Nutzen und Nachteil der Sozialwissenschaften für das Strafrecht*, Band 2, Frankfurt/M.: Suhrkamp, 737–752.
Lüderssen, Klaus 1995: »Das Strafrecht zwischen Funktionalismus und ›alteuropäischem‹ Prinzipiendenken«, in: *Zeitschrift für die gesamte Strafrechtswissenschaft* 107 (49), 877–906.
Lührig, Nicolas 1997: *Die Diskussion über die Reform der Juristenausbildung von 1945 bis 1995*, Frankfurt/M.: Lang.

Luft, Constantin 2023: »Wissenschaftliche Rechtsdogmatik?«, in: *RW Rechtswissenschaft* 14 (1), 1–43.

Luhmann, Niklas 1974: *Rechtssystem und Rechtsdogmatik*, Stuttgart: Kohlhammer.

Luhmann, Niklas 1993: *Das Recht der Gesellschaft*, Frankfurt/M.: Suhrkamp.

Machura, Stefan 2020: »Milestones and Directions: Socio-Legal Studies in Germany and the United Kingdom«, in: *German Law Journal* 21, 1318–1331.

Magen, Stefan 2015: »Konjunkturen der Rechtsökonomie als öffentlichrechtliche Grundlagenforschung«, in: Andreas Funke u.a., 103–123.

Magen, Stefan 2018: »Zur naturalistischen Erklärung rechtlicher Normativität«, in: Calliess/Kähler, 45–69.

Mahlmann, Matthias 2011: »Neue Perspektiven einer Soziologie der Menschenrechte«, in: ders. (Hg.), *Gesellschaft und Gerechtigkeit*, Baden-Baden: Nomos, 331–346.

Mahlmann, Matthias 2018: *Widerständige Gerechtigkeit*, Baden-Baden: Nomos.

Markovitz, Inga 2020: *Diener zweier Herren. DDR-Juristen zwischen Recht und Macht.* Berlin: Chr. Links.

Maus, Ingeborg 1983: »Juristische Methodik und Justizfunktion im Nationalsozialismus«, in: Hubert Rottleuthner (Hg.), *Recht, Rechtsphilosophie und Nationalsozialismus*, Wiesbaden: Steiner, 178–196.

Maus, Ingeborg 1984: »Hermann Heller und die Staatsrechtslehre der Bundesrepublik«, in: Müller/Staff, 113–139.

Meder, Stephan 2017: *Rechtsgeschichte*, 6. aktualisierte Auflage, Köln: Böhlau.

Meder, Stephan 2019: »Zwischen strengem Formalismus und totaler Materialisierung«, in: *Kritische Justiz* 52 (4), 528–542.

Meder, Stephan 2020: *Rechtsmaschinen. Von Subsumtionsautomaten, Künstlicher Intelligenz und der Suche nach dem ›richtigen‹ Urteil*, Köln: Böhlau.

Meierhenrich, Jens 2018: *The Remnants of the Rechtsstaat. An Ethnography of Nazi Law*, Oxford: Oxford Univ. Press.

Meierhenrich, Jens/Oliver Simons 2016: »The political, legal and cultural thought of Carl Schmitt«, in: dies. (Hg.), *The Oxford Handbook of Carl Schmitt*, Oxford: Oxford Univ. Press, 3–72.

Meuser, Michael 1989: *Gleichstellung auf dem Prüfstand. Frauenförderung in der Verwaltungspraxis*, Pfaffenweiler: Centaurus.

Meyer, Thomas 2001: *Die Soziologie Theodor Geigers. Emanzipation von der Ideologie*, Opladen: Westdeutscher Verlag.

Michaels, Ralf 2021: »Zugangsschranken – Rezeptionsprobleme der Systemtheorie in der US-amerikanischen Rechtstheorie«, in: Michael Grünberger/Nils Jansen (Hg.), *Privatrechtstheorie Heute, Perspektiven Deutscher Privatrechtstheorie*, Tübingen: Mohr Siebeck, 238–267.

Micklitz, Hans-W. 2015: »Risiko, Delikt und Haftung«, in: Stefan Grundmann/Hans-W. Micklitz/Moritz Renner (Hg.): *Privatrechtstheorie*, Tübingen: Mohr Siebeck. Band 2, 1142–1160.

Moebius, Stephan 2020: »Soziologie in der Zwischenkriegszeit in Deutschland«, in: Karl Acham/Stephan Moebius (Hg.), *Soziologie der Zwischenkriegszeit*, Springer VS, Wiesbaden. 31–176.

Moench, Dietmar 1971: *Die methodologischen Bestrebungen der Freirechtsbewegung auf dem Wege zur Methodenlehre der Gegenwart*, Frankfurt/M.: Athenäum.

Möller, Hans 1969: »Hans Wüstendörfer«, in: *Lebensbilder hamburgischer Rechtslehrer*, Hamburg: Universität, 97–102.

Möllers, Christoph 2008: »Vorüberlegungen zu einer Wissenschaftstheorie des öffentlichen Rechts«, in: Matthias Jestaedt/Oliver Lepsius (Hg.), *Rechtswissenschaftstheorie*, Tübingen: Mohr Siebeck, 151–174.

Möslein, Florian 2016: »Die Regulierung privater Macht«, in: ders., 563–579.

Möslein, Florian (Hg.) 2016: *Private Macht*, Tübingen: Mohr Siebeck.

Morag-Levine, Noga 2018: »Sociological Jurisprudence and the Spirit of the Common Law«, in: *The Oxford handbook of legal history*, Oxford: Oxford University Press, 437–456.

Mückenberger, Ulrich 1989: »20 Jahre Kritische Justiz«, in: *Kritische Justiz* 22 (1), 109–116.

Müller, Alexander O. 2019: *Reinhard Höhn. Ein Leben zwischen Kontinuität und Neubeginn*, Berlin: be.bra.

Müller, Christoph 1984: »Kritische Bemerkungen zur Kelsen-Rezeption Hermann Hellers«, in: ders./Staff, 693–722.

Müller, Christoph 2010: »Hermann Hellers Konzept der politischen Kultur«, in: Marcus Llanque (Hg.), *Souveräne Demokratie und soziale Homogenität*, Baden-Baden: Nomos, 65–92.

Müller, Christoph 2015: »Hugo Sinzheimer (1875–1945). Selbstorganisation und Selbstverwaltung im Arbeitsrecht«, in: Detlef Lehnert (Hg.): *Vom Linksliberalismus zur Sozialdemokratie. Politische Lebenswege in historischen Richtungskonflikten 1890–1945*, Köln: Böhlau, 145–174.

Müller, Christoph/Ilse Staff (Hg.) 1984: *Der soziale Rechtsstaat*, Baden-Baden: Nomos.

Müller, Friedrich/Ralph Christensen 2012: *Juristische Methodik*, Band 2: Europarecht, 3. Aufl., Berlin: Duncker & Humblot.

Müller, Friedrich/Ralph Christensen 2013: *Juristische Methodik*, Band 1, Grundlegung für die Arbeitsmethoden der Rechtspraxis, 11. Aufl., Berlin: Duncker & Humblot.

Münchener Kommentar zum BGB, 1978 ff., München: C.H. Beck.

Muller, Jerry Zucker 1986: »Enttäuschung und Zweideutigkeit«, in: *Geschichte und Gesellschaft* 12 (3), 289–316.

Muscheler, Karlheinz 1984 a: *Relativismus und Freirecht. Ein Versuch über Hermann Kantorowicz*, Heidelberg: Müller.

Muscheler, Karlheinz 1984 b: *Hermann Ulrich Kantorowicz*, Berlin: Duncker & Humblot.

MWG: *Max Weber Gesamtausgabe*, Mohr Siebeck, Tübingen.

Naucke, Wolfgang 1972: *Über die juristische Relevanz der Sozialwissenschaften*, Frankfurt/M.: Metzner.

Naucke, Wolfgang 1983: »Die Sozialphilosophie des sozialwissenschaftlich orientierten Strafrechts«, in: Winfried Hassemer u.a. (Hg.), *Fortschritte im Strafrecht durch die Sozialwissenschaften?*, Heidelberg: C.F. Müller, 1–38.

Nettesheim, Martin 2021: »Verwaltungsregime um Unionsrecht«, in: Wolfgang Kahl/Markus Ludwigs, (Hg,) 2021: *Handbuch des Verwaltungsrechts*, Band 2, Heidelberg: C.F. Müller, 447–489.

Neumann, Franz L. 1923: *Rechtsphilosophische Einleitung zu einer Abhandlung über Staat und Strafe*, masch.schr. Diss., Frankfurt/M.: Universität.

Neumann, Franz L. 1950: »Die Wissenschaft von der Politik in der Demokratie (Vortrag)«, in: ders., *Wirtschaft, Staat, Demokratie*, Frankfurt/M.: Suhrkamp 1978, 373–392.

Neumann, Franz L. 1977: *Behemoth. Struktur und Praxis des Nationalsozialismus* (engl. 1942), Köln: Europäische Verlagsanstalt.

Neumann, Franz L, 1980: *Die Herrschaft des Gesetzes*, Frankfurt/M.: Suhrkamp.

Neumann, Ulfried 2023: »›Methodendualismus‹ in der Rechtsphilosophie des Neukantianismus«, in: Michael Pawlik/Carl-Friedrich Stuckenberg/Wolfgang Wohlers (Hg.), *Strafrecht und Neukantianismus*, Tübingen: Mohr Siebeck, 111–130.

Neumann, Volker 2015: *Carl Schmitt als Jurist*, Tübingen: Mohr Siebeck.

Nichterlein, Reiner 1989: »Ausbildung, Prüfung und Fortbildung der Juristen im Gebiet des Oberlandesgerichts Braunschweig«, in: Rudolf Wassermann (Hg.), *Justiz im Wandel der Zeit*, Braunschweig: Joh. Heinr. Meyer, 153–190.

Niedersächsischer Landtag, 1974: Siebente Wahlperiode, Stenographische Berichte, Band 5.

Nocke, Joachim 1986: »Die Juristenausbildungsreform als Gesetzgebungsexperiment«, in: Winfried Hassemer/Wolfgang Hofmann-Riem/Jutta Limbach (Hg.), *Juristenausbildung zwischen Experiment und Tradition*, Baden-Baden: Nomos, 25–61.

Nörr, Knut Wolfgang 1988: *Zwischen den Mühlsteinen. Eine Privatrechtsgeschichte der Weimarer Republik*, Tübingen: Mohr Siebeck.

Nörr, Knut Wolfgang 1996: *Der Richter zwischen Gesetz und Wirklichkeit*, Heidelberg: C.F. Müller.

Nollmann, Gerd 2006: »Max Webers Vergleich von Rechts- und Sozialwissenschaft«, in: *Archiv für Rechts- und Sozialphilosophie* 92 (1), 93–111.

Nonet, Philippe 1976: »For jurisprudential sociology«, in: *Law & Society Review* 10, 525–545.

Nour Sckell, Soraya 2020: »Bourdieus juridisches Feld«, in: Sonja Buckel/Ralph Christensen/Andreas Fischer-Lescano (Hg.), *Neue Theorien des Rechts*, 3. Aufl., Tübingen: Mohr Siebeck, 243–260.

Nußbaum, Arthur 1914: *Die Rechtstatsachenforschung. Ihre Bedeutung für Wissenschaft und Unterricht*, Tübingen: J.C.B. Mohr.

Nußbaum, Arthur 1940/1955: »Die Rechtstatsachenforschung«, in: *Archiv für die civilistische Praxis* 154, 453–484.

Oehler, Dietrich 1970: »In welcher Weise empfiehlt es sich, die Ausbildung der Juristen zu reformieren?«, in: Deutscher Juristentag (Hg.), *Gutachten für den 48. Deutschen Juristentag*, München: Beck: Teil E.

Oertmann, Paul 1911: »Soziologische Rechtsfindung«, in: *Monatsschrift für Handelsrecht und Bankwesen* 20, 1–12.

Oertmann, Paul 1914: *Rechtsordnung und Verkehrssitte*, Leipzig: Deichert.

Ogorek, Regina 1986: *Richterkönig oder Subsumtionsautomat? Zur Justiztheorie im 19. Jahrhundert*, Frankfurt/M.: Klostermann.

Ooyen, Robert Chr. van 2021: *Rechts- und Verfassungspolitologie bei Ernst Fraenkel und Otto Kirchheimer*, Frankfurt/M.: Verlag für Verwaltungswissenschaft.

Opp, Karl-Dieter 1973: *Soziologie im Recht*, Reinbek: Rowohlt.

Oppenheimer, Franz 1929: »Die beiden Wurzeln des Rechts«, in: *Archiv für Rechts- und Wirtschaftsphilosophie* 23, 178–196.

Ott, Claus/Hans-Bernd Schäfer 1988: »Die ökonomische Analyse des Rechts — Irrweg oder Chance wissenschaftlicher Rechtserkenntnis?«, in: *JuristenZeitung* 43 (5), 213–223.

Otto, Martin 2012: »Martin Drath (1902–1976). ›Wissen Sie denn nicht, daß Drath ein Roter ist?‹«, in: Gerhard Lingelbach (Hg.): *Rechtsgelehrte der Universität Jena aus vier Jahrhunderten*, Jena: Bussert & Stadeler, 329–356.

Paas, Susanne Karoline 2022: »Soziologie im freien Fall?«, in: *Mittelweg 36*, Jg. 31 (5), 39–54.

Paulson Stanley L. 1984: »Zu Hermann Hellers Kritik an der Reinen Rechtslehre«, in: Müller/Staff 1984: 679–692.

Paulson, Stanley L. 2019: »Formalism, ›Free Law‹, and the ›Cognition‹ Quandary. Hans Kelsen's Approaches to Legal Interpretation«, in: *The University of Queensland Law Journal* 27 (2), 7–39.

Pawlik, Michael 2015: »Identität der Gesellschaft oder Identität des Rechtsanwenders?«, in: Jan Bockemühl/Katrin Gierhake/Henning Ernst Müller/Tonio Walter (Hg.), *Festschrift für Bernd von Heintschel-Heinegg*, München: C.H. Beck, 363–375.

Pawlik, Michael 2023: »Max Ernst Mayer: Das Strafrecht als Kulturerscheinung«, in ders., Carl-Friedrich Stuckenberg/Wolfgang Wohlers (Hg.), *Strafrecht und Neukantianismus*, Tübingen: Mohr Siebeck, 131–163.

Pfordten, Dietmar von der 2018: »Die Aufgaben von Theorien des Rechts«, in: Calliess/Kähler, 71–84.

Philipp, Thorsten/Tobias Schmohl, (Hg.) 2021: *Handbuch Transdisziplinäre Didaktik*, Bielefeld: transcript.

Pilniok, Arne 2023: »Maßstäbe des Verwaltungshandelns«, in: Wolfgang Kahl/Markus Ludwigs (Hg.), *Handbuch des Verwaltungsrechts*, Band 5, Heidelberg: C.F. Müller, 5–49.

Plebuch, Jonas 2021: »Das dogmatisierende Jahrzehnt«, in: Martin Löhnig (Hg.), *Beginn der Gegenwart*, Göttingen: Vandenhoeck & Ruprecht, 283–333.

Popitz, Heinrich 1980: *Die normative Konstruktion von Gesellschaft*, Tübingen: Mohr Siebeck.

Pound, Roscoe 1907: »The Need of a Sociological Jurisprudence«, in: *The Green Bag* 19, 607–615.
Pound, Roscoe 1912: »The Scope and Purpose of Sociological Jurisprudence«, in: *Harvard Law Review* 25, 489–516.
Prendergast, Thomas R. 2020: »The Sociological Idea of the State. Legal Education, Austrian Multinationalism, and the Future of Continental Empire, 1880–1914«, in: *Comparative Studies in Society and History* 62, 327–358.
Preuß, Ulrich K. 1973: *Legalität und Pluralismus*, Frankfurt/M.: Suhrkamp.
Preuß, Ulrich K. 1987: »Entwicklungsperspektiven der Rechtswissenschaft«, in: *Kritische Justiz* 21, 361–376.
Rabault, Hugues 2024: »›Global Bukovina‹: Gunther Teubner's Homage to Eugen Ehrlich«, in: *Zeitschrift für Rechtssoziologie* 44 (1), 1–19.
Radbruch, Gustav 1923: »Rechtsidee und Rechtsstoff«, in: *Archiv für Rechts- und Wirtschaftsphilosophie* 17, 343–350.
Radbruch, Gustav 1932: *Rechtsphilosophie*, 3. Aufl., Leipzig: Quelle & Meyer.
Radbruch, Gustav 1952: *Der innere Weg. Aufriß meines Lebens*, Göttingen: Vandenhoeck & Ruprecht.
Raiser, Thomas 2011: *Beiträge zur Rechtssoziologie*, Baden-Baden: Nomos.
Raiser, Thomas 2017: »Helmut Schelskys Beitrag zur Rechtssoziologie«, in: Thomas Gutmann/Christoph Weischer/Fabian Wittreck (Hg.), *Helmut Schelsky. Ein deutscher Soziologe im zeitgeschichtlichen, institutionellen und disziplinären Kontext*, Duncker & Humblot, Berlin, 95–110.
Ramm, Thilo 2009: »Die Reformfakultät und die 68er«, in: *Kritische Vierteljahresschrift für Gesetzgebung und Rechtswissenschaft* 92, 115–139.
Rehberg, Karl-Siegbert 2017: »Inspirierende und misslingende Spannungsbalancen«, in: Thomas Gutmann/Christoph Weischer/Fabian Wittreck (Hg.), *Helmut Schelsky. Ein deutscher Soziologe im zeitgeschichtlichen, institutionellen und disziplinären Kontext*, Duncker & Humblot, Berlin, 219–242.
Rehbinder, Manfred 2020: »Einleitung«, in: Theodor Sternberg, *Zur Methodenfrage der Rechtswissenschaft und andere juristische Schriften*, Berlin: Duncker & Humblot, 7–15.
Reich, Norbert 1981: »Einige Reformziele des Hamburger Modells in der gegenwärtigen Diskussion um die Vereinheitlichung der Juristenausbildung«, in: *unihhreform. Dokumente zur Studien- und Prüfungsreform aus der Universität Hamburg*, Nr. 13, 22–30.
Reinelt, André 2023: *Soziale Inklusion. Der allgemeine Gleichheitssatz als Zugangsregel im Vertragsrecht*, Baden-Baden: Nomos.
Renner, Moritz 2016: »Machtbegriffe zwischen Privatrecht und Gesellschaftstheorie«, in: Möslein, 505–528.
Renner, Moritz 2020: »Vom ›Naturstudium‹ zur Systemtheorie. Soziologische Ansätze im Wirtschaftsrecht«, in: *Ancilla Iuris*, 42–56.
Rentsch, Bettina 2023: »Traditionelle und kritische Rechtstheorie«, in: Kristina Peters/Nina Schrott (Hg.), *Eine Theorie von der Wissenschaft des Rechts*, Baden-Baden: Nomos, 59–84.

Requate, Jörg 2000: »Standespolitik als Gesellschaftspolitik«, in: Axel Schildt/Detlef Siegfried (Hg.), *Dynamische Zeiten*, Hamburg: Christians, 424–443.

Requate, Jörg 2003: »Politische Gestaltung durch die Justiz?«, in: ders. (Hg.), *Recht und Justiz im gesellschaftlichen Aufbruch (1960–1975)*, Baden-Baden: Nomos, 165–181.

Richter, Christoph 2007: *Im Kreuz der Wirklichkeit. Die Soziologie der Räume und Zeiten von Eugen Rosenstock-Huessy*, Frankfurt/M.: Lang.

Richter, Ingo 2021: *Meine deutsche Bildungsrepublik. Eine bildungspolitische Autobiographie,* Opladen: Barbara Budrich.

Rinken, Alfred 1970: »In welcher Weise empfiehlt es sich, die Ausbildung der Juristen zu reformieren?«, in: *Verhandlungen des 48. Deutschen Juristentages*, Band II, Teil P, 1970, 7–33.

Rinken, Alfred 1973: »Das Juristenausbildungsgesetz«, in: ders. (Hg.), *Der neue Jurist*, Darmstadt: Luchterhand 1973, 11–36.

Rinken, Alfred 1985: »Reform als Prozess«, in: Christian Broda u.a. (Hg.), *Festschrift für Rudolf Wassermann*, Neuwied: Luchterhand, 605–625.

Rinken, Alfred, 1996: *Einführung in das juristische Studium. Juristenausbildung und Juristenpraxis im Verfassungsstaat*, 3. neubearb. Aufl., München: Beck.

Rinken, Alfred 2015: »Die frühen Bremer Jahre: Die einstufige Juristenausbildung in Bremen«, in: Dieter Hart/Franz Müntefering/Frank-Walter Steinmeier (Hg.), *Wissenschaft, Verwaltung und Politik als Beruf*, Baden-Baden: Nomos, 256–271.

Rinken, Alfred 2018: »Art. Albert Hänel«, in: Peter Häberle/Michael Kilian/Heinrich W. Wolff: *Staatsrechtslehrer des 20. Jahrhunderts*, 2, Auflage, Berlin, de Gruyter, 3–19.

Röhl, Klaus F. 2015: »Rechtssoziologie als Grundlagenwissenschaft für das öffentliche Recht«, in: Andreas Funke/Julian Krüper/Jörn Lüdemann (Hg.), *Konjunkturen in der öffentlich-rechtlichen Grundlagenforschung*, Tübingen: Mohr Siebeck, 65–102.

Rosenstock, Eugen 1920: »Der Neubau der Rechtsgeschichte«, in: *Die Arbeitsgemeinschaft* 1, 132–140 und 172–181.

Rosenstock, Eugen 1922: *Werkstattaussiedlung. Untersuchungen über den Lebensraum des Industriearbeiters*, Berlin: Springer.

Rosenstock, Eugen 1925: *Soziologie I. Die Kräfte der Gemeinschaft*, Berlin: de Gruyter.

Rosenstock, Eugen 1926: *Vom Industrierecht. Rechtssystematische Fragen*, Berlin: Sack.

Rosenstock-Huessy, Eugen 1932: *Kriegsheer und Rechtsgemeinschaft*, Breslau: Trewendt & Granier.

Rosenstock-Huessy, Eugen 1968: *Ja und Nein*, Heidelberg: Lambert Schneider.

Rottleuthner, Hubert 1973 a: *Rechtswissenschaft als Sozialwissenschaft*, Frankfurt/M.: Fischer.

Rottleuthner, Hubert 1973 b: *Richterliches Handeln. Zur Kritik der juristischen Dogmatik*, Frankfurt/M.: Athenäum.

Rottleuthner, Hubert 1980: »Zur Methode einer folgenorientierten Rechtsanwendung«, in: *Archiv für Rechts- und Sozialphilosophie*, Beiheft 13, Wiesbaden: Steiner, 97–118.

Rottleuthner, Hubert 1986: »Drei Rechtssoziologien – Eugen Ehrlich, Hugo Sinzheimer, Max Weber,«, in: Erk Volkmar Heyen (Hg.), *Historische Soziologie der Rechtswissenschaft*, Frankfurt/M.: Klostermann, 227–252.

Rottleuthner, Hubert 1987: *Einführung in die Rechtssoziologie*, Darmstadt: Wissenschaftliche Buchgesellschaft.

Rottleuthner, Hubert 1989: »Rechtsphilosophie und Rechtssoziologie im Nationalsozialismus«, in: Ralf Dreier/Wolfgang Sellert (Hg.), *Recht und Justiz im ›Dritten Reich‹*, Frankfurt/M.: Suhrkamp, 295–322.

Rottleuthner, Hubert 1998: »Juristische Ausbildung und Sozialwissenschaften«, in: Dieter Strempel (Hg.), *Juristenausbildung zwischen Internationalität und Individualität*, Baden-Baden: Nomos, 323–333.

Rottleuthner, Hubert 2009: »Exodus und Rückkehr der Rechtssoziologie«, in: *Kritische Vierteljahresschrift für Gesetzgebung und Rechtswissenschaft* 92, 202–220.

Rottleuthner, Hubert 2017: »Rechtswissenschaft als Sozialwissenschaft«, in: Eric Hilgendorf/Jan C. Joerden (Hg.), *Handbuch Rechtsphilosophie*, Berlin: J.B. Metzler, 251–254.

Rottleuthner, Hubert 2021: »Die Nähe jüdischer Rechtsgelehrter zu einer empirischen Betrachtung des Rechts«, in: Till van Rahden/Michael Stolleis (Hg.), *Emanzipation und Recht*, Frankfurt/M.: Klostermann, 273–295.

Rottleuthner, Hubert 2021: »Methodologie und Organisation der Rechtswissenschaft«, in: Eric Hilgendorf/Helmuth Schulze-Fielitz, (Hg.): *Selbstreflexion der Rechtswissenschaft*, 2. Aufl., Tübingen: Mohr Siebeck241– 257.

Roxin, Claus 1968: »Juristische Ausbildung auf der Universität«, in: *Loccumer Protokolle* 25, 47–61.

Roxin, Claus 1970: *Kriminalpolitik und Strafrechtssystem*, Berlin: de Gruyter.

Rückert, Joachim 1993: »Franz Leopold Neumann (1900–1954) – ein Jurist mit Prinzipien«, in: Marcus Lutter/Ernst Stiefel/Michael H. Hoeflich (Hg.), *Der Einfluss deutscher Emigranten auf die Rechtsentwicklung in den USA und in Deutschland*, Tübingen: Mohr Siebeck, 437–474.

Rückert, Joachim 1995: »Geschichte des Privatrechts als Apologie des Juristen«, in: *Quaderni Fiorentini* 24, 531–562.

Rückert, Joachim 1998: »Zu Kontinuitäten und Diskontinuitäten in der juristischen Methodendiskussion nach 1945«, in: Karl Acham/Knut W. Nörr/Bertram Schefold (Hg.), *Erkenntnisgewinne, Erkenntnisverluste*, Stuttgart: Steiner, 113–165.

Rückert, Joachim 2008: »Vom ›Freirecht‹ zur freien ›Wertungsjurisprudenz‹ – eine Geschichte voller Legenden«, in: *Zeitschrift der Savigny-Stiftung für Rechtsgeschichte* 125, 199–255,

Rückert, Joachim 2015: *Abschiede vom Unrecht*, Tübingen: Mohr Siebeck.

Rückert, Joachim 2018: *Unrecht durch Recht: Zur Rechtsgeschichte der NS-Zeit*, Tübingen: Mohr Siebeck.

Rückert, Joachim 2020: »Art. Rechtswissenschaft«, in: *Staatslexikon*, 8. Aufl., Band 4, Freiburg: Herder, Sp.1257–1270.
Rückert, Joachim 2021: »Gierke zwischen Freiheit und Sozialität«, in: Peter Schröder (Hg.), *Der Staat als Genossenschaft*, Baden-Baden: Nomos, 59–112.
Rückert, Joachim 2022: »Abgrenzungen – aber welche Rechtswissenschaft von welcher Soziologie?«, in: *Mittelweg 36*, Jg. 31 (5), 57–80.
Rümelin, Gustav 1891: *Werturteile und Willensentscheidungen im Civilrecht*, Freiburg i.B.: Lehmann.
Rüthers, Bernd 1968/2022: *Die unbegrenzte Auslegung. Zum Wandel der Privatrechtsordnung im Nationalsozialismus*, 5. Aufl., Karlsruhe: C.F. Müller.
Rüthers, Bernd 1972: »Die rechtswissenschaftlichen Habilitationen in der Bundesrepublik zwischen 1945 und 1969«, in: *Juristenzeitung* 27 (7), 185–191.
Rüthers, Bernd 1988: *Entartetes Recht*, München: Beck.
Rüthers, Bernd 2011: »Die Risiken selektiven Erinnerns - Antwort an C.-W. Canaris«, in: *JuristenZeitung* 66 (23), 1149–1151.
Rüthers, Bernd/Christian Fischer/Axel Birk 2018: *Rechtstheorie, mit Juristischer Methodenlehre*, 10. Aufl., München: Beck.
Ruffert, Matthias 2017: »Rechtsvergleichung als Perspektivenerweiterung«, in: Martin Burgi (Hg.), *Zur Lage der Verwaltungsrechtswissenschaft*, Berlin: Duncker & Humblot, 165–176.
Rumpf, Max 1906: *Gesetz und Richter. Versuch einer Methodik der Rechtsanwendung*, Berlin: Liebmann.
Rumpf, Max 1910: *Volk und Recht*, Oldenburg: Stalling.
Rumpf, Max 1922: »Der Sinn des Wirtschaftsrechts«, in: *Archiv für die civilistische Praxis* 122 (2), 153–193.
Rumpf, Max 1924: »Was ist Rechtssoziologie?«, in: *Archiv für die civilistische Praxis* 122, 36–51.
Rumpf, Max 1929: *Rechtswissenschaft als Sozialwissenschaft*? Nürnberg: Krische.
Rumpf, Max 1930: Diskussionsbeitrag über ›Soziographie‹, in: *Verhandlungen des 7. Soziologentages*, Tübingen: Mohr.
Rumpf, Max 1936: *Deutsches Bauernleben*, Stuttgart: Kohlhammer.
Sack, Fritz 1969: »Probleme der Kriminalsoziologie«, in: René König (Hg.), *Handbuch der empirischen Sozialforschung*, Band 2, Stuttgart: Enke, 961–1049.
Sack, Fritz 1973: »Einige Fragen und Probleme der Rechtsanwendung aus soziologischer Sicht«, in: Günter Albrecht/Hansjürgen Daheim/Fritz Sack (Hg.), *Soziologie*, Opladen: Westdeutscher Verlag, 400–419.
Sack, Fritz 1975: »Die Chancen der Kooperation zwischen Strafrechtswissenschaft und Kriminologie«, in: Lüderssen/Sack, Band II, 346–385.
Sack, Fritz 1993: »Strafrechtliche Kontrolle und Sozialdisziplinierung«, in: *Jahrbuch für Rechtssoziologie und Rechtstheorie* 15, 16–45.
Säcker, Franz Jürgen 2007: »Münchener Kommentar zum BGB«, in: Dietmar

Willoweit (Hg.), *Rechtswissenschaft und Rechtsliteratur im 20. Jahrhundert*, München: C.H. Beck, 405–417.

Sälzer, Gerd 2010: »Martin Drath«, in: Henkel/Lembcke, 29–122.

Sahm, Philipp 2019: *Elemente der Dogmatik*, Weilerswist: Velbrück Wissenschaft.

Salge, Hans-Georg 1980: »Reform der Juristenausbildung – Anspruch und Wirklichkeit«, in: *Deutsche Richterzeitung* 58, 41–49.

Schaefer, Jan Philipp 2018: »Rechtstheorie zwischen Land und Meer«, in: Calliess/Kähler, 101–116.

Schäfer, Hans-Bernd 1990: »Ökonomie im Rechtsstudium«, in: Heinz Giehring/Fritz Haag/Wolfgang Hoffmann-Riem/Claus Ott (Hg,), *Juristenausbildung – erneut überdacht*, Baden-Baden: Nomos, 294–308.

Schäfer, Hans-Bernd/Ott, Claus 1986: *Lehrbuch der ökonomischen Analyse des Zivilrechts*, Berlin: Springer.

Schäfer, Hans-Bernd/Ott, Claus 2021: *Lehrbuch der ökonomischen Analyse des Zivilrechts*, 6. Auflage, Berlin: Springer Gabler.

Schale, Frank 2012: »Franz L. Neumann zwischen Rechtspositivismus, Rechtssoziologie und Wertphilosophie«, in: Frank Schale/Ellen Thümmler/Michael Vollmer (Hg.), *Intellektuelle Emigration*, Wissbaden: VS Verlag, 59–87.

Schale, Frank 2020: »Theoretische Kontinuitäten und politische Brüche«, in: Alexander Gallus/Sebastian Liebold/Frank Schale (Hg.), *Vermessungen einer Intellectual History der frühen Bundesrepublik*, Göttingen: Wallstein, 188–207.

Schanze, Erich 2013: »Die Leiden des jungen W. – Notizen zur Geschichte der »Rechtswissenschaft« von 1968«, in: Christian Joerges/Peer Zumbansen, (Hg.), *Politische Rechtstheorie Revisited*, Bremen: Zentrum für Europäische Rechtspolitik, 101–113.

Schefold, Dian 1984: »Hellers Ringen um den Verfassungsbegriff«, in: Müller/Staff, 555–572.

Schelsky, Helmut 1970: »Systemfunktionaler, anthropologischer und personfunktionaler Ansatz der Rechtssoziologie«, in: *Jahrbuch für Rechtssoziologie und Rechtstheorie* 1, 37–89.

Schelsky, Helmut 1972: »Soziologiekritische Bemerkungen zu gewissen Tendenzen von Rechtssoziologen«, in: *Jahrbuch für Rechtssoziologie und Rechtstheorie* 3, 603–611.

Schelsky, Helmut 1974: »Nutzen und Gefahren der sozialwissenschaftlichen Ausbildung von Juristen«, in: *Juristenzeitung* 29 (13), 410–416.

Schelsky, Helmut 1980: *Die Soziologen und das Recht. Abhandlungen und Vorträge zur Soziologie von Recht, Institution und Planung*, Opladen: Westdeutscher Verlag.

Schlichting, Gerhard 1978: »Zum Ausbildungsstand der Praktikanten und seiner Bewertung«, in: *Recht und Politik* 14, 187–190.

Schluchter 2006: *Grundlegungen der Soziologie: Eine Theoriegeschichte in systematischer Absicht*, Mohr Siebeck.

Schluchter, Wolfgang 1968: *Entscheidung für den sozialen Rechtsstaat*, Köln: Kiepenheuer & Witsch.

Schluchter, Wolfgang 2000: *Individualismus, Verantwortungsethik und Vielfalt*, Weilerswist: Velbrück Wissenschaft.

Schmidt-Rimpler, Walter 1951: »Hans Wüstendörfer«, in: *Archiv für die civilistische Praxis* 151, 481–501.

Schmidt, Eike 1974: *Zivilrechtlicher Grundkurs für Studienanfänger*, Kronberg/Ts.: Scriptor.

Schmidt, Eike 1980: »Von der Privat- zur Sozialautonomie«, in: *JuristenZeitung* 35 (5/6), 153–161.

Schmidt, Eike 1989: Struktur- und Kompetenzanforderungen an einen zeitgemäßen Zivilprozess«, in: *Kritische Vierteljahresschrift für Gesetzgebung und Rechtswissenschaft* 4, 303–322.

Schmidt, Katharina Isabel 2014: »Der ›Formalismus-Mythos‹ im deutschen und amerikanischen Rechtsdenken des frühen 20. Jahrhunderts«, in: *Der Staat* 53, 445–473.

Schmidt, Katharina-Isabel 2016: »Law, Modernity, Crisis – German Free Lawyers, American Legal Realists, and the Transatlantic Turn to ›Life‹ 1903–1933«, in: *German Studies Review* 39 (1), 121–140.

Schmidt-Recla, Adrian 2022: »Sozialistisches Recht, sozialistisches Rechtsverhältnis, sozialistische Person, sozialistische Gesetzlichkeit«, in: ders. u.a., 115–138.

Schmidt-Recla, Adrian/Achim Seifert (Hg.) 2022: *Das Recht der DDR als Gegenstand der Rechtsgeschichte*, Wien: Böhlau.

Schmitt, Carl 1934 a: »Nationalsozialistisches Rechtsdenken«, in: *Deutsches Recht* 4, 225-229.

Schmitt, Carl 1934 b: *Über die drei Arten des rechtswissenschaftlichen Denkens*, Hamburg: Hanseatische Verlagsanstalt.

Schmitt, Carl 1936: »Die Deutsche Rechtswissenschaft im Kampf gegen den jüdischen Geist«, in: *Deutsche Juristen-Zeitung* 41, Sp. 1193–1199.

Schmitt, Carl 1991: Glossarium. Aufzeichnungen der Jahre 1947–1951, Berlin: Duncker & Humblot.

Schmitt Glaeser, Walter 1995: »Die Juristen-Fakultäten als Hüter des Rechtsstaats«, in: *Neue Juristische Wochenschrift* 40, 2597–2601.

Schnädelbach, Sandra 2020: *Entscheidende Gefühle. Rechtsgefühl und juristische Emotionalität vom Kaiserreich bis in die Weimarer Republik*, Göttingen: Wallstein.

Schneider, Egon 1975: »Der mögliche Einfluss von Soziologie und Psychologie auf den Entscheidungsvorgang des Richters«, in: *Deutsche Richterzeitung* 53, 265–268.

Schoppmeyer, Heinrich 2001: *Juristische Methode als Lebensaufgabe. Leben, Werk und Wirkungsgeschichte Philipp Hecks*, Tübingen: Mohr Siebeck.

Schröder, Jan 2016: *Rechtswissenschaft in Diktaturen*, München: C.H. Beck.

Schröder, Jan 2020: *Recht als Wissenschaft*, Band 2, Geschichte der juristischen Methodenlehre in der Neuzeit (1933–1960), 3. Aufl., München: C.H. Beck.

Schrömbges, Ulrich 1984: *Die soziologische Rechtskonzeption von Hermann Kantorowicz*, jur. Diss. Bonn.

Schubert, Werner (Hg.) 2019: *Akademie für Deutsches Recht 1933–1945. Protokolle der Ausschüsse*, Bd. 23: Weitere Nachträge (1934–1939), Berlin: Lang.

Schünemann, Hans-Wilhelm 1975: »Sozialwissenschaften im Vorhof der Jurisprudenz«, in: *Deutsche Richterzeitung* 53, 235–240.

Schütte, Wolfgang 1982: *Die Einübung des juristischen Denkens. Juristenausbildung als Sozialisationsprozess*, Frankfurt/M.: Campus.

Schulz-Schaeffer, Ingo 2004: »Rechtsdogmatik als Gegenstand der Rechtssoziologie. Für eine Rechtssoziologie ›mit noch mehr Recht‹«, in: *Zeitschrift für Rechtssoziologie* 25 (2), 141–174.

Schulz-Schaeffer, Ingo 2007: *Zugeschriebene Handlungen: Ein Beitrag zur Theorie sozialen Handelns*. Velbrück Wissenschaft.

Schulz, Maximilian 2022: *Philipp Hecks Rechts- und Begriffstheorie und ihre erkenntnistheoretischen Voraussetzungen*, Baden-Baden: Nomos.

Schulze-Fielitz, Helmuth, 2000: »Gesetzgebungslehre als Soziologie der Gesetzgebung«, in: Horst Dreier (Hg.), *Rechtssoziologie am Ende des 20. Jahrhunderts*, Tübingen: Mohr Siebeck, 156–179.

Schulze-Fielitz, Helmuth 2002: »Was macht die Qualität öffentlich-rechtlicher Forschung aus?«, in: *Jahrbuch des öffentlichen Rechts* 50, 1–68.

Schulze-Fielitz, Helmuth 2013: *Staatsrechtslehre als Mikrokosmos. Bausteine zu einer Soziologie und Theorie der Wissenschaft des Öffentlichen Rechts*, Tübingen: Mohr Siebeck.

Schulze-Fielitz, Helmuth 2015: »Konjunkturen der öffentlich-rechtlichen Grundlagenforschung – wissenschaftssoziologisch betrachtet«, in: Funke u.a., 157–196.

Schumann, Carola 1981: »Erfahrungen mit (und von) Sozialwissenschaftlern in der Juristenausbildung«, in: *Kriminologisches Journal* 13, 128–143.

Schumann, Karl F. 1981: »Die Sozialwissenschaften und die rechtliche Konkretisierung und prozessuale Aufklärung von Deliktmerkmalen – zwei Seiten verschiedener Medaillen«, in: *Kriminalsoziologische Bibliographie* 8, Nr. 31, 1–10.

Schumann, Karl F., u.a. 1981: »Sozialwissenschaften im Strafrecht«, in: *Kriminologisches Journal* 13 (3), 164–170.

Schuppert, Gunnar Folke 2010: »Die Verwaltungswissenschaft als Impulsgeberin der Verwaltungsrechtsreform«, in: Wolfgang Hoffmann-Riem, *(nicht: Hg. !!) Offene Rechtswissenschaft*, Tübingen: Mohr Siebeck, 1041–1073.

Schuppert, Gunnar Folke 2018: »Umdenken im Hause des Rechts – das Beispiel des öffentlichen Rechts in der Berliner Republik«, in: Thomas Duve/Stefan Ruppert (Hg.), *Rechtswissenschaft in der Berliner Republik*, Berlin: Suhrkamp, 182–211.

Schweitzer, Doris 2021: *Juridische Soziologien. Recht und Gesellschaft von 1814 bis in die 1920er Jahre*, Baden-Baden: Nomos.

Schweitzer, Heike 2016: »Wettbewerbsrecht und das Problem privater Macht«, in: Möslein, 447–473.

Seifert, Achim 2015: »Die Rechtssoziologie von Hugo Sinzheimer«, in: Wolfhard Kohte/Nadine Absenger (Hg.), *Menschenrechte und Solidarität im internationalen Diskurs*, Baden-Baden: Nomos, 411–430.

Seinecke, Ralf 2010: »Richtige Reinheit oder reine Richtigkeit? Rechtslehren nach Hans Kelsen und Karl Larenz«, in: *JuristenZeitung* 65 (6), 279–287.
Seinecke, Ralf 2022: »Ehrlichbilder: Freirecht, Rechtssoziologie und Rechtspluralismus – zum 100. Todestag von Eugen Ehrlich«, in: *Zeitschrift für Europäisches Privatrecht* 30, 302–336.
Senn, Marcel 2016: »Rechtswissenschaft und Geschichte«, in: Stephan Kirste (Hg.), *Interdisziplinarität in den Rechtswissenschaften*, Berlin: Duncker & Humblot, 153–164.
Sigmundt, Christian, 2005: *Rechtsgewinnung und Erbhofrecht. Eine Analyse der Methoden in Wissenschaft und Rechtsprechung des Reichserbhofrechts*, jur. Diss. Würzburg.
Simitis, Spiros 1957: *Die faktischen Vertragsverhältnisse als Ausdruck der gewandelten sozialen Funktion der Rechtsinstitute des Privatrechts*, Frankfurt/M.: Klostermann.
Simmel, Georg: *Gesamtausgabe* = GSG, Frankfurt/M.: Suhrkamp.
Simon, Dieter 1990: »Zäsuren im Rechtsdenken«, in: Martin Broszat (Hg.), *Zäsuren nach 1945*, München: Oldenbourg, 153–167.
Sinzheimer, Hugo 1909: *Die soziologische Methode in der Privatrechtswissenschaft*, München: Rieger; auch in: ders. 1976, 3–23.
Sinzheimer, Hugo 1922/1976: »Über soziologische und rechtsdogmatische Methoden in der Arbeitsrechtswissenschaft«, in: ders. 1976, 33–41.
Sinzheimer, Hugo 1928/1976: »Der Wandel im Weltbild des Juristen«, in: ders. 1976, 42–49.
Sinzheimer, Hugo 1935/1976: »Die Aufgabe der Rechtssoziologie«, in: ders. 1976, 85–148.
Sinzheimer, Hugo 1936: »Eine Theorie des sozialen Rechts«, in: *Zeitschrift für Öffentliches Recht* 16 (1), 31–57.
Sinzheimer, Hugo 1976: *Arbeitsrecht und Rechtssoziologie*, Band 2, Frankfurt/M.: Europäische Verlagsanstalt.
Smend, Rudolf 1928: *Verfassung und Verfassungsrecht*, München: Duncker & Humblot.
Smend, Rudolf 1966: »Art. Integration«, in: *Evangelisches Staatslexikon*, Stuttgart: Kreuz-Verlag, Sp. 803–805.
Söllner, Alfons 1978: »Franz L. Neumann«, in: *Franz L. Neumann, Wirtschaft, Staat, Demokratie*, Frankfurt/M.: Suhrkamp, 7–56.
Söllner, Fritz 2021: *Die Geschichte des ökonomischen Denkens*, 5. Auflage, Berlin: Springer Gabler.
Sombart, Werner 1938: *Vom Menschen,* Berlin: Buchholz & Weißwange.
Sombart, Werner 2019: *Briefe eines Intellektuellen 1886–1937*, Berlin: Duncker & Humblot.
Somek, Alexander 2023: »Beantwortung der Frage: Was ist Rechtsdogmatik?«, in: Bezemek, 13–29.
Sow, Amadou Korbinian 2019: »Eine Praxistheorie für das Recht. Überlegungen am Beispiel des Freirechts«, in: *Rechtsphilosophie* 5, 142–155.
Spadafora, Andrew Jeffrey 2013: *Freedom from Value Judgments. Value-Free*

Social Science and Objectivity in Germany, 1880-1914, PhD-Diss. (Geschichte), Harvard Univ.

Stark, Alexander 2020: *Interdisziplinarität der Rechtsdogmatik*, Tübingen: Mohr Siebeck.

Stachel, Peter 2022: »Kultursoziologische Ansätze in den ersten Jahrzehnten des 20. Jahrhunderts«, in: Karl Acham/Stephan Moebius (Hg.), *Soziologie in der Zwischenkriegszeit*, Band 2, Wiesbaden: Springer VS, 377–404.

Stein, Lorenz von 1856: *System der Staatswissenschaft: Die Gesellschaftslehre*, Erste Abteilung, Band 2, Stuttgart: Cotta.

Stein, Lorenz von 1856: *System der Staatswissenschaft*, Zweiter Band, Stuttgart: Cotta.

Sternberg, Theodor 1904: *Allgemeine Rechtslehre*, Leipzig: Göschen.

Stichweh, Rudolf 1992: »Motive und Begründungsstrategien für Wissenschaftlichkeit in der deutschen Jurisprudenz des 19. Jahrhunderts«, in: *Rechtshistorisches Journal* 11, 330–351.

Stichweh, Rudolf 2021: »Disziplinarität, Interdisziplinarität, Transdisziplinarität. Strukturwandel des Wissenschaftssystems (1750–2020)«, in: Thorsten Philipp/Tobias Schmohl (Hg.), *Handbuch Transdisziplinäre Didaktik*, Bielefeld: transcript, 433–448.

Stiebitz, Karen 1999: *Heinz Such (1910–1976). Ein Jurist zwischen bürgerlicher Rechtsdogmatik und sozialistischer Rechtsgewinnung*, Köln: Böhlau.

Stolleis, Michael 1992: *Geschichte des öffentlichen Rechts in Deutschland*, Band 2, München: C.H. Beck.

Stolleis, Michael 1999: *Geschichte des öffentlichen Rechts in Deutschland*, Band 3, München: C.H. Beck.

Stolleis, Michael 2012: *Geschichte des öffentlichen Rechts in Deutschland*, Band 4, 1945–1990, München: C.H. Beck.

Stürner, Rolf 2012: »Das Zivilrecht der Moderne und die Bedeutung der Rechtsdogmatik«, in: *JuristenZeitung* 67 (1), 10–24.

Sturm, Fritz 1975: »Schlusswort«, in: *Juristenzeitung* 30 (13), 411 f.

Such, Heinz 1947: »Marxismus und Interessenjurisprudenz«, in: *Neue Justiz* 1, 229–236.

Such, Heinz 1949: *Wirtschaftsplanung und Sachmängelhaftung*, Leipzig: Bibliographisches Institut.

Such, Heinz 1957: »Über die Gesetzmäßigkeiten des gesellschaftlichen Lebens und ihr Verhältnis zum Recht«, in: *Festschrift für Erwin Jacobi*, Berlin: Deutscher Zentralverlag, 22–50.

Such, Heinz 1976: »Stabilität des sozialistischen Rechts und gesellschaftliche Entwicklung«, in: *Sitzungsberichte der Akademie der Wissenschaften der DDR*, Gesellschaftswissenschaften Nr. 9/G, Berlin: Akademie-Verlag.

Surmann, Jan 2020: »Ludwik (Ludwig) Gumplowicz«, in: Karl Acham (Hg.), *Die Soziologie und ihre Nachbardisziplinen im Habsburger Reich*, Wien: Böhlau, 445–457.

Svensson, Roswitha 1982: *Konkretisierung von Rechtsnormen*, Berlin: Akademie-Verlag.

Teubner, Gunther 1982: »Reflexives Recht«, in: *Archiv für Rechts- und Sozialphilosophie* 68 (1), 13–59.

Teubner, Gunther 2008: »Selbstsubversive Gerechtigkeit: Kontingenzformel oder Transzendenzformel des Rechts«, in: *Zeitschrift für Rechtssoziologie* 29, 9–36.

Teubner, Gunther 2015: »Rechtswissenschaft und -praxis im Kontext der Sozialtheorie«, in: Stefan Grundmann/Jan Thiessen (Hg.), *Recht und Sozialtheorie im Rechtsvergleich*, Tübingen: Mohr Siebeck, 145–168.

Teubner, Gunther 2022: »Auf Umwegen: Zum Privatrecht als Gesellschaftsverfassung«, in: *Zeitschrift für Europäisches Privatrecht* 30, 648–659.

Teubner, Gunther 2024: »My Numerous Detours – Toward Private Law as Society's Constitution«, in: *Zeitschrift für Rechtssoziologie* 44 (1), 213–240.

Teubner, Gunther/Angelo Jr. Golia 2023: »Digitalverfassung«, in: *Juristen-Zeitung* 78 (14), S. 625–630.

Thieme, Hans 1989 a: »Eugen Rosenstock-Huessy (1988–1973)«, in: *Zeitschrift für Rechtsgeschichte*, Germanistische Abt. 106, 1–11.

Thieme, Hans 1989 b: »Eugen Rosenstock-Huessy als Rechtshistoriker«, in: Lothar Bossle (Hg.), *Eugen Rosenstock-Huessy, Denker und Gestalter*, Würzburg: Creator, 9–16.

Tönnies, Ferdinand 1911: »Wege und Ziele der Soziologie«, in: *Verhandlungen des 1. Deutschen Soziologentages*, Frankfurt/M.: Sauer u. Auvermann, 7–38.

Tönnies, Ferdinand 1926: *Das Eigentum*, Wien: Braumüller.

Tontrup, Stephan 1998: »Ökonomik in der dogmatischen Jurisprudenz«, in: Christoph Engel (Hg.), *Methodische Zugänge zu einem Recht der Gemeinschaftsgüter*, Baden-Baden: Nomos, 41–120.

Tontrup, Stephan 2007: »Zum unterschiedlichen Verhältnis der juristischen Teilfächer zu den Sozialwissenschaften«, in: Engel/Schön, 192–202.

Torp, Cornelius (Hg.) 2023: *Aufbruchstimmung. Die Universität Bremen und das Projekt Hochschulreform*, Göttingen: Wallstein.

Treiber, Hubert 2017: *Max Webers Rechtssoziologie*, Wiesbaden: Harrassowitz.

Tröndle, Herbert, 1975: »Vom Fortschritt, der auf der Stelle tritt«, in: *Monatsschrift für Deutsches Recht* 29, 617–621.

Troje, Hans-Erich 1979: *Juristenausbildung heute. Eine rechts- und sozialwissenschaftliche Studie*, Neuwied: Luchterhand.

Vesting, Thomas 1991: »Aporien des rechtswissenschaftlichen Formalismus. Hermann Hellers Kritik an der Reinen Rechtslehre«, in: *Archiv für Rechts- und Sozialphilosophie* 77, 348–373.

Vesting, Thomas 2018: *Staatstheorie*, München: C.H. Beck.

Viellechner, Lars 2020: »Recht und soziale Praxis«, in: Ino Augsberg/Steffen Augsberg/Ludger Heidbrink (Hg.), *Recht auf Nicht-Recht*. Weilerswist: Velbrück Wissenschaft, 202–210.

Vierkandt, Alfred 1926: »Die Überwindung des Positivismus in der deutschen Soziologie der Gegenwart«, in: *Jahrbuch für Soziologie* 2, Karlsruhe: Braun, 66–90.

Voegeli, Wolfgang 1979: *Einphasige Juristenausbildung. Zur Pathologie der Reform*, Frankfurt/M.: Campus.
Vogl, Stefan 2003: *Soziale Gesetzgebungspolitik, freie Rechtsfindung und soziologische Rechtswissenschaft bei Eugen Ehrlich*, Baden-Baden: Nomos.
Voigt, Rüdiger 2022: »Hermann Heller und die deutsche Politikwissenschaft«, in: Verena Frick/Oliver W. Lembcke (Hg.), *Hermann Hellers demokratischer Konstitutionalismus*, Wiesbaden: Springer VS, 69–82.
Vormbaum, Thomas 2021: »Selbstdarstellung«, in: Eric Hilgendorf (Hg.), *Die deutschsprachige Strafrechtswissenschaft in Selbstdarstellungen*, Teil 2, Berlin: de Gruyter, 571–610.
Voßkuhle, Andreas 2004: »Gibt es und wozu nutzt eine Lehre vom Verfassungswandel?«, in: *Der Staat* 43 (3), 450–459.
Voßkuhle, Andreas 2010: »Das Leitbild des ›europäischen Juristen‹ – Gedanken zur Juristenausbildung und zur Rechtskultur in Deutschland«, in: *Rechtswissenschaft* 1, 326–346.
Vosgerau, Ulrich 2010: »Das Recht der Wirklichkeit«, in: Otto Depenheuer (Hg.), *Reinheit des Rechts. Kategorisches Prinzip oder regulative Idee?* Wiesbaden: VS Verlag für Sozialwissenschaften, 55–77.
Wagner, Stephan 2023: »Die Gesetzesinterpretation als hermeneutisches Verfahren«, in: *RW Rechtswissenschaft* 14 (3), 306–375.
Waldhoff, Christian 2012: »Kritik und Lob der Dogmatik«, in: Gregor Kirchhof/Stefan Magen/Karsten Schneider (Hg.), *Was weiß Dogmatik?* Tübingen: Mohr Siebeck, 17–37.
Wassermann, Rudolf 1963 a: »Grundfragen der praktischen Juristenausbildung«, in: *Juristische Rundschau* 1963 (4), 121–128.
Wassermann, Rudolf 1963 b: »Bildung und Erziehung in den Referendararbeitsgemeinschaften«, in: *Juristische Rundschau* 1963 (9), 323–326.
Wassermann, Rudolf 1965: »Rechtssoziologie und Rechtstatsachenforschung«, in: *Juristische Rundschau* 1965 (8), 298–300.
Wassermann, Rudolf 1966: »Zur Neuordnung der juristischen Ausbildung«, in: *Juristische Rundschau* 1966 (1), 20–22.
Wassermann, Rudolf 1969: »Erziehung zum Establishment«, in: ders. (Hg.), *Erziehung zum Establishment*, Karlsruhe: C.F. Müller, 33–49.
Wassermann, Rudolf 1970: »Der neue Richtertyp«, in: ders. (Hg.), *Justizreform*, Neuwied: Luchterhand, 11–31.
Wassermann, Rudolf 1981: »Kardinalprobleme der juristischen Ausbildungsreform«, in: *Recht und Politik* 17 (1), 5–10.
Wassermann, Rudolf (Hg.) 1987: *Alternativkommentar zur Zivilprozessordnung*, Neuwied: Luchterhand.
Wassermann, Rudolf 1989: »Bilanz der inneren Justizreform«, in: *Recht und Politik* 25, 177–189.
Wassermann, Rudolf 2000: »Der aufgeklärte Jurist: 25 Jahre Rechtswissenschaft an der Universität Hannover«, in: *Recht und Politik* 36 (1), 23–26.
Wassermann, Rudolf 2001: *Die Freiheit ist zerbrechlich*, Manuskript im Archiv der sozialen Demokratie der Friedrich-Ebert-Stiftung in Bonn, Personenbestand Rudolf Wassermann, 1/RWAE000098 und 1/RWAE000099.

Wassermann, Rudolf/Peter Düwel 1972: »Modell Hannover. Einstufige Juristenausbildung in Niedersachsen«, in: *Recht und Politik* 8 (4), 140–147.

Weber, Max 1922: *Gesammelte Aufsätze zur Wissenschaftslehre*, (Seitenzahlen nach 7. Aufl. 1988), Tübingen: Mohr Siebeck.

Weber, Max 1922: *Wirtschaft und Gesellschaft*, Tübingen: Mohr Siebeck.

Weiss, Manfred 2014: »Arbeitsrechtswissenschaft auf den Spuren Hugo Sinzheimers«, in: Fachbereich Rechtswissenschaft der Goethe-Universität Frankfurt/M. (Hg.), *100 Jahre Rechtswissenschaft in Frankfurt*, Frankfurt/M.: Klostermann, 577–589.

Westermann, Harm Peter 1989: »Glanz und Elend der Kommentare«, in: Heinz Eyrich (Hg.), *Festschrift für Kurt Rebmann*, München: Beck, 103–124.

Wieacker, Franz 1938: *Bodenrecht*, Hamburg: Hanseatische Verlagsanstalt.

Wieacker, Franz 1952: *Privatrechtsgeschichte der Neuzeit*, Göttingen: Vandenhoeck & Ruprecht.

Wieacker, Franz 1953: *Das Sozialmodell der klassischen Privatrechtsgesetzbücher und die Entwicklung der modernen Gesellschaft*, Karlsruhe: C.F. Müller.

Wieacker, Franz 1958: *Gesetz und Richterkunst*, Karlsruhe: C.F. Müller.

Wieacker, Franz 1965: *Zum heutigen Stand der Naturrechtsdiskussion*, Köln: Westdeutscher Verlag.

Wieacker, Franz 1967: *Privatrechtsgeschichte der Neuzeit*, 2. neubearbeitete Aufl., Göttingen: Vandenhoeck & Ruprecht.

Wieacker, Franz 1969: »Rudolph von Jhering«, in: *Zeitschrift der Savigny-Stiftung für Rechtsgeschichte* (Romanistische Abteilung) 86, 1–36.

Wieacker, Franz 1976: »›Wandlungen der Eigentumsverfassung‹ revisited«, in: *Quaderni Fiorentini* 5/6, 841–859.

Wielsch, Dan 2009: »Zur Methode einer soziologischen Jurisprudenz«, in: Gralf-Peter Calliess/Andreas Fischer-Lescano/Dan Wielsch/Peer Zumbansen (Hg.), *Soziologische Jurisprudenz*, Berlin: de Gruyter, 395–414.

Wielsch, Dan 2020: »Die Ermächtigung von Eigen-Sinn im Recht«, in: Ino Augsberg/Steffen Augsberg/Ludger Heidbrink (Hg.), *Recht auf Nicht-Recht*, Weilerswist: Velbrück Wissenschaft, 179–201.

Wiethölter, Rudolf 1967: »Recht«, in: Gerd Kadelbach (Hg.), *Funk-Kolleg zum Verständnis der modernen Gesellschaft*, Frankfurt/M.: Fischer, 213–275.

Wiethölter, Rudolf 1968 a: *Rechtswissenschaft*, Funkkolleg Band 4, Frankfurt/M.: Fischer.

Wiethölter, Rudolf 1968 b: »Anforderungen an den Juristen heute«, in: *Loccumer Protokolle* 25, 20–43.

Wiethölter, Rudolf 1969 a: »Recht und Politik«, in: *Zeitschrift für Rechtspolitik* 2 (7), 155–158.

Wiethölter, Rudolf 1969 b: »Anforderungen an den Juristen heute«, in: Rudolf Wassermann (Hg.), *Erziehung zum Establishment*, Karlsruhe: C.F. Müller, 1–31.

Wiethölter, Rudolf 1970 a: »Didaktik und Rechtswissenschaft«, in: Loccumer Arbeitskreis, 25–41.

Wiethölter, Rudolf 1970 b: »Zur politischen Funktion des Rechts am eingerichteten und ausgeübten Gewerbebetrieb«, in: *Kritische Justiz* 3 (2), 121–139.

Wiethölter, Rudolf, 1970 c: »Die GmbH in einem modernen Gesellschaftsrecht und der Referentenentwurf eines GmbH-Gesetzes«, in: *Probleme der GmbH-Reform*, Köln: Otto Schmidt, 11.

Wiethölter, Rudolf 1974: »Privatrecht als Gesellschaftstheorie? Bemerkungen zur Logik der ordnungspolitischen Rechtslehre«, in: Fritz Baur/Josef Esser/Friedrich Kübler/Ernst Steindorff (Hg.), *Funktionswandel der Privatrechtsinstitutionen*, Tübingen: Mohr, 645–695.

Wiethölter, Rudolf 1981: »›Reformatio in peius?‹ Zur Geschichte der Ausbildungsreform«, in: *Kritische Justiz* 1, 1–17.

Wiethölter, Rudolf 1982: »Wissenschaftskritische Ausbildungsreform – Anspruch und Wirklichkeit«, in: Robert Francke/Dieter Hart/Rüdiger Lautmann/Peter Thoss (Hg.), *Einstufige Juristenausbildung in Bremen*, Darmstadt: Luchterhand, 7–33.

Wiethölter, Rudolf 1985: »Sozialwissenschaftliche Modelle im Wirtschaftsrecht«, in: *Kritische Justiz* 18 (2), 126–139.

Wiethölter, Rudolf 1989: »Ist unserem Recht der Prozeß zu machen?«, in: Axel Honneth u.a. (Hg.), *Zwischenbemerkungen*, Frankfurt/M.: Suhrkamp, 794–812.

Wildenauer, Miriam 2022: *Der akademische Nationalsozialismus: Grundlegendes über den Ausschuss für Rechtsphilosophie der Akademie für Deutsches Recht*; Band 1, Norderstedt: Books on Demand.

Wildt, Michael 2004: »Ernst Fraenkel und Carl Schmitt«, in: Daniela Münkel (Hg.), *Geschichte als Experiment,* Frankfurt/M.: Campus, 35–48.

Winkel, Laurens C. 2010: »Franz Wieacker: Romanist und Rechtshistoriker – zwei Seelen in einer Brust?«, in: Okko Behrends/Eva Schumann (Hg.), *Franz Wieacker. Historiker des modernen Privatrechts*, Göttingen: Wallstein, 210–221.

Winkler, Viktor 2014: *Der Kampf gegen die Rechtswissenschaft. Franz Wieackers ›Privatrechtsgeschichte der Neuzeit‹ und die deutsche Rechtswissenschaft des 20. Jahrhunderts*, Hamburg: Kovač.

Winter, Gerd 2011: *Zur Architektur globaler Governance des Klimaschutzes*, in: TranState Working Papers 145, Universität Bremen: Sfb 597.

Winter, Gerd 2019: »Armando Carvalho et alii versus Europäische Union«, in: *Zeitschrift für Umweltrecht* 5, 259–271.

Winter, Gerd 2023: »Theoretische Aspekte der Öffentlichkeitsbeteiligung an Verwaltungsverfahren«, in: Christoph Brüning/Wolfgang Ewer/Sabine Schlacke/Carsten Tegethoff (Hg.), *Verwaltungsrecht: Gestaltung – Steuerung – Kontrolle*, München: C.H. Beck, 97–113.

Wischmeyer, Thomas 2015: *Zwecke im Recht des Verfassungsstaates. Geschichte und Theorie einer juristischen Denkfigur*, Tübingen: Mohr Siebeck.

Wissenschaftsrat 2012: *Perspektiven der Rechtswissenschaft in Deutschland – Situation, Analysen, Empfehlungen*, Köln: Wissenschaftsrat.

Wittreck, Fabian 2008: *Nationalsozialistische Rechtslehre und Naturrecht*, Tübingen: Mohr Siebeck.

Wolf, Wilhelm 1998: *Vom alten zum neuen Privatrecht – das Konzept der normgestützten Kollektivierung in den zivilrechtlichen Arbeiten Heinrich Langes (1900–1977)*, Tübingen: Mohr Siebeck.

Wollschläger, Christian 1982: »Rezension des Alternativkommentars zum Bürgerlichen Gesetzbuch«, in: *Archiv für die civilistische Praxis* 182, 473–478.

Wrase, Michael 2006: »Rechtssoziologie und Law and Society – Die deutsche Rechtssoziologie zwischen Krise und Neuaufbruch«, in: *Zeitschrift für Rechtssoziologie* 27 (2), 289–312.

Wrase, Michael 2013: »Rechtsinterpretation als soziale Praxis – eine rechtssoziologische Perspektive auf juristische Methodik«, in: Verena Frick/Oliver Lembcke/Roland Lhotta (Hg.), *Politik und Recht. Umrisse eines Politikwissenschaftlichen Forschungsfeldes*, Baden-Baden: Nomos, 63–83.

Wrase, Michael 2016: *Zwischen Norm und sozialer Wirklichkeit*, Berlin: Duncker & Humblot.

Würtenberger, Thomas 1958: »Rezension zu Fechner 1956«, in: *Archiv für die civilistische Praxis* 156, 347–352.

Wüstendörfer, Hans 1910: »Diskussionsbeitrag«, in: *Verhandlungen des 1. Deutschen Soziologentages*, Frankfurt/M.: Sauer u. Auvermann, 315 f.

Wüstendörfer, Hans 1913: »Die deutsche Rechtsprechung am Wendepunkt. Versuch einer positiven Methode soziologischer Rechtsfindung«, in: *Archiv für die civilistische Praxis* 110, 219–380.

Wüstendörfer, Hans 1915: »Die beiden ersten deutschen Soziologentage und die Rechtswissenschaft«, in: *Archiv des öffentlichen Rechts* 34, 399–430.

Wüstendörfer, Hans 1916: »Zur Hermeneutik der soziologischen Rechtsfindungstheorie«, in: ders., Zwei systematische Abhandlungen«, in: *Archiv für Rechts- und Wirtschaftsphilosophie* 9 (4), 422–455.

Wulfhorst, Traugott 1982: »Probleme der Begründung von Recht in der richterlichen Rechtsfortbildung. Richterrecht und wissenschaftliche Erkenntnisse über die soziale Wirklichkeit«, in: *Beiträge zum Sozialrecht*, Hg. Klaus Brückner, Percha: Schulz, 573–589.

Yashiki, Albertus Jiro Rei 2010: »Zwischen Katheder und Rechtspraxis. Arthur Nussbaum (1877–1964) und seine Rechtstatsachenforschung«, in: *Hitotsubashi Journal of Law and Politics* 38, 13–30.

Zimmermann, Reinhard 2020: »Privatrechtliche Kommentare im internationalen Vergleich«, in: David Kästle-Lamparter/Nils Jansen/Reinhard Zimmermann (Hg.), *Juristische Kommentare*, Tübingen: Mohr Siebeck, 441–517.